Schriftenreihe
der Juristischen Schulung

Geschäftsführender Herausgeber
Rechtsanwalt Prof. Dr. Hermann Weber

Heft 80

Das Recht des unlauteren Wettbewerbs

von

Dr. Volker Emmerich

o. Professor an der Universität Bayreuth
Richter am Oberlandesgericht Nürnberg

2., völlig neubearbeitete Auflage

C. H. BECK'SCHE VERLAGSBUCHHANDLUNG
MÜNCHEN 1987

CIP-Kurztitelaufnahme der Deutschen Bibliothek

Emmerich, Volker:
Das Recht des unlauteren Wettbewerbs / von Volker
Emmerich. – 2., völlig neubearb. Aufl. – München :
Beck, 1987.
    (Schriftenreihe der Juristischen Schulung ; H. 80)
    ISBN 3 406 31889 4
NE: GT

ISBN 3 406 31889 4

Druck der C. H. Beck'schen Buchdruckerei, Nördlingen

Vorwort zur 2. Auflage

Im Mittelpunkt der 2. Auflage stehen die umfangreichen Änderungen des UWG durch die beiden Novellen des Jahres 1986. Die Ergänzungen des Textes beschränken sich indessen nicht auf die von den Gesetzesänderungen betroffenen Abschnitte; vielmehr habe ich das Buch zugleich in sämtlichen, anderen Teilen gründlich überarbeitet und dabei z. T. erheblich erweitert. Literatur und Rechtsprechung sind, soweit in einem Lehrbuch vertretbar, bis zum Herbst 1986 berücksichtigt.

Bayreuth, im November 1986 Volker Emmerich

Inhaltsverzeichnis

3. Kapitel. Die Verletzung von Interessen der Abnehmer

Abkürzungsverzeichnis

FIW	Forschungsinstitut der Wirtschaft
GA	Goltdammer's Archiv für Strafrecht (seit 1853)
GebrMG	Gebrauchsmustergesetz
GeschmMG	Geschmacksmustergesetz
GewArch	Gewerbearchiv
gem.	gemäß
grdl.	grundlegend
grds.	grundsätzlich
GRUR	Gewerblicher Rechtsschutz und Urheberrecht
GRURAusl/Int.	GRUR Ausländischer/Internationaler Teil
GWB	Gesetz gegen Wettbewerbsbeschränkungen
Gruchot	Beiträge zur Erläuterung des deutschen Rechts, begründet von Gruchot
H.	Heft
Halbs.	Halbsatz
Hdb.	Handbuch des Wettbewerbsrechts
h. M	herrschende Meinung
Hrsg.	Herausgeber
i. Erg.	im Ergebnis
IM	Immenga-Mestmäcker, GWG, 1981
i. d. R.	in der Regel
i. S.	im Sinne
JurJb.	Juristenjahrbuch
JuS	Juristische Schulung
JW	Juristische Wochenschrift
JZ	Juristenzeitung
JR	Juristische Rundschau
KartRdsch	Kartellrundschau
KG	Kammergericht
krit.	kritisch
Kartellrecht	Emmerich, Kartellrecht, 4. Aufl. (1982)
LM	Lindenmaier-Möhring, Nachschlagewerk des BGH
LZ	Leipziger Zeitschrift für deutsches Recht
MA	Der Markenartikel
MDR	Monatsschrift für Deutsches Recht
MuW	Markenschutz und Wettbewerb
n. F.	neue Folge/neue Fassung
NJW	Neue Juristische Wochenschrift
NJW-RR	NJW-Rechtsprechungs-Report
NJ	Nederlandse Jurisprudentie
NVwZ	Neue Zeitschrift für Verwaltungsrecht
o.	oben
OLGZ	Entscheidungen der Oberlandesgerichte in Zivilsachen
PBefG	Personenbeförderungsgesetz
PatG	Patentgesetz
PVÜ	Pariser Verbandsübereinkunft zum Schutze des gewerblichen Eigentums von 1883
RabattG	Rabattgesetz
RabelsZ	Zeitschrift für ausländisches und internationales Privatrecht, begründet von Rabel
RAnz	Reichsanzeiger
RefE	Referentenentwurf
RegE	Regierungsentwurf

RGBl. . . . . Reichsgesetzblatt
RGZ . . . . Entscheidungen des Reichsgerichts in Zivilsachen
Rs . . . . Rechtssache
Rspr. . . . . Rechtsprechung
RsprGH . . . . Sammlung der Rechtsprechung des Europäischen Ge-
richtshofs = Slg.
RWW. . . . . Rechtsfragen in Wettbewerb und Werbung, Loseblatt-
ausgabe, hrsgeb. v. J. Amann, Stuttgart, München u.
Hannover, seit 1982 (zit: Verf., in: RWW)
s. . . . . siehe
Slg . . . . Sammlung der Rspr. des EuGH
s. u. . . . . siehe unten
S. . . . . Seite
Schr. d. Ver. f. Soz.
Pol. . . . . Schriften des Vereins für Sozialpolitik
SchweizBGE . . . . . Entscheidungen des schweizerischen Bundesgerichts
Sp. . . . . Spalte
SEW . . . . Sociaal Economische Wetgeving
str. . . . . streitig
st. Rspr. . . . . ständige Rechtsprechung
Tz. . . . . Textziffer
u. . . . . unten, und
u. ö. . . . . und öfters
unstr. . . . . unstreitig
UrhRG . . . . Urheberrechtsgesetz
Ufita . . . . Archiv für Urheber-, Film-, Funk- und Theaterrecht
UWG . . . . Gesetz gegen den unlauteren Wettbewerb
vgl. . . . . vergleiche
VO. . . . . Verordnung
WiR . . . . Wirtschaftsrecht
wistra. . . . . Zeitschrift für Wirtschaft, Steuer, Strafrecht
WiVerw. . . . . Wirtschaft und Verwaltung (Beilage zum GewArch)
WRP . . . . Wettbewerb in Recht und Praxis
WuB . . . . Entscheidungssammlung zum Wirtschafts- und Bank-
recht
WuW . . . . Wirtschaft und Wettbewerb
WuW/E . . . . Entscheidungssammlung der WuW
WM . . . . Wertpapiermitteilungen
z. B. . . . . zum Beispiel
ZGR . . . . Zeitschrift für Unternehmens- und Gesellschaftsrecht
ZHR . . . . Zeitschrift für das gesamte Handels- und Wirtschafts-
recht
ZIP . . . . Zeitschrift für Wirtschaftsrecht
ZStW . . . . Zeitschrift für die gesamte Strafrechtswissenschaft
ZMR . . . . Zeitschrift für Miet- und Raumrecht
ZugabeVO . . . . Zugabeverordnung
ZSR . . . . Zeitschrift für schweizerisches Recht
ZUM . . . . Zeitschrift für Urheber- und Medienrecht
zust. . . . . zustimmend

Verzeichnis der abgekürzt zitierten Literatur

Ahrens . . . . H.-J. Ahrens, Wettbewerbsverfahrensrecht, 1983
Baumbach . . . . A. Baumbach, Kommentar zum Wettbewerbsrecht, 1929
(2. Aufl. 1932)
Baumbach-Hefermehl Baumbach-Hefermehl, Wettbewerbsrecht, 14. Aufl.
(1983)
Böhm . . . . F. Böhm, Wettbewerb und Monopolkampf, 1933/1964
Callmann . . . . Callmann, Der unlautere Wettbewerb, Kommentar,
2. Aufl. (1932)
Elster . . . . Elster, Wettbewerbsrecht, 1941
Fezer, Gerstenberg
u. a. in: RWW . . . . . . Fezer usw., in: Amann (Hrsg.), Rechtsfragen in Wettbewerb und Werbung, seit 1982
Fikentscher . . . . W. Fikentscher, Wettbewerb und gewerblicher Rechts-
schutz, 1958
Fikentscher Bd. I/II . . W. Fikentscher, Wirtschaftsrecht Bd. I u. Bd. II, 1983
Finger . . . . Chr. Finger, Reichsgesetz gegen den unlauteren Wettbewerb v. 7. 6.1909 nebst dem Rechte am Namen (§ 12
BGB) und § 826 BGB, 4. Aufl. (1911)
v. Gamm . . . . Frh. v. Gamm, Wettbewerbsrecht, 2. Aufl.
v. Gamm, UWG . . . . Frh. v. Gamm, UWG, 2. Aufl. (1982)
v. Godin . . . . Hans Frh. v. Godin, Wettbewerbsrecht, 2. Aufl. (1974)
Handbuch (Hdb.) . . . Handbuch des Wettbewerbsrechts, hrsg. von W. Gloy,
1986
Hubmann . . . . H. Hubmann, Gewerblicher Rechtsschutz, 4. Aufl.
(1981)
Isay . . . . H. Isay, Das Rechtsgut des Wettbewerbsrechtes, 1933
Kirchberger . . . . H. Kirchberger, Unlauterer, sittenwidriger und unerlaubter Wettbewerb, 1931
Kohler . . . . J. Kohler, Der unlautere Wettbewerb, 1914
Koppensteiner . . . . . . H.-G. Koppensteiner, Wettbewerbsrecht, Kartellrecht
und unlauterer Wettbewerb, Wien 1981
Knöpfle, Wettbewerb . R. Knöpfle, Der Rechtsbegriff ,,Wettbewerb" und die
Realität des Wirtschaftslebens, Kartellrundschau H. 7,
1966
Kraft . . . . A. Kraft, Interessenabwägung und gute Sitten im Wett-
bewerbsrecht, Schriften des Instituts für Wirtschafts-
recht Köln Bd. 19, 1961
Lobe Bd. I . . . . A. Lobe, Die Bekämpfung des unlauteren Wettbewerbs
Bd. I: Der unlautere Wettbewerb als Rechtsverletzung
nach dem BGB und den Nebengesetzen, 1907
Möschel . . . . W. Möschel, Recht der Wettbewerbsbeschränkungen,
1983
Nerreter, Grundlagen . P. Nerreter, Allgemeine Grundlagen eines deutschen
Wettbewerbsrechts, 1936
Nirk . . . . R. Nirk, Gewerblicher Rechtsschutz, 1981, S. 335 ff.
Nirk-Kurtze . . . . R. Nirk-H. Kurtze, Wettbewerbsstreitigkeiten, 1980

Nordemann . . . .   *W. Nordemann*, Wettbewerbsrecht, 4. Aufl. (1985)

Pastor . . . .   *W. Pastor*, Der Wettbewerbsprozeß. Verwarnung – einstweilige Verfügung – Unterlassungsklage, 3. Aufl. (1980)

Pinner-Elster . . . . . .   *Pinner-Elster*, Unlauterer Wettbewerb, 8. Aufl. (1927)

Reimer-v. Gamm . . .   *E. Reimer-Frh. v. Gamm*, Wettbewerbs- und Warenzeichenrecht, Systematischer Kommentar 2. Bd: Wettbewerbsrecht, 4. Aufl. (1972)

Rittner, Einführung . .   *Fr. Rittner*, Einführung in das Wettbewerbs- und Kartellrecht, 2. Aufl. (1985)

Rittner . . . .   *Fr. Rittner*, Wirtschaftsrecht mit Wettbewerbs- und Kartellrecht, 1979

Rosenthal-Leffmann .   *A. Rosenthal-E. Leffmann*, Gesetz gegen den unlauteren Wettbewerb, Kommentar, 9. Aufl. (1969)

Sandrock . . . .   *O. Sandrock*, Grundbegriffe des Gesetzes gegen Wettbewerbsbeschränkungen, 1968

Schricker . . . .   *G. Schricker*, Gesetzesverletzung und Sittenverstoß, Münchner Universitätsschriften Bd. 14, 1970

Tilmann . . . .   *W. Tilmann*, Wirtschaftsrecht, 1986

Ulmer-Reimer . . . . .   *E. Ulmer-D. Reimer*, Das Recht des unlauteren Wettbewerbs in den Mitgliedstaaten der EWG Bd. III: Deutschland, 1968

1. Kapitel. Grundlagen

§ 1. Einführung

Literatur: Baumbach, S. 117 ff.; *Baumbach-Hefermehl*, Allg. Rdnrn. 1 ff.; *Fr. Böhm*, Wettbewerb und Monopolkampf, 1933/1964; *Callmann*, S. 23 ff.; *Fezer*, in: RWW, 3.0. Rdnrn. 1 ff.; *W. Fikentscher*, Wettbewerb und gewerblicher Rechtsschutz, 1958; *Gloy*, in: Hdb, § 1; *R. Knöpfle*, Der Rechtsbegriff „Wettbewerb" und die Realität des Wirtschaftslebens, 1966; *Koppensteiner*, S. 1 ff.; *Nordemann*, Tz. 1 ff; *Rittner*, Einführung, S. 1 ff.; *O. Sandrock*, Grundbegriffe des GWB, 1968; *Tilmann*, S. 1 ff., 172 ff.

Das Recht des unlauteren Wettbewerbs ist in erster Linie in dem Gesetz gegen den unlauteren Wettbewerb, dem UWG vom 7. 6. 1909, geregelt. Außerdem werden hierzu üblicherweise noch einige Nebengesetze gerechnet, unter denen die Zugabeverordnung vom 9. 3. 1932 und das Rabattgesetz vom 25. 11. 1933 besonders hervorzuheben sind. Beherrscht wird die ganze Materie von der berühmten Generalklausel des § 1 UWG, nach der im geschäftlichen Verkehr jede Handlung zu Zwecken des Wettbewerbs verboten ist, die gegen die guten Sitten verstößt.

Das Recht des unlauteren Wettbewerbs bildet nur einen Teil des umfassenderen Wettbewerbsrechts, zu dem insbes. noch das sog. Kartellrecht zählt. Das Kartellrecht hat seine Regelung vor allem in dem GWB von 1957 und auf europäischer Ebene in den Art. 85 bis 90 EWGV gefunden.

Das UWG mit seinen Nebengesetzen regelt das Verhalten von Unternehmen im Wettbewerb. Es enthält damit den Kern eines allgemeinen Unternehmensverhaltensrechts. Schon hieran wird die enge Nachbarschaft erkennbar, in der das UWG heute notwendigerweise zum GWB als dem Grundgesetz des wirtschaftlichen Wettbewerbs steht. Ohne Rücksicht auf die vielfältigen Fragen, die mit der Wechselwirkung zwischen UWG und GWB notwendigerweise verbunden sind, steht doch fest, daß UWG und GWB zusammen heute den Kern des eigentlichen Wettbewerbsrechts bilden. Keines der beiden Gesetze kann heute mehr ohne Rücksicht auf das andere interpretiert und angewandt werden. Das zwingt zwar nicht zu einer einheitlichen Darstellung beider Materien, verlangt aber bei jeder Frage aus dem UWG, stets das GWB mit seinen Ausstrahlungen auf das UWG im Auge zu behalten.

1. Wettbewerb und Wirtschaftsordnung

a) Allgemeines

Ein Gesetz, das wie das UWG das Verhalten von Unternehmen im Wettbewerb regelt, setzt den Bestand einer Wirtschaftsordnung voraus, in der es überhaupt Wettbewerb gibt. Wo jeder Wettbewerb ausgeschlossen ist, ist ein unlauteres Verhalten im Wettbewerb nicht gut vorstellbar; unlauteres Verhalten im Wettbewerb wird vielmehr (ebenso wie Wettbewerbsbeschränkungen) nur in einer Wettbewerbsordnung zum Problem. Deshalb spielte z. B. die Frage des unlauteren Wettbewerbs in den mittelalterlichen Stadtwirtschaften nur eine untergeordnete Rolle, da durch die Zunftordnungen die Märkte weitgehend geschlossen und zwischen den Zunftmitgliedern aufgeteilt waren. Soweit diesen danach überhaupt noch ein wirtschaftlicher Bewegungsspielraum verblieb, war er durch ergänzende Vorschriften der Zünfte genau geregelt. In einer solchen Wirtschaftsordnung bleibt naturgemäß für ein Recht des unlauteren Wettbewerbs nur sehr wenig Raum.

Ein Recht des unlauteren Wettbewerbs konnte sich daher bei uns erst (langsam) entwickeln, als nach Abschaffung der Zunftordnungen der Wettbewerb auf breiter Basis einsetzte. Die wichtigsten Daten auf diesem Wege waren der Erlaß des preußischen Gewerbesteueredikts von 1810, das erstmals für die damals preußischen Gebiete die Gewerbefreiheit einführte, sowie die Verabschiedung der Reichsgewerbeordnung von 1869, die – nach ihrer Übernahme durch das Reich schon im Jahre 1871 – für das gesamte Reichsgebiet die allgemeine Gewerbefreiheit brachte.[1] Das UWG erweist sich damit als notwendiges Produkt der modernen Wirtschaftsentwicklung. Mit der Öffnung der Märkte und der Befreiung des wirtschaftlichen Betätigungstriebs der Menschen von allen zunftmäßigen Bindungen entstand naturgemäß zugleich die Gefahr eines Mißbrauchs der neuen Freiheit zum Schaden der Konkurrenten, der Verbraucher und der Allgemeinheit. Dieser Gefahr eines Mißbrauchs der wirtschaftlichen Freiheit soll – neben dem GWB – heute wie zur Zeit seiner Verabschiedung das UWG begegnen, damit sich der Wettbewerb zum Nutzen aller frei und rein (lauter) entfalten kann.

Dahinter steht letztlich die Vorstellung, daß der Wettbewerb in einer dezentral gesteuerten, marktwirtschaftlichen Ordnung bestimmte, positiv zu bewertende Wirkungen hat.[2] Als solche Wettbewerbsfunktionen werden i. d. R. die Steuerungs- oder Ordnungsfunktion, die Verteilungsfunktion und die Antriebs- oder Leistungsfunktion hervorgehoben. Hinzukommt die in einer freiheitlichen Gesellschafts- und Privatrechtsordnung in ihrer Bedeutung gar nicht zu überschätzende Aufgabe des Wettbewerbs, für eine annähernd gleiche Machtverteilung in der Wirtschaft und damit in der Gesellschaft zu sorgen (sog. machtneutralisierende Wirkung des Wettbewerbs).[3] Ob und inwieweit der Wettbewerb tatsächlich

---

[1] Vgl. zur Geschichte der GewO im einzelnen *Kl. E. Pollmann*, Parlamentarismus im Norddeutschen Bund 1867–1870, Düsseldorf 1985, S. 475 ff.
[2] S. im einzelnen Kartellrecht, S. 3 ff. m. Nachw.
[3] Vgl. dazu z. B. *Emmerich*, in: Festschr. f. H. K. Schneider, 1980, S. 103 ff.

in der Lage ist, alle genannten Funktionen gleichmäßig zu erfüllen, ist hier nicht im einzelnen zu erörtern. Festzuhalten ist lediglich, daß nach allen unseren Kenntnissen und Erfahrungen nichts den technischen Fortschritt und damit das wirtschaftliche Wachstum so sehr fördert wie möglichst viel Wettbewerb auf möglichst vielen Märkten. Diese Feststellung genügt hier, um die zentrale Bedeutung hervorzuheben, die dem Wettbewerb nach wie vor für unsere gesamte Wirtschafts- und Gesellschaftsordnung zukommt. Dadurch erklärt sich zugleich die große praktische Relevanz des UWG. Von einer sachgerechten Anwendung des UWG hängt in der Tat zu einem guten Teil die Funktionsfähigkeit unserer Wettbewerbs- und Wirtschaftsordnung ab.

b) Begriff

Da das UWG das Verhalten der Unternehmen im Wettbewerb regelt, ist es seit jeher üblich, eine Darstellung des Rechts des unlauteren Wettbewerbs mit einer „Definition" des Wettbewerbs in seinen verschiedenen Erscheinungsformen zu beginnen.[4] So heißt es z. B. schon 1907 bei *Lobe*,[5] unter dem Wettbewerb sei das mehrseitige Bemühen verschiedener Personen um dasselbe Ziel unter Einsatz bestimmter Tätigkeiten und Fähigkeiten zu verstehen; einen solchen Wettbewerb gebe es nur zwischen den Anbietern gleicher oder austauschbarer Güter, die sich an dieselben Kunden wenden. Als Beispiel verwandte *Lobe* dabei stets das berühmt gewordene Bild eines sportlichen Wettkampfs. Rund 50 Jahre später definierte *Fikentscher*[6] den Wettbewerb hingegen als das selbständige Streben sich objektiv gegenseitig im Wirtschaftserfolg beeinflussender Anbieter oder Nachfrager nach Geschäftsverbindungen mit Dritten durch Inaussichtstellen möglichst günstiger Geschäftsbedingungen, während *Sandrock*[7] vor allem auf die Spürbarkeit der Beweglichkeit der Nachfrage für die einzelnen Anbieter abstellen wollte.[8]

Diese Liste ließe sich beliebig verlängern, ohne daß man nach ihrem Studium um einen Deut klüger wäre als zuvor, da gegen jede der zahllosen Wettbewerbsdefinitionen Einwände möglich sind. Zu kritisieren ist namentlich die verbreitete Vernachlässigung der Besonderheiten des Nachfragewettbewerbs, der selbstverständlich auch vom UWG geschützt wird,[9] sowie der einzelnen Marktphasen. So kann z. B. in der Experimentierphase eines Marktes sogar ein Monopolist spürbarem, potentiellen

---

[4] S. z. B. *Baumbach*, S. 117; *Callmann*, S. 23 ff.; *v. Gamm*, S. 4; *v. Godin*, § 1 UWG Rdnr. 1; *Hubmann*, § 49 II 1; *Knöpfle*, Der Rechtsbegriff „Wettbewerb", S. 97 ff., bes. 222; *Kreft*, in: Hdb., § 9 (S. 82 f.); *Lukes*, in: 1. Festschr. f. Fr. Böhm, 1965, S. 199; *Reimer-v. Gamm*, S. 11 ff.; *Rosenthal-Leffmann*, Einl. Rdnr. 2 (S. 17); *Sandrock*, Grundbegriffe, S. 73 ff., alle m. zahlr. Nachw.
[5] Bd. I, S. 1 ff., 35 ff.
[6] Wettbewerb und gewerblicher Rechtsschutz, 1958, S. 31 ff., bes. 39 f.
[7] Grundbegriffe (o. Fußn. 4), bes. S. 124 ff.
[8] Ebenso noch 1980 in: Festschr. f. Kummer, S. 449 ff.
[9] Z. B. *BGH*, LM § 1 UWG Nr. 173 (Bl. 4).

Wettbewerb ausgesetzt sein, während in der Stagnationsphase eines Marktes alle Wettbewerbskräfte selbst im Polypol weitgehend erlahmt sein können. Überhaupt ist die weithin übliche Vernachlässigung des auf vielen Märkten offenbar besonders wichtigen, potentiellen Wettbewerbs von Unternehmen am Marktrand bei den üblichen Wettbewerbsdefinitionen zu beanstanden. Offenkundig läßt sich der Wettbewerb nur schwer in Begriffe fassen.

Der Grund hierfür ist leicht zu erkennen: Jede Wettbewerbsdefinition enthält notwendigerweise eine Aussage über das „Wesen" des Wettbewerbs. Es gibt jedoch kein empirisch überprüfbares Verfahren zur Erkenntnis des Wesens der Dinge; dieses ist vielmehr, will man sich nicht neoplatonischen Gedankengängen hingeben, dem Menschen notwendigerweise verschlossen, so daß niemand sagen kann, was Wettbewerb eigentlich „ist".[10]

Zu Resignation besteht gleichwohl kein Anlaß, und dies gleich aus mehreren Gründen. Zunächst wissen wir aus der modernen Wettbewerbstheorie[11] immerhin, daß es sich bei dem Wettbewerb um einen hochkomplexen Vorgang handelt, der in den Kategorien der Systemtheorie wenigstens partiell adäquat beschrieben werden kann. Vor allem aber spielt die ganze, oft sehr akademisch anmutende Diskussion um den Wettbewerbsbegriff für die Interpretation des UWG nur eine marginale Rolle. Das zeigt schon der Wortlaut des Gesetzes. Namentlich die Generalklausel des § 1 UWG fordert für ihre Anwendung weder das Bestehen von Wettbewerb noch irgendein Wettbewerbsverhältnis; entscheidend ist vielmehr allein das Vorliegen einer Wettbewerbshandlung, so daß es für die Zwecke des UWG vollauf genügt, sich um eine sachgerechte Definition der Wettbewerbs*handlung* zu bemühen (dazu u. § 4, 3). Eine (ohnehin gar nicht mögliche) Definition des Wettbewerbs selbst ist dafür entbehrlich.

2. Rechtsvergleichung

Das Problem eines angemessenen Schutzes des lauteren Wettbewerbs stellt sich heute allen westlichen Industrienationen gleichermaßen. Zur Lösung dieses Problems haben jedoch die einzelnen Länder bisher sehr unterschiedliche Wege gewählt, über die im folgenden ein kurzer Überblick gegeben werden soll.[12] Denn nur auf dem Hintergrund der vielen, anderen Lösungsmöglichkeiten für das Problem des Schutzes des laute-

---

[10] S. Kartellrecht, S. 13 f. m. Nachw.; ebenso z. B. *Baumbach-Hefermehl*, Allg. Rdnrn. 1 ff.

[11] S. Kartellrecht, S. 6 ff., sowie zuletzt *Aberle*, Wettbewerbstheorie und Wettbewerbspolitik, 1980; *Bartling*, Leitbilder der Wettbewerbspolitik, 1980; *v. Hayek*, Recht, Gesetzgebung und Freiheit Bd. 1, 1980, Bd. 2, 1981; *ders.*, Mißbrauch und Verfall der Vernunft, 2. Aufl. (1979); *Heuss*, in: Handwörterbuch der Wirtschaftswissenschaften, 1980, S. 679; *Kaufer*, Industrieökonomik, 1980, S. 1 ff., 371 ff.; *Kirzner*, ORDO Bd. 30 (1980), 245; *Lampe*, Wettbewerb, Wettbewerbsbeziehungen und Wettbewerbsintensität, 1979; *Möschel*, S. 41 ff.; *Streißler-Watrin* (Hrsg.), Zur Theorie marktwirtschaftlicher Ordnungen, 1980; *Willeke*, Wettbewerbspolitik, 1980, alle m. zahlr. Nachw.

[12] Für die (ursprünglichen) EWG Staaten vgl. auch die zusammenfassende Darstellung bei *E. Ulmer*, Bd. I: Vergleichende Darstellung, 1965; w. Nachw. bei *Baumbach-Hefermehl*, Einl. UWG Rdnrn. 2 ff.

ren Wettbewerbs kann man die vom deutschen Recht mit dem UWG gewählte Lösung zutreffend würdigen. Zu beginnen ist dabei mit Hinweisen auf die Rechtslage in unseren deutschsprachigen Nachbarländern Österreich und Schweiz, weil diese die größten Übereinstimmungen mit der Rechtslage in Deutschland aufweist.

a) Österreich

Das österreichische Bundesgesetz vom 26. 9.1923 über den unlauteren Wettbewerb stimmt weitgehend mit dem deutschen UWG, das als Vorbild gedient hat, überein. Auch in Österreich wird das Gesetz von der Generalklausel des § 1 UWG beherrscht, die wörtlich der deutschen Generalklausel nachgebildet ist.[13] Außerdem gelten in Österreich unser RabattG von 1933 sowie ein ZugabeG von 1934. Ergänzend greift schließlich noch seit 1977 das Bundesgesetz zur Verbesserung der Nahversorgung und der Wettbewerbsbedingungen ein, das sich speziell gegen solche Verhaltensweisen wendet, die bei uns unter dem Stichwort des Mißbrauchs der Nachfragemacht behandelt werden.[14]

b) Schweiz

Die Rechtslage in der Schweiz wird bestimmt von dem Bundesgesetz über den unlauteren Wettbewerb vom 30. 9.1943. Dieses Gesetz enthält zwar ebenso wie unser UWG eine Generalklausel, die jedoch im Gegensatz zu § 1 UWG nicht auf einen Verstoß gegen die guten Sitten, sondern gegen die Grundsätze von Treu und Glauben abstellt. Gleichwohl bestehen in der Auslegung der Generalklausel keine erheblichen Unterschiede zwischen dem deutschen und dem schweizerischen Recht.[15]

c) Frankreich

Obwohl Frankreich das Mutterland des Rechts des unlauteren Wettbewerbs ist (der deutsche Begriff unlauterer Wettbewerb ist eine Übersetzung des französischen Begriffs der concurrence déloyale), kennt doch Frankreich – abgesehen von einzelnen Nebengesetzen zur Regelung von Einzelfragen[16] – kein besonderes Gesetz gegen den unlauteren Wettbe-

---

[13] Vgl. insb. *Hohenecker-Friedl,* Wettbewerbsrecht, 1959; *Schönherr,* Wettbewerbsrecht, 4. Aufl. (1971); *Koppensteiner,* S. 295 ff.; *Schricker,* Gesetzesverletzung, S. 96 ff.
[14] Text z. B. bei *M. Lehmann,* Der Verkauf unter Einstandspreis, 1979, S. 104 ff.; dazu eingehend zuletzt *Koppensteiner,* S. 423 ff.
[15] S. dazu z. B. *v. Büren,* Kommentar zum Bundesgesetz über den unlauteren Wettbewerb, Zürich 1957; *Baudenbacher,* Suggestivwerbung und Lauterkeitsrecht, Zürich 1978; *Gehrmann,* Unlauterer Wettbewerb, Zürich 1945; *Schürmann,* Bundesgesetz über Kartelle, Zürich 1964; *Schluep,* GRURInt 1973, 446; *ders.,* in: Festg. f. Kummer, 1980, S. 487; *Schricker,* Gesetzesverletzung, S. 110 f.; *Troller,* Immaterialgüterrecht Bd. I, 2. Aufl. (1968); Bd. II, 1971.
[16] Vgl. z. B. die Loi de finances Nr. 63–628 v. 2. 7.1963, durch die Verkäufe unter Einstandspreis verboten worden sind, freilich mit zahlreichen Ausnahmen, weiter das ZugabenG von 1951 sowie verschiedene neuere Gesetze mit dem Ziel des Verbraucherschutzes, allen voran die Loi Royer von 1973.

werb. Die ganze sehr umfangreiche und ausdifferenzierte Materie ist vielmehr von der Rechtsprechung aus den beiden deliktsrechtlichen Generalklauseln der Art. 1382 und 1383 des Code civil entwickelt worden, so daß heute das französische Recht sowohl die Konkurrenten als auch die Verbraucher und die Allgemeinheit umfassend gegen jede Form unlauteren Wettbewerbs schützt.[17]

d) Italien

Die Rechtslage in Italien stimmte ursprünglich im Ausgangspunkt mit der in Frankreich überein, weil man zur Bekämpfung des unlauteren Wettbewerbs zunächst ebenfalls auf die deliktsrechtlichen Generalklauseln zurückgriff (Art. 1151 und 1152 des Codice Civile von 1865). Jedoch wurden schon diese Vorschriften viel enger als in Frankreich interpretiert. Eine spezielle Regelung brachten sodann die Art. 2598 bis 2601 des neuen Codice Civile von 1942. Seitdem kennt auch das italienische Recht eine wettbewerbsrechtliche Generalklausel, die jedoch an die Verletzung der Grundsätze der beruflichen Korrektheit anknüpft (Art. 2598 Nr. 3 aaO.). Daneben enthält das italienische Recht noch zahlreiche Einzeltatbestände, so daß die italienische Praxis auf die Generalklausel nur zurückgreift, wenn ein solcher Einzeltatbestand nicht vorliegt.[18]

e) Die Benelux-Staaten

aa) Rechtsgrundlage des Schutzes des lauteren Wettbewerbs waren in *Belgien* ursprünglich ebenso wie in Frankreich die deliktsrechtlichen Generalklauseln des Code civil gewesen. An ihre Stelle war aber bereits 1934 durch die Königliche Verordnung Nr. 55 zum Schutze der Produzenten ein spezielles Wettbewerbsgesetz getreten, durch das alle Handlungen verboten worden waren, die gegen die anständigen Gebräuche (usages honnêtes) auf dem Gebiete des Handels oder Gewerbes verstoßen.[19] Im Jahre 1971 wurde die genannte Verordnung sodann durch das überaus umfangreiche und detaillierte Gesetz über Handelspraktiken ersetzt.[20] Die Generalklausel findet sich jetzt in dem Art. 54 des Gesetzes, nach der jede gegen die anständigen Gebräuche auf kaufmännischem Gebiet verstoßende Handlung verboten ist, durch die ein Kaufmann oder Hand-

---

[17] Vgl. die umfassende Darstellung bei *E. Ulmer-Kraßer*, Das Recht des unlauteren Wettbewerbs in den Mitgliedstaaten der EWG Bd. IV: Frankreich, 1967; *Schricker*, Gesetzesverletzung, S. 126 ff.; Zusammenstellung der Gesetzestexte z. B. bei *Kraßer*, aaO., S. 569 ff.

[18] Vgl. *E. Ulmer-Schricker*, Das Recht des unlauteren Wettbewerbs in den Mitgliedstaaten der EWG Bd. V: Italien, 1965; *Schricker*, Gesetzesverletzung, S. 157 ff.

[19] Dazu eingehend *E. Ulmer-Schricker*, Das Recht des unlauteren Wettbewerbs in den Mitgliedstaaten der EWG Bd. II/1: Belgien, 1967; Texte das., S. 60 ff., 619 ff.

[20] Text abgedruckt z. B. in GRURInt 1972, 202; WRP 1972, 105, 165, 223, sowie bei *M. Lehmann*, Der Verkauf unter Einstandspreis, 1979, S. 69.

werker die beruflichen Interessen eines oder mehrerer anderer Kaufleute oder Handwerker angreift oder anzugreifen versucht.[21]

bb) *Luxemburg* hatte erstmals durch die Großherzogliche Verordnung vom 15. 1.1936 ein Wettbewerbsgesetz erhalten, das sich mit der Generalklausel des Art. 1 gegen alle Wettbewerbshandlungen wandte, die gegen die ehrlichen Geschäfts- und Industriebräuche verstoßen.[22] An Stelle dieser Verordnung gilt heute die Großherzogliche Verordnung vom 23. 12.1974 betr. den unlauteren Wettbewerb i.d.F. der VO vom 17. 12.1976.[23] Sie enthält in Art. 1 wieder eine Generalklausel, aufgrund derer jede Handlung verboten ist, die gegen die anständigen Gebräuche auf kaufmännischem oder gewerblichem Gebiet verstößt und durch die ein Kaufmann seinen Konkurrenten oder einem von ihnen einen Teil ihrer Kunden wegnimmt oder wegzunehmen versucht oder ihre Wettbewerbsfähigkeit angreift oder anzugreifen versucht. Darüber hinaus regelt die Verordnung in den Art. 2 bis 10 noch verschiedene Einzelfälle sowie das Ausverkaufs-, Zugabe- und Rabattwesen.

cc) Als einziger Benelux-Staat kennen die *Niederlande* bisher keine spezielle Gesetzgebung gegen den unlauteren Wettbewerb. Eine Ausnahme bildet lediglich das Gesetz zum Schutze gegen irreführende Werbung vom 6. 6.1980. Im übrigen aber greift die Praxis nach wie vor auf die beiden Generalklauseln der Art 1401 und 1402 des holländischen BGB zurück, die durch einige Strafvorschriften ergänzt werden. Im Ergebnis gleicht daher die Rechtslage hier weitgehend derjenigen in Frankreich.[24]

f) Großbritannien

Die Rechtslage in Kontinentaleuropa ist dadurch gekennzeichnet, daß durchweg, sei es aufgrund der allgemeinen, deliktsrechtlichen Generalklausel, sei es aufgrund einer besonderen, wettbewerbsrechtlichen Generalklausel, ein generelles Verbot jeder Form unlauteren Wettbewerbs besteht, dessen Grenzen freilich von Land zu Land unterschiedlich gezogen werden. Hiervon weicht die Rechtslage in Großbritannien grundlegend ab. Denn bisher gibt es in Großbritannien weder eine spezielle Gesetzgebung gegen den unlauteren Wettbewerb noch kennt das Vereinigte Königreich eine sonstige Generalklausel. Im englischen Recht sind vielmehr bisher lediglich verschiedene Einzeltatbestände entwickelt worden, die sich ursprünglich in erster Linie gegen das Unterschieben von Waren und gegen sonstige, täuschende Angaben wandten, durch die eine Verwechs-

---

[21] S. dazu *Schricker*, Gesetzesverletzung, S. 145 ff.; *ders.*, GRURInt 1972, 184.

[22] Vgl. *E. Ulmer-Wunderlich*, Das Recht des unlauteren Wettbewerbs in den Mitgliedstaaten der EWG Bd. II/1: Luxemburg, 1967, S. 657 ff.; Texte das., S. 779 ff.

[23] Text in GRURInt 1977, 235, sowie bei *M. Lehmann* (o. Fußn. 20), S. 95 ff.

[24] S. im einzelnen *E. Ulmer-Baeumer*, Das Recht des unlauteren Wettbewerbs in den Mitgliedstaaten der EWG Bd. II/2: Niederlande, 1967; *Schricker*, Gesetzesverletzung, S. 174 ff.; Abdruck der Gesetzestexte bei *Ulmer-Baeumer*, S. 408 ff., sowie bei *M. Lehmann* (o. Fußn. 20), S. 120 f.

lungsgefahr heraufbeschworen wurde (sog. passing-off). Im Laufe der
Zeit ist dann, z. T. durch Spezialgesetze, z. T. durch die Rechtsprechung,
eine ganze Reihe weiterer Einzeltatbestände hinzugekommen, die wie
z. B. die Anschwärzung von Mitbewerbern nach kontinentaleuro-
päischem Verständnis zum Recht des unlauteren Wettbewerbs gehören.[25]
1980 trat schließlich ein neues Wettbewerbsgesetz in Kraft, das sich freilich in erster Linie gegen wettbewerbsbeschränkende und nur am Rande
gegen unlautere Praktiken wendet.[26]

§ 2. Geschichte

Literatur: Baumbach, S. 121 ff.; *Baumbach-Hefermehl*, Einl. UWG Rdnrn. 15 ff.;
Callmann, S. 82 ff.; *Fezer*, in: RWW, 3. O. Rdnrn. 91 ff.; *Fikentscher*, S. 133 ff.; *Finger*,
S. 9 ff.; *Hefermehl*, in: Festschr. f. Fischer, 1979, S. 197; *H. Isay*, Das Rechtsgut des
Wettbewerbsrechts, 1933; *Kohler*, S. 33 ff.; *Koppensteiner*, S. 45 ff.; *Lobe* Bd. I, S. 72 ff.,
155 ff.; *ders.*, GRUR 1931, 1215; *Nerreter*, Grundlagen, S. 25 ff.; *ders.*, GRUR 1937,
167; *Nipperdey*, Wettbewerb und Existenzvernichtung, 1930; *Tilmann*, Die geographische Herkunftsangabe, 1976; *E. Ulmer*, Sinnzusammenhänge im modernen Wettbewerbsrecht, 1932; *Ulmer-Reimer*, Tz. 1 ff.

1. Entwicklung bis 1896

Die Frage einer wirksamen Bekämpfung des unlauteren Wettbewerbs
stellte sich in Deutschland erst mit der allgemeinen Einführung der Gewerbefreiheit im gesamten Reichsgebiet im Jahre 1871 (s. schon o. § 1,1),[1]
weil dadurch infolge des Zusammentreffens gleich einer ganzen Reihe
günstiger Umstände starke Kräfte freigesetzt wurden, die zu einer stürmischen, wirtschaftlichen Entwicklung führten. Die Folge war eine erhebliche Zunahme des Wettbewerbs auf allen Märkten, eine Entwicklung, die nicht ohne Gegenreaktionen der Betroffenen bleiben konnte
und blieb. Erstmals kam es jetzt in Deutschland auf breiter Front zur
Kartellierung ganzer Branchen. Erstmals war jetzt aber auch ein verbrei-
tetes Auftreten des Phänomens des unlauteren Wettbewerbs zu verzeich-
nen. Gegenüber beiden Entwicklungen erwies sich die Rechtsprechung
als weitgehend hilflos.

Nach anfänglichem Zögern fand nicht nur die rasch fortschreitende Vermachtung
der Märkte durch Kartelle die Billigung des *RG*,[2] sondern das *RG* lehnte darüber

---

[25] Umfassende Darstellung bei *E. Ulmer-v. Westerholt*, Das Recht des unlauteren
Wettbewerbs in den Mitgliedstaaten der EWG Bd. VI, Vereinigtes Königreich von
Großbritannien und Nordirland, 1981; vgl. außerdem z. B. *v. Westerholt*, Die Passing-
off-Klage im englischen Recht, 1977; *Kohler*, S. 63 ff.; *Lobe* Bd. I, S. 78 ff.
[26] S. GRURInt 1980, 318 f.
[1] S. *Lobe* Bd. I, S. 115 ff.; *Rittner*, S. 186.
[2] Grdl. *RGZ* 38, 155 v. 4. 2. 1897; dazu Kartellrecht, S. 22 f.

hinaus sogar jeden Schutz des Wettbewerbs gegen unlautere Machenschaften ab,[3] indem es ausdrücklich feststellte, der Begriff des unlauteren Wettbewerbs sei dem deutschen Recht – im Gegensatz zum französischen – fremd.[4] Zu diesem (erstaunlichen) Ergebnis gelangte das *RG* aufgrund eines Umkehrschlusses aus dem reichsrechtlich geregelten Firmen- und Warenzeichenrecht,[5] indem es annahm, hierdurch seien der Schutz der Verbraucher gegen Irreführungen und damit der unlautere Wettbewerb überhaupt reichsrechtlich abschließend geregelt; auch in den Gebieten des französischen Rechts sei deshalb ein Rückgriff auf die Generalklauseln der Art. 1382 und 1383 Code civil nicht mehr zulässig. Ein Schutz des lauteren Wettbewerbs fand seitdem in Deutschland nicht mehr statt.

2. UWG von 1896

Deutschland war so zu einem Land geworden, in dem unlauterer Wettbewerb praktisch unbeschränkt zulässig war. Dieser Zustand galt allgemein als unhaltbar und rief deshalb schon bald den Gesetzgeber auf den Plan. Erste Änderungen brachte bereits das Warenzeichengesetz von 1894.[6] Dieses Gesetz löste eine lebhafte Diskussion aus, die schließlich den Reichsgesetzgeber im Jahre 1896 zur Verabschiedung des ersten UWG veranlaßte,[7] mit dem wenigstens den gröbsten Auswüchsen des Wettbewerbs begegnet werden sollte.[8] Das Gesetz beschränkte sich deshalb auf Maßnahmen gegen die schlimmsten Mißstände; eine generelle Regelung des ganzen Fragenkreises war weder beabsichtigt noch in der Kürze der Zeit überhaupt möglich gewesen. Das Gesetz enthielt daher nur eine Reihe von Einzeltatbeständen, unter denen das Verbot der Irreführung (jetzt § 3), der Anschwärzung und der üblen Nachrede (jetzt §§ 14 und 15), des Mißbrauchs gewerblicher Kennzeichnungsmittel (jetzt § 16) und des Geheimnisverrats (jetzt §§ 17 bis 20 UWG) hervorzuheben sind.

Da das UWG von 1896 von vornherein nicht als abschließende Regelung gedacht war,[9] sah sich die Rechtsprechung nach Inkrafttreten des BGB im Jahre 1900 nicht mehr gehindert, zur Ausfüllung der verbliebenen Schutzlücken neben dem UWG von 1896 auf die Generalklauseln des BGB zurückzugreifen. Im Mittelpunkt stand dabei zunächst, durchaus in Übereinstimmung mit dem Willen des Gesetzgebers,[10] die Generalklausel des § 826 BGB.[11] Die Vorschrift des § 826 BGB erwies sich indessen bald

---

[3] Grdl. *RGZ* 3, 67 (69); 18, 93 (99 ff.); 20, 71 (75 f.) usw.; s. dazu die heftige Kritik bei *Baumbach*, S. 123; *Kohler*, S. 33 ff.; *Lobe*, GRUR 1931, 1215.

[4] So *RGZ* 20, 71 (75).

[5] MarkenschutzG v. 30. 11. 1874, RGBl. S. 143; sowie jetzt § 37 HGB.

[6] RGBl. S. 441.

[7] Reichsgesetz v. 27. 5.1896, RGBl. S. 145.

[8] Die Materialien zu dem UWG von 1896 sind erschöpfend abgedruckt bei *Lobe* Bd. III.

[9] S. die Denkschrift zum UWG von 1896, abgedr. bei *Lobe* (o. Fußn. 8); vgl. auch *Lobe*, GRUR 1931, 1216.

[10] Motive Bd. II, S. 726.

[11] Grdl. *RGZ* 48, 114 (119 f.) v. 19. 4.1901; im übrigen s. noch die bei *Lobe* Bd. I im Anhang abgedruckten Entscheidungen.

als viel zu eng, um einen umfassenden Schutz des Wettbewerbs gegen unlautere Machenschaften zu gewährleisten, weil § 826 BGB nur auf vorsätzliche Schädigungen anwendbar ist, Schädigungsvorsatz aber i. d. R. nicht nachgewiesen werden kann. In der Literatur setzten deshalb schon kurze Zeit nach Inkrafttreten des BGB verbreitete Bemühungen ein, neben § 826 BGB außerdem die Vorschrift des § 823 I BGB für den Schutz des lauteren Wettbewerbs zu aktivieren. Vor allem hier hat man die Wurzel für die die folgenden Jahrzehnte bestimmende Diskussion um das Schutzgut des Rechts gegen den unlauteren Wettbewerb zu suchen (s. u. § 3). Als Grundlage des Schutzes des lauteren Wettbewerbs wurden dabei insbes. das Persönlichkeitsrecht[12] und das Recht am Unternehmen erörtert.[13]

Wären die Bemühungen um die Anerkennung des so verstandenen Schutzgutes als absolutes Recht i. S. des § 823 I BGB von Erfolg gekrönt gewesen, so wäre in Deutschland ebenso wie namentlich in Frankreich auch ohne wettbewerbsrechtliche Generalklausel ein umfassender Schutz des lauteren Wettbewerbs bereits aufgrund des allgemeinen Deliktsrechts gewährleistet gewesen.[14] Tatsächlich ist jedoch die Rechtsprechung der Literatur auf dem Weg über § 823 I BGB niemals gefolgt. Das RG erkannte zwar das Recht am eingerichteten und ausgeübten Gewerbebetrieb als „absolutes" Recht an, beschränkte dessen Schutzbereich jedoch zunächst streng auf unmittelbar gegen den Bestand des Rechts gerichtete Eingriffe, so daß Maßnahmen des unlauteren Wettbewerbs nur in Ausnahmefällen erfaßt werden konnten.

3. UWG von 1909

Trotz unleugbarer Fortschritte blieb die Rechtslage somit insgesamt doch unbefriedigend. Deshalb griff der Gesetzgeber erneut ein und fügte in das UWG durch das Gesetz vom 7. 6.1909[15] eine Generalklausel ein, durch die erstmals im deutschen Recht sämtliche Wettbewerbshandlungen verboten wurden, die gegen die guten Sitten verstoßen. Damit sollten die Lücken geschlossen werden, die sich bei dem bisherigen Schutz der Gewerbetreibenden gegen unlautere Machenschaften ihrer Konkurrenten aufgrund des alten UWG und des BGB ergeben hatten.[16] In den ersten Jahren nach Inkrafttreten des neuen UWG war die Rechtsprechung gleichwohl sehr zurückhaltend in der Anwendung der Generalklausel. Erst mit Beginn der 20er Jahre trat hier ein grundlegender Wandel ein. Seitdem hat sich aufgrund der Generalklausel ein selbst für den Fachmann kaum noch übersehbares, bis in die kleinsten Verästelungen ausdifferenziertes System von Verhaltensnormen für Unternehmen im Wettbewerb entwickelt, demgegenüber die Einzeltatbestände im UWG und au-

---

[12] Grdl. *Lobe* Bd. I, S. 141ff., bes. 174ff.
[13] Insbes. *Baumbach*, S. 125ff.
[14] So in der Tat *Lobe* Bd. I, bes. S. 193ff., 221ff.; *ders.*, GRUR 1931, 1215 (1216f.); *Baumbach*, S. 125, 131ff., 158ff.
[15] RGBl. S. 499.
[16] Vgl. die Materialien zum UWG von 1909, zusammengestellt bei *Eichmann*, Vergleichende Werbung, S. XXIV.

ßerhalb des UWG – mit der einen wichtigen Ausnahme des § 3 UWG – zunehmend an Bedeutung verloren haben. Auch ein Rückgriff auf das BGB erfolgt heute nur noch in wenigen Fallgruppen und ist selbst dort nicht unproblematisch. Die Generalklausel ist so zur königlichen Norm des ganzen Rechts des unlauteren Wettbewerbs geworden, die die gesamte Materie beherrscht.

4. Spätere Entwicklung

a) Das UWG ist in der Folgezeit wiederholt geändert worden. Hervorzuheben ist zunächst das Änderungsgesetz vom 26. 6. 1969,[17] durch das insbes. der § 3 UWG in wichtigen Beziehungen erweitert wurde. Dieses Änderungsgesetz hat freilich zugleich durch die Einfügung der §§ 6 a und 6 b in das UWG durchaus bedenkliche Einschränkungen für bestimmte, neue Vertriebsformen gebracht, die an sich im UWG nichts zu suchen haben.

Weitere Änderungspläne nahmen erstmals Ende der siebziger Jahre konkrete Gestalt an, wobei (bedauerlicherweise) erneut eine Verstärkung des Mittelstands-, d. h. konkret des Konkurrentenschutzes durch Unterdrückung einiger besonders aggressiver Wettbewerbsformen in den Mittelpunkt des Interesses rückten. Dahinzielende Pläne waren erstmals 1978 und sodann wiederum 1982 bis zur Vorlage von Regierungsentwürfen für ein UWGÄndG gediehen.[18] Beide Entwürfe lösten zwar eine lebhafte Diskussion in der Literatur aus,[19] wurden aber nicht mehr verabschiedet. Deshalb legte die Bundesregierung 1986 einen neuen Entwurf für eine UWG-Novelle vor,[20] dem diesmal mehr Erfolg beschieden war. Die Novelle wurde am 25. 7. 1986 verkündet und ist am 1. 1. 1987 in Kraft getreten.[21]

Die Novelle brachte namentlich die folgenden, wichtigen Änderungen:[22] Auf den Druck der Mittelstandsvereinigungen in den großen Parteien hin wurden zunächst in den beiden neuen §§ 6 d und 6 e UWG zwei von kleinen und mittleren Unternehmen besonders gefürchtete Formen der Werbung generell verboten, nämlich in § 6 d die Werbung mit mengenmäßigen Beschränkungen und in § 6 e (ausgerechnet) die Werbung für Preissenkungen durch Gegenüberstellung des alten und des neuen Preises. Außerdem wurde in den §§ 7 und 8 UWG das Recht der Sonderveranstaltungen einschließlich der Räumungsverkäufe völlig neu geregelt. Während die Änderungen des § 13 (von der Einfügung des Mißbrauchstatbestandes des Abs. 5 abgesehen) im wesentlichen redaktioneller Art sind, bringt § 13 a UWG für private und gewerbliche Abnehmer, wenn

---

[17] BGBl. I, S. 633.
[18] RegE v. 1978, BT-Dr. 8 (1978)/2145 = BR-Dr. 226/78; RegE von 1982, BT-Dr. 9 (1982)/1707 = *Baumbach-Hefermehl*, S. 20 ff.
[19] Nachw. bei *Baumbach-Hefermehl*, S. 27 f.
[20] BT-Dr. 10 (1986)/4741; Ausschußbericht, BT-Dr. 10 (1986)/5771.
[21] BGBl. I, S. 1169.
[22] Vgl. dazu im einzelnen *Sack*, BB 1986, 679 u. 953 sowie 2205.

sie durch irreführende Werbeangaben i. S. des § 4 zum Vertragsschluß
bestimmt worden waren, ein neues Rücktrittsrecht. Hinzuweisen ist
schließlich noch auf den neuen § 23a UWG, der in bestimmten Fällen
eine Ermäßigung des Streitwerts ermöglicht.

Gleichzeitig mit der UWG-Novelle von 1986 wurde das 2. Gesetz zur
Bekämpfung der Wirtschaftskriminalität (2. WiKG) verabschiedet.[23] Dieses Gesetz, das bereits am 1. 8.1986 in Kraft getreten ist, enthält in Art. 4
ebenfalls wichtige Änderungen des UWG. Hervorzuheben sind das Verbot der progressiven Kundenwerbung, des sog. Schneeballsystems, durch
den neuen § 6c UWG sowie die erhebliche Verschärfung der Strafvorschriften des § 17 gegen Betriebsspionage.[24] Hinzuweisen ist schließlich
noch auf den neuen § 22 Abs. 1 S. 2 UWG, der jetzt in den Fällen der
§§ 17, 18 und 20 auch Amtsverfahren erlaubt.

Zu dem UWG sind außerdem im Laufe der Zeit verschiedene Nebengesetze hinzugetreten. Noch heute wichtig sind die sog. Zugabeverordnung vom 9. 3. 1932[25] und das Rabattgesetz vom 25. 11.1933.[26] Hingegen
sind die Anordnung des Reichswirtschaftsministers betreffend Sonderveranstaltungen vom 4. 7.1935[27] sowie die Verordnung des Bundeswirtschaftsministers über Sommer- und Winterschlußverkäufe vom
13. 7.1950[28] durch die Novelle von 1986 inzwischen wieder aufgehoben
worden. An ihre Stelle sind die neuen §§ 7 und 8 UWG getreten.

b) Alle genannten Änderungen und Ergänzungen des UWG haben
freilich die Generalklausel des § 1 UWG und damit den Kern der ganzen
Materie unberührt gelassen. Das bedeutet nichts anderes, als daß das
Recht des unlauteren Wettbewerbs im wesentlichen seit 1909 unverändert fortgilt. Hinter dieser äußerlichen Kontinuität der Materie verbergen
sich freilich tiefgreifende Wandlungen, die hier nur angedeutet werden
können.[29] Die wichtigste hat sich in der Frage der geschützten Interessen
und damit in der Frage nach dem Zweck der ganzen Regelung vollzogen.
Während das UWG ursprünglich als reiner, deliktsrechtlicher Konkurrentenschutz verstanden wurde, gewinnt heute der parallele Schutz der
Interessen der Allgemeinheit und der Verbraucher bei der Interpretation
des UWG zunehmende Bedeutung (dazu u. § 3).

Verstärkt worden ist diese Entwicklung noch durch das Inkrafttreten des GWB im
Jahre 1958. Seitdem ist man sich der Wechselwirkungen zwischen UWG und GWB
zunehmend bewußt geworden (dazu u. § 5, 4). Inzwischen ist sogar der Zeitpunkt

---

[23] BGBl. I, S. 721; s. dazu die RegE, BT-Dr. 9 (1982)/2008; 10 (1983)/318; den
Ausschußbericht, BT-Dr. 10 (1986)/5058.
[24] S. z. B. *Achenbach*, NJW 1986, 1835 (1840); *A. Weber*, WM 1986, 1133; *Möhrenschlager*, wistra 1986, 123, 128; *Joecks*, wistra 1986, 142.
[25] RGBl. I, S. 121.
[26] RGBl. I, S. 1011.
[27] RAnz Nr. 158.
[28] BAnz Nr. 135 i. d. F. der VO vom 28. 7.1969 (BAnz Nr. 138).
[29] Vgl. z. B. *Hefermehl*, in: Festschr. f. Fischer, S. 197.

abzusehen, in dem beide Materien praktisch zu einem einheitlichen Wettbewerbsrecht verschmelzen werden. Dieser hier nur angedeutete Wandel in dem Grundverständnis des UWG, auf den in der folgenden Darstellung laufend zurückzukommen sein wird, macht es auf die Dauer unausweichlich, die tradierte, durch eine z. T. schon sehr weit zurückreichende Rechtsprechung geprägte Interpretation des § 1 UWG kritisch daraufhin zu überprüfen, ob sie nicht eine in heutiger Sicht nicht mehr akzeptable Einschränkung des freien Wettbewerbs bewirkt. Für viele auf der Grundlage des UWG entwickelte und bis heute unreflektiert fortgeschriebene Rechtsinstitute von der sklavischen Nachahmung über die vergleichende Werbung bis hin zum Schutze sog. berühmter Zeichen gegen ihre Verwässerung dürfte dies in der Tat zutreffen. Jedoch darf man hierbei nicht stehen bleiben, da die verstreuten, gesetzlichen Bestimmungen zum Schutze des lauteren Wettbewerbs gleichfalls schon seit langem einer dringenden Überprüfung auf ihre Konsistenz mit unserem heutigen Verständnis einer Wettbewerbsordnung bedürfen. Bereits hier kann insoweit, das Ergebnis späterer Ausführungen vorwegnehmend, festgestellt werden, daß jedenfalls die Zugabeverordnung und das Rabattgesetz im Grunde überflüssig sind und ihren Fortbestand nur dem oft erstaunlichen Beharrungsvermögen einmal überlieferter, für die Betroffenen so bequemer Wettbewerbsbeschränkungen verdanken.

§ 3. Schutzgut

Literatur: Baumbach, S. 125 ff., 128 f.; *ders.*, MuW Bd. XXXI (1931), 5; *Baumbach-Hefermehl*, Einl. UWG Rdnrn. 39 ff.; *Böhm*, S. 284 ff.; *Burmann*, WRP 1968, 258; 1973, 313; *Callmann*, S. 28 ff.; *v. Falkenstein*, in: Mitarbeiterfestschr. f. E. Ulmer, 1973, S. 307; *Fikentscher*, S. 157, 184, bes. 223 ff.; *Greuner*, in: Hdb., § 2 (S. 17 ff.); *v. Godin*, § 1 UWG Rdnrn. 15 ff.; *Goll*, GRUR 1976, 486; *Hefermehl*, in: Festschr. f. Nipperdey Bd. I, 1955, S. 283; *ders.*, in: Festschr. f. Kastner, Wien 1972, S. 813, *ders.*, in: Festschr. f. Fischer, 1979, S. 197; *E. v. Hippel*, RabelsZ 40 (1976), 535; *Hermann Isay*, Das Rechtsgut des Wettbewerbsrechts, 1933, bes. S 62 ff.; *Kirchberger*, Unlauterer, sittenwidriger und unerlaubter Wettbewerb, 1931, bes. S. 55 ff.; *Kisseler*, WRP 1972, 557; *Knöpfle*, Der Rechtsbegriff ,,Wettbewerb'' und die Realität des Wirtschaftslebens, 1966, bes. S. 34 ff., 48 ff.; *Kohler*, S. 18 ff.; *A. Kraft*, Interessenabwägung, S. 148 ff., 192 ff.; *ders.*, in: Festschr. f. Bartholomeyczik, 1973, S. 223; *Kummer*, Anwendungsbereich und Schutzgut der privatrechtlichen Rechtssätze gegen unlauteren und gegen freiheitsbeschränkenden Wettbewerb, Bern 1960, S. 77 ff.; *Lindacher*, BB 1975, 1311; *Lobe* Bd. I, S. 157 ff., bes. 174 ff.; *ders.*, GRUR 1910, 3; *ders.*, MuW Bd. XVIII (1918/ 19), 70; *ders.*, Gruchot 72 (1932), 145; *ders.*, GRUR 1931, 1215; *Mertens*, ZHR 139 (1975), 438; *Möschel*, Pressekonzentration und Wettbewerbsgesetz, 1978, S. 133 ff.; *Nastelsky*, GRUR 1969, 322; *Nerreter*, Grundlagen, S. 86 ff.; *Nordemann*, Tz. 20 ff.; *L. Raiser*, in: Summum ius, summa iniuria, 1963, S. 145; *Reimer-v. Gamm*, S. 10 f.; *Rinck*, in: Göttinger Festschr. f. das OLG Celle, 1961, S. 151; *Sack*, GRUR 1970, 493; *ders.*, NJW 1975, 1303; *Sambuc*, Folgenerwägungen im Richterrecht, 1977, S. 11 ff., 75 ff.; *Samwer*, GRUR 1969, 326; *Schrauder*, Wettbewerbsverstöße als Eingriffe in das Recht am Gewerbebetrieb, 1970, S. 109 ff.; *Schricker*, GRUR 1974, 579; *ders.*, ZHR 139 (1975), 208; *ders.*, RabelsZ 36 (1972), 315; 40 (1976), 535; *Smoschewer*, UFITA 3 (1931), 120, 233, 350; *Tilmann*, ZHR 141 (1977), 32; *E. Ulmer*, Sinnzusammenhänge im modernen Wettbewerbsrecht, 1932, S. 7 f.; *ders.*, GRUR 1937, 769; *Ulmer-Reimer*, Tz 24 ff.

Die Diskussion um das sog. Schutzgut des Rechts des unlauteren Wettbewerbs hatte schon unter dem alten UWG von 1896 eingesetzt und ist bis heute nicht zum Abschluß gekommen. Will man hier Klarheit gewinnen, so muß man sich von vornherein stets bewußt sein, daß sich hinter der ausufernden Schutzgutdiskussion drei ganz verschiedene Probleme verbergen. Im Mittelpunkt des Interesses steht dabei sicher die Frage nach dem durch das UWG geschützten Rechtsgut (sog. Schutzobjekt). Davon zu trennen ist die Frage nach den geschützten Personen (sog. Schutzsubjekt), mögen auch beide Fragen unverkennbar Berührungspunkte aufweisen. Und hinter dieser ganzen Auseinandersetzung steht letztlich immer die Frage nach Sinn und Zweck der ganzen Regelung.[1]

1. Schutzobjekt

Nach der Konzeption des Gesetzgebers handelte es sich bei dem UWG im Kern um nichts anderes als um einen deliktsrechtlichen Konkurrentenschutz. Das legte und legt die Frage nach dem hierdurch geschützten Rechtsgut der Konkurrenten nahe, zumal von der Antwort auf diese Frage entscheidend die Interpretation namentlich der Generalklausel des § 1 UWG abhängt. Dabei ist schon umstritten, ob das UWG überhaupt ein subjektives Recht der Konkurrenten schützt oder ob es sich nicht vielmehr bei der ganzen Materie (heute) um einen bloßen, übergreifenden Schutz bestimmter, privater oder öffentlicher Interessen handelt.

a) Subjektive Rechte der Konkurrenten?

aa) Die verbreiteten Bemühungen der Literatur um den Nachweis eines durch das UWG geschützten, subjektiven Rechts der Konkurrenten haben verschiedene Ursachen. Am wichtigsten dürfte dabei ursprünglich ein Umstand gewesen sein, der mit der Gesetzesgeschichte zusammenhängt und heute eigentlich obsolet ist. Gemeint ist die Beschränkung des alten UWG von 1896 auf verschiedene Einzeltatbestände unter Verzicht auf eine Generalklausel, woraus sich spätestens nach Inkrafttreten des BGB die Notwendigkeit ergeben hatte, zur Schließung der verbliebenen, zahlreichen Schutzlücken auf die deliktsrechtlichen Generalklauseln zurückzugreifen (s. o. § 2,2). Hinsichtlich des § 823 I BGB war dies jedoch nur möglich gewesen, wenn man unlautere Handlungen einzelner Unternehmen als Verletzung bestimmter, absoluter Rechte ihrer Konkurrenten interpretieren konnte.[2]

Dieser Grund für die Suche nach einem absoluten Recht als Schutzobjekt des UWG war an sich mit Einführung der Generalklausel im Jahre 1909 obsolet geworden. Daß die Suche gleichwohl fortgesetzt wurde, hatte verschiedene Gründe. Besonders wichtig war dabei zunächst der verbreitete Wunsch, bei unlauteren Handlungen nicht immer gleich die Generalklausel des § 1 UWG bemühen zu müssen, weil man den damit verbundenen Vorwurf unsittlichen Verhaltens scheute; als Ausweg empfahl sich deshalb weiterhin der Rückgriff auf den sittlich neutralen § 823 I BGB.[3] Hinzukam die bis

---

[1] So grdl. *E. Ulmer*, GRUR 1937, 772f.
[2] Grdl. in diesem Sinne *Lobe* Bd. I, passim, bes. S. 141ff., 174ff.
[3] So insb. *Baumbach*, S. 125ff.; *ders.*, DJZ 1931, Sp. 58ff.; *ders.*, JW 1930, 1643 (bes. 1645f.); *Lobe* (o. Fußn. 2); *ders.*, GRUR 1910, 3 (bes. 6ff.); *ders.*, MuW Bd. XVIII (1918/19), 70 (bes. 73); *ders.*, Gruchot 72 (1932), 145 (bes. 155); *ders.*, GRUR 1931, 1215 (bes. 1216ff.).

heute anzutreffende Vorstellung, die Zubilligung von Unterlassungs- und Schadensersatzansprüchen an die durch unlautere Handlungen verletzten Gewerbetreibenden (s. §§ 1 und 13 UWG) sei im Grunde nur erklärlich, wenn dadurch in absolute, subjektive Rechte der Betroffenen eingegriffen worden sei.[4] Eine große Rolle spielten schließlich noch die am subjektiven Recht als oberstem Einteilungsgesichtspunkt ausgerichteten Systematisierungsbemühungen des früheren, zivilistischen Schrifttums, die es als zumindest zweckmäßig erscheinen ließen, auch das UWG als Mittel zum Schutze bestimmter, subjektiver Rechte in das System des Privatrechts einzuordnen.[5]

bb) Es waren somit durchaus unterschiedliche Überlegungen, die letztlich zu der bis heute anhaltenden Suche nach einem durch das UWG geschützten Rechtsgut der Konkurrenten geführt haben. Es verwundert daher nicht, daß es bislang nicht gelungen ist, Einigkeit über das durch das UWG geschützte Rechtsgut zu erzielen.

Bei weitem am häufigsten findet sich bis auf den heutigen Tag die Auffassung, Schutzobjekt des UWG sei ein bestimmtes *Persönlichkeitsrecht* der durch unlautere Handlungen ihrer Konkurrenten verletzten Gewerbetreibenden.[6] Als Gegenstand oder besser Substrat dieses Persönlichkeitsrechts werden dabei namentlich die freie, gewerbliche Betätigung[7] oder die in der Wettbewerbsstellung zusammengefaßten Interessen der Gewerbetreibenden[8] genannt.

Die zweite Hauptrichtung in der Literatur sieht hingegen in dem *Unternehmen* der durch unlautere Handlungen betroffenen Gewerbetreibenden das eigentliche, durch das UWG geschützte Rechtsgut.[9] Dabei handelt es sich im Grunde lediglich um eine Fortentwicklung der bekannten Rechtsprechung des RG zum Schutze des eingerichteten und ausgeübten Gewerbebetriebs aufgrund des § 823 I BGB. -

Natürlich gibt es noch zahlreiche andere Meinungen. So erblickte z. B. *Franz Böhm*[10] das geschützte Rechtsgut des UWG einfach in der Chance jedes Unternehmens, im Wettbewerb mit der besten Leistung zum Zuge zu kommen, d. h. in der echten und ehrlichen Rentabilität des Unternehmens, während *Hermann Isay*[11] in erster Linie auf das sog. Berufsethos des Gewerbes abstellen wollte; seiner Meinung

---

[4] So zuletzt *Fikentscher*, S. 223 ff.

[5] Vgl. insb. *Nerreter*, Grundlagen, S. 86 ff.

[6] Grdl. *Lobe* Bd. I, S. 174 ff., bes. 87 ff.; *ders.*, GRUR 1910, 3 (5 ff.); 1931, 1215 (1216 ff.); MuW XVIII, 70 (73); *Gruchot* 72, 145 (155); sowie *Kohler*, S. 18 ff.; außerdem noch *Fikentscher*, S. 207 ff., 223 ff., bes. 226 ff.; *Kirchberger*, Unlauterer, sittenwidriger und unerlaubter Wettbewerb, S. 56 ff., bes. 60 ff., 77 ff.; *Kummer*, Anwendungsbereich und Schutzgut, S. 77 ff.; *Nerreter*, Grundlagen, S. 86 ff., bes. 94 ff.; *Smoschewer*, UFITA 3 (1931), 120, 233, 350.

[7] *Lobe* Bd. I, S. 164 ff., 174 ff., 183 ff.; ebenso i. Erg. auch *Fikentscher*, S. 207 ff.; zust. einmal RGZ 135, 385 (395).

[8] So *Kummer*, Anwendungsbereich und Schutzgut, S. 77 ff., bes. S. 87 ff., nach dem die Wettbewerbsstellung die auf einen auf Gewinn gerichteten Leistungsaustausch zielenden Interessen umfaßt.

[9] Grdl. *Baumbach*, S. 125 ff.; *ders.*, DJZ 1931, Sp. 58; *ders.*, JW 1930, 1643 (1645 f.); *Callmann*, S. 31 ff.; *v. Godin*, § 1 UWG Rdnrn. 15 f.; offenbar auch *E. Ulmer*, Sinnzusammenhänge, S. 7 f.

[10] Wettbewerb und Monopolkampf, S. 284 ff.

[11] Das Rechtsgut des Wettbewerbsrechts, bes. S. 62 ff.

nach hat deshalb § 1 UWG vornehmlich die Funktion, dem Richter die Aufgabe zu übertragen, fortlaufend die zum Schutze dieses Berufsethos erforderlichen, neuen Verhaltensnormen zu entwickeln.

b) Interessenschutz?

aa) Im neueren Schrifttum wird die Diskussion über das Schutzobjekt des UWG nur noch lustlos fortgesetzt. Seitdem 1937 *E. Ulmer*[12] darauf hingewiesen hat, daß es bei der ganzen Diskussion im Grunde nur um die Frage nach Sinn und Zweck des Wettbewerbsrechts gehe, überwiegt in der Literatur deutlich die Skepsis gegenüber der Möglichkeit, ein absolutes Recht der Gewerbetreibenden als durch das UWG geschütztes Rechtsgut nachzuweisen; statt dessen wird der Zweck des UWG heute meistens in einem umfassenden Interessen- oder Institutionenschutz gesehen. Aufgabe des UWG ist es danach vor allem, durch die Aufstellung objektiver Verhaltensnormen im Interesse der Konkurrenten, der übrigen Marktbeteiligten und der Allgemeinheit – im Zusammenwirken mit dem GWB – die Funktionsfähigkeit der Wettbewerbsordnung sicherzustellen.[13] In dieselbe Richtung tendiert deutlich die neuere Rechtsprechung.[14]

bb) Nun muß das eine das andere nicht notwendig ausschließen; d. h. selbst wenn das UWG vor allem die Aufgabe hat, im Interesse aller die Funktionsfähigkeit der Wettbewerbsordnung zu schützen, bliebe die Vorstellung eines durch das UWG (zusätzlich) geschützten, subjektiven Rechts der Gewerbetreibenden möglich. Gegen die ,,Existenz" eines solchen Rechts bestehen jedoch in der Tat Bedenken, die es als zumindest problematisch erscheinen lassen, an der Vorstellung eines solchen Rechts noch länger festzuhalten.

Der erste Einwand geht dahin, daß es zahlreiche Formen unlauteren Wettbewerbs gibt, durch die schon ihrer Eigenart nach die Konkurrenten des Täters kaum verletzt werden können. Zu denken ist hier vor allem an sämtliche Handlungen, die sich in erster Linie gegen die Verbraucher richten. Namentlich in den Fällen der irreführenden Reklame und der Belästigung der Verbraucher durch übermäßige Werbung sind die Auswirkungen auf die Konkurrenten i. d. R. so unbestimmt, diffus und im Grunde unfaßbar, daß hier vernünftigerweise von der Verletzung irgend-

---

[12] GRUR 1937, 769 (772 f.).
[13] So insb. *Baumbach-Hefermehl*, Einl. UWG Rdnrn. 47 ff.; *Hefermehl*, in: 1. Festschr. f. Nipperdey, S. 283 (285 ff.); *Knöpfle*, Wettbewerb, S. 34 ff., bes. 38 ff.; *Kraft*, Interessenabwägung, S. 196 ff., bes. 200 ff.; *L. Raiser*, in: Summum ius, S. 145 ff.; *Rinck*, in: Göttinger Festschr. f. das OLG Celle, S. 161 ff.; *Schrauder*, Wettbewerbsverstöße, S. 109 ff., bes. S. 130 ff.; *E. Ulmer*, GRUR 1937, 772 f.; *ders.*, Das Recht des unlauteren Wettbewerbs in den Mitgliedstaaten der EWG Bd. I, Tz. 76 ff., bes. 79; *Ulmer-Reimer*, Tz 28 ff.
[14] Grdl. *BVerfGE* 32, 311 (316); 51, 193 = *NJW* 1972, 573; 1980, 383 (385); *BGHZ* 35, 329 (333).

eines bestimmten, subjektiven Rechts der Konkurrenten nicht mehr die Rede sein kann. Außerdem ist zu bedenken, daß die Annahme subjektiver Rechte der Unternehmen gegeneinander im Wettbewerb mit dem Referenzsystem eines hinreichend freien und fairen Wettbewerbs nur schwer zu vereinbaren ist. Denn in einem solchen System hat grundsätzlich kein Unternehmen Anspruch auf Erhaltung seines Kundenkreises, ja noch nicht einmal auf Überleben. Nur die bessere Leistung soll entscheiden; wer nicht mehr mithalten kann, soll ausscheiden. Die Vorstellung subjektiver Rechte der Unternehmen, deren Grenzen durch die Regeln des unlauteren Wettbewerbs gezogen werden, ist daher offenbar nur wenig geeignet, die Funktionsweise dieses Systems angemessen zu beschreiben. Und schließlich bleibt zu bedenken, daß sich der Zweck des UWG nach heute ganz allgemeiner Meinung ohnehin nicht mehr in einem bloßen Konkurrentenschutz erschöpft. Daneben ist vielmehr schon seit langem mit gleichem Rang der Schutz der übrigen Marktbeteiligten und der Allgemeinheit getreten.

2. Schutzsubjekt

a) Sozialrechtliches Verständnis des UWG

Noch der Gesetzgeber von 1909 hatte das UWG in Übereinstimmung mit der damals ganz überwiegenden Meinung als reinen, deliktsrechtlichen Konkurrentenschutz verstanden. Darauf deuten nicht nur die Einzeltatbestände der §§ 14 bis 20 hin, sondern auch die Ableitung der wettbewerbsrechtlichen Generalklausel aus § 826 BGB sowie die vorausgegangene, breite Diskussion über die Möglichkeit, den § 823 I BGB ebenfalls zum Schutze der Konkurrenten gegen unlauteren Wettbewerb zu mobilisieren.

Jedoch ist die Entwicklung hierbei nicht stehengeblieben; vielmehr setzte sich vor allem unter dem Einfluß des § 13 II UWG, der schon immer bestimmten Verbänden neben den verletzten Gewerbetreibenden ein Klagerecht einräumte, zunächst in der Rechtsprechung[15] und sodann im Schrifttum[16] ein sog. *sozialrechtliches Verständnis* des UWG durch.

---

[15] Grdl. *RGZ* 128, 330 (343); 160, 385 (388); *RG*, MuW 1929, 383; 1930, 231; *GRUR* 1936, 810 (812); auch schon *RGZ* 79, 321 (325); ebenso heute *BGHZ* 19, 392 (396 f.); 23, 365 (371); 34, 264 (271); 43, 278 (282 f.); 51, 236 (242) (= JuS 1965, 457 Nr. 5; 1969, 389 Nr. 7); 54, 188 (190 f.); 56, 18 (19); auch *BGHZ* 65, 68 (72) = JuS 1976, 262 Nr. 13; LM § 14 UWG Nr. 26 = GRUR 1955, 541.

[16] Aus der sehr umfangreichen Literatur vgl. z. B. *Baumbach-Hefermehl*, Einl. UWG Rdnrn. 40 ff. m. Nachw.; *Fikentscher*, S. 157 ff., 233 ff.; *Hefermehl*, in: 1. Festschr. f. Nipperdey, S. 286 f.; *ders.*, in: Festschr. f. Kastner, S. 185 ff.; *ders.*, in: Festschr. f. R. Fischer, S. 200 ff.; *Knöpfle*, Wettbewerb, S. 48 ff.; *Kraft*, Interessenabwägung, S. 192 ff., 209 ff.; *Lindacher*, BB 1975, 1311 f.; *Mertens*, ZHR 139, 438 (449 f.); *Möschel*, S. 133 ff.; *Nastelski*, GRUR 1969, 322; *Reimer-v. Gamm*, S. 10 f.; *Sack*, GRUR 1970, 500 ff.; *Sambuc*, S. 11 ff., 75 ff.; *Schricker*, GRUR 1974, 579 f.; *ders.*, ZHR

Gemeint ist damit die Annahme, daß das UWG neben dem Schutz der
Gewerbetreibenden gegen unlautere Handlungen gleichrangig den
Schutz der anderen Marktbeteiligten einschließlich namentlich der Ver-
braucher sowie den Schutz der Allgemeinheit bezweckt.

So gefestigt damit das Ergebnis auch inzwischen erscheinen mag, so
wenig klar ist freilich bislang geworden, was eigentlich konkret mit dem
sozialrechtlichen Verständnis des UWG gemeint sein soll. Weder der
Verbraucherschutz noch der Schutz der Allgemeinheit über das UWG
haben bisher – von einigen wenigen Fallgruppen einmal abgesehen – klare
Konturen gewonnen. Deshalb sind hier noch einige, weiterführende Bemerkungen unerläßlich.

b) Verbraucherschutz

Schon die Vorschrift des § 13 Abs. 2 zeigt, daß insbes. bei der Anwendung der beiden Generalklauseln der §§ 1 und 3 UWG der Blick keinesfalls streng auf die Interessen etwaiger, verletzter Konkurrenten beschränkt werden darf, sondern weit darüber hinaus außerdem die gesamten, sonstigen Marktverhältnisse sowie die Interessen der Verbraucher
mitumfassen muß. Anderenfalls wäre es nämlich nicht erklärlich, warum
der Gesetzgeber neben den verletzten Gewerbetreibenden auch den Interessenverbänden, den Verbraucherverbänden sowie den Kammern in
§ 13 II Nrn. 2 bis 4 UWG ein Klagerecht eingeräumt hat. Im Grunde ist
damit freilich nur die Selbstverständlichkeit zum Ausdruck gebracht, daß
der Richter bei der Konkretisierung der Generalklausel stets notwendigerweise alle dadurch betroffenen Interessen berücksichtigen muß und
keine Entscheidung fällen darf, durch die vorrangige Interessen der Verbraucher oder der Allgemeinheit schwerwiegend beeinträchtigt werden
können. Besonderes Gewicht wird dabei heute, zumal nach den Änderungen durch die Novelle von 1986, allgemein auf einen verstärkten Verbraucherschutz gelegt.[17]

Es ist daher nicht auszuschließen, daß auf die Dauer die zunehmende
Betonung des Verbraucherschutzes in der einen oder anderen Beziehung
zu einem Wandel bei der Auslegung namentlich des § 1 UWG führen
wird. Zu erinnern ist hier etwa auf der einen Seite an die Diskussion über
die irreführende und die belästigende Werbung einschließlich der Sugge-

---

139, 208 ff.; ders., RabelsZ 36, 329 ff.; 40, 535 ff.; E. Ulmer, GRUR 1937, 772 f.; Ulmer-
Reimer, Tz. 24 ff.; – a. A. aber Baumbach, S. 128 f.; ders., MuW Bd. XXXI (1931), 5 ff.;
Burmann, WRP 1968, 258 ff.; Kirchberger, S. 30 ff.; Kohler, S. 18 ff.; Lobe Bd. I,
S. 174 ff.; Samwer, GRUR 1969, 326; Schwartz, GRUR 1967, 333; zurückhaltend auch
Kraft, in: Festschr. f. Bartholomeyczik, S. 229 ff.
[17] Vgl. z. B. Goll, GRUR 1976, 486; Hefermehl, in: Festschr. f. Kastner, S. 183;
M. Lehmann, Vertragsanbahnung durch Werbung, 1981; Mertens, ZHR 139, 438;
Sack, Unlauterer Wettbewerb und Folgeverträge, 1974; ders., NJW 1975, 1303; Sam-
wer, GRUR 1969, 326; Schricker, GRUR 1974, 579; ders., ZHR 139, 208; ders.,
RabelsZ 36, 315; 40, 535; Tilmann, ZHR 141, 32.

stivwerbung und auf der anderen Seite an die Diskussion über die vergleichende Werbung. Die fortschreitende Lockerung des sog. Verbots der vergleichenden Werbung in der Praxis der letzten Jahre (u. § 6, 7b) kann man daher durchaus als eine besonders deutliche Auswirkung des sich verstärkenden, „sozialrechtlichen" Verständnisses des UWG interpretieren.

Aufs ganze gesehen handelt es sich indessen dabei bisher um bloße Randkorrekturen. Selbst wenn man nämlich in dem UWG in erster Linie ein Mittel des deliktsrechtlichen Konkurrentenschutzes erblickt, hindert doch tatsächlich nichts eine gleichzeitige Berücksichtigung der legitimen Interessen der Verbraucher und der übrigen Marktbeteiligten. Im Grunde geht es daher hierbei lediglich um eine bloße Akzentverschiebung, nicht mehr. Ganz anders steht es hingegen mit einer etwaigen, zusätzlichen Einbeziehung der Interessen der Allgemeinheit in den Kreis der durch das UWG geschützten Interessen.

c) Interessen der Allgemeinheit

Es besteht heute weitgehende Einigkeit darüber, daß das UWG u. a. die Aufgabe hat, die Interessen der Allgemeinheit zu schützen. Doch erweist sich diese Annahme bei näherem Zusehen als durchaus nicht unproblematisch.

Die Praxis hat bisher aus dem angeblichen Schutz von Allgemeininteressen durch das UWG für sich lediglich das Recht abgeleitet, aufgrund des § 1 UWG bestimmte Wettbewerbsmaßnahmen zu verbieten, durch die ihrer Meinung nach der Bestand des Wettbewerbs selbst bedroht ist. Die wichtigsten Beispiele sind die massenweise Verteilung von Originalware und die Herausgabe von Anzeigenblättern mit redaktionellem Teil (s. dazu u. § 15). Im Schrifttum wird hieraus verbreitet gefolgert, das UWG sei nicht (mehr) wirtschaftspolitisch neutral, sondern habe heute die zusätzliche Aufgabe, in Ergänzung zum GWB den Wettbewerb gegen dessen Ausschluß oder übermäßige Beschränkung zu schützen (sog. marktbezogene Unlauterkeit).

Folgt man dem (dazu im einzelnen u. § 5, 4), so reduziert sich die diffuse Bezugnahme auf die sonst gar nicht konkret zu fassenden Interessen der Allgemeinheit auf die mittlerweile nicht mehr ernsthaft bestrittene Notwendigkeit, bei der Auslegung des UWG die Wertungen des GWB zu berücksichtigen. In der Tat kann der Forderung nach Berücksichtigung der Interessen der Allgemeinheit bei der Auslegung des UWG nur mit dieser Präzisierung zugestimmt werden. Jede weitergehende Auffassung müßte hingegen zu einem bedenklichen Verlust an Rechtssicherheit führen, weil der Inhalt der sog. Interessen der Allgemeinheit völlig unbestimmt ist, so daß sich hier ein Einfallstor zur beliebigen Berücksichtigung selbst tagespolitischer Wertungen ergäbe.

§ 4. Anwendungsbereich

Literatur: Baumbach, S. 181 ff.; Baumbach-Hefermehl, Einl. UWG Rdnrn. 168 ff., 192 ff.; Callmann, S. 23 ff., 40; Eichmann, Die vergleichende Werbung in Theorie und Praxis, 1967, S. 21 ff.; Fezer, in: RWW, 3. O. Rdnrn. 113 ff.; Fikentscher, Wettbewerb und gewerblicher Rechtsschutz, 1958, S. 31 ff.; v. Godin, § 1 UWG Rdnrn. 4 ff.; Hefer-

mehl, in: Festschr. f. Nipperdey, 1955, S. 283; *ders.* in: Festschr. f. R. Fischer, 1979, S. 197; *ders.*, in: Festschr. f. Kummer, Bern 1980, S. 345; *R. Knöpfle*, Der Rechtsbegriff „Wettbewerb" und die Realität des Wirtschaftslebens, 1966, S. 9ff., 67ff.; *Koppensteiner*, S. 303f.; *Kraft*, Interessenabwägung, S. 187ff.; *Kummer*, Anwendungsbereich und Schutzgut der privatrechtlichen Rechtssätze gegen unlauteren und gegen freiheitsbeschränkenden Wettbewerb, 1960, S. 3ff.; *Lindacher*, BB 1975, 1311; *Nordemann*, Tz. 7ff.; *Reimer-v. Gamm*, S. 29ff., 131ff.; *Sandrock*, Grundbegriffe, S. 103ff., 130ff., 193ff.; *Troller*, Das internationale Privatrecht des unlauteren Wettbewerbs, Freiburg/Schweiz 1962; *Ulmer-Reimer*, Tz. 15, 69ff.; *Wilde* u. *Kreft*, in: Hdb., §§ 5f., 10f. (S. 35, 92ff.); *Henning-Bodewig*, BB 1986 Beilage 18.

1. Überblick

Die Anwendung der meisten Vorschriften des UWG setzt voraus, daß eine Handlung „im geschäftlichen Verkehr" vorliegt; in der Mehrzahl der Fälle muß außerdem noch hinzukommen, daß die Handlung „zu Zwecken des Wettbewerbs" begangen ist (vgl. die §§ 1, 3, 5, 6a, 6b, 6d, 6e, 12, 13, 14, 17, 18 und 20). Als erstes ist deshalb stets zu prüfen, ob es sich bei der fraglichen Maßnahme um eine Handlung im geschäftlichen Verkehr, und zwar gerade zu Zwecken des Wettbewerbs, handelt. Fehlt es hieran, so scheidet eine Anwendung des UWG von vornherein aus. Anwendbar ist dann vielmehr allein das allgemeine Deliktsrecht. Zusätzliche Probleme stellt die Anwendung des UWG auf die ständig wachsende, erwerbswirtschaftliche Betätigung der öffentlichen Hand. Namentlich die Abgrenzung der hoheitlichen Tätigkeit des Staates von seiner erwerbswirtschaftlichen Betätigung, die allein dem UWG unterliegt, bereitet hier im Einzelfall erhebliche Schwierigkeiten (dazu u. 4).

Wieder andere Fragen stellen sich bei grenzüberschreitenden Handlungen, wie sie im Gefolge der zunehmenden, wirtschaftlichen Verflechtung der großen Industrienationen immer häufiger vorkommen. In diesen Fällen muß als erstes entschieden werden, welche Rechtsordnung überhaupt auf die betreffende Handlung Anwendung findet (dazu u. 5). Schließlich bedarf bei der Beteiligung von Ausländern an Wettbewerbshandlungen noch der internationale Anwendungsbereich des Gesetzes besonderer Betrachtung (dazu u. 6). Dieser Fragenkreis ist heute in der Mehrzahl der Fälle durch völkerrechtliche Verträge geregelt.

2. Geschäftlicher Verkehr

a) Die beiden Generalklauseln (§§ 1 und 3) sowie eine Reihe weiterer, wichtiger Vorschriften des UWG (§§ 3, 6a, 6b, 6d, 6e, 12, 13, 17 und 18) sind nur anwendbar auf Handlungen „im geschäftlichen Verkehr". Dasselbe gilt für die ZugabeVO (§ 1) und für das RabattG (§ 1). Zweck dieses Tatbestandsmerkmals ist es vor allem, sämtliche rein privaten und rein hoheitlichen Tätigkeiten aus dem Anwendungsbereich des UWG und seiner Nebengesetze auszuklammern und diesen dadurch von vornherein auf den Bereich des wirtschaftlichen Verkehrs zu beschränken.[1] Darunter

---

[1] Vgl. z. B. *Baumbach-Hefermehl*, Einl. UWG Rdnrn. 202ff.; *Eichmann*, S. 21ff.

fällt daher jede irgendwie der Förderung eines Geschäftszwecks dienende Tätigkeit,[2] d. h. jede selbständige Teilnahme am wirtschaftlichen Verkehr.[3] Die Handlung muß freilich nach außen hervortreten, so daß reine, innerbetriebliche Vorgänge, wie z. B. eine Weisung an die Mitarbeiter, nicht erfaßt werden.[4] Im übrigen aber ist der Begriff im denkbar weitesten Sinne auszulegen.

b) Eine Handlung im geschäftlichen Verkehr liegt hiernach z. B. vor bei der Bevorzugung staatlicher Hotels durch eine staatliche Kurverwaltung im Falle von Anfragen nach Hotels und Pensionen,[5] bei einer Empfehlung bestimmter Versicherer durch einen kirchlichen Versicherungsdienst[6] oder bei der Werbung von Mitgliedern durch Kirchen, wenn den umworbenen Personen zugleich Bücher und Kurse zum Kauf angeboten werden,[7] bei der Ausnutzung von Urheberrechten oder gewerblichen Schutzrechten[8] sowie überhaupt bei jeder Reklame für das eigene oder ein fremdes Geschäft, auch wenn dies im Rahmen privater Unterhaltungen oder in einem Fernsehinterview geschieht.[9] Selbst Wirtschaftsverbände handeln daher im geschäftlichen Verkehr, wenn sie, etwa durch die Kritik an den Produkten der Konkurrenten ihrer Mitglieder, in den Wettbewerb zugunsten ihrer Mitglieder eingreifen.[10]

3. Wettbewerbshandlung

Die Mehrzahl der Vorschriften des UWG begnügt sich nicht damit, daß es sich um eine Handlung im geschäftlichen Verkehr handelt, sondern verlangt außerdem noch, daß die fragliche Handlung gerade ,,zu Zwecken des Wettbewerbs" begangen ist. So verhält es sich namentlich mit den beiden Generalklauseln der §§ 1 und 3 UWG sowie mit den Einzeltatbeständen der §§ 6b, 12, 14, 17, 18 und 20 UWG (vgl. auch § 1 II RabattG). Was das Gesetz damit meint, ist seit langem Gegenstand eines unausgetragenen Streites.

a) Rechtsprechung

aa) Die Praxis zieht aus der Formulierung ,,zu Zwecken des Wettbewerbs" den Schluß, eine Wettbewerbshandlung setze stets eine entsprechende Wettbewerbsabsicht voraus; eine solche sei aber nur im Rahmen

---

[2] Z.B. *RGZ* 79, 321 (322); 108, 272 (274); *BGHZ* 19, 299 (304); 26,52 (58); *BGH*, LM § 1 UWG Nrn. 81 und 109 = GRUR 1959, 488; 1962, 45; *BGH*, GRUR 1960, 384 (386); 1964, 208 (209).
[3] Vgl. die Parallele zum Unternehmensbegriff des GWB (Kartellrecht, S. 26 ff.)
[4] *BGH*, LM § 1 UWG Nr. 220; *Eichmann*, S. 23 ff.
[5] *BGHZ* 19, 299 (304).
[6] *BGH*, LM § 13 GVG Nr. 153 = NJW 1981, 2811.
[7] *OLG Düsseldorf*, NJW-RR 1986, 531.
[8] *BGHZ* 26, 52 (58).
[9] *BGH*, GRUR 1960, 384 (386); 1964, 208 (209).
[10] *RGZ* 79, 321 (322); *BGH*, LM § 3 UWG Nr. 120; *Ellscheid*, GRUR 1972, 284.

eines Wettbewerbsverhältnisses unter Konkurrenten denkbar.[11] Dies hat
weitreichende Konsequenzen. Denn für die Annahme einer Wettbewerbshandlung ist danach zunächst erforderlich, daß die fragliche Handlung überhaupt objektiv geeignet ist, den eigenen oder fremden Absatz
(oder Bezug) auf Kosten desjenigen einer anderen Person zu fördern.
Doch reicht dies allein nicht aus; hinzukommen muß vielmehr stets noch
eine entsprechende Wettbewerbs*absicht,* wobei freilich die Absicht genügt, fremden Wettbewerb zu fördern. Die Wettbewerbsabsicht braucht
außerdem nicht den ausschließlichen Beweggrund des Handelnden zu
bilden; sie darf aber auch nicht gegenüber anderen Beweggründen völlig
in den Hintergrund treten. Ebensowenig genügt das bloße Bewußtsein,
fremden Wettbewerb zu fördern, wenn nicht eine entsprechende Absicht
hinzukommt.[12] Jedoch wird bei Gewerbetreibenden bei Vorliegen einer
äußerlichen Wettbewerbshandlung i. d. R. *vermutet,* daß sie mit der entsprechenden Wettbewerbsabsicht gehandelt haben.[13]

Die Absicht, eigenen oder fremden Wettbewerb auf Kosten eines anderen zu fördern, ist nach Meinung der Gerichte nur im Rahmen eines (konkreten) *Wettbewerbsverhältnisses* zwischen verschiedenen Personen vorstellbar. Eine Wettbewerbshandlung setzt deshalb als letztes den Bestand eines Wettbewerbsverhältnisses voraus, wie
es freilich nicht nur zwischen Anbietern, sondern auch zwischen Nachfragern bestehen
kann; der Nachfragewettbewerb wird daher ebenfalls durch das UWG geschützt.[14]

bb) Bei der Annahme eines *Wettbewerbsverhältnisses* verfährt die Praxis i. d. R. großzügig.[15] Meistens wird es sich zwar bei den Konkurrenten
um Angehörige derselben Branche und derselben Wirtschaftsstufe handeln; notwendig ist dies jedoch nicht. Es reicht vielmehr schon aus, wenn
sich Waren oder Leistungen gegenüberstehen, die einander nach der Verkehrsanschauung im Absatz behindern können, mögen auch die unmittelbaren Abnehmer verschiedenen Verkehrskreisen angehören (sog. mittelbares Wettbewerbsverhältnis). Die Gefahr einer mittelbaren Beeinträchtigung des Absatzes genügt in diesen Fällen, so daß durchaus selbst
Angehörige verschiedener Wirtschaftsstufen in einem Wettbewerbsver-

---

[11] So z. B. *RGZ* 50, 107 (108 f.); 59, 1 (2); 60 189 (190); 78, 78 (81); 118, 133 (136,
138); 128, 330 (340 ff.); *BGHZ* 3, 270 (277 f.); 14, 163 (170 f.); 18, 175 (181 f.); 19, 299
(303 f.); 19, 392 (393 ff.); 22, 167 (181); *BGH,* LM § 1 UWG Nrn. 109, 166, 173 und
240; § 3 UWG Nr. 120; GRUR 1960, 384 (386); 1962, 34 (36); 1964, 208 (209); 1970,
465 (466 f.); LM § 1 UWG Nr. 352 = NJW 1981, 2304 = MDR 1981, 992 f.; WM
1983, 616; LM § 13 UWG Nr. 38 = NJW 1983, 1559 = WM 1983, 735.
[12] *BGH,* LM § 1 UWG Nr. 352 = NJW 1981, 2304 = MDR 1981, 992 für einen
Verbraucherverband, der Preisvergleiche durchführt; ebenso *BGH,* LM § 13 UWG
Nr. 38 = NJW 1983, 1559.
[13] Vgl. *BGHZ* 3, 270 (277 f.); *BGH,* GRUR 1962, 34 (36); LM § 1 UWG Nrn. 109,
166 = GRUR 1962, 45; 1966, 509.
[14] *BGH,* LM § 1 UWG Nr. 173 (Bl. 4).
[15] Vgl. z. B. *Baumbach-Hefermehl,* Einl. UWG Rdnrn. 210 ff.; grdl. zuletzt *BGHZ*
93, 96 (97 f.) „Dimple".

hältnis stehen können.[16] Darüber hinaus können <u>im Einzelfall sogar die Angehörigen ganz verschiedener Branchen miteinander konkurrieren, sofern sie sich nur mit ihrem Angebot konkret an dieselben Kunden wenden;</u> denn letztlich definieren die Unternehmen in einer Wettbewerbsordnung mit ihren Aktionen ihre Wettbewerbsbeziehungen selbst.[17]

Ein Wettbewerbsverhältnis in diesem weiten Sinne wurde z. B. angenommen zwischen dem Rundfunk und den Veranstaltern von Unterhaltungsabenden, und zwar sowohl hinsichtlich des Angebots von Unterhaltungsleistungen als auch hinsichtlich der Nachfrage nach solchen Leistungen,[18] zwischen dem Rundfunk und den Zeitungen bei der Verbreitung von Nachrichten,[19] zwischen Tageszeitungen und Anzeigenblättern bei Anzeigen und mittelbar auch bei den Lesern,[20] zwischen einem Verlag und einem Lesering, weil sie sich letztlich an dieselben Abnehmerkreise wenden,[21] zwischen ausübenden Künstlern und Herstellern von Tonträgern, die deren Leistungen auf Band aufnehmen wollen,[22] zwischen einem Urheber, der seine Rechte durch die Vergabe von Lizenzen nutzt, und einem Hersteller, der sich ein Warenzeichen eintragen läßt, durch das der Urheber an der Vergabe von Lizenzen gehindert würde,[23] ganz entsprechend zwischen dem Hersteller eines berühmten Whiskys und einem Hersteller von Kosmetika, der sich den Namen des Whiskys als Warenzeichen eintragen lassen will,[24] bei der Sammlung von Altkleidern zwischen einem gemeinnützigen Verein und einem kommunalen Unternehmen,[25] weiter zwischen einem Spediteur und einem Hersteller, der seine Transporte selbst durchführt,[26] zwischen einem kirchlichen Versicherungsdienst und selbständigen Versicherungsvertretern[27] sowie schließlich mittelbar sogar zwischen einem gewerblichen Verein und den Konkurrenten dessen Mitglieder.[28] Ein Wettbewerbsverhältnis besteht hingegen nicht zwischen einem beliebigen Rechtsanwalt und einer Zeitung, die abstrakte Rechtsauskünfte erteilt.[29]

cc) Eine Wettbewerbshandlung ist darüber hinaus z. B. anzunehmen, wenn eine Fachzeitschrift durch kritische Stellungnahmen in den Wettbewerb zwischen verschiedenen Unternehmensgruppen eingreift,[30] wenn eine Zeitung ihre Konkurrenten pauschal abwertet[31] sowie wenn ein Brancheninformationsdienst durch einen Boykottaufruf gegen dritte Unternehmen tendenziös in deren Wettbewerb mit den Branchenangehöri-

---

[16] Grdl. *BGHZ* 18, 175 (181 f.); *BGH*, LM § 3 UWG Nr. 203 = NJW 1983, 2505; *OLG Hamm*, GRUR 1983, 593.
[17] Berühmtes Beispiel in *BGH*, LM § 1 UWG Nr. 240 ,,Statt Blumen Onko Kaffee''; grdl. jetzt *BGHZ* 93, 96 (97 f.) ,,Dimple''; *OLG München*, GRUR 1985, 564; *BGH*, ZIP 1986, 1011 (1014) ,,Gastrokritiker'' = AfP 1986, 219.
[18] *BGHZ* 39, 352 (356) = JuS 1963, 451 Nr. 5.
[19] *RGZ* 128, 330 (340 f.).
[20] *BGHZ* 19, 392 (394 f.); s. dazu eingehend Fälle, S. 29 ff. m. Nachw.
[21] *BGH*, GRUR 1969, 413 (414).
[22] *BGHZ* 33, 20 (29).
[23] *BGH*, LM § 1 UWG Nr. 86/87 = NJW 1960, 37 ,,Bambi''.
[24] *BGHZ* 93, 96 ,,Dimple''.
[25] *OLG Hamm*, GRUR 1984, 144.
[26] *RGZ* 118, 133 (136, 138).
[27] *BGH* (o. Fußn. 6).
[28] *RGZ* 79, 321 (322); *BGH*, LM § 1 UWG Nr. 109 = GRUR 1962, 45.
[29] *BGH*, LM § 13 UWG Nr. 31 = NJW 1981, 1616.
[30] *RGZ* 150, 107 (108 f.)
[31] *BGH*, LM Art. 5 GG Nr. 56 = NJW 1982, 637 (638).

gen eingreift, während sonst bei Presseäußerungen das Bestehen einer Wettbewerbsabsicht nicht zu vermuten ist.[32] Keine Wettbewerbshandlung ist auch die reine Mitgliederwerbung durch Idealvereine; anders verhält es sich aber schon wieder, wenn der Verein etwa Beratungsleistungen bei der Mitgliederwerbung in Konkurrenz mit anderen Berufen anbietet.[33]

Ebenso ist es zu beurteilen, wenn eine AOK Heil- oder Hilfsmittel vertreibt,[34] wenn ein Buchclub zwecks Absatzförderung irgendwelche Ausweise an seine Mitglieder verteilt,[35] wenn eine Sparkasse Sicherungsgut verwertet,[36] wenn eine Marktordnungsstelle kostenlos Butter abgibt, um ihr Lager zu räumen,[37] wenn ein Rechtsanwalt verbotene Werbung betreibt,[38] wenn ein Unternehmer sich durch öffentliche Äußerung gegen unlauteren Wettbewerb seiner Konkurrenten wehrt, um die Abwanderung seiner Kunden zu verhindern,[39] wenn er vor den Produkten seiner Konkurrenten in der Presse warnt,[40] wenn er in einem privaten Gespräch oder in einem Fernsehinterview Reklame für seine Waren macht,[41] wenn er seinen Kunden andere Waren unterschiebt als bestellt, weil er die bestellte Ware nicht vorrätig hat,[42] sowie wenn er Unfallopfern seine Karte übergibt, um von ihnen einen Reparaturauftrag zu erhalten.[43] Konsumvereine handeln zu Zwecken des Wettbewerbs, wenn sie nicht ausschließlich den Zweck verfolgen, ihre Mitglieder preisgünstig und gut zu versorgen, sondern daneben einen Gewinn anstreben[44] oder wenn der Vorstand in der Mitgliederversammlung einen Preisvergleich vornimmt.[45] Dasselbe gilt, wenn kirchliche Stellen durch die Kritik an bestimmten Illustrierten einen kirchlichen Lesering fördern wollen[46] oder wenn ein Wirtschaftsverband durch die Kritik an den Produkten der Konkurrenten seiner Mitglieder die Interessen seiner Mitglieder im Wettbewerb fördern will,[47] wenn jemand die Heilkunde im Umherziehen

---

[32] *BGH*, LM § 1 UWG Nr. 414 = WM 1984, 705; insbes. ZIP 1986, 1011 (1013 f.).
[33] *BGH*, LM § 1 UWG Nr. 412 = GRUR 1984, 283; *OLG Koblenz*, GRUR 1983, 515; *OLG Frankfurt*, NJW 1982, 1003.
[34] Grdl. *BGHZ* 82, 375.
[35] *BGH*, LM § 6 b UWG Nr. 9 = GRUR 1982, 425 (430).
[36] *OLG Hamm*, WM 1983, 1144.
[37] *OLG Frankfurt*, NJW 1985, 2901.
[38] *BGH*, GRUR 1986, 81; *OLG Hamm*, GRUR 1983, 673.
[39] *RGZ* 59, 1(2).
[40] *BGH*, LM § 14 UWG Nr. 24 = GRUR 1955, 342; WM 1984, 1037.
[41] *BGH*, GRUR 1960, 384 (386); 1964, 208 (209).
[42] *RGZ* 60, 189 (190).
[43] *BGH*, LM § 1 UWG Nr. 278.
[44] *RGZ* 78, 78 (81); s. auch *BGH*, LM RabG Nr. 21 = NJW 1972, 1467 (1469) für Preisermäßigungen zugunsten von Studenten.
[45] *BGH*, LM § 1 UWG Nr. 81 = GRUR 1959, 488.
[46] *BGHZ* 3, 270 (277 f.); 14, 163 (171).
[47] *BGH*, LM § 1 UWG Nr. 109 = GRUR 1962, 45.

ausübt[48] sowie schließlich wenn sich ein Versicherungsmakler formular-
mäßig von seinen Kunden die Vollmacht zur Kündigung deren bisheriger
Verträge einräumen läßt, sofern er damit eigene Interessen oder die Interessen einer bestimmten Versicherungsgesellschaft fördern will.[49]

Eine Wettbewerbsabsicht *fehlt* hingegen in dem zuletzt genannten Fall, wenn der
Versicherungsmakler ausschließlich die Interessen seiner Kunden verfolgt,[49] wenn sich
eine staatliche Kurverwaltung strikt auf die objektive Beantwortung von Anfragen
hinsichtlich staatlicher oder privater Hotels beschränkt[50] oder wenn ein Verbraucherverband einen Preisvergleich durchführt[51] oder vor sog. Kredithaien warnt[52] sowie
wenn ein Kaufmann, der zugleich Präsident eines Sportclubs ist, Zuschüsse von seinen
Lieferanten erbittet, die er sofort als Spenden an seinen Verein weiterleitet.[53] Vor allem
aber greift das UWG aus diesem Grunde i. d. R. nicht ein bei der Kritik an Unternehmen und ihren Produkten in den Massenmedien durch Testinstitute oder seitens der
Wissenschaft,[54] selbst wenn die Kritik von Wissenschaftlern in sozial abhängiger Stellung ausgeht,[55] es sei denn, der betreffende Wissenschaftler stehe ebenfalls mittelbar in
einem Wettbewerbsverhältnis zu den kritisierten Produkten, z. B. weil er selbst Lizenzen auf Konkurrenzprodukte vergeben hat.[56]

b) Stellungnahme

Insgesamt bietet die Praxis ein verwirrendes Bild. Obwohl das Gesetz
nichts davon sagt, werden als Voraussetzungen einer Wettbewerbshandlung eine Wettbewerbsabsicht und ein Wettbewerbsverhältnis gefordert;
gleichzeitig werden aber die Grenzen dieser beiden Begriffe in der denkbar weitesten Weise interpretiert. Unvermeidlich werden hierdurch
Zweifel an der Berechtigung der ganzen Praxis geweckt.

Als besonders problematisch erweist sich bei näherem Zusehen das
Erfordernis eines *Wettbewerbsverhältnisses*. Hier sind es insbesondere
die Auswirkungen der Rechtsprechung auf die Aktivlegitimation für die
Ansprüche aus dem UWG (und seinen Nebengesetzen), die Kritik hervorrufen müssen.

Auszugehen ist davon, daß für die Geltendmachung von Unterlassungsansprüchen das UWG in § 13 Abs. 2 für die Mehrzahl der Fälle
selbst auf das Vorliegen eines konkreten Wettbewerbsverhältnisses verzichtet und sich statt dessen mit einem sog. abstrakten Wettbewerbsverhältnis begnügt, wie es zwischen allen Anbietern gleicher oder ähnlicher
Waren existiert (s. u. § 17, 4 b). Jedenfalls in diesen Fällen kann daher

---

[48] *BGH*, LM ArzneimittelVO Nr. 3 (Bl. 3 R).
[49] *BGH*, LM § 1 UWG Nr. 166 = GRUR 1966, 509.
[50] *BGHZ* 19, 299 (303 f.).
[51] *BGH*, LM § 1 UWG Nr. 352 = NJW 1981, 2304 = MDR 1981, 992.
[52] *BGH*, LM § 13 UWG Nr. 38 = GRUR 1983, 379 = WM 1983, 735.
[53] So sehr großzügig *BGH*, LM § 1 UWG Nr. 387 = NJW 1983, 1737 = GRUR
1983, 374 m. Anm. *Tillmann* = WM 1983, 616.
[54] Grdl. *BGHZ* 65, 325 (328) = JuS 1976, 329 Nr. 6 m. Nachw.; *BGH*, GRUR
1962, 34 (36); *Baumbach-Hefermehl*, Einl. UWG Rdnr. 229, § 1 Rdnrn. 350 ff., 369 c;
Eichmann, S. 29 ff.; *Kummer*, S. 19 ff.
[55] *BGH*, LM § 1 UWG Nr. 109 (Bl. 4).
[56] *BGH*, GRUR 1962, 34 (36).

nicht noch zusätzlich ein konkretes Wettbewerbsverhältnis zwischen zwei bestimmten Gewerbetreibenden gefordert werden.[57] Das konkrete Wettbewerbsverhältnis hätte daher allenfalls in der kleinen Zahl hiernach noch verbleibender Fälle, d. h. insbesondere bei der Geltendmachung von Schadensersatzansprüchen, eigenständige Bedeutung.[58] Aber selbst insoweit ist dieses Merkmal nicht nur entbehrlich, sondern geradezu schädlich, weil es zur Folge hat, daß bei unerlaubten Wettbewerbshandlungen nur die Konkurrenten, nicht aber alle dadurch ebenfalls betroffenen, dritten Unternehmen Schadensersatz verlangen können und daß z. B. reine Monopole, die definitionsgemäß keine aktuellen Konkurrenten haben, niemals belangt werden können. Es kommt hinzu, daß sich das Wettbewerbsverhältnis infolge seiner weiten Auslegung durch die Praxis ohnehin schon bis an den Rand des juristisch noch Greifbaren verflüchtigt hat. Angesichts dessen bestehen keinerlei Bedenken, auf dieses Erfordernis, von dem im Gesetz ohnehin keine Rede ist, zu verzichten.[59] Dies bedeutet, daß im Anwendungsbereich des UWG die Unternehmen durch ihre Wettbewerbshandlungen ihre Wettbewerbsverhältnisse selbst definieren.[60] Im Ergebnis hat dies mittlerweile auch die Praxis anerkannt,[61] so daß es ihr auf die Dauer in der Tat nicht mehr schwer fallen sollte, das Merkmal des Wettbewerbsverhältnisses endgültig zu verabschieden.

Nicht minder problematisch ist im Regelfall das Erfordernis einer *Wettbewerbsabsicht.* Dieses Tatbestandsmerkmal ist von der Praxis in erster Linie zu dem Zweck entwickelt worden, wissenschaftliche, religiöse oder politische Äußerungen aus dem Anwendungsbereich des UWG ausklammern zu können, selbst wenn von ihnen Rückwirkungen auf den Wettbewerb zwischen bestimmten Unternehmen ausgehen, weil mit ihnen in erster Linie ganz andere Zwecke verfolgt werden.[62] Aber dabei handelt es sich doch offenkundig um Sonderfälle, die es nicht rechtfertigen können, für die große Mehrzahl der unproblematischen Fälle an einem Tatbestandsmerkmal festzuhalten, das hier nur Verwirrung stiften kann. Es kommt hinzu, daß der Praxis ohnehin in aller Regel nichts anderes übrig bleibt, als von dem äußeren Verhalten einer Person auf ihre Wettbewerbsabsicht zu schließen; bei Gewerbetreibenden ist sogar eine entsprechende Vermutung anerkannt.

---

[57] *Hefermehl,* in: Festg. f. Kummer, S. 351; *Knöpfle,* Wettbewerb, S. 71 ff.

[58] So in der Tat z. B. *BGHZ* 37, 1 (15) = JuS 1962, 264 Nr. 8.

[59] Ebenso *Baumbach-Hefermehl,* Einl. UWG Rdnr. 238 a; *Hefermehl,* in: 1. Festschr. f. Nipperdey, S. 291 ff.; *ders.,* in: Festschr. f. R. Fischer, S. 212 f.; *ders.,* in: Festg. f. Kummer, S. 349 ff.; *Knöpfle,* Wettbewerb, S. 68 ff., 87 ff.; *ders.,* Die marktbezogene Unlauterkeit, 1983, S. 9 ff.; *Kummer,* S. 24 ff.; *Sandrock,* Grundbegriffe, S. 141 ff.

[60] So zutreffend *Kummer,* S. 30 ff.

[61] Grdleg. *BGHZ* 93, 96 (97 f.) ,,Dimple"; s. o. 3 a, bb.

[62] Nachw. bes. o. Fußn. 51–53.

Angesichts dessen wäre es nur folgerichtig, sich bei Gewerbetreibenden für die Anwendung des UWG grundsätzlich mit dem äußerlichen *(objektiven)* Vorliegen einer Wettbewerbshandlung zu begnügen. Die zusätzliche Prüfung einer Wettbewerbsabsicht ist dann nur noch in den erwähnten Sonderfällen erforderlich, insbes. also dann, wenn Personen, die wie z. B. Privatleute, Wissenschaftler, Künstler, Sportler, Geistliche oder Politiker grundsätzlich außerhalb des wirtschaftlichen Lebens stehen, durch kritische Äußerungen in den wirtschaftlichen Verkehr eingreifen. Solche Handlungen unterfallen in der Tat nur dann als Wettbewerbshandlungen dem UWG, wenn mit ihnen die Förderung eigenen oder fremden Wettbewerbs bezweckt ist.[63]

4. Öffentliche Hand

Literatur speziell zur Anwendbarkeit des UWG auf die öffentliche Hand: *J. Backhaus,* Öffentliche Unternehmen, 2. Aufl. (1980), S. 319 ff.; *Baumbach-Hefermehl,* Allg. Rdnrn. 162 ff.; *Dickersbach,* WiVerw 1983, 187; *Dorn,* NJW 1964, 137; *Emmerich,* Das Wirtschaftsrecht der öffentlichen Unternehmen, 1969, bes. S. 253 ff.; *ders.,* Der unlautere Wettbewerb der öffentlichen Hand, 1969; *ders.,* Die AG 1976, 225; 1985, 293; *ders.,* in: IM, § 98 Rdnrn. 1 ff.; *ders. – U. Steiner,* Möglichkeiten und Grenzen der wirtschaftlichen Betätigung der öffentlich-rechtlichen Rundfunkanstalten, 1986; *v. Gamm,* GRUR 1959, 303; *Gütebier,* Der unlautere Wettbewerb der öffentlichen Hand, Diss. Köln 1934; *ders.,* MuW 1934, 361; *v. Harder,* GRUR 1968, 403; *Heckelmann,* in: Festschr. z. 125jährigen Bestehen der Juristischen Gesellschaft zu Berlin, 1984, S. 245; *Hubmann,* WiVerw 1982 Beil. 1, S. 41; *H. H. Klein,* Die Teilnahme des Staates am wirtschaftlichen Wettbewerb, 1968; *Mestmäcker,* NJW 1969, 1; *Pieper,* GRUR 1986, 574; *Püttner,* GRUR 1966, 359; *Pinger,* GRUR 1973, 456; *Schachtschneider,* Staatsunternehmen u. Privatrecht, 1986, bes. S 281 ff.; *Schmittat,* ZHR 148 (1984), 428; *Schricker,* Wirtschaftliche Tätigkeit der öffentlichen Hand und unlauterer Wettbewerb, 1964; *R. Scholz,* ZHR 132 (1969), 97; *ders.,* NJW 1974, 781; *P. Ulmer,* Programminformationen der Rundfunkanstalten, 1983; *ders.,* ZHR 146 (1982), 466; Bericht der Kommission zur Untersuchung der Wettbewerbsgleichheit von Presse, Funk, Fernsehen und Film (sog. Michelgutachten), BT-Dr V (1969)/2120; *Harms,* BB 1986, Beilage 17.

a) Zulässigkeit der wirtschaftlichen Betätigung

Bei der wettbewerbsrechtlichen Würdigung der ständig zunehmenden, wirtschaftlichen Betätigung des Staates muß man zunächst stets sorgfältig die Frage nach der Zulässigkeit dieser Tätigkeit von der Frage trennen, welche speziellen Anforderungen sich für die (als solche zulässige) erwerbswirtschaftliche Betätigung des Staates aus dem privaten Wettbewerbsrecht ergeben. Die erste Frage, d. h. die Frage nach dem *Ob* der erwerbswirtschaftlichen Betätigung der öffentlichen Hand, beurteilt sich in erster Linie nach öffentlichem Recht, wo sich insoweit in den letzten Jahren ein grundlegender Wandel vollzogen hat.[64] Während man nämlich noch bis zum Ende der siebziger Jahre davon ausgehen konnte, das öffentliche Recht ziehe, von den Wirtschaftsbestimmungen der Gemeindeordnungen abgesehen, der wirtschaftlichen Betätigung der öffentlichen Hand nahezu keine substanziellen Schranken,[65] werden heute im Schrift-

---

[63] S. z. B. *Kraft,* S. 187 ff.; *Kummer,* S. 15 ff.; *Sandrock,* S. 198 ff.
[64] S. zum folgenden m. Nachw. statt aller eingehend *Emmerich,* Die AG 1985, 293 ff.
[65] S. Voraufl., S. 25 m. Nachw.

tum zum öffentlichen Recht unter den unterschiedlichsten Gesichtspunkten Schranken für die wirtschaftliche Betätigung der öffentlichen Hand erörtert. Im Vordergrund des Interesses stehen dabei zwei Gesichtspunkte, nämlich einmal die Forderung nach einer gesetzlichen Grundlage für grundsätzlich jede staatliche Tätigkeit einschließlich eben der wirtschaftlichen Betätigung des Staates, zum anderen die Überlegung, daß der wirtschaftende Staat ebenso wie der hoheitlich handelnde Staat an die Grundrechte gebunden sein müsse, jedenfalls wenn der wirtschaftlichen Betätigung des Staates Eingriffscharakter zukomme. In dem zuletzt genannten Fall setzt sich das Schrifttum heute nahezu einhellig für eine Anwendung des Art. 12 Abs. 1 GG ein, und zwar aus der durchaus zutreffenden Überlegung heraus, daß es für die betroffene Privatwirtschaft keinen Unterschied ausmache, ob der Staat hoheitlich oder durch eigene wirtschaftliche Betätigung in ihre Position eingreift. In beiden Fällen muß mithin der Staat gleichermaßen an die Grundrechte und damit in erster Linie an die Art. 3 Abs. 1, 12 Abs. 1 und 14 Abs. 1 GG gebunden sein. Konkret gesprochen bedeutet dies vor allem, daß jede Form wirtschaftlicher Betätigung des Staates, wenn und soweit ihr wegen des Einsatzes der überlegenen Ressourcen des Staates Eingriffscharakter zukommt, einer gesetzlichen Grundlage bedarf (vgl. Art. 12 Abs. 1 GG) und außerdem – als Regelung der Berufsausübungsfreiheit Privater – nur zulässig ist, wenn sie durch vernünftige Überlegungen des Allgemeinwohls gerechtfertigt werden kann. Dabei sind um so strengere Anforderungen an die Rechtfertigung der Wirtschaftstätigkeit des Staates zu stellen, je schwerwiegender der Eingriff ist. Begründet das Auftreten des Staates mit Rücksicht auf seine allen privaten Unternehmen überlegenen Machtmittel die Gefahr einer Monopolisierung des Marktes, so ist die Tätigkeit folglich nur noch erlaubt, wenn sie durch ganz überwiegende und dringende Gründe des öffentlichen Wohls gerechtfertigt werden kann, die auf keine andere Weise zu verwirklichen sind.

Dies alles hat heute zugleich unmittelbare, wettbewerbsrechtliche Bedeutung, seitdem der BGH[66] die früher ganz vorherrschende Meinung aufgegeben hat, über das Ob der wirtschaftlichen Betätigung des Staates habe allein das öffentliche Recht zu entscheiden, während sich der Anwendungsbereich des privaten Wettbewerbsrechts auf das sog. *Wie*, d. h. auf die für den Staat bei seiner wirtschaftlichen Betätigung geltenden Verhaltensregeln beschränke.[67] Statt dessen kontrolliert das private Wettbewerbsrecht heute auch umfassend die Frage der Zulässigkeit der wirtschaftlichen Betätigung des Staates.[68] Dies geschieht rechtstechnisch auf

---

[66] Grdlg. *BGHZ* 82, 375 = JuS 1982, 942 Nr. 8; ebenso sodann *BGH*, NJW 1982, 2125 = GRUR 1982, 433 = LM § 180 RVO Nr. 1.
[67] S. wiederum Voraufl., S. 25 m. Nachw.
[68] Grdlg. *BGHZ* 82, 375 = JuS 1982, 942 Nr. 8; zust. *Emmerich* (o. Fußn. 64); *Heckelmann*, aaO, S. 250 f., 260 ff.; *Hubmann*, aaO; *Lerche-Graf v. Pestalozza*, Die

dem Weg der Gleichsetzung des gesetzwidrigen Wettbewerbs der öffentlichen Hand mit dem sittenwidrigen Wettbewerb in § 1 UWG.[69] Oder anders gewendet: Jeder nach öffentlichem Recht rechtswidrige, weil nicht zulässige Wettbewerb der öffentlichen Hand ist zugleich sittenwidrig i. S. des § 1 UWG, so daß die Konkurrenten der öffentlichen Hand Unterlassung und Schadensersatz verlangen können (§ 13 Abs. 2 Nr. 1 UWG). Auf diese Weise wird es der Privatwirtschaft erstmals ermöglicht, sich umfassend und rechtzeitig gegen die überhandnehmende Konkurrenz der öffentlichen Hand zu wehren, – ein von der Rechtsprechung der ordentlichen Gerichte ermöglichter Fortschritt in dem Rechtsschutz der Privatwirtschaft, der in seiner Bedeutung überhaupt nicht überschätzt werden kann. So können sich etwa private Unternehmen jetzt endlich wirksam gegen die verbreiteten Versuche von Körperschaften und Anstalten des öffentlichen Rechts vor den ordentlichen Gerichten wehren, sich jenseits ihres gesetzlichen Aufgabenkreises wirtschaftlich zu betätigen. Das bekannteste Beispiel aus der jüngsten Zeit sind die ausgreifenden, wirtschaftlichen Aktivitäten der Rundfunkanstalten, die schon längst nicht mehr durch ihren Programmauftrag gedeckt sind.[70]

b) Anwendbarkeit des privaten Wettbewerbsrechts
Beurteilt sich somit die Frage der Zulässigkeit der wirtschaftlichen Betätigung der öffentlichen Hand heute nicht mehr allein nach öffentlichem Recht, sondern außerdem nach dem privaten Wettbewerbsrecht (§ 1 UWG), so versteht es sich von selbst, daß der Staat bei seiner wirtschaftlichen Betätigung selbst (erst recht) umfassend an die Schranken des allgemeinen Privat- und Wettbewerbsrechts gebunden ist.[71] Voraussetzung dafür ist jedoch stets, daß es sich überhaupt um *privatrechtliche* Rechtsverhältnisse handelt, da das Wettbewerbsrecht zum Privatrecht gehört, so daß es auf öffentlich-rechtliche Beziehungen des Staates zu seinen Konkurrenten keine Anwendung finden kann.[72]

Hieraus folgt die Notwendigkeit, bei der erwerbswirtschaftlichen Betätigung der öffentlichen Hand privatrechtlich und öffentlich-rechtlich geordnete Beziehungen zu unterscheiden. Dieses Problem ist seit langem umstritten. Die Praxis hat in seiner Beurteilung wiederholt geschwankt.[73] Das RG hatte ursprünglich deutlich dahin ten-

---

Deutsche Bundespost als Wettbewerber, 1985, S. 105 ff.; *Kirchhof*, DVBl. 1982, 933; insbes. *Schmittat*, aaO; *P. Ulmer*, Programminformationen, S. 55 ff.; *ders.*, ZHR 146, 499 f.; *Harms*, aaO.

[69] Grundsätzlich ablehnend nur *Schachtschneider*, aaO.

[70] S. *Emmerich*, Die AG 1985, 293 (299 f. m. Nachw.); *ders. – U. Steiner*, aaO; *ders.*, AfP 1986, 206.

[71] Grdlg. BGHZ (GS) 66, 129 (137); auch insoweit grundsätzlich ablehnend *Schachtschneider* (aaO), der soweit geht, die Anwendung des UWG und des GWB auf den wirtschaftenden Staat (entgegen § 98 Abs. 1 GWB) für verfassungswidrig zu erklären(?).

[72] *Baumbach-Hefermehl*, Allg. Rdnrn. 166 ff.; *Emmerich*, Der unlautere Wettbewerb der öffentlichen Hand, S. 10 ff.; str.

[73] Vgl. die Schilderung bei *Baumbach-Hefermehl*, Allg. Rdnrn. 170 ff.; *Emmerich*,

diert, stets einfach aus der Unlauterkeit einer Handlung auf ihre privatrechtliche Natur
zu schließen.[74] Da es sich hierbei jedoch um einen Zirkelschluß handelte, ging die
Praxis von dieser Abgrenzung später wieder ab und stellte statt dessen auf die Rechtsnatur der Leistungsbeziehungen der öffentlichen Hand zu ihren Abnehmern ab: Waren
diese privatrechtlich geordnet, so sollte für die Wettbewerbsbeziehungen der öffentlichen Hand zu ihren Konkurrenten dasselbe gelten, während entsprechend aus der
öffentlich-rechtlichen Natur der Leistungsbeziehungen die Unanwendbarkeit des privaten Wettbewerbsrechts gefolgert wurde.[75]

Jedoch vermochte diese Abgrenzung auf die Dauer ebenfalls nicht zu
befriedigen, weil sie der öffentlichen Hand einen Weg eröffnete, sich
durch die bloße öffentlich-rechtliche Gestaltung der Leistungsbeziehungen der Anwendbarkeit des privaten Wettbewerbsrechts auf die Beziehungen zu ihren Konkurrenten zu entziehen. Deshalb gingen die Gerichte schließlich dazu über, eigene, *wettbewerbsrechtliche* Kriterien für die
Beurteilung der Rechtsnatur der Wettbewerbsbeziehungen der öffentlichen Hand zu entwickeln. Diese Trennung der Leistungs- von den Wettbewerbsbeziehungen hat sich inzwischen nahezu allgemein durchgesetzt.
Selbst wenn die Leistungsbeziehungen öffentlich-rechtlich geregelt sind,
findet doch das UWG (ebenso wie das GWB, vgl. § 98 Abs. 1 GWB) auf
die Wettbewerbsbeziehungen der öffentlichen Hand zu ihren privaten
Konkurrenten Anwendung, sofern nur beide auf demselben Markt Leistungen anbieten, zwischen denen die Nachfrager frei wählen können,
immer vorausgesetzt, daß nicht öffentlich-rechtliche Sonderregelungen
eingreifen. Deshalb hindert z. B. heute der Umstand, daß die Ausstrahlung der Sendungen seitens der Rundfunkanstalten hoheitlich erfolgt,
nicht die Anwendung des privaten Wettbewerbsrechts auf die Beziehungen der Rundfunkanstalten zu den anderen Anbietern konkurrierender
Unterhaltungs- und Werbeleistungen.[76]

Weitere Beispiele, in denen hiernach eine Anwendung des UWG (sowie des GWB) in Betracht kommt, sind etwa die Abgabe von Heil- oder
Hilfsmitteln durch die Ortskrankenkassen an die gesetzlich Versicher-
ten,[77] die Unterbietung der Tarife der privaten Krankenversicherer durch
die RVO-Kassen oder die Ersatzkassen im Wettbewerb um freiwillig

---

Wirtschaftsrecht, S. 277ff.; *ders.*, Der unlautere Wettbewerb der öffentlichen Hand,
S. 10ff.; *ders.*, in: IM, § 98 Rdnrn. 6ff.
[74]GRUR 1914, 88f.; MuW Bd. XVIII (1918/19), 30 (31); zuletzt JW 1933, 2134
(2135) Nr. 18.
[75] Zuletzt *BGH*, LM § 1004 BGB Nr. 25; § 1 UWG Nr. 134; NRW-Gemeindeord-
nung Nr. 1.
[76] Grdl. *BGHZ* 37, 1 (15ff.); 39, 352 (356); *(GS)* 66, 229 (235f.) = JuS 1962, 264
Nr. 8; 1963, 451 Nr. 7; 1976, 751 Nr. 8; *BGHZ (GS)* 67, 81 (bes. 86ff.); 68, 132 (136);
BGH, LM § 1 UWG Nrn. 223 und 273; NJW 1981, 2811 = GRUR 1981, 823 (825);
BayObLGZ 1974, 494 (507ff.); *OLG Düsseldorf*, NJW-RR 1986, 1230; *Emmerich*,
Wirtschaftsrecht, S. 277ff.; *ders.*, Der unlautere Wettbewerb, S. 12ff.; *ders.*, in: IM,
§ 98 Rdnrn. 10ff. m. zahlr. Nachw.
[77] Grdl. *BGHZ* 82, 375 = JuS 1982, 942 Nr. 8 m. Nachw; *Gemeinsamer Senat*,
NJW 1986, 2359. = 2A 12/86, S.44

Versicherte,[78] der Wettbewerb zwischen der Deutschen Bundespost und den privaten Anbietern von Nebenstellenanlagen um die Bezieher solcher Anlagen,[79] die verbilligte Abgabe von Butter durch die Marktordnungsstellen[80] sowie die Kritik eines Innungsmeisters an dem Verhalten bestimmter Unternehmen, durch das der Innungsmeister in den Wettbewerb dieser Unternehmen mit den Innungsmitgliedern eingreift.[81] Umstritten ist hingegen nach wie vor, ob das UWG darüber hinaus auch auf den Wettbewerb zwischen den verschiedenen RVO-Krankenkassen um die Pflichtversicherten angewandt werden kann; entgegen der Meinung verschiedener Gerichte[82] dürfte die Frage ebenfalls uneingeschränkt zu bejahen sein.[83]

c) Bedeutung des UWG

Bei der somit weithin möglichen Anwendung des UWG auf die erwerbswirtschaftliche Betätigung des Staates ist grundsätzlich davon auszugehen, daß für die öffentliche Hand im Wettbewerb aufgrund des UWG (mindestens) dieselben Schranken wie für ihre privaten Konkurrenten gelten.[84] Eine Rechtfertigung von Wettbewerbsverstößen durch die Berufung auf die (angebliche) Verfolgung irgendwelcher beliebiger, öffentlicher Zwecke kommt nicht in Betracht, da nur der Gesetzgeber selbst die öffentliche Hand von der Bindung an die für alle geltenden Gesetze im Wettbewerb dispensieren kann. Umgekehrt wird aber auch der wirtschaftende Staat selbst durch das UWG gegen unlauteren Wettbewerb seiner privaten Konkurrenten geschützt.[85]

Darüber hinaus stellt sich hier noch die weitere Frage, ob sich nicht im Wettbewerb aus dem UWG für die öffentliche Hand mit Rücksicht auf ihre vielfältigen Vorteile *zusätzliche* Schranken ergeben können, durch die zumindest partiell die unvermeidlichen Nachteile ihrer privaten Konkurrenten ausgeglichen werden könnten. Diese Frage ist grundsätzlich zu bejahen.[86] Deshalb können bei der öffentlichen Hand durchaus Handlungen, die bei ihren privaten Konkurrenten (noch) unbedenklich sein mögen, bereits als unlauter zu beurteilen sein.

Das Gesagte hat besondere Bedeutung für Preisunterbietungen öffentlicher Unternehmen, die mit Mitteln finanziert werden, die dem Unter-

---

[78] Grdlg. *BGH*, LM § 180 RVO Nr. 1 = NJW 1982, 2125 = GRUR 1982, 433 „Kinderbeiträge".
[79] *LG Mönchengladbach*, WM 1985, 528; *OLG Düsseldorf*, NJW-RR 1986, 1230.
[80] *OLG Frankfurt*, NJW 1985, 2901.
[81] Grdlg. *BGH*, GRUR 1985, 1063 f. m. Nachw.; vgl. auch *OLG Stuttgart*, WuW/E OLG 3703.
[82] So zuletzt zu Unrecht *OLG Koblenz*, WM 1985, 899 m. Nachw.
[83] So zutreffend *OLG Karlsruhe*, GRUR 1984, 699; ebenso wohl *BGH* (o. Fußn. 78) sowie *Gemeinsamer Senat* (o. Fußn. 77).
[84] Ganz anders (Unanwendbarkeit des § 1 UWG auf die öffentliche Hand) nur *Schachtschneider*, aaO, S. 281, bes. 438 ff.
[85] *Emmerich*, Der unlautere Wettbewerb, S. 24 ff.
[86] Vgl. statt aller *Emmerich*, Der unlautere Wettbewerb, S. 31 ff.; ebenso offenbar *BGH*, WM 1981, 905 (907).

nehmen für andere, öffentliche Zwecke zur Verfügung gestellt worden sind. Derartige „drittfinanzierte" Preisunterbietungen seitens öffentlicher Unternehmen müssen zum Schutze der privaten Konkurrenten generell als unlauter qualifiziert werden.[87] Daher handelt z.B. eine Ersatzkasse unlauter, wenn sie im Wettbewerb mit privaten Krankenversicherern sog. Dumping-Tarife einsetzt, die aus Beiträgen der Pflichtversicherten subventioniert werden.[88] Als unlauter muß außerdem jede Verletzung von Gesetzesvorschriften durch die öffentliche Hand angesehen werden, die das Verhalten aller Unternehmen im Wettbewerb regeln sollen.[89] Dasselbe gilt schließlich für jeden Mißbrauch der staatlichen Autorität und Machtmittel zur Förderung des Wettbewerbs öffentlicher Unternehmen.[90] Beispiele aus der jüngsten Praxis sind unrichtige Behauptungen der Bundespost im Wettbewerb mit privaten Anbietern von Nebenstellenanlagen[91] sowie die mangelnde Trennung eines kommunalen Bestattungsunternehmens von dem Bestattungsamt der Gemeinde[92] oder deren Werbung für das eigene Bestattungsunternehmen.[93]

5. Internationales Privatrecht

Literatur: Beitzke, JuS 1966, 139; *Baumbach-Hefermehl*, Einl. UWG Rdnrn. 168 ff.; *Deutsch*, Wettbewerbstatbestände mit Auslandsbeziehungen, 26. Beih. der ZHR, 1962; *Froriep*, Der unlautere Wettbewerb im internationalen Privatrecht, 1958; *Immenga*, in: MünchKomm zum BGB, 1983, Nach Art. 12 EG Anh. IV Rdnrn. 69 ff. (S. 884 ff.); *Joerges*, RabelsZ 36 (1972), 421; *Koppensteiner*, S. 303 ff.; *Lichtenstein*, NJW 1964, 1208; *Nordemann*, Tz. 46 ff.; *Reimer-v. Gamm*, S. 29 ff; *Spätgens*, GRUR 1980, 473; *Schricker*, GRURInt 1973, 453; *Troller*, Das internationale Privatrecht des unlauteren Wettbewerbs, Freiburg/Schweiz 1962, S. 34 ff.; *Ulmer-Reimer*, Tz. 160 ff.; *Windisch*, Gewerblicher Rechtsschutz und Urheberrecht im zwischenstaatlichen Bereich, 1969; *H. Weber*, GRURInt. 1983, 26; *Wilde*, in: Hdb., § 6 (S. 42 ff.).

a) Viele Wettbewerbsverstöße weisen Auslandsberührungen auf, sei es, daß ein Teil des Sachverhalts im Ausland spielt, sei es, daß Personen aus verschiedenen Staaten beteiligt sind. In solchen Fällen muß zunächst entschieden werden, welches Recht auf den Sachverhalt Anwendung finden soll. Diese Frage beantwortet das internationale Privatrecht des unlauteren Wettbewerbs. Ist hiernach deutsches Recht anzuwenden, so stellt sich bei einer Verletzung von Ausländern die weitere Frage, ob und in welchem Umfang Ausländer im Inland überhaupt Schutz nach dem UWG

---

[87] S. statt aller m. Nachw. *Emmerich*, Der unlautere Wettbewerb, S. 24 ff., bes. 52 ff.
[88] Grdlg. *BGH*, LM § 180 RVO Nr. 1 = NJW 1982, 2125 „Kinderbeiträge".
[89] S. *Emmerich*, Die AG 1985, 293 (298 m. Nachw.); *ders. – U. Steiner*, aaO.
[90] S. u. § 10, 3b sowie *Emmerich*, Der unlautere Wettbewerb, S. 69 ff.
[91] *LG Mönchengladbach*, WM 1985, 528; *OLG Düsseldorf* (o. Fußn. 79).
[92] *OLG Stuttgart*, WuW/E OLG 3281.
[93] *VGH Mannheim*, GewArch 1969, 141 (142); GRUR 1973, 82; weitere Beispiele in: *BGHZ* 85, 84 (98); *BGH*, GRUR 1985, 1063 (1064); *OLG Karlsruhe*, GRUR 1984, 669 (673); *LG Nürnberg-Fürth*, WuW/E LG/AG 474 f.

genießen. Das ist ein Problem des internationalen Wettbewerbsrechts, das heute überwiegend durch völkerrechtliche Verträge geregelt ist.

b) Die international-privatrechtliche Behandlung von UWG-Fällen war lange Zeit lebhaft umstritten, da die Praxis ursprünglich zu einer möglichst umfassenden Anwendung des deutschen Wettbewerbsrechts auf Wettbewerbshandlungen von Inländern im Ausland tendierte. Dies erwies sich jedoch als nachteilig für die deutschen Unternehmen, weil das deutsche Wettbewerbsrecht in vielen Beziehungen weit strenger als das ausländische ist. Vor allem gegen die hierin liegende Benachteiligung deutscher Unternehmen im Ausland richtete sich die Kritik des Schrifttums, unter deren Eindruck jetzt der BGH seine Rechtsprechung in wichtigen Punkten modifiziert hat.

Es besteht Übereinstimmung, daß internationalprivatrechtlich Verstöße gegen das UWG und seine Nebengesetze zu den unerlaubten Handlungen gehören. Ebenso wie im allgemeinen Deliktsrecht knüpft deshalb hier die Rechtswahl an den *Begehungsort* an (vgl. Art. 12 EGBGB). Das UWG ist mithin grundsätzlich nur auf Inlandsverstöße anwendbar, während im Ausland begangene Wettbewerbshandlungen nach ausländischem Wettbewerbsrecht zu beurteilen sind.[94]

Umstritten war jedoch früher, nach welchen Kriterien der Begehungsort zu bestimmen ist. Lange Zeit tendierte die Praxis insoweit zu einer ganz weiten Auslegung, so daß z. B. schon die bloße Vornahme von Vorbereitungshandlungen im Inland für die Anwendung deutschen Rechts genügen sollte.[95] Nach Aufgabe dieser Praxis gilt heute hingegen als Begehungsort nur noch der Ort, wo die speziellen, wettbewerbsrechtlichen Interessen der beteiligten Unternehmen aufeinander stoßen (sog. Ort der Interessenkollision), d. h. der Ort, wo tatsächlich der Wettbewerb stattfindet.[96] Besteht die unlautere Handlung in einer unzulässigen Einflußnahme auf die Abnehmer, so ist deshalb z. B. nur der Ort der Begehungsort, wo um die Abnehmer geworben wird.[97] Geht es hingegen um die Behinderung von Konkurrenten, so ist die Handlung an dem Ort begangen, an dem der betroffene Konkurrent an der Teilnahme am Wettbewerb gehindert wird. In den Ausbeutungsfällen gilt als Begehungsort schließlich der Ort, wo z. B. das sklavisch nachgeahmte Erzeugnis abgesetzt wird, mag auch die Herstellung selbst in einem anderen Land erfolgen sein.[98]

---

[94] *BGHZ* 14, 286 (291); 21, 266 (270); 35, 329 (333); 40, 391 (393 ff.) m. Anm. *Beitzke*, JuS 1966, 139; *BGH*, LM § 32 ZPO Nr. 8; § 1 UWG Nr. 22 (Bl. 2 R).
[95] Z. B. *BGH*, LM § 1 UWG Nr. 22 (Bl. 2 f.); weitere Beispiele bei *Baumbach-Hefermehl*, Einl. UWG Rdnr. 175 f.
[96] Grdl. *BGHZ* 35, 329 (333 f.); 40 391 (395 f.); *BGH*, LM § 32 ZPO Nr. 8 (Bl. 2 R); § 12 UWG Nr. 6 (Bl. 4) = GRUR 1971, 153 (154); 1968, 587.
[97] Vgl. für § 3 UWG *BGH*, LM § 1 UWG Nr. 369 = GRUR 1982, 495 (497 f.).
[98] Grdl. *BGHZ* 35, 329 (334 ff.).

c) Nur in zwei Fällen wird heute noch in Abweichung von den geschilderten Regeln auf Wettbewerbsverstöße im Ausland deutsches Wettbewerbsrecht angewandt.[99] Es sind dies die Fälle, in denen sich der Wettbewerb im Ausland ohnehin ausschließlich zwischen deutschen Unternehmen abspielt,[100] sowie die Fälle, in denen sich der Wettbewerbsverstoß gezielt gegen ein anderes deutsches Unternehmen richtet, das dadurch in seinem Wettbewerb auf dem ausländischen Markt ungehörig behindert wird.[101] In solchen Fällen ist jedoch immer noch ergänzend das ausländische Wettbewerbsrecht zu berücksichtigen, so daß selbst an sich nach deutschem Recht als unlauter zu qualifizierende Handlungen mit Rücksicht auf die besonderen Verhältnisse auf dem betroffenen Auslandsmarkt ausnahmsweise doch als zulässig erscheinen können.[102]

6. Internationales Wettbewerbsrecht

Literatur: Baumbach-Hefermehl, Warenzeichenrecht, 12. Aufl. (1985), Teil 2 (S. 1029ff.); *Bodenhausen*, PVÜ, Kommentar, 1971; *Callmann*, S. 602ff.; *Miosga*, Internationaler Marken- und Herkunftsschutz, 1967; *Reimer-v. Gamm*, S. 29ff.; *Sandrock*, GRURInt. 1985, 507; *Troller*, Die mehrseitigen völkerrechtlichen Verträge im internationalen Rechtsschutz und Urheberrecht, 1965.

Das internationale Wettbewerbsrecht regelt, wie schon erwähnt (o. 5), die Frage, in welchem Umfang Ausländer im Inland Schutz gegen unlauteren Wettbewerb genießen. Antwort auf diese Fragen gibt heute in erster Linie eine ganze Reihe zweiseitiger und mehrseitiger, völkerrechtlicher Verträge. Nur hilfsweise greift § 28 UWG ein, aufgrund dessen Ausländern im Inland Schutz nur unter der Voraussetzung der Gegenseitigkeit gewährt wird.

a) Unter den genannten, völkerrechtlichen Verträgen ist mit Abstand der wichtigste die Pariser Verbandsübereinkunft zum Schutze des gewerblichen Eigentums vom 20. 3. 1883, die für Deutschland in der Stockholmer Fassung vom 14. 6. 1967[103] gilt (sog. PVÜ). Durch die PVÜ, der u. a. sämtliche Mitgliedstaaten der EWG angehören, ist ein völkerrechtlicher Verband mit eigenen Organen geschaffen worden, aufgrund dessen die Mitgliedstaaten u. a. zu einem umfassenden Schutz aller Verbandsangehörigen gegen unlauteren Wettbewerb verpflichtet sind. Grundlage dieses Schutzes ist der Grundsatz der *Inländergleichbehandlung*, da nach Art. 2 PVÜ alle Verbandsangehörigen ohne Rücksicht auf ihre Staatsangehörigkeit und ihren Wohnsitz wie Inländer behandelt werden. Für die Angehörigen der EWG-Staaten folgt dasselbe im übrigen schon aus dem (vorrangigen) allgemeinen Diskriminierungsverbot des Art. 7 EWGV.

---

[99] Grdl. *BGHZ* 40, 391 (397f.) m. Anm. *Beitzke*, JuS 1966, 139; *Baumbach-Hefermehl*, Einl. UWG Rdnr. 180; *Palandt-Heldrich*, Art. 12 EGBGB Anm. 2 c, bb.

[100] Ein heute wohl irrealer Grenzfall.

[101] S. *BGH* (o. Fußn. 97).

[102] Vgl. *BGHZ* 35, 329 (332); 40 391 (400); *BGH*, LM § 12 BGB Nr. 18 = GRUR 1958, 189 (197); LM § 16 UWG Nr. 41/42 = GRUR 1960, 372 (377); LM § 12 UWG Nr. 6 (Bl. 2 R) = GRUR 1969, 587; *Baumbach*, S. 538ff.

[103] BGBl 1970 II, S. 391.

Die PVÜ hat gleichwohl auch für die Mitgliedstaaten der EWG insofern Bedeutung behalten, als sich aus ihr die materielle Verpflichtung ergibt, durch ihre Gesetzgebung einen umfassenden Schutz gegen unlauteren Wettbewerb einzuführen. Art. 10 PVÜ bestimmt insofern, daß die Verbandsländer verpflichtet sind, den Verbandsangehörigen einen wirksamen Schutz gegen unlauteren Wettbewerb zu sichern. Nach Abs. 2 dieser Bestimmung ist dabei unlauterer Wettbewerb jede Wettbewerbshandlung, die den anständigen Gepflogenheiten (*usages honnêtes*) in Gewerbe und Handel zuwiderläuft. Art. 10 Abs. 3 PVÜ zählt schließlich einige besonders wichtige Erscheinungsformen unlauteren Wettbewerbs auf, nämlich insbes. alle Handlungen, die geeignet sind, Verwechslungen mit der Niederlassung, den Erzeugnissen oder der Tätigkeit eines Wettbewerbers hervorzurufen (passing off), weiter Anschwärzungen (vgl. § 14 UWG) sowie schließlich Irreführungen i. S. des § 3 UWG.[104]

b) Nur soweit weder die PVÜ noch sonstige, zweiseitige, völkerrechtliche Verträge eingreifen, ist heute noch Raum für die Anwendung des § 28 UWG (vgl. auch § 35 WZG). Danach haben Ausländer ohne Hauptniederlassung im Inland nur insoweit Anspruch auf Schutz nach deutschem Wettbewerbsrecht, als in dem Staat, in dem sie ihre Hauptniederlassung haben, nach einer im BGBl. enthaltenen Bekanntmachung deutsche Gewerbetreibende einen entsprechenden Schutz genießen (Grundsatz der Gegenseitigkeit).

§ 5. Sittenwidrigkeit

Literatur: Arzt, Die Ansicht aller billig und gerecht Denkenden, Diss. Tübingen 1962; *Baudenbacher,* Suggestivwerbung und Lauterkeitsrecht, Zürich 1978, bes. S. 123 ff.; *ders.,* GRUR 1981, 19; *ders.,* ZHR 144 (1980), 145; *Baumbach,* S. 172 ff.; *ders.,* DJZ 1931, 58; *ders.,* JW 1930, 1643; *ders.,* MuW Bd. XXX (1930), 2; *Baumbach-Hefermehl,* Einl. UWG Rdnrn. 63 ff.; *Fr. Böhm,* Wettbewerb und Monopolkampf, 1933/1964; *P. Bülow,* WiR 1974, 231; *Burmann,* WRP 1968, 258; 1972, 511; *Callmann,* S. 45 ff.; *Dörinkel,* Betr 1967, 1883; *Droste,* WRP 1964, 300; 1964, 65; 1965, 35; *Eichmann,* Die vergleichende Werbung in Theorie und Praxis, 1967, S. 40 ff.; *ders.,* in: Mitarbeiterfestschr. f. E. Ulmer, 1973, S. 287; *Fikentscher,* Wettbewerb und gewerblicher Rechtsschutz, 1958, S. 103 ff.; *ders.,* in: Festschr. f. Hallstein, 1966, S. 127; *Freiberger,* Der Wahrheitsgrundsatz und die Pflicht zur Wahrhaftigkeit im Wettbewerbsrecht, 1938; *v. Gamm,* GRUR 1979, 680; *Gärtner,* BB 1970, 1361; *Th. Geiger,* Vorstudien zu einer Soziologie des Rechts, Soziolog. Texte Bd. 20, 2. Aufl. (1970); *R. v. Godin,* MuW Bd. XXX (1930), 72; *H. v. Godin,* § 1 UWG Rdnrn. 57 ff.; *ders.,* GRUR 1966, 127; *Goll,* GRUR 1976, 486; *Greuner* u. *Kreft,* in: Hdb., §§ 3 u. 13 (S. 21, 103 f.); *Gütebier,* JW 1934, 1091; *v. Harder,* GRUR 1962, 439; *Nikolai Hartmann,* Ethik, 3. Aufl. (1949); *Hefermehl,* in: Festschr. f. R. Fischer, 1979, S. 197; *ders.,* GRURInt. 1983, 338; *Henkel,* Rechtsphilosophie, 2. Aufl. (1977); *Hirtz,* GRUR 1980, 93; 1986, 110; *Hönn,* in: Festschr. f. Mühl, 1981, S. 309; *R. v. Ihering,* Der Zweck im Recht Bd. II, 2. Aufl. (1886); *Herman Isay,* Rechtsnormen und Entscheidung, 1929; *ders.,* Das Rechtsgut des Wettbewerbsrechts, 1933, bes. S. 58 ff.; *Katzenberger,* Recht am Unternehmen und unlauterer Wettbewerb, 1967, bes. S. 85 ff.; *Kirchberger,* Unlauterer, sittenwidriger und unerlaubter Wettbewerb, 1931; *ders.,* MuW Bd. XXXIII (1933), 275; *Hubmann,* § 49, 4; *Kisseler,* WRP 1975, 701; *Knoepfle,* Die marktbezogene Unlauterheit, 1983; *Koenigs,* NJW 1961, 1041; *Kohler,* S. 24 ff., 104 ff.; *Koppensteiner,* S. 477 ff.; *Kraft,* Interessenabwägung, bes. S. 102 ff., 209 ff.; *ders.,* in: Festschr. f. Bartholomeyczik,* 1973, S. 223; *ders.,* in: Festg. f. Kummer, Bern 1980, S. 389; *ders.,*

---

[104] S. z. B. *Baumbach-Hefermehl,* Warenzeichenrecht, Art. 10 PVÜ Rdnrn. 3 ff.

GRUR 1980, 966; *R. Kraßer,* Der Schutz von Preis- und Vertriebsbindungen gegenüber Außenseitern, 1972, bes. S. 251 ff.; *Kroitzsch,* BB 1977, 222; *Larenz,* Grundsätzliches zu § 138 BGB, JurJb 1966, 98; *M. Lehmann,* GRUR 1979, 368; 1977, 580, 633; *ders.,* Die Werbung mit Geschenken, 1974; *ders.,* in: Mitarbeiterfestschr. f. E. Ulmer, 1973, S. 321; *Lindacher,* Lockvogel- und Sonderangebote, 1979, bes. S. 20 ff.; *Lobe,* S. 7 ff.; *ders.,* GRUR 1910, 3; *ders.,* MuW Bd. XVIII (1918/19), 70; *ders.,* GRUR 1931, 1215; *ders.,* Gruchot 72 (1932), 145; *Löwenheim,* GRUR 1975, 99; *Mayer-Maly, JuS 1986, 596;* G. *Meier,* BB 1977, 720; *ders.,* WRP 1978, 514; *Merkel,* BB 1977, 705; 1977, 1176; *Mestmäcker,* AcP 168 (1968), 235; *ders.,* Medienkonzentration und Meinungsvielfalt, 1978, S. 135 ff.; *ders.,* Der verwaltete Wettbewerb, 1984; *Meessen,* NJW 1981, 1131; *Meyer=Cording,* JZ 1964, 273, 310; *Möschel,* Pressekonzentration und Wettbewerbsgesetz, 1978, S. 130 ff.; *Nastelsky,* GRUR 1969, 322; *Nerreter,* Grundlagen, bes. S. 25 ff.; *ders.,* GRUR 1937, 167; *Nipperdey,* Wettbewerb und Existenzvernichtung, 1930 = KartRdsch 1930, 127; *Nordemann,* Tz. 30 ff.; *ders.,* GRUR 1975, 625; *Cl. Ott,* in: Festschr. f. L. Raiser, 1974, S. 403; *L. Raiser,* GRURInt. 1973, 443; *Rebe,* Privatrecht und Wirtschaftsordnung, 1978, bes. S. 137 ff.; *Reimann,* WRP 1967, 42; *Reimer-v. Gamm,* S. 121 ff.; *Rinck,* in: Göttinger Festschr. f. das OLG Celle, 1961, S. 151; *Rittner,* S. 198 ff.; *ders.,* Einführung, S. 21 ff.; *Rosenthal,* LZ 1931, Sp. 409; *Rosenthal-Leffmann,* § 1 Rdnrn. 20 ff.; *Sack,* GRUR 1970, 493; *ders.,* WRP 1974, 247; *ders.,* Unlauterer Wettbewerb und Folgeverträge, 1974 = WRP 1974, 445; *ders.,* GRUR 1975, 297; *ders.,* NJW 1985, 761; *ders.,* WRP 1985, 1; *Sambuc,* Folgenerwägungen im Richterrecht, 1977; *Schachtschneider,* Staatsunternehmen u. Privatrecht, 1986, S. 367 ff.; *Max Scheeler,* Der Formalismus in der Ethik und die materiale Wertethik, 4. Aufl. (1954); *W. Schluep,* GRURInt 1973, 446; *ders.,* in: Festg. f. Kummer, Bern 1980, S. 487; *Schricker,* Gesetzesverletzung und Sittenverstoß, 1970; *ders.,* GRUR 1974, 579; *ders.,* ZHR 139 (1975), 208; *ders.,* AcP 172 (1972), 203; *K. Simitis,* Gute Sitten und ordre public, 1960; *Steindorff,* in: Summum ius, summa iniuria, 1963, S. 58; *Tetzner,* GRUR 1950, 130; *G. Teubner,* Standards und Direktiven in Generalklauseln, Frankfurt 1971; *Tilmann,* GRUR 1979, 825; *E. Ulmer,* Sinnzusammenhänge im modernen Wettbewerbsrecht, 1932; *ders.,* GRUR 1937, 769; *Ulmer-Reimer,* Tz. 49 ff.; *P. Ulmer,* AfP 1975, 870; *ders.,* Schranken zulässiger Wettbewerbs marktbeherrschender Unternehmen, 1977; *ders.,* GRUR 1977, 565; *ders.,* in: Festg. f. Kummer, Bern 1980, S. 565; *Vogt,* NJW 1976, 729; *H. P. Westermann,* in: Festschr. f. Barz, 1974, S. 545; *Willeke,* in: Festschr. f. Rieger, Stuttgart 1963, S. 158; – *Fälle,* S. 1 ff.

Die Generalklausel des § 1 UWG verbietet sämtliche Wettbewerbshandlungen, „die gegen die guten Sitten verstoßen" (vgl. außerdem §§ 138 und 826 BGB). Dadurch ist die Frage, was das UWG unter den guten Sitten versteht, zur zentralen Frage des deutschen Wettbewerbsrechts geworden. Im folgenden soll deshalb zunächst ein Überblick über die bisherige Diskussion zu dem Problem der Sittenwidrigkeit im Wettbewerbsrecht gegeben werden, weil ohne deren Kenntnis die Stellungnahme zu vielen Einzelfragen unverständlich bleiben muß. Zu beginnen ist dabei mit der Interpretation der Generalklausel durch die Gerichte.

1. Anstandsformel

a) Entwicklung der Rechtsprechung

aa) Vorläufer des § 1 UWG ist die Generalklausel des § 826 BGB gewesen (s. o. § 2, 2 und 3). Deshalb lag es nahe, zur Interpretation der wettbewerbsrechtlichen Generalklausel auf die zu § 826 BGB vertretenen Meinungen zurückzugreifen. Und in der Tat hat man genau hier den Ursprung der sog. Anstandsformel des RG zu suchen.

Zu § 826 BGB hatte bereits der Gesetzgeber bemerkt, diese Vorschrift wende sich gegen alle illoyalen Handlungsweisen, die den sich in den guten Sitten ausprägenden Auffassungen und dem *Anstandsgefühl aller billig und gerecht Denkenden* widerspre-chen.[1] Diese Formulierung übernahm das Reichsgericht schon ein Jahr nach Inkrafttre-ten des BGB,[2] indem es betonte, § 826 BGB erfasse jede illoyale Schädigung im Wett-bewerb; den Maßstab für die guten Sitten habe der Richter dabei dem herrschenden Volksbewußtsein zu entnehmen, d. h. dem Anstandsgefühl aller billig und gerecht Denkenden; dabei könne auch auf die Anschauungen der Kaufleute Rücksicht zu nehmen sein; die guten Sitten dürften aber nicht mit einer tatsächlich aufgekommenen Praxis verwechselt werden, da diese durchaus eine Unsitte sein könne.

Nach Inkrafttreten des UWG im Jahre 1909 übertrug das RG diese sog. *Anstands-formel* ohne weitere Erwägungen auf § 1 UWG. Präzisierend wurde lediglich hinzuge-fügt, es komme dabei stets auf den Gesamtcharakter des Geschäfts nach Beweggrund, Inhalt und Zweck an; bei der Beurteilung sei ein durchschnittlicher Maßstab anzule-gen.[3] Die Anstandsformel wurde so zum festen Bestandteil nahezu jeder wettbewerbs-rechtlichen Entscheidung des Reichsgerichts.

bb) Deshalb verwundert es nicht, daß der *BGH* zunächst ebenfalls der vom *RG* vorgezeichneten Linie gefolgt ist. Erst in den letzten Jahren distanziert er sich unverkennbar zumindest in einzelnen Beziehungen von der herkömmlichen Anstandsformel des *RG*. So tritt z. B. neuerdings immer häufiger an die Stelle des Anstandsgefühls aller billig und gerecht Denkenden das Anstandsgefühl der Durchschnittsgewerbetreibenden.[4] Außerdem wird in zunehmendem Maße darauf abgestellt, ob eine Hand-lung den Grundsätzen des Leistungswettbewerbs widerspricht.[5] Vor al-lem aber hat in der neueren Praxis des *BGH* die Berücksichtigung der Interessen der Allgemeinheit wachsende Bedeutung erlangt. In der jüng-sten Rechtsprechung treten die Auffassungen der Allgemeinheit geradezu selbständig neben das Anstandsgefühl der Durchschnittsgewerbetreiben-den. Als unlauter gilt dementsprechend heute jede Handlungsweise, die dem Anstandsgefühl des redlichen und verständigen Durchschnittsge-werbetreibenden widerspricht *oder* die von der Allgemeinheit mißbilligt und für untragbar angesehen wird. Dabei ist von einer Gesamtwürdigung der Handlung nach Inhalt, Zweck und Motiv sowie ihren Auswirkungen und Folgen auszugehen und außerdem zu berücksichtigen, ob von einer solchen Handlungsweise bei ihrer Nachahmung durch die Konkurrenten eine unerträgliche Belästigung der Allgemeinheit oder eine Gefahr für den Bestand des Wettbewerbs ausgeht, selbst wenn die fragliche Hand-lung für sich allein noch hingenommen werden könnte.[6]

---

[1] Motive II, S. 727.

[2] *RGZ* 48, 114 (124f) v. 11. 4. 1901; eingehend dazu und zum folgenden zuletzt *Sack*, NJW 1985, 761 m. zahlr. Nachw.

[3] Z. B. *RGZ* 80, 219 (221); *(GS)* 150, 1 (5); 166, 315 (318f.).

[4] So z. B. *BGHZ* 10, 228 (232); 15, 356 (364); 17, 327 (332); 22, 167 (181); 23, 184 (186); *BGH*, LM § 1 UWG Nrn. 26, 75, 90a, 109, 181 und 281.

[5] Z. B. *BGHZ* 15, 356 (365); 34, 264 (270); 51, 236 (242) = JuS 1969, 389 Nr. 7.

[6] Insb. *BGHZ* 19, 392 (396f.); 23, 365 (371f.); 34, 264 (270f.); 43, 278 (281f.); 51, 236 (240ff.) (= JuS 1965, 457 Nr. 5; 1969, 389 Nr. 7); 54, 188 (190ff.); 56, 18 (19); 59, 317 (319); *BGH*, LM § 1 UWG Nrn. 26, 77, 146, 179, 240 (Bl. 2) usw.

cc) Deutlich anders hat hingegen das *BVerfG* in seinen Entscheidungen
zu § 826 BGB und zu § 1 UWG die Akzente gesetzt. Zu § 826 BGB hat
es zunächst entschieden, daß mit den guten Sitten die Gesamtheit der
Wertvorstellungen eines Volkes gemeint sei, die es in seiner Entwicklung
erreicht und in seiner Verfassung fixiert habe; das seien keine unveränderlichen Prinzipien reiner Sittlichkeit; gemeint seien vielmehr die *Anschauungen* der verständigen Leute davon, *was* im sozialen Verkehr zwischen den Rechtsgenossen *sich gehöre;* diese Anschauungen seien wan-
delbar und würden durch rechtliche Gebote und Verbote beeinflußt, so
daß der Richter bei ihrer Festlegung in erster Linie von der *Wertordnung
der Verfassung* auszugehen habe.[7] Für die Generalklausel des § 1 UWG
folge daraus, daß sie das Verhalten der Gewerbetreibenden in den Bahnen
des Anstands, der Redlichkeit und der guten, kaufmännischen Sitten halten solle.[8]

Das *BVerwG*[9] hat hieraus den Schluß gezogen, die guten Sitten seien
ein unbestimmter, ausfüllungsbedürftiger Rechtsbegriff, mit dem das Gesetz auf die dem geschichtlichen Wandel unterworfenen, sozialethischen
Wertvorstellungen verweise, die in der Rechtsgemeinschaft als maßgeblich anerkannt sind; ihr Kern ergebe sich aus der in den Grundrechten
positivierten Wertordnung der Verfassung.

b) Einwände

aa) Die geschilderte Anstandsformel der Rechtsprechung hat in der
Literatur noch nie viel Gegenliebe gefunden.[10] In der Tat bietet sie soviele
Angriffsflächen, daß es nicht schwer fällt, ihre mangelnde Eignung zur
Konkretisierung der Generalklausel nachzuweisen. Das beginnt schon
bei semantischen Einwänden, da man sich beim besten Willen nicht vorstellen kann, was eigentlich das ,,Gefühl" von ,,Denkenden" sein soll,
ganz abgesehen davon, daß obendrein niemand weiß, wer eigentlich zu
der erlauchten Schar[11] der billig *und* gerecht Denkenden oder der Durchschnittsgewerbetreibenden gehört, deren Sittlichkeitsgefühl (was immer
das sein mag) offenbar normativen Rang haben soll.

Schwerer noch wiegt, daß die Praxis ihre Formel selbst niemals recht

---

[7] *BVerfGE* 7, 198 (206, 215) ,,Lüth-Urt.".
[8] *BVerfGE* 32, 311 (316).
[9] *BVerwGE* 64, 274 ,,Peep-Show"; 64, 280 ,,öffentlicher Geschlechtsverkehr" =
NJW 1982, 664; 1982, 665; *BVerwG*, NVwZ 1985, 826.
[10] Vgl. etwa die Kritik bei *Baumbach*, S. 172 ff.; *Baumbach-Hefermehl*, Einl. UWG
Rdnr. 88; *Eichmann*, S. 50 f.; *Koppensteiner*, S. 478 ff.; *Möschel*, Pressekonzentration,
S. 140 ff.; *Nordemann*, GRUR 1975, 625; *Sambuc*, S. 30 ff.; *Schricker*, Gesetzesverletzung, S. 190 ff.; *ders.*, AcP 172, 203 (221); *Simitis*, Gute Sitten, S. 64 ff.; *Teubner*,
Standards, S. 18 ff.; *Schachtschneider*, S. 375 ff. (und zwar wegen der mit der Anstandsformel verbundenen Maßstabslosigkeit der Rspr.); deutlich positiver hingegen *Sack*,
NJW 1985, 761; vgl. auch *ders.*, WRP 1985, 1.
[11] *Nordemann*, Tz. 33.

ernst genommen hat. Dies wird schon daran deutlich, daß die (angeblich doch maßgeblichen) Anschauungen der Allgemeinheit oder der Durchschnittsgewerbetreibenden über die Qualifizierung einer Handlung als sittengemäß oder sittenwidrig tatsächlich nur ganz selten durch Umfragen in wissenschaftlich vertretbarer Weise ermittelt worden sind. In der ganz überwiegenden Mehrzahl der Fälle haben die Gerichte hingegen – zu Recht – keine derartigen Umfragen durchgeführt und damit von vornherein auf eine Ermittlung des „Anstandsgefühls" der maßgeblichen Personenkreise verzichtet. Selbst zu so zentralen Fragen wie der Zulässigkeit der vergleichenden Werbung, der kostenlosen Verteilung von Anzeigenblättern und Warenproben, der Zulässigkeit von Vorspannangeboten oder der Abgrenzung des Nachfragemachtmißbrauchs sind niemals irgendwelche Erhebungen über die Anschauungen der beteiligten Verkehrskreise oder der Allgemeinheit durchgeführt worden. Niemand weiß daher, wie wirklich die Beteiligten oder die Allgemeinheit über diese Fragen denken. Und trotzdem haben die Gerichte immer entschieden. Schon *Baumbach*[12] hat deshalb zutreffend festgestellt, letzten Endes entscheide das Anstandsgefühl älterer Richter in hoher Stellung, die das praktische Geschäftsleben ganz überwiegend nie kennengelernt haben.

Bei Lichte besehen erweist sich damit die altehrwürdige Anstandsformel als Musterbeispiel einer Leerformel, offenbar nur dazu bestimmt und geeignet, die eigentlichen, für die jeweilige Entscheidung maßgeblichen Erwägungen zu verbergen. Welche sind aber diese Erwägungen?

Geht man einmal unter diesem Gesichtspunkt die ganze, überaus umfangreiche Praxis durch, so stößt man alsbald auf ein kaum zu entwirrendes Konglomerat rechtlicher und weithin beliebiger, wirtschaftspolitischer Erwägungen, so daß die Entscheidungen häufig kaum nachvollziehbar sind; viele Urteile dürften sogar rein emotional begründet sein.[13] Dies könnte noch hingehen, wenn man wenigstens die Ergebnisse, zu denen die Praxis dergestalt gelangt ist, akzeptieren könnte. Aber auch das ist keineswegs der Fall. Die Gerichte haben vielmehr unter Berufung auf die Anstandsformel bis auf den heutigen Tag auf der einen Seite auf vielen Gebieten gänzlich übertriebene Anforderungen an das Verhalten der Unternehmen im Wettbewerb gestellt, während sie andererseits auf anderen Gebieten schwerwiegende Wettbewerbsbeschränkungen über § 1 UWG

---

[12] Kommentar, S. 174; vgl. auch *dens.*, DJZ 1931, 58 ff.; JW 1930, 1643; ähnlich z. B. *Nordemann*, Tz. 34; ebenso i. Erg. *Sack* (o. Fußn. 10), der darin gerade den Sinn der richtig verstandenen Anstandsformel sieht.
[13] Vgl. zuletzt die Kritik bei *Droste*, GRUR 1965, 39; *Koppensteiner*, S. 478 ff.; *Knöpfle*, Unlauterkeit; *M. Lehmann*, in: Mitarbeiterfestschr. f. Ulmer, S. 321 ff.; *ders.*, Werbung, S. 97 ff., 151 ff., 174 ff.; *Meyer-Cording*, JZ 1964, 276; *Nordemann*, Tz. 33 ff.; *Ott*, in: Festschr. f. L. Raiser, S. 403 ff.; *Rinck*, in: Festschr. f. das OLG Celle, S. 151 ff.; *Schachtschneider* (o. Fußn. 10); *K. Simitis*, Gute Sitten, S. 47 ff., alle m. zahlr. w. Nachw.; ebenso früher schon *Baumbach*, S. 172 ff.; *ders.*, DJZ 1931, Sp. 58; JW 1930, 1643; MuW Bd. XXX (1930), 2.

sanktioniert haben; auf wieder anderen Gebieten ist schließlich bislang unverständlicherweise jede Reaktion der Gerichte ausgeblieben. Dafür einige Beispiele:

Besonders häufig geschieht es, daß die Gerichte ganz übertriebene Anforderungen an das Verhalten der Unternehmen stellen und damit im Ergebnis nur den Wettbewerb ohne Not beschränken. Hierher gehören z. B. die überflüssigen „Verbote" der vergleichenden Werbung, der Vorspannangebote, der Regal- und Schaufenstermiete sowie der kostenlosen Verteilung von Originalware und von Anzeigenblättern.[14] Aber damit nicht genug: Auf vielen anderen Gebieten hat sich darüber hinaus die Rechtsprechung sogar dazu hergegeben, schwerwiegende Wettbewerbsbeschränkungen über § 1 UWG zu sanktionieren. Hinzuweisen ist hier nicht nur auf die unverständliche Duldung der meisten Kampfmaßnahmen von Kartellen gegen Außenseiter einschließlich sogar des Boykotts durch das *RG*,[15] sondern auch auf den nicht minder problematischen Schutz, den der *BGH* Preis- und Vertriebsbindungssystemen gegen Angriffe von Außenseitern über § 1 UWG angedeihen läßt.[16]

Preis- und Vertriebsbindungssysteme sind schwerwiegende Wettbewerbsbeschränkungen mit häufig sehr schädlichen Wirkungen, weshalb schließlich selbst der Gesetzgeber 1973 durch die 2. Novelle zum GWB wenigstens die Preisbindung für Markenartikel ersatzlos verboten hat. Von daher gesehen kann man es nur als unverständlich bezeichnen, daß die Gerichte den Aufbau solcher wettbewerbsbeschränkenden Vertragssysteme überhaupt erst ermöglicht haben, indem sie das Verhalten von Außenseitern, die sich über die Preis- oder Vertriebsbindung hinwegsetzen und hinwegsetzen dürfen, weil diese Verträge sie nicht binden, gleichwohl als sittenwidrig gebrandmarkt haben. § 1 UWG hat sich dergestalt in den Händen der Praxis aus einem Mittel zum Schutz des freien und fairen Wettbewerbs in ein Mittel zur Beschränkung des Wettbewerbs verwandelt (s. im einzelnen u. § 6, 5).

Wird somit auf der einen Seite die Generalklausel oft ganz unnötig überstrapaziert, so lassen die Gerichte auf der anderen Seite die Konkurrenten ebenso wie die Verbraucher auf zahlreichen Gebieten weitgehend schutzlos gegen unlautere Machenschaften. Das gilt zunächst für alle Formen von Machtmißbräuchen, die von marktstarken Unternehmen ausgehen. Obwohl hier § 1 UWG neben den Verboten der §§ 22 IV und 26 II GWB eine zentrale Rolle spielen könnte, scheuen doch die Gerichte, von seltenen Ausnahmefällen abgesehen, aus nur schwer verständlichen Gründen den Rückgriff auf die sonst so gern bemühte Generalklausel. Offensichtlich ist es so, daß die UWG-Gerichte mit diesen hochkomplexen Sachverhalten überfordert sind.

bb) Das Gesetz spricht in § 1 UWG ebenso wie in den §§ 138 und 826 BGB von den „guten Sitten". Es handelt sich dabei um eine Übersetzung des römisch-rechtlichen Begriffs der „boni mores"[17], worunter die Römer noch ununterschieden sowohl die Sitte i. S. der äußeren Gewohnheiten als auch die Sittlichkeit i. S. der Anforderungen des Gewissens an das Verhalten des Menschen verstanden. Erst im Mittelalter wurden beide

---

[14] Vgl. z. B. unter vielen die Kritik bei *Baumbach*, DJZ 1931, Sp. 58; *Droste*, WRP 1964, 65; *ders.*, Betr 1963, 719; *ders.*, WRP 1965, 35; *H. v. Godin*, GRUR 1966, 130; *Knöpfle*, Unlauterkeit; *M. Lehmann*, GRUR 1979, 368 ff.

[15] Dazu grdl. sehr kritisch *Franz Böhm*, Wettbewerb und Monopolkampf. Einzige, berühmte Ausnahme RGZ 134, 342 („Benrather Tankstellenfall"); dazu Fälle, S. 21 ff. m. zahlr. Nachw.

[16] Dazu eingehend *Emmerich*, in: IM, § 16 Rdnrn. 131 ff., bes. 144 und § 18 Rdnrn. 282 ff.

[17] Dazu grdl. *v. Ihering*, Der Zweck im Recht Bd. II, S. 1 ff.; *Lobe*, Gruchot 72, 145 ff.

Ebenen durch die Unterscheidung von mos und moralitas getrennt. Mit mos bezeichnete man dabei die äußeren Gewohnheiten i. S. der Sitten oder Bräuche und im Gegensatz zu der allgemeinen Sittlichkeit (moralitas).

Trotz des somit an sich feststehenden Unterschieds zwischen Sitte und Sittlichkeit hat offenbar weder in den Beratungen zum BGB noch in denen zum UWG Klarheit darüber bestanden, worauf man eigentlich mit den Generalklauseln Bezug nehmen wollte. Die Gesetzesmaterialien lassen sich daher für ganz verschiedene Interpretationen in Anspruch nehmen, so daß die guten Sitten in den §§ 138 und 826 BGB sowie in § 1 UWG im Schrifttum seit jeher sowohl mit den Geboten der Sittlichkeit als auch mit den bloßen Regeln der Sitte, d. h. mit den sog. Konventionalnormen gleichgesetzt werden. Zu prüfen ist daher jetzt, ob auf einem dieser Wege größere Sicherheit bei der Anwendung des § 1 UWG erreicht werden kann.

2. Schrifttum

a) Sozialethik

Im Schrifttum wird nach wie vor als Ausweg aus dem offenkundigen Dilemma, zu dem die nähere Beschäftigung mit § 1 UWG geführt hat, verbreitet die Gleichsetzung der guten Sitten mit den Geboten der Sittlichkeit vorgeschlagen.[18] Das Hauptproblem dabei ist natürlich immer die Frage, wie die Gebote der Sittlichkeit ermittelt werden sollen, ja ob sie überhaupt erkennbar sind. In der Wertphilosophie[19] wird zur Lösung dieses Problems meistens auf das ,,Wertfühlen" des Menschen verwiesen.[20] In der juristischen Litaratur begnügt man sich hingegen meistens mit Hinweisen z. B. auf die in der ,,westeuropäischen, christlich-humanistischen Kulturgemeinschaft anerkannten Wertvorstellungen"[21] oder auf das rechtlich-sittliche Bewußtsein des Volkes.[22] Aber mit solchen unbestimmten und vagen Maßstäben ist in der praktischen Rechtsanwendung nur wenig anzufangen. Viele weitere Einwände gegen die Maßgeblichkeit jeder Form einer *Individualethik* i. S. der nur von dem einzelnen selbst erfahrbaren Anforderungen seines Gewissens an sein äußeres Tun kommen hinzu. Sie wiegen insgesamt so schwer, daß im Schrifttum zu den verschiedenen Sittenwidrigkeitsklauseln die Individualethik als Maßstab der guten Sitten heute immer mehr durch die sog. *Sozialethik* (oder Sozialmoral, beide Begriffe werden weitgehend synonym verwandt) ver-

---

[18] So z. B. *Fikentscher*, S. 109 ff.; *Katzenberger*, Recht am Unternehmen, S. 117 ff.; insbes. *Meyer=Cording*, JZ 1964, 273, 310; *Nerreter*, Grundlagen, S. 33 ff., 55 ff.; *ders.*, GRUR 1937, 175; *Ulmer-Reimer*, Tz. 55; auch *BGHZ* 17, 327 (332); a. A. aber *BVerfGE* 7, 198 (215: Keine Verweisung auf die unveränderlichen Prinzipien reiner Sittlichkeit).

[19] Grdl. *Nikolai Hartmann*, Ethik; *Max Scheeler*, Der Formalismus in der Ethik.

[20] Vgl. dazu die eingehende Kritik bei *Kraft*, Die Grundlagen einer wissenschaftlichen Wertlehre, 2. Aufl., Wien 1951; *K. Wenger*, Die öffentliche Unternehmung, Wien/New York 1969, S. 184 ff.

[21] *Meyer=Cording*, JZ 1964, 277.

[22] *Nerreter*, Grundlagen, S. 33 ff., 55 ff.

drängt wird. Man versteht darunter die Gesamtheit oder den Inbegriff derjenigen heteronom gesetzten Regeln, die den Grundtatbestand gemeinsamer Anschauungen eines Volkes hinsichtlich des ethisch guten Handelns umfassen.[23]

Aber das Problem, wie die Gebote der Sittlichkeit oder der Sozialethik erkannt oder ermittelt werden sollen, wird damit letztlich nur auf eine andere Ebene verlagert.[24] Außerdem muß sich jede Identifizierung der guten Sitten mit den Geboten der Sittlichkeit mit dem Einwand auseinandersetzen, daß es einheitliche und für jedermann verbindliche, ethische Gesetze in einer pluralistischen Gesellschaft nicht mehr gibt und mit Rücksicht auf Art. 4 GG auch nicht mehr geben kann.[25] Die Gebote der Sittlichkeit können angesichts dessen schwerlich für die Auslegung der Generalklauseln maßgeblich sein.

Selbst wenn man indessen in diesem Punkte anderer Meinung sein sollte, würde sich doch an dem praktischen Ergebnis nur wenig ändern. Denn aus den Geboten der Sittlichkeit kann, wenn überhaupt, so doch immer nur ein kleiner und in seinem Kern unbestrittener Kanon von Regeln hergeleitet werden, die sich im wesentlichen in dem Verbot der Täuschung der Abnehmer und der Anschwärzung der Konkurrenten erschöpfen. Über die Sittenwidrigkeit solcher Handlungsweisen besteht indessen ohnehin kein Streit, so daß dafür der Rückgriff auf die Gebote der Sittlichkeit entbehrlich ist. Probleme tauchen vielmehr immer erst in den zahlreichen Grenz- und Zweifelsfällen auf, in denen aber gerade in aller Regel das Gewissen ebenso wie die Sozialethik schweigen. Der Rückgriff auf die Gebote der Sittlichkeit hilft daher nicht weiter.

b) Konventionalnormen

Das Gesetz spricht in den verschiedenen Generalklauseln (§§ 138, 826 BGB; § 1 UWG) nicht von der (einen) guten Sitte, sondern – im Plural – von den ,,guten Sitten". Offenbar waren also die Gesetzesverfasser der Meinung, daß es nicht nur (die) eine Sitte (i. S. der feststehenden Sittlich-

---

[23] Grdl. *Henkel*, Rechtsphilosophie, § 8, 3 (S. 71 ff.); ebenso z. B. weitgehend schon *Baumbach*, S. 174 f.; *Baumbach-Hefermehl*, Einl. UWG Rdnrn. 64 ff.; *Katzenberger*, S. 126; *Larenz*, JurJb 1966, 98 (bes. 105 ff.); *M. Lehmann*, Werbung, S. 134 f.; *Lindacher*, Lockvogel- und Sonderangebote, S. 20 f.; *Rittner*, S. 198 f.; *Sack*, GRUR 1970, 496 f.; 1974, 249 f.; ders., NJW 1985, 761 (765 f.); ders., WRP 1985, 1.
[24] Vgl. außer *Kraft* und *Wenger* (o. Fußn. 20) insb. *Bülow*, WiR 1974, 231 (bes. 237 ff.); *Burmann*, WRP 1972, 511; *Eichmann*, S. 41 ff.; *Kraft*, S. 110 ff.; *Ott*, in: Festschr. f. L. Raiser, S. 410 ff.; *Schachtschneider*, S. 399 ff.; *K. Simitis*, Gute Sitten, S. 22 ff.; *Teubner*, Standards, S. 13 ff., 23 ff.
[25] Vgl. zum Wertnihilismus oder Wertpluralismus insb. *Th. Geiger*, Rechtssoziologie, bes. S. 293 ff., 313 ff., 325 ff.; sowie von juristischer Seite *Baudenbacher*, Suggestivwerbung, S. 116 ff.; *Bülow*, WiR 1974, 241 ff.; *Droste*, WRP 1964, 67 f.; *v. Godin*, GRUR 1966, 127 ff.; *Henkel*, Rechtsphilosophie, S. 71; *Ott*, in: Festschr. f. L. Raiser, S. 410; *Sambuc*, S. 28 ff.; *Schachtschneider*, S. 399 ff.; *H. P. Westermann*, in: Festschr. f. Barz, S. 545 ff.; – *Fälle*, S. 22 f.

keit), sondern gleich eine Mehrzahl von verschiedenen Sitten gebe. Da zudem damals aufgrund der Untersuchungen *R. v. Iherings*[26] die Trennung von mos und moralitas bereits Allgemeingut war, deutet die Wahl des Plurals ,,gute Sitten'' in den §§ 138 und 826 BGB sowie in § 1 UWG in der Tat darauf hin, daß damit nicht die Gebote der Sittlichkeit, sondern die davon sorgfältig zu unterscheidenden sog. Konventionalnormen i. S. der in der Gesellschaft entwickelten und anerkannten Regeln für das äußere Verhalten der Menschen gemeint sind. In dieselbe Richtung weist unverkennbar die Formulierung des Art. 10 bis PVÜ in der für Deutschland maßgeblichen Stockholmer Fassung vom 14. 7. 1967,[27] nach der jede Wettbewerbshandlung unlauter ist, die den ,,anständigen Gepflogenheiten (usages honnêtes) in Gewerbe und Handel'' zuwiderläuft.

Die Vorschrift des § 1 UWG hätte dann die Bedeutung, die in der Wirtschaft selbst entwickelten Regeln für das Verhalten der Unternehmen zu verrechtlichen und zu sanktionieren, vorausgesetzt, daß es sich dabei um ,,gute'' Regeln (,,gute'' Sitten) handelt. Die Anwendung der Generalklausel setzte folglich in jedem Fall den Versuch voraus, durch Umfragen in den beteiligten Verkehrskreisen die Existenz und den Inhalt solcher sozialen Normen zu ermitteln.[28] Anschließend müßte freilich immer noch geprüft werden, ob die ermittelte Norm tatsächlich für die Rechtsordnung akzeptabel (,,gut'') ist, da selbstverständlich über § 1 UWG etwaige Unsitten, die in Handel und Gewerbe eingerissen sind, nicht sanktioniert werden können.[29] Als Maßstab für die somit stets zusätzlich noch erforderliche Rechtskontrolle gegenüber den Konventionalnormen bleibt dann wieder nur der Rückgriff auf die ,,in unserem Kulturkreis vorherrschenden Wertungen''[30] oder auf ähnlich unbestimmte Begriffe.

Die Verweisung auf die sog. Konventionalnormen nimmt deshalb dem Richter in keinem Fall die Prüfung ab, ob nun das fragliche und mit einer Konventionalnorm unvereinbare Verhalten tatsächlich verboten oder zulässig ist, ganz abgesehen davon, daß die vorausgehende Ermittlung der Konventionalnorm im Regelfall überaus schwierig und aufwendig ist. Schließlich dürften gerade für die eigentlich problematischen Fälle derartige Konventionalnormen häufig (noch) gar nicht existieren; sicher ist das jedenfalls für sämtliche neu auftauchenden Zweifelsfälle, so daß man getrost feststellen

---

[26] Der Zweck im Recht Bd. II, S. 1 ff.

[27] BGBl. 1970 II, S. 391.

[28] Z. B. *R. v. Godin*, MuW Bd. XXX (1930), 42 (46 f.); *H. v. Godin*, § 1 UWG Rdnrn. 59 ff.; *ders.* GRUR 1966, 129 ff.; grdl. *R. v. Ihering* (o. Fußn. 26); *Kirchberger*, Unlauterer, sittenwidriger und unerlaubter Wettbewerb, S. 25 ff., 47 ff.; *ders.*, MuW Bd. XXXIII (1933), 275; *Lobe*, Gruchot 72 (1932), 145 (bes. 152 ff.); *Teubner*, Standards, S. 65 ff.; *Vogt*, NJW 1976, 729 (bes. 731 ff.); zuletzt ebenso aus verfassungsrechtlichen Überlegungen (hinreichende Bestimmtheit des § 1 UWG) *Schachtschneider*, S. 405–437 m. Nachw.

[29] Grdl. schon *RGZ* 48, 114 (125); ebenso z. B. *BGHZ* 10, 228 (232) usw.; anders aber *Schachtschneider*, S. 423 ff.

[30] So z. B. *v. Godin*, § 1 Rdnr. 59. Vgl. auch Art. 10 bis PVÜ, der ausdrücklich nur auf die ,,anständigen'' Gepflogenheiten Bezug nimmt.

kann, daß uns auch der Rückgriff auf die sog. Konventionalnormen bei der Suche nach den „guten Sitten" kaum einen Schritt weiterbringt.[31] Wir müssen vielmehr weiterhin nach anderen Lösungen Ausschau halten.

c) Andere Vorschläge

aa) Bei der Suche nach anderen Lösungswegen wird man sich wohl endgültig von der Vorstellung freimachen müssen, es gebe nur einen einzigen Weg, sozusagen *den* Königsweg zur Ermittlung des Inhalts des Sittengebots in § 1 UWG; vielmehr ist es offenkundig so, daß es sich bei der Konkretisierung der guten Sitten um eine permanent gestellte Aufgabe handelt, bei deren Lösung zwar ständig neue Einsichten, niemals aber endgültige Ergebnisse erzielt werden können. In diesem Prozeß von „trial and error" können daher je nach Fallgestaltung und Zeitumständen durchaus unterschiedliche Gesichtspunkte Bedeutung erlangen.

Im neueren Schrifttum hat man häufig versucht, aus dieser Not eine Tugend zu machen. In vielfältigen Variationen werden dementsprechend hier Maßstäbe und Verfahren zur Konkretisierung der Generalklausel des § 1 UWG *kombiniert*, ohne daß stets deutlich erkennbar wäre, in welcher Reihenfolge sie angewandt werden sollen und was gelten soll, wenn sie zu verschiedenen Ergebnissen führen.[32] Das Ganze erweckt daher unvermeidlich ein wenig den Eindruck der Beliebigkeit. Deshalb verweist man hier stets noch ergänzend (nicht ohne einen gewissen Unterton von Resignation) auf die Gerichte, deren eigentliche Aufgabe es gerade sei, schließlich festzulegen, was nun letztlich gelten solle.[33]

bb) In der Tat besteht heute weitgehende Übereinstimmung darüber, daß die Generalklausel (§ 1 UWG) wegen der vielfältigen, weithin ungelösten Probleme, die ihre Konkretisierung aufwirft, zumindest *auch* eine Ermächtigung für die Gerichte zur Rechtsfortbildung enthält (sog. Rechtsfortbildungsauftrag).[34] Schon früh ist deshalb die Generalklausel gelegentlich sogar als bloße Blankettnorm bezeichnet worden.[35] Doch kommt hierin ein gründliches Mißverständnis der Generalklausel zum

---

[31] Ablehnend z. B. auch *Bülow,* WiR 1974, 249 f.; *Katzenberger,* Recht am Unternehmen, S. 103 ff.; *Kraft,* S. 105 ff.; *Möschel,* S. 142 f.; *Nerreter,* Grundlagen, S. 31 ff.; *Ott,* in: Festschr. f. L. Raiser, S. 415 f.; vgl. auch schon *Lobe* selbst, Gruchot 72, 145 (152 ff.); sowie *Schachtschneider,* S. 431 ff.

[32] Z. B. *Baumbach-Hefermehl,* Einl. UWG Rdnrn. 64 ff.; *Callmann,* S. 48 ff.; *Hubmann,* S. 272 f.; *Lindacher,* S. 20 ff.; insb. *Schricker,* Gesetzesverletzung, S. 200 ff.; *ders.,* ZHR 139, 208 (216 ff.); *Teubner,* S. 51 ff., 59 ff.

[33] Vgl. auch die Kritik bei *Möschel,* S. 144 f.

[34] So etwa *Baudenbacher,* Suggestivwerbung, S. 127 ff.; *ders.,* GRUR 1981, 19; *Baumbach-Hefermehl,* Einl. UWG Rdnr. 69; *Hefermehl,* in: Festschr. f. Fischer, S. 199 f.; *Möschel,* S. 143 ff.; *Nerreter,* Grundlagen, S. 78; *ders.,* GRUR 1937, 170; *Ott,* in: Festschr. f. L. Raiser, S. 427 ff.; *Sack,* GRUR 1974, 251 f.; *ders.,* WRP 1985, 1; *ders.,* NJW 1985, 761; *Sambuc,* S. 22 ff., 40 ff., 90 ff.; *Steindorff,* in: Summum ius, S. 58 (63 ff.); *Teubner,* S. 99 ff., 106 ff.; *Ulmer-Reimer,* Tz. 58.

[35] So *Hermann Isay,* Rechtsgut, S. 65 f.; dagegen aber *R. v. Godin,* MuW Bd. XXX (1930), 42 (44 ff.); *Rosenthal,* LZ 1931, Sp. 409.

Ausdruck. Es trifft zwar sicher zu, daß die Rechtsfortbildung im Anwendungsbereich der Generalklausel heute weithin Sache der Gerichte und damit insbesondere des *BGH* ist. Aber die Rechtsfortbildung durch die Gerichte muß sich stets an bestimmten (möglichst konkreten) Maßstäben orientieren, weil sie ohne derartige Schranken notwendigerweise in Konflikt mit den Grundprinzipien der Verfassung einer repräsentativen Demokratie gerät. Mit dem beliebten Hinweis auf den Rechtsfortbildungsauftrag der Gerichte wird daher im Grunde das Problem der Konkretisierung der Generalklausel wiederum nur auf eine andere Ebene verschoben. Denn nunmehr muß geprüft werden, nach welchen Maßstäben und innerhalb welcher Schranken die Gerichte das Wettbewerbsrecht aufgrund des § 1 UWG fortbilden dürfen.

cc) Rechtsfortbildung im Einzelfall wird sich immer durch eine Abwägung der kollidierenden Interessen an Hand bestimmter Maßstäbe und unter Berücksichtigung der vermutlichen Folgen der verschiedenen Entscheidungsalternativen vollziehen. *Interessenabwägung*[36] und *Folgenerwägungen*[37] werden deshalb im Schrifttum heute verbreitet als Verfahren zur Konkretisierung der Generalklausel empfohlen. Die Betonung liegt dabei auf ,,Verfahren". Für sich genommen bezeichnet nämlich die Interessenabwägung immer nur ein (als solches selbstverständliches) Verfahren, das bei der Konkretisierung der Generalklausel zu berücksichtigen ist, jedoch nicht mehr, weil damit über die Maßstäbe, nach denen die im Einzelfall kollidierenden Interessen zu bewerten und zu ordnen sind, noch gar nichts gesagt ist. Gerade in den eigentlich problematischen Grenz- und Zweifelsfällen hilft deshalb die Interessenabwägung allein sicher nicht weiter. Denn jetzt stellt sich die Frage nach den Maßstäben der Interessenabwägung.

Die Betonung der Notwendigkeit von Folgenerwägungen im Wettbewerbsrecht trifft ebenfalls gewiß einen richtigen Punkt. Die Gerichte legen selbst häufig großes Gewicht auf die (von ihnen vermuteten) Folgen gewisser Entwicklungen. Jedoch muß man sich dabei stets der großen Schwierigkeiten solcher Prognosen bewußt bleiben.[38] Darauf wird zurückzukommen sein.

dd) Als Maßstab für die Abwägung der im Einzelfall kollidierenden Interessen wird heute vielfach auf den sog. *ordre public* verwiesen. Gemeint sind damit die (sicher stets zu beachtenden) Grundsätze der geltenden Rechts- und Wirtschaftsordnung, d. h. die in der Gesellschaft konkret bestehende Ordnung, wie sie durch die in den Rechtsinstituten wirk-

---

[36] Grdl. *Kraft,* S. 117 ff., 217 ff.; zust. z. B. *Baumbach-Hefermehl,* Einl. UWG Rdnrn. 80 f., 110 ff.; *M. Lehmann,* in: Mitarbeiterfestschr. f. Ulmer, S. 330; *ders.,* Werbung, S. 189 ff.; *Lindacher,* S. 21 f.; *Hubmann,* S. 274 f.; *Sack,* GRUR 1970, 500; 1974, 247; *ders.,* WRP 1985, 1 (3 f.); – kritisch aber *Bülow,* WiR 1974, 252 ff.; *Eichmann,* S. 53 ff.; *Koppensteiner,* S. 492; *Meyer=Cording,* JZ 1964, 276 f.
[37] Insb. *Sambuc,* Folgenerwägung, bes. S. 90 ff., 108 ff., 127 ff.
[38] Vgl. vorerst *Sambuc* selbst, S. 127 ff.; zuletzt z. B. *Bülow,* BB 1985, 1297.

sam gewordenen Grundprinzipien unserer Rechts- und Wirtschaftsordnung konstituiert wird.[39] Besondere Bedeutung erlangen in diesem Zusammenhang naturgemäß stets die <u>Wertentscheidungen der Verfassung,</u>
die namentlich in dem Grundrechtskatalog zum Ausdruck kommen.[40]
Für die Richtigkeit dieses Ansatzes spricht schon, daß noch im ersten
Entwurf des BGB in § 138 (= § 106 E I) neben den guten Sitten ausdrücklich die öffentliche Ordnung genannt worden war;[41] dieser Begriff
ist erst im Verlauf der späteren Beratungen als ,,zu unbestimmt" wieder
gestrichen worden.[42] Zudem versteht es sich von selbst, daß sich jede
Entscheidung aufgrund der Generalklausel im Einklang mit der geltenden Rechts- und Wirtschaftsordnung halten und namentlich die Wertent-
scheidungen der Verfassung beachten muß. Das folgt schon aus der
durchgängigen Bindung der Gerichte an Gesetz und Recht (Art. 20
Abs. 3 GG). Von daher erklärt sich zugleich ohne weiteres die große
Bedeutung, die heute das GWB für die Interpretation des UWG erlangt
hat. Aber auch die Grundprinzipien unserer Rechts- und Wirtschaftsordnung (der ordre public) geben gerade in den vielen Grenz- und Zweifelsfällen allenfalls erste Hinweise und Richtlinien dafür, in welcher Richtung sich der Konkretisierungsprozeß bei der Anwendung der Generalklausel im Einzelfall zu bewegen hat; sie legen aber schwerlich das Ergebnis dieses Prozesses im voraus exakt fest. Die Suche nach weiteren (zusätzlichen) Maßstäben zur Konkretisierung der Generalklausel wird dadurch nicht überflüssig. Der Blick fällt dabei notwendigerweise zunächst
auf den viel erörterten Gegensatz zwischen Leistungs- und Nichtleistungswettbewerb.

ee) Die Unterscheidung zwischen Leistungs- und Nichtleistungs- oder
Behinderungswettbewerb, die zumal in der Rechtsprechung zunehmend
Anklang gefunden hat,[43] geht im Grunde auf die Untersuchungen *Lobes*
zurück, der, soweit ersichtlich, als erster den Wettbewerb mit einem
sportlichen Wettkampf verglichen hatte, in dem nur der Einsatz bestimmter Kräfte oder Tätigkeiten erlaubt ist, so daß jeder Einsatz anderer
Mittel – *als Verstoß gegen die Kampfregeln* – unlauter ist.[44] Für das
Wettbewerbsrecht hatte *Lobe* – bereits vor Inkrafttreten der Generalklausel – hieraus den Schluß gezogen, daß erlaubt nur die Beeinflussung
des freien Willens der Kunden durch die *eigene,* gewerbliche *Leistung* sei,

---

[39] Insb. *Larenz,* JurJb 1966, 109 ff.; *Nordemann,* GRUR 1975, 628 ff.; *Rebe,* Privatrecht, S. 141 ff.; *K. Simitis,* Gute Sitten, S. 162 ff., 168 ff.; i. Erg. auch *Sack,* WRP 1985,
1 ff. m. Nachw.
[40] Insb. *Larenz* (o. Fußn. 39); *K. Simitis,* S. 162 ff., 170 ff.; *Sack,* WRP 1985, 1 (5).
[41] *Motive* Bd. I, S. 211.
[42] Hierzu eingehend *K. Simitis,* S. 75 ff., 170.
[43] Grdl. *RGZ* 134, 342 (dazu *Fälle,* S. 21 ff.); *BGHZ* 15, 356 (365); 51, 236 (242) =
JuS 1969, 389 Nr. 7 usw.
[44] Die Bekämpfung des unlauteren Wettbewerbs Bd. I, 1907, S. 47 ff.; GRUR 1910,
5 f.; MuW Bd. XVIII (1918/19), 70 (71) usw.

während im Wettbewerb der Einsatz jeder anderen Bedingung, insbesondere die Behinderung der Konkurrenten, die Ausnutzung fremder Leistungen oder die unsachliche Beeinflussung der Kunden verboten seien.[45]

Nipperdey[46] hat später den Ansatz *Lobes* zu der bekannten Unterscheidung von Leistungs- und Behinderungswettbewerb fortentwickelt. Und *Franz Böhm*[47] war es schließlich, der an die Stelle dieses Begriffspaares die umfassende Unterscheidung zwischen dem erwünschten Leistungswettbewerb und dem grundsätzlich verbotenen Nichtleistungswettbewerb setzte, wobei er zum letzteren außer dem unlauteren Wettbewerb noch den Monopolkampf gegen Außenseiter und den Behinderungswettbewerb zählte. Das Wesen des unlauteren Wettbewerbs sah dabei *Franz Böhm* genauso wie schon *Lobe* und *Kohler* in dem Verstoß des Gewerbetreibenden gegen die von der Rechtsordnung für den Wettbewerb anerkannten Kampfregeln, durch die sichergestellt werden soll, daß nur mit der eigenen Leistung als ausschließlich erlaubtem Einsatz um die Gunst der Abnehmer gekämpft werde.[48]

Die Unterscheidung zwischen Leistungs- und Nichtleistungs- oder Behinderungswettbewerb gilt seitdem verbreitet als ein besonders geeignetes Mittel zur Konkretisierung der Generalklausel.[49] Doch fehlt es auch nicht an kritischen Stimmen sowohl aus der Sicht der Wirtschaftswissenschaften[50] wie aus der Rechtswissenschaft.[51] Denn unverkennbar besteht hier die Gefahr, daß einfach an die Stelle eines unbestimmten Rechtsbegriffs ein anderer gesetzt wird, ist doch weithin unklar, was im Wettbewerb zur Leistung eines Unternehmens gehört und was nicht. Im voraus kann dies im Grunde niemand wissen, da letztlich hierüber immer erst nachträglich der Erfolg am Markt entscheidet. Zwar steht fest, daß Preis und Qualität eines Angebots im Regelfall die vorrangigen Leistungsmerkmale sein werden; gleichwohl kann man deshalb unmöglich etwa die Werbung oder ein besonders erfolgreiches Vertriebssystem als Nichtleistungswettbewerb abqualifizieren. Ebensowenig kann aus dem Gesagten der Schluß gezogen werden, daß jede Preisunterbietung erlaubt

---

[45] Ebenso dann i. Erg. auch *Kohler,* Der unlautere Wettbewerb, 1914, S. 24 ff.

[46] Wettbewerb und Existenzvernichtung, 1930, S. 16 ff. = KartRdsch. 1930, 127 ff. Für den Behinderungswettbewerb sollte danach freilich nur ein Übermaßverbot gelten.

[47] Wettbewerb und Monopolkampf, 1933/1964, passim, bes. S. 73 ff., 124 ff., 178 ff., 210 ff., 250 ff.

[48] (o. Fußn. 47) S. 260 ff., 277 ff.

[49] *Baudenbacher,* Suggestivwerbung, S. 153 ff.; *Baumbach-Hefermehl,* Einl. UWG Rdnrn. 92 f., bes. 96 f., 109, 112 f.; *Gütebier,* JW 1934, 1091; *Hubmann,* S. 273 ff.; *M. Lehmann,* GRUR 1979, 368; *Nordemann,* Tz. 39; *ders.,* GRUR 1975, 631; *Schluep,* in: Festg. f. Kummer, 1980, S. 487 (bes. 514 ff.); *E. Ulmer,* Sinnzusammenhänge, S. 10 ff.; *P. Ulmer,* GRUR 1977, 565; *ders.,* in: Festg. f. Kummer, S. 565 (bes. 575 ff.).

[50] Vgl. *Ohm* und *Röper,* in: Grundlegung wirtschaftspolitischer Konzeptionen, Schr. d. Ver. f. SocPol n. F. Bd. 19 (1960), 254, 279; *Willeke,* in: Festschr. f. Rieger, 1963, S. 158.

[51] Z. B. *Benisch,* WuW 1955, 421; *Kirchberger,* MuW Bd. XXXIII (1933), 275; *Köhler,* Wettbewerbs- und kartellrechtliche Kontrolle der Nachfragemacht, 1979, S. 24 ff.; *Merkel,* BB 1977, 706; *Meyer=Cording,* JZ 1964, 273, 311 f.; *Nerreter,* Grundlagen, S. 82 ff.; *Rittner,* S. 200 f.; *Steindorff,* in: Summum ius, S. 77; *Teubner,* Standards, S. 39 ff.

ist, wie schon das Beispiel der Preisunterbietung in Vernichtungsabsicht zeigt.[52] Bezeichnenderweise hat es denn auch der Gesetzgeber ausdrücklich abgelehnt, bei der parallelen Problematik des Mißbrauchsverbots im GWB (§ 22 IV) zur Konkretisierung des Mißbrauchsbegriffs auf den Begriff des Leistungswettbewerbs zurückzugreifen.[53]

Die Unterscheidung zwischen Leistungs- und Nichtleistungswettbewerb kann daher – ebenso wie schon die Verweisung auf die Grundsätze der geltenden Rechts- und Wirtschaftsordnung – allenfalls Hinweise darauf geben, in welcher Richtung sich im Einzelfall die Konkretisierungsbemühungen bei der Anwendung der Generalklausel zu bewegen haben, mehr jedoch nicht.

ff) Schon *Franz Böhm*[54] hatte betont, das UWG habe ausschließlich die Aufgabe, die Funktionsfähigkeit des (Leistungs-) Wettbewerbs als der grundlegenden Institution unserer Wirtschafts- und Privatrechtsordnung zu schützen und zu gewährleisten. Im Anschluß hieran setzt sich im neueren Schrifttum immer mehr ein sog. *funktionales Verständnis* der Generalklausel durch, wobei vor allem der Zusammenhang zwischen UWG und GWB betont wird. *Referenzsystem* für die aufgrund des § 1 UWG zu entwickelnden Regeln für unternehmerisches Verhalten im Wettbewerb soll m. a. W. das System freien und fairen Wettbewerbs in der Ausprägung sein, die dieses System durch die geltende Rechts- und Wirtschaftsordnung erlangt hat. Die Gesetzmäßigkeiten des Wettbewerbssystems erlangten dergestalt über § 1 UWG normativen Rang.[55]

gg) Im folgenden wird im einzelnen zu untersuchen sein, ob und inwieweit ein solcher funktionaler Ansatz bei der Konkretisierung der Generalklausel tatsächlich weiter führt (u. 3); besonderes Gewicht wird dabei auf die Wechselwirkungen zwischen UWG und GWB zu legen sein (u. 4). Zuvor ist jedoch noch kurz abgrenzend darauf hinzuweisen, daß es jedenfalls keinen Ausweg darstellt, wegen der großen Schwierigkeiten bei der Interpretation des § 1 UWG auf andere Normen ausweichen zu wollen, wie es bis heute gelegentlich vorgeschlagen wird.

Als solche Norm käme praktisch nur § 823 I BGB in Betracht. Und in der Tat ist immer wieder versucht worden, die meisten Fälle unlauteren Wettbewerbs als Verletzungen des Persönlichkeitsrechts der Konkurren-

---

[52] Grdl. *RGZ* 134, 342; dazu Fälle, S. 21 ff.

[53] Ausschußbericht zur 4. Novelle, BT-Dr. 8 (1980)/3690, S. 25 (l. Sp..); zust. Monopolkommission, Hauptgutachten III, 1980, Tz. 456 (S. 141); a. A. aber *KG*, WuW/E OLG 2403 = BB 1981, 1110 m. abl. *Markert* = JuS 1982, 144 Nr. 11.

[54] *Wettbewerb und Monopolkampf*, S. 104 ff., 124 ff., bes. 273 f.

[55] *Baudenbacher*, Suggestivwerbung, S. 134 ff.; ders., ZHR 144, 152 ff.; ders., GRUR 1981, 19; *Burmann*, WRP 1968, 258 (bes. 262 ff.); 1972, 511 (bes. 513 ff.); eingehend insb. *Koppensteiner*, S. 480 ff., 494 ff.; *M. Lehmann*, S. 193 ff.; *Löwenheim*, GRUR 1975, 103; *Möschel*, S. 139 ff.; *L. Raiser*, GRURInt 1973, 443; *Rebe*, S. 144 ff.; *Sack*, GRUR 1975, 301 f.; *P. Ulmer*, in: Festg. f. Kummer, S. 578 f.; kritisch aber *Baumbach-Hefermehl*, Einl. UWG Rdnrn. 71, 101; scharf ablehnend zuletzt *Schachtschneider* (S. 385 ff.) wegen der fehlenden Bestimmtheit der damit in Bezug genommenen Maßstäbe.

ten[56] oder als Eingriffe in deren Recht am eingerichteten und ausgeübten Gewerbebetrieb zu erfassen.[57] Der Rückgriff auf die Generalklauseln des Zivilrechts bietet jedoch nicht mehr als eine Scheinlösung. Vermieden wird dann zwar der oft in der Tat wenig passende Vorwurf unsittlichen Verhaltens. Aber das Abgrenzungsproblem bleibt dasselbe, mag man nun von § 1 UWG oder von § 823 BGB ausgehen.[58]

3. Stellungnahme

a) Der Überblick über die wichtigsten, bisher zur Konkretisierung der Generalklausel des § 1 UWG entwickelten Konzepte hat ergeben, daß sich letztlich gegen jeden Ansatz ernst zu nehmende Einwände vorbringen lassen. Es gibt eben kein einfaches Verfahren, mittels dessen es möglich wäre, den (sehr) unbestimmten Rechtsbegriff der guten Sitten durch einen ohne weiteres operationalen Begriff zu ersetzen; sonst hätte schließlich der Gesetzgeber selbst schon diesen Begriff wählen können. Wie immer man vorgeht, stets sieht man sich daher letztlich vor die Aufgabe einer von Fall zu Fall fortschreitenden Konkretisierung der Generalklausel durch den Rückgriff auf andere, rechtliche und außerrechtliche Maßstäbe gestellt.[59]

Irgendein Weg, auf dem man sich dieser mühevollen Aufgabe entziehen könnte, ist nicht in Sicht. Selbst wer deshalb die guten Sitten mit den Konventionalnormen der Kaufleute gleichsetzen will,[60] tauscht damit nur ein schwer lösbares Problem gegen ein anderes, nicht minder schwieriges ein. Denn er sieht sich jetzt in jedem Einzelfall mit dem Problem konfrontiert, wie er mit hinreichender Gewißheit derartige außerrechtliche (gesellschaftliche) Normen ermitteln soll, – sofern es sie überhaupt gibt.[61]

Deshalb kann es sich im Grunde nur fragen, auf *welche* Maßstäbe die Sittenwidrigkeitsklauseln letztlich verweisen. Und insoweit versteht es sich nun – in einer *Rechts*ordnung – eigentlich von selbst, daß dies in erster Linie rechtliche Maßstäbe sein werden. Aber unsere Rechtsordnung konstituiert zugleich eine ganz bestimmte *Wirtschafts*ordnung, zu deren allseitigem Schutz eben (u. a.) das UWG beitragen soll.

Es hat daher nichts verwunderliches an sich, sondern liegt im Gegenteil sehr nahe, wenn man darum feststellt, <u>daß die Maßstäbe für die Entfaltung des Sittengebots in erster Linie den *Funktionsbedingungen des Wett-*</u>

---

[56] So vor Inkrafttreten des UWG von 1909 grdl. *Lobe* Bd. I, S. 174 ff.; *Kirchberger,* S. 60 ff.

[57] So *Baumbach,* S. 126 ff., 158 ff.; *ders.,* MuW Bd. XXX (1930), 2; JW 1930, 1645 f.; *Callmann,* S. 45 ff.; *Hubmann,* S. 273.

[58] Vgl. z. B. *Katzenberger,* Recht am Unternehmen, S. 144 ff.; *Rinck,* in: Festschr. f. das OLG Celle, S. 161 ff.

[59] Zuletzt *Sack,* WRP 1985, 1 u. NJW 1985, 761 m. Nachw.

[60] So zuletzt *Schachtschneider,* S. 405 ff. m. Nachw.

[61] Das räumt sogar *Schachtschneider* (S. 431 ff.) ein, womit er seine „Lösung" selbst ad absurdum führt.

bewerbssystems zu entnehmen sind.[62] Man wende nicht ein, diese Maßstäbe seien viel zu unbestimmt, um als rechtliche Maßstäbe dienen zu
können. Dem wird schon durch die stets gebotene, kontrollierende Berücksichtigung unserer gesamten Rechtsordnung vorgebeugt. Als Refe-
renzssystem dient m. a. W. das System hinreichend freien und fairen
Wettbewerbs *in der konkreten Ausprägung*, die es gerade durch die deutsche Rechtsordnung erfahren hat.

Bei Lichte besehen kann es zudem im Grunde gar nicht anders sein.
Das UWG ist, wie schon sein Titel aussagt, ein Gesetz zum Schutze des
Wettbewerbs gegen unlautere Handlungen. Die Generalklausel des § 1
UWG ist seinerzeit gerade in das Gesetz eingefügt worden, um durch das
alte UWG von 1896 offengelassene Schutzlücken zu schließen (s. o. § 2, 2
und 3), d. h. aber Lücken in dem umfassenden Schutz des fairen Wettbewerbs gegen seine Bedrohung durch unlautere Handlungen einzelner
Gewerbetreibender, – ebenso wie das GWB die Freiheit des Wettbewerbs
gegen Beschränkungen durch die Unternehmen schützen soll.

Ein solcher Schutz des Wettbewerbs gegen unlautere Handlungen kann sich nur an
wettbewerbsimmanenten Maßstäben orientieren; oder anders gewendet: Nur unsere
Vorstellung von den Funktionsbedingungen und der Funktionsweise eines Systems
fairen Wettbewerbs vermag uns näheren Aufschluß darüber zu geben, welche Handlungen so sehr aus diesem Rahmen herausfallen, daß sie deshalb als unlauter qualifiziert
werden müssen.

b) Dies ist weder etwas grundlegend Neues – schon die Überlegungen
Lobes zielten genau in diese Richtung (o. 2 c) –, noch zwingt die Beziehung der Generalklausel auf das Referenzsystem des freien und fairen
Wettbewerbs zu einer weitreichenden Revision der bisherigen Praxis.
Denn es wird häufig übersehen, daß die Unlauterkeit eines umfangreichen Kernbestandes von Handlungsweisen seit jeher außer Streit ist, ganz
ohne Rücksicht darauf, wie man im einzelnen die Generalklausel konkretisiert.[63] Dazu zählt namentlich das durch viele Vorschriften in- und
außerhalb des UWG bestätigte, negative Urteil unserer Rechtsordnung
über jede Täuschung und Irreführung der Abnehmer, über den Mißbrauch geschäftlicher Kennzeichen sowie über alle Maßnahmen zur Verleumdung der Konkurrenten.[64] Wer von dem Referenzsystem des freien
und fairen Wettbewerbs ausgeht, wird hier zu keinem anderen Urteil
gelangen als derjenige, der in der Generalklausel eine Verweisung auf die
Gebote der Sittlichkeit sieht. Die meisten Verstöße gegen § 1 UWG sind
damit im Grunde schon erfaßt. Die ganze Diskussion der letzten Jahrzehnte über den Begriff der Sittenwidrigkeit in § 1 UWG hat daher ihren

---

[62] Ebenso insbes. überzeugend *Koppensteiner*, S. 480 ff., 493 ff. unter Auseinandersetzung mit allen Einwänden und alternativen Konzepten; sowie grdleg. *Mestmäcker*,
Wettbewerb, S. 94 f.

[63] Ebenso z. B. *Steindorff*, in: Summum ius, S. 69 f.

[64] Eingehend *Koppensteiner*, S. 484 ff.

Schwerpunkt letztlich bei einer Reihe besonders problematischer Grenz-
fälle. Erwähnt sei beispielshalber die Frage der Zulässigkeit der vergleichenden Werbung und der kostenlosen Verteilung von Warenproben
oder Anzeigenblättern, weiter das Problem der Zulässigkeit von Vorspannangeboten und von Regal- oder Schaufenstermieten sowie die Frage
des Schutzes von Preis- und Vertriebsbindungssystemen gegen Außenseiter. In allen diesen Fällen liegt es nun aber auf der Hand, daß hier nur
die sorgfältige Rückbesinnung auf die Funktionsbedingungen und Gesetzmäßigkeiten eines Systems hinreichend freien und fairen Wettbewerbs, wie es durch unsere Rechtsordnung und namentlich das GWB
konstituiert ist, weiterführt, weil es in der Tat keinen anderen Weg gibt
und geben kann, um zu plausiblen und konsensfähigen Aussagen über die
Vereinbarkeit der fraglichen Verhaltensweisen mit unserer Rechts- und
Wirtschaftsordnung zu gelangen.[65]

c) Erste Voraussetzung hierfür ist in sämtlichen Grenz- und Zweifelsfällen, in denen sich ein vorschnelles Urteil wohl von selbst verbietet, eine
sorgfältige Analyse des Sachverhalts, ggf. unter Verwendung wirtschafts-
wissenschaftlicher Methoden, sowie eine möglichst genaue Erfassung der
Folgen der verschiedenen in Betracht kommenden Lösungsalternativen.[66]
Freilich muß man sich dabei stets der großen Schwierigkeiten bewußt
bleiben, die mit derartigen Prognosen über wirtschaftliche Abläufe immer verbunden sind.[67] Vor allem die Gerichte mit ihren nur ganz beschränkten Erkenntnismöglichkeiten sind in aller Regel mit der Aufgabe
überfordert, die weiteren Folgen der verschiedenen Lösungsalternativen
zu ermitteln. Schon dies zwingt von vornherein zu größter Vorsicht bei
jeder Folgenerwägung und zur möglichsten Beschränkung auf den konkreten Sachverhalt.[68]

Obwohl dies inzwischen von der Rechtsprechung etwa zu § 24 I GWB
akzeptiert ist,[69] verlieren sich doch die Gerichte bei der Anwendung der
Generalklausel des § 1 UWG nach wie vor häufig in weithin unverbindliche Spekulationen über die möglichen Folgen der Zulassung bestimmter
Wettbewerbsmethoden, namentlich indem sie eine verbreitete Nachahmung einer bestimmten Handlung unterstellen und dann aus dieser Unterstellung eine Gefährdung des Bestandes des Wettbewerbs folgern.[70]

---

[65] Ebenso i. Erg. *Knöpfle* (Unlauterkeit) in seiner treffenden, kritischen Auseinandersetzung mit der unnötig restriktiven Rspr. zu den genannten Zweifelsfällen.
[66] *Baudenbacher*, ZHR 144, 152 ff.; *Koppensteiner*, S. 497 ff.; *Ott*, in: Festschr. f.
L. Raiser, S. 419 ff.; *Sambuc*, Folgenerwägung, passim, bes. S. 50 ff., 94 ff., 127 ff.; *Steindorff* (o. Fußn. 63), S. 67 ff.
[67] Zum Wettbewerb als Entdeckungsverfahren s. statt aller Kartellrecht, S. 12 ff. m.
Nachw.
[68] Ebenso *Koppensteiner*, S. 503.
[69] Grdl. *BGHZ* 71, 102 (116 ff.) (= JuS 1978, 784 Nr. 7); 79, 62 (67); statt aller
Kartellrecht, S. 265 f.
[70] So insb. die Rechtsprechung zu den Anzeigenblättern und zur kostenlosen Wa-

Derartige ,,Folgenerwägungen" sind – bei Lichte besehen – angesichts
der Unmöglichkeit solcher Prognosen nichts anderes als haltlose Unterstellungen, die daraus abgeleiteten, rechtlichen Folgerungen daher letzt-
lich nichts anderes als unbegründete Dezisionen.[71] Folgenerwägungen können sicher von Fall zu Fall durchaus legitim sein. Aber das
gilt lediglich für die (seltenen) Fälle, in denen die Frage der Vereinbarkeit einer be-
stimmten Handlungsweise mit dem System freien und fairen Wettbewerbs schlüssig
allein aufgrund einer Untersuchung der Auswirkungen der Handlung auf dieses System beantwortet werden kann.[72] Und selbst dann muß man bei sämtlichen Prognosen
immer noch mit der denkbar größten Sorgfalt und Vorsicht vorgehen. Zu warnen ist
namentlich vor allen haltlosen Vermutungen, die nur in die Irre führen können, weil
die Wirklichkeit des Wirtschaftslebens i. d. R. unendlich viel komplizierter ist, als sich
dies Laien – und auch Juristen sind hier Laien – mit ihren Alltagserfahrungen vorzu-
stellen vermögen.

d) Erst nach Aufhellung des Sachverhalts (einschließlich gegebenenfalls
der wahrscheinlichen Folgen bestimmter Handlungsweisen) kommt eine
Regelbildung aufgrund des § 1 UWG in Betracht. Nach dem Gesagten
versteht es sich von selbst, daß sich diese niemals aufgrund weitgehend
unreflektierter, ja häufig bloß emotionaler, wirtschaftspolitischer Erwägungen vollziehen darf; vielmehr muß sich die Regelbildung stets an dem
Referenzsystem des freien und fairen Wettbewerbs, wie es durch unsere
gesamte Rechtsordnung einschließlich der Verfassung geprägt ist, orientieren.[73] Deshalb muß sich vor allem jede auf § 1 UWG gestützte Entscheidung und jede aus der Generalklausel abgeleitete Norm in dem
durch das Grundgesetz vorgezeichneten Rahmen halten. Jede Regel muß
namentlich mit den Wertungen der Grundrechte vereinbar sein; keine
darf dagegen verstoßen.[74] Von daher gesehen bedarf namentlich die Praxis zur vergleichenden Werbung und zu den Anzeigenblättern einer dringenden Überprüfung.[75]

---

renverteilung sowie zu den angeblichen Mißbräuchen der Nachfragemacht, s. schon
Fälle, S. 29 ff., 41 ff.; kritisch zu Recht auch *Knöpfle,* Unlauterkeit, S. 51 ff.; *Mestmäk-
ker,* Wettbewerb, 1984, S. 64 f.

[71] Bezeichnenderweise hat sich auch die Praxis immer wieder über die Prognosen der
Gerichte hinweggesetzt, wie etwa die Entwicklung der Anzeigenblätter sehr deutlich
zeigt (vgl. dazu statt aller *Mestmäcker,* Medienkonzentration, passim, bes. S. 135 ff.).
[72] *Koppensteiner* (S. 500 f.) will sie auf Fälle des Nichtleistungswettbewerbs beschränken (problematisch wegen der Konturenlosigkeit dieses Begriffs).
[73] *Baumbach-Hefermehl,* Einl. UWG Rdnrn. 69, 71 f., 81 ff., 105 ff.; *Bülow,* WiR
1974, 256 ff.; *Eichmann,* S. 55 ff.; *Hefermehl,* in: Festschr. f. R. Fischer, S. 199 ff.; *Kraft,*
S. 246 ff.; *Möschel,* S. 143 ff.; *Rebe,* S. 141 ff.; *Sack,* GRUR 1974, 250 ff.; *ders.,* WRP
1985, 1; *ders.,* NJW 1985, 761; *Steindorff* (o. Fußn. 63), S. 64 ff.; *Tilmann,* GRUR
1979, 825 ff.
[74] So grdl. für Art. 5 GG *BVerfGE* 7, 198 (206, 215); für Art. 4 II GG *BVerfGE* 24,
236 (251 f.); sowie für Art. 12 GG *BVerfGE* 32, 311 (317 f.); ebenso *BGHZ* 19, 392; 51,
236 (246 f.) (= JuS 1969, 389 Nr. 7); 54, 188 (191); *BGH,* WM 1986, 1252 für Art. 12
GG; *Mestmäcker,* Medienkonzentration, S. 148 ff.; *Schricker,* AcP 172, 225 f.; *Simitis,*
Gute Sitten, S. 180 ff.; *P. Ulmer,* AfP 1975, 875 f.; *ders.,* Schranken zulässiger Wettbewerbs, S. 66 ff.
[75] Vgl. vorerst eingehend Fälle, S. 29 ff., 34 ff. m. Nachw., sowie im einzelnen u. §§ 6,
7 b; 15, 2 b.

Ungleich wichtiger für die Praxis ist freilich die Orientierung der Regelbildung an den Funktionsbedingungen und Gesetzmäßigkeiten eines Systems hinreichend freien und fairen Wettbewerbs, wie es bei uns vor allem durch das GWB (und den EWGV) konstituiert wird. Jede aufgrund der Generalklausel entwickelte Verhaltensnorm muß daher stets von neuem daraufhin überprüft und daran gemessen werden, ob sie die Funktionsfähigkeit unseres durch den Wettbewerb gesteuerten Wirtschaftssystems fördert oder behindert.[76] Regeln, die die Funktionsfähigkeit des Systems beeinträchtigen wie z. B. der Schutz von Preis- und Vertriebsbindungssystemen gegen Außenseiter, das Verbot der vergleichenden Werbung und ähnliche Regeln, müssen aufgegeben werden. Die Generalklausel darf insbesondere nicht als bequemes Vehikel zur Unterdrückung des bloß unerwünschten oder unbequemen Wettbewerbs mißbraucht werden.[77]

Diese Formulierungen täuschen freilich eine größere Konkretheit vor, als ihnen tatsächlich zukommt.[78] Der Grund hierfür ist vornehmlich darin zu sehen, daß die moderne Wettbewerbstheorie bisher nicht über nur sehr vage und allgemeine Aussagen über die Funktionsbedingungen und Gesetzmäßigkeiten eines Wettbewerbssystems hinausgekommen ist. Indessen folgt daraus nicht, daß man mit der Verweisung auf das Referenzsystem des freien und fairen Wettbewerbs eine Leerformel gegen eine andere eingetauscht hätte. Das Gegenteil ist der Fall. Denn nur auf dem Hintergrund dieses Referenzsystems treten die eigentlichen Sachprobleme in ihrem richtigen Kontext erkennbar hervor; zugleich definiert das Wettbewerbssystem den Rahmen, in dem sich jede sinnvolle Erörterung der Probleme bewegen muß. Eine rationale Diskussion der Entscheidungen wird so überhaupt erst möglich. Und schließlich liefert das Wettbewerbssystem – trotz des angedeuteten Standes der Wettbewerbstheorie – heute schon (und ständig zunehmend) soviele konkrete Aussagen, daß in dem unaufhörlich fortschreitenden und niemals zum Abschluß gelangenden Konkretisierungsprozeß immer häufiger (für den Moment) eindeutige Entscheidungen möglich werden.[79]

e) Der Gesetzgeber hat mit dem Begriff der guten Sitten in den Generalklauseln der §§ 138 und 826 BGB sowie § 1 UWG mit Bedacht einen strengen Maßstab gewählt. Daraus ergibt sich die Notwendigkeit, von dem unlauteren, weil sittenwidrigen Wettbewerb den bloß *unerlaubten,* weil durch den Gesetzgeber aus anderen Gründen verbotenen Wettbe-

---

[76] Grdl. für alles weitere *Fr. A. v. Hayek,* Recht, Gesetzgebung und Freiheit Bd. II: Die Illusion der sozialen Gerechtigkeit, 1981, S. 75 ff.
[77] Darüber besteht heute im Grundsatz Übereinstimmung: z. B. *BGHZ* 15, 356 (365); 34, 264 (270); 43, 278 (283) = JuS 1965, 457 Nr. 5; *BGH,* LM § 1 UWG Nr. 240; ebenso z. B. *Baumbach-Hefermehl,* Einl. UWG Rdnrn. 126 f.; *Hubmann,* S. 275; *Knöpfle,* Unlauterkeit; *Mestmäcker,* Wettbewerb, S. 10 ff.; *Rittner,* S. 195.
[78] Ebenso zutreffend *Koppensteiner,* S. 495 f.; *Knöpfle,* Unlauterkeit, S. 140 ff.
[79] Ebenso *Koppensteiner,* S. 496.

werb zu unterscheiden.[80] Namentlich die Verbote der Zugabeverordnung und des Rabattgesetzes beruhen auf heute durchweg schon lange obsoleten, wirtschaftspolitischen Zweckmäßigkeitserwägungen des Gesetzgebers der dreißiger Jahre, so daß sie nicht in Verbindung mit der Generalklausel des § 1 UWG gebracht werden dürfen. Daher ist die immer wieder zu beobachtende Tendenz der Rechtsprechung, die (überholten) Verbote dieser Sondergesetze unter Berufung auf die Generalklausel auf verwandte Fälle auszudehnen,[81] schon im Ansatz verfehlt.[82] Im Gegenteil: Diese Sondergesetze müssen heute auf dem Hintergrund der veränderten, wirtschaftspolitischen Landschaft und im Lichte des heutigen Verständnisses des Wettbewerbssystems so restriktiv wie irgend möglich interpretiert werden und sollten vom Gesetzgeber so schnell wie möglich abgeschafft werden.

4. Bedeutung des GWB

Literatur: Baudenbacher, Suggestivwerbung und Lauterkeitsrecht, 1978, S. 132ff.; *ders.*, ZHR 144 (1980), 145; *ders.*, GRUR 1981, 19; *Baumbach-Hefermehl*, Einl. UWG Rdnr. 91; *Fikentscher*, in: Festschr. f. Hallstein, 1966, S. 127; *Goll*, GRUR 1976, 486; *Greuner*, in: Hdb., § 3 (S. 21ff.); *Hirtz*, GRUR 1980, 93; *Knöpfle*, Unlauterkeit; *Koenigs*, NJW 1961, 1041; *Koppensteiner*, S. 489ff., 504ff.; *Kraft*, Interessenabwägung, S. 246ff.; *ders.*, in: Festschr. f. Bartholomeyczik, 1973, S. 223; *ders.*, in: Festg. f. Kummer, 1980, S. 389; *ders.*, GRUR 1980, 966; *M. Lehmann*, in: Mitarbeiterfestschr. f. E. Ulmer, 1973, S. 321; *ders.*, GRUR 1977, 580, 633; 1979, 368; *Lindacher*, Lockvogel- und Sonderangebote, 1979; *Mestmäcker*, AcP 168 (1968), 235; *ders.*, Medienkonzentration, S. 135ff.; *ders.*, Der verwaltete Wettbewerb, 1984, bes. S. 56, 86, 124, 282ff. u. passim; *Möschel*, Pressekonzentration, S. 130ff.; *L. Raiser*, GRURInt 1973, 443; *Rebe*, Privatrecht, S. 137ff.; *Rittner*, S. 193f.; *Sack*, GRUR 1975, 297; *ders.*, WRP 1985, 1; *ders.*, NJW 1985, 761; *Sambuc*, GRUR 1981, 796; *Schluep*, GRURInt 1973, 446; *ders.*, in: Festg. f. Kummer, 1980, S. 487; *Tilmann*, GRUR 1979, 825; *E. Ulmer*, Sinnzusammenhänge im modernen Wettbewerbsrecht, 1932; *P. Ulmer*, AfP 1975, 870; *ders.*, Schranken zulässigen Wettbewerbs marktbeherrschender Unternehmen, 1977; *ders.*, GRUR 1977, 565; *ders.*, in: Festg. f. Kummer, 1980, S. 565; *Willemer*, GWB-Einwendungen gegen UWG-Ansprüche, Diss. Hamburg 1975; *ders.*, WRP 1976, 16, 77.

a) Überblick

Das für die Interpretation der Generalklausel (§ 1 UWG) in erster Linie maßgebliche Referenzsystem des freien und fairen Wettbewerbs hat seine positivrechtliche Ausprägung vor allem durch das GWB sowie den EWGV erfahren. Daraus folgt, daß bei der Auslegung des § 1 UWG die im GWB (und im EWGV) zum Ausdruck gelangten Entscheidungen und Wertungen des Gesetzgebers vorrangig zu berücksichtigen sind. Im Grundsatz besteht hierüber heute Übereinstimmung. Bei näherem Zusehen erweist sich indessen schnell das Verhältnis von UWG und GWB als

---

[80] Grdl. *Nerreter*, Grundlagen, bes. 62ff.; *ders.*, GRUR 1937, 167ff.; grundsätzlich anders *Sack*, WRP 1985, 1 (6).
[81] Vgl. *Krüger-Nieland*, WRP 1979, 1ff.; zust. *Sack* (vorige Fußn.).
[82] Ebenso schon *Nerreter*, Grundlagen, S. 69ff.; sowie z. B. *P. Ulmer*, in: 1. Festg. f. Hefermehl, S. 377ff.

ungleich verwickelter, als es zunächst den Anschein hat. Denn es geht dabei keineswegs bloß um eine einseitige Beeinflussung des UWG durch das GWB; vielmehr bestehen zwischen beiden Gesetzen komplexe Wechselwirkungen, die in ihrem ganzen Ausmaß bisher nicht einmal andeutungsweise ausgelotet worden sind.

Die Diskussion über diesen Fragenkreis wird im Schrifttum vielfach unter dem geradezu irreführenden Stichwort der wirtschaftspolitischen Neutralität des UWG geführt. Dabei sind durchaus unterschiedliche Tendenzen festzustellen. So wird z. T. versucht, unter Berufung auf das Schlagwort von der marktbezogenen Unlauterkeit das UWG letztlich gegen das GWB auszuspielen, d. h. vom GWB bewußt offen gelassene Freiräume über das UWG doch noch zu schließen und so den Wettbewerb zusätzlich zu beschränken.[83] Dagegen steht das Bemühen, eine auf vielen Gebieten unnötig enge und damit den Wettbewerb übermäßig behindernde Praxis gerade im Hinblick auf die entgegengesetzten Wertungen des GWB wieder aufzulockern. Eine wiederum andere Entwicklungslinie hat ihren Ausgang bei dem im GWB ungenügend ausgebauten Individualschutz der Konkurrenten genommen und versucht, diesen über die ergänzende Heranziehung des UWG (§§ 1, 13) nachhaltig zu verstärken. Eine Fülle weiterer Tendenzen auf unterschiedlichsten Gebieten mit von Fall zu Fall divergierender Akzentsetzung kommt hinzu.

Die sich hierin offenbarende Problematik des Verhältnisses von UWG und GWB hat ihren Grund letztlich darin, daß beide Gesetze aus ganz verschiedenen Zeiten stammen, daher auf sehr unterschiedlichen, wettbewerbspolitischen Vorstellungen des Gesetzgebers beruhen und deshalb in manchen Beziehungen geradezu einander entgegengesetzte Zwecke verfolgen. Das UWG von 1896 und 1909 ist seinem Herkommen und seiner Philosophie nach stets in erster Linie ein deliktsrechtlicher Konkurrentenschutz gewesen und geblieben; der Schutz des Wettbewerbs selbst hat daneben im UWG immer nur eine untergeordnete Rolle gespielt. Ganz anders hingegen in dem Jahrzehnte später entstandenen GWB, so daß man naturgemäß zu sehr unterschiedlichen Ergebnissen gelangen wird, je nachdem ob man vom UWG oder vom GWB her „denkt".

Freilich, und dies macht die Sache beileibe nicht einfacher, geht diese Einteilung nicht restlos auf, und zwar vor allem deshalb nicht, weil im UWG durch die Novellen von 1969 und 1986 ebenso wie im GWB durch die Novellen von 1973 und 1980 zunehmend andere Zielsetzungen bis hin zu einem unsinnigen, reinen Mittelstandsschutz an Gewicht gewonnen haben (vgl. einerseits die §§ 6 a ff. UWG und andererseits die §§ 5 a, 5 b, 28 und 38 a GWB). Weitere Probleme aus der mangelnden Konsistenz der jeweils maßgeblichen, gesetzlichen Wertungen kommen hinzu. Vor allem so erklärt es sich, daß man aus dem „Zusammenhang" von

---

[83] Dagegen insbes. *Knöpfle* und *Mestmäcker*, aaO.

UWG und GWB die unterschiedlichsten Folgerungen ableiten kann und
tatsächlich ableitet.

Im folgenden kann nur auf einige besonders wichtige Aspekte der ganzen Problematik eingegangen werden. Im übrigen ist auf das umfangreiche Schrifttum zu verweisen.

b) Wechselseitige Abhängigkeit

UWG und GWB stehen zunächst in einer wechselseitigen Abhängigkeit. Dies zeigt schon die einfache Überlegung, daß einerseits ein Schutz
der Lauterkeit des Wettbewerbs nur sinnvoll und möglich ist, wenn und
solange es überhaupt Wettbewerb gibt; in einer total vom Staat gelenkten
Wirtschaft braucht man sich um den Schutz der Lauterkeit des Wettbewerbs keine Sorgen mehr zu machen.[84] Auf der anderen Seite schützt das
GWB nur den lauteren Wettbewerb, so daß z. B. Verträge über die Unterlassung unlauteren Wettbewerbs nicht gegen das Kartellverbot verstoßen.[85] Daraus folgt, daß jede Ausdehnung des UWG notwendigerweise
auf Kosten des GWB geht. So erklären sich die verbreiteten Versuche,
bloß unbequemen oder unerwünschten Wettbewerb zum unlauteren zu
stempeln, weil es dann möglich wird, diese Wettbewerbsformen von
vornherein dem Schutze des GWB zu entziehen. Selbst der Gesetzgeber
hat inzwischen durch die viel zu weitgehende Zulassung von Wettbewerbsregeln durch § 28 GWB i. d. F. der 2. Novelle von 1973 derartigen
Bestrebungen in bedenklicher Weise Vorschub geleistet.[86]

Umso notwendiger ist es, bei jeder Entscheidung aufgrund der Generalklausel stets
sorgfältig die Auswirkungen auf das GWB im Auge zu behalten. Es darf in Zukunft
nicht mehr dazu kommen, daß neuartige Wettbewerbsmethoden oder Vertriebsformen
durch ihre voreilige Verwerfung aufgrund der Generalklausel von vornherein dem
Schutze des GWB entzogen werden, wie es tatsächlich immer wieder geschieht.

Die hier nur angedeutete, wechselseitige Abhängigkeit von UWG und
GWB hat in den letzten Jahren dazu geführt, daß sich beide Regelungs-
bereiche zumindest partiell immer mehr einander annähern.[87] Das hat
u. a. zur Folge, daß das GWB in zunehmendem Maße Aufgaben übernimmt, die nach früherem Verständnis allein dem UWG oblagen.[88] Deshalb ist es kein Zufall, sondern entspricht nur der Logik dieser Entwicklung, daß in den letzten Jahren bei den Mißbrauchsverboten der
§§ 22 IV, 26 II und 37 a III GWB gerade der Schutz der Konkurrenten
marktmächtiger Unternehmen gegen Schädigungen durch Maßnahmen
des Behinderungswettbewerbs in den Mittelpunkt des Interesses gerückt

---

[84] Vgl. z. B. *Koppensteiner*, S. 489; *Schluep*, GRURInt 1973, 449.
[85] *BGHZ* 36, 105 (111 ff.); *KG*, WuW/E OLG 1687 (1692); Kartellrecht, S. 44.
[86] Dazu eingehend Kartellrecht, S. 87 ff. m. zahlr. Nachw.; sowie z. B. *Schluep*,
GRURInt 1973, 446; *Willemer*, WRP 1976, 16 (17).
[87] So schon grdl. *BGHZ* 13, 33 (36 f.).
[88] Vgl. z. B. *Tilmann*, GRUR 1979, 828 f.

ist.[89] Im Anwendungsbereich der genannten Vorschriften des GWB haben sich dadurch genau dieselben Abgrenzungsprobleme wie bei der Anwendung der Generalklausel des § 1 UWG auf den Behinderungswettbewerb ergeben.

Parallelen bestehen außerdem insofern, als in jüngster Zeit der privatrechtliche Schutz der Unternehmen gegen Wettbewerbsbeschränkungen über Unterlassungs- und Schadensersatzansprüche aufgrund des § 35 GWB zunehmende Bedeutung gegenüber den behördlichen Sanktionen erlangt hat, die früher ganz im Vordergrund gestanden haben.[90] Auch damit nähert sich das GWB zunehmend dem UWG an, bei dem ebenfalls nach wie vor der Konkurrentenschutz entsprechend seiner Herkunft aus dem Deliktsrecht in der Praxis überwiegt.

c) Einzelfragen

aa) Die wichtigste Aufgabe jeder rationalen Wettbewerbspolitik ist die allseitige Öffnung der Märkte. Damit unvereinbar ist vor allem eine Strukturpolitik, die sich um die künstliche Erhaltung überlebter Marktformen und Unternehmensstrukturen bemüht. Es stellt deshalb ein gründliches Mißverständnis des UWG dar, wenn immer wieder versucht wird, über das UWG namentlich durch einen besonderen Mittelstandsschutz eine konservierende Strukturpolitik zu betreiben.[91] Die Verkennung dieser Zusammenhänge war der Haupteinwand, der insbesondere gegen die (ursprüngliche) Rechtsprechung des *BGH* zu dem sog. Mißbrauch der Nachfragemacht durch Schaufenster- und Regalmieten zu erheben war, weil der BGH hier – unverständlicherweise – den herkömmlichen Handelsfunktionen normativen Rang beigemessen hatte (s. im einzelnen u. § 6, 8 d). Demgegenüber bleibt jedoch mit Nachdruck zu betonen, daß es in einem System offener Märkte keine normativen Unternehmensfunktionen geben kann; die Abgrenzung der Unternehmensfunktionen muß vielmehr im Stufenwettbewerb stets erst neu gesucht werden. Es ist daher mit dem Referenzsystem des hinreichend freien und fairen Wettbewerbs, wie es durch das GWB und den EWGV geprägt ist, unvereinbar, über § 1 UWG in diesen Prozeß zugunsten einer Unternehmensgruppe zu intervenieren und bestimmte Funktionen festzuschreiben.[92]

bb) Das Referenzsystem des freien Wettbewerbs lehrt ebenso wie das GWB (vgl. insbes. die §§ 22 IV, 26 II und 37 a III), daß die Wirkungen jeder Wettbewerbshandlung u. a. von den relativen Machtverhältnissen

---

[89] S. im einzelnen Kartellrecht, S. 176, 225 ff.

[90] Vgl. hierzu eingehend die Erläuterungen von *Emmerich* zu § 35 GWB in: IM.

[91] Ebenso z. B. *Baudenbacher*, Suggestivwerbung, S. 145 f.; *ders.*, ZHR 144, 158 ff.; *ders.*, GRUR 1981, 18; *M. Lehmann*, GRUR 1977, 588, 633; *Lindacher*, BB 1975, 1311 f.; *Mestmäcker*, Medienkonzentration, S. 157 ff.; *ders.*, Wettbewerb, S. 56, 285 ff.; *Knöpfle*, Unlauterkeit, passim, bes. S. 83 ff.

[92] Grdl. Monopolkommission, Mißbräuche der Nachfragemacht und Möglichkeiten zu ihrer Kontrolle im Rahmen des GWB, Sondergutachten 7, 1977; *dies.*, Die Konzentration im Lebensmittelhandel, Sondergutachten 14, 1985.

der beteiligten Unternehmen abhängen. Es kann daher in bestimmten Fallgruppen des Behinderungswettbewerbs (s. u. § 6) durchaus geboten sein, bei der Anwendung der Generalklausel die unterschiedliche Marktmacht der Unternehmen zu berücksichtigen. Was bei kleinen Unternehmen auf kompetitiven Märkten unbedenklich sein mag, kann sich in der Hand marktmächtiger Unternehmen als schwere Form des Behinderungswettbewerbs herausstellen, wogegen den Konkurrenten dann Schutz über § 1 UWG geboten werden muß.[93]

Damit ist aber nicht mehr gesagt, als daß bei der Anwendung der Generalklausel (selbstverständlich) stets sämtliche Umstände des Einzelfalls einschließlich eben der Machtverhältnisse der beteiligten Unternehmen berücksichtigt werden müssen. Im Schrifttum[94] werden freilich hieraus sowie namentlich aus der schon erwähnten Rechtsprechung des BGH zum Mißbrauch der Nachfragemacht und zu einer Reihe anderer Fallgruppen (s. u. §§ 6, 8 d u. 15) z. T. wesentlich weitergehende Schlußfolgerungen bis hin zur Annahme einer sog. marktbezogenen Unlauterkeit gezogen. Hierher gehört vor allem die bekannte *Vorfeldthese* P. Ulmers,[95] nach der das UWG einen zusätzlichen Schutz des Wettbewerbs auch gegenüber solchen Maßnahmen von Unternehmen übernehmen kann, bei denen das GWB (noch) nicht eingreift. Gedacht ist dabei vor allem an Handlungen marktstarker Unternehmen im Vorfeld des Mißbrauchs- oder des Diskriminierungsverbots, die wegen der engen Voraussetzungen dieser Vorschriften (noch) nicht verboten sind, die aber gleichwohl unverkennbar eine *Tendenz* zum Mißbrauch in sich tragen und daher bereits jetzt eine Gefahr für die Wettbewerbsordnung darstellen.

Die Aussicht, in derartigen Fällen schon gleichsam vorbeugend über § 1 UWG eingreifen zu können, ist im Interesse eines verstärkten Wettbewerbsschutzes auf den ersten Blick gewiß verlockend. Jedoch muß

---

[93] Ebenso z. B. *Hefermehl*, in: Festschr. f. R. Fischer, S. 211 f.; *Koppensteiner*, S. 504 ff.; *Lindacher*, S. 37 ff.; *Mestmäcker*, Medienkonzentration, S. 158 ff.; *Möschel*, S. 148 ff.; *Baudenbacher*, ZHR 144, 167 f; *ders.*, GRUR 1981, 22; *Sambuc*, GRUR 1981, 796 ff.; *P. Ulmer*, Schranken zulässigen Wettbewerbs, S. 78 ff.; *ders.*, GRUR 1977, 577 f.; ebenso schon *Emmerich*, Der unlautere Wettbewerb der öffentlichen Hand, 1969, S. 32 ff. für den wirtschaftenden Staat; – kritisch hingegen z. B. *Hirtz*, GRUR 1980, 96; *Kraft*, in: Festschr. f. Bartholomeyczik, S. 231 f.; *M. Lehmann*, GRUR 1977, 580, 637 f.

[94] Grdl. hierzu *P. Ulmer*, AfP 1975, 885 f.; *ders.*, Schranken zulässigen Wettbewerbs, S. 103 f.; *ders.*, GRUR 1977, 577; ebenso schon früher *Benisch*, WuW 1955, 432 f.; zust. z. B. *Baudenbacher*, GRUR 1981, 26 f.; *Bülow*, BB 1985, 1297; *Fikentscher* II, S. 200; *v. Gamm*, GRUR 1979, 680 f.; *Möschel*, S. 130 ff.; *L. Raiser*, GRURInt 1973, 443; *Tilmann*, GRUR 1979, 825 (bes. 831 ff.); *Sambuc*, GRUR 1981, 796.

[95] Nachw. o. Fußn. 94. Dagegen aber *Hirtz*, GRUR 1980, 96; *Kraft*, in: Festschr. f. Bartholomeyczik, S. 223; *ders.*, in: Festg. f. Kummer, S. 389; *ders.*, GRUR 1980, 966; *Mestmäcker*, Medienkonzentration, S. 135 ff., bes. 159 f.; *ders.*, Wettbewerb, S. 56 ff., 95 f., 143 ff. u. passim; *Knöpfle*, Unlauterkeit, S. 20 ff. u. passim.

man sich dabei stets der engen Grenzen bewußt bleiben, die jeder Vor-
feldwirkung der Generalklausel durch den Zusammenhang von UWG
und GWB notwendigerweise gezogen sind. Insbes. darf auf keinen Fall
auf dem Weg über die Generalklausel des § 1 UWG in einen vom GWB
bewußt freigegebenen Wettbewerbsraum eingegriffen werden. Ein zusätzlicher Wettbewerbsschutz über die Generalklausel kommt mithin nur
dort ausnahmsweise in Betracht, wo dieser Schutz mit Sinn und Zweck
der Verbote des GWB vereinbar ist, nicht hingegen dort, wo das GWB
bewußt auf ein Verbot verzichtet hat.

So steht z. B. schon seit langem fest, daß das nur sehr eingeschränkte Boykottverbot
des GWB (§ 26 I i. d. F. der 4. Novelle von 1980) keine Sperrwirkung gegenüber § 1
UWG äußert, so daß es unbedenklich ist, Boykotte über den mißglückten § 26 I GWB
hinaus nach der Generalklausel möglichst ausnahmslos zu verbieten (s. u. § 6, 4). Darüber hinaus zeichnet sich hier sogar ein Fall ab, wo die Wertungen des UWG auf das
GWB zurückstrahlen. Neuerdings setzt sich nämlich bei § 26 I GWB langsam die
Meinung durch, daß mit Rücksicht auf § 1 UWG heute jeder Boykott grundsätzlich
zugleich als unbillig i. S. des § 26 I GWB anzusehen ist.[96]
   Genau entgegengesetzt ist bei dem Diskriminierungsverbot des § 26 II GWB zu
entscheiden. Hinter dem durch die Novellen von 1973 und 1980 bereits bedenklich
erweiterten Diskriminierungsverbot des GWB steht eine klare Entscheidung des Gesetzgebers gegen ein allgemeines Diskriminierungsverbot. Das kann für die Generalklausel nur bedeuten, daß über § 1 UWG kein weitergehendes Diskriminierungsverbot
in unser Wettbewerbsrecht eingeführt werden darf.[97]

Nichts anderes kann schließlich grundsätzlich für die verschiedenen,
ohnehin schon viel zu weitgehenden Mißbrauchsverbote des GWB
(§§ 22 IV, 37 a III) gelten. Es kann unmöglich der Sinn der Generalklausel sein, deren Anwendungsbereich letztlich auf alle Unternehmen zu
erstrecken. Denn die Folge wäre nur eine weitgehende Erlahmung des
Wettbewerbs – zum Schaden aller.[98]

cc) Das Zusammenspiel von UWG und GWB wird noch in einer ganzen Reihe weiterer Fallgruppen bedeutsam. So ist es z. B. unbedenklich
möglich, Verstöße gegen solche Vorschriften des GWB, die wie etwa die
§§ 18 oder 22 Abs. 4 ihrem Wortlaut nach nur behördliche Sanktionen
nach sich ziehen, zumindest in bestimmten Fallgruppen zugleich als unlauteren Wettbewerb zu qualifizieren. Dies hätte die bedeutsame Folge,
daß sich dann dagegen zugleich sämtliche betroffenen Unternehmen mit
Unterlassungs- und Schadensersatzansprüchen wehren könnten.[99]
Schließlich wird es in UWG-Prozessen nicht unberücksichtigt bleiben
dürfen, wenn der auf Schadensersatz oder Unterlassung klagende Gewerbetreibende seinerseits zuvor gegen das GWB verstoßen hat. Verbotene

---

[96] S. im einzelnen Kartellrecht, S. 193 ff. m. Nachw.
[97] Ebenso *BGH*, LM § 1 UWG Nr. 61 = NJW 1958, 1140; *Hirtz*, GRUR 1980, 96;
Kraft, in: Festg. f. Kummer, S. 389 ff.
[98] Ebenso *Mestmäcker* u. *Knöpfle* (o. Fußn. 95).
[99] S. Kartellrecht, S. 103, 129, 192; w. Nachw. bei *Emmerich*, in: IM, § 35 Rdnrn.
116 ff.

Wettbewerbsbeschränkungen dürfen keine Grundlage für nachfolgende UWG-Klagen gegen Konkurrenten abgeben.[100]

5. Subjektive Erfordernisse?

Schon in den Beratungen des UWG im Reichstag war umstritten gewesen, ob die Sittenwidrigkeit in § 1 UWG objektiv zu verstehen ist oder auch subjektive Elemente enthält.[101] Seitdem ist die Frage nicht mehr zur Ruhe gekommen, ob und inwieweit es bei § 1 UWG auf die Kenntnis des Täters von den maßgeblichen Umständen ankommt.

a) Die *Rechtsprechung* geht i. d. R. davon aus, daß über die Sittenwidrigkeit einer Wettbewerbshandlung nur aufgrund des Gesamtcharakters der Handlung nach Inhalt, Zweck und Beweggrund des Gewerbetreibenden entschieden werden könne.[102] Deshalb wird angenommen, von einer sittenwidrigen Handlung könne nur gesprochen werden, wenn der Täter in *Kenntnis* sämtlicher die Sittenwidrigkeit begründenden Tatumstände gehandelt oder sich zumindest bewußt der Kenntnis der relevanten Umstände verschlossen, d. h. leichtfertig auf die Gefahr hin gehandelt habe, gegen § 1 UWG zu verstoßen. Nicht gefordert wird hingegen das zusätzliche Bewußtsein der Sittenwidrigkeit.[103]

Somit greift der Unterlassungsanspruch, der kein Verschulden voraussetzt (s. u. § 17, 2 a), schon ein, wenn der Täter nur die Kenntnis der Tatumstände hatte, während es keine Rolle spielt, ob er sein Verhalten für erlaubt oder verboten hielt. Anders hingegen der Schadensersatzanspruch, zu dessen Voraussetzungen nach heute durchaus h. M. (trotz § 13 Abs. 6 UWG) Verschulden gehört (s. u. § 17, 5 a). Freilich wird im Regelfall mit der Kenntnis der Tatumstände bereits zugleich die Schuld des Täters gegeben sein. Anders kann es sich nur im Einzelfall verhalten, etwa wenn sich der Täter in einem entschuldbaren Rechtsirrtum befand.

b) Das Schrifttum lehnt die geschilderte Praxis nahezu einhellig ab. Gegen sie wird vor allem eingewandt, ebenso wie die Rechtswidrigkeit müsse die Sittenwidrigkeit in § 1 UWG ausschließlich „objektiv" verstanden werden. Das Urteil über die Sittenwidrigkeit einer Handlung könne nicht von dem eher zufälligen Umstand abhängen, ob der Täter in Kenntnis der maßgeblichen Umstände gehandelt habe oder nicht; eine Differenzierung hiernach widerspreche dem Zweck der Generalklausel, den freien und fairen Wettbewerb umfassend zu schützen.[104]

---

[100] Dazu eingehend *Willemer,* WRP 1976, 16, 77; ebenso im Ansatz *OLG Frankfurt,* Betr 1981, 2427.

[101] Nachweise bei *Baumbach-Hefermehl,* Einl. UWG Rdnr. 124.

[102] Z. B. *RGZ* 80, 219 (221); *BGHZ* 10, 228 (232); 34, 264 (271 f.); *BGH,* GRUR 1967, 256 (257).

[103] So z. B. *RGZ(GS)* 150, 1 (3, 5 f.); *BGHZ* 8, 387 (393); 23, 184 (193 f.); 27, 264 (273); *BGH,* LM § 1 UWG Nrn. 18, 22, 90a, 106, 181, 203, 281, 302, 320; *BGH,* GRUR 1960, 200 (201) usw.; zust. z. B. *Nordemann,* Tz. 40.

[104] S. z. B. *Baumbach-Hefermehl,* Einl. UWG Rdnrn. 124, 137f.; *Hubmann,* S. 276;

c) Die praktische Relevanz des Streits ist gering,[105] weil es in der ganzen Diskussion im Grunde immer nur um die Voraussetzungen des Unterlassungsanspruchs geht. Bei diesem dürfte indessen schon aufgrund der in aller Regel vorausgegangenen Abmahnung des Verletzten (s. u. § 19, 1) oder doch spätestens aufgrund der Klage stets die Kenntnis der maßgeblichen Umstände bei dem Täter in dem allein erheblichen Zeitpunkt der letzten mündlichen Verhandlung vorliegen. Angesichts dessen ist in der Tat nicht zu erkennen, welchen Sinn es dann noch haben sollte, für den Unterlassungsanspruch an der Kenntnis der die Sittenwidrigkeit begründenden Umstände als Voraussetzung festzuhalten. Der Begriff der Sittenwidrigkeit ist daher in der Tat „objektiv" zu verstehen, wie es zudem am ehesten seiner Ausrichtung auf das Referenzsystem des freien und fairen Wettbewerbs entspricht.[106]

Eine ganz andere Frage ist, ob es Fälle gibt, in denen der Vorwurf der Sittenwidrigkeit erst im Einzelfall aufgrund der besonderen Motive und Zwecke des Täters begründet ist. Hieran kann nun in der Tat kein Zweifel bestehen, wie etwa die Fälle der Preisunterbietung in Vernichtungsabsicht zeigen (s. u. § 6, 2c). In solchen Fällen muß dann (ausnahmsweise) auch auf die innere Tatseite zur Begründung der Sittenwidrigkeit eingegangen werden.

6. Abwehreinwand

Literatur: Baumbach-Hefermehl, Einl. UWG Rdnrn. 331 ff.; *Eichmann,* Vergleichende Werbung, S. 196 ff.; *Lobe* Bd. I, S. 65 ff.; *Hubmann,* S. 275; *Melullis,* in: Hdb., § 20 Rdnrn. 23 ff. (S. 166 ff.); *Ulmer-Reimer,* Tz. 449 ff., 887; *Willemer,* WRP 1976, 16, 77.

a) Da das Urteil der Sittenwidrigkeit stets von einer umfassenden Würdigung sämtlicher Umstände des Einzelfalls abhängt, kann dabei zu berücksichtigen sein, ob der Täter seinerseits zuvor von einem anderen Gewerbetreibenden in rechtswidriger Weise angegriffen worden ist, so daß sich seine an sich unlautere Wettbewerbshandlung lediglich als Abwehr gegen diesen rechtswidrigen und insbesondere selbst sittenwidrigen Angriff darstellt.[107] Es handelt sich dabei nicht eigentlich um einen Fall der Notwehr i. S. des § 227 BGB; vielmehr wird schon, sozusagen eine Stufe früher, mit Rücksicht auf die besonderen Umstände des Falles ausnahmsweise die unter normalen Umständen gegebene Sittenwidrigkeit der Handlung verneint (sog. Abwehreinwand).[108]

Katzenberger, Recht am Unternehmen, S. 110 ff., 129; *Koppensteiner,* S. 497; *Kraft,* S. 138 ff., 239 ff.; *Larenz,* Jurb 1966, 98 ff. (bes. 119 f.); *Nerreter,* Grundlagen, S. 48 ff.; *ders.,* GRUR 1937, 175; *Sack,* GRUR 1970, 502; *ders.,* WRP 1985, 1 (12 ff.); *ders.,* NJW 1985, 761 (768 f.); *Vogt,* NJW 1976, 735 f.

[105] So auch *Rittner,* S. 202.

[106] Ebenso offenbar der *BGH* (WM 1985, 830) für sämtliche Rechtsgeschäfte, die schon nach ihrem objektiven Inhalt gegen sittliche und rechtliche Grundsätze verstoßen.

[107] Grdl. *BGH,* LM § 1 UWG Nr. 227 = NJW 1971, 804 m. Nachw.

[108] *BGH,* LM § 1 UWG Nrn. 172, 175 u. 227 = GRUR 1967, 138; 1967, 308; NJW 1971, 804.

b) Aus naheliegenden Gründen wird der Abwehreinwand von den Gerichten nur sehr selten zugelassen. Voraussetzung ist vor allem, daß sich die Handlung, gegen die sich der Täter wehrt, gerade auf ihn bezieht und daß er sich erkennbar gegen diese Handlung wendet.[109] Folglich scheidet eine Abwehr von vornherein aus, wenn durch die fragliche (abgewehrte) Handlung zugleich oder gar allein Interessen der Allgemeinheit verletzt werden.[110]

Die Abwehrmaßnahme muß außerdem stets auf das Maß des unumgänglich Notwendigen beschränkt werden und zugleich ein taugliches und adäquates Mittel zur Verteidigung gegen den Angriff darstellen. Sie darf nicht über das erforderliche Maß hinausgehen und deshalb insbesondere nicht in die Interessen unbeteiligter Dritter oder der Allgemeinheit eingreifen.[111] Verstöße gegen § 3 UWG, durch die stets das Interesse der Allgemeinheit, vor Irreführungen bewahrt zu bleiben, verletzt wird, können daher grundsätzlich nicht unter Berufung auf den Abwehreinwand durch unlautere Angriffe von Konkurrenten gerechtfertigt werden.[112] Dasselbe gilt für bereits nach allgemeinem Zivilrecht verbotene Handlungen wie etwa Besitzstörungen. Und sofern gerichtliche Hilfe zur Abwehr ausreicht, scheiden andere Maßnahmen ohnehin von vornherein, jedenfalls im Regelfall, aus.[113]

c) Die wichtigsten Erscheinungsformen der Abwehr sind der Abwehrboykott[114] sowie insbes. der Abwehrvergleich gegen unrichtige Behauptungen oder unberechtigte Angriffe in der Werbung von Konkurrenten: Hier können je nach Stärke und Gefährlichkeit des Angriffs auch sehr scharfe Reaktionen des angegriffenen Gewerbetreibenden zulässig sein.[115]

7. Fallgruppen

a) Das Fallmaterial zu § 1 UWG ist inzwischen nahezu unübersehbar.[116] Ohne die Bildung von Fallgruppen ist daher in einer Darstellung des Rechts des unlauteren Wettbewerbs nicht mehr auszukommen. In der Literatur finden sich dementsprechend recht verschiedene Vorschläge

---

[109] *BGH*, LM § 1 UWG Nrn. 90a, 109, 179, 234a und 317; *OLG Hamm*, NJW-RR 1986, 920f.

[110] *BGH*, LM § 1 UWG Nr. 179.

[111] *BGHZ* 23, 365 (376); *BGH*, LM § 1 UWG Nr. 179.

[112] *BGH*, LM § 3 UWG Nr. 196 = GRUR 1983, 335.

[113] Vgl. im einzelnen *BGH*, LM § 1 UWG Nrn. 90a, 109, 172, 175, 179, 185 und 227.

[114] S. *Ulmer-Reimer*, Tz. 887, sowie u. § 6, 4b.

[115] S. u. § 6, 7b sowie z. B. *BGH*, LM § 1 UWG Nrn. 7, 19, 109, 175, 185; GRUR 1960, 384 (387); *Baumbach-Hefermehl*, § 1 Rdnrn. 317 ff.; *Eichmann*, S. 196 ff.; – ein anderes Beispiel in *OLG Hamm* (o. Fußn. 109).

[116] Seit 1950 sind weit über 2000 *BGH*-Urteile zum UWG und seinen Nebengesetzen publiziert worden; hinzu kommen ungezählte Urteile des *RG* und der Instanzgerichte.

zur Systematisierung der zahllosen Entscheidungen zu § 1 UWG.[117] Letztlich gehen sie aber alle auf die von *Kohler*[118] eingeführte Einteilung des Fallmaterials in Irreleitungen und Feindseligkeiten zurück, wozu *Nerreter*[119] später noch als dritte Fallgruppe die ungehörige Ausnutzung der Konkurrenten hinzugefügt hatte. Diese Dreiteilung soll im Kern auch der vorliegenden Darstellung zu Grunde gelegt werden. Sie hat gegenüber der im Anschluß an *Hefermehl*[120] üblich gewordenen Unterscheidung von fünf verschiedenen Fallgruppen[121] vor allem den Vorzug größerer Klarheit und Einfachheit.

Welchem Vorschlag zur Systematisierung des Fallmaterials der Vorzug zu geben ist, ist ohnehin allein eine Frage darstellerischer Zweckmäßigkeit, wobei man sich bewußt sein muß, daß sich gegen *jede* Einteilung Einwände vorbringen lassen. Keine Einteilung geht restlos auf. Stets bleiben auf der einen Seite Fälle übrig, die sich nur schwer einordnen lassen, während zahlreiche andere Fälle offenkundig zu verschiedenen Fallgruppen gleichzeitig gehören. Angesichts dessen kann es sich nur darum handeln, die wichtigsten Fälle entsprechend ihrem *Schwerpunkt* deutlich unterschiedenen Fallgruppen zuzuordnen. Deshalb empfiehlt es sich, von den in erster Linie verletzten *Interessen* auszugehen. Dementsprechend soll hier danach unterschieden werden, ob der Schwerpunkt der Handlung in einem Verstoß gegen die Interessen der Konkurrenten, gegen die der Verbraucher oder gegen die der Allgemeinheit liegt.[122]

b) Die größte praktische Bedeutung kommt nach wie vor den Fällen zu, in denen es in erster Linie um einen Schutz von *Konkurrenteninteressen* geht. Hierher gehören vor allem sämtliche Fälle des Behinderungswettbewerbs (u. § 6) und der unzulässigen Ausbeutung fremder Leistungen (u. § 9). Außerdem sollen in diesem Zusammenhang namentlich noch die vergleichende Werbung (u. § 6, 7b), die Verletzung von Preis- und Vertriebsbindungssystemen (u. § 6, 5) sowie aus dem UWG die Fälle der Anschwärzung und Verleumdung (§§ 14 und 15 UWG), der Bestechung (§ 12 UWG) und des Geheimnisverrats (§§ 17–20 UWG) behandelt werden (u. §§ 6, 8c; 7 und 8).

c) Neben den Interessen der Konkurrenten schützt das UWG heute gleichberechtigt die der *Abnehmer* (s. o. § 3, 2b). Ganz im Vordergrund steht dabei der Schutz der Verbraucher gegen Irreführungen. Deshalb gehören hierher vor allem sämtliche Formen unlauteren Wettbewerbs, deren Kern in einer Täuschung oder Irreführung der Verbraucher besteht. Der wichtigste, einschlägige Tatbestand aus dem UWG ist insoweit natürlich die kleine Generalklausel des § 3 (dazu u. § 12). Außerdem sind in diesem Zusammenhang die Fragen zu behandeln, die sich aus besonde-

---

[117] Vgl. insb. *Baumbach-Hefermehl*, Einl. UWG Rdnrn. 152ff.; *Kraft*, S. 268ff.; *Nerreter*, Grundlagen, S. 102ff.; *ders.*, GRUR 1937, 170ff.; *Nordemann*, GRUR 1975, 629.
[118] Der unlautere Wettbewerb, S. 24ff., 104ff., 235ff.
[119] Allg. Grundlagen, S. 102ff.
[120] *Baumbach-Hefermehl*, Einl. UWG Rdnrn. 156ff.; zust. *Koppensteiner*, S. 437.
[121] Kundenfang, Behinderung, Ausbeutung, Rechtsbruch und Marktstörung.
[122] Vgl. *Burmann*, WRP 1968, 263f.

ren Verkaufsveranstaltungen ergeben können (u. § 13), sowie alle mit geschäftlichen Kennzeichen (§ 16 UWG) zusammenhängenden Probleme (u. § 14).

Die Verbraucher müssen darüber hinaus gegen jede Belästigung durch übermäßigen Wettbewerb, insbes. durch eine überhandnehmende Werbung, sowie gegen sonstige Maßnahmen geschützt werden, die geeignet sind, ihre Entscheidungsfreiheit zu beeinträchtigen. Hauptbeispiele sind heute die Suggestivwerbung und die Wertreklame (u. §§ 10, 6; 11). Dabei wird sich freilich zeigen, daß hier die Akzente sowohl vom Gesetzgeber als auch von der Praxis – aus wettbewerbspolitischer Sicht – oft genug ganz falsch gesetzt worden sind.

d) Das UWG schützt schließlich noch gewisse Interessen der *Allgemeinheit,* insbes. das Interesse an der Erhaltung der Funktionsfähigkeit des Wettbewerbssystems (s. o. § 3, 2c). Bisher gehören hierher freilich schwerpunktmäßig im Grunde nur die Fälle der massenweisen Verteilung von Originalware einschließlich der Presseerzeugnisse (u. § 15) sowie die Fälle des Vorsprungs durch Rechtsbruch (u. § 16.).

2. Kapitel. Die Verletzung von Interessen der Konkurrenten

§ 6. Behinderungswettbewerb

Literatur: S. o. § 5 sowie insbes. *Baumbach,* S. 520 ff.; *Baumbach-Hefermehl,* § 1 UWG Rdnrn. 170–377; *Fr. Böhm,* Wettbewerb und Monopolkampf, 1933/1964; *Bülow,* BB 1985, 1297; *Callmann,* § 1 Rdnrn. 74 ff.; *G. Eser,* BB 1985, 699; *Fikentscher,* Die Preisunterbietung im Wettbewerbsrecht, 2. Aufl. (1962); *v. Gamm,* GRUR 1979, 680; *v. Godin,* § 1 UWG Rdnrn. 185 ff., 192 ff.; *Gütebier,* Der unlautere Wettbewerb der öffentlichen Hand, 1934; *ders.,* MuW Bd. XXXIV (1934), 361; *Katzenberger,* Recht am Unternehmen und unlauterer Wettbewerb, 1967; *Knoepfle,* Die marktbezogene Unlauterkeit, 1983, S. 120 ff.; *Koenigs,* NJW 1961, 1041; *Kohler,* S. 185 ff.; *Koppensteiner,* S. 443 ff.; *Kreuzer,* WRP 1985, 467; *Krüger-Nieland,* WRP 1979, 1; *M. Lehmann,* Die Werbung mit Geschenken, 1974; *ders.,* GRUR 1977, 580, 633; *ders.,* Der Verkauf unter Einstandspreis aus rechtsvergleichender Sicht, 1979; *ders.,* GRURInt 1977, 135; *ders.,* GRUR 1979, 368; 1984, 313; *Lindacher,* Lockvogel- und Sonderangebote, 1979; *Lobe* Bd. I, S. 49 ff.; *Meyer-Cording,* JZ 1964, 310; *Mestmäker,* Der verwaltete Wettbewerb, 1984; *Nette,* Die kartell- u. wettbewerbsrechtliche Beurteilung der Preisunterbietung, FIW H. 109, 1984; *Nipperdey,* Wettbewerb und Existenzvernichtung, 1930; *Nordemann,* Tz 233 ff.; *Reimer-v. Gamm,* S. 245 ff.; *Sack,* WRP 1983, 63; *Schrauder,* Wettbewerbsverstöße als Eingriffe in das Recht am Gewerbebetrieb, 1970; *Schricker,* Wirtschaftliche Tätigkeit der öffentlichen Hand und unlauterer Wettbewerb, 1964; *P. Ulmer,* Rabattgesetz und Wettbewerbsordnung, in: 1. Festg. f. Hefermehl, 1971, S. 377; *Ulmer-Reimer,* Tz. 358, 424, 486, 869, 913 ff.; *P. Ulmer,* AfP 1975, 870; *ders.,* Schranken zulässigen Wettbewerbs marktbeherrschender Unternehmen, 1977; *ders.,* GRUR 1977, 565; *ders.,* in: Festg. f. Kummer, 1980, S. 565; – *Fälle,* S. 21 ff.

1. Einleitung

Für die Behinderungsfälle gilt dasselbe wie für die meisten anderen Erscheinungsformen unlauteren Wettbewerbs: Sie sind in ihrer Vielgestaltigkeit letztlich unüberschaubar, so daß jeder Versuch einer vollständigen Darstellung, zumal in einem Lehrbuch, von vornherein zum Scheitern verurteilt ist. Die folgende Darstellung erstrebt deshalb keinerlei Vollständigkeit, sondern beschränkt sich auf die Erörterung einiger besonders wichtiger Formen des Behinderungswettbewerbs. Damit wird vor allem der Zweck verfolgt, deutlich zu machen, wie schwierig im Einzelfall die Abgrenzung zwischen lauterem und unlauterem Wettbewerb sein kann und wie groß daher oft genug die Gefahr ist, durch eine übermäßige Ausdehnung des Anwendungsbereichs der Generalklausel die Funktionsfähigkeit des Wettbewerbssystems insgesamt zu beeinträchtigen.

2. Preisunterbietung

a) Grundsatz

Ein System freien Wettbewerbs lebt davon, daß die Preisbildung frei ist, damit die Unternehmen jederzeit elastisch auf die sich ständig und oft genug ganz unerwartet ändernden Marktdaten reagieren können. Dementsprechend sind in Deutschland der Preisbildung durch die Unternehmen nur wenige Schranken gezogen. Namentlich einen Tarifzwang gibt es nur in einer sehr begrenzten Zahl von Berufen und Gewerbezweigen (so bei den meisten Verkehrsunternehmen und bei vielen freien Berufen). Außerdem muß auf der Einzelhandelsstufe bei der Preisbildung das Rabattgesetz (dazu u. § 3) sowie bei der Preisauszeichnung die Preisangaben-VO vom 14. 3. 1985[1] beachtet werden. Zusätzlich verbietet § 3 UWG (die sog. kleine Generalklausel) sämtliche irreführenden Angaben über die Preisbemessung einzelner Waren oder des gesamten Angebots (dazu u. § 12, 7 d). Schließlich können sich für alle Unternehmen im Einzelfall durchaus Schranken für die Preisbemessung (nach oben wie nach unten) aus den verschiedenen Mißbrauchsverboten des GWB (§§ 22 IV, 26 II, 37 a III) und des EWGV (Art. 86) ergeben.[2]

Dies wird heute freilich vielfach mit Nachdruck bestritten.[3] Vor allem die zunehmende Verbreitung von Sonderangeboten im Einzelhandel, für die häufig – namentlich von den großbetrieblichen Formen des Einzelhandels – mit Preisen *unter* dem sog. *Einstandspreis* geworben wird, hat in den letzten Jahren zu immer heftigeren Reaktionen der davon vornehmlich betroffenen, kleinen und mittleren Einzelhändler geführt.

Hinzuweisen ist hier zunächst auf die vielfältigen Versuche der Mittelstandsvereinigungen in den großen Parteien, den Gesetzgeber zu einem Verbot des Verkaufs unter Einstandspreis zu bewegen.[4] Aus guten Gründen zögert der Gesetzgeber indessen bisher, diesen Wünschen nachzukommen. Noch 1969 lehnte er ein derartiges Verbot sogar generell ab.[5] 1980 kam er jedoch dem Drängen der Vertreter des Mittelstandes mit der Einfügung des neuen § 37 a Abs. 3 in das GWB bereits einen wesentlichen

---

[1] BGBl. I, S. 580; dazu u. § 12, 7 d aa.

[2] Dazu eingehend *Kartellrecht*, S. 178, 377 ff.; *Fälle*, S. 110, 198 ff.

[3] Insbes. *Bunte*, GRUR 1981, 397; *Gaedertz*, GRUR 1980, 831 m. Nachw.; *Kreutzer*, WRP 1985, 467; *Sack*, WRP 1983, 63; *P. Ulmer*, GRUR 1977, 565; *ders.*, in: Festg. f. *Kummer*, 1980, S. 565; vgl. auch *Baumbach-Hefermehl*, § 1 Rdnrn. 206, 709 ff.; unklar einerseits *M. Lehmann*, Die Werbung mit Geschenken, 1974; *ders.*, GRUR 1970, 580, 633; *ders.*, Der Verkauf unter Einstandspreis aus rechtsvergleichender Sicht, 1979; *ders.*, GRURInt 1977, 135; *ders.*, GRUR 1979, 368; andererseits aber *ders.*, GRUR 1984, 313; aus betriebswirtschaftlicher Sicht ist noch hinzuweisen auf *Ahlert*, WRP 1983, 459; *Diller-Schneider*, WRP 1981, 243; *K.-H. Schneider*, Die Preisstellung unter Einstandspreis im Einzelhandel, 1982; *Marquard*, Der Verkauf unter Einstandspreis als strategisches und wettbewerbsrechtliches Problem, 1984; sowie zusammenfassend *Nette*, Die kartell- und wettbewerbsrechtliche Beurteilung der Preisunterbietung, 1984.

[4] Nachw. bei *Kreutzer* (o. Fußn. 3), S. 476 f.

[5] Vgl. den Bericht des Rechtsausschusses BT-Dr. V (1969)/4035 = GRUR 1969, 338 (339); dazu sehr kritisch z. B. *Sack* (o. Fußn. 3), S. 72 ff. m. Nachw.

Schritt entgegen.[6] Da jedoch § 37a Abs. 3 GWB die in ihn gesetzten Hoffnungen der Gegner des Preiswettbewerbs im Einzelhandel in keiner Weise erfüllte, konzentrierten sich jetzt ihre Bemühungen auf eine entsprechende Änderung des UWG. Indessen gelang es wiederum nicht, den Gesetzgeber zu einem generellen Verbot des Verkaufs unter Einstandspreis zu bewegen. Gleichwohl blieben die dahin zielenden Versuche namentlich der Vertreter der Mittelstandsvereinigungen nicht völlig erfolglos, da der Gesetzgeber ihnen mit den neuen §§ 6e und 6d UWG erneut einen großen (viel zu großen) Schritt entgegenkam, indem er sich bereit fand, durch § 6e UWG die Werbung mit mengenmäßigen Beschränkungen und vor allem durch § 6d UWG (erstaunlicherweise) die Werbung für Preissenkungen durch Gegenüberstellung des alten und des neuen Preises bis auf wenige Ausnahmen zu verbieten. Von einem generellen Verbot der Preisstellung unter Einstandspreis kann freilich nach wie vor keine Rede sein. Im Gegenteil: Das UWG enthält wie bisher keinerlei Eingriffe in die elementare Preisbildungsfreiheit der Unternehmen; lediglich die *Werbung* mit Preissenkungen ist (ganz unnötig) beschränkt worden.

Da dies den Vertretern der Mittelstandsvereinigungen nicht genügte, unternahmen sie noch während der Beratungen der letzten UWG-Novelle umfangreiche Bemühungen, um wenigstens auf Verbandsebene zu einem weitgehenden Verbot des Verkaufs unter Einstandspreis zu gelangen, und zwar hier mit wesentlich größerem Erfolg als bei dem Gesetzgeber.[7] Zunächst gelang es dem Präsidenten des Bundeskartellamts im Oktober 1983, verschiedene, führende Unternehmen des Lebensmittelhandels zu der Zusage zu bewegen, in Zukunft von einem systematischen „marktstrategischen" Verkauf unter Einstandspreis grundsätzlich Abstand zu nehmen.[8] Dieses sog. Berliner Gelöbnis wurde ein Jahr später, wiederum auf Veranlassung des Präsidenten des Bundeskartellamts, von denselben Unternehmen bekräftigt und dabei in verschiedener Hinsicht präzisiert und weiter verschärft.[9] So verwundert es nicht, daß es im Sommer 1984 außerdem gelang, in die sog. „Gemeinsame Erklärung von Organisationen der gewerblichen Wirtschaft zur Sicherung des Leistungswettbewerbs" von 1975[10] im Anschluß an das Berliner Gelöbnis ein Verbot des systematischen Verkaufs unter Einstandspreis ohne sachlich gerechtfertigten Grund einzufügen.[11] Schließlich wurde das ganze

---

[6] S. dazu Kartellrecht, S. 225 ff., sowie die Erläuterungen von *Emmerich,* in: IM, § 37a.
[7] S. im einzelnen *Kreutzer* (o. Fußn. 3), S. 474 f.
[8] Quelle: WuW 1983, 843; dazu *Baudenbacher,* WuW 1986, 941.
[9] Quelle: WuW 1984, 771, 852 sowie BT-Dr. 10 (1984)/2297, S. 20 ff.
[10] Abgedruckt z. B. WuW 1976, 17.
[11] Quelle: WuW 1984, 712 sowie bei *Hinz,* WRP 1984, 653; dagegen grdlg. *Mestmäcker,* Wettbewerb, passim.

„Vertragswerk" noch durch die Einrichtung einer Schiedsstelle bei dem Deutschen Industrie- und Handelstag gekrönt, durch die – versteht sich: unter möglichster Ausschaltung der Gerichte – „Verstöße" gegen die genannten Gelöbnisse und Erklärungen geahndet werden sollen. Obwohl die Vereinbarkeit aller dieser Abmachungen mit dem GWB (§§ 1 Abs. 1, 25 Abs. 1 und 38 Abs. 1 Nr. 1) sowie dem EWG-Vertrag (Art. 85) höchst zweifelhaft ist, soll es doch gelungen sein, durch sie Verkäufe unter Einstandspreis weitgehend zu unterbinden.[12] Um so nachdrücklicher bleibt hier festzustellen, daß durch derartige Versuche der Wirtschaft zur Selbstorganisation der Märkte an dem geltenden Recht, das durch die grundsätzliche Preisbildungsfreiheit der Unternehmen gekennzeichnet ist, nichts geändert werden kann. Diese Rechtslage ist zudem durch die UWG-Novelle von 1986, die wiederum trotz zahlreicher darauf abzielender Initiativen kein Verbot des Verkaufs unter Einstandspreis enthält, ausdrücklich bestätigt worden und daher allein für die Auslegung des UWG und des GWB maßgebend. Man kann nur hoffen, daß die Gerichte allen Versuchen, sog. „Gelöbnisse" oder „Gemeinsame Erklärungen" zu den Anschauungen der anständigen Durchschnittsgewerbetreibenden hochzustilisieren, widerstehen werden, da es hier letztlich immer um den (erstaunlichen) Versuch geht, über organisierte „Anschauungen der Durchschnittsgewerbetreibenden" die Auslegung der Generalklausel durch die Gerichte zu beeinflussen.

Solchen Versuchen ist um so mehr entgegenzutreten, als sämtliche, üblicherweise gegen den Verkauf unter Selbstkosten oder unter Einstandspreis vorgebrachten Einwände nicht haltbar sind.[13] Für den Verkauf unter „Selbstkosten" folgt dies schon daraus, daß die Selbstkosten betriebswirtschaftlich gar nicht exakt ermittelt werden können, namentlich weil das Problem der Zurechnung der gerade im Handel in der Regel sehr hohen Fixkosten zu den einzelnen Waren nicht ohne Willkür gelöst werden kann. Für die Unterschreitung des Einstandspreises, der im Handel möglicherweise ermittelt werden könnte, obwohl selbst insofern häufig unterschätzte Schwierigkeiten bestehen,[14] gilt nichts anderes. Es gibt viele, vernünftige Gründe, die einen Kaufmann veranlassen können, seine Einstandspreise kurz- und langfristig zu unterschreiten. Man denke nur an die Einführung neuer Produkte, an den Zwang zur Räumung des Lagers oder zum Eintritt in Konkurrenzpreise sowie an die Gefahr des

---

[12] *Kartte*, WuW 1984, 852.
[13] Vgl. zuletzt statt aller m. zahlr. Nachw. *G. Eser*, BB 1985, 699; *Knoepfle*, Unlauterkeit, S. 120 ff.; *M. Lehmann*, GRUR 1984, 313; insbes. grdlg. *Mestmäcker*, Wettbewerb, S. 97, 104, 159, 187, 214, 231 ff. u. passim, sowie *Gröner-Köhler*, Der Selbstbedienungsgroßhandel, 1986, S. 136 ff.
[14] Zum Begriff des Einstandspreises vgl. z. B. eingehend *BKartA*, WuW/E BKartA 2029 (2045 f.) „Coop Bremen".

Verderbs der Ware.[15] Vor allem aber ist die übliche Fixierung auf die Preisstellung bei einzelnen Produkten aus dem möglicherweise sehr umfangreichen Sortiment eines Einzelhändlers verfehlt. Denn für den Einzelhändler kommt es letztlich allein darauf an, ob er *insgesamt* seine Kosten decken und obendrein einen möglichst hohen Gewinn erzielen kann. Entscheidend ist für ihn m. a. W. allein, ob es ihm gelingt, sein *gesamtes* Sortiment zumindest kostendeckend zu verkaufen.

In diesem Rahmen spielt es daher für ihn keine Rolle, ob er bei einzelnen Waren seine Einstandspreise oder Kosten zu decken vermag oder nicht, sofern nur etwaige ,,Verluste" durch Gewinne bei anderen Waren wieder ausgeglichen werden können. Es wäre m. a. W. ein ganz unsinniger und durch nichts zu rechtfertigender Eingriff in die Preisbildungsfreiheit der Gewerbetreibenden, wenn man ihnen die Möglichkeit nähme, die Preise ihrer zahlreichen, einzelnen Artikel beliebig herauf- oder herabzusetzen und dadurch möglichst flexibel auf die Entwicklung an den Märkten zu reagieren. Jedes Gericht, das einen derartigen Versuch unternähme, wäre damit letztlich ebenso überfordert wie ein Gesetzgeber, der sich zur Einführung eines Verbots des Verkaufs unter Einstandspreis entschlösse, und zwar allein schon wegen der überaus zahlreichen Ausnahmen von dem Verbot, die auf jeden Fall zugelassen werden müßten und deren Einhaltung ohnehin niemand kontrollieren könnte.

Es muß deshalb dabei bleiben, daß jede Form der Preisunterbietung grundsätzlich erlaubt (und erwünscht) ist, selbst wenn dadurch die Konkurrenten noch so sehr geschädigt werden. Unerheblich ist dabei, ob der Gewerbetreibende seine Selbstkosten oder seinen Einstandspreis unterschreitet. Ganz ohne Rücksicht darauf ist die Preisunterbietung vielmehr in aller Regel *erlaubt*.[16]

Für eine Preisdiskriminierung zum Nachteil einzelner Abnehmer gilt nichts anderes.[17] Es spielt dabei insbes. keine Rolle, ob durch die Preisunterbietung Konkurrenten geschädigt oder gar vom Markt verdrängt werden.[18] Ebensowenig kommt es darauf an, ob der Gewerbetreibende mit der Preissenkung seine Selbstkosten oder seinen Einstandspreis unter-

---

[15] Vgl. den Ausnahmekatalog in der französischen Loi de finances Nr. 63–628 v. 2. 7. 1963, Art. 1 II.

[16] So z. B. *RGZ* 117, 16; 134, 342 (bes. 349 ff.); 144, 41 (49 f.); *BGHZ* 28, 54 (60); 44, 288 (302); 46, 168 (174 f.); 52, 302 (= JuS 1967, 89 [90] Nr. 6; 1970, 94 Nr. 8); 85, 84 (95) ,,ADAC"; *BGH*, LM § 1 UWG Nrn. 168, 314, 318 und 409 = JuS 1984, 645 Nr. 8; § 14 UWG Nr. 8; GRUR 1966, 214; 1985, 883; *BGHZ* 96, 337 (346 ff.) = JuS 1986, 736 Nr. 11 (s. u. Fußn. 21); *BGH*, WM 1984, 376 = GRUR 1984, 204; *OLG Karlsruhe*, GRUR 1983, 187 ff. usw.

[17] *BGH*, LM § 1 UWG Nr. 61; *Nordemann*, Tz. 246.

[18] Grdlg. *BGH*, LM § 1 UWG Nr. 409 = NJW 1984, 1618 = JuS 1984, 645 Nr. 8 ,,Braun-micron plus"; wörtlich übereinstimmend *BGH*, WM 1984, 376 = GRUR 1984, 204 m. Anm. *Klette*.

schreitet.[19] Unbedenklich ist es außerdem, wenn z. B. der Preiskampf seitens eines konzernabhängigen Unternehmens durch Zuschüsse der Muttergesellschaft finanziert wird.[20] Vor allem aber bei der Einführung neuer Produkte darf ein Kaufmann selbst für längere Zeit Anlaufverluste in Kauf nehmen, d. h. „unter seinen Kosten" verkaufen, sofern er nur aufgrund einer kaufmännisch vernünftigen Kalkulation langfristig darauf hoffen darf, die Gewinnschwelle zu überschreiten.[21] Die Preisbildung ist m. a. W., um es zu wiederholen, grundsätzlich frei, so daß es sich immer nur im Einzelfall fragen kann, unter welchen besonderen, *zusätzlichen* Voraussetzungen eine Preisunterbietung ausnahmsweise einmal anders zu beurteilen ist.

b) Ausnahmen

aa) Aus § 3 UWG folgt zunächst, daß eine Preisunterbietung dann verboten ist, wenn sie zu einer Täuschung oder Irreführung der Verbraucher führt. Zu denken ist hier vor allem an die sog. Lockvogelangebote, deren Abgrenzung von den erlaubten Sonderangeboten freilich im Einzelfall häufig Schwierigkeiten bereitet, weshalb insoweit das UWG durch die Novelle von 1986 (§§ 6d und 6e) erheblich veschärft worden ist (s. im einzelnen u. § 12, 7d). Außerdem kann eine Preisunterbietung unter besonderen Umständen gegen die Generalklausel des § 1 UWG verstoßen. Unlauter ist z. B. gewiß jede Preisunterbietung, die durch eine Gesetzesverletzung, z. B. durch eine Steuerhinterziehung oder durch eine untertarifliche Bezahlung der Arbeitnehmer, ermöglicht wird.[22] Praktische Bedeutung hat dies heute vor allem für die überaus verbreitete Schwarzarbeit.[23]

Ebenso zu beurteilen sind Preisunterbietungen, durch die der Gewerbetreibende gegen gesetzliche Preisregelungen wie z. B. die Verkehrstarife verstößt, jedenfalls wenn er dabei planmäßig vorgeht, um sich einen Vorsprung vor den gesetzestreuen Konkurrenten zu verschaffen. Bloße, gelegentliche oder vereinzelte Verstöße gegen solche Tarife sind hingegen ebenso unbeachtlich wie die Verletzung von Tarifen, die von den Konkurrenten gleichfalls generell nicht mehr beachtet werden.[24]

bb) Weit schwieriger zu beurteilen ist die Frage, wann eine Preisunterbietung, namentlich seitens marktmächtiger Unternehmen, eine unlautere *Behinderung* der dadurch betroffenen Konkurrenten darstellt. Eine

---

[19] *BGH* (o. Fußn. 18), ebenso z. B. *OLG Frankfurt,* BB 1983, 1496; *OLG Karlsruhe* (o. Fußn. 16); vgl. auch für die Verwertung von Sicherungsgut durch Sparkassen *OLG Hamm,* WM 1983, 1144.
[20] Grdlg. *BGHZ* 85, 84 (95) = NJW 1983, 569 „ADAC".
[21] Grdlg. *BGHZ* 96, 337 (346 ff.) = NJW 1986, 1877 = WuW/E BGH 2195 = ZIP 1986, 463 = JuS 1986, 736 Nr. 11 „Abwehrblatt II" im Anschluß an *BGH,* GRUR 1985, 883.
[22] Grdl. *RGZ* 117, 16.
[23] *Sonnenschein,* JZ 1976, 497 (504).
[24] Zuletzt *OLG Köln,* NJW 1980, 2652 = JuS 1981, 379 Nr. 11.

deutlich abgegrenzte Fallgruppe bilden hier zunächst sämtliche Preisunterbietungen, die zugleich gegen das GWB verstoßen.[25] Zu denken ist hierbei einmal an die Fälle des Machtmißbrauchs (§ 22 IV GWB) und der unbilligen Behinderung anderer Unternehmen (§§ 26 II, 37 a III GWB), zum anderen an die Fälle, in denen die Unterbietung von Konkurrenten ein Mittel im Organisationskampf erlaubter oder verbotener Kartelle gegen Außenseiter darstellt (§ 25 II, III GWB).[26] In allen diesen Fällen sollte man heute nicht zögern, den betroffenen Unternehmen – über die Sanktionen des GWB hinaus – einen zusätzlichen Schutz über § 1 UWG zuzubilligen (s. o. § 5, 4). Zu prüfen bleibt aber, ob auch jenseits dieser Fälle, d. h. im „Vorfeld" des GWB, eine Preisunterbietung eine unlautere Behinderung von Konkurrenten darstellen kann.

Im Anschluß an das berühmte Urteil des *RG* in dem Benrather-Tankstellenfall[26] (in dem es um den Organisationskampf eines mächtigen Kartells gegen einen Außenseiter ging) wird heute überwiegend zumindest jede Preisunterbietung in Vernichtungsabsicht als unlauter angesehen.[27] Doch ist selbst dieser auf den ersten Blick so plausibel klingende Grundsatz durchaus nicht unproblematisch, weil der bloße Umstand, daß ein Gewerbetreibender seine Konkurrenten vernichten will, allein sicher nicht ausreichen kann, um eine von ihm vorgenommene Preisunterbietung als sittenwidrig abzustempeln; vielmehr müssen stets zu der bloßen Vernichtungsabsicht noch bestimmte, äußere Umstände wie etwa der Einsatz überlegener, wirtschaftlicher Macht zwecks Monopolisierung des Marktes hinzukommen. Zudem muß es jedem Kaufmann erlaubt sein, zumindest bei der Einführung neuer Produkte oder bei dem Eindringen in einen neuen Markt selbst erhebliche Anlaufverluste in Kauf zu nehmen, wenn er nur langfristig hoffen darf, die Rentabilitätsschwelle zu überschreiten.[28]

Als das zentrale Problem erweist sich damit die möglichst exakte Erfassung der zusätzlichen, äußeren Umstände, die hier letztlich das Urteil der Sittenwidrigkeit tragen, zumal die Vernichtungsabsicht ohnehin nie nachzuweisen sein dürfte. Der *BGH* hat insoweit einerseits betont, daß die Gesichtspunkte der Marktsättigung und der Verdrängung der Konkurrenten nicht zur Begründung der Unlauterkeit einer Preisunterbietung herangezogen werden könnten;[29] auf der anderen Seite hat er aber entschieden, daß ein systematischer Verkauf unter Einstandspreis dann als unlauter zu qualifizieren sein könne, wenn er zur Folge habe, die Konkurrenten vom Markt zu verdrängen und dadurch den Wettbewerb auf dem Markt völlig oder nahezu aufzuheben (sog. Gefährdung des

---

[25] S. z. B. *Lindacher*, Lockvogel- und Sonderangebote, S. 39 ff.

[26] Grdl. *RGZ* 134, 342 „Benrather-Tankstellenfall" (dazu Fälle, S. 21 ff.); zust. *RGZ* 144, 42 (50).

[27] *BGH*, LM § 1 UWG Nr. 318 = NJW 1979, 2611; *BGHZ* 85, 84 (95); 96, 337 = ZIP 1986, 463 = JuS 1986, 736 Nr. 11 = NJW 1986, 1877; *BGH*, GRUR 1985, 883; *OLG Karlsruhe*, GRUR 1983, 187; *LG Braunschweig*, WuW/E LG/AG 460 ff.; ebenso *BGH*, LM § 1 UWG Nr. 130 = GRUR 1964, 146 für übermäßig hohe Warenrückvergütungen einer Genossenschaft mit dem Zweck, Konkurrenten zu verdrängen.

[28] Grdl. *BGHZ* 96, 337 = NJW 1986, 1877 = ZIP 1986, 463 = JuS 1986, 736 Nr. 11 „Abwehrblatt II"; *BGH*, GRUR 1985, 883.

[29] LM § 1 UWG Nr. 314 (Bl. 5) = NJW 1978, 2598.

Wettbewerbs in seinem Bestand), oder wenn infolge des Verkaufs unter Einstandspreisen damit zu rechnen sei, daß Wettbewerber solche Preisaktionen in einem Ausmaße nachahmten, daß es zu einer gemeinschaftsschädlichen Störung des Wettbewerbs kommen könne (sog. gemeinschaftsschädliche Nachahmung).[30]

Da diese sehr engen Voraussetzungen jedoch praktisch niemals nachzuweisen sind, wird, wie schon ausgeführt, im neueren Schrifttum vielfach gefordert, bereits im „Vorfeld" der §§ 22 Abs. 4, 26 Abs. 2 und 37 a Abs. 3 GWB gezielten Preiskämpfen durch (noch) *nicht* marktmächtige Unternehmen über die Generalklausel des § 1 UWG zu begegnen, jedenfalls wenn sie die Gefahr einer schwerwiegenden Wettbewerbsbeschränkung heraufbeschwören,[31] oder (zwecks „Vereinfachung" der Rechtslage) sogar generell sämtliche Verkäufe unter Einstandspreis bis auf wenige Ausnahmen zu verbieten.[32] Dem kann jedoch, wie ebenfalls schon ausgeführt, nicht gefolgt werden. Die sog. Vorfeldthese ist, wie weiter oben gezeigt (s. o. § 5, 4), unhaltbar. Dies wird hier besonders deutlich. Die Mißbrauchsverbote des GWB beschränken sich aus guten Gründen auf marktbeherrschende und marktmächtige Unternehmen (s. die §§ 22, 26 Abs. 2 und 37 a Abs. 3 GWB). Allein solchen Unternehmen ist daher eine Behinderung ihrer Konkurrenten u. a. durch bestimmte Maßnahmen des Preiswettbewerbs untersagt. Jenseits dieser Grenzen soll m. a. W. der Preiswettbewerb nach dem Willen des Gesetzgebers grundsätzlich frei sein. Damit verbietet sich von selbst jede weitergehende Einschränkung des Preiswettbewerbs auf dem Wege über § 1 UWG. Es muß daher bei der geschilderten, sehr restriktiven Praxis des BGH bleiben.[33]

cc) Von interessierter Seite ist in letzter Zeit – nicht ganz ohne Erfolg – versucht worden, als weiteren Gesichtspunkt, der das Urteil der Sittenwidrigkeit einer Preisunterbietung tragen soll, die sog. Beeinträchtigung des Images sowie der Absatzchancen von Markenartikeln in die Diskussion einzuführen.[34] Es handelt sich dabei um den kaum verhüllten Versuch, die Generalklausel – in Verbindung mit zulässigen Preisempfehlungen (§ 38 a GWB) – als Ersatz für die verbotene Preisbindung für Markenartikel (§ 16 GWB a. F.) zu mißbrauchen. Denn mit einem offenkundigen Mißbrauch des § 1 UWG im klaren Widerspruch zu dem im GWB zum Ausdruck gebrachten Willen des Gesetzgebers haben wir es hier in

---

[30] *BGHZ* 85, 84 (95); 96, 337 (346 ff.) = JuS 1986, 736 Nr. 11; *BGH*, LM § 1 UWG Nrn. 318 und 409 = NJW 1979, 2611 und JuS 1984, 645 Nr. 8; *BGH*, LM § 1 UWG Nr. 130; GRUR 1985, 883; *OLG Karlsruhe*, GRUR 1983, 187.
[31] Nachw. o. Fußn. 3.
[32] Insbes. *Sack*, WRP 1983, 63 (70 ff.).
[33] Besonderheiten gelten für Preisunterbietungen seitens öffentlicher Unternehmen, die durch Zuschüsse der öffentlichen Hand finanziert werden; s. dazu im einzelnen o. § 4, 4 c.
[34] S. insbes. *Ahlert*, WRP 1983, 459; *Gaedertz*, GRUR 1980, 831; weitere Nachw. o. Fußn. 3.

der Tat zu tun. Selbst bei Markenartikeln, für die aufgrund der langjährigen Preisbindung und einer entsprechenden Werbung bei den Verbrauchern systematisch der (unrichtige) Eindruck einer besonderen Hochpreisigkeit erzeugt worden ist,[35] kann heute nach dem Verbot der Preisbindung durch die 2. Novelle zum GWB von 1973 die (angebliche) Beeinträchtigung ihres besonderen Rufs und ihrer Absatzchancen durch Unterbietung der von ihren Herstellern empfohlenen und am Markt vielfach beachteten Preise keine Rolle mehr spielen, wie der BGH[36] mit Recht entschieden hat. Aus ganz ähnlichen Erwägungen heraus ist es schließlich auch unerheblich, ob z. B. ein Großhändler im Direktverkauf an die Verbraucher die Preise der Einzelhändler unterbietet, da Direktverkäufe grundsätzlich erlaubt sind (u. 8 a).[37]

3. Insbesondere das Rabattgesetz

Literatur: Baumbach-Hefermehl Bd. I, S. 1806ff.; *Borck*, in: RWW, 3.8. Rdnrn. 54ff.; *v. Godin*, S. 508ff.; *Hoth-Gloy*, Zugabe und Rabatt, 1973; *Klosterfelde*, in: Hdb., § 50 Rdnrn. 44ff. (S. 710ff.); *Koppensteiner*, S. 353ff.; *Michel-Weber-Gries*, Rabattgesetz, 2. Aufl. (1957); *Nordemann*, Tz. 489ff.; *Reimer-Krieger*, Zugabe- und Rabattrecht, 1955; *Reimer-v. Gamm*, S. 561ff.; *Rittner*, S. 245ff.; *Ulmer-Reimer*, Tz. 1098ff.; *P. Ulmer*, in: 1. Festg. f. Hefermehl, 1971, S. 377.

Zusätzliche Schranken für die Zulässigkeit von Preisunterbietungen ergeben sich auf der Einzelhandelsstufe aus dem Rabattgesetz von 1933. Dieser Umstand rechtfertigt es, im vorliegenden Zusammenhang einen kurzen Überblick über das verwickelte Rabattrecht einzufügen. Wegen aller Einzelheiten kann hingegen unbedenklich auf das Spezialschrifttum verwiesen werden.

a) Geschichte und Zweck

Das Rabattgesetz, durch das der Preiswettbewerb auf der Einzelhandelsstufe ohne Not erheblich beeinträchtigt wird, verdankt seine Entstehung einer vorausgegangenen, anderen Intervention des Gesetzgebers. Gemeint ist die Zugabeverordnung von 1932, durch die der Gesetzgeber die Werbung mit Zugaben bis auf unbedeutende Ausnahmen verboten, die Gewährung von Rabatten jedoch weiterhin unbeschränkt zugelassen hatte (s. u. § 11, 1). Die unvermeidliche Folge war gewesen, daß sich sofort der Wettbewerb mit Nebenleistungen auf Rabatte verlagert hatte. Weil man aber den Einzelhandel gerade gegen diesen Nebenleistungswettbewerb schützen wollte, wurde nunmehr auch eine Einschränkung des Rabattwettbewerbs erforderlich. Deshalb wurde am 25. 11. 1933 das

---

[35] Man denke nur an die Werbung für Asbach Uralt!
[36] Grdl. *BGH*, LM § 1 UWG Nr. 409 = NJW 1984, 1618 = JuS 1984, 645 Nr. 8 m. Nachw.; WM 1984, 376 = GRUR 1984, 204; *OLG Karlsruhe*, GRUR 1983, 187 (189f.); enger noch *BGH*, LM § 3 UWG Nr. 156 = GRUR 1978, 652.
[37] Grdl. *BGHZ* 28, 54 (60).

Rabattgesetz erlassen,[38] vor allem um im Interesse des mittelständischen Handels den Rabatt als Wettbewerbsmittel auf ein „erträgliches Maß" zu beschränken.[39]

Das Rabattgesetz erweist sich damit als Mittel eines ganz zeitgebundenen und heute in dieser Form obsoleten Mittelstandsschutzes speziell auf der Einzelhandelsstufe. In die heutige, wettbewerbspolitische Landschaft paßt das Gesetz nicht mehr. Es hilft demgegenüber nicht weiter, wenn man die jetzige Funktion des Gesetzes darin sieht, im Interesse der Verbraucher durch Beschränkung des Nebenleistungswettbewerbs die Preiswahrheit und Preisklarheit im Einzelhandel zu fördern.[40] Denn dies ändert nichts an dem Umstand, daß das Rabattgesetz heute überholt ist und – in Verbindung mit der Zulassung von Preisempfehlungen für Markenartikel durch die 2. Novelle zum GWB von 1973 – geradezu schädliche Wirkungen hat, da es häufig verhindert, daß trotz der Abschaffung der Preisbindung für Markenartikel auf der Einzelhandelsstufe ein Preiswettbewerb entstehen kann.[41]

Wie ernst diese Gefahr ist, wurde in jüngster Zeit vor allem an der umstrittenen „Aktion lauterer Wettbewerb" verschiedener Verbände von Kraftfahrzeugherstellern und -händlern deutlich. Zweck dieser Aktion war es nämlich, die Kraftfahrzeughändler, die in letzter Zeit immer häufiger von den Listenpreisen der Kraftfahrzeughersteller unter dem Druck des Wettbewerbs abweichen, durch ein geschicktes Vorgehen von Testkäufern zu „Verstößen" gegen das Rabattgesetz zu veranlassen, um sie anschließend durch Abmahnungen und notfalls Klageerhebung zu zwingen, sich fortan an das Rabattgesetz und damit der Sache nach an die Preisempfehlungen der Kraftfahrzeughersteller zu halten.[42] Diese Aktion, die den unverhohlenen Versuch darstellte, die Aufhebung der Preisbindung für Kraftfahrzeuge auf dem Umweg über das Rabattgesetz wieder rückgängig zu machen,[43] stieß alsbald beim Bundeskartellamt[44] sowie

---

[38] RGBl. I, 1011 mit Durchführungsverordnungen vom 21. 2. 1934 (RGBl. I, 120), vom 9. 2. 1935 (RGBl. I, 208) und vom 29. 7. 1938 (RGBl. I, 981). Das Rabattgesetz gilt mit seinen Durchführungsverordnungen unstreitig auch heute noch (BGH, LM § 1 UWG Nr. 61).

[39] So die Amtliche Begründung, RAnz Nr. 284 vom 5. 12. 1933 = v. Godin, S. 550 ff.

[40] So z. B. Baumbach-Hefermehl, Übers. vor RabattG Rdnrn. 8 f.; Nordemann, Tz. 490; Ulmer-Reimer, Tz. 1098; vgl. dazu auch Koppensteiner, S. 354.

[41] S. Koenigs, NJW 1961, 1043 f.; Koppensteiner, S. 353 ff.; P. Ulmer, in: 1. Festg. f. Hefermehl, 1971, S. 377 (bes. 383 ff.); kritisch auch Rittner, S. 247; zust. z. B. LG Lübeck, BB 1983, 2143.

[42] Vgl. insbes. Creutzig, Betr. 1984, 171 und DAR 1984, 97; Bunte, BB 1984, 1516; Heckelmann-Langheid, WRP 1983, 475; Ostermann-Heckelmann, WRP 1985, 126; Wild, WRP 1984, 352.

[43] So ausdrücklich Creutzig (o. Fußn. 42).

[44] BB 1984, 231.

in der Öffentlichkeit[45] auf scharfe Kritik und ist schließlich am Widerspruch des BGH[46] gescheitert.

Das Gesagte genügt, um feststellen zu können, daß das Rabattgesetz in der Tat nicht nur überholt, sondern heute geradezu schädlich ist. Mit Recht hatte deshalb die Bundesregierung 1983 den (zaghaften) Versuch unternommen, das Rabattgesetz aufzuheben oder doch wesentlich einzuschränken. Wie nicht anders zu erwarten, stieß sie damit indessen sofort auf den heftigen Widerstand der Interessenten, vor dem die Bundesregierung (wie so oft) alsbald kapitulierte. Um so nachdrücklicher ist hier die Forderung zu wiederholen, das schädliche Rabattgesetz umgehend aufzuheben. Solange dies indessen nicht geschehen ist, ist das Gesetz jedenfalls so restriktiv wie irgend möglich zu interpretieren.[47] Die entgegengesetzte Tendenz der Praxis, den Anwendungsbereich des mißglückten Rabattgesetzes ständig auszudehnen, ist schon im Ansatz verfehlt.

b) Anwendungsbereich

Das Rabattgesetz regelt in § 1 zunächst seinen Anwendungsbereich durch Definition der erfaßten Preisnachlässe. Anschließend bestimmt es in den §§ 2–9, welche Preisnachlässe (ausnahmsweise) zulässig sind; alle anderen Rabatte sind mithin verboten.

aa) Das Rabattgesetz gilt sowohl für die Veräußerung von Waren als auch für die Erbringung gewerblicher Leistungen, aber immer nur, wenn es sich dabei um einen Geschäftsverkehr von Unternehmen mit dem letzten Verbraucher handelt. Die geschäftlichen Beziehungen auf allen anderen Handelsstufen sind dadurch aus dem Anwendungsbereich des Gesetzes ausgeklammert; in den Beziehungen zwischen Herstellern, Großhändlern und Einzelhändlern gibt es m. a. W. ebensowenig gesetzliche Beschränkungen der Rabattgewährung[48] wie im Verkehr zwischen Privatleuten, z. B. beim Verkauf von Grundstücken, und zwar selbst bei Einschaltung von Maklern.[49] Hier kann nur im Einzelfall einmal § 1 UWG eingreifen, wofür aber eine bloße, zeitliche Beschränkung der Rabattaktion nicht ausreicht.[50]

Im übrigen aber wird von der Praxis in dem verfehlten Bestreben, dem Rabattgesetz einen möglichst weiten Anwendungsbereich zu sichern, der Begriff der Veräußerung

---

[45] Vgl. die Kritik bei *Assmann*, BB 1983, 2079; 1984, 1973; 1985, 1685; *Gröschner*, BB 1982, 1331; *v. Lampe*, DAR 1984, 105; *Mestmäcker*, Wettbewerb, S. 283; *Schmitz-Temming*, WRP 1983, 131; insbes. *P. Ulmer*, GRURInt. 1983, 611 und DAR 1983, 132.
[46] NJW 1986, 29 = BB 1985, 1684 = JuS 1986, 67 Nr. 9 m. zahlr. Nachw.; enger zuletzt *OLG Frankfurt*, OLGZ 1986, 220 = WuW/E OLG 3716; s. u. S. 78 o. bei Fußn. 67.
[47] Ebenso *Koppensteiner*, S. 355.
[48] Z. B. *BGH*, LM § 1 UWG Nr. 61; RabattG Nr. 23; *Koppensteiner*, S. 361 f.
[49] *KG*, NJW 1983, 893.
[50] *BGH*, MDR 1981, 378 f. = LM § 1 UWG Nr. 343 „RAMA-Mädchen".

von Waren des *täglichen Bedarfs* an den letzten Verbraucher in § 1 RabattG in dem denkbar weitesten Sinne ausgelegt. Deshalb werden dazu nicht nur solche geringwertigen Waren gerechnet, die eben jedermann täglich benötigt, sondern – entgegen dem Wortsinn – weit darüber hinaus auch alle sonstigen Waren, an denen in der Bevölkerung jederzeit ein *wiederholter* Bedarf eintreten kann, einschließlich hochwertiger Güter. Beispiele sind Pelzwaren, Kraftfahrzeuge,[51] vielbändige Lexika, Segel- und Motorboote und selbst Miniaturgolfbahnen.[52] Ausgenommen werden lediglich noch Dinge, bei denen schon ihrer Natur nach nur ein *einmaliger* Bedarf auftreten kann wie etwa Luxusjachten, Kunstwerke oder Rennwagen.

Eine ebenso extensive Interpretation erfährt außerdem der Begriff des *letzten Verbrauchers*, der nach Meinung der Gerichte nicht identisch ist mit dem Begriff des Letztverbrauchers in dem üblichen Verständnis, sondern jeden umfaßt, der die Ware ihrer natürlichen Bestimmung gemäß verwendet, wozu daher sogar Gewerbetreibende gehören, sofern sie nur die Ware nicht weiterveräußern, sondern in ihrem Betrieb gewerblich nutzen.[53] Diese unnötig weite Auslegung des Gesetzes ist jedoch mit seiner ganz beschränkten Funktion, die ihm heute allenfalls noch zum Schutze der Letztverbraucher gegen Irreführungen beigemessen werden kann, unvereinbar. Der Begriff von Waren des täglichen Bedarfs sollte deshalb ganz eng auf die Waren des laufenden Verbrauchs für echte Letztverbraucher beschränkt werden.[54] Das Rabattgesetz findet außerdem wegen des Vorrangs des Gemeinschaftsrechts generell keine Anwendung auf Aktionen, die wie z. B. die kostenlose Verteilung von Butter auf wirksamen Rechtsakten der Gemeinschaftsorgane beruhen.[55]

bb) Das RabattG verbietet in seinem Anwendungsbereich sämtliche Preisnachlässe und Sonderpreise, soweit nicht einer der Ausnahmetatbestände der §§ 2 bis 9 RabattG eingreift. Was dabei unter Preisnachlässen und Sonderpreisen zu verstehen ist, sagt das Gesetz in § 1 II. *Preisnachlässe* sind hiernach sämtliche Nachlässe von den Preisen, die der Unternehmer ankündigt oder allgemein fordert, während als *Sonderpreise* solche Nachlässe bezeichnet werden, die einzelnen Personen wegen ihrer Zugehörigkeit zu bestimmten Verbraucherkreisen, Berufen, Vereinen oder Gesellschaften eingeräumt werden. Daraus folgt, daß es für die Annahme eines Preisnachlasses, d. h. eines Rabatts, in erster Linie auf die Gegenüberstellung eines *Normalpreises* und eines Nachlasses im Einzelfall ankommt, wobei man unter Normalpreis den Preis versteht, den der Händler (allgemein) dem Verbraucher als den seinigen erkennbar macht oder den er doch in der Mehrzahl der Fälle verlangt.[56] Die Wirkung des

---

[51] Grdl. *BGH*, NJW 1986, 29 = JuS 1986, 67 Nr. 9; ebenso z. B. *OLG Frankfurt*, BB 1984, 1963 = WuW/E OLG 3297 = GRUR 1984, 895; *OLG Zweibrücken*, GRUR 1985, 568; *KG*, GRUR 1984, 138; *OLG Düsseldorf*, GRUR 1984, 897 usw.

[52] *BGH*, LM RabattG Nr. 27 = GRUR 1977, 264; 1971, 516 (517); *Baumbach-Hefermehl*, § 1 RabattG Rdnrn. 3 ff.; *Nordemann*, Tz. 500; *Rittner*, S. 250 f.

[53] *BGHZ* 50, 169; 70, 18 (27 f.); *BGH*, LM RabattG Nrn. 19 (Bl. 2), 23 und 27 (Bl. 2 R) = GRUR 1969, 362 (363); NJW 1974, 1906; GRUR 1977, 264 (266); LM § 1 UWG Nr. 276; *Baumbach-Hefermehl*, § 1 RabattG Rdnrn. 10 ff.

[54] So mit Recht *P. Ulmer*, in: 1. Festg. f. Hefermehl, S. 390; zust. auch *Koppensteiner*, S. 360 f.

[55] *KG*, GRUR 1986, 471.

[56] *RGZ* 150, 272 (276); *BGHZ* 27, 369 (372); 42, 134 (150) = JuS 1965, 76 (77) Nr. 3 m. Nachw.; *BGH*, LM § 1 UWG Nr. 61; GRUR 1964, 274; MDR 1981, 558 f. = LM RabattG Nr. 34; LM RabattG Nr. 38 = NJW 1985, 975; BB 1986, 2227; NJW 1986,

Rabattgesetzes besteht somit in erster Linie darin, den Einzelhändler an seinen Normalpreis zu binden, weil ihm Abweichungen hiervon durch die Gewährung von Preisnachlässen nur noch in ganz engen Grenzen gestattet sind. Unbeschränkt zulässig bleiben hingegen natürlich generelle Preissenkungen.[57] Ebenso wenig fällt etwa die genossenschaftliche Warenrückvergütung unter den Rabattbegriff des Gesetzes.[58]

Verboten sind außerdem die sog. echten *Sonderpreise*, die dem Kunden wegen seiner Zugehörigkeit zu bestimmten Verbraucherkreisen, Berufen usw. eingeräumt werden; die einzige, zulässige Ausnahme enthält § 9 des Gesetzes. Durch dieses Verbot von Sonderpreisen soll die Gleichbehandlung der Verbraucher sichergestellt werden. Der Begriff der Verbraucherkreise wird deshalb ganz weit ausgelegt. Er umfaßt jede Gruppe, die durch irgendwelche gemeinsamen Merkmale verbunden ist. Beispiele sind etwa Studenten oder die Mitglieder eines Anwaltsvereins. Aufgrund des § 1 Abs. 2 RabattG ist es mithin verboten, solchen Personenkreisen im Gegensatz zu allen anderen Abnehmern irgendwelche Sonderpreise einzuräumen, so daß hier ebenfalls stets ein Vergleich zwischen dem Normalpreis, der für alle übrigen Abnehmer gilt, und dem Sonderpreis für bestimmte Verbraucherkreise erforderlich ist. Uneingeschränkt erlaubt bleiben hingegen Sonderangebote nur für bestimmte Abnehmergruppen wie z.B. Stammkunden. Eine weitere Ausnahme gilt, wenn die Gruppenangehörigen bestimmte Gegenleistungen erbringen, die durch den Nachlaß honoriert werden, oder wenn sonstige, sachliche Gründe bestehen, die die Forderung unterschiedlicher Preise rechtfertigen, z.B. Unterschiede in der Qualität oder in der Verpackung der Ware.[59]

Erlaubt sind somit z.B., weil *jedermann* gewährt, die Verbilligung einzelner Stücke wegen Mängeln,[60] das Angebot einer verbesserten Leistung zum alten Preis,[61] eine allgemeine Preissenkung um 20% aus Anlaß eines Jubiläums[62] sowie eine Subskription für teure Bücher,[63] allgemein übliche Preisnachlässe für Mehrfachpackungen, z.B. von Textilien,[64] Einführungspreise für die ersten hundert Kunden,[65] Nachlässe auf Preise, die mit dem Zusatz ,,VB" (= Verhandlungsbasis) angekündigt worden sind,[66] sowie

---

1986, 26 = JuS 1986, 67 (68) Nr. 9; *Baumbach-Hefermehl*, § 1 RabattG Rdnrn. 16ff.; *Koppensteiner*, S. 355ff.; *Nordemann*, Tz. 492; *Ulmer-Reimer*, Tz. 1101.

[57] *BGHZ* 27, 369 (371); *BGH*, LM § 1 UWG Nr. 61 = NJW 1958, 1140 (1142); LM RabattG Nr. 14 = NJW 1966, 975; *Nordemann*, Tz. 493 f.

[58] *BGH*, LM § 1 UWG Nr. 130 (Bl. 4 f.).

[59] Vgl. z.B. *BGH*, LM RabattG Nrn. 21, 32, 34 und 36 = NJW 1972, 1467; MDR 1981, 558 (559); GRUR 1978, 375 und NJW 1984, 1115; *OLG München*, Betr. 1986, 1617; statt aller *Baumbach-Hefermehl*, § 1 RabattG Rdnrn. 24ff.

[60] *Nordemann*, Tz. 493.

[61] *BGH*, LM § 1 UWG Nr. 319.

[62] *BGH*, LM RabattG Nr. 14 = NJW 1966, 975.

[63] *BGH*, GRUR 1971, 516 (517).

[64] *BGH*, LM RabattG Nr. 38 = NJW 1985, 975.

[65] *OLG Düsseldorf*, GRUR 1984, 61 (62 f.).

[66] *KG*, GRUR 1984, 138.

vor allem sämtliche Abschläge der Kraftfahrzeughändler auf die Listenpreise der Hersteller, und zwar deshalb, weil jeder Verbraucher heute weiß, daß es sich bei den Listenpreisen der Hersteller um unverbindliche Preisempfehlungen handelt, die im Verkehr weithin unterschritten werden, so daß niemand mehr annimmt, die Listenpreise seien die normalen, d. h. eben allgemein üblichen Preise der Händler.[67]

Verboten ist es hingegen, wenn aus Anlaß der Eröffnung einer Filiale die Preise einzelner Artikel nur dort, nicht aber in den anderen Filialen gesenkt werden,[68] wenn einzelnen Kunden gegen Einsendung eines Gutscheins eine Preisermäßigung gewährt wird,[69] wenn Abzahlungsgeschäfte zum selben Preis wie Barkäufe getätigt werden, sofern der darin liegende Zinsgewinn die Spanne von 3% übersteigt,[70] wenn zusätzliche sog. Vermittlungsprovisionen bewilligt werden[71] oder wenn ein Handwerker auf seine Materialpreise einen Nachlaß von 20% ankündigt.[72] Außerdem stellt es z. B. einen verbotenen Sonderpreis für bestimmte Verbraucherkreise dar, wenn Fahrschulen Studenten einen Preisnachlaß gewähren[73] oder wenn den Mitgliedern eines Anwaltsvereins von einem Verlag ein Nachlaß von 10% auf Tonbandkassetten eingeräumt wird.[74]

c) Ausnahmen

Rabatte sind grundsätzlich verboten. Etwas anderes gilt nur, wenn einer der engen Ausnahmetatbestände der §§ 2 bis 9 des Gesetzes erfüllt ist. Zulässig sind danach zunächst Barzahlungsrabatte bis zu 3% (§§ 2 und 3 RabattG), die z. B. durch die Ausgabe von Rabattmarken gewährt werden dürfen (§ 4 RabattG). Diese Beschränkung gilt auch für Konsumvereine (§ 5 RabattG). Erlaubt sind weiter Mengenrabatte in handelsüblichem Umfang, und zwar entweder als Warenrabatte oder als Preisrabatte (§§ 7 und 8 RabattG).[75] Außerdem dürfen nach § 9 RabattG in Verb. mit

---

[67] Das ist das Ergebnis der eingangs erwähnten ,,Aktion lauterer Wettbewerb'', die damit gescheitert ist: grdlg. *BGH*, NJW 1986, 29 = GRUR 1985, 983 = BB 1985, 1684 = JuS 1986, 67 Nr. 29 m. zahlr. Nachw.; ebenso insbes. *OLG Frankfurt*, BB 1984, 1963 = GRUR 1984, 895 = WuW/E OLG 3297; *OLG Stuttgart*, BB 1983, 1750; *OLG Hamm*, BB 1983, 1113, 1187; MDR 1986, 678; *KG*, GRUR 1984, 138; anders zuvor zahlreiche OLGe (Nachw. in JuS 1986, 67 [68] Nr. 9) sowie heute noch *OLGe Köln* und *Stuttgart*, NJW-RR 1986, 1429.
[68] *BGH*, LM SonderveranstaltungsAO Nr. 14 (Bl. 3).
[69] *BGH*, GRUR 1971, 516 (517).
[70] Man glaubt es kaum, aber es ist tatsächlich so; s. *BGH*, LM § 1 RabattG Nr. 4 = NJW 1959, 1182; *OLG Frankfurt*, MDR 1985, 940 = WM 1985, 1511; *OLG Düsseldorf*, NJW-RR 1986, 343; für das Kfz-Leasing ebenso *OLG Frankfurt*, OLGZ 1986, 220 = WuW/E OLG 3716 (dazu z. B. *Haastert*, WRP 1986, 252); anders für eine Stundung des Kaufpreises gegen eine Zuzahlung *OLG Düsseldorf*, NJW-RR 1986, 845.
[71] *OLG Düsseldorf*, GRUR 1984, 897.
[72] *OLG Koblenz*, GRUR 1985, 234.
[73] Grdlg. *BGH*, LM RabattG Nr. 21 = NJW 1972, 1467.
[74] *BGH*, LM RabattG Nr. 36 = NJW 1984, 1115 = GRUR 1984, 682 gegen *BGH*, LM RabattG Nr. 32 = GRUR 1978, 375.
[75] Dazu z. B. *Nordemann*, Tz. 504; *KG*, NJW-RR 1986, 1093.

§ 12 der 1. DurchführungsVO Sondernachlässe oder Sonderpreise (nur) an gewerbliche Verbraucher, an Großverbraucher, an Betriebsangehörige[76] und an Behörden gewährt werden.[77] Und bei Markenartikeln läßt schließlich noch § 13 der 1. DurchführungsVO unter gewissen Bedingungen Treuerabatte zu;[78] solche Treuerabatte dürfen jedoch nur als Barzahlungsrabatte gewährt werden.[79]

d) Rechtsfolgen

Verstöße gegen die Vorschriften des Rabattgesetzes sind i. d. R. Ordnungswidrigkeiten (§ 11 RabattG). Außerdem können die Konkurrenten Unterlassung verlangen, wobei es für die Begründung der vorbeugenden Unterlassungsklage bereits genügt, daß lediglich erstmals ein Verstoß gegen das Rabattgesetz droht.[80] Schließlich ist das Rabattgesetz noch als Schutzgesetz anerkannt (§ 823 II BGB), so daß gegebenenfalls sogar Schadensersatzansprüche der Konkurrenten in Betracht kommen.

4. Boykott

Literatur: Baumbach-Hefermehl, § 1 UWG Rdnrn. 226 ff.; *Fr. Böhm*, Wettbewerb und Monopolkampf, 1933/1964, bes. S. 309 ff., 363 ff.; *v. Godin*, § 1 UWG Rdnrn. 192 ff.; *Hefermehl*, in: 1. Festschr. f. Nipperdey, 1955, S. 283; *Kummer*, Anwendungsbereich und Schutzgut der privatrechtlichen Rechtssätze gegen unlauteren und gegen freiheitsbeschränkenden Wettbewerb, Bern 1960, S. 129 ff.; *Lutz*, in: Hdb., § 38 (S. 266 ff.); *Nordemann*, Tz. 270 ff.; *Reimer-v. Gamm*, S. 252 ff.; *Sandrock*, JuS 1971, 57; *I. Schmidt*, US-amerikanische und deutsche Wettbewerbspolitik gegenüber Marktmacht, 1973, S. 88 ff., 230 ff.; *Ulmer-Reimer*, Tz. 877 ff.; Kartellrecht, § 18 (S. 193 ff.).

a) Tatbestand

Unter einem Boykott versteht man den Aufruf eines Unternehmens (oder Unternehmensverbandes) an andere Unternehmen, ihre Geschäftsbeziehungen zu bestimmten Dritten abzubrechen. Zu einem Boykott gehören somit stets mindestens *drei* Personen, nämlich der Verrufer (oder Boykottierer), der Adressat (oder Sperrer) und der Boykottierte (oder Verrufene). Adressat und Sperrer müssen dabei nicht notwendig identisch sein; vielmehr genügt es schon, wenn der Adressat veranlaßt wird, seinerseits auf eine Sperre dritter Unternehmen, etwa durch seine Kunden oder Lieferanten, hinzuwirken.[81] Jedoch ist erforderlich, daß der Aufruf überhaupt geeignet ist, den Adressaten in seiner freien Willensbe-

---

[76] Dazu sehr eng *BGH*, LM § 1 UWG Nr. 403 = GRUR 1984, 129.
[77] Vgl. dazu zuletzt *BGHZ* 70, 17 (28).
[78] Vgl. *BGHZ* 50, 207 (210).
[79] *BGH*, LM § 1 ZugabeVO Nr. 15.
[80] S. u. § 17, 2 sowie z. B. *OLG Zweibrücken*, GRUR 1985, 568; *OLG Düsseldorf*, NJW-RR 1986, 343; zur Verjährung s. die 1. DVO sowie *OLG Köln*, NJW-RR 1986, 1094.
[81] *BGH*, LM § 1 UWG Nr. 414 = NJW 1985, 60 = WM 1984, 705 = GRUR 1984, 461.

stimmung zu beeinflussen. Schließlich muß der Adressat wirtschaftlich verschieden von dem Verrufer sein und ihm gegenüber eigene Entscheidungsfreiheit besitzen, so daß z. B. die Weisung der Konzernspitze an ihre Tochtergesellschaften, bestimmte dritte Unternehmen zu sperren, keinen Boykott im Rechtssinne darstellt.[82]

Der Boykott diente früher vor allem als Mittel des Organisationszwanges von Kartellen gegen Außenseiter, die über die Abschneidung von ihren Lieferquellen oder Absatzkanälen zur Aufgabe gezwungen werden sollten.[83] Heute hingegen bilden die wichtigste Erscheinungsform des Boykotts Aufforderungen in speziellen Pressediensten für die Wirtschaft, bestimmte, besonders wettbewerbsaktive Unternehmen zu sperren, d. h. nicht mehr von ihnen zu beziehen oder nicht mehr an sie zu liefern. Betroffen von derartigen Praktiken namentlich des Fachhandels sowie seiner Organe und Verbände sind in erster Linie die neuen, großbetrieblichen Formen des Einzelhandels.[84]

b) Rechtliche Beurteilung

aa) Das RG hatte den Boykott durchweg äußerst milde beurteilt und ihn nur dann nach § 826 BGB oder nach § 1 UWG verboten, wenn schon die verwandten Mittel oder die verfolgten Zwecke als solche, d. h. für sich allein betrachtet, sittenwidrig waren. Lediglich die völlige Vernichtung des Gegners wurde unter keinen Umständen gebilligt; im übrigen aber stellte das RG ganz auf die Umstände des Einzelfalles ab, so daß über die Zulässigkeit eines Boykotts stets erst die Abwägung zwischen Anlaß und Wirkungen der Maßnahme entschied. Infolgedessen blieb im Ergebnis selbst der Boykott von Kartellen zur Bekämpfung von Außenseitern i. d. R. unbeanstandet.[85]

Einen grundlegenden Wandel leiteten hier erst die alliierten Dekartellierungsgesetze ein, die erstmals im deutschen Recht ein ausdrückliches, generelles Boykottverbot brachten. Die darin zum Ausdruck gelangte, negative Beurteilung des Boykotts blieb nicht ohne Einfluß auf die UWG-Praxis. Der Boykott wurde jetzt sowohl als Eingriff in den Gewerbebetrieb (§ 823 I BGB) als auch als Maßnahme des Behinderungswettbewerbs (§ 1 UWG) eingestuft und dementsprechend grundsätzlich verboten. Eine andere Beurteilung kam nur noch in seltenen Ausnahmefällen in Betracht, insbesondere bei dem sog. Abwehrboykott zur Verteidigung gegen rechtswidrige Angriffe (o. § 5, 6).[86]

---

[82] *BGHZ* 19, 72 (77 f.); *OLG Düsseldorf*, BB 1978, 2211 (2212); Betr. 1978, 1745 f.; *Baumbach-Hefermehl*, § 1 UWG Rdnrn. 226 ff.; *Koppensteiner*, S. 445; *Ulmer-Reimer*, Tz. 877 ff.

[83] Dazu eingehend *Fr. Böhm*, passim.

[84] Beispiele in *BGH*, LM § 1 UWG Nrn. 326 u. 414; LM § 26 GWB Nr. 53; *BVerfGE* 62, 230; *BKartA*, WuW/E BKartA 1280; 1498; w. Nachw. in Kartellrecht, S. 194 Fußn. 2.

[85] *RGZ* 56, 278; 140, 423 (431); 155, 286 ff.; *RG*, JW 1933, 47 ff. Nr. 6; KartRdsch 1923, 28; (anders nur das bemerkenswerte Urteil RGSt 34, 17 ff.); zust. offenbar *Nipperdey*, Wettbewerb und Existenzvernichtung, S. 22 f.; scharf gegen diese Praxis jedoch bereits *Fr. Böhm*, S. 309 ff.

[86] Vgl. *BGHZ* 3, 270 (279 ff.); 8, 142 (144 f.); 13, 33 (37); 14, 163 (170 f.); insb. 24, 200 (205 ff.); *BGH*, LM § 1 UWG Nr. 15.

bb) Das GWB hat freilich in § 26 I das generelle Boykottverbot der Dekartellierungsgesetze nicht übernommen; vielmehr ist danach der Boykott nur verboten, wenn ihm die Absicht zugrunde liegt, bestimmte Unternehmen unbillig zu beeinträchtigen.[87] Diese (erstaunliche) Einschränkung des Boykottverbots ist jedoch ohne Einfluß auf die allgemeine, wettbewerbsrechtliche Beurteilung des Boykotts geblieben. Zu Recht wird der Boykott hier nach wie vor als grundsätzlich unlauterer Behinderungswettbewerb eingestuft; etwas anderes gilt nur in den erwähnten (ganz seltenen) Abwehrfällen.[88] Dies gilt selbst bei Boykottaufrufen durch die Presse, etwa durch die erwähnten Brancheninformationsdienste; Art. 5 I GG steht nicht entgegen, jedenfalls wenn von der Presse zugleich ein wirtschaftlicher Druck auf die Adressaten des Aufrufs ausgeübt wird.[89]

Auf die Dauer mußte diese Bewertung Rückwirkungen auf das GWB haben (s. o. § 5, 4). Deshalb ist es nicht verwunderlich, sondern nur folgerichtig, daß sich jetzt auch im Anwendungsbereich des § 26 I GWB langsam die Auffassung durchsetzt, daß grundsätzlich *jeder* Boykott (mit Ausnahme eben des Abwehrboykotts) zugleich eine unbillige Behinderung i. S. des § 26 I GWB darstellt.[90]

5. Verletzung von Preis- und Vertriebsbindungssystemen

Literatur: Baumbach-Hefermehl, § 1 UWG Rdnrn. 591 ff.; *Bungeroth*, in: Festg. f. Hefermehl, 1972, S. 261; *ders.*, WRP 1974, 185; *Emmerich*, in: IM, § 16 Rdnrn. 88 bis 144, § 18 Rdnrn. 279 bis 289; *Franzen-Schwartz*, Die Preisbindung im Buchhandel, 2. Aufl. (1980); *Harms*, Lückenlosigkeit der Preisbindung ohne Reimportverbote, 1973; *Koenigs*, NJW 1961, 1041; *ders.*, JuS 1965, 384; *Koppensteiner*, S. 468 ff.; *Knöpfle*, NJW 1969, 1001; 1972, 1393; *Kraßer*, Der Schutz von Preis- und Vertriebsbindungen gegenüber Außenseitern, 1972, S. 171 ff.; *H. Langen*, Betr 1971, 125; *Lukes-Munk*, Betr 1973, 1107; *Lutz*, in: Hdb., §§ 33 f. (S. 249 ff.); *Markert*, BB 1973, 638; *Müller-Scholz*, Das Preisbindungsprivileg für Markenartikel und Verlagserzeugnisse nach § 16 GWB, 1969, S. 146 ff.; *Nöcker*, Der Mißbrauch der erlaubten Preisbindung für Markenwaren, 1971, S. 121 ff.; *Nordemann*, Tz. 537; *Sieger*, WRP 1973, 569; *Ulmer-Reimer*, Tz. 974 ff.; *P. Ulmer*, BB 1969, 16; Kartellrecht, §§ 14, 15 (S. 99, 112 ff.).

Preis- und Vertriebsbindungssysteme können schwerwiegende Wettbewerbsbeschränkungen zur Folge haben. Gleichwohl haben die Gerich-

---

[87] Dazu eingehend Kartellrecht, S. 194 f. m. Nachw.; *Markert*, in: IM, § 26 Rdnrn. 33–43.

[88] *BGH*, LM § 1 UWG Nr. 326 = WuW/E BGH 1666 = GRUR 1980, 242; LM § 14 UWG Nr. 8 = GRUR 1960, 331 (335); *OLG Düsseldorf*, GRUR 1984, 131 (134); *OLG Frankfurt*, WuW/E OLG 2535 (2536); *Baumbach-Hefermehl*, § 1 UWG Rdnrn. 233 ff.; *Ulmer-Reimer*, Tz. 885 ff.; a. M. nur *Kummer*, S. 129 ff., bes. 145; vgl. auch *Koppensteiner*, S. 445.

[89] *BVerfGE* 62, 230 = NJW 1983, 1181; *BGH*, NJW 1985, 62 = GRUR 1984, 214; LM § 26 GWB Nr. 53 = GRUR 1985, 468.

[90] *KG*, WuW/E OLG 2023 (2025); *OLG Hamburg*, WuW/E OLG 2067 (2071); Kartellrecht, S. 195; str.

te Eingriffe Dritter in derartige Systeme bis auf den heutigen Tag unter bestimmten Voraussetzungen als unlauteren Behinderungswettbewerb qualifiziert.

a) Überblick

aa) Kern der Preisbindung ist die Beseitigung des Preiswettbewerbs auf der Händlerstufe durch die vertragliche Festlegung des Endverkaufspreises seitens des Herstellers. Das kann durch Vertrag des Herstellers mit dem Großhändler (der zur Weitergabe der Preisbindung an die Einzelhändler verpflichtet wird) oder durch direkten Vertragsschluß zwischen dem Hersteller und den Einzelhändlern geschehen. In jedem Fall ist die Folge, daß der Einzelhandel mit dem Preis seines wichtigsten Aktionsparameters im Wettbewerb „beraubt" wird. Eine solche Beschneidung ihrer Wettbewerbsmöglichkeiten ist den Händlern jedoch nur solange zumutbar, wie die Preisbindung allgemein beachtet wird und wie vor allem die Unterbietung der gebundenen Preise durch nichtgebundene Außenseiter verhindert werden kann. Die Durchsetzung der Preisbindung gegen die gebundenen und nichtgebundenen Händler stellt daher das zentrale Problem jeder Preisbindung dar. Seit Abschaffung der Preisbindung für Markenartikel und deren Ersetzung durch bloße Preisempfehlungen (§§ 16, 38 a GWB) im Jahre 1973 hat der ganze Fragenkreis freilich erheblich an praktischer Relevanz eingebüßt. Er ist jedoch bedeutsam geblieben für die weiterhin zulässige Preisbindung für Verlagserzeugnisse (§ 16 GWB; vgl. auch §§ 20 II Nr. 2 und 100 III GWB) sowie für die ebenfalls nach wie vor erlaubte Vertriebsbindung (§ 18 I Nr. 3 GWB).

bb) Durch Vertriebsbindungen werden den Abnehmern bestimmte Absatzwege, z. B. über den Fachhandel, vorgeschrieben.[91] Die praktische Bedeutung solcher Vertriebsbindungen, die schon immer erheblich war, hat seit dem Verbot der Preisbindung für Markenartikel noch zugenommen, da Vertriebsbindungen in Verbindung mit Preisempfehlungen in vielen Fällen als Ersatz für die nicht mehr zulässige Preisbindung verwandt werden können.

Bei Vertriebsbindungen tauchen weithin dieselben Fragen wie bei Preisbindungen auf. Insbes. ist das zentrale Problem hier gleichfalls, wie das Bindungssystem gegen vertragsbrüchige Händler und vor allem gegen Außenseiter verteidigt werden kann. Dies rechtfertigt die gemeinsame Behandlung von Preis- und Vertriebsbindungen im vorliegenden Zusammenhang.

b) Durchsetzung

aa) Wenn ein gebundener Händler gegen eine Preis- oder Vertriebsbindung verstößt, kann der Hersteller aufgrund des Vertrages wie jeder andere Gläubiger Unterlassung und Schadensersatz verlangen. Insoweit

---

[91] S. im einzelnen *Emmerich*, in: IM, § 18 Rdnrn. 126 ff.

gelten keine Besonderheiten. Das übliche Überwachungsmittel der Hersteller sind dabei sog. *Testkäufe* bei den gebundenen Händlern.

Viele Händler haben versucht, sich gegen solche Testkäufe durch Hausverbote für Testkäufer zu wehren, indessen erfolglos. Die Gerichte haben sich hier (wie in allen anderen Fragen auch) auf die Seite der Hersteller geschlagen und Behinderungen der Testkäufer als unlauter qualifiziert.[92] Dies bedeutet nicht weniger als die Zubilligung quasipolizeilicher Befugnisse an Unternehmen, die Preis- oder Vertriebsbindungen praktizieren.[93]

bb) Die Einhaltung der Preis- oder Vertriebsbindung ist den gebundenen Händlern nur zumutbar, wenn das System gedanklich *lückenlos* aufgebaut ist und tatsächlich lückenlos gehandhabt wird.[94] Sobald hingegen das System durchlöchert ist, müssen die gebundenen Händler frei werden, um sich dann ebenfalls dem neu entflammten Wettbewerb stellen zu können. Dafür genügt es, daß auf dem betreffenden Markt die gebundenen Preise in größerem Umfang unterboten werden oder die Vertriebsbindung nicht mehr beachtet wird. Nur gelegentliche und vereinzelte Verstöße, wie sie stets vorkommen, sind hingegen unerheblich. Nehmen aber die Verstöße deutlich zu, so ist fortan der Preis- oder Vertriebsbindungsvertrag gegenüber den gebundenen Händlern nicht mehr durchsetzbar.[95] Die Beweislast für die Lückenlosigkeit des Systems trägt dabei das bindende Unternehmen.

Die *gedankliche* Lückenlosigkeit des Systems setzt im einzelnen voraus, daß der Preis- oder Vertriebsbinder sein System so geordnet hat, daß ausnahmslos jeder Wiederverkäufer zur Einhaltung der Bindung oder zu deren Weitergabe an seine Abnehmer verpflichtet ist. Es muß m. a. W. nach dem Aufbau des Systems „denkgesetzlich" ausgeschlossen sein, daß nichtgebundene Abnehmer unmittelbar oder mittelbar beliefert werden, von einzelnen unvermeidlichen Fehlschlägen und vorübergehenden Lücken abgesehen. Das bindende Unternehmen muß außerdem von vornherein geeignete Maßnahmen zur Überwachung des Systems ergreifen. Es muß folglich sicherstellen, daß es sofort über etwaige Verstöße informiert wird, damit es dagegen unverzüglich einschreiten kann, um das System rechtzeitig zu verteidigen.[96]

---

[92] Grdl. *BGHZ* 43, 359 (364 ff.) = JuS 1965, 456 Nr. 4; *BGH*, LM § 1 UWG Nrn. 156, 167 und 323 = NJW 1965, 1661; 1966, 1558; 1980, 700; WuW/E BGH 1629 = GRUR 1980, 125; NJW 1981, 2752 = GRUR 1981, 827; *OLG Düsseldorf*, WuW/E OLG 559; ebenso besonders weitgehend sogar für bloße sog. Testbeobachter *OLG Nürnberg*, GRUR 1982, 571 = BB 1982, 1505; eine Ausnahme in *OLG Düsseldorf*, GRUR 1984, 828 = WM 1984, 1264.
[93] Kritisch deshalb zu Recht *KG*, WuW/E OLG 1131 f.
[94] Vgl. im einzelnen *Emmerich*, in: IM, § 16 Rdnrn. 49 ff., 102 ff.; *Kraßer*, S. 173, 213 ff.; *Ulmer-Reimer*, Tz. 975 ff.
[95] Grdl. *BGHZ* 36, 370 (375 f.); 40, 135 (139 ff.) = JuS 1964, 122 Nr. 5; *BGH*, LM § 1 UWG Nr. 140; WuW/E BGH 331; 916 (920) usw. bis *OLG Düsseldorf*, NJW-RR 1986, 842 ff.
[96] Z. B. *BGHZ* 40, 135 (139 ff.); 43, 359 (361 ff.) = JuS 1964, 122 Nr. 5; 1965, 456

Die gedankliche Lückenlosigkeit eines Preis- oder Vertriebsbindungssystems ist insbesondere dann nicht mehr gewährleistet, wenn die ernsthafte Möglichkeit von *Reimporten* aus dem preis- oder vertriebsbindungsfreien Ausland besteht. Diese Gefahr hat seit Inkrafttreten des EWG-Vertrages ständig zugenommen, weil Preis- und Vertriebsbindungen in Frankreich, Großbritannien und Dänemark überwiegend verboten sind und weil Reexport- und Reimportverbote zum Schutze des Inlandsmarktes wegen Art. 85 EWGV nicht mehr möglich sind. Soweit Reimporte ernsthaft in Betracht kommen und wirtschaftlich sinnvoll sind, ist folglich heute in Deutschland der Aufbau von Preis- oder Vertriebsbindungssystemen nicht mehr möglich.[97]

Zur gedanklichen Lückenlosigkeit muß außerdem noch die tatsächliche oder *praktische* Lückenlosigkeit hinzukommen, damit das Bindungssystem durchsetzbar bleibt. Voraussetzung hierfür ist, daß die Preisbindung im wesentlichen – von einzelnen, unvermeidlichen, vorübergehenden Fehlschlägen abgesehen – von allen gebundenen Händlern eingehalten wird, so daß ihre Wettbewerbslage nicht nur gedanklich, sondern tatsächlich im wesentlichen gleich ist. Der Preis- oder Vertriebsbinder muß deshalb sein System ständig in geeigneter Weise überwachen und gegen ihm bekannt werdende Verstöße sofort einschreiten; andernfalls bricht das System zusammen.[98] Dasselbe gilt, wenn es in nennenswertem Umfang zu Reimporten aus dem bindungsfreien Ausland kommt.[99]

dd) Es ist mithin eine Existenzfrage für jedes Preis- oder Vertriebsbindungssystem, ob es zu verhindern gelingt, daß sich *Außenseiter* in nicht ganz unerheblichem Umfang gebundene Ware verschaffen können. Die Durchsetzung von Preis- und Vertriebsbindungssystemen gegen Außenseiter stellt deshalb das mit Abstand wichtigste (und schwierigste) Problem des ganzen Fragenkreises dar. Schon in der bisherigen Darstellung ist wiederholt darauf hingewiesen worden, daß die deutschen Gerichte stets eine ausgesprochen preis- und vertriebsbindungsfreundliche Linie verfolgt haben. In besonderem Maße gilt dies für die uns hier interessierende Frage der Durchsetzung solcher Bindungssysteme gegen vertraglich nicht gebundene Außenseiter.

Im Verhältnis zu Außenseitern kann sich das bindende Unternehmen – mangels vertraglicher Beziehungen – nur auf gesetzliche Anspruchsgrundlagen stützen, wobei von vornherein nur die Generalklausel des § 1

Nr. 4; *BGH,* LM § 1 UWG Nr. 140; LM GWB Allg. Nr. 1 = WuW/E BGH 567; 205 (215); *OLG Koblenz,* GRUR 1986, 258 (259); *OLG Düsseldorf* (o. Fußn. 95).

[97] *BGHZ* 40, 135 (139 ff.); *BGH,* WuW/E BGH 916 (922 f.); *OLG Hamburg,* WuW/E OLG 1226 (1227 f.); *OLG München,* WuW/E OLG 1405; *OLG Karlsruhe,* WuW/E OLG 1229 ff.; *OLG Frankfurt,* WuW/E OLG 1365 ff.; 1399 (bes. 1404).

[98] Z. B. *KG,* WuW/E OLG 1228 (1229); *OLG Koblenz,* MA 1966, 686 (690); *BGH,* NJW 1970, 557; OLG Düsseldorf (o. Fußn. 95).

[99] *OLG Frankfurt,* WuW/E OLG 1365; *OLG Hamburg,* WuW/E OLG 1226 (1227 f.); *OLG München,* WuW/E OLG 1405; *OLG Düsseldorf,* WuW/E OLG 2047 ff.; *Kraßer,* S. 258 ff., 305 ff.; a. A. z. B. *Schricker,* GRUR 1976, 528 (bes. 536, 541 ff.).

UWG ernsthaft in Betracht kommt, so daß sich das Problem auf die Frage zuspitzt, ob und gegebenenfalls wann Außenseiter, die sich gebundene Ware, wie auch immer, beschaffen, sittenwidrig handeln. Vorauszuschicken ist hier freilich noch, daß ein solcher Schutz von Preis- und Vertriebsbindungssystemen über § 1 UWG, wenn überhaupt, so auf jeden Fall nur in Betracht kommt, wenn das betreffende Vertragssystem wirksam ist und nicht etwa gegen das GWB (§§ 15, 16, 18, 34, 26 Abs. 2) oder den EWGV (Art. 85) verstößt. Bloß faktisch durchgesetzte Bindungssysteme werden daher über § 1 UWG ebensowenig geschützt wie solche, die mit dem Kartellrecht unvereinbar sind.[100]

Bei wirksamen Bindungssystemen erwägen die Gerichte einen Schutz des Systems gegen Außenseiter auf Grund des § 1 UWG vor allem in den folgenden drei (durchaus die Regel bildenden) Fällen: Eindeutig ist das Unlauterkeitsurteil zunächst in den beiden Fällen des Schleichbezugs (z. B. über Strohmänner) oder der Verleitung gebundener Händler zum Vertragsbruch;[101] klageberechtigt sind dabei nicht nur die Konkurrenten des Außenseiters (§ 13 II Nr. 1 UWG), sondern auch der Preis- und Vertriebsbinder selbst, weil zwischen ihm und dem Außenseiter ein sog. mittelbares Wettbewerbsverhältnis angenommen wird (s. o. § 4, 3 a).

Jedoch haben diese beiden Fälle keinerlei praktische Bedeutung, weil sich das Vorliegen ihrer Voraussetzungen in aller Regel nicht nachweisen läßt. Die Gerichte blieben deshalb hierbei nicht stehen, sondern qualifizierten – weit darüber hinausgehend – bereits jeden sonstigen *Vorsprung* des Außenseiters vor seinen gebundenen Konkurrenten als unlauter. Seitdem galt bei *Preisbindungen* schon der bloße sog. „Gesamttatbestand" aus bloßer Ausnutzung fremden Vertragsbruchs *und* Unterbietung des gebundenen Preises als unlauter, obwohl für sich genommen weder eine Preisunterbietung (s. o. 2 b) noch die bloße Ausnutzung eines fremden Vertragsbruchs (s. u. 6) unlauter ist.[102] Bei *Vertriebsbindungen* wird hingegen sogar der bloße Vorsprung durch die Vervollständigung des Sortiments des Außenseiters im Verhältnis zu den übrigen ebenfalls nicht belieferten Außenseitern für die Anwendung des § 1 UWG als ausreichend angesehen.[103] Schließlich helfen die Gerichte in diesen Fällen dem bindenden Unternehmen noch durch zahlreiche, unrealistische Beweiserleichterungen bei der Durchsetzung seiner Ansprüche gegen den Außenseiter. Im Ergebnis kann man damit feststellen, daß es die Rechtsprechung auf diese Weise fertig gebracht hat, über die Generalklausel des § 1

---

[100] Grdl. *BGH*, NJW 1985, 2895 = GRUR 1985, 1059; *OLG Frankfurt*, NJW 1982, 285 = JuS 1982, 466 Nr. 11; *OLG Düsseldorf*, NJW-RR 1986, 842 ff.

[101] Z. B. *RGZ* 148, 364 (367 ff.); *OLG Koblenz*, GRUR 1986, 258; *OLG Schleswig*, GRUR 1986, 259; *OLG Frankfurt* (o. Fußn. 100); *OLG Köln*, WuW/E OLG 3805.

[102] *RGZ* 133, 330 (335 f.); 136, 65 (73); 151, 239 (243 f.); *BGHZ* 37, 30 (34 ff.); *BGH*, LM § 1 UWG Nr. 140 usw.

[103] *BGHZ* 37, 30 (34 ff.); *BGH*, WuW/E BGH 916 (920); *OLG Düsseldorf* (o. Fußn. 100); *OLG Koblenz*, MA 1966, 689 (691 f.) usw; a. A. aber *OLG Hamm*, Betr 1982, 170.

UWG, durch die (an sich) der Wettbewerb geschützt werden sollte, wettbewerbsbeschränkenden Vertragssystemen dingliche oder besser geset-
zesgleiche Kraft zu verschaffen. Dies zeigt, daß die geschilderte Praxis keine Billigung finden kann. Es
ist schon unverständlich, wie ein ,,Gesamttatbestand" aus zwei erlaubten
Verhaltensweisen auf einmal selbst unlauter sein soll. Letztlich entscheidend ist aber, daß, bezogen auf das Referenzsystem des hinreichend
freien und fairen Wettbewerbs, keine Rede davon sein kann, ein Außenseiter, der sich vertraglich gebundene Waren verschafft und damit den
gebundenen Händlern Konkurrenz macht, handele unlauter. Das Gegenteil ist der Fall; völlig zu Recht hat es daher die ausländische Rechtsprechung bisher überwiegend abgelehnt, Preis- oder Vertriebsbindern Ansprüche gegen Außenseiter, die lediglich fremden Vertragsbruch ausnut-
zen, zu gewähren.[104] Denn mit diesem Verhalten macht der Außenseiter
nur von den ihm im Wettbewerb zweifelsfrei zustehenden Befugnissen
Gebrauch. Namentlich die Annahme, daß ein Kaufmann unlauter handele, wenn er sich gegenüber einer ihn benachteiligenden Vertriebsbindung
auf dem Markt um die Vervollständigung seines Sortiments bemüht, ist
nicht mehr nachzuvollziehen. Von einem Behinderungswettbewerb kann
in allen diesen Fällen keine Rede sein.[105]

6. Ausspannen

Literatur: Barrot, Die Abwerbung von Arbeitskräften, 1973; *Baumbach-Hefermehl,*
§ 1 UWG Rdnrn. 512ff., 568ff.; *Frh. v. Maltzahn,* GRUR 1981, 788; *v. Godin,* § 1
UWG Rdnr. 153ff.; *Koppensteiner,* S. 463ff.; *Lufft,* NJW 1961, 2000; *Nordemann,*
Tz. 248ff.; *Reimer-v. Gamm,* S. 264ff.; *Schramm,* GRUR 1961, 328; *Semler,* GRUR
1983, 625; *Ulmer-Reimer,* Tz. 358ff. (S. 247ff.); *Fälle,* S. 38ff., 85ff.

a) Grundsatz

Die Welt ist bis auf wenige Reste verteilt. Wer seinen Absatz vergrö-
ßern will, kann dies nur noch auf rasch wachsenden Märkten tun, ohne
gleichzeitig seinen Konkurrenten Kunden ausspannen zu müssen. Nicht
anders ergeht es zahlreichen Unternehmen, die ihre Kapazitäten erweitern wollen. Häufig genug ist ihnen dies nur möglich, indem sie die

---

[104] *ÖstOGH,* GRURAusl 1958, 243ff. m. zahlr. Nachw.; *SchweizBGE* 52 II, 270;
57 II, 339. Vgl. aber auch *Koppensteiner,* S. 468ff. m. w. Nachw. aus der Rspr. des
OGH.
[105] Ebenso z. B. *OLG Frankfurt,* WuW/E OLG 491; 590 = JuS 1963, 452 Nr. 6;
zurückhaltend auch *OLG Düsseldorf* (o. Fußn. 100); *ÖstOGH* und *SchweizBG* (o.
Fußn. 104); *Fikentscher,* Preisunterbietung, S. 55ff.; *Merkel,* NJW 1961, 1751; *Müller-
Scholz,* Preisbindungsprivileg, S. 175f.; *Nordemann,* Tz. 541; *Plaßmann,* JZ 1962, 463;
1963, 273; *Steindorff,* in: Summum ius, summa iniuria, 1963, S. 72ff.; – a. A. aber
immer noch z. B. *Baumbach-Hefermehl,* § 1 UWG Rdnr. 638; *Koenigs,* NJW 1961,
1045f.; *ders.,* JuS 1965, 384 (387f.); *Kraßer,* Der Schutz von Preis- und Vertriebsbindungen, S. 273, 289, 299ff.; *Ulmer-Reimer,* Tz. 1000.

Arbeitnehmer anderer Unternehmen abwerben.[106] All dies ist, so hart es
für den Betroffenen im Einzelfall auch sein mag, nur der Lauf der Welt
und entspricht zudem genau den Funktionsbedingungen und Gesetzmäßigkeiten eines Systems freien und fairen Wettbewerbs. Für den Regelfall
kann daher an der Zulässigkeit des sog. Ausspannens von Kunden oder
Arbeitnehmern kein Zweifel bestehen. Auf der anderen Seite gibt es aber
ebenso sicher Fälle, in denen die Abwerbung von Kunden oder Arbeitnehmern unlauteren Behinderungswettbewerb darstellt. Fraglich kann
deshalb nur sein, wo hier die Grenze verläuft. Anzuknüpfen ist dabei in
erster Linie an die vertraglichen Bindungen der abgeworbenen Personen
an ihren bisherigen Geschäftspartner oder Arbeitgeber. Dies gestattet es,
unsere Frage dahin zu präzisieren, ob andere Unternehmen diese vertraglichen Bindungen unter bestimmten Voraussetzungen respektieren müssen oder nicht (s. dazu schon o. 5 b, cc).

Im einzelnen muß man hier freilich sorgfältig unterscheiden. Unbedenklich ist zunächst in aller Regel die Abwerbung von Personen, die ihre vertraglichen Beziehungen
zu ihrem früheren Geschäftspartner oder Arbeitgeber ordnungsgemäß gelöst, z. B.
gekündigt haben. Nichts anderes gilt im Regelfall für die bloße Ausnutzung eines
fremden Vertragsbruchs. Lediglich die Verleitung anderer Personen zum Vertragsbruch ist grundsätzlich als sittenwidrig zu qualifizieren.

Hinter dieser Differenzierung steht vor allem die Überlegung, daß Ver-
tragsbeziehungen Rechtswirkungen nur zwischen den Vertragsparteien
entfalten. Dritte werden dadurch nicht betroffen und brauchen deshalb
auf solche Verträge keine Rücksicht zu nehmen. Selbst wenn eine Partei
unter Bruch eines schon bestehenden Vertrages mit einer dritten Partei
einen neuen Vertrag abschließt, ändert dies nichts an der Wirksamkeit
dieses zweiten Vertrages. Ebensowenig stellt i. d. R. das Verhalten des
Dritten (mit dem der Vertragsbrüchige einen neuen Vertrag abgeschlossen hat) unlauteren Wettbewerb gegenüber dem ersten Vertragspartner
des Vertragsbrüchigen dar, selbst wenn der Dritte dabei von dem Vertragsbruch Kenntnis hatte (sog. *Ausnutzung fremden Vertragsbruchs*).
Denn dieser Vertrag geht ihn nichts an.[107] Das gilt aber nur solange, wie
sich der Dritte auf die bloße Ausnutzung des fremden Vertragsbruches
beschränkt. Die Beurteilung ändert sich hingegen, sobald er selbst eine
aktive Rolle übernimmt und den Vertragsbrüchigen zu seinem Verhalten
anstiftet (sog. *Verleitung zum Vertragsbruch*). Dafür genügt bereits jedes
bewußte Hinwirken auf den fremden Vertragsbruch, mag auch der andere Teil schon weitgehend zum Vertragsbruch entschlossen gewesen sein.
Eine solche Verleitung wird heute in jedem Fall als unlauterer Behinde-

---

[106] Daran ändert die (angeblich) so verbreitete Arbeitslosigkeit nichts; Fachkräfte
sind und bleiben auf vielen Gebieten rar.
[107] Z. B. *BGH*, LM § 1 UWG Nrn. 75, 172, 206 und 288 = NJW 1960, 1853; 1967,
46; 1969, 1293; GRUR 1976, 372; *Baumbach-Hefermehl*, § 1 UWG Rdnrn. 577ff.;
Ulmer-Reimer, Tz. 366ff.

rungswettbewerb angesehen, ohne daß es noch auf das Vorliegen besonderer Umstände wie Planmäßigkeit des Vorgehens, Schädigungszweck oder Erlangung eines Vorsprungs ankäme.[108] Doch muß es sich dabei stets um die Verletzung *wesentlicher* Vertragspflichten handeln. Die bloße Verleitung zur Verletzung untergeordneter Nebenpflichten reicht nicht aus, um das Verhalten als sittenwidrig erscheinen zu lassen.[109] Bei der besonders umstrittenen Abwerbung von Kunden und Arbeitnehmern muß folglich gleichfalls vor allem zwischen der bloßen Ausnutzung fremden Vertragsbruchs und der Verleitung dazu unterschieden werden (zur Verletzung fremder Preis- und Vertriebsbindungen s. schon o. 5 b).

b) Abwerbung von Arbeitnehmern

Der berufliche Aufstieg vollzieht sich heute in erster Linie durch einen Wechsel der Arbeitsstelle, so daß die Zulässigkeit der Abwerbung von Arbeitnehmern, etwa durch das Angebot höherer Bezüge, für das berufliche Fortkommen der Arbeitnehmer unverzichtbar ist. In einer Wettbewerbsordnung kann daher kein Unternehmen einen Anspruch auf Erhaltung seines Mitarbeiterstammes haben. In einem System freien Wettbewerbs ist die Abwerbung von Arbeitnehmern vielmehr geradezu erwünscht, weil es sich dabei um nichts anderes als um den normalen Wettbewerb der Unternehmen um die Produktionsfaktoren handelt. Eine Anwendung der Generalklausel kann deshalb hier von vornherein immer nur in Ausnahmefällen in Erwägung gezogen werden.[110]

aa) Die geringsten Bedenken bestehen naturgemäß gegen die Abwerbung von Arbeitnehmern, wenn sich die Abgeworbenen *keines Vertragsbruchs* schuldig machen, sondern ordnungsmäßig kündigen und erst nach Ablauf der Kündigungsfrist bei ihrem bisherigen Arbeitgeber ausscheiden. Es ist selbstverständlich, daß der neue Arbeitgeber den Arbeitnehmern dann z. B. höhere Löhne oder sonstige Verbesserungen anbieten darf, um sie zum Überwechseln zu veranlassen.

Nur bei Vorliegen ganz besonderer Umstände kann daher hier ein unlauterer Behinderungswettbewerb angenommen werden. Zu denken ist dabei zunächst an die Fälle, in denen die Abwerbung mit einer Herabsetzung des Konkurrenten (vgl. § 14 UWG) oder mit einer Täuschung

---

[108] Grdl. *RGZ* 149, 364 (369 f.); zust. *BGH,* LM § 1 UWG Nrn. 33, 95, 104, 281 und 288 = NJW 1956, 909 f.; 1960, 1853; 1961, 1308; 1975, 1361; GRUR 1976, 372; *BGH,* WM 1981, 624 (625); *Baumbach-Hefermehl,* § 1 UWG Rdnrn. 570 ff.; *Ulmer-Reimer,* Tz. 360 ff.

[109] *BGH,* LM § 1 UWG Nr. 95 = NJW 1960, 1853 für die Übernahme und Weitervermittlung neuer Kraftfahrzeuge durch andere Kraftfahrzeughändler entgegen der vertraglichen Nebenpflicht des Käufers, das Fahrzeug nicht sofort nach Lieferung an einen Konkurrenten des Verkäufers weiterzuveräußern.

[110] S. im einzelnen *BAGE* 13, 281 (284) = JuS 1963, 121 Nr. 3; *Barroth,* Abwerbung; *Baumbach-Hefermehl,* § 1 UWG Rdnrn. 513 ff.; *Lufft,* NJW 1961, 2000; *Ulmer-Reimer,* Tz. 371 ff.

der abgeworbenen Arbeitnehmer verbunden ist. Unlauter ist die Abwerbung außerdem, wenn mit ihr der Zweck verfolgt wird, entgegen den §§ 1 und 17 ff. UWG mittels der abgeworbenen Arbeitnehmer Betriebs- oder Geschäftsgeheimnisse des Konkurrenten auszuspionieren (s. u. § 8). Die Abwerbung kann weiter dann z. B. unlauter sein, wenn sie gegen vertragliche Bindungen zwischen den beiden Arbeitgebern, etwa aufgrund eines Gesellschaftsvertrages, verstößt. Vor allem aber kommt die Anwendung des § 1 UWG in Betracht, wenn, insbes. durch die gleichzeitige Abwerbung einer größeren Zahl von Arbeitnehmern, systematisch versucht wird, einen bestimmten Konkurrenten zu schädigen und auf diese Weise aus dem Markt zu drängen; unter diesen Voraussetzungen kann in Ausnahmefällen sogar schon die Abwerbung eines einzigen, besonders qualifizierten Arbeitnehmers für die Anwendung der Generalklausel ausreichen.[111]

Als Umstände, die in besonderem Maße auf das Vorliegen einer Schädigungsabsicht hindeuten, sind dabei z. B. angesehen worden das planmäßige Abwerben zahlreicher Arbeitnehmer, die sofort in ihrem bisherigen Wirkungskreis gegen ihren früheren Arbeitgeber eingesetzt wurden,[112] sowie die Beschäftigung hochqualifizierter Kräfte, die gleichzeitig bei einem Konkurrenten angestellt sind, so daß sich der Verdacht einer schweren Vertragsverletzung unmittelbar aufdrängen mußte.[113]

bb) Ebenso ist die Rechtslage i. d. R. zu beurteilen, wenn sich der Arbeitnehmer bei dem Arbeitsplatzwechsel eines *Vertragsbruchs* schuldig macht. Denn die bloße Ausnutzung eines fremden Vertragsbruchs kann hier ebenfalls grundsätzlich nicht als unlauter angesehen werden; vielmehr müssen stets besondere Umstände der schon genannten Art hinzukommen, um ausnahmsweise den Vorwurf der Sittenwidrigkeit zu rechtfertigen. Anders steht es nur, wenn der neue Arbeitgeber den Arbeitnehmer geradezu zum Vertragsbruch *verleitet* hat, z. B. durch die Zahlung von Prämien oder durch die Übernahme etwaiger Schadensersatzpflichten. Eine solche Verleitung zum Vertragsbruch ist immer unlauter.[114]

cc) Liegen (ausnahmsweise) die Voraussetzungen des § 1 UWG vor, so kann der frühere Arbeitgeber von dem neuen Arbeitgeber an sich nach § 1 UWG Unterlassung und Schadensersatz fordern (s. u. § 17, 2 und 5). Jedoch wird ein auf Entlassung des abgeworbenen Arbeitnehmers gerichteter Ersatzanspruch allgemein abgelehnt; vielmehr kann der frühere Ar-

---

[111] Grdl. *RGZ* 149, 114 (117 f.) (wo zu Unrecht vor allem auf die Planmäßigkeit des Vorgehens abgestellt wird); *RG*, JW 1934, 2137 = GRUR 1934, 608; GRUR 1936, 504 u. 994; 1938, 139; 1939, 728; *BGH*, LM § 1 UWG Nrn. 104, 162, 228, 288 und 328 = NJW 1961, 1308; GRUR 1966, 263; 1971, 358; 1976, 372; 1980, 259; *OLG Karlsruhe*, GRUR 1963, 80 (81); *OLG Düsseldorf*, GRUR 1961, 92 (93 f.); *OLG Celle*, WRP 1961, 268 (269 f.); *Fälle*, S. 85 ff.
[112] *RGZ* 149, 114 (119 f.).
[113] *BGH*, LM § 1 UWG Nr. 328 = GRUR 1980, 259; *RG*, JW 1926, 536 Nr. 7.
[114] *BGH*, LM § 1 UWG Nrn. 104 und 288 = NJW 1961, 1308; GRUR 1976, 372.

beitgeber von dem neuen Arbeitgeber i. d. R. nur verlangen, den unlauter abgeworbenen Arbeitnehmer vorübergehend nicht oder jedenfalls nicht in seinem alten Tätigkeitskreis gegen ihn einzusetzen.[115]

c) *Abwerbung von Kunden*

aa) Dieselben Grundsätze wie für die Abwerbung von Arbeitnehmern gelten (erst recht) für die Abwerbung von Kunden. Es bedarf keiner besonderen Hervorhebung, daß die Abwerbung von Kunden in einem System freien Wettbewerbs nicht nur grundsätzlich erlaubt, sondern sogar erwünscht ist.[116] Dies gilt selbst dann, wenn die abgeworbenen Kunden noch vertraglich an ein anderes Unternehmen gebunden sind. Deshalb dürfen z. B. Versicherungsunternehmen ihren neu geworbenen Kunden durchaus Hilfestellung bei der Kündigung ihrer früheren Verträge gewähren.[117] Eindeutig unlauter ist wiederum allein die – in aller Regel nicht nachzuweisende – Verleitung des Kunden zum Vertragsbruch.

bb) Die Abwerbung kann darüberhinaus ausnahmsweise dann sittenwidrig sein, wenn bei ihr unlautere Mittel wie die Täuschung der Kunden oder die Herabsetzung des Konkurrenten angewandt werden.[118] Unlauterer Behinderungswettbewerb wird schließlich i. d. R. angenommen, wenn der abgeworbene Kunde, z. B. ein Einzelhändler, durch eine Ausschließlichkeitsbindung an einen anderen Lieferanten gebunden ist und der abwerbende Gewerbetreibende diese Bindung kennt, etwa weil solche Ausschließlichkeitsbindungen in der betreffenden Branche allgemein üblich sind.

Doch kommt gerade hier alles auf die Umstände des Einzelfalles an. In der Bierbranche mag z. B. die Respektierung der verbreiteten Ausschließlichkeitsbindungen zwischen Gastwirten und Brauereien üblich sein; gleichwohl kann die Belieferung eines an eine andere Brauerei gebundenen Gastwirts grundsätzlich nicht als unlauter angesehen werden, solange nicht besondere Umstände hinzukommen.[119] Überhaupt sollte die Praxis hier mehr als bisher berücksichtigen, daß von solchen Systemen von Ausschließlichkeitsbindungen häufig besonders nachteilige, wettbewerbsbeschränkende Wirkungen ausgehen, so daß der Einbruch von Konkurrenten in diese Vertragssysteme im Interesse der Funktionsfähigkeit des Wettbewerbs grundsätzlich nur erwünscht ist.

---

[115] *BGH*, LM § 1 UWG Nrn. 104, 208 und 228 = NJW 1961, 1308; 1970, 471; GRUR 1971, 358; *Baumbach-Hefermehl*, § 1 UWG Rdnr. 326; *Ulmer-Reimer*, Tz. 387f.; *Fälle*, S. 38ff., 85ff.

[116] So z. B. *RGZ* 144, 42 (49); *BGH*, LM § 1 UWG Nrn. 7, 75, 117, 132, 166 und 170 = GRUR 1952, 582; NJW 1960, 1853; JuS 1963, 121 Nr. 4; 1964, 162 Nr. 4; GRUR 1967, 104; *Baumbach-Hefermehl* § 1 UWG Rdnrn. 527ff.; *Ulmer-Reimer*, Tz. 382ff.

[117] *RG*, MuW 1934, 60; *BGH*, LM § 1 UWG Nr. 166 (Bl. 4); GRUR 1981, 323 (327); NJW 1981, 2811 = LM § 13 GVG Nr. 153; ebenso selbst für die Lebensversicherung *OLG Köln*, WM 1985, 333 u. 334ff.

[118] Z. B. *OLG Köln* (o. Fußn. 117).

[119] Vgl. im einzelnen *BGH*, LM § 1 UWG Nrn. 170 (Bl. 4), 172 (Bl. 4), 261, 281 und 288 (Bl. 4) = GRUR 1967, 104; NJW 1967, 46; GRUR 1974, 97; NJW 1975, 1361; GRUR 1976, 372.

Folglich sollte ebenso wie sonst lediglich die Verleitung eines Kunden zum Vertragsbruch mit § 1 UWG bekämpft werden, nicht hingegen die bloße Ausnutzung fremden Vertragsbruchs.[120]

cc) Die geschilderten Regeln gelten auch für *Arbeitnehmer,* die sich selbständig machen wollen. Ihnen ist es daher ebenfalls unbenommen, ihrem früheren Arbeitgeber Kunden abzuwerben, ebenso wie es ihnen gestattet ist, andere Arbeitnehmer ihres früheren Arbeitgebers zu sich herüberzuziehen.[121]

Eine Anwendung des § 1 UWG kommt mithin hier gleichfalls lediglich in Ausnahmefällen in Betracht, etwa wenn der ausscheidende Arbeitnehmer schlagartig den gesamten Kundenstamm seines früheren Arbeitgebers mitnimmt, indem er diesen einfach ebenso wie bisher weiter beliefert, möglicherweise ohne sogar die Kunden über den Wechsel der Verhältnisse zu informieren. Ebenso wird es i. d. R. zu beurteilen sein, wenn er sich die Kenntnisse der Kundenbeziehungen auf treuwidrige Weise verschafft hat, z. B. durch Mitnahme der Kundenlisten oder auf ähnliche Weise.[122]

7. Bezugnehmende Werbung

Literatur: Baumbach-Hefermehl, § 1 UWG Rdnrn. 277 ff.; *Burhenne,* NJW 1951, 259; *Droste,* Betr 1963, 719; *ders.,* WRP 1964, 65; 1965, 35; *Eichmann,* Die vergleichende Werbung in Theorie und Praxis, 1967; *Freiberger,* Der Wahrhaftigkeitsgrundsatz und die Pflicht zur Wahrhaftigkeit im Wettbewerbsrecht, 1938; *v. Godin,* § 1 UWG Rdnrn. 114 ff.; *Hefermehl,* in: Festschr. f. Kastner, Wien 1972, S. 183; *Hubmann,* S. 285; *Kohler,* MuW Bd. XVI (1917), 127; *Koppensteiner,* S. 450 ff., 509 ff.; *Kraft,* Interessenabwägung und gute Sitten im Wettbewerbsrecht, 1963; *Nordemann,* Tz. 328 ff.; *Ott,* in: Festschr. f. L. Raiser, 1974, S. 403; *Reimer-v. Gamm,* S. 185 ff.; *D. Reimer,* Persönliche und vergleichende Werbung in der deutschen und französischen Rechtsprechung, 1955; *Sack,* Vergleichende Werbung, in: RWW, 1983, 3.2 Rdnrn. 500 ff.; *Schricker,* AcP 172 (1972), 203; *ders.,* GRUR 1974, 579; *ders.,* RabelsZ 40 (1976), 535; *Schwammberger,* NJW 1961, 1185; *Tetzner,* NJW 1961, 1087; *Tilmann,* GRURInt 1983, 598; *E. Ulmer,* Das Recht des unlauteren Wettbewerbs in den Mitgliedstaaten der EWG Bd. I, Tz. 185 ff.; *Ulmer-Reimer,* Tz. 424 ff.; *Völp,* WRP 1960, 197; 1961, 135; 1969, 169; *Wenzel,* NJW 1962, 81 usw.

Unter dem Stichwort bezugnehmende Werbung wird in der Literatur die Zulässigkeit sehr unterschiedlicher Formen der Werbung diskutiert. Hervorzuheben sind die persönliche, die anlehnende und die kritisierende vergleichende Werbung.[123] Davon sollen hier die persönliche und die kritisierende vergleichende Werbung näher betrachtet werden, während

---

[120] Ebenso grundsätzlich *BGH,* LM § 1 UWG Nr. 206 = NJW 1969, 1293.

[121] Vgl. *BGHZ* 88, 260 = WM 1983, 1284 (1285).

[122] Grdl. *BGH,* LM § 1 UWG Nrn. 132, 162 und 208 = JuS 1964, 162 Nr. 4; GRUR 1966, 263; NJW 1970, 471; *BAGE* 14, 72 = JuS 1963, 411 Nr. 2; *OLG Hamm,* JuS 1973, 783 Nr. 8; *OLG Nürnberg,* GRUR 1955, 588 (589); *OLG Celle,* WRP 1961, 268 (269 f.); Fälle, S. 38 ff., 85 ff. m. w. Nachw.

[123] S. insb. *Eichmann,* S. 1 ff.

die anlehnende Werbung eher in den Problemkreis der Ausbeutung fremder Leistungen gehört und deshalb in jenem Zusammenhang erörtert werden mag (u. § 9, 5 b).

a) Persönliche Werbung

Von persönlicher Werbung spricht man, wenn sich ein Gewerbetreibender in seiner Werbung nicht mit den Leistungen, sondern mit der Person seines Konkurrenten in kritisierender Weise auseinandersetzt, indem er insbes. auf persönliche Eigenschaften seines Konkurrenten hinweist, die geeignet sind, diesen in den Augen der Öffentlichkeit zu diskreditieren.[124] Beispiele sind der Hinweis darauf, daß der Konkurrent Ausländer oder vorbestraft sei, daß er einer anderen Rasse angehöre oder daß sein Konkurs bevorstehe.

Eine derartige persönliche Werbung, bei der die Herabsetzung der Person des Konkurrenten zum Vorspann für die eigenen, geschäftlichen Zwecke mißbraucht wird, ist grundsätzlich sittenwidrig. Das gilt nicht nur in den Fällen der Anschwärzung und Verleumdung (§§ 14, 15 UWG und dazu u. § 7), sondern generell, und zwar selbst dann, wenn die über den Konkurrenten verbreiteten Behauptungen an sich zutreffen.[125] Eine abweichende Beurteilung kommt nur in Ausnahmefällen unter dem Gesichtspunkt der Abwehr in Betracht.[126]

b) Vergleichende Werbung

Während bei der persönlichen Werbung die Person des Konkurrenten Gegenstand der Kritik ist, setzt sich die vergleichende Werbung kritisch mit den Leistungen des Konkurrenten auseinander, um dadurch die Vorzüge des eigenen Angebots um so besser herausstreichen zu können. Soweit ein derartiger Vergleich unrichtig ist, verstößt er schon gegen die Verbote der §§ 3, 14 und 15 UWG, so daß die Beurteilung unproblematisch ist. Schwierigkeiten ergeben sich somit erst, wenn der Vergleich an sich sachlich zutreffend ist. Denn dann stellt sich die Frage, ob auf ihn gleichwohl unter bestimmten Voraussetzungen § 1 UWG angewandt werden kann, weil durch den Vergleich der kritisierte Gewerbetreibende in unlauterer Weise im Wettbewerb behindert wird.

aa) Durch einen kritischen Vergleich in der Werbung kann nur ein solcher Gewerbetreibender behindert werden, auf den in der fraglichen Werbung erkennbar Bezug genommen worden ist. Die konkrete *Bezugnahme* auf einen bestimmten Konkurrenten ist deshalb unverzichtbare Voraussetzung einer kritisierenden, vergleichenden Werbung. Ohne sie liegt lediglich ein sog. allgemeiner Vergleich vor, der unbeschränkt zulässig ist, wenn und sofern er wahr ist (§ 3 UWG).[127] So verhält es sich z. B.,

---

[124] S. *Baumbach-Hefermehl*, § 1 UWG Rdnrn. 370 ff.; *Nordemann*, Tz. 328 ff.; *Ulmer-Reimer*, Tz. 428 ff.

[125] Z. B. *BGH*, LM § 14 UWG Nr. 3; § 3 UWG Nr. 75 (Bl. 3 R).

[126] *Nordemann*, Tz. 331.

[127] Z. B. *BGHZ* 3, 339 (341); 42, 134 (146 f.); 45, 115 (118 f.); 49, 325 (327) = JuS 1965, 76 Nr. 3; 1966, 370 Nr. 5; 1968, 337 Nr. 6 (dazu Fälle, S. 34 ff.); *BGH*, LM § 1

wenn ein Gewerbetreibender seine Preise nur mit seinen eigenen, früheren Preisen[128] oder mit den vom Hersteller empfohlenen Preisen vergleicht[129] (s. jetzt aber § 6 e UWG) oder wenn er lediglich allgemein bestimmte Produktions- oder Vertriebssysteme oder Warenarten einander gegenüberstellt, selbst wenn er dabei zugleich, freilich in allgemeiner Form, auf eine verhältnismäßig kleine Gruppe von Konkurrenten Bezug nimmt.

Hieraus folgt vor allem die unbeschränkte Zulässigkeit des (wahren) *System-* oder *Warenartenvergleichs.* Beispiele sind der Vergleich des Konsumsystems mit dem Einzelhandelssystem, des Direktvertriebs vom Großhandel an den Verbraucher mit dem Vertrieb über den Einzelhandel, des Versandhandels und des Einzelhandels sowie der Vergleich verschiedener Produktionsmethoden oder Warenarten wie z. B. Rum und Rumverschnitt, Dachsteine und Ziegel oder von Markenartikeln mit namenlosen (sog. weißen) Produkten. Auch der Systemvergleich ist aber nur erlaubt, wenn er wahr ist und insgesamt ein zutreffendes Bild von den verglichenen Systemen oder Warenarten vermittelt. Der Vergleich verstößt hingegen gegen § 3 UWG, wenn durch einseitige Betonung der Vorzüge des eigenen Angebots und der Nachteile des fremden Angebots ein entstelltes Gesamtbild entsteht.[130]

bb) Bei der rechtlichen Beurteilung der (bezugnehmenden) vergleichenden Werbung ist davon auszugehen, daß sich das UWG seinem Wortlaut nach eindeutig nur gegen *unwahre* Behauptungen in der Werbung wendet (s. §§ 3, 14, 15). Hieraus war ursprünglich allgemein der in der Tat naheliegende Schluß gezogen worden, daß die sachlich zutreffende (wahre), kritisierende, vergleichende Werbung eben unbeschränkt zulässig ist. Das war der Rechtszustand bis Anfang der zwanziger Jahre.

Der Umschwung wurde ausgelöst durch einen Aufsatz *Kohlers* aus dem Jahre 1917, in dem er im Kern erstmals die Auffassung vertreten hatte, nach guter kaufmännischer Sitte habe jeder Gewerbetreibende ein Recht darauf, im Wettbewerb von negativen Wertungen seiner Konkurrenten verschont zu bleiben.[131] Diese Argumentation überzeugte das RG so sehr, daß es in den zwanziger Jahren Schritt für Schritt die Zulässigkeit der vergleichenden Werbung einschränkte, bis es schließlich 1931 zu einem grundsätzlichen „Verbot" der vergleichenden Werbung gelangte,

---

UWG Nrn. 3, 7, 169, 181, 211 = GRUR 1952, 416; 1952, 582; 1967, 30; 1967, 596; 1970, 422; eingehend *Eichmann,* S. 129 ff.; *Baumbach-Hefermehl,* § 1 UWG Rdnrn. 287 ff.; *Ulmer-Reimer,* Tz. 437 ff.; *BGH,* ZIP 1986, 1609.

[128] *BGH,* LM § 1 UWG Nr. 99 = GRUR 1961, 189; *Eichmann,* S. 151 ff.

[129] Grdl. *BGHZ* 42, 134 (146 ff.); 45, 115; 49, 325 = JuS 1965, 76 Nr. 3; 1966, 370 Nr. 5; 1968, 337 Nr. 6; *BGH,* LM § 3 UWG Nrn. 77 und 81 = NJW 1966, 982; 1966, 1559; eingehend *Sack,* aaO; *Fälle,* S. 34 ff.

[130] *BGHZ* 49, 325 (329); 50, 1 (5 f.); *BGH,* LM § 1 UWG Nrn. 3, 60, 98, 169, 181, 211 und 240 = GRUR 1972, 553; LM § 3 UWG Nr. 119 (Bl. 3) = NJW 1973, 93; ZIP 1986, 876 = WM 1986, 919 = NJW-RR 1986, 847 = GRUR 1986, 548; *OLG Nürnberg,* Urt. v. 30. 11. 1982 – 3 U 1479/82; *KG,* GRUR 1985, 228; *Baumbach-Hefermehl,* § 1 UWG Rdnrn. 291 ff.; *Eichmann,* S. 133 ff.; *Ulmer-Reimer,* Tz. 440 ff.

[131] MuW Bd. XVI, 127.

von dem es nur noch wenige, fest umrissene Ausnahmen geben sollte.[132] Maßgebend war dabei für das *RG* vor allem die Überlegung gewesen, die vergleichende Werbung sei wegen ihrer notwendigen Einseitigkeit dazu geeignet, den Verkehr zu verwirren. Hinzu kam der Gedanke, kein Gewerbetreibender brauche es sich gefallen zu lassen, in der fremden Werbung als Mittel zur Erhöhung der Leistungsfähigkeit des Werbenden verwendet zu werden (sog. Hellegoldmotiv). Schließlich äußerte das Reichsgericht noch Bedenken gegen die Objektivität der vergleichenden Werbung, da niemand Richter in eigener Sache sein könne.

Aus denselben Gründen hielt der *BGH* ebenfalls zunächst an dem grundsätzlichen „Verbot" der vergleichenden Werbung aufgrund des § 1 UWG fest.[133] Hingegen stieß diese Praxis im Schrifttum[134] seit 1960 auf zunehmende *Kritik*, in der vor allem (zutreffend) darauf hingewiesen wurde, daß schon das UWG selbst in den §§ 3, 14 und 15 nur unwahre Angaben, nicht hingegen wahre Angaben über die eigene Leistung oder über die Leistungen der Konkurrenten verbiete. Hieraus folgt in der Tat, daß nach dem Willen des Gesetzgebers wahre Angaben in der Werbung offenkundig grundsätzlich erlaubt sein sollen. Diese Wertung des Gesetzgebers entspricht zudem in besonderem Maße der vom Grundgesetz in Art. 5 I getroffenen Entscheidung zu Gunsten der freien Meinungsäußerung.

Es kommt hinzu, daß durch die möglichst weitgehende Zulassung der vergleichenden Werbung im Grunde nur die im Interesse aller Verbraucher liegende Markttransparenz gefördert werden kann. Die umfassende Information der Verbraucher über die Vorzüge und Nachteile sämtlicher angebotenen Waren wird daher von dem Referenzsystem des freien und fairen Wettbewerbs geradezu gefordert; denn sie ermöglicht rationale Entscheidungen der Verbraucher zwischen konkurrierenden Angeboten und liegt so gesehen zugleich im Interesse der Allgemeinheit. Die unvermeidliche Einseitigkeit jeder vergleichenden Werbung wird hierbei schon dadurch aufgehoben, daß den Konkurrenten dasselbe Werbemittel zur Verfügung steht.

Unter dem Eindruck dieser Argumente hat der *BGH* ungefähr seit Mitte der sechziger Jahre das sog. Verbot der vergleichenden Werbung zwar nicht grundsätzlich über Bord geworfen, jedoch allmählich so weitgehend gelockert, daß heute der Streit über die Zulässigkeit oder Unzulässigkeit der vergleichenden Werbung im wesentlichen gegenstandslos

---

[132] Grdl. *RG*, MuW 1931, 627 = GRUR 1931, 1299 „Hellegold"; ebenso *RG*, GRUR 1942, 366; vgl. auch Fälle, S. 36f. m. Nachw.

[133] Z. B. *BGHZ* 3, 270 (280); 14, 163 (171); *BGH*, LM § 1 UWG Nrn. 19, 62 und 240 = GRUR 1954, 337; NJW 1958, 1486; GRUR 1972, 553; LM § 1 UWG Nrn. 3, 7 und 81 = GRUR 1952, 416; 1952, 582; 1959, 488; *BGH*, GRUR 1960, 384 (387); Betr 1981, 2022.

[134] *Burhenne*, NJW 1951, 259; *Koppensteiner*, S. 509f.; *Rinck*, BB 1962, 105; *Schwammberger*, NJW 1961, 1185; *Tetzner*, NJW 1961, 1087; insbes. *Völp*, WRP 1960, 197; 1961, 135; 1969, 169; *Wenzel*, NJW 1962, 81; zust. insbes. *OLG Bremen*, NJW 1962, 304 = JuS 1962, 156f. Nr. 4; *BKartA*, WuW/E BKartA 620; wesentlich zurückhaltender hingegen das *BMJ*, BT-Dr. IV/1076.

geworden ist. Abgestellt wird jetzt i. d. R. darauf, ob ein *hinreichender Anlaß* zum Vergleich der eigenen Ware oder Leistung mit derjenigen eines Konkurrenten besteht, so daß der Gewerbetreibende bei dem Vergleich in Wahrnehmung berechtigter Interessen handelt, *und* ob die Angaben sich nach Art und Maß in den Grenzen des *Erforderlichen* und der wahrheitsgemäßen, sachlichen Erörterung halten; dabei sind die Interessen der Allgemeinheit und insbesondere der Verbraucher an einer sachgemäßen Aufklärung über die Vorzüge und Nachteile der konkurrierenden Angebote zu berücksichtigen. Es entscheidet m. a. W. letztlich eine Interessenabwägung im Einzelfall, bei der die Vermutung für die Freiheit der Rede spricht (Art. 5 I GG).[135]

cc) Ein hinreichender Anlaß zu einem Warenvergleich besteht zunächst in aller Regel in denjenigen Fällen, in denen bereits die frühere Praxis Ausnahmen von dem (angeblichen) „Verbot" der vergleichenden Werbung anerkannt hatte.[136] Die wichtigsten dieser Fälle sind der Fortschrittsvergleich, der Abwehrvergleich und der Auskunftsvergleich.

Von einem *Fortschrittsvergleich* spricht man, wenn ein Gewerbetreibender auf die Produkte seiner Konkurrenten Bezug nimmt, weil er nur auf diese Weise einen bestimmten, technischen oder wirtschaftlichen Fortschritt durch eine Verbesserung seiner Produkte darstellen kann. Zulässig ist daher z. B. die Werbebehauptung, bei den eigenen Produkten seien entgegen den bisher auf dem Markt befindlichen Produkten bestimmte Zubehörteile nicht mehr erforderlich.[137]

Eine vergleichende Werbung ist außerdem unter dem Gesichtspunkt der *Abwehr* zulässig, wenn sich ein Gewerbetreibender gegen unlautere Angriffe seiner Konkurrenten nur dadurch wehren kann, daß er die Sachlage nunmehr aus seiner Sicht durch den Vergleich der konkurrierenden Angebote in seiner Werbung richtigstellt.[138] Schließlich braucht kein Gewerbetreibender auf konkrete Anfragen seiner Kunden zu schweigen;

---

[135] Insb. *BGHZ* 42, 134 (147 f.); 49, 325 (329) (= JuS 1965, 76 Nr. 6; 1968, 337 Nr. 6); 50, 1 (3 ff.); *BGH*, JuS 1976, 540 Nr. 8; LM § 1 UWG Nrn. 109, 175, 201, 211, 225 und 289 = NJW 1961, 1916; GRUR 1967, 308; 1969, 283; 1970, 422; 1971, 159; 1976, 375; *BGH*, GRUR 1964, 33 (34); 1986, 618 (620); *OLG Hamm*, WuW/E OLG 1859; *OLG Frankfurt*, BB 1978, 1083; 1979, 1574; ebenso z. B. *Baumbach-Hefermehl*, § 1 UWG Rdnrn. 283 ff.; *Droste*, Betr. 1963, 719; *ders.*, WRP 1964, 69 f.; 1965, 39; *Eichmann*, S. 70 ff. u. passim; *Hefermehl*, in: Festschr. f. Kastner, S. 197 ff.; *Nordemann*, Tz. 336 ff.; *Ott*, in: Festschr. f. L. Raiser, S. 431 ff.; insb. *Schricker*, AcP 172, 203 (bes. 218 ff.); *ders.*, GRUR 1974, 585; *ders.*, RabelsZ 40, 554 ff.; *Hubmann*, S. 285; enger hingegen immer noch z. B. *Ulmer-Reimer*, Tz. 446 ff.

[136] Dazu eingehend *Baumbach-Hefermehl*, § 1 UWG Rdnrn. 313 ff.; *Eichmann*, S. 188 ff.; *Ulmer-Reimer*, Tz. 446 ff.

[137] So insb. *BGH*, LM § 1 UWG Nr. 98 = GRUR 1961, 85; auch *BGH*, LM § 1 UWG Nr. 181 = GRUR 1967, 596.

[138] Vgl. schon o. § 5, 6 b sowie z. B. *BGH*, LM § 1 UWG Nrn. 3, 109, 185, 181; GRUR 1960, 384 (387).

solche Anfragen nach den Vor- und Nachteilen der verschiedenen Angebote darf er vielmehr stets beantworten. Auch bei einem solchen *Auskunftsvergleich* muß er jedoch stets wahrheitsgemäß vorgehen; außerdem muß er sich dabei auf das sachlich notwendige Maß beschränken.[139] Fragt ein Kunde nur nach einzelnen, konkreten Umständen, so verwehrt es eine immer noch viel zu engherzige Praxis dem Gewerbetreibenden, in weitläufige Erörterungen über sämtliche Vor- und Nachteile der miteinander verglichenen Produkte einzutreten.

Der Anwendungsbereich der zulässigen, vergleichenden Werbung beschränkt sich indessen heute keineswegs mehr auf die genannten ,,Ausnahmefälle''; vielmehr ist die vergleichende Werbung ebenso in allen anderen Fällen erlaubt, in denen für sie ein hinreichender Anlaß besteht, so daß der Gewerbetreibende bei ihr in *Wahrnehmung berechtigter Interessen* handelt, wobei vor allem das legitime Aufklärungsinteresse der Allgemeinheit und insbes. der Verbraucher zu berücksichtigen ist.

Zulässig sind daher z. B. der Vergleich der eigenen Preise mit den vom Hersteller empfohlenen Preisen, selbst wenn darin eine Bezugnahme auf bestimmte Konkurrenten liegt, die sich an die Preisempfehlungen halten[140] (vgl. jetzt aber den neuen § 6 e UWG), weiter eine Presseinformation durch Vergleich der eigenen Ware mit anderen Waren, wenn ein legitimes Interesse der Öffentlichkeit an dieser Information besteht,[141] etwa wenn die Verbraucher nur auf diese Weise vor Gefahren für Leib oder Leben gewarnt werden können, die mit der Benutzung fremder Produkte verbunden sind,[142] außerdem ein Vergleich zur Richtigstellung fremder Werbebehauptungen, wenn begründete Bedenken gegen die Richtigkeit dieser Behauptungen aufgrund neuer, wissenschaftlicher Untersuchungen bestehen,[143] ein Vergleich auf Anfragen von Fachleuten, die sich rundum über die Marktlage informieren wollen,[144] ein Vergleich, durch den die Kunden über die Eigenschaften neuer, technischer Geräte informiert werden, die bestimmten Anforderungen genügen müssen,[145] sowie schließlich ein Vergleich, durch den ein Hersteller, der seine Produkte bisher über eine fremde Firma unter deren Warenzeichen vertrieben hat, klarstellt, daß er dieselben Produkte jetzt unter seinem eigenen Warenzeichen vertreibt.[146]

dd) Die (zulässige) vergleichende Werbung muß grundsätzlich wahr, sachlich und nach Möglichkeit vollständig sein; sie muß sich außerdem im Rahmen des Erforderlichen halten und schließlich eine unnötige, pauschale Herabsetzung der Konkurrenten vermeiden. Die Beweislast für

---

[139] So z. B. *BGH*, LM § 1 UWG Nrn. 35, 81 und 201 = NJW 1956, 1556; GRUR 1967, 596; 1969, 283; *BGH*, GRUR 1986, 618 (620).
[140] S. u. § 12, 7 d sowie insb. *BGHZ* 42, 134 (146 ff.); 45, 115 (119 f.); 49, 325 (327 ff.) = JuS 1965, 76 Nr. 3; 1966, 317 Nr. 5; 1968, 337 Nr. 6; *BGH*, LM § 3 UWG Nrn. 77 und 81 = NJW 1966, 982 und 1559; *Sack*, aaO, Rdnrn. 518 ff.; *Fälle*, S. 34 ff.
[141] Grdl. *BGHZ* 50, 1 (3 ff.).
[142] *BGH*, LM § 1 UWG Nr. 225 = GRUR 1971, 159; GRUR 1986, 618 (620).
[143] *BGH*, LM § 1 UWG Nr. 175 = GRUR 1967, 308.
[144] *BGH*, LM § 1 UWG Nr. 201 = GRUR 1969, 283.
[145] *BGH*, LM § 1 UWG Nr. 211 = GRUR 1970, 422.
[146] *BGH*, LM § 1 UWG Nr. 289 = GRUR 1976, 375.

alle diese Zulässigkeitsvoraussetzungen trägt dabei derjenige, der den Vergleich vorgenommen hat.[147]

Als unwahr verboten ist danach z. B. der Vergleich der Bekanntheitsgrade von Zeitungen, wenn der Vergleich lediglich auf der Strukturanalyse der eigenen Leserschaft beruht, weil diese Teilmenge nicht repräsentativ für die gesamte Leserschaft ist.[148] Außerdem darf der Vergleich nicht durch einseitige Betonung der Vorzüge der eigenen Ware und der Nachteile der Konkurrenzangebote einen verzerrten Gesamteindruck vermitteln. Übertriebene Anforderungen können und dürfen freilich insoweit nicht gestellt werden.[149] Vor allem aber muß jede unnötige, pauschale Herabsetzung der Konkurrenten vermieden werden.[150] Dagegen verstoßen z. B. Werbesprüche wie ,,Tschibo, weil alles Frische besser ist''[151] oder (bei einem Kraftfahrzeughändler) ,,Ich nehme jeden guten alten Opel in Zahlung''.[152] Dasselbe gilt für eine gezielt gegen einen Markenartikel gerichtete Werbung für das eigene namenlose Produkt unter dem Motto ,,Alternative zur Marke''[153] sowie, jedenfalls nach Meinung des BGH,[154] sogar für die Werbung für das eigene, billige Produkt unter Hinweis auf den ,,großen Werbeaufwand'' der Konkurrenten. Diese unnötig restriktive Praxis kann keine Billigung finden, da sie auf dem besten Wege ist, die (ohnehin bescheidenen) Lockerungen in den Zulässigkeitsvoraussetzungen für die vergleichende Werbung sozusagen auf kaltem Wege wieder rückgängig zu machen.

8. Maßnahmen im Stufenwettbewerb

Literatur: BMWi, Sündenregister vom November 1974, WRP 1975, 24; *Monopolkommission*, Mißbräuche der Nachfragemacht und Möglichkeiten zu ihrer Kontrolle im Rahmen des GWB, Sondergutachten 7, 1977; *dies.*, Die Konzentration im Lebensmittelhandel, Sondergutachten 14, 1985; *Baumbach-Hefermehl*, § 1 UWG Rdnrn. 712 ff.; *Biedenkopf*, JuS 1962, 65; *Franzen-Giessen*, BB 1978, 1642; *Gilbert*, Die rechtliche Bewertung des sog. Anzapfens, 1980; *Gröner-Köhler*, Der Selbstbedienungsgroßhandel zwischen Rechtszwang u. Wettbewerb, 1986; *Hefermehl*, in: Festschr. f. R. Fischer, 1979, S. 197; *Herrmann*, GRUR 1982, 395; *Hinz*, WRP 1984, 653; *Hölzler-Satzky*, Wettbewerbsverzerrungen durch nachfragemächtige Handelsunternehmen, 1980; *Chr. Kirchner*, Die AG 1986, 205; *Köhler*, Wettbewerbs- und kartellrechtliche Kontrolle der Nachfragemacht, 49. Beiheft der ZHR, 1979; *Knoepfle*, Die marktbezogene Unlauterkeit, 1983; *Kraft*, in: Festg. f. Kummer, 1980, S. 389; *M. Lehmann*, GRUR 1977, 580, 633; *Merkel*, BB 1977, 705; 1977, 1176; *Mestmäcker*, Der verwaltete

---

[147] *BGH*, LM § 1 UWG Nrn. 201 und 225 = GRUR 1969, 283 und 1971, 159.
[148] *BGH*, LM § 1 UWG Nr. 350 = Betr. 1981, 2022.
[149] Vgl. im einzelnen z. B. *BGH*, LM § 1 UWG Nrn. 169 und 181; GRUR 1981, 823 (826); *Baumbach-Hefermehl*, § 1 UWG Rdnrn. 137 ff.; *Eichmann*, S. 206 ff.
[150] *BGH*, GRUR 1984, 823 = WM 1984, 1037; GRUR 1985, 982 = BB 1985, 1867; ZIP 1986, 1011 (1014); *OLG Düsseldorf*, GRUR 1985, 66 und 302.
[151] *OLG Hamburg*, GRUR 1983, 134.
[152] *OLG Düsseldorf*, GRUR 1985, 302.
[153] *KG*, GRUR 1985, 228.
[154] GRUR 1985, 982 = BB 1985, 1867.

Wettbewerb, 1984; *Sack*, GRUR 1975, 297; *ders.*, WRP 1975, 261; *Schricker-Lehmann*, Der Selbstbedienungsgroßhandel, 1976; *Tilmann*, GRUR 1979, 825; *P. Ulmer*, GRUR 1977, 565; *ders.*, in: Festg. f. Kummer, 1980, S. 565; *Warzecha*, BB 1975, 1602; *Waibel*, Warenzeichenrechtliche und wettbewerbsrechtliche Fragen des Ersatzteile-, Zubehör- und Reparaturgewerbes, 1977; *Wirtz*, GRUR 1985, 15; *Ulmer-Reimer*, Tz. 1039 ff. – Kartellrecht, S. 205 ff; Fälle, S. 41 ff.

Wettbewerb gibt es nicht nur zwischen den Einzelhändlern um den letzten Verbraucher, sondern auch zwischen den Herstellern um die Händler und umgekehrt zwischen den Händlern als Nachfragern um die Lieferanten. Gerade diese Wettbewerbsformen sind in den letzten Jahren in zunehmendem Maße in das Blickfeld der Öffentlichkeit getreten, seitdem sich im Handel auf allen Stufen mit der Zunahme des Wettbewerbs der Strukturwandel beschleunigt.[155] Während nämlich auf der einen Seite der traditionelle Einzelhandel und Großhandel immer mehr zurückgedrängt werden, tauchen zugleich dauernd neue Betriebsformen auf. Entsprechend heftig ist die Reaktion der dadurch vornehmlich betroffenen, sog. mittelständischen Kreise. Darauf ist schon bei der Betrachtung der Preisunterbietung im einzelnen eingegangen worden (s. deshalb o. 2a). Hier ist nunmehr noch die Problematik der Direktverkäufe (s. die §§ 6a und 6b UWG von 1969), der Bestechung (s. § 12 UWG) sowie insbes. des sog. Mißbrauchs der Nachfragemacht zu behandeln.

a) Direktverkäufe

aa) In einem System freien Wettbewerbs muß grundsätzlich jeder Unternehmer in der Wahl seiner Absatzwege frei sein, weil sich nur dann im Wettbewerb der Vertriebsformen auf die Dauer der rationellste Vetriebsweg herausschälen kann. Deshalb steht es grundsätzlich jedem Großhändler oder Hersteller frei, unter Übergehung des Zwischenhandels seine Waren direkt an die Verbraucher zu vertreiben, wenn er dies für wirtschaftlich sinnvoll hält.[156] Dagegen bestehen selbst dann keinerlei Bedenken, wenn der Hersteller oder Großhändler dabei zugleich die Preise der von ihm möglicherweise ebenfalls belieferten Einzelhändler unterbietet. All dies sind nur normale Auswirkungen des erwünschten Wettbewerbs der Vertriebsformen.

Gleichwohl wurde zunächst verbreitet versucht, Direktverkäufe über § 1 UWG zu unterbinden.[157] Diese Versuche hatten indessen keinen Erfolg. Heute steht fest, daß hier für die Anwendung der Generalklausel nur Raum ist, wenn der direkt vertreibende Hersteller oder Großhändler zusätzlich besondere Vorkehrungen ergreift, um seine Direktgeschäfte vor seinen Geschäftspartnern zu verheimlichen, sofern überdies anzunehmen ist, daß die letzteren bei Kenntnis des Sachverhalts die Geschäftsbeziehungen zu ihm abgebrochen hätten. Doch lassen sich diese Voraussetzungen für die Anwendung des § 1 UWG auf Direktverkäufe kaum jemals nachweisen.[158]

---

[155] Dazu statt aller *Monopolkommission*, Sondergutachten 7 u. 14, aaO.
[156] Einzige gesetzliche Ausnahme in § 28 ArzneimittelG.
[157] S. zusammenfassend *Biedenkopf*, JuS 1962, 65.
[158] Grdl. *BGHZ* 28, 54 (58 ff.); 74, 215 (221); *BGH*, LM § 14 UWG Nr. 8 = GRUR

Soweit ein Hersteller oder Großhändler hiernach zulässigerweise direkt an Verbraucher verkauft, muß er natürlich sämtliche, gesetzlichen Bindungen beachten, die speziell für den Verkehr mit dem Letztverbraucher bestehen. Das ist besonders wichtig für das RabattG, das an sich auf Hersteller und Großhändler keine Anwendung findet (s. o. 3 b).[159] Außerdem darf er nach einer sehr engherzigen Praxis[160] durch die ausschließliche Bezeichnung als Hersteller oder Großhändler trotz umfangreichen Direktgeschäfts bei den Verbrauchern nicht den irreführenden Eindruck erwecken, er verkaufe ganz überwiegend an Einzelhändler, so daß Direktgeschäfte mit ihm besonders preisgünstig seien.

bb) Gleichwohl übt offenbar die Möglichkeit des Direktbezugs beim Großhändler oder Hersteller auf viele Verbraucher eine besondere Anziehungskraft aus, weil sie hoffen, auf diese Weise wenigstens einen Teil der Handelsspanne einsparen zu können. Direktverkäufe setzten sich deshalb, nachdem ihre Zulässigkeit einmal geklärt war, sehr schnell durch. Dies war natürlich – ebenso wie die zunehmende Verbreitung des Kaufscheinhandels (dazu u. b) – dem Einzelhandel ein Dorn im Auge. In wachsender Angst um seine Position wandte er sich darum schließlich an den Gesetzgeber, der sich in der Tat für die Argumentation des Einzelhandels aufgeschlossen zeigte und deshalb sowohl den Direktverkäufen als auch dem Kaufscheinhandel 1969 in den neuen §§ 6 a und 6 b UWG enge Grenzen zog. Der Gesetzgeber betonte dabei zwar, mit diesen Vorschriften solle in erster Linie eine Irreführung der Verbraucher verhindert werden;[161] tatsächlich sind jedoch Zweck und Wirkung der neuen Vorschriften ausschließlich darauf gerichtet, den herkömmlichen Einzelhandel gegen bestimmte, neue Vertriebsformen zu schützen. Das ergibt sich gleichermaßen aus der Entstehungsgeschichte der Vorschriften wie aus ihrer bisherigen praktischen Handhabung.[162] Es handelt sich hierbei um einen Vorgang von prinzipieller Bedeutung. Obwohl die Verfassungsmäßigkeit der neuen Vorschriften feststehen dürfte,[163] stellen sie doch ebenso wie die 1986 hinzugekommenen §§ 6 d und 6 e einen wettbewerbspolitisch durchaus problematischen Fremdkörper im UWG dar. Eigentlich dazu bestimmt, die Funktionsbedingungen und Gesetzmäßigkeiten eines Systems freien und fairen Wettbewerbs zu schützen (s. o. §§ 3 und 5, 4), hat das UWG mit den genannten Vorschriften die neue Aufgabe erhalten, eine bestimmte Gruppe von Unter-

---

1960, 331 (335); LM § 3 UWG Nr. 69 (Bl. 3 f.) = JuS 1965, 325 Nr. 7; WuW/E BGH 339 (340 f.); *Baumbach-Hefermehl*, § 1 UWG Rdnrn. 718 ff.; *Ulmer-Reimer*, Tz. 139 ff.

[159] *BGH*, LM § 14 UWG Nr. 8 = GRUR 1960, 331 (334).

[160] *BGHZ* 50, 169 (171 ff.).

[161] Vgl. den Bericht des Rechtsausschusses, BT-Dr V (1969)/4035 = GRUR 1969, 338; ebenso erstaunlicherweise *BGHZ* 57, 216 (218); 74, 215 (218 f.).

[162] Ebenso z. B. *Baumbach-Hefermehl*, § 6 a Rdnr. 1; *Schricker-Lehmann*, S. 94 ff.; zust. *Gröner-Köhler*, S. 69 ff., 81 ff.; *Chr. Kirchner*, Die AG 1986, 205 ff.

[163] *BVerfG*, GRUR 1973, 319 (320); *BGHZ* 74, 215 (220 f.); berechtigte Kritik bei *Gröner-Köhler*, S. 72 ff.

nehmen, nämlich den herkömmlichen Einzelhandel, aus rein tagespolitisch bedingten Erwägungen heraus vor den normalen Auswirkungen des Wettbewerbssystems zu schützen.[164] Sinn und Zweck des UWG werden deshalb mit einem solchen verfehlten und letztlich doch stets wirkungslosen Mittelstandsschutz geradezu in ihr Gegenteil verkehrt. Obwohl dies eine Entwicklung ist, die sich allenthalben im Wettbewerbsrecht feststellen läßt, kann doch vor einem solchen Mißverständnis der Wettbewerbsgesetze nicht genug gewarnt werden.[165] Denn der Gesetzgeber kann nicht gleichzeitig Wettbewerbspolitik und konservierende Strukturpolitik betreiben, weil dies einander ausschließende (kategoriale) Gegensätze sind, und das nicht nur auf der Ebene der Theorie, sondern auch auf der der praktischen Politik.

Diese Überlegungen zwingen jedenfalls dazu, Vorschriften wie die §§ 6a und 6b UWG ganz restriktiv zu interpretieren. Die entgegengesetzte Tendenz der Praxis ist grundsätzlich verfehlt und wird schließlich mit großer Sicherheit an den Realitäten des Wirtschaftslebens scheitern.

cc) § 6a UWG hat Direktverkäufe von Herstellern und Großhändlern an Letztverbraucher ganz erheblich erschwert, da der Hinweis auf die Hersteller- oder Großhändlereigenschaft des Verkäufers – das eigentlich entscheidende Werbeargument in diesen Fällen – nach ihm grundsätzlich verboten ist. Ausnahmen läßt § 6a I UWG zugunsten des *Herstellers* nur noch zu, wenn er ausschließlich an Letztverbraucher oder an diese doch zu Großhandelspreisen verkauft oder wenn er gegenüber den Letztverbrauchern auf den Preisunterschied hinweist. Noch strenger werden hingegen (ohne erkennbaren, sachlichen Grund[166]) *Großhändler* behandelt. Denn bei ihnen muß zu den genannten Voraussetzungen für die Zulässigkeit der Werbung mit ihrer Eigenschaft als Großhändler noch *hinzukommen*, daß sie überwiegend, d.h. zu mehr als 50% ihres Umsatzes, Wiederverkäufer und gewerbliche Verbraucher beliefern.

In allen anderen Fällen ist mithin die (besonders wirksame) Werbung mit der Eigenschaft als Hersteller oder Großhändler verboten. Wie schon angedeutet, wird dieses Verbot von der heutigen Praxis ganz extensiv interpretiert und daher insbes. (ohne Not[167]) auf ähnliche Bezeichnungen wie Hersteller oder Großhändler mit (angeblich) demselben Sinngehalt wie z.B. Großmarkt oder Großlager erstreckt, obwohl dabei heute tatsächlich niemand mehr an Großhandel denkt.[168] Außerdem werden als letzte Verbraucher i.S. des § 6a UWG nicht nur private Letztverbrau-

---

[164] Zum Rabattgesetz, das auf ähnlichen Erwägungen beruht, s. schon o. 3.
[165] Zu den Kooperationserleichterungen im GWB s. Kartellrecht, S. 75 ff. m. Nachw.; sehr kritisch zu Recht auch *Gröner-Köhler* und *Chr. Kirchner*, aaO m. Nachw.
[166] Deshalb erheben den Vorwurf eines Verstoßes gegen Art. 3 Abs. 1 GG *Gröner-Köhler*, S. 72 ff.
[167] *Gröner-Köhler*, S. 80 ff.
[168] *BGH*, LM § 6a UWG Nr. 3 = GRUR 1978, 477.

cher,[169] sondern weit darüber hinaus – entsprechend dem Vorbild des § 1 RabattG (s. o. 3 b) – auch gewerbliche Verbraucher angesehen, sofern sie nur ihren privaten Bedarf in branchenfremden Waren decken. Ausgenommen sind folglich nur Gewerbetreibende, die ihren gewerblichen Bedarf (an branchentypischen oder branchenfremden Waren) oder ihren privaten Bedarf an branchentypischen Waren decken.

Diese Auslegung stellt eine – bei Erlaß der Vorschrift durchaus bezweckte – Existenzbedrohung namentlich des Selbstbedienungsgroßhandels dar, weil es unvermeidlich und daher allgemein üblich ist, daß Einzelhändler ihren gesamten Bedarf einschließlich des privaten Bedarfs an branchenfremden Waren bei solchen Großhändlern wegen ihres umfassenden Angebots decken, wobei hinzukommt, daß eine exakte Grenzziehung zwischen gewerblichem und privatem Bedarf gar nicht möglich ist (*jede* Ware kann beiden Zwecken dienen) und daß im voraus niemand wissen kann, für welche Zwecke die betreffenden Artikel jeweils bestimmt sind.[170] Die Gerichte, die diese Zusammenhänge nicht zur Kenntnis nehmen wollen, müßten deshalb eigentlich von ihrem Standpunkt aus SB-Großhändlern und vergleichbaren, anderen Vertriebsformen überhaupt verbieten, sich noch als Großhändler zu bezeichnen, womit zugleich das Todesurteil über alle diese Vertriebsformen gesprochen wäre.

In der instanzgerichtlichen Rechtsprechung der jüngsten Zeit sind entsprechende Tendenzen (für die jede sachliche Berechtigung fehlt) in der Tat unverkennbar.[171] Hingegen ist der BGH bisher vor derartigen Konsequenzen seiner Praxis zurückgeschreckt. Zum Schutze insbesondere des SB-Großhandels hat er vielmehr, freilich ohne jeden Anhalt im Gesetz, bei der Anwendung des § 6a UWG eine sog. *Toleranzgrenze* von 10% des Umsatzes des Großhändlers für die Deckung des privaten Bedarfs seiner Kunden an branchenfremden Waren anerkannt; erst bei Überschreitung dieser Grenze gilt daher die strenge Verbotsvorschrift des § 6a für SB-Großhändler.[172] Der Selbstbedienungsgroßhandel wurde dadurch genötigt, durch strikte Kontrollmaßnahmen an den Ein- und Ausgängen sicherzustellen, daß nur Gewerbetreibende Zugang erhalten sowie daß diese Personen nach Möglichkeit nur ihren gewerblichen Bedarf und daneben nur in ganz beschränktem Umfang ihren privaten Bedarf decken.[173] Als bei weitem

---

[169] So mit Recht *Schricker-Lehmann*, S. 116 ff., bes. 140 ff.; ähnlich *Gröner-Köhler*, S. 86 ff. (die auf die Sicht des Großhändlers abstellen wollen).
[170] S. *Gröner-Köhler*, S. 92 ff.
[171] Durch eine Fülle bisher durchweg erfolgreicher Klagen wird momentan seitens der Einzelhandelsverbände versucht, den SB-Großhandel zur Aufgabe zu zwingen; s. *Säcker*, Betr. 1986, 1504.
[172] Grdl. *BGHZ* 70, 18 (24 ff., 28 ff.) „Metro I"; *BGH*, LM § 6a UWG Nr. 1 = NJW 1974, 460; *Baumbach-Hefermehl*, § 6a Rdnrn. 10 ff.; kritisch dazu *Gröner-Köhler*, S. 96 ff. Für den BGH war die Überlegung maßgebend, daß die Deckung des privaten Bedarfs in den genannten Grenzen, weil allgemein üblich, nichts an der Eigenschaft der Käufer als Gewerbetreibende ändere; erst die Überschreitung dieser Grenzen soll also die Gewerbetreibenden zu echten Letztverbrauchern machen – mit der Folge der Anwendung des § 6a UWG. Aber das kann niemand kontrollieren.
[173] S. hierzu *BGHZ* 70, 18 (37 f.); *BGH*, LM § 6b UWG Nr. 8 = NJW 1979, 1890; *Baumbach-Hefermehl*, § 6a Rdnr. 16; *Schricker-Lehmann*, S. 12, 140 ff.; *Gröner-Köhler*, S. 87 ff.

bestes Kontrollmittel hat sich hierbei die Ausgabe von Einkaufsausweisen erwiesen. Jedoch droht in diesem Falle sofort die Anwendung des weiteren Verbots des § 6 b UWG (dazu u. b).

b) Kaufscheinhandel

aa) Als besondere Form des Direktvertriebs hatte sich in den sechziger Jahren der sog. Kaufscheinhandel verbreitet durchgesetzt. Kern dieses Systems war die organisierte Zusammenarbeit zwischen einem Einzelhändler und mehreren Großhändlern oder Herstellern, um den Kunden des Einzelhändlers einen besonders günstigen Einkauf bei den mitwirkenden Herstellern oder Großhändlern zu ermöglichen.[174] Zu diesem Zweck gaben die Einzelhändler sog. Kaufausweise oder *Kaufscheine* aus, aufgrund derer ihre Kunden berechtigt waren, die gewünschte Ware selbst bei den angeschlossenen Großhändlern oder Herstellern auszusuchen.

Gegen dieses Vertriebssystem bestehen an sich keine Bedenken aufgrund der §§ 1 und 3 UWG, sofern die Verbraucher nur ordnungsgemäß über die Funktionen aller Beteiligten aufgeklärt werden.[175] Gleichwohl wurde von interessierter Seite eifrig die Behauptung propagiert, mit dem Kaufscheinhandel sei typischerweise eine als solche freilich nur schwer nachweisbare Irreführung der Verbraucher über eine vermeintliche Vorzugsstellung bei dem Erwerb verbunden. Deshalb müsse der Kaufscheinhandel nach Möglichkeit verboten werden. Diese offenkundige Interessentenideologie hatte wiederum Erfolg bei dem Gesetzgeber. Deshalb wurde schließlich durch § 6 b UWG 1969 der Kaufscheinhandel praktisch verboten, angeblich um die Verbraucher vor irgendwelchen Irreführungsgefahren zu bewahren,[176] tatsächlich aber ebenso wie bei § 6 a UWG nur, um den herkömmlichen Einzelhandel vor einer von ihm besonders gefürchteten, neuen Vertriebsform zu schützen.[177] Denn zum Schutze der Verbraucher gegen jede Form von Irreführungen hätten bereits die beiden Generalklauseln der §§ 1 und 3 UWG vollauf ausgereicht.[178]

bb) Durch § 6 b UWG ist die Zulässigkeit des Kaufscheinhandels auf ganz wenige, eng umschriebene Ausnahmefälle beschränkt worden, weil seitdem die Ausgabe von Kaufscheinen an letzte Verbraucher nur noch erlaubt ist, wenn die Bescheinigung lediglich zu einem einmaligen Einkauf berechtigt *und* für jeden Einkauf einzeln ausgegeben wird. Beide

---

[174] Eingehende Schilderung in *BGH*, LM § 13 UWG Nr. 15.
[175] Grdl. das sog. Wickel-Urteil *BGH*, LM § 3 UWG Nr. 69 = JuS 1965, 325 Nr. 7 m. zahlr. Nachw.
[176] Bericht des Rechtsausschusses, BT-Dr. V/4035; zust. *BVerfG*, GRUR 1973, 319 (320); *BGHZ* 57, 216 (218); 74, 215 (218 f.); *BGH*, LM § 1 UWG Nr. 239; § 6 b UWG Nr. 4 = GRUR 1972, 55; NJW 1975, 877; LM § 6 b UWG Nr. 9 = NJW 1982, 2317; *Baumbach-Hefermehl*, § 6 b Rdnr. 2.
[177] *Schricker-Lehmann*, S. 94 ff.; *Chr. Kirchner*, Die AG 1986, 205 ff.
[178] Ebenso *Ulmer-Reimer*, Tz. 640.

Voraussetzungen müssen mithin zusammentreffen, wenn der Kaufscheinhandel heute noch erlaubt sein soll. Der Gesetzgeber wollte durch diese ganz enge Fassung des § 6 b UWG die Zulässigkeit des Kaufscheinhandels im Grunde auf das sog. *Unterkundengeschäft* beschränken.[179] Man versteht darunter die Ausgabe von Kaufscheinen durch einen Händler im Einzelfall auf einen konkreten Kaufwunsch des Kunden hin, den der Händler aus seinem Lager (momentan) nicht zu befriedigen vermag.[180]

Jenseits dieses Ausnahmefalles ist der Kaufscheinhandel hingegen heute praktisch stets verboten. Das gilt nicht nur für die Ausgabe von Kaufscheinen, sondern ebenso für den Verkauf von Waren gegen Vorlage solcher Bescheinigungen. Unzulässig sind außerdem z. B. die Ausgabe von Dauereinkaufsausweisen sowie die wahllose Verteilung von Einzeleinkaufsausweisen ohne Aufforderung seitens der Kunden.[181] Sogar die allgemeine Werbung mit der Ausgabe von Kaufscheinen gilt mangels konkreter Kaufwünsche der Kunden als unzulässig.[182]

Der Begriff des letzten Verbrauchers wird in § 6 b UWG ebenso weit wie in § 6 a UWG ausgelegt (s. o. a, cc), so daß er auch Gewerbetreibende umfaßt, sofern sie ihren privaten Bedarf decken;[183] freilich wird hier zum Schutze des Selbstbedienungsgroßhandels ebenso wie bei § 6 a UWG eine Toleranzgrenze von rd. 10% des Umsatzes anerkannt.[184] Das ist deshalb so wichtig, weil nach Meinung des *BGH*[185] sogar die Ausgabe von Kaufscheinen durch den Großhändler selbst unter § 6 b UWG fällt, so daß andernfalls dem SB-Großhandel die durch die Praxis zu § 6 a UWG erforderlich gewordene Kontrolle der Besucher über § 6 b UWG wieder unmöglich gemacht würde. Tatsächlich aber zeigt dieses Dilemma, in das sich die Rechtsprechung zu den §§ 6 a und 6 b UWG selbst hineinmanövriert hat, nur, daß die geschilderte Praxis schon im Ansatz verfehlt ist, so daß es höchste Zeit zu einer Umkehr durch strikte Beschränkung des Anwendungsbereichs der verfehlten §§ 6 a und 6 b UWG auf ihren Wortlaut ist.[186] In der jüngsten Rechtsprechung zu § 6 b UWG sind in der Tat Ansätze zu einer solchen Umkehr unübersehbar.

Der *BGH*[187] hat zwar zunächst noch die Anwendbarkeit des § 6 b UWG bejaht, wenn Verbrauchervereinigungen Mitgliederausweise ausgeben, die zum Einkauf bei Herstellern oder Großhändlern berechtigen, später dann aber unter dem Eindruck der Kritik an § 6 b UWG verschiedentlich Ausnahmen von der bisherigen, weiten Auslegung dieser Vor-

---

[179] Vgl. *BGH*, LM § 1 UWG Nr. 243.
[180] Grdl. *BGHZ* 57, 216 (219 ff.); *BGH*, LM § 1 UWG Nrn. 239 und 275; *Baumbach-Hefermehl*, § 6 b Rdnrn. 8–14.
[181] *BGH* (o. Fußn. 180).
[182] Grdl. *BGHZ* 74, 215 (219 f.); *Baumbach-Hefermehl*, § 6 b Rdnr. 16.
[183] A. A. zu Recht *Schricker-Lehmann*, S. 151 ff., bes. 157 ff.
[184] *BGH*, LM § 1 UWG Nr. 275; § 6 b UWG Nr. 4 = NJW 1975, 119; 1975, 877; *Baumbach-Hefermehl*, § 6 b Rdnr. 7.
[185] *BGH*, LM § 1 UWG Nrn. 239, 275; § 6 b UWG Nr. 8 = GRUR 1972, 555; NJW 1975, 119; 1979, 1890.
[186] Eingehend *Gröner-Köhler*, S. 108 ff.
[187] *BGH*, LM § 6 b UWG Nr. 4 = NJW 1975, 877; unhaltbar.

schrift anerkannt, und zwar zunächst für die Ausgabe von Kaufausweisen an die Mitglieder eines Buchclubs[188] und sodann generell für die Verteilung von Tank-Codekarten, weil hier von vornherein jede Gefahr einer Irreführung der Verbraucher entfalle.[189] Das ist ein Ansatz, den es weiterzuentwickeln gilt.[190]

c) Anstößige Absatzförderung

Hersteller und Großhändler beschränken sich in ihrem Wettbewerb um die Einzelhändler ebensowenig wie andere Unternehmen auf die „reinen" Formen des Leistungswettbewerbs mit Preis und Qualität, sondern wenden auch eine Fülle sonstiger Maßnahmen zur Absatzförderung an. Das reicht von der schon durch das UWG verbotenen Bestechung der Angestellten des Einzelhändlers (§ 12) bis hin zur Veranstaltung von Preisausschreiben und Schaufensterwettbewerben.

aa) Das sog. Schmiergeldunwesen gilt seit langem als einer der schlimmsten Übelstände im wirtschaftlichen Wettbewerb. Deshalb verbietet die Strafnorm des § 12 UWG in Abs. 1 die aktive und in Abs. 2 die passive Bestechung.[191] Die zivilrechtliche Bedeutung der Vorschrift ist freilich gering, da sich die Unlauterkeit der Bestechung bereits aus § 1 UWG ergibt.[192]

Nach § 12 I UWG macht sich zunächst wegen *aktiver* Bestechung strafbar, wer im geschäftlichen Verkehr zu Zwecken des Wettbewerbs (dazu o. § 3) einem Angestellten oder Beauftragten eines geschäftlichen Betriebs einen Vorteil als Gegenleistung dafür anbietet, verspricht oder gewährt, daß er ihn oder einen Dritten bei dem Bezug von Waren oder gewerblichen Leistungen in unlauterer Weise bevorzugt. § 12 UWG ist insoweit den §§ 331 ff. StGB nachgebildet, so daß wegen der Einzelheiten auf die Erläuterungen zu diesen Vorschriften zu verweisen ist. Geschützt werden durch das Verbot der aktiven Bestechung in erster Linie die Konkurrenten des Täters, der sich ihnen gegenüber durch die Bestechung in unlauterer Weise einen Vorsprung im Wettbewerb verschafft,[193] so daß es sich letztlich bei der Bestechung um einen Fall des Behinderungswettbewerbs handelt.

Täter der Bestechung kann jedermann sein; bestochen werden können hingegen nur Angestellte oder Beauftragte eines geschäftlichen Betriebes.[194] Diese Begriffe werden allgemein sehr weit ausgelegt und umfassen deshalb z. B. die Organmitglieder juristischer Personen,[195] die Beamten einer staatlichen Beschaffungsstelle oder eines Bauamts[196] sowie Handelsvertreter.[197] Die verbotene Handlung besteht in dem Angebot, dem Versprechen oder dem Gewähren von Vorteilen. Ausgenommen sind aber allge-

---

[188] LM § 6 b UWG Nr. 9 = NJW 1982, 2317.
[189] LM § 6 b UWG Nr. 11 = NJW 1985, 916 = GRUR 1985, 292.
[190] *Gröner-Köhler*, S. 121 ff.
[191] Dazu insb. *Baumbach-Hefermehl*, § 12 UWG; *Koppensteiner*, S. 385 ff.; *M. Lehmann*, Die Werbung mit Geschenken, 1973, S. 73 ff.; *Nordemann*, Tz 216 ff.; *Ulmer-Reimer* Tz. 855 ff.
[192] *BGH*, LM § 1 UWG Nr. 65.
[193] *Baumbach-Hefermehl*, vor § 12 Rdnr. 2; *Koppensteiner*, S. 385 f.; *Ulmer-Reimer*, Tz. 856.
[194] Vgl. dazu *BGHSt* 2, 397.
[195] *Koppensteiner*, S. 385 f.
[196] *BGHSt* 10, 358 (365 f.); *Nordemann*, Tz. 218.
[197] *BGH*, LM § 12 UWG Nr. 6 = GRUR 1968, 587.

mein übliche Zuwendungen wie Trinkgelder oder Geschenke aus besonderen Anlässen wie z. B. Weihnachten oder Jubiläen.[198] Zweck der Bestechung muß die unlautere Bevorzugung bei dem Bezug von Waren oder gewerblichen Leistungen sein. Die bezweckte Handlung, etwa die Erteilung eines Auftrages, muß mithin noch in der Zukunft liegen. Die Belohnung für eine schon vorgenommene Handlung wie die Erteilung eines Auftrags oder die Unterlassung von Mängelrügen verstößt nicht gegen § 12.[199] Unter denselben Voraussetzungen wie die aktive ist die passive Bestechung nach § 12 II UWG strafbar. § 12 UWG ist Antragsdelikt (§ 22 UWG). Antragsberechtigt sind die in § 13 Abs. 2 UWG genannten Konkurrenten und Verbände sowie der Geschäftsherr.[200] Zu den strafrechtlichen Folgen gehört außer der Bestrafung noch die Anordnung des Verfalls der Schmiergelder (§§ 73 ff. StGB). Damit konkurriert i. d. R. ein Anspruch des Geschäftsherrn auf Herausgabe der Schmiergelder aus § 667 BGB, der jedoch wegen des vorrangigen § 73 StGB mit dem Einziehungsrecht des Staates belastet ist.[201]

bb) Neben der Bestechung gibt es noch zahlreiche andere Formen anstößiger Absatzförderung im Stufenwettbewerb. Das Spektrum reicht hier von bestechungsähnlichen Maßnahmen bis hin zu solchen der Wertreklame.

Ein negatives Urteil über bestechungsähnliche Maßnahmen wird schon durch die Sondervorschrift des § 12 UWG nahegelegt. Deshalb steht die Praxis zu Recht insbes. der Gewährung von *Verkaufsprämien* an Angestellte der Kunden kritisch gegenüber, weil hier nicht anders als im Falle der Bestechung offenkundig die Gefahr besteht, daß infolgedessen die begünstigten Angestellten die Verbraucher nicht mehr sachgerecht beraten, sondern sich nur noch von der Aussicht auf die Verkaufsprämien bei ihren Verkaufsbemühungen leiten lassen.[202] Maßnahmen der *Wertreklame* wie z. B. Wettbewerbe oder Preisausschreiben werden heute im Verhältnis zum letzten Verbraucher sehr streng beurteilt (dazu u. § 10, 5). Anders jedoch im Stufenwettbewerb zwischen den vorgelagerten Wirtschaftsstufen, weil mit guten Gründen davon ausgegangen wird, daß sich Gewerbetreibende durch Maßnahmen der Wertreklame nur in wesentlich geringerem Maße als Verbraucher von einer rationalen Kaufentscheidung abhalten lassen werden.[203] Zulässig ist daher insbes. die Gewährung besonderer Vorteile an den Einzelhandel wie z. B. der gleichzeitige Vertrieb überaus preisgünstiger, branchenfremder Mitgehartikel[204] oder die einmalige, unentgeltliche Belieferung des Großhandels seitens des Herstellers zum Ausgleich für vorangegangene Mehrkosten.[205] Außerdem dürfen Hersteller und Großhändler ohne weiteres Wettbewerbe, z. B. um das schönste Schaufenster, oder Preisausschreiben zwischen ihren Kunden veranstalten, sofern dabei nur jede Koppelung mit dem Warenbezug vermieden wird.[206]

---

[198] *BGH, LM* § 1 UWG Nr. 65 (Bl. 2 R); *Baumbach-Hefermehl*, § 12 Rdnr. 13; *Koppensteiner*, S. 388; *Ulmer-Reimer*, Tz. 860.
[199] *BGH*, LM § 12 UWG Nr. 6 (Bl. 3 R) = GRUR 1968, 587; *Baumbach-Hefermehl*, § 12 Rdnrn. 7 ff.; *Koppensteiner*, S. 387 f.; *Nordemann*, Tz. 221; *Ulmer-Reimer*, Tz. 862 f.
[200] *BGH*, BB 1983, 596.
[201] *BGHZ* 39, 1 = JuS 1963, 244 Nr. 2 m. Anm. *Kraft*, S. 473.
[202] *BGH*, LM § 1 UWG Nrn. 226 und 267 = GRUR 1971, 223; 1974, 394.
[203] Grdl. *BGH*, LM § 1 UWG Nr. 323 = GRUR 1979, 779; auch schon *BGH*, LM § 1 UWG Nr. 71 = NJW 1959, 195.
[204] *BGHZ* 34, 264 (271 ff.).
[205] *BGH*, GRUR 1967, 256 (257).
[206] *BGH*, LM § 1 UWG Nrn. 71 und 256 = NJW 1959, 195; 1973, 621; anders aber für Prämien der Hersteller direkt an den Fachhandel zur Förderung des Absatzes seiner Produkte *OLG Köln*, WuW/E OLG 2881.

d) Mißbrauch der Nachfragemacht

Bei dem sog. Mißbrauch der Nachfragemacht geht es um die vielfältigen Versuche namentlich der großbetrieblichen Formen des Einzelhandels, für sich besondere Vergünstigungen bei den Lieferanten durchzusetzen, um damit die eigene Wettbewerbsposition in dem zunehmend härter werdenden Kampf um die Verbraucher zu stärken. Dahinter steht das Phänomen einer kontinuierlichen Machtverlagerung von den Lieferanten auf die Abnehmer, da sich auf allen Stufen die Märkte in ständig zunehmendem Maße aus Verkäufer- in Käufermärkte verwandeln.

Die wachsende Macht der Abnehmer äußert sich in erster Linie in der Forderung nach immer neuen Rabatten. Weitere Erscheinungsformen sind das sog. Anzapfen sowie die Funktionsverlagerung. Unter Anzapfen versteht man dabei die Forderung nach besonderen, zusätzlichen Leistungen der Lieferanten ohne entsprechende Gegenleistung der Abnehmer. Hauptbeispiele sind das Verlangen sog. Eintrittsgelder und die Forderung von Regal- und Schaufenstermieten sowie von Investitions-, Jubiläums- und Werbekostenzuschüssen. Bei der Funktionsverlagerung geht es hingegen um die Abwälzung sog. herkömmlicher Handelsfunktionen wie z. B. der Preisauszeichnung oder der Regalpflege auf die Hersteller.

Eine verbreitete Meinung betrachtet (unter ausdrücklicher Billigung des Bundeswirtschaftsministers[207]) alle genannten Formen des Anzapfens[208] und der Funktionsverlagerung[209] als unlauter (§ 1 UWG). Zu diesem Ergebnis haben vielfältige Überlegungen geführt. Als besonders erfolgreich hat sich hierbei die Erwägung erwiesen, der Einzelhandel, der seine Aufgaben auf die vorgeordneten Marktstufen verlagere, verleugne dadurch seine herkömmlichen Funktionen; er überschreite damit sozusagen zum Nachteil anderer Wirtschaftsstufen seine natürlichen Grenzen. Außerdem begründe das Anzapfen unverkennbar die Gefahr einer Irreführung der Verbraucher, die i. d. R. davon ausgingen, der Einzelhandel lasse sich bei der Zusammenstellung seines Angebots von Qualität und Preis der Waren und nicht von der Bereitschaft der Lieferanten, sich anzapfen zu lassen, leiten.

Bei näherem Zusehen erweisen sich indessen alle diese Überlegungen als nicht stichhaltig.[210] Bereits der Ausgangspunkt der h. M., der Fach-

---

[207] Sündenregister vom 17. 11. 1974, WRP 1975, 24; vgl. auch die darauf fußende sog. ,,Gemeinsame Erklärung von Organisationen der gewerblichen Wirtschaft usw." von 1975 i. d. F. von 1984 (WuW 1976, 17; 1984, 712); dazu o. 2a sowie *Hinz*, WRP 1984, 653.

[208] *OLG Köln*, BB 1971, 1118; *OLG Frankfurt*, BB 1975, 715 = JuS 1975, 814 Nr. 12; *OLG Düsseldorf*, WuW/E OLG 1373; *OLG Hamm*, WuW/E OLG 1795; *BKartA*, WuW/E BKartA 1233 (1238 ff.); 1633 (1636 ff.); zust. z. B. *Koppensteiner*, S. 505 ff.

[209] *OLG Saarbrücken*, BB 1977, 710; *LG Saarbrücken*, WuW/E LG/AG 434.

[210] Grdl. *Monopolkommission*, Sondergutachten 7, Tz. 78 ff.; ebenso *Baumbach-Hefermehl*, § 1 UWG Rdnr. 731; *Gröner-Köhler*, passim; *Knoepfle*, passim, bes. S. 63,

händler verleugne durch Anzapfen und Aufgabenverlagerung seine eigentlichen (herkömmlichen) Funktionen in der Warendistribution, trifft offenkundig nicht zu, da es tatsächlich gar keine herkömmlichen Handelsfunktionen mit normativem Rang gibt. Die Verteilung der Aufgaben zwischen den verschiedenen Handelsstufen muß sich vielmehr in einem System freien und fairen Wettbewerbs stets erst neu herausbilden, so daß es ebenso unsinnig wie zwecklos ist, in diesem Prozeß zugunsten einer Handelsstufe mit der Generalklausel intervenieren zu wollen. Schaufenster- und Regalflächen sind zudem knapp und daher teuer, so daß es durchaus legitim ist, diese begehrten Flächen durch die Forderung von Schaufenster- oder Regalmieten zu versteigern. Die abweichende h. M. läuft im Grunde auf ein Verbot gezielter Preissenkungen und damit auf ein allgemeines Diskriminierungsverbot hinaus; ein solches hat indessen – völlig zu Recht – der Gesetzgeber in der Diskussion um § 26 II GWB bisher noch stets abgelehnt. Selbst den Anwendungsbereich des hier unmittelbar einschlägigen § 26 III GWB hat der Gesetzgeber noch 1980 mit gutem Grund auf marktmächtige Unternehmen beschränkt. Dann darf aber über die Generalklausel des § 1 UWG grundsätzlich nicht weiter in dem Verbot des Anzapfens oder der Funktionsverlagerung gegangen werden, wenn man nicht den Wettbewerb und insbes. den Preiswettbewerb übermäßig beschränken will. Das erfordert schon zwingend der Zusammenhang von UWG und GWB (s. o. § 5, 4).

Diese Argumente haben (erfreulicherweise) ihren Eindruck auf die Rechtsprechung nicht verfehlt. Der BGH hatte sich zwar zunächst für Schaufenstermieten[211] und Eintrittsgelder[212] der geschilderten h. M. angeschlossen, ist dann aber unter dem Eindruck der daran geübten Kritik für die Verlagerung der Preisauszeichnung auf die Hersteller[213] sowie für die Forderung sog. Eröffnungsrabatte[214] wieder deutlich von der h. M. abgerückt. Die dabei nunmehr aufgestellten Voraussetzungen für die Anwendbarkeit des § 1 UWG sind so eng, daß sie in der Praxis in aller Regel nicht nachzuweisen sein werden, ein Grund mehr für den nicht verstummenden Ruf nach dem Gesetzgeber, dem dieser mit der Novelle von 1986 wenigstens z. T. nachgegeben hat (s. die §§ 6d und 6e UWG).

9. Sonstige Fälle

Behinderungen von Konkurrenten sind noch in vielen anderen Formen möglich. Aus dem UWG gehören hierher z. B. die Fälle der Anschwärzung und der Verleumdung (§§ 14 und 15 UWG; dazu u. § 7) sowie des

---

81 ff.; *Mestmäcker*, Wettbewerb, bes. S. 69, 250, 282 ff.; *Gilbert*, BB 1981, 702; zurückhaltend auch *Köhler*, S. 19 ff.
[211] LM § 1 UWG Nr. 298 = NJW 1977, 631 = JuS 1977, 409 Nr. 9.
[212] LM § 1 UWG Nr. 299 = JuS 1977, 410 Nr. 10.
[213] LM § 1 UWG Nr. 371 = NJW 1983, 171 = JuS 1983, 150 Nr. 11.
[214] LM § 1 UWG Nr. 377 = NJW 1983, 169 = JuS 1983, 150 Nr. 11.

Geheimnisverrats (§§ 17–20 UWG; dazu u. § 8). Bei der Ausbeutung fremder Leistungen (u. § 9) steht ebenfalls häufig, wenn nicht i. d. R. der Gesichtspunkt der Behinderung im Vordergrund. Eine Fülle weiterer Fälle wird über die Generalklausel des § 1 UWG und über verschiedene, andere Vorschriften in und außerhalb des UWG erfaßt.[215] Der folgende Überblick über diese Fälle soll zugleich deutlich machen, in welchem Ausmaß die Generalklausel – richtig verstanden – zum Schutze des freien Wettbewerbs beizutragen vermag.

a) Eine besonders deutliche Behinderung des Konkurrenten stellt es dar, wenn man ihn unmittelbar in seinem eigenen Tätigkeitsbereich bekämpft. Deshalb ist namentlich die Werbung unmittelbar am oder vor dem Geschäft des Konkurrenten i. d. R. als unlauter anzusehen, immer vorausgesetzt, daß die Aktion bezweckt, den ,,abgefangenen" Kunden direkt in das eigene Geschäft zu lenken.[216] Beispiele sind die Anbringung von Werbeplakaten sowie das Abfangen von Kunden oder die Verteilung von Handzetteln vor dem Geschäft des Konkurrenten.[217]

b) Einen sehr wertvollen Unternehmensbestandteil bilden häufig die verschiedenen Waren- und Unternehmenskennzeichen. Diese Zeichen werden deshalb gleich durch eine ganze Reihe sich vielfältig überschneidender Vorschriften gegen ihre mißbräuchliche Verwendung seitens anderer Gewerbetreibender geschützt (vgl. aus dem UWG insbes. § 16 und dazu u. § 14). Daneben gibt es aber immer wieder Fälle, in denen ein Schutz der Inhaber dieser Zeichen nur durch einen Rückgriff auf die Generalklausel möglich ist.

So ist es z. B. als sittenwidrig anzusehen, wenn ein Gewerbetreibender *Warenzeichen* entgegen ihrer eigentlichen Funktion dazu mißbraucht, für Konkurrenten künstliche Marktzutrittssperren zu errichten. Das deutsche Warenzeichenrecht kennt zwar kein Vorbenutzungsrecht, so daß es grundsätzlich zulässig ist, Bezeichnungen für sich als Warenzeichen eintragen zu lassen, die zuvor schon von anderen benutzt worden sind. Anders verhält es sich jedoch, wenn mit der Anmeldung des Zeichens in erster Linie der Zweck verfolgt wird, einem Konkurrenten den Marktzutritt mit seinem berühmten Zeichen zu versperren.[218]

Mitbewerber können außerdem dadurch erheblich behindert werden, daß man ihre Warenzeichen beseitigt oder in ihrer Kennzeichnungskraft beeinträchtigt. Es stellt deshalb z. B. unlauteren Behinderungswettbewerb dar, wenn ein Unternehmen bei der Reparatur fremder Produkte das Warenzeichen des Herstellers beseitigt und statt des-

---

[215] Alle Einzelheiten bei *Baumbach-Hefermehl*, § 1 UWG Rdnrn. 173 ff.; *Ulmer-Reimer*, Tz. 486 ff.

[216] Grdl. *BGH*, Betr. 1986, 1458 = WM 1986, 918 = GRUR 1986, 547.

[217] *BGH*, LM § 1 UWG Nrn. 94 und 117 = NJW 1960, 1294; JuS 1963, 121 Nr. 4; *KG*, GRUR 1984, 601; *OLG Koblenz*, WRP 1974, 283 (285).

[218] Grdl. *BGHZ* 46, 130 ,,Modess" = JuS 1967, 140 Nr. 7; *BGH*, LM § 826 (Gd) BGB Nr. 25; § 1 UWG Nrn. 175, 205 und 325 = GRUR 1967, 308; NJW 1969, 1534; GRUR 1980, 110; *BGH*, GRUR 1967, 490 (491 f.); 1970, 138 (139 f.); *Baumbach-Hefermehl*, § 1 UWG Rdnrn. 179, 196; enger hingegen *BGH*, LM § 16 UWG Nr. 77 (Bl. 5 R) ,,Terrapin/Terranova"; LM § 1 UWG Nr. 404 = GRUR 1984, 210 ,,Arostar"; insbes. NJW 1985, 2762 ,,topfit".

sen sein eigenes Warenzeichen anbringt[219] oder wenn durch die Verwendung fremder Wortzeichen als Gattungsbegriff deren Entwicklung zum Gattungsbegriff gefördert wird, weil damit dem fremden Zeichen seine Kennzeichnungskraft genommen wird.[220] Jedoch bleibt es den anderen Mitgliedstaaten der EWG unbenommen, zwecks Exportförderung Symbole, die deutschen Warenzeichen ähnlich sind, im Inland als Herkunftshinweis durchzusetzen.[221] In diesen Zusammenhang gehört schließlich noch der Schutz berühmter Zeichen gegen ihre „Verwässerung" durch die Verwendung für ganz andere (ungleichartige) Waren, so daß weder § 16 UWG noch das WZG anwendbar sind. Die Praxis greift deshalb in diesen Fällen heute i. d. R. auf § 823 I BGB zurück; doch hindert richtigerweise hier nichts die Anwendung des § 1 UWG (s. im einzelnen u. § 14, 6 f.).

c) Jeder Kaufmann darf Konkurrenzware in Zahlung nehmen, um damit den Absatz seiner Ware zu fördern.[222] In Ausnahmefällen können jedoch umfangreiche Umtauschaktionen von Herstellern gegenüber dem Handel, durch die den Konkurrenten systematisch die Absatzwege verstopft werden, durchaus einmal gegen § 1 UWG verstoßen.[223] Im Regelfall dürften freilich zur sachgerechten Erfassung derartige Fälle die Verbote des GWB (§§ 22 IV, 26 II, III, 37 a III) vollauf ausreichen, so daß hier ein ergänzender Wettbewerbsschutz über § 1 UWG heute nur noch in Ausnahmefällen in Betracht kommen wird.[224]

§ 7. Anschwärzung und Verleumdung

Literatur: Horn, Die unberechtigte Verwarnung aus gewerblichen Schutzrechten, 1971; *v. Köller,* Meinungsfreiheit und unternehmensschädigende Äußerungen, 1971; *Koppensteiner,* S. 379 ff.; *Lindacher,* ZHR 144 (1980), 350; *Nordemann,* Tz. 314 ff.; *Pärn,* NJW 1979, 2544; *Schrauder,* Wettbewerbsverstöße als Eingriffe in das Recht am Gewerbebetrieb, 1970; *Ulmer-Reimer,* Tz. 410 ff. (S. 281 ff.).

1. Überblick

Es stellt eine besonders schwerwiegende Form der Behinderung der Mitbewerber im Wettbewerb dar, wenn gegenüber Dritten über ihre

---

[219] *BGH,* LM § 1 UWG Nr. 241 = GRUR 1972, 558; *Waibel,* Warenzeichenrechtliche und wettbewerbsrechtliche Fragen, 1977, S. 204 ff.

[220] Grdl. *RGZ* 117, 498; *BGH,* LM § 1 UWG Nr. 128 = GRUR 1964, 82 „Lesering"; *Tilmann,* Die geographische Herkunftsangabe, 1976, S. 255 ff.; *Ulmer-Reimer,* Tz. 511. Vgl. auch für die Entwicklung eines Zeichens zur berühmten Marke, wodurch die Werbekraft eines anderen Zeichens beeinträchtigt wird, *BGHZ* 25, 369 (375 ff.) „Whipp".

[221] *BGH,* GRUR 1985, 978 „Shamrock II".

[222] *BGH,* LM § 1 UWG Nr. 95 (Bl. 3 f.) = NJW 1960, 1853; *OLG Frankfurt,* Betr. 1983, 222; *Baumbach-Hefermehl,* § 1 UWG Rdnr. 176; *Ulmer-Reimer,* Tz. 512 f.

[223] *BGHZ* 3, 339 (342); *OLG Düsseldorf,* GRUR 1950, 191 (192); *OLG Celle,* NJW 1961, 1773; *Baumbach-Hefermehl,* § 1 UWG Rdnr. 175.

[224] Weitere Beispiele für unlauteren Behinderungswettbewerb etwa in *BGH,* LM § 1 UWG Nr. 378 = GRUR 1983, 34 (Abfangen der Post der Konkurrenten); *OLG Hamm,* GRUR 1985, 144; *LG Köln,* NJW 1986, 72 (Ausnutzung der umfangreichen Werbung eines gemeinnützigen Vereins für eine Altkleidersammlung durch ein kommunales Unternehmen).

Person, ihr Unternehmen oder ihre Leistungen von anderen Gewerbetreibenden unrichtige Tatsachen behauptet werden. Schon das alte UWG
von 1896 gewährte deshalb allen Unternehmen Schutz hiergegen durch
das strafbewährte Verbot der Anschwärzung. Heute finden sich die einschlägigen Vorschriften in den §§ 14 und 15 UWG.

Neben diesen Vorschriften, deren praktische Bedeutung heute offenbar
nur gering ist, gibt es noch eine ganze Reihe anderer Vorschriften zum
Schutze der sog. Geschäftsehre.[1] Die engste Verwandtschaft mit § 14
UWG weist dabei § 824 BGB auf. Alle genannten Vorschriften wenden
sich freilich (nur) gegen die Verbreitung *unwahrer* Tatsachen. Daraus
darf indessen nicht der Schluß gezogen werden, daß die Behauptung
wahrer Tatsachen stets erlaubt sei; das Gegenteil ist der Fall, da die
Behauptung oder Verbreitung wahrer Tatsachen durchaus unlauteren Behinderungswettbewerb darstellen kann (§ 1 UWG); die wichtigsten Beispiele sind die Fälle der persönlichen und der vergleichenden Werbung,
wenn für sie kein hinreichender Anlaß besteht (s. o. § 6, 7). Ergänzend
greift schließlich immer noch der Schutz des Gewerbebetriebs und des
allgemeinen Persönlichkeitsrechts aufgrund des § 823 I BGB ein. Die
§§ 14 und 15 UWG verdrängen dabei nicht etwa die übrigen Vorschriften
zum Schutze der Geschäftsehre; alle diese Vorschriften stehen vielmehr
grundsätzlich gleichberechtigt nebeneinander. Lediglich der Schutz des
Gewerbetreibenden über § 823 I BGB ist subsidiär gegenüber einem spe-
zialgesetzlichen Schutz der Geschäftsehre auf Grund anderer Vorschriften.

2. Wettbewerbshandlung

§ 14 UWG gilt (anders als § 15 UWG) nur für die Behauptung oder
Verbreitung von Tatsachen zu Zwecken des Wettbewerbs. Die Behauptung oder Verbreitung muß sich mithin als Wettbewerbshandlung darstellen (dazu o. § 4, 3). Zum Schutze der Meinungsfreiheit ist die Praxis
insoweit verhältnismäßig zurückhaltend. Das Vorliegen eines Wettbe-
werbszweckes wird grundsätzlich nur bejaht, wenn eine Wechselbeziehung zwischen der von dem Täter erstrebten Begünstigung und den dem
Betroffenen zugefügten Schäden besteht, so daß es sich bei den Beteiligten i. d. R. um auf derselben Marktstufe stehende Konkurrenten handeln
muß. Für die Anwendung des § 14 UWG ist hingegen kein Raum, wenn
unrichtige Behauptungen über Lieferanten oder Kunden aufgestellt wer-

---

[1] Überblick bei *Baumbach-Hefermehl*, Vorb. § 14 Rdnrn. 4ff.; vgl. außerdem insb.
Helle, Der Schutz der Persönlichkeit, der Ehre und des wirtschaftlichen Rufs im Pri-
vatrecht, 2. Aufl. (1969); *Kübler*, AcP 172 (1972), 177; *Tilmann*, NJW 1975, 758;
Wenzel, Das Recht der Wort- und Bildberichterstattung, 2. Aufl. (1979).

den[2] oder wenn es sich um eine Pressefehde über Fragen von öffentlichem Interesse handelt.[3]

Stellt die Behauptung oder Verbreitung von Tatsachen keine Wettbewerbshandlung dar, so kommt in erster Linie die Anwendung des § 824 BGB in Betracht, bei dem jedoch die Beweislast für die Unrichtigkeit der aufgestellten Behauptungen anders als bei § 14 UWG den Kläger trifft, der sich gegen diese Behauptungen wendet.

3. Tatsachen

a) Die §§ 14 und 15 UWG gelten nur für die Behauptung oder Verbreitung von ,,Tatsachen" im Gegensatz zu der von Werturteilen.[4] Die Abgrenzung kann im Einzelfall schwierig sein. Grundsätzlich ist darauf abzustellen, ob die fragliche Äußerung einem Wahrheitsbeweis zugänglich ist oder nicht. Tatsachenbehauptungen sind mithin nur solche Äußerungen, deren Wahrheitsgehalt durch Beweisaufnahme geklärt werden kann.[5] Dabei ist nicht etwa von dem Verständnis auszugehen, das der Erklärende selbst mit seiner Äußerung verbunden hat, sondern von dem Sinn, der sich dem unbefangenen und i. d. R. oberflächlichen Empfänger der Erklärung als nächster aufdrängen muß (sog. Empfängerhorizont). Bei einer Vielzahl von Behauptungen entscheidet demnach der Gesamteindruck des Empfängers, so daß sich selbst bei Aufstellung einzelner, zutreffender Behauptungen durch deren Verbindung mit anderen, unrichtigen Behauptungen insgesamt ein falscher Gesamteindruck ergeben kann.[6] Sogar in der bloßen Äußerung eines Verdachts kann eine Tatsachenbehauptung liegen, wenn daraus die angesprochenen Verkehrskreise notwendigerweise bestimmte Schlüsse ziehen werden.[7]

b) Eine Erklärung bezieht sich z. B. auf Tatsachen, wenn behauptet wird, ein Konkurrent liefere mangelhafte oder wertlose Ware,[8] bei 60% seiner Waren ergäben sich Reklamationen der Kunden,[9] bestimmte Anlageempfehlungen einer Zeitung seien unseriös,[10] ein Mitbewerber habe sich eines schweren Vertrags- und Treuebruchs oder einer Unterschla-

---

[2] *BGH*, LM § 1 UWG Nr. 65 = GRUR 1959, 31; § 14 UWG Nrn. 1, 3 und 4 = NJW 1951, 352; GRUR 1954, 333; 1957, 93; *BGH*, GRUR 1960, 135.

[3] *BGH*, LM Art. 5 GG Nr. 56 = NJW 1982, 637 (638).

[4] *BGH*, LM § 1004 BGB Nr. 106 = NJW 1970, 557; *Baumbach-Hefermehl*, § 14 Rdnrn. 3 ff.

[5] *RGZ* 101, 335 (337 f.); *BGHZ* 3, 270 (273 f.); 45, 296 (304 f.); 65, 325 = JuS 1976, 329 Nr. 6; *BGH*, LM § 824 BGB Nr. 9 = JuS 1966, 494 Nr. 3; *Koppensteiner*, S. 381; *Kübler*, AcP 172 (1972), 177 (199 f.); *Nordemann*, Tz. 58 f., 317; *Tilmann*, NJW 1975, 761.

[6] *BGH*, LM § 14 UWG Nrn. 3 und 8.

[7] *BGH*, LM § 1 UWG Nrn. 1 und 65 = NJW 1951, 352; GRUR 1959, 31.

[8] *Baumbach-Hefermehl*, § 14 Rdnr. 6.

[9] *OLG Nürnberg*, Urt. v. 30. 11. 1982 – 3 U 1479/82.

[10] *BGH* (o. Fußn. 3) (letztlich offengelassen).

gung schuldig gemacht[11] oder er schmiere die Mitarbeiter wichtiger Kunden durch übermäßige Geschenke.[12] Um Tatsachen geht es schließlich noch, wenn eine Zeitschrift behauptet, eine andere Zeitschrift habe einen Bericht gefälscht.[13]

c) Umstritten ist die Anwendbarkeit des § 14 UWG namentlich in den Fällen der *Schutzrechtsverwarnung*. An sich hinderte hier nichts die Anwendung des § 14 UWG, da über die Behauptung eines Gewerbetreibenden, ein Konkurrent verletze Schutzrechte des Erklärenden, ohne weiteres Beweis erhoben werden kann.[14] Gleichwohl vermeidet die Praxis in diesen Fällen in aller Regel den Rückgriff auf § 14 UWG, und zwar wohl in erster Linie wegen der scharfen Haftung, die sich andernfalls für den Verwarnenden aus § 14 UWG ergäbe.[15] Statt dessen wird meistens ein Eingriff in den Gewerbebetrieb angenommen und deshalb eine Lösung dieser schwierigen Fälle über den flexibleren § 823 I BGB versucht.[16] Dies vermag schon deshalb nicht zu befriedigen, weil es sich hier um ausgesprochene Fälle des Behinderungswettbewerbs handelt, so daß sedes materiae, wenn man schon nicht § 14 UWG anwenden will, zumindest der (vorrangige) § 1 UWG sein dürfte.[17]

Ähnliche Probleme ergeben sich, wenn ein Gewerbetreibender gegenüber einem Konkurrenten den Vorwurf eines Wettbewerbsverstoßes durch Verletzung des UWG oder eines seiner Nebengesetze erhebt. Die Praxis stellt hier ganz auf die Umstände des Einzelfalles ab (s. auch u. 5). So ist z. B. der Vorwurf der Preisschleuderei ebenso wie der des Schmierens als Tatsachenbehauptung gewertet worden,[18] während der Vorwurf der unlauteren Preisunterbietung gegenüber dem Außenseiter eines Preisbindungssystems ein bloßes Werturteil darstellen soll.[19]

d) Die sorgfältige Unterscheidung von Tatsachenbehauptungen und bloßen Werturteilen ist vor allem deshalb so wichtig, weil für Werturteile mit Rücksicht auf Art. 5 GG viel weitere Zulässigkeitsgrenzen als für Tatsachenbehauptungen gelten.[20] Einen Schutz gegen bloße Werturteile gibt es heute nur noch in Ausnahmefällen auf Grund der Generalklauseln des § 1 UWG und des § 826 BGB, etwa bei einer pauschalen Abwertung

---

[11] *BGH*, LM § 14 UWG Nrn. 3 und 4 = GRUR 1954, 333; 1957, 93.

[12] *BGH*, LM § 1 UWG Nr. 65 = GRUR 1959, 31.

[13] Grdl. *BGH*, LM § 824 BGB Nr. 12 = NJW 1968, 644.

[14] Vgl. *Baumbach-Hefermehl*, § 14 UWG Rdnrn. 8–12c m. Nachw.; *Nordemann*, Tz. 317. Anders daher, wenn der eine Teil den anderen lediglich über seine Rechtsansicht informiert und zu einem Gespräch darüber auffordert (*OLG Karlsruhe*, GRUR 1984, 143).

[15] Vgl. *BGH*, LM § 1004 BGB Nr. 106 = NJW 1970, 557; LM § 1 UWG Nr. 279; § 13 UWG Nr. 22 (Bl. 3 R).

[16] Z. B. *RGZ* 58, 24; 94, 248; *BGHZ* 38, 200 = JuS 1963, 200 Nr. 3.

[17] Vgl. z. B. *Schrauder*, Wettbewerbsverstöße, S. 249 ff.

[18] *BGH*, LM § 1 UWG Nr. 65; § 14 UWG Nr. 8 = GRUR 1959, 31; 1960, 331.

[19] Grdl. *BGH*, LM § 1004 BGB Nr. 106 = NJW 1970, 557.

[20] S. *Emmerich*, SchuldR Bes. Teil, 4. Aufl. (1985), S. 219 f. m. Nachw.

eines Konkurrenten als ,,unseriös" ohne jeden Versuch einer sachlichen Begründung.[21]

e) Eine Tatsache wird behauptet, wenn man sie als eigenes Wissen mitteilt, während sie verbreitet wird, wenn man sie als fremde Mitteilung weitergibt, und sei es auch in der Form der Äußerung eines Verdachts.[22] Im übrigen spielt die Abgrenzung keine Rolle, weil das Gesetz beide Fälle gleich behandelt, so daß jede Äußerung über Tatsachen erfaßt werden kann.

4. Gegenstand

Die Anwendung des § 14 UWG setzt außerdem voraus, daß sich die fraglichen Tatsachen auf die Person des Inhabers oder Leiters des Geschäfts oder auf dessen Waren oder gewerbliche Leistungen beziehen. Die Äußerung muß mithin einen deutlichen Bezug auf die Person oder die Leistungen eines Konkurrenten aufweisen. Das Erwerbsgeschäft eines anderen muß erkennbar betroffen sein, wobei im wesentlichen dieselben Regeln wie bei der Bezugnahme im Falle der vergleichenden Werbung gelten.[23] Ganz allgemeine Vorwürfe gegen eine Vielzahl von Gewerbetreibenden rechtfertigen hingegen nicht die Anwendung des § 14.

5. Eignung zur Schädigung

Die verbreitete oder behauptete Tatsache muß schließlich, wenn § 14 UWG anwendbar sein soll, ihrer Art nach zur Schädigung der Konkurrenten geeignet sein. Dafür genügt schon jede Tatsache, die geeignet ist, in den Augen der Öffentlichkeit den Kredit des Konkurrenten zu beeinträchtigen. Eine Ehrverletzung ist nicht erforderlich. Unter § 14 UWG fallen daher z. B. der Vorwurf von Verstößen gegen das UWG, etwa durch das Schmieren der Angestellten der Kunden (§ 12 UWG), oder der Vorwurf der Unterschlagung, des Treubruchs oder der Preisschleuderei.[24]

6. Beweislast

§ 14 UWG wendet sich nur gegen die Behauptung oder Verbreitung von Tatsachen, die nicht erweislich wahr sind. Das entscheidende bei § 14 UWG ist nun, daß hier – anders als bei § 15 UWG und bei § 824 BGB – die Beweislast für die Wahrheit der Tatsache bei dem Erklärenden und

---

[21] *BGH* (o. Fußn. 3).
[22] Z. B. *Nordemann*, Tz. 318.
[23] S. deshalb im einzelnen o. § 6, 7b; *Baumbach-Hefermehl*, § 14 Rdnrn. 13ff.; *Ulmer-Reimer*, Tz. 417.
[24] S. *BGH*, LM § 824 BGB Nr. 9 = JuS 1966, 494 Nr. 3; *Baumbach-Hefermehl*, § 14 Rdnr. 24; *Ulmer-Reimer* Tz. 416.

nicht bei dem Betroffenen liegt. Der *Erklärende* muß also den Wahrheitsbeweis für seine Behauptungen antreten. Gelingt ihm dieser Beweis nicht, so greift die scharfe Haftung des § 14 UWG ein (selbst wenn er an sich recht hat).[25]

7. Ausnahmen

a) Die strenge Haftung für die Behauptung oder Verbreitung nicht erweislich wahrer Tatsachen ist nur eingeschränkt, wenn es sich um vertrauliche Mitteilungen handelt *und* wenn der Mitteilende oder der Empfänger der Mitteilung an ihr ein berechtigtes Interesse hat (§ 14 II UWG). Beide Voraussetzungen müssen zusammentreffen.[26]

Als vertraulich gilt eine Mitteilung, die ausdrücklich *oder* nach den Umständen eindeutig nur für den Empfänger und nicht für einen größeren Kreis bestimmt ist.[27] Hieran fehlt es z. B. bei einem Rundschreiben an die Abnehmer ebenso wie bei „öffentlichen" Vorwürfen in der Mitgliederversammlung eines Unternehmensverbandes[28] oder bei sonstigen Mitteilungen eines Verbandes an seine Mitglieder.[29] Außerdem ist erforderlich, daß die vertrauliche Mitteilung der Wahrnehmung berechtigter Interessen dient. Bei der somit stets gebotenen Interessenabwägung wird i. d. R. großzügig verfahren.[30] Aber die Aufstellung unwahrer Behauptungen ist niemals durch die Wahrnehmung berechtigter Interessen gedeckt.[31]

b) Unter den Voraussetzungen des § 14 II UWG kehrt sich die Beweislast um: Den Beweis für die Unrichtigkeit der behaupteten Tatsachen muß jetzt nicht mehr der Erklärende (s. o. 6), sondern der Betroffene führen. Außerdem ist der Erklärende jetzt nur noch bei Verschulden schadensersatzpflichtig; d. h. er muß hinsichtlich der Unrichtigkeit der Tatsache zumindest fahrlässig gehandelt haben (§ 14 II 2 UWG).

8. Rechtsfolgen

Aufgrund des § 14 kann der Betroffene sowohl Widerruf als auch Schadensersatz verlangen; unter zusätzlichen Voraussetzungen kann sich der Erklärende außerdem nach § 15 UWG strafbar machen (dazu u. 9).

a) Widerruf

Die bei weitem wichtigste Rechtsfolge der Anschwärzung ist der Widerrufsanspruch (§ 14 I 2 UWG), der selbst dann eingreift, wenn die

---

[25] Vgl. z. B. *BGH*, LM § 1 UWG Nr. 65; § 14 UWG Nrn. 4 und 13 = NJW 1980, 941.
[26] *BGH*, GRUR 1960, 331 (333).
[27] *BGH*, GRUR 1960, 135; *Baumbach-Hefermehl*, § 14 Rdnr. 32; *Nordemann*, Tz. 324 f.; *Ulmer-Reimer*, Tz. 420.
[28] *OLG Düsseldorf*, GRUR 1985, 224.
[29] *BGH*, GRUR 1960, 331 (333); LM § 14 UWG Nr. 3 = GRUR 1954, 333.
[30] Vgl. *BGH*, GRUR 1960, 135 (136); *Baumbach-Hefermehl*, § 14 Rdnrn. 33 ff.; *Ulmer-Reimer*, Tz. 421.
[31] *BGH*, LM § 14 UWG Nrn. 1 und 3 = NJW 1951, 352; GRUR 1954, 33.

unrichtige Behauptung von Angestellten oder Beauftragten des Geschäftsherrn aufgestellt worden ist (§ 14 III i. V. mit § 13 IV UWG).[32] Der Widerrufsanspruch setzt zwar kein Verschulden, wohl aber eine fortwirkende Beeinträchtigung voraus.[33] War die Erklärung zunächst durch die Wahrnehmung berechtigter Interessen gedeckt, ist der Rechtfertigungsgrund aber später weggefallen, weil sich die Unrichtigkeit der Behauptung herausgestellt hat, so kann jetzt ebenfalls Widerruf verlangt werden.[34] Nur ein eingeschränkter Widerrufsanspruch kommt schließlich in Betracht, wenn der Täter zwar nicht den Wahrheitsbeweis, der Betroffene aber ebensowenig den Beweis der Unrichtigkeit der Behauptung zu erbringen vermag: In diesem Fall kann dem Täter nur die Erklärung abverlangt werden, daß er seine Behauptung nicht mehr aufrechterhalte.[35]

b) Schadensersatz

Der Schadensersatzanspruch aufgrund des § 14 I 1 UWG setzt nur voraus, daß dem Erklärenden der Wahrheitsbeweis nicht gelingt; ein weitergehendes Verschulden ist nicht erforderlich.[36] Stammt die Erklärung hingegen von Angestellten oder Beauftragten des Geschäftsinhabers, so haftet dieser hierfür nur nach den §§ 31 oder 831 BGB auf Schadensersatz; § 13 IV UWG, der sich nur auf Unterlassungsansprüche bezieht, gilt nicht, auch nicht entsprechend.[37]

9. Inbesondere die Verleumdung

Die Anschwärzung (in der Form der Betriebsgefährdung) ist nach § 15 UWG überdies strafbar, wenn die behaupteten Tatsachen erweislich unwahr sind und der Erklärende dies gewußt hat (sog. Verleumdung). Der Täter muß also vorsätzlich gehandelt haben. Unrichtigkeit der Tatsachen und Vorsatz müssen hier aber dem Täter nachgewiesen werden.

Die Tat ist Vergehen (Freiheitsstrafe bis zu einem Jahr oder Geldstrafe); die Strafverfolgung tritt jedoch nur auf Antrag ein (§ 22 I UWG).

---

[32] S. *BGH*, LM § 14 UWG Nr. 13 = NJW 1980, 941.
[33] S. im einzelnen u. § 17, 2 und 3 sowie z. B. *BGH*, LM § 14 UWG Nr. 3; § 824 BGB Nr. 12; insbes. § 1004 BGB Nr. 106 = NJW 1968, 44; 1970, 557.
[34] *BGH*, LM § 14 UWG Nr. 6 = GRUR 1958, 448; NJW 1986, 2503 (2505).
[35] *BGH*, LM § 14 UWG Nrn. 4 und 6 = GRUR 1957, 93; 1958, 448.
[36] *BGH*, LM § 14 UWG Nr. 13.
[37] *BGH* (o. Fußn. 36).

§ 8. Geheimnisverrat und ähnliche Fälle

Literatur: Baumbach, S. 451 ff.; *Dietz*, in: Festschr. f. Hedemann, 1938, S. 330; *Emmerich*, ZHR 140 (1976), 28; *ders.*, in: IM, § 21; *Harte-Bavendamm*, in: Hdb., §§ 42 (Rdnrn. 195 ff.), 43 (S. 359, 376 ff.); *ders.*, Computerrecht 1986, 615; *Kraßer*, GRUR 1970, 587; 1977, 177; *Katzenberger*, Recht am Unternehmen und unlauterer Wettbewerb, 1967; *Koppensteiner*, S. 389 ff.; *Lampe*, BB 1977, 1477; *Mees*, GRUR 1979, 584; *Möhring*, in: Festschr. f. Nipperdey Bd. II, 1965, S. 415; *Nordemann*, Tz. 451 ff.; *Reimer-v. Gamm*, S. 481 ff.; *Schrauder*, Wettbewerbsverstöße als Eingriffe in das Recht am Gewerbebetrieb, 1970; *v. Stebut*, Betr. 1974, 613; *Nastelski*, GRUR 1957, 1; *Rittner*, S. 242 ff.; *Tiedemann*, ZStW 86 (1974), 990, 1029; *Ulmer-Reimer*, Tz. 305 ff. (218 ff.); *Sack*, BB 1986, 2220. – *Fälle*, S. 49 ff.; *Kartellrecht*, 148 ff.

1. Überblick

a) Das UWG enthält in den §§ 17 bis 20a einen in erster Linie strafrechtlich konzipierten Schutz von Geschäfts- und Betriebsgeheimnissen sowie von sonstigen Vorlagen und Vorschriften technischer Art. Das Gesetz ergänzt insoweit – in engem Rahmen – den im übrigen sondergesetzlich geregelten Schutz technischer Lehren (PatG, GebrMG). Ihre Erklärung findet die ganze Regelung vor allem in dem erheblichen, wirtschaftlichen Wert derartiger Geheimnisse und in deren leichter Verletzbarkeit. § 17 UWG ist durch das 2. Gesetz zur Bekämpfung der Wirtschaftskriminalität von 15. 5. 1986,[1] in Kraft getreten am 1. 8. 1986, grundlegend umgestaltet worden. Mit dieser Neuregelung, die noch in den Regierungsentwürfen von 1982[2] und 1983[3] nicht enthalten war, sondern aus einem der verschiedenen Entwürfe zu einem UWGÄndG[4] übernommen worden ist, wurde vor allem der Zweck verfolgt, den Schutz von Betriebsgeheimnissen gegen ihre Ausspähung durch Dritte zu verbessern.[5] Das UWG soll dadurch einen Beitrag zur verbesserten Bekämpfung der um sich greifenden Betriebsspionage leisten.[6] Die Vorschriften der §§ 17 bis 20 UWG haben dadurch eine wichtige, neue Zielrichtung erlangt und insgesamt erheblich an Bedeutung gewonnen.[7]

Verboten sind seitdem im einzelnen unter bestimmten Voraussetzungen der Geheimnisverrat durch Arbeitnehmer während des Bestehens ihres Dienstverhältnisses (§ 17 I), weiter die unbefugte Ausspähung fremder Geschäfts- oder Betriebsgeheimnisse durch eine der in § 17 II Nr. 1 UWG im einzelnen genannten Handlungen, außerdem die unbefugte Verwertung oder Mitteilung von Geschäfts- oder Betriebsgeheimnissen,

---

[1] BGBl. I, S. 721.
[2] BT-Dr. 9/2008.
[3] BT-Dr. 10/318.
[4] BT-Dr. 10/80.
[5] S. eingehend den Bericht des Rechtsausschusses, BT-Dr. 10 (1986)/5058, S. 40 f.
[6] Vgl. z. B. *Achenbach*, NJW 1986, 1835 (1840 m. Nachw.); *Sack*, aaO.
[7] Zur alten Fassung der §§ 17 ff. s. Voraufl., S. 101 ff.

deren Kenntnis auf eine der in § 17 II Nr. 2 UWG genannten Arten
erlangt worden ist, sowie schließlich die sog. Vorlagenfreibeuterei (§ 18).
Der Versuch ist dabei in jedem Fall strafbar (§ 17 III UWG). Dasselbe
gilt nach § 20 UWG für die versuchte Verleitung, das Erbieten, die Ver-
abredung und die Bereiterklärung zu den genannten Taten. Der internationale Anwendungsbereich der Strafvorschriften richtet sich nach § 20a
UWG i. V. mit § 5 Nr. 7 StGB. Ihre Verfolgung setzt grundsätzlich einen
Antrag des Betroffenen voraus (§ 22 I 1 UWG); seit der Novelle von
1986 ist jedoch bei Vorliegen eines besonderen, öffentlichen Interesses
auch eine Verfolgung von Amts wegen möglich (§ 22 I 2 UWG).

Der zivilrechtliche Geheimnisschutz ist demgegenüber nur kurz in § 19
UWG durch die Bestimmung geregelt, daß Verstöße gegen die §§ 17 und
18 UWG zum Schadensersatz verpflichten. Dasselbe folgt im übrigen
schon aus § 1 UWG sowie aus den §§ 823 II und 826 BGB, so daß die
Vorschrift des § 19 UWG im Grunde überflüssig ist. Über den engen
Rahmen der §§ 17 und 18 UWG hinaus kann sich außerdem in anderen
Fällen ein zivilrechtlicher Geheimnisschutz aus der Generalklausel des
§ 1 UWG sowie schließlich noch unter besonderen Umständen aus § 823
I BGB unter dem Gesichtspunkt des Eingriffs in den Gewerbebetrieb
ergeben.

b) Die wirtschaftliche Bedeutung von Geschäfts- und Betriebsgeheimnissen kann kaum überschätzt werden. Ihr Wert ist oft sehr hoch; in
vielen Fällen übertrifft er sogar den gewerblicher Schutzrechte. Bei zahlreichen Unternehmen bilden diese Geheimnisse geradezu den eigentlichen Kern ihres Betriebskapitals.

Betriebsgeheimnisse erfreuen sich zudem wegen ihrer vielfachen Vorteile ständig wachsender Beliebtheit. Dazu trägt einmal der Umstand bei,
daß der Schutz von Betriebsgeheimnissen – anders als der von gewerblichen Schutzrechten – zeitlich nicht begrenzt ist, zum anderen, daß Betriebsgeheimnisse nicht offenbart werden müssen, so daß es bei ihnen viel
leichter als bei den gewerblichen Schutzrechten möglich ist, schon ihre
Existenz vor der Konkurrenz zu verbergen. Und schließlich kommt noch
hinzu, daß es das GWB in § 21 zugelassen hat, mit Lizenzverträgen über
Betriebsgeheimnisse weitreichende Wettbewerbsbeschränkungen zu verbinden.[8] Auf der anderen Seite sind indessen Geschäfts- und Betriebsgeheimnisse infolge ihres fehlenden, sondergesetzlichen Schutzes in besonderem Maße der Gefahr ihrer Ausspähung durch Dritte sowie des Verrats
durch Mitarbeiter ausgesetzt. Namentlich die der deutschen Volkswirt-
schaft durch die Betriebsspionage fremder Länder zugefügten Schäden
sind offenbar sehr hoch.

Das hieraus resultierende, verständliche Interesse der Wirtschaft an
einem möglichst umfassenden Schutz der Geschäfts- und Betriebsge-

---

[8] Zur Kritik s. *Emmerich*, in: IM, § 21 Rdnrn. 5ff. m. zahlr. Nachw.

heimnisse gegen Verrat und Ausspähung durch Dritte kann indessen mit gleichrangigen Interessen Dritter und der Allgemeinheit kollidieren. Im Vordergrund steht dabei das legitime Anliegen aller Arbeitnehmer, nach ihrem Ausscheiden aus einem Betrieb, in dem sie Kenntnis von einem Betriebsgeheimnis erlangt haben, ihre Kenntnisse und Erfahrungen zum Zwecke ihres beruflichen Fortkommens unbeschränkt verwerten zu können. Daraus folgt zunächst, daß der Schutz von Betriebs- und Geschäftsgeheimnissen niemals soweit ausgedehnt werden darf, daß dadurch das berufliche Fortkommen von Arbeitnehmern in irgendeiner Hinsicht spürbar beeinträchtigt werden kann. Schon der Gesetzgeber hat genau aus diesem Grunde dem Schutz von Geschäfts- und Betriebsgeheimnissen gegen ihren Verrat durch Arbeitnehmer in § 17 I UWG enge Grenzen gezogen.[9] Diese (zutreffende) Wertentscheidung des Gesetzgebers muß vor allem bei dem (ergänzenden) Geheimnisschutz über § 1 UWG sorgfältig beachtet werden.

Schließlich spielen hier noch unverkennbar keineswegs leicht auf einen Nenner zu bringende Interessen der Allgemeinheit herein. Auf der einen Seite steht der gebotene Schutz der deutschen Wirtschaft gegen das Übel der Betriebsspionage. Darüber darf aber auf der anderen Seite nicht vernachlässigt werden, daß technisches und sonstiges Wissen, an dem keine gewerblichen Schutzrechte wie Patente oder Gebrauchsmuster bestehen, gemeinfrei ist und deshalb grundsätzlich von jedermann im Interesse des technischen und wirtschaftlichen Fortschritts genutzt werden darf.

Im Ergebnis sieht sich damit der Gesetzgeber bei dem Versuch, Geschäfts- und Betriebsgeheimnissen einen angemessenen, wettbewerbsrechtlichen Schutz zu gewähren, einer Vielzahl einander überkreuzender, individueller und allgemeiner Interessen gegenüber. Die Tendenz geht dabei heute unverkennbar in Richtung auf eine zunehmende Verstärkung des Geheimnisschutzes, namentlich gegen die Betriebsspionage Dritter.

2. Geheimnisverrat durch Beschäftigte

Nach § 17 Abs. 1 UWG machen sich Angestellte, Arbeiter oder Lehrlinge strafbar, wenn sie ein Geschäfts- oder Betriebsgeheimnis, das ihnen vermöge ihres Dienstverhältnisses anvertraut oder zugänglich geworden ist, *während* der Geltungsdauer ihres Dienstvertrages unbefugt jemandem zu Zwecken des Wettbewerbs, aus Eigennutz, zugunsten eines Dritten oder in der Absicht, dem Inhaber des Betriebs Schaden zuzufügen, mitteilen (sog. Geheimnisverrat durch Beschäftigte).

a) Geheimnis

Den Schutz des § 17 UWG genießen nur Geschäfts- oder Betriebsge-

---

[9] *BGH*, LM § 1 UWG Nr. 383 = NJW 1984, 239 = GRUR 1983, 179 (180); *Koppensteiner*, S. 392; *Ulmer-Reimer*, Tz. 314 ff.; *Fälle*, S. 50 f.

heimnisse. Man versteht darunter üblicherweise sämtliche Tatsachen, die im Zusammenhang mit einem Geschäftsbetrieb stehen, nicht offenkundig sind und nach dem bekundeten oder erkennbaren Willen des Betriebsinhabers geheimgehalten werden sollen, sofern der Betriebsinhaber ein berechtigtes Interesse an der Geheimhaltung hat, z. B. weil er nach dem Geheimnis erfolgreich arbeitet. Die geheimzuhaltende Tatsache braucht dabei nicht etwa neu und eigentümlich i. S. des Patentrechts zu sein; es genügt vielmehr bereits, daß nur einem kleinen, eingeweihten Kreis bekannt ist, daß in einem bestimmten Unternehmen ein an sich bekanntes Verfahren erfolgreich angewandt wird.[10] Den Gegensatz bilden alle offenkundigen Tatsachen, deren Kenntnis sich jeder interessierte Fachmann ohne besondere Mühe allein auf Grund des vorbekannten und jedermann zugänglichen Fachwissens erarbeiten kann.[11] Beispiele von Geheimnissen sind daher außer Konstruktionen von Maschinen, chemischen Verfahren und Mischungen noch Kunden- und Vertreterlisten, Rezepte, Modelle, Ausschreibungsunterlagen, Entwürfe und ähnliches mehr, nicht hingegen z. B. eine durch Meinungsumfragen (die jedermann möglich sind) ermittelte Störanfälligkeit von Konkurrenzprodukten.[12]

b) Täter

aa) Geschäfts- und Betriebsgeheimnisse sind während der Dauer des Dienstverhältnisses (nur) gegen ihren Verrat durch Angestellte, Arbeiter oder Lehrlinge geschützt. Der Kreis der hiernach in Betracht kommenden Täter wird allgemein sehr weit gezogen und umfaßt nach h. M.[13] sogar die Vorstands- und Aufsichtsratsmitglieder einer AG sowie die Geschäftsführer einer GmbH. Dies ist indessen mit Rücksicht auf den Wortlaut des Gesetzes, der sich eindeutig auf Arbeitnehmer in abhängiger Position beschränkt, wegen des strafrechtlichen Analogieverbots nicht unproblematisch.[14]

bb) Das Geheimnis muß dem Beschäftigten außerdem gerade vermöge seines Dienstverhältnisses anvertraut oder zugänglich geworden sein. Doch ist damit nur gesagt, daß ein ursächlicher Zusammenhang zwischen dem Dienstverhältnis und der Kenntniserlangung bestehen muß. Die Folge ist, daß es der Anwendung von § 17 I UWG nicht entgegensteht, wenn das Geheimnis von dem betreffenden Beschäftigten selbst stammt, so daß sogar Diensterfindungen unter § 17 I UWG fallen.[15]

---

[10] Z. B. *RG*, GRUR 1936, 575 f.; 1938, 907 f.; *BGH*, LM § 17 UWG Nrn. 2 und 5 = GRUR 1955, 424; NJW 1960, 1999; *BGH*, GRUR 1966, 152 (154); 1969, 341 (343); *Dietz*, in: Festschr. f. Hedemann, S. 345 ff.; *Emmerich*, in: IM, § 21 Rdnrn. 12 ff.
[11] *BAGE* 41, 21 = WM 1983, 1137 (1139) = JuS 1983, 394 Nr. 10 m. Nachw.
[12] *OLG Stuttgart*, GRUR 1982, 315 (316).
[13] *Baumbach-Hefermehl*, § 17 Rdnr. 10; *Koppensteiner*, S. 391 f.
[14] *Nordemann*, Tz. 459.
[15] *Nordemann*, Tz. 458.

c) Dauer des Schutzes

Der Verrat des Geheimnisses ist dem Arbeitnehmer nur während der Dauer seines Dienstverhältnisses verboten. Maßgebend ist dabei die rechtliche, nicht die tatsächliche Dauer des Dienstverhältnisses. Der Geheimnisschutz endet folglich stets mit Vertragsbeendigung. Die Verletzung nachvertraglicher Geheimhaltungsgebote stellt daher stets nur eine Vertragsverletzung dar; § 17 I UWG ist hingegen nicht anwendbar.[16]

Ebenso verhält es sich, wenn der Vertrag vom Arbeitgeber ordentlich oder außerordentlich aus wichtigem Grunde gekündigt wird. Eine andere Beurteilung kommt hier nur in Betracht, wenn der Beschäftigte die Kündigung geradezu provoziert hat, um anschließend in der Verwertung des Geheimnisses frei zu sein.[17]

Von diesem Ausnahmefall abgesehen ist jedoch der Beschäftigte nach seinem Ausscheiden grundsätzlich in der Verwertung aller seiner Kenntnisse und Erfahrungen frei; eine Ausnahme gilt jetzt nur noch unter den Voraussetzungen des § 17 II UWG (dazu u. 3). Macht sich der Arbeitnehmer selbständig, so darf er folglich mit den Erfahrungen werben, die er während seiner früheren Tätigkeit bei einem anderen Arbeitgeber erworben hat.[18]

d) Absicht

Voraussetzung der Strafbarkeit des Verrates ist schließlich, daß der Arbeitnehmer bei der unbefugten Mitteilung des Geheimnisses an Dritte zu Zwecken des Wettbewerbs, aus Eigennutz, zugunsten eines Dritten oder in Schädigungsabsicht gehandelt hat. Der erstrebte Vorteil braucht dabei kein wirtschaftlicher zu sein; vielmehr genügen schon sonstige Vorteile wie z. B. die Hebung des Ansehens. Mitteilungen aus bloßem Leichtsinn, aus Geschwätzigkeit oder Prahlerei werden jedoch nicht erfaßt.[19]

e) Rechtsfolgen

aa) Der Geheimnisverrat durch Beschäftigte sowie der Versuch dazu sind strafbar (§ 17 I und III UWG). Die Tat ist Vergehen, so daß für die Anstiftung § 26 StGB gilt. Unter Strafe gestellt sind durch § 20 UWG darüber hinaus sogar die versuchte Anstiftung sowie eine Reihe vergleichbarer Fälle. In besonders schweren Fällen, wozu insbes. die Verwertung des Geheimnisses im Ausland gehört, kann die Strafe nach § 17

---

[16] Vgl. die Fälle BGH, LM § 17 UWG Nrn. 1 und 9 = NJW 1955, 463; 1960, 2000; BAG (o. Fußn. 11); Baumbach-Hefermehl, § 17 Rdnrn. 10 ff.; Ulmer-Reimer, Tz. 321.

[17] BGH, LM § 17 UWG Nrn. 1 und 2 = NJW 1955, 463; GRUR 1955, 424; BGHZ 38, 391 = JuS 1963, 291 Nr. 8.

[18] BGH, LM § 1 UWG Nr. 62 = NJW 1958, 1486.

[19] Vgl. z. B. RG, DJZ 1932, Sp. 1150; Baumbach-Hefermehl, § 17 Rdnrn. 17 ff.; Nordemann, Tz. 462.

IV UWG verschärft werden. I. d. R. wird die Tat jedoch nur auf Antrag verfolgt (§ 22 UWG).

bb) Die zivilrechtlichen Rechtsfolgen ergeben sich aus § 19 UWG sowie aus § 1 UWG und aus § 823 II BGB, weil § 17 I UWG Schutzgesetz ist. Der Betriebsinhaber kann folglich Unterlassung und Schadensersatz verlangen.[20] Als Hilfsanspruch steht ihm außerdem ein Auskunftsanspruch zu.

3. Ausspähung und Verwertung von Geheimnissen

a) Nach § 17 II UWG i. d. F. von 1986 ist einmal strafbar, wer sich zu Zwecken des Wettbewerbs, aus Eigennutz, zugunsten eines Dritten oder in Schädigungsabsicht auf bestimmte Weise unbefugt ein Geschäfts- oder Betriebsgeheimnis verschafft oder sichert (sog. *Ausspähung* nach § 17 II Nr. 1 UWG n. F.), zum anderen, wer mit derselben Zielrichtung ein Geschäfts- oder Betriebsgeheimnis, dessen Kenntnis er durch eine gegen § 17 I UWG verstoßende Mitteilung eines Beschäftigten (dazu o. 2) erlangt oder sich durch verbotene Ausspähung oder sonst unbefugt verschafft hat, unbefugt *verwertet oder* jemandem *mitteilt* (§ 17 II Nr. 2 UWG). Der Versuch ist strafbar (§ 17 III UWG). § 17 II enthält somit heute zwei genau zu unterscheidende Tatbestände. *Täter* kann dabei jedermann einschließlich der zugleich unter § 17 I UWG fallenden Beschäftigten sein. Erfolgt die Mitteilung während des Dienstverhältnisses, so geht freilich der strengere § 17 I UWG vor. In allen anderen Fällen, insbes. also nach Beendigung des Dienstverhältnisses, ist hingegen die Mitteilung ebenso wie stets die Verwertung nur unter den zusätzlichen Voraussetzungen des Abs. 2 des § 17 UWG strafbar.

b) Die sog. *Ausspähung* oder Betriebsspionage ist durch die neue Nr. 1 des § 17 II UWG nicht generell verboten worden, um die Informationsbeschaffung seitens der Wirtschaft nicht übermäßig zu behindern.[21] Man muß vielmehr unterscheiden: Generell verboten ist die unbefugte Verschaffung oder Sicherung fremder Geschäfts- oder Betriebsgeheimnisse zu Zwecken des Wettbewerbs, aus Eigennutz, zugunsten eines Dritten oder in Schädigungsabsicht *nur,* wenn die unbefugte Verwertung oder Mitteilung des Geheimnisses an Dritte hinzutritt (Nr. 2 aaO.). Fehlt hingegen dieses qualifizierende Merkmal, so ist die Ausspähung nach der Nr. 1 des § 17 II UWG lediglich dann strafbar, wenn sie auf bestimmte Weise erfolgt, nämlich

a) durch Anwendung technischer Mittel,

b) durch Herstellung einer verkörperten Wiedergabe des Geheimnisses oder

c) durch Wegnahme einer Sache, in der das Geheimnis verkörpert ist.

---

[20] Grdl. *RGZ* 144, 41 (52 f.); *BAG*, ZIP 1986, 1352.
[21] S. eingehend den Ausschußbericht, BT-Dr. 10 (1986)/5058, S. 40 f.

Mit der Anwendung technischer Mittel (lit. a) ist dabei in erster Linie der Einsatz von Geräten wie z. B. Fotoapparaten, Filmkameras oder Sendern gemeint, während sich die lit. b gegen jede Vergegenständlichung des Geheimnisses mit dem Zweck wendet, das Geheimnis festzuhalten, um es anschließend anderen offenbaren zu können. Beispiele sind die Ablichtung oder Fotografie von Unterlagen. Mit der lit. c (Wegnahme einer Sache, in der das Geheimnis verkörpert ist) erfaßt das Gesetz schließlich noch sämtliche Maßnahmen, mit denen jemand ein Geheimnis so an sich bringt, daß er es anschließend selbst verwerten oder an Dritte weitergeben kann. Hierher gehört auch die Wegnahme von Sachen wie z. B. Maschinen, in denen das Betriebs- oder Geschäftsgeheimnis selbst verkörpert ist. Die Tat muß aber in jedem Fall unbefugt, d. h. unter Verletzung des berechtigten Geheimhaltungsinteresses des Geheimnisträgers, erfolgen.

Gleichsteht der unbefugten Geheimnisverschaffung in jedem Fall die unbefugte Geheimnissicherung. Damit sollen Täter erfaßt werden, die das Geheimnis zwar an sich schon kennen, sich indessen eine genaue oder bleibende Kenntnis, namentlich in Form einer verkörperten Wiedergabe, verschaffen.

c) Wenn die Ausspähung eines fremden Geschäfts- oder Betriebsgeheimnisses nicht auf die geschilderte, besondere Weise (§ 17 II Nr. 1 UWG und dazu o. b) erfolgt, ist die unbefugte Verschaffung oder Sicherung des fremden Geschäfts- oder Betriebsgeheimnisses zu Zwecken des Wettbewerbs, aus Eigennutz, zugunsten eines Dritten oder in Schädigungsabsicht *nur* strafbar, wenn als qualifizierendes Merkmal die unbefugte Verwertung oder Mitteilung des Geheimnisses an einen anderen hinzutritt. § 17 II Nr. 2 UWG knüpft damit an den alten Abs. 2 der Vorschrift an,[22] geht jedoch, um den Schutz von Betriebsgeheimnissen zu verbessern, in verschiedenen Richtungen deutlich über das frühere Recht hinaus.[23]

Nach der alten Fassung des § 17 II UWG war nämlich die unbefugte Verwertung oder Mitteilung fremder Geschäfts- oder Betriebsgeheimnisse nur strafbar, wenn sich der Täter deren Kenntnis durch eine der in Abs. 1 bezeichneten Mitteilungen oder durch eine gegen das Gesetz oder die guten Sitten verstoßende, eigene Handlung verschafft hatte. Nach neuem Recht ist hingegen die unbefugte Verwertung oder Mitteilung schon strafbar, wenn der Täter das Geheimnis

1. durch eine der in Abs. 1 des § 17 UWG bezeichneten Mitteilungen oder

2. durch eine eigene oder fremde Handlung unter Verstoß gegen die Nr. 1 des § 17 II UWG erlangt oder sich

3. sonst unbefugt verschafft oder gesichert hat.

---

[22] Dazu Voraufl., S. 106 f.
[23] Zu den Gründen s. im einzelnen den Ausschußbericht (o. Fußn. 21).

Im einzelnen:

Strafbar macht zunächst die unbefugte, d. h. rechtswidrige *Verwertung*
oder Mitteilung solcher Geschäfts- oder Betriebsgeheimnisse, die der Täter durch eine gegen § 17 I verstoßende Mitteilung eines Beschäftigten
erlangt hat (ebenso schon § 17 II a. F.). Strafbar sind die Verwertung oder
Mitteilung nach neuem Recht außerdem, wenn das Geheimnis unter Verstoß gegen die neue Nr. 1 des § 17 II UWG erlangt ist, wobei eigene und
fremde Verstöße gleichstehen. Nicht nur die Ausspähung selbst ist mithin unter den Voraussetzungen der Nr. 1 des § 17 II UWG strafbar,
sondern ebenso die anschließende Verwertung oder Weitergabe der auf
diese qualifizierte Weise erlangten Geheimnisse. Schließlich ist die unbefugte Verwertung oder Weitergabe fremder Geheimnisse nach neuem
Recht auch dann noch strafbar, wenn die Verschaffung oder Sicherung
des Geheimnisses „sonst unbefugt" erfolgt ist. Die Gesetzesverfasser
wollten damit über den als zu eng angesehenen, früheren § 17 II UWG
hinaus jeden sonstigen Fall des unbefugten Erlangens (einschließlich der
unbefugten Ausspähung) erfassen, das nicht in einer der besonders ge-
fährlichen Formen der Nr. 1 des § 17 II UWG vorgenommen worden
ist.[24]

Das frühere Recht hatte in § 17 II a. F. darauf abgestellt, ob der Täter
die Kenntnis durch eine gegen das Gesetz oder die guten Sitten verstoßende Handlung erlangt hatte. Eine solche unredliche Kenntniserlangung
wurde dabei bereits bei jeder über die vertraglichen Pflichten hinausge-
henden, besonders eingehenden Beschäftigung mit dem Geheimnis angenommen, sofern der Beschäftigte damit den Zweck verfolgte, sich das
Geheimnis so stark anzueignen, daß er es nach seinem Ausscheiden aus
dem Dienstverhältnis verwerten konnte. Die Anfertigung von Aufzeich-
nungen war hierfür nicht in jedem Fall erforderlich. Vielmehr genügte
bereits ein bloßes Einprägen der Einzelheiten des Geheimnisses, um es
später zu verwerten, sowie überhaupt jede Erlangung und Festigung der
Kenntnis auf unübliche und den Zwecken des Arbeitgebers abträgliche
Weise.[25] Beispiele waren etwa das systematische, unredliche Sammeln
betriebsgeheimer Unterlagen durch einen Beschäftigten, um die eigenen
Kenntnisse zu festigen und zu vertiefen,[26] sowie die Ausspähung und
Einprägung des Geheimnisses während Lizenzverhandlungen durch den

---

[24] Ausschußbericht (o. Fußn. 21).
[25] *RG*, GRUR 1936, 575 (577); 1938, 907 (909); *BGHSt* 13, 133 = NJW 1960, 207;
BGHZ 38, 393 = GRUR 1963, 368 f.; *BGH*, LM § 17 UWG Nrn. 5 und 8 = NJW
1960, 1999; 1977, 1062; LM § 1 UWG Nr. 383 = GRUR 1983, 179 (180 f.) = NJW
1984, 239; *BAGE* 41, 12 = WM 1982, 1137 (1139) = JuS 1983, 394 Nr. 10; *OLG
Stuttgart*, GRUR 1982, 315 (316); *Baumbach-Hefermehl*, § 17 Rdnr. 25; *Ulmer-Reimer*, Tz. 329.
[26] *BGHSt* 13, 133 = NJW 1960, 207.

Verhandlungspartner, sofern die Verhandlungen später scheitern.[27] Alle diese Fälle werden von der neuen Fassung des § 17 II Nr. 2 UWG selbstverständlich ebenfalls erfaßt, darüber hinaus aber auch jede sonstige rechtswidrige, d. h. gegen den Willen des Berechtigten verstoßende und nicht ausnahmsweise erlaubte Verschaffung oder Sicherung des Geheimnisses. Ein Gegenbeispiel ist etwa die Mitteilung des Geheimnisses durch den Berechtigten selbst.[28]

d) Die Rechtsfolgen eines Verstoßes gegen § 17 II UWG entsprechen denen eines Verstoßes gegen § 17 I UWG (s. deshalb im einzelnen o. 2e). Außerdem dürfen die Kenntnisse, die unter Verstoß gegen § 17 II UWG erlangt worden sind, in keiner Weise verwandt werden. Die mittels dieser Kenntnisse erzielten Ergebnisse sind ebenfalls rechtswidrig, so daß von ihnen kein Gebrauch gemacht werden darf; das gilt sogar für eigene Entwicklungen unter Verwendung der fraglichen Kenntnisse.[29]

4. Vorlagenfreibeuterei

§ 18 UWG, ein erstmals 1909 nach verbreiteten Klagen des Stickerei- und Spitzengewerbes in das Gesetz eingefügter Straftatbestand, untersagt die unbefugte Verwertung oder Mitteilung von Vorlagen oder Vorschriften technischer Art wie Zeichnungen, Modelle, Schablonen, Schnitte und Rezepte, die im geschäftlichen Verkehr anvertraut worden sind, zu Zwecken des Wettbewerbs oder aus Eigennutz.

a) Der Schutz beschränkt sich auf im geschäftlichen Verkehr anvertraute Vorlagen oder Vorschriften technischer Art. Gemeint sind damit Muster, Modelle, technische Anleitungen, Schablonen, Schnitte und ähnliches mehr. Es muß sich dabei grundsätzlich zugleich um Geschäfts- und Betriebsgeheimnisse i. S. des § 17 UWG handeln (str.), da Muster und sonstige technische Regeln und Anleitungen, die offenkundig und für jedermann zugänglich sind, schwerlich i. S. des § 18 UWG „anvertraut" werden können.[30] Auf jeden Fall entfällt der Schutz eines anvertrauten Geheimnisses, sobald es offenkundig wird.[31]

b) Ein Anvertrauen der Vorlagen oder Vorschriften kann nur angenommen werden, wenn sie mit der Verpflichtung überlassen werden, sie nur im Interesse des Anvertrauenden zu verwerten und nach Möglichkeit vertraulich zu behandeln. Hauptanwendungsfall ist dabei die Mitteilung von Geschäftsgeheimnissen während Vertragsverhandlungen oder auf-

---

[27] *BGH*, LM § 17 UWG Nr. 5 = NJW 1960, 1999.

[28] *BAG* (o. Fußn. 25).

[29] *BGH*, LM § 17 UWG Nr. 10 = WM 1985, 365 = GRUR 1985, 294 = BB 1985, 544 m. zahlr. Nachw.

[30] Grdl. *BGHZ* 82, 369 = NJW 1982, 937 m. Anm. *Bruchhausen*, LM § 18 UWG Nr. 5; ebenso i. Erg. bereits *BGH*, LM § 18 UWG Nr. 3 = NJW 1960, 2000.

[31] *BGH*, LM § 18 UWG Nrn. 2 und 3.

grund eines Vertrages.[32] Auf Arbeitnehmer, denen Vorlagen während ihres Dienstverhältnisses anvertraut werden, ist die Vorschrift hingegen nach ihrem Sinn und Zweck nicht anwendbar.[33]

c) Die strafbare Handlung besteht in der unbefugten Verwertung oder Mitteilung der anvertrauten Vorlagen zu Zwecken des Wettbewerbs oder aus Eigennutz. Dafür genügt es, wenn von dem in der Vorlage verkörperten Gedanken in irgendeiner Form Gebrauch gemacht wird, selbst wenn es sich dabei um eine ganz freie Bearbeitung handelt.[34]

d) Die Rechtsfolgen sind dieselben wie bei § 17 UWG (s. deshalb o. 2 e). Ein Unterschied besteht nur insofern, als der Versuch hier (anders als nach § 17 III UWG) nicht strafbar ist.

5. Zivilrechtlicher Schutz

Die §§ 17 und 18 UWG regeln lediglich den strafrechtlichen Geheimnisschutz, so daß durch sie ein weitergehender, zivilrechtlicher Schutz von Geheimnissen, insbes. aufgrund der Generalklausel des § 1 UWG oder nach Deliktsrecht, nicht ausgeschlossen wird.[35] Jedoch ist umstritten, in welchem Umfang tatsächlich ein solcher zusätzlicher Geheimnisschutz anerkannt werden kann.[36]

a) Das Problem konzentriert sich heute vor allem auf die Frage nach der Anwendbarkeit der Generalklausel (§ 1 UWG) auf einen ,,Geheimnisverrat'' durch Arbeitnehmer nach ihrem Ausscheiden bei dem Arbeitgeber jenseits der Fälle des § 17 II UWG. In diesen Fällen wäre es jedenfalls unzulässig, auf dem Wege über § 1 UWG in der Frage des zivilrechtlichen Geheimnisschutzes die dem § 17 UWG zugrundeliegenden, gesetzgeberischen Wertungen zu überspielen. Wie schon ausgeführt (s. o. 1 a), beruht nämlich die gesetzliche Regelung auf der eindeutigen Entscheidung des Gesetzgebers, daß sämtliche Beschäftigten nach ihrem Ausscheiden in der Verwertung ihrer Kenntnisse im Interesse ihres beruflichen Fortkommens grundsätzlich frei sein sollen, sofern sie ihre Kenntnisse nicht gerade auf unredliche Weise erlangt haben (§ 17 II UWG).

Daraus folgt, daß einem Arbeitnehmer jenseits der Fälle des § 17 UWG eine Verwertung seiner Kenntnisse nach seinem Ausscheiden aufgrund des § 1 UWG stets nur auf Grund besonderer, zusätzlicher Umstände verboten werden darf. Maßgebend sind dabei namentlich Art und Dauer der Beschäftigung des Arbeitnehmers, das ihm eingeräumte, besondere

---

[32] *BGH*, LM § 18 UWG Nrn. 3 und 4 = NJW 1960, 2000; GRUR 1964, 31.

[33] *Koppensteiner*, S. 394; a. A. nur *Nordemann*, Tz. 464.

[34] *BGH*, LM § 18 UWG Nr. 3 (Bl. 3); *Ulmer-Reimer*, Tz. 339.

[35] *BGHZ* 38, 391 = JuS 1963, 291 Nr. 8; *BGH*, LM § 18 UWG Nr. 4 = GRUR 1964, 31.

[36] S. dazu im einzelnen *Baumbach-Hefermehl*, § 17 Rdnrn. 35 ff.; *Nastelski*, GRUR 1957, 1 (5 ff.); *Ulmer-Reimer*, Tz. 342 ff.; *Fälle*, S. 52 f.

Vertrauen, seine Mitwirkung an der Entwicklung des Geheimnisses, die Umstände, unter denen er davon Kenntnis erlangt hat oder unter denen er davon Gebrauch macht, eine etwaige Schädigungsabsicht, die Bedeutung des Geheimnisses für den Arbeitgeber sowie schließlich das Ausmaß, in dem der Arbeitnehmer auf die Verwertung seiner Kenntnisse für sein Fortkommen angewiesen ist.[37]

b) Ähnlich enge Schranken sind einem zusätzlichen, zivilrechtlichen Schutz von Geheimnissen gegenüber Dritten auf dem Wege über die Generalklausel des § 1 UWG zu ziehen. Zwar ist es sicher unlauter, wenn ein Gewerbetreibender Arbeitnehmer in den Betrieb seines Konkurrenten einschleust mit dem Auftrag, dort Geschäftsgeheimnisse auszuspionieren,[38] ein Fall, der jetzt ohnehin wohl stets schon unter den neuen § 17 II Nr. 1 UWG fallen dürfte. Im übrigen aber muß es grundsätzlich dabei bleiben, daß das gesamte, technische und sonstige Wissen, das nicht durch Sondergesetze geschützt ist, frei bleibt und daher von jedermann verwertet werden darf, sofern nicht gerade die Strafvorschriften der §§ 17 II und 18 UWG eingreifen.

§ 9. Ausbeutung fremder Leistungen

Literatur: Baumbach, S. 513 ff.; *Baumbach-Hefermehl*, § 1 Rdnrn. 378–553; *Burmann*, WRP 1971, 6; *Callmann*, § 1 Rdnrn. 47 ff. (S. 160 ff.); *Englert*, in: Mitarbeiterfestschr. f. Ulmer, 1973, S. 297; *Fezer*, GRUR 1986, 485; *v. Gamm*, GRUR 1978, 453; *Gastiger*, GRUR 1965, 179; *v. Godin*, § 1 UWG Rdnrn. 92 ff.; *Hammann*, GRUR 1961, 171; *Haß*, GRUR 1979, 361; *Henseler*, in: RWW, 3.3; *Hubmann*, S. 278 ff.; *ders.*, GRUR 1975, 230; *Koppensteiner*, S. 457 ff.; *Kraft*, Interessenabwägung, S. 227 ff.; *Kroitzsch*, GRUR 1986, 579; *Chr. Krüger*, GRUR 1986, 115; *Lobe* Bd. I, S. 51 ff.; *ders.*, GRUR 1910, 3; *Luchterhand*, GRUR 1969, 581; *Nerreter*, Grundlagen, 1936; *ders.*, GRUR 1957, 408, 525; *Nordemann*, Tz 353 ff.; *Ott*, in: Festschr. f. L. Raiser, 1974, S. 420; *Reimer-v. Gamm*, S. 149 ff.; *Sambuc*, GRUR 1986, 130; *Schmieder*, GRUR 1964, 121; *Schmidt-Diemitz*, in: Hdb., § 42 (S. 288 ff.); *Spätens*, in: Festschr. f. Oppenhoff*, 1985, S. 407; *Tetzner*, NJW 1962, 1087; *Ulmer-Reimer*, Tz. 246 ff. (S. 177 ff.); *Waibel*, Warenzeichenrechtliche und wettbewerbsrechtliche Fragen des Ersatzteile-, Zubehör- und Reparaturgewerbes, 1977; *Wilde*, in: Neue Entwicklungen im Wettbewerbs- und Warenzeichenrecht, Festschr. f. Hefermehl, 1971, S. 223; *Wilhelm*, GRUR 1986, 126; *Wolff-Crisolli*, Das Recht der Reklame, 1929, S. 231 ff.; *Harte=Bavendamm*, Computerrecht 1986, 615; *Mergel*, GRUR 1986, 646; *Schwendemann*, GRUR 1986, 713; – *Fälle*, S. 25 ff.

1. Überblick

Neben der Behinderung ist die Ausbeutung fremder Leistungen der zweite, übergreifende, systematische Gesichtspunkt, unter dem diejeni-

---

[37] Beispiele in *RG*, GRUR 1936, 578; 1938, 909 f.; 1939, 708 f.; insb. *RGZ* 166, 199 und *BGHZ* 38, 391 (393 ff.) = JuS 1963, 291 Nr. 7 (dazu *Fälle*, S. 49 ff.); *BGH*, LM § 17 UWG Nr. 1 und 2 = NJW 1955, 463; GRUR 1955, 424; LM § 1 UWG Nr. 62 = NJW 1958, 1486; LM § 1 UWG Nr. 383 = GRUR 1983, 179 (181); *BAGE* 41, 12 = JuS 1983, 394 Nr. 10.
[38] *BGH*, LM § 1 UWG Nr. 260 = GRUR 1973, 483 (ein nahezu unglaublicher Fall).

gen Fälle unlauteren Wettbewerbs zusammengefaßt werden können, deren Schwerpunkt in der Verletzung von Interessen gerade der Mitbewerber liegt (s. o. § 5, 7). Zwar spielte der Gedanke der Ausbeutung schon bei verschiedenen der bisher behandelten Fälle eine Rolle (vgl. bes. § 8, 4 und 5); ganz im Mittelpunkt des Interesses steht er jedoch bei den jetzt zu behandelnden Fällen der Nachahmung fremder Leistungen, die meistens stichwortartig unter dem Begriff der sklavischen Nachahmung zusammengefaßt werden.[1] Im einzelnen geht es hierbei freilich um sehr unterschiedliche Fallgestaltungen, die nur das eine gemeinsam haben, daß in ihnen versucht wird, über die Generalklausel des § 1 UWG einen zusätzlichen, wettbewerbsrechtlichen Leistungsschutz zu begründen. Hinter allen im folgenden zu behandelnden Fällen steht daher durchweg die grundsätzliche Frage nach dem Verhältnis des wettbewerbsrechtlichen Leistungsschutzes aufgrund der Generalklausel zu dem Sonderrechtsschutz aufgrund der verschiedenen Gesetze über den gewerblichen Rechtsschutz und das Urheberrecht.

Namentlich durch das Patentgesetz, das Gebrauchsmustergesetz, das Sortenschutzgesetz, das Urheberrechtsgesetz und das Geschmacksmustergesetz hat der Gesetzgeber bestimmten, für die Allgemeinheit als besonders wertvoll angesehenen Leistungen und Werken durch die Zubilligung von Ausschließlichkeitsrechten einen – durchweg zeitlich begrenzten – Schutz vor ihrer Nachahmung gewährt. Damit soll es dem Berechtigten vor allem ermöglicht werden, ungehindert durch seine Konkurrenten am Markt eine Belohnung für seine die Allgemeinheit bereichernde Leistung zu erzielen; zugleich sollen die Konkurrenten veranlaßt werden, ihrerseits nach neuen Wegen zu suchen und damit ebenfalls die Allgemeinheit zu bereichern.

Bereits aus den durchweg sehr engen Voraussetzungen dieser Schutzrechte sowie aus ihrer zeitlichen Begrenzung folgt, daß der Verkehr *frei* sein soll, soweit der Gesetzgeber aus wohlerwogenen Gründen auf die Zubilligung von Ausschließlichkeitsrechten verzichtet hat. Dahinter steht die Erkenntnis, daß jeder auf den Leistungen seiner Vorfahren und Mitmenschen aufbaut. Jeder wirtschaftliche, technische und kulturelle Fortschritt wäre unterbunden, wenn es nicht zulässig wäre, sich die Leistungen anderer zunutze zu machen. Gerade bei der Auslegung der Generalklausel (§ 1 UWG) muß dieser Gesichtspunkt stets sorgfältig beachtet werden.

Schon daraus ergibt sich unmittelbar, daß es der bloße Umstand der „Ausbeutung" fremder Leistungen für sich allein niemals zu rechtfertigen vermag, die Nachahmung gemeinfreier Werke oder die Ausnutzung fremder Leistungen als sittenwidrig zu qualifizieren, weil es sich dabei eben um ein grundsätzlich erlaubtes Verhalten handelt. Es ist folglich nicht zulässig, auf dem Weg über den wettbewerbsrechtlichen Leistungsschutz aufgrund des § 1 UWG neue „Ersatzausschließlichkeitsrechte" in

---

[1] Grundsätzlich anders *Nordemann*, Tz. 360 ff., der auch hier nur auf den Gesichtspunkt der Behinderung abstellen will.

Ergänzung zu den genannten Sondergesetzen zu schaffen;[2] vielmehr kann stets nur im *Einzelfall* die *Art und Weise, wie* fremde Leistungen nachgeahmt oder ausgenutzt werden, unlauter sein.

Soweit die Praxis demgegenüber in Ergänzung der Sondergesetze weitergehend einen echten, wettbewerbsrechtlichen Leistungsschutz für bestimmte Werke oder Leistungen anerkannt hat,[3] kann ihr mithin nicht zugestimmt werden. Die Anerkennung solcher „Ausschließlichkeitsrechte" ist kaum zu vereinbaren mit der Gemeinfreiheit aller nicht sondergesetzlich geschützten Werke und Leistungen; sie stellt zudem einen nur schwer zu rechtfertigenden Eingriff in die Prärogative des Gesetzgebers dar, zu dem die Generalklausel des § 1 UWG die Gerichte nicht ermächtigt.

Kann mithin die Unlauterkeit der Nachahmung fremder Leistungen immer nur in der Art und Weise der Nachahmung begründet sein, so kommt folglich stets alles ganz auf die *Umstände des Einzelfalles* an; verallgemeinerungsfähige Aussagen sind infolgedessen ausgesprochen schwierig.

Unter diesem Vorbehalt sind alle folgenden Ausführungen zu lesen. Dies hindert indessen nicht den Versuch einer Systematisierung des umfangreichen und keineswegs einheitlichen Fallmaterials, wobei sich verschiedene *Fallgruppen* abzeichnen, in denen eine Anwendung der Generalklausel bevorzugt erwogen wird.[4]

Soweit es um die Nachahmung fremder Leistungen geht, sind dies die Fälle der Herkunftstäuschung (insbesondere in Verbindung mit der Ausbeutung eines fremden, guten Rufs), der Erschleichung, des Vertrauensbruchs und der Behinderung. Zusätzlich sollen im folgenden noch die Fälle der unmittelbaren Leistungsübernahme, der Nachahmung fremder Werbung sowie einige weitere Fallgruppen behandelt werden, in denen es ebenfalls in erster Linie um die Ausbeutung eines guten, fremden Rufs geht.

2. Sklavische Nachahmung

In den Fällen der sog. sklavischen Nachahmung steht die Frage im Vordergrund, ob der Nachbau fremder Erzeugnisse ausnahmsweise deshalb verboten ist, weil dadurch die vermeidbare Gefahr einer Herkunftstäuschung begründet wird.

a) Herkunftstäuschung

aa) Grundsatz

Soweit kein Sonderrechtsschutz besteht, ist selbst der bis in die Einzelheiten hinein maßstabgetreue, sklavische Nachbau fremder Erzeugnisse

---

[2] Ebenso ausdrücklich *BGH*, LM § 1 GeschmMG Nr. 7; § 72 UrhG Nr. 1 = GRUR 1966, 97; NJW 1967, 723; grundsätzlich anders nur *Hubmann*, S. 278 ff.
[3] Grdl. insb. *BGHZ* 60, 168 = JuS 1973, 577 Nr. 4; dazu schon kritisch *Fälle*, S. 25 ff.; ablehnend zu der ganzen Rechtsprechung auch *Nordemann*, Tz. 357 ff.
[4] Grdl. *RGZ* 135, 385 (394 f.); vgl. im übrigen insb. *Ulmer-Reimer*, Tz. 274.

grundsätzlich erlaubt. Das ist die einfache Konsequenz des Umstandes, daß der Gesetzgeber insoweit eben einen Sonderrechtsschutz, etwa aufgrund des PatG, abgelehnt hat. Hiervon ist in jedem Einzelfall auszugehen.[5] Folglich kann sich die Unlauterkeit der Nachahmung immer nur aus den Umständen des Einzelfalles, d. h. aus der besonderen Art und Weise der Nachahmung ergeben. Deshalb kommt eine Anwendung der Generalklausel vor allem in Betracht, wenn es sich bei dem nachgeahmten Erzeugnis um ein eigenartiges, überdurchschnittliches Erzeugnis handelt, mit dem sich im Verkehr *Herkunfts- und Gütevorstellungen* verbinden, so daß das Erzeugnis im Verkehr bekannt ist, wenn sich die Nachahmung weiter gerade auf diejenigen Merkmale erstreckt, mit denen der Verkehr seine Güte- und Herkunftsvorstellungen verbindet, so daß die Gefahr einer Irreführung des Verkehrs über die Herkunft des nachgeahmten Erzeugnisses begründet wird (sog. *Verwechslungsgefahr*), und wenn schließlich der Nachahmer nicht alle ihm zumutbaren Maßnahmen ergriffen hat, um diese Verwechslungsgefahr zu vermeiden. Der entscheidende Gesichtspunkt ist hier mithin die vermeidbare Gefahr der *Herkunftstäuschung* bei im Verkehr bekannten und geschätzten Erzeugnissen, wodurch die Gefahr einer Irreführung des Verkehrs über die Herkunft der Ware begründet wird; hinzu kommt i. d. R. noch der Gedanke, daß sich der Nachahmer durch die Täuschung des Verkehrs über die Herkunft der Ware an den guten Ruf der fremden Ware anhängt und diesen für sich im Wettbewerb ausnutzt.[6] Soweit hiernach über § 1 UWG der Vertrieb von Waren aus anderen EWG-Mitgliedstaaten im Inland wegen sklavischer Nachahmung untersagt werden kann, steht dies mit dem EWGV (Art. 30, 36) im Einklang.[7]

bb) Einzelheiten

(1) Als erstes ist stets zu prüfen, ob überhaupt eine *Nachahmung* vorliegt. Darunter fällt jedes Arbeiten nach fremdem Vorbild, wozu vor allem ein entsprechender Vorsatz gehört.[8] Eine unbewußte ,,Nachahmung" gibt es nicht; vielmehr handelt es sich dann um die immer unbedenkliche, erneute, selbständige Auffindung einer schon von einem

---

[5] *RGZ* 135, 385 (394); 144, 41 (44); *BGHZ* 5, 1 (10); 18, 175 (182f.); 21, 266 (269f.); 28, 387 (393); 35, 341 (348f.); 41, 55 (57f.); 44, 288 (295f.) (=JuS 1966, 250 Nr. 4); 50, 125 (128ff.); 60, 168 (169) = JuS 1973, 577 Nr. 4; zuletzt *BGH*, LM § 1 UWG Nr. 424 ,,Rolex"; ZIP 1986, 801 = GRUR 1986, 673 ,,Möbelbeschläge"; *OLG Frankfurt*, GRUR 1982, 175 ,,Rubiks-Cube"; *OLG Düsseldorf*, GRUR 1982, 568 (569); *OLG Nürnberg*, NJW-RR 1986, 1489 ,,Popples/Popcorn"; *Baumbach-Hefermehl*, § 1 Rdnrn. 379ff., 475ff.; *Koppensteiner*, S. 457f.; *Nordemann*, Tz. 356; *Ulmer-Reimer*, Tz. 266ff., 271ff.; *Fälle*, S. 25ff. m. Nachw.

[6] Vgl. außer *RG* und *BGH* (o. Fußn. 5) noch *BGH*, LM § 1 UWG Nrn. 19, 57, 91, 108, 119, 120, 203, 209 und 290; § 1 GeschmMG Nrn. 7 und 14; § 72 UrhG Nr. 1; NJW 1954, 390 (391); GRUR 1966, 617; sowie zuletzt LM § 2 UrhG Nr. 11 = MDR 1982, 551 ,,Büromöbel"; LM § 1 UWG Nr. 390 = GRUR 1983, 377; GRUR 1984, 597; *OLGe Frankfurt, Düsseldorf u. Nürnberg* (o. Fußn. 5).

[7] *EuGH*, Slg. 1982, 707.

[8] *Koppensteiner*, S. 461; *Nordemann*, Tz. 372ff.

anderen gefundenen Gestaltungsmöglichkeit, um das bloße Nachdenken von anderen schon gedachter Gedanken.

(2) Es ist nicht erforderlich, daß das fremde Erzeugnis in allen Einzelheiten nachgebaut wird; vielmehr genügt schon der *Nachbau* der wesentlichen Teile einer fremden, komplexen Maschine, sofern sich nur mit diesen Teilen die maßgeblichen Herkunfts- und Gütevorstellungen des Verkehrs verbinden.[9] Nachahmung ist daher z. B. zwar das bloße Nachschnitzen einer fremden Skulptur,[10] nicht jedoch der Nachbau fremder Möbel, sofern die eigenartigen Merkmale gerade nicht nachgeahmt werden,[11] und ebensowenig die unmittelbare Übernahme fremder Leistungen (dazu u. 3).

(3) Geschützt gegen eine Nachahmung werden nur Erzeugnisse, die eine gewisse *wettbewerbliche Eigenart* aufweisen, d. h. nur solche Erzeugnisse, die eigenartig und überdurchschnittlich sind.[12] Damit ist freilich nicht gesagt, daß das Erzeugnis geradezu technisch fortschrittlich, etwa i. S. des Patentgesetzes, sein müßte; vielmehr geht es nur darum, von dem wettbewerbsrechtlichen Leistungsschutz die bloße Massen- oder Dutzendware auszuschließen, bei der der Verkehr üblicherweise *nicht* auf ihre *Herkunft* achtet. Mit dem Erfordernis der wettbewerblichen Eigenart ist daher im Grunde nur gesagt, daß das Erzeugnis seiner Art nach geeignet sein muß, im Verkehr besondere Herkunfts- und Gütevorstellungen auszulösen. Hinzu kommen muß aber stets noch, daß das Erzeugnis tatsächlich im Verkehr bekannt geworden ist, wofür indessen keine Verkehrsgeltung gefordert wird; vielmehr kann auch jedes sonstige, bekannte und als solches geschätzte Produkt über § 1 UWG gegen Nachahmung geschützt werden, wobei zudem heute nicht mehr zwischen technischen und nichttechnischen, insbes. künstlerischen Werken unterschieden wird. Festzuhalten ist daher lediglich, daß die bloße Warenverwechslung allein für die Anwendung des § 1 UWG niemals genügt; es muß vielmehr nach der Art des als solchen im Verkehr bekannten Erzeugnisses noch die Gefahr einer Herkunftstäuschung hinzukommen können.[13]

Ein Schutz gegen Nachahmung kommt daher z. B. in Betracht bei kunsthandwerklichen Produkten,[14] bei eigenartigen Büromöbeln,[15] z. B. einem eigenartigen Rollhokker,[16] bei einem besonderen Beschlagprogramm für Möbel,[17] bei berühmten Luxusuhren[18] sowie bei eigenartig bedrucktem Kunstleder.[19] Er scheidet hingegen seiner Art nach i. d. R. aus bei *neuen* und insbes. bei kurzlebigen Produkten, und zwar ganz einfach deshalb, weil sie (noch) nicht im Verkehr bekannt sind.[20] Im Schrifttum,[21] das dies vielfach als unbefriedigend empfindet, wird daher gerade hier häufig für eine Ausweitung des wettbewerbsrechtlichen Leistungsschutzes plädiert. Dem ist die Rechtsprechung indessen bisher nur für Modeneuheiten gefolgt (s. u. 2c).

Keinen Schutz genießen außerdem grundsätzlich Ideen und sonstige sog. Anweisun-

---

[9] *BGH*, LM § 1 UWG Nr. 119 = GRUR 1963, 152; GRUR 1984, 597.

[10] *BGHZ* 44, 288 (297f.) = JuS 1966, 250 Nr. 4.

[11] *BGH*, GRUR 1984, 597.

[12] Dazu eingehend *Sambuc*, GRUR 1986, 130 m. Nachw.

[13] *RGZ* 144, 41 (47ff.) „Hosenträger"; *BGHZ* 50, 125 (130f.) „Pulverbehälter"; vgl. außerdem z. B. *BGHZ* 21, 266 (269ff.); 35, 341 (348f.); *BGH*, LM § 1 UWG Nrn. 19, 119, 203 und 209; § 1 GeschmMG Nrn. 7 und 14; § 72 UrhG Nr. 1; LM § 1 UWG Nr. 351 „Rollhocker" = NJW 1981, 2252 (2253); GRUR 1966, 617 (619f); 1986, 673; *Baumbach-Hefermehl*, § 1 Rdnrn. 391ff.; *Nordemann*, Tz. 379ff.; *Ulmer-Reimer*, Tz. 277ff.

[14] *BGHZ* 5, 1 (10f.) und *BGH*, LM § 1 UWG Nr. 108 = GRUR 61, 581 „Hummel I und II".

[15] *BGH*, LM § 2 UrhG Nr. 11 = MDR 1982, 551.

[16] *BGH*, LM § 1 UWG Nr. 351 = NJW 1981, 2252.

[17] *BGH*, ZIP 1986, 801 = GRUR 1986, 673; *OLG Düsseldorf*, GRUR 1983, 748.

[18] *BGH*, LM § 1 UWG Nr. 424 = NJW 1986, 1038 = GRUR 1985, 876 „Rolex".

[19] *BGH*, LM § 72 UrhG Nr. 1 = NJW 1967, 723 „skai-cubana".

[20] S. *OLG Nürnberg* (o. Fußn. 5).

[21] *Krüger* u. *Wilhelm*, aaO.

gen an den menschlichen Geist. Frei sind daher z. B. stets Werbeideen,[22] technische Lehren[23] oder neue Moderichtungen.[24] Selbst wer durch eine solche Idee einen ganz neuen Markt erschließt, muß es sich daher gefallen lassen, daß die Konkurrenten sofort in diesen Markt eindringen.[25]

(4) Liegt ein hiernach schutzfähiges Erzeugnis vor, so kommt – nach den Umständen des Einzelfalles – eine Anwendung der Generalklausel in Betracht, wenn das fremde Erzeugnis gerade hinsichtlich derjenigen Merkmale nachgeahmt wird, mit denen der Verkehr tatsächlich bestimmte Herkunfts- und Gütevorstellungen verbindet (s. o.). Denn dadurch wird einmal die Gefahr einer Täuschung des Publikums über die Herkunft der Ware (sog. *Verwechslungsgefahr*) und zum anderen die Gefahr begründet, daß der Nachahmer den guten Ruf, der mit der fremden Ware verbunden ist, für seine Zwecke ausnutzt (*„Ausbeutung"*).[26] Folglich muß der Nachahmer in derartigen Fällen stets alles ihm *zumutbare* tun, um die Gefahr einer Herkunftstäuschung zu vermeiden. Der „Vorwurf" sittenwidrigen Verhaltens (§ 1 UWG) ist mithin erst gerechtfertigt, wenn es der Nachahmer geradezu auf eine mit zumutbaren Mitteln durchaus vermeidbare Herkunftstäuschung ankommen läßt, da dann besonders deutlich wird, daß es ihm in erster Linie darum geht, die fremde Leistung für eigene Zwecke auszubeuten und dabei zugleich an dem fremden Ruf zu partizipieren.

Jedoch muß man dabei immer im Auge behalten, daß das nachgeahmte, fremde Erzeugnis an sich gemeinfrei ist. Unzumutbares darf daher nicht verlangt werden. Ist die Gestaltung des fremden Erzeugnisses technisch oder durch die vorherrschende Mode bedingt, so kann sich der Nachahmer dieser Gestaltung ebenfalls bedienen, da § 1 UWG nie dazu führen darf, technische Gestaltungen oder Moderichtungen für bestimmte Unternehmen, die sich ihrer (mehr oder minder zufällig) als erste bedient haben, zu monopolisieren. Geht es hingegen allein um Fragen der ästhetischen Gestaltung, so kann i. d. R. ein größerer *Abstand* verlangt werden, weil hier meistens viele, gleichwertige Gestaltungsmöglichkeiten vorhanden sind.[27]

Welche Maßnahmen zur Vermeidung einer Verwechslungsgefahr zumutbar sind, richtet sich daher ganz nach den Umständen des Einzelfalles. Auch auf die Abnehmerkreise kommt es in diesem Zusammenhang sehr wesentlich an. Handelt es sich dabei ausschließlich um Fachleute, die sich stets genauestens über die Herkunft und Qualität der ihnen angebotenen Produkte zu informieren pflegen, so genügen schon ganz geringfügige Maßnahmen, um eine Herkunftstäuschung der Abnehmer auszuschließen. Ganz anders hingegen, wenn sich der Hersteller an alle Verbraucher wendet. In solchen Fällen können u. U. mit Rücksicht auf die Flüchtigkeit des Verkehrs durchaus wesentlich weitergehende Maßnahmen zur Verhinderung vermeidbarer Herkunftstäuschungen erforderlich sein, während in wieder anderen Fällen bereits die bloße Anbringung

[22] *BGHZ* 18, 175 (183 f.); anders zu Unrecht einmal *BGHZ* 27, 264 für die Herausgabe von Programmheften zu Boxkämpfen.
[23] *BGH*, LM § 1 GeschmMG Nr. 14 = GRUR 1977, 547 für die Idee, mehrere Kerzen an einen Docht hintereinander zu reihen; *OLG Nürnberg* (o. Fußn. 5) für die Idee, Plüschfiguren zu einem Ball umzukrempeln; *OLG Frankfurt*, GRUR 1982, 175 (177f.) für den seinerzeit berühmten Würfel „Rubiks-Cube".
[24] Grdl. *BGHZ* 35, 341 (bes. 349); *BGH*, LM § 1 UWG Nr. 203 = GRUR 1969, 292 „Buntstreifensatin I und II" (wo der *BGH* in dem Schutz aber eindeutig zu weit gegangen ist); LM § 1 UWG Nr. 316 = GRUR 1979, 119.
[25] Zu den grundlosen Ausnahmen, die der *BGH* insoweit anerkannt hat, s. u. 2c.
[26] Vgl. für die Ausbeutung des Rufs und des Prestigewerts der berühmten Rolex-Uhren durch billige Nachahmungen der Firma Tschibo grdl. *BGH*, LM § 1 UWG Nr. 424 = NJW 1986, 381 = GRUR 1985, 876 = BB 1986, 1038 und dazu *Klette*, GRUR 1985, 878; *Lachmann*, BB 1986, 1039; *Mergel*, GRUR 1986, 646; *Schwendemann*, GRUR 1986, 713.
[27] Vgl. z. B. *BGHZ* 50, 125 (128 ff.); *BGH*, LM § 1 UWG Nr. 351 = NJW 1981, 2252 (2253); GRUR 1986, 673 (675); *Nordemann*, Tz. 387 f.

9*

von Warenzeichen oder Firmenschildern zur Vermeidung einer Herkunftstäuschung ausreichen kann. Generelle Aussagen sind hier eben kaum möglich.[28]
(4) Die Nachahmung muß vorsätzlich erfolgen (s.o.). Umstritten ist, ob weitere *subjektive Voraussetzungen* bestehen. Indessen sollte man schon aus praktischen Gründen über den allenfalls noch festzustellenden Nachahmungsvorsatz hinaus nicht weitere subjektive Merkmale fordern. Daher braucht zu dem Nachahmungsvorsatz nicht noch eine Täuschungs- oder Behinderungsabsicht hinzuzutreten.[29] Für die Qualifizierung der Nachahmung als sittenwidrig genügt es vielmehr, wenn der Nachahmer in Erkenntnis der Verwechslungsgefahr nicht alle ihm zumutbaren Maßnahmen zur Vermeidung der Verwechslungsgefahr trifft. I. d. R. wird es heute sogar bereits als ausreichend angesehen, wenn sich der Nachahmer um die auf der Hand liegende Verwechslungsgefahr überhaupt nicht kümmert.[30]

b) Sonstige Fälle

Eine Nachahmung fremder Erzeugnisse kann noch in anderen Fällen als denen der vermeidbaren Herkunftstäuschung unlauter sein. So verhält es sich z. B., wenn sich der Nachahmer die erforderlichen Kenntnisse durch Erschleichung eines fremden Betriebsgeheimnisses oder durch Vertrauensbruch (vgl. §§ 17 II und 18 UWG und dazu o. § 8) verschafft hat.[31] Schließlich kann die Nachahmung noch unlauteren Behinderungswettbewerb darstellen. Hierher gehört vor allem der Fall der systematischen Behinderung eines Konkurrenten durch die fortgesetzte, genaue Kopie aller seiner Produkte, so daß es ihm unmöglich gemacht wird, sich auf dem Markt einen eigenen Ruf zu schaffen.[32]

c) Leistungsschutzrechte?

Nach dem Gesagten hängt der wettbewerbsrechtliche Schutz eigenartiger Erzeugnisse gegen ihre Nachahmung durch Konkurrenten stets ganz von den Umständen des Einzelfalles ab; je nachdem kann die Nachahmung m. a. W. erlaubt oder verboten sein. Von einem echten Leistungsschutz durch das Verbot *jeder* Nachahmung kann daher insoweit keine Rede sein.

---

[28] S. im einzelnen grdl. *BGHZ* 50, 125 (128 ff.); sowie außerdem z. B. *RGZ* 135, 385 (393 f.); 144, 41 (49 ff.); *BGHZ* 21, 266 (272 ff.); 35, 341 (348 f.); *BGH*, *LM* § 1 UWG Nrn. 19, 108, 119, 203, 209 und 214; § 1 GeschmMG Nr. 7; *NJW* 1954, 390 (391) (insoweit nicht in *BGHZ* 11, 129 abgedr.); *LM* § 1 UWG Nr. 351 = *NJW* 1981, 2252 (2253); *GRUR* 1966, 617 (619 f.), *Baumbach-Hefermehl*, § 1 Rdnrn. 398 ff.; *Ulmer-Reimer*, Tz. 281 ff.
[29] A. A. z. B. *Nordemann*, Tz. 362 ff., 372 ff.
[30] Im einzelnen schwanken die Anforderungen der Praxis; vgl. insb. *BGHZ* 50, 125 (131 f.); sowie z. B. *BGH*, *LM* § 1 UWG Nrn. 19, 57, 120 und 203; *Baumbach-Hefermehl*, § 1 UWG Rdnrn. 399 b, 411; *Ulmer-Reimer*, Tz. 287 ff.
[31] *RGZ* 135, 385 (395); 144, 41 (52); *BGH*, *LM* § 1 UWG Nr. 57; § 17 UWG Nr. 5 = *GRUR* 1958, 362; *NJW* 1960, 1999; *Baumbach-Hefermehl*, § 1 Rdnrn. 414 ff.; *Ulmer-Reimer*, Tz. 292 ff.
[32] *BGH*, *LM* § 1 UWG Nr. 91 = *GRUR* 1960, 244 „Simili-Schmuck" für die systematische Nachahmung aller eigenartigen Schmuckstücke eines Konkurrenten; ebenso z. B. *BGHZ* 35, 341 (349); 44, 288 (300); *BGH*, *GRUR* 1969, 618 (619); *Baumbach-Hefermehl*, § 1 UWG Rdnrn. 418 ff.; *Nordemann*, Tz. 393 ff.

Hierbei ist die Rechtsprechung indessen nicht stehen geblieben; der BGH hat vielmehr in den letzten Jahren wiederholt – weit über das bisher Gesagte hinausgehend – aus der Generalklausel echte Leistungsschutzrechte abgeleitet, d. h. bestimmten, eigenartigen Produkten einen zeitlich beschränkten, *generellen* Schutz gegen jede Nachahmung auf Grund des § 1 UWG zugebilligt. In allgemeiner Form ist dies bisher freilich lediglich bei *Modeneuheiten* geschehen und findet hier seine Rechtfertigung vor allem in der Erwägung, daß ein Geschmacksmusterschutz für Modeneuheiten i. d. R. aus praktischen Gründen ausscheidet oder doch gewöhnlich zu spät käme, so daß hier wohl in der Tat nur der Rückgriff auf den allgemeinen § 1 UWG übrig bleibt.[33] Aus ähnlichen Überlegungen heraus hat die Praxis außerdem gelegentlich noch neuen Computerspielen einen kurzfristigen Nachahmungsschutz über § 1 UWG gewährt.[34] Dagegen ist eine Übertragung dieser Grundsätze auf andere, *kurzlebige* und deshalb besonders der Nachahmungsgefahr ausgesetzte Produkte bislang überwiegend abgelehnt worden,[35] und zwar mit Recht.

Denn gegen die Anerkennung solcher wettbewerbsrechtlichen Leistungsschutzrechte spricht tatsächlich eine ganze Reihe guter Gründe. Im Vordergrund steht dabei wiederum die Erwägung, daß Nachahmungen solange grundsätzlich erlaubt sind, wie nicht ein sondergesetzlicher Schutz eingreift. Wer es versäumt, rechtzeitig die Voraussetzungen für einen solchen Schutz zu schaffen, wobei namentlich an das GeschmMG zu denken ist, kann nicht nachträglich Abhilfe über § 1 UWG erwarten, sondern muß sich dann eben grundsätzlich die deshalb erlaubte Nachahmung seiner Produkte gefallen lassen, so bitter dies auch im Einzelfall sein mag.

Aus denselben Gründen bestehen gleichfalls erhebliche Bedenken gegen die übrigen, freilich durchweg älteren Entscheidungen, in denen der BGH sonst noch im Einzelfall wettbewerbsrechtliche Leistungsschutzrechte anerkannt hat. So sind z. B. über § 1 UWG die Programmhefte eines Veranstalters von Boxkämpfen gegen die Herstellung konkurrierender Programmhefte[36] oder Pflanzen gegen ihre Vermehrung durch Dritte geschützt worden.[37] In einem Sonderfall ist außerdem sogar einmal ein ganzer Markt für einen Unternehmer, der für seine Spielzeug-

---

[33] Grdl. *BGHZ* 60, 168 (171) = JuS 1973, 577 Nr. 4 (dazu *Fälle*, S. 25 ff.); *BGH*, LM § 1 UWG Nrn. 390 u. 407 = GRUR 1983, 377 u. 1984, 453; *OLG Hamburg*, GRUR 1986, 83.
[34] *OLG Frankfurt*, GRUR 1983, 757 = BB 1983, 1749; GRUR 1984, 371 (372); s. jetzt aber §§ 108 a, 109 UrhG.
[35] Eingehend (kritisch) *Chr. Krüger*, aaO; dagegen wie hier *OLG Nürnberg*, NJW-RR 1986, 1489; *OLG Düsseldorf*, WRP 1978, 378.
[36] *BGHZ* 27, 264 (270 ff.).
[37] *BGHZ* 28, 387 (bes. 395 f.).

bausteine einen ständig wachsenden „Ergänzungsbedarf" geweckt hatte, monopolisiert worden, indem es anderen Unternehmen verboten wurde, durch die Produktion dazu passender Bausteine in diesen Markt einzudringen.[38] Indessen verleiht die Vorschrift des § 1 UWG den Gerichten grundsätzlich keine Befugnis zur Schaffung solcher neuen Ausschließlichkeitsrechte zugunsten einzelner und zum Nachteil aller anderen Unternehmen.[39] Das Recht hierzu muß vielmehr dem Gesetzgeber vorbehalten bleiben.

d) Insbesondere Ersatzteile

Aus der grundsätzlichen Zulässigkeit selbst des maßstabgetreuen Nachbaues fremder, gemeinfreier Erzeugnisse folgt außerdem, daß es (erst recht) jedermann erlaubt ist, Ersatzteile und Zubehör zu fremden Erzeugnissen herzustellen und zu vertreiben.[40] Die einzige Schranke, die dabei beachtet werden muß, ist das Verbot der Herkunftstäuschung (o.2a). Der Ersatzteile- oder Zubehörhersteller darf daher durch seine Werbung nicht den Eindruck erwecken, die von ihm vertriebenen Teile stammten von dem Originalhersteller.[41]

3. Unmittelbare Leistungsübernahme

a) Von der „bloßen" Nachahmung fremder Erzeugnisse wird i. d. R. die unmittelbare Aneignung und Ausnutzung (Übernahme) fremder Leistungen unterschieden. Dahinter steht der Gedanke, daß die unmittelbare Übernahme fremder Leistungen noch weniger als die „bloße" Nachahmung fremder Erzeugnisse gebilligt werden könne, weil mit der ersteren anders als mit der Nachahmung überhaupt keine eigene Leistung des Übernehmers mehr verbunden ist, so daß hier die Gefahr besonders groß ist, daß der Betroffene um den Lohn seiner Mühe gebracht wird.

Eine derartige unmittelbare Übernahme fremder Leistungen wird insbes. angenommen, wenn fremde Erzeugnisse auf technischem Wege, z. B. durch Nachgießen oder durch fotomechanischen Nachdruck, einfach

---

[38] *BGHZ* 41, 55 (59f.) „Lego-Bausteine"; zust. *BGH, LM* § 1 UWG Nr. 304; dagegen zutr. *Nordemann, Tz.* 391; *Waibel,* S. 228ff.

[39] Abgrenzend sei noch bemerkt, daß *BGHZ* 3, 365 (368f.) einen durch die Wirren der Nachkriegszeit bedingten Sonderfall betrifft (Schutz von Erfindungen während der patentamtslosen Zeit über § 1 UWG) und daher ebenfalls nicht verallgemeinert werden darf.

[40] Vgl. z.B. für Zusatzgeräte zu Kameras *BGH, LM* § 1 UWG Nr. 406 = GRUR 1984, 282.

[41] *BGHZ* 27, 264 (267f.); 41, 55 (58); *BGH, LM* § 1 UWG Nrn. 290 und 304; § 1 GeschmMG Nr. 14 = GRUR 1976, 434; 1977, 666; 1977, 547; *Waibel,* S. 150ff., 214ff. m. zahlr. Nachw. Ebenso für die Lieferung sog. Schlüsselrohlinge zur Herstellung von Ersatzschlüsseln zu Sicherheitsschlössern *BGH, LM* § 1 UWG Nr. 183 (Bl. 4ff.) = GRUR 1968, 49.

vervielfältigt und anschließend selbst vertrieben werden[42] sowie wenn fremde, unkörperliche Leistungen wie z. B. die Darbietungen ausübender Künstler, die Leistungen von Veranstaltern oder Rundfunk- und Fernsehsendungen durch Dritte aufgezeichnet und dann vertrieben werden oder selbst wiedergegeben werden.[43] Im übrigen aber ist die Grenze zur Nachahmung naturgemäß fließend und unscharf.[44] Schon dies sollte zur Vorsicht mahnen.

b) Die Praxis hat die unmittelbare Übernahme fremder Leistungen für eigene, wirtschaftliche Zwecke gelegentlich als grundsätzlich unlauter bezeichnet, weil es gegen § 1 UWG verstoße, sich Leistungen, die erfahrungsgemäß nur gegen eine angemessene Vergütung zur Verfügung gestellt werden, ohne Erlaubnis des Berechtigten anzueignen und kostenlos zur Förderung des eigenen Gewinnstrebens auszunutzen. Das sei ein sittenwidriges Schmarotzen an fremden Leistungen.[45]

Es gibt jedoch keinen Rechtssatz, der die unmittelbare Übernahme fremder, sondergesetzlich nicht geschützter Erzeugnisse oder Leistungen verbietet. Genau deshalb war es z. B. nötig, den Schutz der ausübenden Künstler, der Hersteller von Ton- und Bildträgern, der Sendeunternehmen und der Herausgeber wissenschaftlicher Werke im UrhRG von 1965 (§§ 70 ff.) besonders zu regeln, weil es sonst bei der grundsätzlichen Zulässigkeit der Übernahme der genannten Leistungen durch Dritte zwecks eigener Auswertung geblieben wäre.[46] Soweit aber ein solcher sondergesetzlicher Schutz nicht eingreift, gilt für die unmittelbare Übernahme fremder Leistungen im Prinzip nichts anderes als für die Nachahmung fremder Erzeugnisse: Beide sind grundsätzlich erlaubt, wenn nicht die *Art und Weise* der Nachahmung oder Übernahme (ausnahmsweise) sittenwidrig ist.

Auf demselben Standpunkt steht grundsätzlich die neuere Rechtsprechung, da sie i. d. R. darauf abstellt, ob der Erbringer der ursprünglichen Leistung durch deren unmittelbare Übernahme seitens Dritter um die legitimen Früchte seines mit Mühe und Kosten errungenen Arbeitsergebnisses gebracht wird, so daß ihm jeder Anreiz genommen wird, erneut eine derartige Initiative zu entfalten.[47] Es ist m. a. W. der Gedanke, daß jedem Erbringer einer besonderen Leistung ein gewisser Vorsprung im Wettbe-

---

[42] Beispiele in *BGHZ* 51, 41; *BGH*, LM § 1 UWG Nr. 236; GRUR 1969, 618; *OLG Frankfurt*, NJW 1985, 2138 = GRUR 1984, 543.

[43] Beispiele in *RGZ* 73, 294; *RG*, GRUR 1927, 132; *BGHZ* 33, 20; 33, 38; 37, 1; 39, 352 = JuS 1962, 264 Nr. 8; 1963, 451 Nr. 5.

[44] *Baumbach-Hefermehl*, § 1 Rdnrn. 433 f.

[45] Grdl. *RGZ* 73, 294 (297 ff.); ebenso *BGHZ* 33, 20 (28 f.); 33, 38 (46 f.); 37, 1 (20); 39, 352 (355 ff.) = JuS 1962, 264 Nr. 8; 1963, 451 Nr. 5; *Schmieder*, GRUR 1964, 121; *Ulmer-Reimer*, Tz. 303.

[46] Vgl. hierzu *Hubmann*, Urheber- und Verlagsrecht, 5. Aufl. (1984), § 54; *E. Ulmer*, Urheber und Verlagsrecht, 3. Aufl. (1980), S. 507 ff.

[47] Vgl. zuletzt *OLG Hamburg*, GRUR 1984, 139; *OLG Frankfurt*, NJW 1985, 2138 = GRUR 1984, 543.

werb gelassen werden muß, um seine Kosten wieder hereinbringen zu können, der hier in engen Grenzen einen besonderen, wettbewerbsrechtlichen Leistungsschutz zu rechtfertigen vermag. Im übrigen aber gelten dieselben Regeln wie für die Nachahmung fremder Erzeugnisse, so daß eine Anwendung der Generalklausel vor allem in Betracht kommt, wenn die unmittelbare Übernahme der fremden Leistung zu einer Herkunftstäuschung führen kann oder wenn der betroffene Unternehmer durch die sklavische Anklammerung eines Konkurrenten an alle seine Leistungen übermäßig behindert wird. Ein wichtiger Gesichtspunkt ist dabei, ob sich die Übernahme auf technisch bedingte oder auf andere Teile bezieht, weil bei den letzteren ein größerer Abstand als bei den ersteren verlangt werden kann.[48] Nach dem Gesagten ist es außerdem überflüssig, neben die sklavische Nachahmung fremder Erzeugnisse und die unmittelbare Übernahme fremder Leistungen noch die weitere Fallgruppe der identischen Nachahmung fremder Erzeugnisse zu stellen.[49] Denn für diese Fälle gilt gleichfalls in jeder Hinsicht dasselbe wie für die sklavische Nachahmung.

4. Nachahmung fremder Werbung

Literatur: Baumbach-Hefermehl, § 1 Rdnrn. 452 ff.; *Nordemann,* Tz. 399 ff.; *Traub,* GRUR 1973, 186; *Ulmer-Reimer,* Tz. 247 ff. (S. 177 ff.); *Vierheilig,* GRUR 1977, 704.

a) Im Wettbewerb ist die Verlockung besonders groß, erfolgreiche, fremde Werbekampagnen oder Werbemethoden nachzuahmen. Das kann für denjenigen Gewerbetreibenden, dessen Werbung kopiert wird, höchst nachteilig sein. Gleichwohl gilt hier ebenso wie in den anderen schon behandelten Fallgruppen, daß die Nachahmung fremder, nicht sondergesetzlich geschützter Leistungen grundsätzlich erlaubt ist. Die Generalklausel darf nicht dazu mißbraucht werden, Werbeideen oder -methoden für bestimmte Unternehmen zu monopolisieren[50], so daß auch hier immer nur im Einzelfall die *Art und Weise* der Nachahmung unter besonderen, zusätzlichen Umständen als sittenwidrig qualifiziert werden können. Dafür sind im wesentlichen dieselben Gesichtspunkte maßgebend wie bei der sklavischen Nachahmung (o. 2).[51]

b) Die Nachahmung fremder Werbung kann folglich zunächst unlauter sein, wenn sie zu einer vermeidbaren Herkunftstäuschung führt. So z. B., wenn der Nachahmende bewußt darauf ausgegangen ist, sich das bei der Kundschaft bestehende Erinnerungsbild der nachgeahmten Werbung zunutze zu machen, wobei vorausgesetzt ist, daß die nachgeahmte Werbe-

---

[48] S. im einzelnen *BGHZ* 51, 41 (45 ff.) ,,Reprint'' (für den fotomechanischen Nachdruck fremder Werke); ebenso *BGH,* LM § 1 UWG Nr. 236 = GRUR 1972, 127 für den Nachdruck fremder Formulare; *OLG Frankfurt* (o. Fußn. 47) für den Nachdruck fremder Noten; *BGH,* GRUR 1969, 618 (620) (für die Behinderung eines Konkurrenten durch das systematische Abgießen aller von ihm entwickelten Kunststoffzähne); LM § 1 UWG Nr. 316 = GRUR 1979, 119 (für die Übernahme der von einem Konkurrenten entwickelten Modeschmucklinie); *Baumbach-Hefermehl,* § 1 Rdnrn. 437 ff.; *Waibel,* S. 141 ff., 214 ff.
[49] So *Baumbach-Hefermehl,* § 1 Rdnrn. 444 ff.; vgl. auch *BGH,* LM § 1 UWG Nr. 316.
[50] Grdl. *BGHZ* 18, 175 (183 f.) ,,Werbeidee''.
[51] *RG,* GRUR 1944, 88 (90); *BGH,* GRUR 1961, 244 (245).

maßnahme wegen ihrer wettbewerblichen Eigenart geeignet ist, sich dem Gedächtnis des Publikums einzuprägen.[52]

Die Nachahmung fremder Werbemaßnahmen kann im Einzelfall außerdem einen unlauteren Behinderungswettbewerb darstellen. Dies wird insbes. in Betracht kommen, wenn der Nachahmer darauf aus ist, jede wie immer geartete Werbemaßnahme seines Mitbewerbers alsbald nachzuahmen, um diesem die Durchsetzung am Markt unmöglich zu machen.[53] Ebenso ist es zu beurteilen, wenn sich ein Gewerbetreibender die werbeträchtige Schöpfung eines Künstlers ohne dessen Erlaubnis als Warenzeichen eintragen läßt, um dadurch diesen Künstler an der wirtschaftlichen Verwertung seiner Schöpfung zu hindern.[54] Schließlich kann in Ausnahmefällen die Nachahmung fremder Werbemaßnahmen wie z. B. die Übernahme fremder Werbesprüche noch unter dem Gesichtspunkt der Verwässerung oder des Schmarotzens an fremden Leistungen bekämpft werden, wenn die übernommene Werbemaßnahme ganz eigenartig ist und eine überragende Verkehrsgeltung erlangt hat. Zur Verhinderung unbegründeter Meinungsmonopole ist hier jedoch große Zurückhaltung geboten.[55]

c) Dieselben Regeln gelten schließlich für die Übernahme fremder Werbeprospekte. Ein solches Verhalten kann folglich gleichfalls je nach den Umständen des Einzelfalles als sklavische Nachahmung oder – bei einfachem, fotomechanischen Nachdruck – als unmittelbare Übernahme fremder Leistungen unlauter sein.[56]

5. Ausbeutung fremden Rufs

In den Ausführungen zur sklavischen Nachahmung ist bereits darauf hingewiesen worden, daß die Nachahmung fremder Erzeugnisse bei Schaffung einer vermeidbaren Verwechslungsgefahr u. a. wegen der dadurch begründeten Gefahr der Ausbeutung des guten Rufs der nachgeahmten Erzeugnisse als unlauter behandelt werden kann (s. o. 2 a, aa). Dieser Gesichtspunkt kann auch in anderen Fällen das Urteil der Sittenwidrigkeit eines bestimmten Verhaltens im Wettbewerb tragen. Selbständige Bedeutung hat der Gesichtspunkt der Ausbeutung fremden Rufs vor allem bei der Ausnutzung des Rufs fremder Waren zur Empfehlung der eigenen Ware, außerdem in den Fällen der anlehnenden Werbung sowie schließlich in denen der bewußten Annäherung an eigenartige Merkmale fremder Erzeugnisse.

---

[52] *BGH*, GRUR 1961, 244 (245) (hier verneint für den Werbespruch „natürlich in Revue"); *Nordemann*, Tz. 403 f.
[53] *BGH*, GRUR 1961, 244 (246).
[54] Grdl. *BGH*, LM Nr. 88/89 zu § 1 UWG = NJW 1960, 37 für den Namen „Bambi".
[55] Vgl. *LG Köln*, NJW 1965, 1667 = JuS 1966, 38 f. Nr. 2 für den Werbespruch „4711 immer dabei"; *OLG Köln*, GRUR 1934, 758 für den Werbespruch „Schmiegsam wie ein Frühlingsfalter bin ich in Forma-Büstenhalter"; *LG München*, GRUR 1953, 184 für den Spruch „Laß Dir raten, trinke Spaten".
[56] Z. B. *OLG Hamburg*, GRUR 1972, 430 (431); *Baumbach-Hefermehl*, § 1 Rdnr. 469; *Ulmer-Reimer*, Tz. 249.

a) Allgemeines

Die Ausnutzung des besonderen Rufs fremder Waren oder Leistungen zur Empfehlung der eigenen Ware gilt grundsätzlich als unlauter.[57] Beispiele sind die Werbung für eigene Produkte unter Benutzung der Abbildung berühmter, fremder Waren[58] oder die Eintragung eines Warenzeichens, das von einem anderen Unternehmen für ganz andere Waren[59] berühmt gemacht worden ist.[60] Voraussetzung ist freilich in jedem Fall, daß zwischen den Beteiligten ein Wettbewerbsverhältnis i. S. des § 1 UWG besteht.[61]

b) Anlehnende Werbung

aa) Man unterscheidet üblicherweise die (kritisierende) vergleichende und die anlehnende Werbung (s. o. § 6, 7). Während bei der vergleichenden Werbung die Behinderung des Mitbewerbers durch die Herabsetzung seiner Ware im Vordergrund steht, geht es bei der anlehnenden Werbung ganz im Gegenteil um die Ausnutzung des guten Rufs des Konkurrenten und seiner Waren als Vorspann für die eigene Werbung. Das ist besonders deutlich, wenn in der Werbung die eigenen Erzeugnisse als ,,ebenso gut" wie die im Verkehr bekannten und geschätzten Erzeugnisse eines anderen Unternehmens hingestellt werden.

Eine derartige Ausbeutung des guten Rufs der Mitbewerber zur Förderung des eigenen Absatzes ist als Schmarotzen an fremder Leistung grundsätzlich sittenwidrig,[62] vorausgesetzt, daß in der Werbung auf bestimmte, konkrete Mitbewerber Bezug genommen wird.[63] Daran fehlt es z. B., wenn lediglich eine Substitutionsmöglichkeit aufgezeigt wird, etwa durch die Werbung, daß statt Blumen auch Kaffee als Geschenk geeignet sei.[63] Eine verbotene, anlehnende Werbung liegt hingegen z. B. vor bei der Bezeichnung von Konfektionskleidung als ,,wie nach Maß" wegen der Ausbeutung des guten Rufs der Maßkleidung,[64] bei der Bezeichnung beliebiger Teewurst als ,,Rügenwalder" Teewurst[65] sowie bei der Bezeichnung mitteldeutscher Produkte als ,,Jenaer Glas", wenn der frühere Hersteller dieser Produkte nach seiner Enteignung die Pro-

---

[57] BGHZ 40, 391 (398); 86, 90; 93, 96; eingehend *Fezer,* GRUR 1986, 485; *Mergel,* GRUR 1986, 646; *Schwendemann,* GRUR 1986, 713.
[58] BGHZ, 86, 90 = NJW 1983, 1431 m. Anm. *Alff,* LM § 1 UWG Nr. 385 ,,Rolls-Royce"; dazu *Fezer* (o. Fußn. 57); enger *BGH,* ZIP 1986, 1145 = GRUR 1986, 759 ,,BMW – Bumms mal wieder."
[59] So daß es an der Warengleichartigkeit als Voraussetzung eines Schutzes nach dem WZG fehlt.
[60] BGHZ 93, 96 = NJW 1986, 379 m. Anm. *Alff,* LM § 1 UWG Nr. 423 ,,Dimple".
[61] Dies wurde in den genannten Fällen (o. Fußn. 59 u. 60) bejaht, woran besonders deutlich wird, wieweit dieses Merkmal heute ausgelegt wird; s. o. § 4, 3 sowie *Fezer* (o. Fußn. 57); enger aber wieder *BGH,* ZIP 1986, 1145 ,,BMW."
[62] RGZ 146, 247 (249f.); *BGH,* LM § 1 UWG Nrn. 35 u. 178 = NJW 1956, 1556 u. GRUR 1967, 360; *OLG Köln,* GRUR 1986, 472 = NJW 1986, 2379; *LG Köln,* NJW 1986, 2380; insbes. *KG,* GRUR 1983, 590 ,,nach dem Vorbild von Sotheby"; *Baumbach-Hefermehl,* § 1 Rdnrn. 480ff.; *Ulmer-Reimer,* Tz. 251ff.
[63] BGH, LM § 1 UWG Nr. 240 = GRUR 1972, 553.
[64] BGH, LM § 1 UWG Nr. 178 = GRUR 1967, 360; etwas enger aber *BGH,* LM § 3 UWG Nr. 197 = GRUR 1983, 256 ,,Sauerteig".
[65] BGH, LM § 3 UWG Nr. 16 = NJW 1956, 589.

duktion in Westdeutschland selbst fortführt.[66] Auf die Gefahr einer Verwechslung der Produkte kommt es dabei nicht an; es genügt vielmehr, die Gefahr einer Ausbeutung des guten Rufs der Produkte, an deren Bezeichnung man sich in der Werbung anlehnt.[67]

Die anlehnende Werbung braucht nicht offen, sondern kann versteckt und mittelbar erfolgen. Für die rechtliche Beurteilung macht das keinen Unterschied, wenn sich die Werbung nur erkennbar auf bestimmte Mitbewerber bezieht. Verboten ist daher z. B. auch die Werbung mit dem Hinweis, man habe führende Mitarbeiter eines angesehenen Konkurrenten übernommen, weil damit versucht wird, den Ruf dieses Konkurrenten auf sich überzuleiten.[68]

bb) Eine Ausnahme gilt jedoch für das Ersatzteil- und Zubehörgeschäft. Wenn die Herstellung von Ersatzteilen und von Zubehör zu fremden Erzeugnissen unbeschränkt zulässig ist (s. o. 2d), dann muß auch in der Werbung darauf hingewiesen werden dürfen. Es ist daher erlaubt, in der Werbung herauszustellen, daß die eigenen Erzeugnisse als Ersatzteile oder als Zubehör zu fremden Erzeugnissen geeignet sind, sofern dabei nur jede vermeidbare Täuschung der Verbraucher über die Herkunft der Erzeugnisse vermieden wird.[69]

c) Annäherung

Wenn die Erzeugnisse eines Konkurrenten bestimmte, eigenartige Merkmale aufweisen, mit denen der Verkehr besondere Gütevorstellungen verbindet, kann es für andere Gewerbetreibende interessant sein, sich ohne eigentliche Nachahmung allein diesen eigenartigen Merkmalen anzunähern, um die damit verbundenen Gütevorstellungen für sich auszubeuten. Die Rechtsprechung hat deshalb gelegentlich eine solche ,,planmäßige" Annäherung an im Verkehr bekannte, eigenartige Merkmale der Ware eines Mitbewerbers als Verstoß gegen § 1 UWG behandelt, sofern damit erkennbar der Zweck verfolgt wurde, den guten Ruf des Konkurrenten zur Empfehlung der eigenen Ware auszunutzen, oder wenn dadurch eine Verwechslungsgefahr begründet wurde.[70]

---

[66] *BGH*, LM § 16 UWG Nr. 49 (Bl. 4) = NJW 1961, 1919.

[67] *BGH* (o. Fußn. 66).

[68] *BGHZ* 40, 391 (398 f.); *BGH*, LM § 1 UWG Nr. 35 = NJW 1956, 1556; vgl. auch *BGH*, GRUR 1969, 413 (414 f), wonach es unlauter sein soll, wenn eine Buchgemeinschaft ein zum Verkaufsschlager gewordenes Buch eines anderen Verlegers als Werbeprämie verteilt (?) (dagegen zutr. *Nordemann*, Tz. 410).

[69] *OLG Frankfurt*, GRUR 1984, 668; *Baumbach-Hefermehl*, § 1 Rdnr. 482; *Waibel*, S. 307 ff.

[70] Grdl. *RGZ* 146, 247 (250) (für das planmäßige Heranschleichen an die im Verkehr bekannte, eigenartige Aufmachung der Ware eines Konkurrenten); *BGHZ* 5, 1 (11 f.) ,,Hummel I" (für die Annäherung an die eigenartigen Hummelfiguren; *BGH*, LM § 1 UWG Nr. 108 = GRUR 1961, 581 ,,Hummel II"; *BGHZ* 35, 341 (348) und LM § 1 UWG Nr. 203 = GRUR 1969, 292 ,,Buntstreifensatin I und II" (für die sklavische Anklammerung an die Dessins eines Bettwäscheherstellers); vgl. außerdem *BGHZ* 28,

Diese Praxis ist nicht unbedenklich, weil sie die Gefahr einer Monopolisierung bloßer Geschmacksrichtungen heraufbeschwört. In den Fällen der Annäherung sollte deshalb ebenso wie sonst die Unlauterkeit grundsätzlich auf die Fälle vermeidbarer Herkunftstäuschungen beschränkt werden.[71]

---

387 (394f); *BGH*, LM § 1 UWG Nrn. 120, 189 und 209 = NJW 1963, 855; GRUR 1968, 425; 1970, 244 für die Annäherung an fremde Kennzeichen; eingehend *Baumbach-Hefermehl*, § 1 Rdnrn. 487ff. sowie *Fezer*, GRUR 1986, 485.

[71] Ähnlich zurückhaltend *BGH*, LM § 1 UWG Nrn. 108 und 203.

3. Kapitel. Die Verletzung von Interessen der Abnehmer

§ 10. Beeinträchtigung der Entscheidungsfreiheit der Abnehmer

Literatur: S. bei den einzelnen Gliederungspunkten sowie allgemein *Baumbach-Hefermehl,* § 1 UWG Rdnrn. 4 ff.; *Baudenbacher,* Suggestivwerbung und Lauterkeitsrecht, Zürich 1978; *Eichmann,* in: Mitarbeiterfestschr. f. E. Ulmer, 1973, S. 287; *Freiberger,* Der Wahrhaftigkeitsgrundsatz und die Pflicht zur Wahrhaftigkeit im Wettbewerbsrecht, Frankfurt 1938; *Gerstenberg,* in: RWW, 3.1; *v. Godin,* § 1 UWG Rdnrn. 208 ff., *Hefermehl,* in: Festschr. f. Kastner, Wien 1972, S. 194; *Jacobs,* in: Hdb., § 49 (S. 655 ff.); *A. Kraft,* Interessenabwägung, S. 231, 251 ff.; *Koppensteiner,* S. 437 ff.; *Kunz,* Das allgemeine Übermaßverbot im bürgerlichen Recht und seine Auswirkungen auf das „übertriebene Anlocken" im Wettbewerbsrecht, 1980; *M. Lehmann,* Die Werbung mit Geschenken, 1974; *Lobe* Bd. I., S. 56 ff.; *Loewenheim,* GRUR 1975, 99; *Meyer-Cording,* JZ 1964, 273, 312 ff.; *Nordenmann,* Tz. 164 ff.; *Ott,* in: Festschr. f. L. Raiser, 1974, S. 428; *Reimer-v. Gamm,* S. 218 ff.; *Rinck,* in: Göttinger Festschr. f. das OLG Celle, 1961, S. 151; *Sack,* Unlauterer Wettbewerb und Folgeverträge, 1974 = WRP 1974, 445; *Ulmer-Reimer,* Tz. 793 ff. (S. 564 ff); *Henning-Bodewig,* BB 1986, Beilage 18.

1. Überblick

Das Recht des unlauteren Wettbewerb ist nicht nur Deliktsrecht zum Schutze der Unternehmen gegen ihre Behinderung oder Ausbeutung durch Konkurrenten (o. §§ 6–9); es soll vielmehr in gleichem Maße die legitimen Interessen aller Marktpartner der Gewerbetreibenden gegen jede Beeinträchtigung im Wettbewerb schützen (s. o. § 3, 2 a). Zu den hiernach ebenfalls geschützten Marktpartnern gehören sowohl die Lieferanten als auch die Abnehmer einschließlich der Verbraucher. Welches Gewicht das UWG dabei namentlich dem Verbraucherschutz beimißt, zeigt bereits ein flüchtiger Blick auf das Irreführungsverbot des § 3, das Klagerecht der Verbraucherverbände aufgrund des § 13 II Nr. 3 sowie das neue Rücktrittsrecht in den Fällen des § 4 auf Grund des § 13 a von 1986. Im folgenden wird deshalb der Schutz der Verbraucher und der sonstigen Abnehmer ganz im Mittelpunkt der Ausführungen stehen.

Unter den vom UWG geschützten Interessen der Abnehmer kommt besonderes Gewicht ihrem Interesse an dem Schutz ihrer Entscheidungsfreiheit gegen jede unzulässige Beeinträchtigung seitens eines Gewerbetreibenden zu, weil davon nicht weniger als die Funktionsfähigkeit des Wettbewerbssystems abhängt. Aus diesem Grunde stellt namentlich der lückenlose Schutz der Abnehmer gegen jede Täuschung oder Irreführung im Wettbewerb eines der wichtigsten Grundprinzipien der ganzen Materie dar, das in der einen oder anderen Form in die meisten Fallgruppen mit hereinspielt. Sedes materiae ist dabei natürlich in erster Linie die kleine Generalklausel des § 3 UWG. Doch greift die Praxis daneben nach wie vor in zahlreichen Fallgruppen auf die große Generalklausel des § 1 UWG zurück (dazu u. 2).

Täuschungen oder Irreführungen sind nur die wichtigste, aber beileibe nicht die einzige Form, in der die Entscheidungsfreiheit der Abnehmer im Wettbewerb beeinträchtigt werden kann. Dem Erfindungsreichtum der Unternehmen sind insoweit keine Grenzen gesetzt. Neben dem Zwang oder der Nötigung der Abnehmer ist hier vor allem an die übermäßige Belästigung der Abnehmer durch Werbemaßnahmen, an die zahlreichen Formen der sog. Wertreklame, an die Ausnutzung der Spiellust sowie an die Ausnutzung der Gefühle der Abnehmer zu denken.

Natürlich kann nicht jede Werbung, die sich derartiger Methoden bedient, nach § 1 UWG verboten werden. Die Verbraucherwerbung wendet sich heute fast immer zumindest auch an die Gefühle der umworbenen Kunden. Die deshalb in jedem Einzelfall erforderliche Grenzziehung stellt eines der schwierigsten Probleme des ganzen Wettbewerbsrechts dar, weil man hier gleichermaßen darauf achten muß, den Wettbewerb nicht unnötig und übermäßig zu beschränken, wie darauf, die Verbraucher angemessen gegen alle ,,geheimen Verführer'' zu schützen. Man kann nicht sagen, daß es der deutschen Praxis bisher überall gelungen wäre, zwischen diesen Klippen einen klaren und überzeugenden Kurs zu steuern.

2. Täuschung

Da der Wahrheitsgrundsatz zu den wichtigsten Prinzipien des Wettbewerbsrechts gehört,[1] kann Täuschungen der Abnehmer gleichzeitig mit § 3 UWG und mit der Generalklausel des § 1 UWG begegnet werden;[2] § 3 UWG ist nicht etwa lex specialis für alle Formen der Irreführung.[3] Da zudem in den Rechtsfolgen ebenfalls keine ins Gewicht fallenden Unterschiede zwischen den §§ 1 und 3 UWG bestehen, hat es sich eingebürgert, bestimmte Formen der Abnehmertäuschung schwerpunktmäßig bei § 1 UWG anzusiedeln. Dies liegt besonders in solchen Fällen nahe, in denen neben der Abnehmertäuschung noch andere Gesichtspunkte eine ausschlaggebende Rolle spielen oder in denen das Vorliegen der Tatbestandsmerkmale des § 3 UWG problematisch sein kann.

a) Es ist unlauter, das Publikum durch die Verwendung einer Bezeichnung anzulocken, mit der es üblicherweise eine andere und günstigere Vorstellung verbindet, als es der wirklichen Sachlage entspricht.[4] Deshalb darf z. B. für Konfektionskleidung nicht mit Werbe-

---

[1] Statt aller *Baumbach-Hefermehl*, § 1 UWG Rdnr. 5.
[2] Vgl. z. B. die Bedeutung der Herkunftstäuschung bei den Fällen der sklavischen Nachahmung (o. § 9, 2 a).
[3] Z. B. *BGH*, LM § 1 UWG Nrn. 178 und 181 = GRUR 1967, 360 und 596.
[4] *BGH*, LM § 1 UWG Nrn. 110 und 178 = GRUR 1962, 315; 1967, 360; LM § 3 UWG Nr. 97 = GRUR 1969, 546.

sprüchen geworben werden, durch die die besonderen Gütevorstellungen ausgebeutet werden, die mit dem Begriff der Maßkleidung verbunden sind.[5] Ebenso wenig darf ein einzelner Hersteller eine Verkaufsaktion etwa als ,,Deutsche Miederwoche" ankündigen, weil solche Bezeichnungen auf Gemeinschaftsaktionen der ganzen Branche hindeuten.[6] Schließlich wurde es als unlauter angesehen, die von einem Markenartikelhersteller unmarkiert vertriebene Ware gleichwohl als Markenware auszugeben, weil hinter der unmarkierten Ware nicht der Hersteller mit seiner Gütegarantie stehe.[7]

b) Sittenwidrig ist es weiter, unerfahrene oder unmündige Verbraucherkreise durch bewußt unklare oder verfängliche Behauptungen in der Werbung über ihre Rechte zu täuschen, um sie auf diese Weise fester als tatsächlich möglich an den Vertrag zu binden, indem sie etwa über ihre Rechte aufgrund der §§ 1 b bis 1 d AbzG im unklaren gelassen werden.[8] Ebenso unzulässig ist das Unterschieben von Waren oder Dienstleistungen (passing off).[9] Deshalb darf einem Kunden, der einen bestimmten Markenartikel bestellt, nicht einfach ein vergleichbares Produkt anderer Hersteller geliefert werden.[10] Und wer ein Taxi bestellt, darf nicht ohne weitere Aufklärung unaufgefordert mit einem Mietwagen bedient werden.[11]

c) Die Tarnung von Werbemaßnahmen kann ebenfalls gegen § 1 UWG verstoßen.[12] Daher darf ein Werbefilm, der auf Verkaufsveranstaltungen vorgeführt werden soll, nicht als Spielfilm angekündigt werden.[13] Ebensowenig ist es zulässig, Zeitschriften durch die Inaussichtstellung von Anzeigen zum Abdruck von Artikeln zu veranlassen, die, obwohl als redaktionelle Beiträge getarnt, tatsächlich doch für die Produkte des Auftraggebers werben sollen.[14] Hingegen ist es unbedenklich, bei potentiellen Kunden Umfragen zu veranstalten, wenn sich aus den Umständen klar ergibt, daß der Hersteller hiermit seinen eigenen Absatz fördern will; die Umfrage darf jedoch nicht als neutrale Meinungsumfrage von dritter Seite getarnt werden.[15]

---

[5] *BGH*, LM § 1 UWG Nr. 178 für den Werbespruch ,,Wie nach Maß"; *Baumbach-Hefermehl*, § 1 Rdnr. 14.
[6] *BGH*, LM § 1 UWG Nr. 110 = GRUR 1962, 315.
[7] *BGH*, LM § 1 UWG Nr. 158 = NJW 1965, 1963 ,,Markenbenzin" (fraglich).
[8] Grdl. *BGHZ* 67, 389 (391) m. Anm. *Reich*, JuS 1978, 451; *OLG* Hamburg, GRUR 1979, 475 (476f.); insbes. *BGH*, ZIP 1986, 1277 und 1279; *Baumbach-Hefermehl*, § 1 Rdnr. 21.
[9] *BGH*, LM § 1 UWG Nr. 214 = GRUR 1970, 510; vgl. Art. 10 bis Abs. 3 Nr. 1 PVÜ.
[10] *BGH*, LM § 1 UWG Nr. 167 = NJW 1966, 1558.
[11] *BGH*, LM § 1 UWG Nr. 145 = NJW 1965, 630; *BGH*, GRUR 1965, 607; *Nordemann*, Tz. 190.
[12] *BGHZ* 81, 247 = NJW 1981, 2573 m. Anm. *Alff*, LM § 1 UWG Nr. 356.
[13] *BGH*, LM § 1 UWG Nr. 115 = GRUR 1962, 461.
[14] *BGH* (o. Fußn. 12); s. auch sogleich u. d), bes. bei Fußn. 20.
[15] *BGH*, LM § 1 UWG Nr. 253 = NJW 1973, 43.

d) Wer mit wissenschaftlichen Gutachten, Zeitungsartikeln oder Kundenzuschriften wirbt, macht sich die darin enthaltenen Behauptungen zu eigen.[16] Eine derartige Werbung ist daher unlauter, wenn es sich um bezahlte Artikel, Zuschriften oder Gutachten oder um Gutachten abhängiger Sachverständiger handelt und dies in der Werbung nicht eindeutig klargestellt wird.[17] Ebensowenig dürfen in der Wissenschaft noch umstrittene Fragen, etwa auf dem Gebiet der Gesundheit, einseitig als unstreitig hingestellt werden.[18] Entsprechendes gilt für Fachzeitschriften; sie dürfen daher nicht einseitige, wettbewerbliche Äußerungen eines Gewerbetreibenden als unabhängige Stellungnahmen des Herausgebers ausgeben.[19] Für alle Massenmedien folgt hieraus die Verpflichtung, strikt auf die Trennung zwischen redaktionellem Teil und Werbeteil zu achten. Es ist insbes. unlauter, bezahlten Anzeigen in irgendeiner Hinsicht einen redaktionellen Anstrich zu geben und sie dadurch zu Stellungnahmen des betreffenden Mediums aufzuwerten.[20]

3. Nötigung

Die Kunden sollen sich frei zwischen den konkurrierenden Angeboten der Unternehmen entscheiden können. Deshalb ist es sicher unlauter, den Kunden geradezu zum Vertragsschluß zu nötigen, indem man ihn in eine Zwangslage bringt, aus der er sich normalerweise nur noch durch den Vertragsschluß befreien kann.[21]

a) Der *BGH*[22] hat es daher zur Recht beanstandet, Unfallopfer unmittelbar an der Unfallstelle unaufgefordert anzusprechen, um sie zur Erteilung eines Abschleppauftrages oder zum Abschluß von Mietverträgen über Ersatzfahrzeuge oder von Reparaturverträgen zu veranlassen. Denn durch ein solches Verhalten werden die Unfallopfer, die noch unter dem Eindruck des Unfalls stehen, in einer Situation überrumpelt, in der sie sich i. d. R. nicht mehr frei zwischen den konkurrierenden Angeboten entscheiden können.

b) Unzulässige Nötigung stellt weiter das Einspannen von Autoritätspersonen für Werbezwecke dar.[23] Vorgesetzte, Lehrer oder Geistliche dürfen nicht ihre Autorität zur Werbung für beliebige Produkte, möglicherweise noch gegen Provision, mißbrauchen, weil dadurch die Entscheidungsfreiheit der Kunden in einer mit einem System freien und fairen Wettbewerbs unvereinbaren Weise beeinträchtigt wird.

---

[16] *BGH*, LM § 1 UWG Nr. 109; § 3 UWG Nr. 75 = GRUR 1962, 45; NJW 1966, 48.

[17] *BGH* (o. Fußn. 16); LM § 1 UWG Nr. 99 = GRUR 1961, 189; LM § 13 UWG Nr. 27 = NJW 1974, 1141; *Baumbach-Hefermehl,* § 1 Rdnr. 26; *Ulmer-Reimer,* Tz. 659.

[18] *BGH*, LM § 1 UWG Nr. 60 „Odol"; § 32 ZPO Nr. 8 „Tampax" = NJW 1958, 1235 (1236); GRUR 1971, 153 (155).

[19] *BGH*, LM § 1 UWG Nr. 185 = GRUR 1968, 382.

[20] *BGH*, LM § 13 UWG Nr. 27 = NJW 1974, 1141; *Baumbach-Hefermehl,* § 1 Rdnrn. 27 ff.; *Ulmer-Reimer,* Tz. 845 ff.; vgl. auch *BGH* (o. Fußn. 12).

[21] S. eingehend *Baumbach-Hefermehl,* § 1 Rdnrn. 33 ff.; *Nordemann,* Tz. 168 ff.

[22] *BGH*, LM § 1 UWG Nrn. 277, 278 und 332 = NJW 1975, 691; 1975, 689; 1980, 1690.

[23] Eingehend *Nordemann,* Tz. 168 ff.; ein Gegenbeispiel in: *BGH,* Betr. 1986, 2324.

Besondere Bedeutung hat das Gesagte für die erwerbswirtschaftliche Betätigung des Staates. Dem Staat ist es verwehrt, mit seiner besonderen Autorität in den Wettbewerb seiner Unternehmen mit privaten Unternehmen zugunsten der ersteren einzugreifen; das wäre ein evidenter Mißbrauch der besonderen, staatlichen Machtbefugnisse.[24]

c) Wer in seiner Werbung die Verbraucher auffordert, bei ihm einen Katalog oder sonstiges Informationsmaterial anzufordern, darf nicht statt dessen sofort den Kunden einen Vertreter ins Haus schicken, weil dadurch die Kunden überrumpelt und in eine Zwangssituation gebracht werden, in der sie nicht mehr frei darüber entscheiden können, ob sie den Vertreter hereinlassen wollen oder nicht.[25] Ebenso unlauter ist es schließlich noch, auf die Solidarität der Mitglieder einer Gruppe zu spekulieren und durch die Inaussichtstellung von Vorteilen für die ganze Gruppe die Gruppenmitglieder zur Beschäftigung mit dem Angebot und so mittelbar zum Kauf zu veranlassen.[26]

4. Belästigung

Literatur: S. o. vor 1 sowie insb. *Baumbach-Hefermehl,* § 1 UWG Rdnrn. 44 ff.; *Bülow,* WRP 1978, 774; *v. Falckenstein,* Die Bekämpfung unlauterer Geschäftspraktiken durch Verbraucherverbände, 1977; *v. Harder,* GRUR 1962, 439; *Hefermehl,* in: Festschr. f. Kastner, Wien 1972, S. 183; *ders.,* GRUR 1980, 622; *Krüger-Nieland,* WRP 1979, 1; *dies.,* GRUR 1974, 561; *M. Lehmann,* GRUR 1974, 133; *Loewenheim,* GRUR 1975, 99; *Nordemann,* Tz. 172 ff.; *ders.,* WRP 1969, 16; *Schricker,* GRUR 1974, 579; *ders.,* RabelsZ 40 (1976), 535; *Ulmer-Reimer,* Tz. 793 ff.

a) Bis zu einer bestimmten Grenze ist es unvermeidlich, daß das Publikum durch die Werbung belästigt wird. Es kann deshalb keine Rede davon sein, daß eine „Belästigung" des Publikums in jedem Falle zur Unlauterkeit der betreffenden Werbemaßnahmen führe; tatsächlich ist vielmehr bislang auf diesen Gesichtspunkt nur in wenigen Fallgruppen letztlich das Urteil der Sittenwidrigkeit gestützt worden, wobei das Problem natürlich wieder in der Grenzziehung liegt.[27]

Besondere Bedeutung kommt dabei durchweg dem Gesichtspunkt der Nötigung durch Schaffung einer Zwangslage zu. Die meisten der üblicherweise unter den Stichworten Belästigung oder Anreißen behandelten Fälle könnten daher ohne Bedenken ebenso zu der Fallgruppe der Nötigung (o. 3) gerechnet werden. Dies hat nichts

---

[24] S. o. § 4, 4c sowie z. B. grdl. *RG,* JW 1932, 2529 Nr. 19; *BGHZ* 19, 299 (304 ff.); *BGH,* WM 1981, 905 (907); *LG München I,* WRP 1957, 109 (113); *LG Wiesbaden,* NJW 1961, 2118; *Emmerich,* Der unlautere Wettbewerb der öffentlichen Hand, 1969, S. 75 ff. m. zahlr. Nachw. Gegenbeispiel in *BGH,* LM § 1 UWG Nr. 416 = NJW 1985, 1623 und dazu u. 4.

[25] *BGH,* LM § 1 UWG Nrn. 197, 232 und 282 = GRUR 1968, 648; 1971, 320; 1976, 32; *OLG Stuttgart,* NJW-RR 1986, 787, s. auch u. 4 b.

[26] *BGH,* LM § 1 UWG Nr. 317 = GRUR 1979, 157 für einen „Malwettbewerb" der Kinder eines Kindergartens, durch den die Eltern zum Kauf des dazu nötigen Zubehörs veranlaßt werden sollten.

[27] Grdl. *BGH,* LM § 1 UWG Nr. 416 = NJW 1985, 1623 für die Werbung eines Verlages für seine Jugendzeitschriften in der Schule mit Erlaubnis des Schulträgers.

verwunderliches an sich, wenn man bedenkt, daß sich ohnehin sämtliche Fallgruppen überschneiden und daß für die Entscheidung der einzelnen Fälle oft viele, verschiedenartige Gesichtspunkte maßgebend sind. Entscheidend kann daher immer nur sein, wo – in den Augen des jeweiligen Betrachters – der Schwerpunkt des Falles liegt.[28]

b) Das *Ansprechen von Passanten* auf der Straße, um sie zum Betreten eines Geschäftslokals oder eines Werbewagens zu veranlassen, gilt in Deutschland wegen der damit verbundenen Belästigung des Publikums seit jeher grundsätzlich als unlauter.[29] Erfolgt das Ansprechen in unmittelbarer Nähe des Geschäfts eines Konkurrenten, so verbindet sich damit der Gedanke der Behinderung. Ausnahmen gelten nur für Messen und Märkte, wo i. d. R. jedermann mit einem derartigen Verhalten von Gewerbetreibenden rechnet, so daß er sich dadurch nicht belästigt fühlen kann.[30]

Anders beurteilt werden hingegen i. d. R. *Vertreterbesuche*, selbst wenn der Vertreter von sich aus den Kunden aufsucht, weil solche Vertreterbesuche eben allgemein üblich sind und weil zudem die Gewerbeordnung von ihrer Zulässigkeit ausgeht.[31] Doch gibt es Ausnahmen. So gilt es als unlauter, den Vertreterbesuch auf täuschende oder sonst zu mißbilligende Weise vorzubereiten, weil dadurch der Kunde in seiner freien Entscheidung, den Vertreter an der Haustür abzuweisen, beeinträchtigt wird. Beispiele sind die Veranstaltung von Preisausschreiben, bei denen die Gewinne durch Vertreter überbracht werden,[32] oder die schon erwähnte Verteilung unklarer Prospekte, durch die auf den ersten Blick nur zur Anforderung von Katalogen oder sonstigen Informationsmaterials aufgefordert wird, während tatsächlich die Einladung von Vertretern gemeint ist (o. 3 c).

Noch engere Grenzen zieht die Praxis mit Rücksicht auf den ,,Ernst“ oder die ,,Heiligkeit“ des Todes der Werbung für *Bestattungsaufträge* oder Grabmäler durch Hausbesuche. Ihrer Meinung nach ist es generell unlauter, bei noch lebenden Personen unaufgefordert für den Abschluß von Bestattungsverträgen zu werben,[33] sowie nach dem Todesfall die Hinterbliebenen durch unaufgeforderte Vertreterbesuche zu belästigen, um Bestattungsaufträge zu erlangen.[34] Ebenso beurteilt wird heute sogar

---

[28] Selbst hierüber kann man naturgemäß durchaus verschiedener Meinung sein. Dies erklärt zu einem guten Teil die unterschiedliche Einteilung der Fallgruppen in der Literatur.

[29] Zuletzt *OLG Düsseldorf,* NJW-RR 1986, 531.

[30] Vgl. im einzelnen *BGH,* LM § 1 UWG Nrn. 94, 146 und 277 = GRUR 1960, 431; NJW 1965, 628; 1975, 691; *Nordemann,* Tz. 177 ff.; zum Ansprechen von Unfallopfern an der Unfallstelle s. schon o. 3 a.

[31] *BGHZ* 54, 188 (193); *Baumbach-Hefermehl,* § 1 Rdnrn. 61 ff.

[32] *BGH,* LM § 1 UWG Nr. 247 = NJW 1972, 2124.

[33] *BGH,* LM § 1 UWG Nrn. 26 und 179 = GRUR 1955, 541; 1967, 430.

[34] Grdl. *RGZ* 145, 396 (402); *BGH,* LM § 1 UWG Nrn. 26 und 179 = GRUR 1955, 541; 1967, 430; *Baumbach-Hefermehl,* § 1 Rdnr. 57; *Nordemann,* Tz. 182.

die Werbung für Grabdenkmäler durch unaufgeforderte Vertreterbesuche. Jeder derartige Besuch soll nicht nur vor Ablauf einer Karenzfrist von vier Wochen,[35] sondern stets unlauter sein.[36]

Die geschilderte Praxis dürfte des Guten zuviel tun. Der „Ernst" oder die „Heiligkeit" des Todes haben wenig mit der Sittenwidrigkeit in § 1 UWG zu tun. Im Ergebnis werden daher hier bloße Fragen des Geschmacks mit solchen einer Regelung des Wettbewerbs in einer freien Wirtschaft verwechselt.

c) Als i. d. R. untragbare Belästigung des Publikums gilt weiterhin die *Telefon-* und häufig auch die *Telexwerbung*. Wer sich einen Telefon- oder Telexanschluß zulegt, erklärt damit keinesfalls seine Bereitschaft, in seinem privaten Bereich von x-beliebigen Gewerbetreibenden oder Anlageberatern mit deren Angeboten belästigt zu werden.[37]

d) Ebenso beurteilt wird im Regelfall die *Zusendung unbestellter Waren*. Ausschlaggebend ist dabei vor allem die Überlegung, daß der Empfänger durch derartige Zusendungen stets in eine gewisse Zwangslage gebracht wird. Denn er muß entweder die Ware aufbewahren, zurücksenden oder bezahlen.

Wie immer gibt es freilich Ausnahmen von dieser Regel. Die Zusendung unbestellbarer Waren ist z. B. unbedenklich, wenn es sich um geringwertige Verbrauchsgüter des täglichen Bedarfs handelt, bei denen der Empfänger zugleich darauf hingewiesen wird, daß ihn weder eine Aufbewahrungs- noch eine Rücksendungs- oder Zahlungspflicht trifft, oder wenn zwischen den Beteiligten ohnehin schon eine laufende Geschäftsverbindung besteht, aufgrund derer der Absender annehmen durfte, daß der Empfänger die Ware wünscht.[38]

Auf ähnlichen Erwägungen beruht die vom BGH[39] angenommene Unlauterkeit der Versendung von Auftragsbestätigungen, in denen Rechtsfolgen bei Unterlassung einer Antwort angedroht werden, an unbeteiligte Dritte durch einen Buchclub, außer wenn es sich dabei um wohl unvermeidliche Fehlgriffe in seltenen Einzelfällen handelt; denn hier gehört die Belästigung Dritter durch solche irreführenden „Auftragsbestätigungen" geradezu zum Absatzsystem des betreffenden Gewerbetreibenden.

e) Große Unsicherheit herrscht in der Praxis schließlich in der Beurteilung der offenbar sehr beliebten Kaffee- oder *Werbefahrten*.[40] Üblicherweise wird hier darauf abgestellt, ob die Teilnehmer zuvor in der Werbung für die Fahrt eindeutig und unmißverständlich über deren Charakter als Verkaufsveranstaltung aufgeklärt worden sind sowie ob zwischen den Leistungen der Beteiligten ein solches Mißverhältnis besteht, daß

---

[35] So noch *BGH*, LM § 1 UWG Nr. 179 = GRUR 1967, 430.
[36] *BGHZ* 56, 18 (20f.); *BVerfGE* 32, 311.
[37] *BGHZ* 54, 188 (191f.); 59, 317 (319ff.); *OLG Frankfurt*, GRUR 1983, 674. Anders für Btx *KG*, NJW 1986, 3215.
[38] *BGH*, LM § 1 UWG Nrn. 77, 145, 155, 247 und 295 = GRUR 1959, 277; NJW 1965, 630; 1965, 1662; 1972, 2124; 1977, 1977; *BGH*, GRUR 1960, 382 (384).
[39] LM § 1 UWG Nr. 394 = NJW 1983, 2144 = GRUR 1983, 587.
[40] S. *Baumbach-Hefermehl*, § 1 Rdnr. 90.

daraus ein psychologischer Kaufzwang für die Teilnehmer resultiert.[41] Diese Praxis kann indessen schwerlich Billigung finden. Zunächst ist es kaum vorstellbar, daß irgend jemand über den Charakter sog. Kaffee- oder Werbefahrten als Verkaufsveranstaltungen bestimmter Unternehmen im Zweifel sein könnte; zum anderen ist es ganz verfehlt, hier mit dem ohnehin unklaren Gesichtspunkt des „psychologischen Kaufzwanges" zu operieren, da tatsächlich niemand irgendeine Kenntnis über die psychologischen Vorgänge bei den Teilnehmern an solchen Fahrten hat. Wenn die Gerichte gleichwohl aufgrund bloß unterstellter Kenntnisse hierüber gegen Kaffee- oder Werbefahrten aufgrund des § 1 UWG vorgehen, so maßen sie sich damit letztlich eine Betreuungsfunktion gegenüber den schließlich völlig freiwillig handelnden Teilnehmern solcher Fahrten an, die in einem Staat, der sich ständig auf den mündigen Bürger beruft, seltsam anmuten muß und zu der jedenfalls die Generalklausel des § 1 UWG den Gerichten keine Befugnis verleiht.

5. Ausnutzung der Spiellust

Literatur: Baumbach-Hefermehl, § 1 UWG Rdnrn. 112 ff.; *Bülow,* GRUR 1971, 64; *Bussmann,* NJW 1952, 684; *Grebing,* wistra 1984, 169; *Koppensteiner,* S. 373 ff.; *G. Kunze,* Zur wettbewerbsrechtlichen Beurteilung von Gewinnspielen, in: Rechtsfragen der Gegenwart, Festg. f. Hefermehl, 1971, S. 319; *Cl. Müller,* NJW 1972, 273; *ders.,* GRUR 1973, 72; *Nordemann,* Tz. 224 ff.; *H. Otto,* GRUR 1982, 274; *Ulmer-Reimer,* Tz. 820 ff. (S. 588 ff.).

a) Die Entscheidungsfreiheit des Kunden kann weiter dadurch beeinträchtigt werden, daß die Werbung an seine Spielleidenschaft appelliert, um ihn auf diese Weise zum Kauf ohne vorherige, sorgfältige Prüfung des Angebots zu reizen. Darauf beruht die große Beliebtheit von Preisausschreiben (vgl. § 661 BGB), Preiswettbewerben, Preisrätseln und Gratisverlosungen.

In diesen Fällen ist zu unterscheiden. Der Einsatz solcher Werbemethoden ist sicher unlauter, wenn es sich dabei um eine strafbare, weil nicht genehmigte Lotterie handelt (§ 286 StGB). Im übrigen aber ist von der grundsätzlichen Zulässigkeit von Preisausschreiben und sonstigen, vergleichbaren Werbeveranstaltungen auszugehen. Es handelt sich dabei um herkömmliche und beliebte Mittel, um die Aufmerksamkeit der Kunden auf das eigene Geschäft zu lenken. Nur im Einzelfall kommt daher hier ein Verstoß gegen § 1 UWG bei Vorliegen besonderer Umstände in Betracht.

b) Problematisch ist danach insbes. die Zulässigkeit der sog. *progressiven Kundenwerbung,* häufig auch Schneeballsystem oder ähnlich genannt. Kern aller dieser Absatzsysteme ist die Vergütung eines Teiles des Kaufpreises für jeden von dem Kunden geworbenen, weiteren Kunden, wobei den dergestalt geworbenen, weiteren Kunden ihrerseits wiederum in Aussicht gestellt wird, daß sie bei Werbung zusätzlicher Kunden eben-

---

[41] Insbes. *BGH,* NJW-RR 1986, 395 = GRUR 1986, 318; *OLG Celle,* GRUR 1982, 687; *OLG Düsseldorf,* Betr. 1965, 1172.

falls einen Teil des Kaufpreises erstattet bekommen. Solche Absatzsysteme sind deshalb besonders gefährlich, weil sie den Kunden auf den ersten Blick hohe Gewinnmöglichkeiten vorspiegeln, während tatsächlich im Falle ihrer lawinenartigen Ausbreitung notwendigerweise schnell eine starke Marktverengung eintritt, so daß weitere, geworbene Kunden ihrerseits keine Chancen mehr haben, neue Kunden zu werben.[42]

In der bisherigen Praxis ist deshalb immer wieder versucht worden, gegen die progressive Kundenwerbung mit den Mitteln des Strafrechts vorzugehen, wobei man sich z. T. auf § 286 StGB (verbotene Ausspielung), z. T. auf die verschiedenen Betrugstatbestände (§ 263 StGB; § 4 UWG) stützte.[43] Der Erfolg war indessen bescheiden, da es den Tätern häufig gelang, schon durch eine geringfügige Veränderung ihres Absatzsystems der Strafbarkeit zu entgehen.

Durch das zweite Gesetz zur Bekämpfung der Wirtschaftskriminalität (2. WiKG)[44] ist deshalb mit Wirkung seit dem 1. 8. 1986 in das *UWG* ein neuer, speziell gegen die progressive Kundenwerbung gerichteter Straftatbestand in Gestalt des neuen *§ 6c* eingefügt worden.[45] Danach macht sich strafbar, wer es im geschäftlichen Verkehr selbst oder durch andere unternimmt, Nichtkaufleute oder Minderkaufleute zur Abnahme von Waren, gewerblichen Leistungen oder Rechten durch das Versprechen zu veranlassen, ihnen besondere Vorteile für den Fall zu gewähren, daß sie andere zum Abschluß gleichartiger Geschäfte veranlassen, denen ihrerseits nach der Art dieser Werbung derartige Vorteile für eine entsprechende Werbung weiterer Abnehmer gewährt werden sollen.[46] Es handelt sich mithin um einen reinen Gefährdungstatbestand, bei dem schon der bloße Versuch, ein solches Absatzsystem einzuführen, strafbar ist. Die besondere, ihre Strafbarkeit begründende Verwerflichkeit solcher Absatzsysteme beruht dabei auf dem für sie typischen ,,Kettenelement", so daß der übliche Einsatz von Laien in der Werbung, etwa bei Buchclubs, Versicherungen oder Bausparkassen, unbedenklich zulässig bleibt.[47]

Verstöße gegen § 6c UWG sind Antragsdelikte (§ 22 Abs. 2 UWG). Zugleich ist durch das 2. WiKG noch § 13 Abs. 1 UWG auf Verstöße

---

[42] Vgl. dazu z. B. *Baumbach-Hefermehl*, § 1 Rdnrn. 142 ff.; *Ulmer-Reimer*, Tz. 831 ff.

[43] Vgl. z. B. *BGHSt* 2, 79; 2, 139 = NJW 1952, 34; 1952, 392; *BGH*, GA 1978, 332 (334) = WM 1978, 875 (877); *OLG Frankfurt*, wistra 1986, 31; *LG Fulda*, wistra 1984, 188 m. Anm. *Möhrenschlager*; *H. Otto*, GRUR 1982, 274 (282 f.).

[44] BGBl. 1986 I, S. 721.

[45] Zu den Gründen s. im einzelnen ausführlich den Ausschußbericht, BT-Dr. 10 (1986)/5058, S. 38 f.

[46] Dazu z. B. *Achenbach*, NJW 1986, 1835 (1840); *Granderath*, Betr. 1986 Beil. Nr. 18; *Grebing*, wistra 1984, 169; *Möhrenschlager*, wistra 1984, 171; 1986, 123; *Joecks*, wistra 1986, 142 (149 f.); kritisch *H. Otto* (o. Fußn. 43); *Sack*, BB 1986, 2220.

[47] S. im einzelnen den Ausschußbericht (o. Fußn. 45).

gegen § 6c UWG erstreckt worden, so daß zivilrechtliche Sanktionen ebenfalls in Betracht kommen. Ohnehin steht angesichts der Strafbarkeit der progressiven Kundenwerbung ihre Sittenwidrigkeit i. S. des § 1 UWG fest.[48] Schon deshalb können nach § 13 Abs. 2 UWG sämtliche Konkurrenten sowie die dort genannten Verbände Unterlassung und Schadensersatz verlangen.

c) Liegt keine verbotene Ausspielung vor, so sind Preisausschreiben, Gratisverlosungen und dergleichen mehr grundsätzlich erlaubt. Anders kann es sich nur im Einzelfall aufgrund des Vorliegens besonderer Umstände verhalten. Vor allem in den Fällen des übertriebenen Anlockens, des sog. psychologischen Kaufzwanges und der Irreführung der Verbraucher ist eine Anwendung der Generalklausel zu erwägen.[49] Außerdem können in Ausnahmefällen besonders breit angelegte Aktionen eine sittenwidrige Behinderung der Konkurrenten darstellen.[50]

aa) Preisausschreiben sind vor allem zu beanstanden, wenn sie unmittelbar oder mittelbar mit dem *Absatz* der Ware *gekoppelt* sind (Gesichtspunkt des psychologischen Kaufzwangs). Es ist nicht nur unzulässig, die Teilnahme an dem Preisausschreiben rechtlich von dem Bezug der Ware abhängig zu machen; vielmehr wird heute auch jede sonstige, mittelbare („psychologische") Verknüpfung des Warenabsatzes mit der Teilnahme an dem Preisausschreiben i. d. R. als unlauter angesehen.

Preisausschreiben verstoßen daher insbesondere dann gegen § 1 UWG, wenn sie so angelegt sind, daß der Kunde, um teilnehmen zu können, das Geschäft des Veranstalters betreten muß, sofern sich daraus ein (angeblicher) psychologischer Kaufzwang ergeben kann. So häufig, wenn er das Geschäft aufsuchen muß, um sich einen Teilnahmeschein zu holen,[51] wenn er veranlaßt wird, sich im Geschäft als Kaufinteressent auszugeben,[52] wenn er das Geschäft zwecks Teilnahme gleich mehrfach betreten muß, so daß er schon aus Anstandsgründen etwas kaufen wird,[53] wenn er im Geschäft einen verborgenen Gegenstand („goldenes A") suchen muß, um sich an dem Wettbewerb beteiligen zu können,[54] sowie wenn er das Geschäft betreten muß, um feststellen zu können, ob er überhaupt etwas

---

[48] Grdleg. *RGZ* 115, 319 (326ff.); *BGHZ* 15, 356 (360ff.); *BGH*, NJW 1979, 868; *OLG München*, NJW 1986, 1880 = wistra 1986, 34.

[49] Vgl. für die Ausnutzung der Spiel- und Sammelleidenschaft von Kindern, um sie zum Bezug von Jugendzeitschriften von ihrem Taschengeld zu veranlassen, *OLG München*, GRUR 1983, 678.

[50] Vgl. im einzelnen aus der sehr umfangreichen Rspr. *BGH*, LM § 1 UWG Nrn. 71, 78, 115, 171, 226, 247, 256, 259, 263, 268, 286 und 308; LM § 3 UWG Nr. 121 = GRUR 1973, 418; LM RabattG Nr. 22 = GRUR 1974, 345; LM § 1 ZugabeVO Nr. 11 (Bl. 3 R) = GRUR 1959, 544; *BGH*, GRUR 1967, 254f.

[51] *BGH*, LM § 1 UWG Nr. 308 = NJW 1977, 2075; *OLG Hamburg*, GRUR 1984, 825 u. 826f.

[52] *BGH*, LM § 1 UWG Nr. 226.

[53] *BGH*, LM § 1 UWG Nr. 259 = GRUR 1973, 591.

[54] *BGH*, LM § 1 UWG Nr. 121 = GRUR 1973, 418.

gewonnen hat.[55] Fehlt hingegen jedes Element eines psychologischen Kaufzwangs, so ist es unbedenklich, wenn die Kunden das Geschäft des Veranstalters betreten müssen, um die Teilnahmebedingungen oder die Gewinne abholen zu können.[56] Hier kommt m. a. W. letztlich alles ganz auf die Umstände des Einzelfalles an.

Ein unzulässiger, psychologischer Kaufzwang ist schließlich noch anzunehmen, wenn die Teilnahmekarten für das Preisausschreiben in irgendeiner Weise mit Bestellformularen gekoppelt sind.[57]

bb) Häufig sind derartige Werbeveranstaltungen zudem mit einer Täuschung des Publikums über die Gewinnchancen verbunden; dann ergibt sich ihre Unzulässigkeit schon aus diesem Gesichtspunkt (s. o. 2). Aus demselben Grund darf nicht durch Gratisverlosungen zum Besuch von Werbeveranstaltungen angereizt werden, wenn das Publikum über deren Charakter im unklaren gelassen wird.[58]

cc) Schließlich sind *Preisausschreiben* und ähnliche Veranstaltungen gelegentlich noch unter dem Gesichtspunkt des übertriebenen *Anlockens* als unlauter untersagt worden. So in Fällen, in denen die Aktion ganz breit angelegt wurde, um riesige Käuferströme in das Geschäft zu locken,[59] oder in denen – im Verhältnis zu den vertriebenen Waren – ganz unverhältnismäßig wertvolle Gewinne ausgesetzt wurden.[60] Beispiele sind die Gratisverlosung von 100 000 Kaffeepackungen,[61] die Verlosung eines Autos oder einer 14-tägigen Urlaubsreise auf einer Werbeveranstaltung z. B. für Kochgeräte[62] sowie die Verteilung umfangreicher Warengeschenke, um die Verbraucher zum regelmäßigen Bezug von Ansichtssendungen zu veranlassen.[63] Hingegen wurde die Durchführung kostenloser Tankprüfungen nicht beanstandet.[64]

Gegen diese Praxis bestehen erhebliche Bedenken. Ebenso wie es dem Kaufmann erlaubt ist, seine Ware zu verschenken (s. u. § 11, 2), muß es ihm erlaubt sein, besonders viele oder besonders wertvolle Gewinne auszusetzen oder sonst unentgeltliche Leistungen zu erbringen. Verschenken tut ein Kaufmann ohnehin nichts; vielmehr handelt es sich für ihn allemal allein um die Frage, wie er sein stets beschränktes Werbebudget am wirkungsvollsten einsetzen soll, für teure Reklamefeldzüge oder eben

---

[55] *BGH*, LM § 1 UWG Nr. 171.
[56] *BGH*, LM § 1 UWG Nr. 308.
[57] Z. B. *BGH*, LM § 1 UWG Nrn. 247, 268 und 286.
[58] *BGH*, LM § 1 UWG Nrn. 115, 171, 259, 268 usw.
[59] *BGH*, LM § 1 UWG Nr. 263 = NJW 1974, 45; ebenso für eine umgekehrte Versteigerung'', bei der die Ware jeden Tag um 100,– DM billiger werden sollte (ohne Grund), *BGH*, GRUR 1986, 622.
[60] S. *Baumbach-Hefermehl*, § 1 Rdnrn. 134 ff.; *Ulmer-Reimer*, Tz. 827.
[61] *BGH*, LM § 1 UWG Nr. 308 = NJW 1977, 2075; vgl. auch Nrn. 71 u. 115 aaO.
[62] *OLG München*, BB 1961, 915; *OLG Düsseldorf*, Betr. 1965, 1172.
[63] *KG*, GRUR 1983, 784; 1984, 286.
[64] *OLG Hamburg*, GRUR 1985, 146.

für Geschenke. Es handelt sich dabei m. a. W. um bloße Fragen der Unternehmenspolitik, in die sich die Gerichte besser nicht einmischen sollten.

Derartige Maßnahmen können daher allenfalls unter dem Gesichtspunkt der Behinderung der Konkurrenten durch den Mißbrauch wirtschaftlicher Macht zu beanstanden sein; in allen anderen Fällen sind sie jedoch unbedenklich. Auf den inhaltsleeren Begriff des „übertriebenen Anlockens", unter dem ohnehin jeder etwas anderes oder besser nichts versteht, darf nicht das schwerwiegende Verdikt der Sittenwidrigkeit gestützt werden.

6. Gefühlsbetonte Werbung

Literatur: Baudenbacher, Suggestivwerbung und Lauterkeitsrecht, Zürich 1978, bes. S. 162 ff.; *Baumbach-Hefermehl,* § 1 UWG Rdnrn. 145 ff.; *Loewenheim,* GRUR 1975, 99 (bes. 107 ff.); *G. Maier,* WRP 1968, 357; *Meyer-Cording,* JZ 1964, 273, 310; *Schluep,* ZSR n. F. 91 (1972), 352; *Schramm,* GRUR 1976, 689; *Tetzner,* MDR 1975, 281; *Ulmer-Reimer,* Tz. 849 ff. (S. 607 ff.).

a) Eine Werbung durch bloße, sachliche Information kommt im Grunde nur zwischen Unternehmen (von Fachleuten für Fachleute) vor. Die Verbraucherwerbung appelliert hingegen in aller Regel, zumindest auch, in irgendeiner Form an die Gefühle der angesprochenen Verkehrskreise und verzichtet demgegenüber immer mehr auf sachliche Aussagen (schon um nicht in den Anwendungsbereich des § 3 UWG zu gelangen; s. u. § 12, 4); statt dessen flüchtet sie sich in inhaltlose, unüberprüfbare Aussagen, die bei den Verbrauchern lediglich eine positive „Stimmung" für das „beworbene" Produkt hervorrufen sollen.[65] Geht dies soweit, daß versucht wird, unter Ausschaltung der Bewußtseinskontrolle direkt das Unbewußte in den Verbrauchern anzusprechen, so handelt es sich um die besonders problematische Suggestivwerbung.[66] Die Praxis ist mit allen diesen modernen Phänomenen der Werbung bisher nicht fertig geworden und steht noch in ihren Anfängen.

b) Die gefühlsbetonte Werbung ist heute ein unentbehrlicher Bestandteil der Werbung und daher grundsätzlich zulässig.[67] Etwas anderes gilt jedoch bereits für die Ausnutzung edler Gefühle wie Vaterlandsliebe, Mitleid, Hilfsbereitschaft und Mildtätigkeit zur Förderung des eigenen

---

[65] Daher die verbreiteten Hinweise auf Sonnenschein, Glück, Liebe oder Gesundheit in der Werbung.

[66] Dazu eingehend *Baudenbacher,* S. 11, 32, 60 ff. m. umfangreichen Nachw. aus dem psychologischen Schrifttum, wo z. T. abenteuerlich anmutende Thesen über die Reaktionen der Verbraucher vertreten werden, die einen an der Vernunft der Menschheit (oder an der der Vertreter dieser Theorien) zweifeln lassen. Tatsächlich haben sich auch die allermeisten dieser Annahmen nicht bestätigt, so daß die Suche nach neuen Erklärungsansätzen allgemein ist, ohne daß eine neue, allseits akzeptierte Theorie in Sicht wäre.

[67] *BGH,* LM § 1 UWG Nr. 287 = NJW 1976, 753.

Gewinnstrebens. Es ist daher z. B. unzulässig, in der Werbung durch den Hinweis auf die Beschäftigung von Blinden, Schwerbeschädigten oder Kriegsversehrten in erster Linie das Mitleid der angesprochenen Verbraucher anzusprechen und sie so, unter Ausschaltung jeder rationalen Prüfung des Angebots, zum Kauf zu veranlassen.[68] Nur für sog. „Blindenware" besteht aufgrund des sog. Blindenwarenvertriebsgesetzes vom 9. 4. 1965[69] eine eng begrenzte Ausnahme.

Der Anwendungsbereich dieses strengen Verbots des Appells an edle Gefühle beschränkt sich freilich auf gewinnorientierte Unternehmen. Karitative Organisationen wie etwa die UNICEF dürfen (selbstverständlich) zur Mobilisierung von Spenden Waren unter Hinweis auf die von ihnen unterstützten, hilfsbedürftigen Menschen vertreiben.[70] Als zulässig gilt außerdem noch der Hinweis auf die besonderen Leistungen behinderter Menschen, z. B. der mit dem Mund oder den Füßen malenden Künstler.[71]

c) Besonders enge Grenzen gelten für die Werbung mit der *Gesundheit*, weil die meisten Menschen erfahrungsgemäß besonders auf ihre Gesundheit ansprechbar sind. Schon der Gesetzgeber hat deshalb hier der Werbung vielfältige Grenzen gezogen. Hinzuweisen ist insoweit vor allem auf das HeilmittelwerbeG vom 18. 10. 1978,[72] auf das ArzneimittelG vom 24. 8. 1976[73] sowie auf das Lebensmittel- und BedarfsgegenständeG vom 15. 8. 1974,[74] die durchweg zahlreiche Werbeverbote unter Hinweis auf die angeblich gesundheitsfördernden Wirkungen bestimmter Stoffe enthalten.[75]

Aber auch soweit diese Sonderregelungen nicht eingreifen, gilt für die Gesundheitswerbung das Wahrheitsgebot mit besonderer Strenge. Namentlich ist es unzulässig, positive Eigenschaften oder Wirkungen eines Stoffes zu behaupten, deren Vorliegen wissenschaftlich nicht völlig gesichert ist; jeder Zweifel insoweit muß zu einer entsprechenden Einschränkung der Werbung führen.[76] Ebenso unzulässig ist die Verwendung von Warenbezeichnungen, die geeignet sind, unklare Vorstellungen über die gesundheitsfördernde Wirkung der so bezeichneten Waren hervorzurufen.[77] Vor allem für

---

[68] *BGH*, LM § 1 UWG Nrn. 150 und 184 = GRUR 1965, 485; 1968, 44; LM BlindenwarenvertriebsG Nr. 1 = GRUR 1959, 143; *BGH*, GewArch 1962, 16; *OLG Hamburg*, GRUR 1986, 261 = NJW 1986, 2714.
[69] BGBl I, S. 311 mit Durchführungsverordnung v. 11. 8. 1965 (BGBl I, S. 805); dazu *Baumbach-Hefermehl*, § 1 Rdnr. 152.
[70] Grdl. *BGH*, LM § 1 UWG Nr. 287 = NJW 1976, 753.
[71] *BGH*, LM § 1 UWG Nr. 77 = GRUR 1959, 277 (ein keineswegs eindeutiger Grenzfall).
[72] BGBl I, S. 1677.
[73] BGBl I, S. 2445.
[74] I. d. F. des Änderungsgesetzes v. 15. 8. 1975 (BGBl I, S. 2172, mit späteren Änderungen).
[75] Vgl. zu diesen Gesetzen statt aller m. Nachw. *Baumbach-Hefermehl*, § 3 Anhang (S. 1215 ff.); zur Werbung mit der Angst s. *BGH*, ZIP 1986, 1606.
[76] *BGH*, LM § 32 ZPO Nr. 8 = GRUR 1971, 153 (155) „Tampax"; *BGH*, GRUR 1973, 429 (431); 1975, 664 „Idee-Kaffee".
[77] *BGH*, LM § 3 UWG Nr. 97 = GRUR 1969, 546; LM § 1 UWG Nr. 337 = GRUR 1980, 797 „Topfit Boonekamp".

Alkohol darf deshalb niemals mit der Behauptung geworben werden, er fördere die Gesundheit oder er beeinträchtige sie doch zumindest nicht, schon weil jede derartige Werbung die Versuchung zum Alkoholmißbrauch nur noch weiter steigern muß.[78]

d) Mit *Suggestivwerbung* bezeichnet man sämtliche Formen der Werbung, die auf irgendeine Weise versuchen, das Unbewußte im Verbraucher anzusprechen. Dies geschieht meistens durch den Aufbau sog. Produktbilder, die der Motivstruktur der Verbraucher angepaßt sind, um so künstliche Präferenzen für die betreffenden Produkte zu schaffen (sog. Imagewerbung). Ein anderer Weg ist die direkte Beeinflussung der Motivstruktur der Verbraucher selbst durch Ausschaltung der rationalen Elemente und Appell an das Unbewußte; beliebte Mittel hierzu sind der Aufbau sozialer Normen, die Kaufentscheidungen begünstigen oder verhindern sollen, der Abbau und Aufbau von Hemmungen sowie die fiktive Belohnung oder Bestrafung von Kaufentscheidungen.[79] Besonders die Werbung für Körperpflegemittel operiert verbreitet damit, daß den Verbrauchern negative, soziale Sanktionen wie z.B. Mißerfolg ,,in der Liebe" in Aussicht gestellt wird, wenn sie ein bestimmtes Produkt nicht kaufen. Aber auch sonst ist immer häufiger in der Werbung der Versuch festzustellen, dem Verbraucher Angstzustände oder Schuldgefühle zu suggerieren, die er dann nur noch durch den Erwerb eines meist völlig überflüssigen Produkts wieder abbauen kann.

Das Bedenkliche aller derartigen Werbemethoden liegt auf der Hand.[80] Es kann nicht angehen, daß auf diese Weise künstliche Meinungsmonopole aufgebaut oder dem Verbraucher ein weithin fiktiver Zusatznutzen oder umgekehrt künstliche Schuldgefühle oder Angstzustände suggeriert werden. Solche Werbemethoden zielen darauf ab, dem Verbraucher die Möglichkeit zu einer rationalen Entscheidung zu nehmen. Sie sind daher mit dem Referenzsystem eines freien und fairen Wettbewerbs, das auf Markttransparenz und Rationalität der Verbraucherentscheidungen angelegt ist, unvereinbar und verstoßen deshalb gegen die Generalklausel des § 1 UWG.

Problematisch bleibt freilich die Grenzziehung zu der unbedenklichen, gefühlsbetonten Werbung. Die hier bestehenden Schwierigkeiten erklären zugleich das weitgehende Versagen der bisherigen Praxis bei der Bekämpfung der nicht mehr hinzunehmenden Suggestivwerbung.

---

[78] Grdl. *BGHZ* 47, 259 (261, 265f.) ,,gesunder Genuß" für die Werbung von Stonsdorfer; BGH, LM § 1 UWG Nr. 337 für die Bezeichnung eines Magenbitters als ,,topfit" (ein in der Tat abenteuerlicher Mißbrauch der Sprache); s. im übrigen die Ausführungen zu § 3 UWG u. § 12, 7b.
[79] Eingehend *Baudenbacher*, S. 54ff., 60ff. m. Nachw. aus der Spezialliteratur.
[80] Ebenso *Baudenbacher*, S. 164ff.; *Loewenheim*, GRUR 1975, 107ff.; *Meyer-Cording*, JZ 1964, 273, 313f.; *Henning-Bodewig*, BB 1983, 605.

§ 11. Die Wertreklame

Literatur: Baumbach-Hefermehl, § 1 UWG Rdnrn. 65 ff.; *Becher,* NJW 1966, 1289; *Bülow,* GRUR 1971, 64; *ders.,* BB 1973, 409; *Burmann,* Das Recht der Wertreklame, 1965; *Bussmann,* NJW 1952, 684; *Gaedertz,* GRUR 1980, 613; *v. Godin,* § 1 UWG Rdnrn. 212 ff.; *Hoth,* GRUR 1974, 547; 1978, 147; *Hirtz,* BB 1979, 450; *Jacobs,* in: Hdb., § 49 Rdnrn. 75 ff. (S. 681 ff.); *Koppensteiner,* S. 441 ff.; *Krüger-Nieland,* WRP 1979, 1; *Kunz,* Das allgemeine Übermaßverbot im bürgerlichen Recht und seine Auswirkungen auf das ,,übertriebene Anlocken" im Wettbewerbsrecht, 1980, S. 107 ff.; *M. Lehmann,* Die Werbung mit Geschenken, 1974; *Nerreter,* GRUR 1939, 98; *Nordemann,* Tz. 206 ff.; *Reimer-v. Gamm,* S. 227 ff.; *Rinck,* in: Göttinger Festschr. f. das OLG Celle, 1961, S. 151; *Schricker,* GRUR 1974, 586 f.; *Tetzner,* NJW 1973, 1099; *Ulmer-Reimer,* Tz. 800 ff.; – Fälle, S. 29 ff.

Unter dem unscharfen Begriff der Wertreklame werden i. d. R. alle diejenigen Werbemethoden zusammengefaßt, bei denen der Kunde nicht durch Qualität und Preis der Ware, sondern durch die Zuwendung besonderer Vorteile umworben wird. Die wichtigsten Beispiele sind Zugaben, Werbeprämien, Werbegaben, Werbegeschenke und Warenproben.[1] Natürlich könnte man z. B. auch die Gewährung von Preisnachlässen, die Veranstaltung von Preisausschreiben oder Gratisverlosungen und die kostenlose Verteilung der Originalware zur Wertreklame rechnen. Doch wäre damit nur wenig gewonnen, zumal in diesen Fällen andere Gesichtspunkte wie die Behinderung der Mitbewerber, die Ausnutzung der Spielleidenschaft und die Gefahr der Marktverstopfung durchaus im Vordergrund des Interesses stehen, so daß es sich empfiehlt, sie – entsprechend ihrem Schwerpunkt – in anderen Zusammenhängen zu behandeln (s. §§ 6, 3; 10, 5 und 15).

Die rechtliche Behandlung der Wertreklame ist unklar und umstritten. Dies hängt nicht zuletzt mit der Sonderregelung zusammen, die die Zugaben in der Zugabeverordnung gefunden haben.

1. Zugabeverordnung

Literatur: Baumbach-Hefermehl, S. 1725 ff.; *Borck,* in: RWW, 3.8; *Callmann,* S. 303 ff.; *v. Godin,* S. 486 ff.; *Götting,* Die neuere Entwicklung des Zugaberechts in Deutschland u.s.w., 1986; *Hoth-Gloy,* Zugabe und Rabatt, 1973; *Hubmann,* § 52 I; *Klauer-Seydel,* Das Zugabewesen, 3. Aufl. (1954); *Klosterfelde,* in: Hdb., § 50 (S. 699 ff.); *Koppensteiner,* S. 339 ff.; *Nordemann,* Tz. 505 ff.; *Reimer-v. Gamm,* S. 521 ff.; *Reimer-Krieger,* Zugabe- und Rabattrecht, 1955; *Rittner,* § 14 II (S. 247 ff.); *Ulmer-Reimer,* Tz. 1063 ff. (S. 803 ff.).

a) Geschichte

Zugaben galten bis zum Erlaß der Zugabeverordnung im Jahre 1932[2]

---

[1] Vgl. z. B. *M. Lehmann,* S. 3 ff.

[2] Verordnung des Reichspräsidenten zum Schutze der Wirtschaft v. 9. 3. 1932, Teil I (RGBl I, 121) mit späteren Änderungen.

als unbeschränkt zulässig. Infolgedessen hatten sich Zugaben als Werbemittel ab Ende der zwanziger Jahre zunehmender Beliebtheit erfreut. Vor allem die neuen, großbetrieblichen Formen des Einzelhandels sowie die Kaufhäuser bedienten sich dieses Werbemittels mit wachsendem Erfolg. Deshalb sah sich der hierdurch in erster Linie betroffene, mittelständische Fachhandel zu Gegenmaßnahmen genötigt, um nicht ins Hintertreffen zu geraten. Die einfachste und bequemste Gegenmaßnahme war dabei natürlich der Ruf nach dem Gesetzgeber, so daß aus diesen Kreisen ab Anfang der dreißiger Jahre vom Reichsgesetzgeber immer heftiger ein Zugabeverbot gefordert wurde.

Der Appell an den Gesetzgeber hatte schließlich Erfolg, als die Weltwirtschaftskrise auf ihrem Höhepunkt angelangt war. Zum Schutze des Fachhandels[3] wurden jetzt durch eine auf Art. 48 der Reichsverfassung gestützte Notverordnung des Reichspräsidenten Zugaben praktisch ausnahmslos verboten. Hierbei ist es bis auf den heutigen Tag geblieben. Die Zugabeverordnung ist zwar in der Zwischenzeit wiederholt geändert worden.[4] Die Änderungen betreffen aber nur Randfragen, so daß in Deutschland nach wie vor von einem grundsätzlichen Zugabeverbot auszugehen ist, dessen Vereinbarkeit mit dem EWGV (Art. 30, 36) vom *EuGH*[5] (leider) ausdrücklich bestätigt worden ist.

b) Zweck

Die Entstehungsgeschichte der Zugabeverordnung und die ihr beigegebene Begründung der Reichsregierung[3] machen deutlich, daß es sich bei dem Zugabeverbot des § 1 I der Verordnung um eine ganz zeitbedingte Intervention des Gesetzgebers zugunsten einer bestimmten Schicht von Gewerbetreibenden in einer wirtschaftlichen Ausnahmesituation handelte. Schon nach Überwindung der Weltwirtschaftskrise war daher an sich kein Raum mehr für die Beibehaltung der Verordnung. Erst recht gilt dies heute angesichts einer inzwischen völlig veränderten, wirtschafts- und wettbewerbspolitischen Landschaft. Dies wird schon daran deutlich, daß der Erlaß eines der Zugabeverordnung entsprechenden Gesetzes heutzutage kaum vorstellbar wäre. Gleichwohl halten breite Kreise des Einzelhandels an der für sie so bequemen Zugabeverordnung eisern fest. So lebt denn die ebenso überholte wie überflüssige und schädliche ZugabeVO weiter. Für die Gerichte entfaltet sie infolgedessen, weil es sie nun einmal gibt, sogar regelrecht ein Eigenleben, so daß sie die Verordnung – ohne Rücksicht auf ihren ganz zeitgebundenen, beschränkten Zweck – in der denkbar weitesten Weise interpretieren, mit häufig geradezu grotesk anmutenden Ergebnissen.

Natürlich hat es nicht an Versuchen gefehlt, der Verordnung einen unter den heutigen, wirtschaftlichen Verhältnissen einsichtigen Zweck zu vindizieren. So kann man z.B. immer wieder lesen, die Verordnung solle die Wertreklame wegen der ihr innewohnenden Gefahr der Übersteigerung und der Preisverschleierung beschränken; da-

---

[3] Vgl. die Amtliche Begründung, RAnz Nr. 61 v. 12. 3. 1932 (= *v. Godin*, S. 543 ff.).
[4] Vgl. insb. das Änderungsgesetz v. 20. 8. 1953 (BGBl I, S. 939).
[5] Slg. 1982, 4575 (4587 ff.) = NJW 1983, 1256.

durch solle verhindert werden, daß der Kunde, auf den erfahrungsgemäß Zugaben einen besonderen Anreiz ausübten, von Qualität und Preis der Hauptware abgelenkt und dadurch der Leistungswettbewerb verfälscht werde. Schließlich solle das Zugabeverbot noch diejenigen Geschäftszweige schützen, deren Waren mit besonderer Vorliebe als Zugaben „mißbraucht" würden.[6] Aber dabei handelt es sich lediglich um durchsichtige Scheinrationalisierungen. Die Zugabeverordnung hatte niemals den Schutz der Verbraucher im Auge, sondern bezweckt ausschließlich den Schutz des mittelständischen Fachhandels. Wäre es anders, so wäre es nur folgerichtig gewesen, den Anwendungsbereich der Verordnung ebenso wie den des Rabattgesetzes (s. o. § 6, 3 b) auf die letzte Handelsstufe zu beschränken; tatsächlich gilt die Verordnung aber ebenso für alle anderen Handelsstufen, woraus unmittelbar folgt, daß ihr Zweck nicht im Verbraucherschutz bestehen kann.

In der Tat werden die Verbraucher durch die Verordnung überhaupt nicht geschützt, sondern ganz im Gegenteil häufig geradezu geschädigt. So verhindert die Verordnung z. B. die Gewährung besonderer Versicherungs- oder Garantieleistungen.[7] Im Schrifttum[8] wird sogar ernsthaft diskutiert, ob nicht etwa auch „Zugaben" von Künstlern in Konzerten aufgrund der Verordnung verboten sind! Diese und viele andere, vergleichbare Fälle zeigen, daß es in Wirklichkeit bei der Anwendung der Verordnung immer nur um einen im Grunde obsoleten Mittelstandsschutz im Wettbewerb auf Kosten der Verbraucher geht. Entgegen der Praxis sollte die Verordnung daher so restriktiv wie irgend möglich interpretiert werden.

c) Definition

Die Zugabeverordnung enthält trotz des von ihr ausgesprochenen, generellen Verbots von Zugaben (erstaunlicherweise) keine Definition der Zugaben. Der Begriff der Zugabe kann daher nur mittelbar aus der Entstehungsgeschichte und dem Zusammenhang der gesetzlichen Regelung erschlossen werden.

aa) Unter einer Zugabe versteht man grundsätzlich eine zu einer Hauptware (oder Hauptleistung) beliebiger Art[9] zusätzlich gewährte Nebenware (oder Nebenleistung), sofern zwischen dem Bezug der Hauptware oder -leistung und der Nebenware oder Nebenleistung ein innerer Zusammenhang der Art besteht, daß nach der allein maßgeblichen Vorstellung der angesprochenen Verkehrskreise der Bezug der letzteren von dem der ersteren *abhängig* ist; außerdem muß die Nebenware oder -leistung gerade mit Rücksicht auf den Erwerb der Hauptware oder Hauptleistung angeboten werden. Schließlich ist noch erforderlich, daß die Nebenware oder -leistung unentgeltlich oder gegen ein bloßes Scheinentgelt angeboten wird (§ 1 I 2 ZugabeVO).[10] Der Geber der Zugabe

---

[6] So z. B. *BGHZ* 11, 260 (264 f.); 11, 272 (279); *Baumbach-Hefermehl,* Übersicht vor ZugabeVO Rdnrn. 5 ff.; *Nordemann,* Tz. 505; *Ulmer-Reimer,* Tz. 1063.

[7] Z. B. *BGH,* LM § 3 UWG Nr. 31 = NJW 1958, 789; LM § 1 ZugabeVO Nr. 39 = NJW 1983, 1328; *OLG Hamburg,* GRUR 1984, 895 usw.

[8] *Baumbach-Hefermehl,* § 1 ZugabeVO Rdnr. 20; *Ulmer-Reimer,* Tz. 1064 m. Nachw.

[9] Selbst Grundstücke kommen als Hauptleistung in Betracht (*BGH,* LM § 1 ZugabeVO Nr. 30).

[10] *BGHZ* 11, 286 (289); 34, 264 (267 f.); *BGH,* LM § 1 ZugabeVO Nrn. 14, 19, 24, 28 und 36; LM § 1 UWG Nr. 219 = NJW 1970, 2245; *BGH,* GRUR 1971, 582 (583); LM § 1 ZugabeVO Nr. 39 = NJW 1983, 1328; *KG,* GRUR 1984, 605; Betr. 1986,

braucht hierbei nicht mit dem Vertragspartner des Hauptgeschäfts identisch zu sein; vielmehr können beide ohne weiteres auseinanderfallen wie
z. B. bei der Gewährung der Zugabe durch den Hersteller, während das
Hauptgeschäft mit dem Einzelhändler abgeschlossen wird.[11] Ebenso wenig müssen schließlich der Empfänger der Haupt- und der Nebenleistung
identisch sein, so daß selbst das Versprechen der unentgeltlichen Erbringung von Nebenleistungen an Dritte gegen die Verordnung verstoßen
kann.[12]

Haupt- und Nebenware müssen verschieden, d. h. wirtschaftlich unter-
scheidbar sein. Im übrigen spielt jedoch die Art der beiden Waren oder
Leistungen keine Rolle. Sie können, müssen aber nicht identisch sein. Als
Zugabe kommt m. a. W. jeder wirtschaftliche Vorteil für den Kunden in
Betracht. Es kann sich dabei sowohl um Waren als auch um Leistungen
handeln. Selbst etwa zinslose Kredite oder besonders weitgehende Garantien fallen daher unter den weiten Zugabenbegriff der heutigen Praxis,[13] immer vorausgesetzt, daß es sich tatsächlich um eine von der
Hauptleistung des Vertrags verschiedene, zusätzlich gewährte Vergünsti-
gung handelt, deren Bezug von dem der Hauptleistung (wirtschaftlich)
abhängig ist. Die Zugabe muß daher als erstes von den nach dem Sinn des
Vertrages zusammen mit der Hauptleistung geschuldeten, vertraglichen
Nebenleistungen abgegrenzt werden.

bb) *Nebenleistungen,* auf die der Gläubiger nach Treu und Glauben
aufgrund des Vertrages ohnehin schon einen Anspruch hat, gehören zu
der vertraglich geschuldeten Leistung selbst und stellen daher keine Zugaben dar.[14] In diesem Sinne bereits vertraglich geschuldete Nebenleistungen sind z. B. im Tankstellengeschäft das Säubern der Fenster oder
das Messen des Ölstandes. Hingegen stellt die kostenlose Überlassung
eines Waschplatzes schon wieder eine zusätzlich gewährte Vergünstigung
dar, die folglich unter das Zugabeverbot fällt.[15] Dasselbe gilt für die
Ankündigung zweier unentgeltlicher Inspektionen beim Verkauf von
Kraftfahrzeugen.[16]

1567; *OLG Düsseldorf,* GRUR 1984, 223; 1985, 391; *OLG Frankfurt,* GRUR 1984,
606; NJW-RR 1986, 534 usw.; *Baumbach-Hefermehl,* § 1 ZugabeVO Rdnrn. 1 ff.;
Nordemann, Tz. 506 ff.; *Ulmer-Reimer,* Tz. 1067 ff.

[11] *BGH,* LM § 1 ZugabeVO Nr. 15 = GRUR 1963, 322.

[12] *KG,* GRUR 1984, 665 (für das Versprechen eines Kfz.-Händlers, für jedes ver-
kaufte Auto einer Stadt einen Baum zu schenken. – Ob man es nun glaubt oder nicht:
Das ist folglich stafbar! s. § 3 VO).

[13] *BGH,* LM § 3 UWG Nr. 31; § 1 ZugabeVO Nr. 36 = NJW 1958, 789; 1980, 884;
insbes. LM § 1 ZugabeVO Nr. 39; *OLG Hamburg,* GRUR 1984, 895; *OLG Köln,*
GRUR 1984, 750.

[14] *BGH,* LM § 1 ZugabeVO Nrn. 11 und 16 = GRUR 1959, 544; NJW 1964, 1274.

[15] So *BGH,* LM § 1 ZugabeVO Nr. 16 = NJW 1964, 1274 (auch ein Fall, wo wohl
niemand zu erkennen vermag, was das mit „Verbraucherschutz" zu tun haben soll).

[16] *OLG Frankfurt,* GRUR 1984, 606.

Die Zugabeverordnung steht nicht der Verbesserung der Leistung ohne Preiserhöhung entgegen. Daher ist es z. B. zulässig, ohne Preiserhöhung den Umfang einer Zeitung durch Hinzufügung weiterer Beilagen zu erweitern,[17] zusätzliche Gewährleistungspflichten zu übernehmen, dem Kunden ein erweitertes Rücktrittsrecht einzuräumen oder sonst das Preis–Leistungsverhältnis zu verbessern, wobei für die Abgrenzung zu den selbständigen Nebenleistungen (die unter die Verordnung fallen) auf die Verkehrsauffassung abzustellen ist. Als (verbotene) Zugaben gelten daher z. B. schon wieder selbständige Garantien, die über die bloße Vertragsmäßigkeit der Leistung hinausgehende Risiken, etwa das Risiko des normalen Verschleißes, abdecken.[18] Ebenso beurteilt wurden etwa (zum Schaden der Verbraucher!) die Gewährung einer kostenlosen Unfallversicherung durch den Aussteller von Kreditkarten[19] sowie eine unbegrenzte Tauschgarantie für Teppiche.[20]

Hingegen scheidet die Annahme einer Zugabe aus, wenn Haupt- und Nebenleistung wirtschaftlich gesehen als unmittelbar zusammengehörig eine *Einheit* bilden. Daher sind keine Zugaben Waren- oder Leistungseinheiten wie z. B. Geschenkpackungen,[21] Schlafzimmer, Handwerkskoffer[22] und die Verbindung von Unterricht und Lehrmaterial bei Fahrschulen.[23]

cc) Wichtigstes Merkmal des Begriffs der Zugabe ist ihre sog. *Akzessorietät*. Man versteht darunter den Umstand, daß ihre Gewährung in den Augen der angesprochenen Verkehrskreise von dem Bezug der Hauptleistung abhängig sein muß; die Zugabe muß m. a. W. gerade mit Rücksicht auf den Erwerb der Hauptleistung gewährt werden.

Die Abhängigkeit der Zugabe von der Hauptleistung braucht hierbei keine rechtliche zu sein; vielmehr kann die Zugabe durchaus Gegenstand eines selbständigen Rechtsgeschäfts sein. Entscheidend ist nur, ob die Werbung bei den angesprochenen Verkehrskreisen den Eindruck erweckt, daß der Bezug der Zugabe von dem der Hauptware abhängt und daß er ihnen gerade mit Rücksicht auf den Erwerb der Hauptware ermöglicht wird. Denn nur dann kann die Gewährung einer Zugabe überhaupt die Entscheidung des Kunden zugunsten der Hauptware beeinflussen.[24] Hierzu ist es nicht unbedingt erforderlich, daß die Zugabe im

---

[17] *BGH*, LM § 1 UWG Nr. 319 = GRUR 1979, 409; *OLG Stuttgart*, NJW 1954, 925 f. (es spricht für sich, daß dies überhaupt entschieden werden mußte).
[18] *BGH*, LM § 3 UWG Nr. 31 = NJW 1958, 789; *OLG Köln*, GRUR 1984, 750; Gegenbeispiel in: *KG*, Betr. 1986, 1567 für eine Rückkaufgarantie des Verkäufers.
[19] *BGH*, LM § 1 ZugabeVO Nr. 39 = NJW 1983, 1328 = GRUR 1983, 252 = WM 1983, 335.
[20] *OLG Hamburg*, GRUR 1984, 895 = BB 1984, 1064.
[21] *BGH*, LM § 1 UWG Nr. 296.
[22] *BGH*, LM § 1 ZugabeVO Nr. 28.
[23] *BGH*, LM § 1 ZugabeVO Nr. 19.
[24] *BGHZ* 11, 286 (298); *BGH*, LM § 1 ZugabeVO Nrn. 11, 21, 24, 28, 30, 35 und 36; § 1 UWG Nrn. 219, 221 und 238; NJW-RR 1986, 1428; *Baumbach-Hefermehl*, § 1 ZugabeVO Rdnrn. 5 ff.; *Lehmann*, S. 7 ff.; *Ulmer-Reimer*, Tz. 1068 ff.

räumlichen und zeitlichen Zusammenhang mit der Hauptware gewährt wird, wenn dies auch der Regelfall sein wird; die Gewährung der Zugabe kann vielmehr dem Abschluß des Hauptgeschäftes ebensogut vorausgehen oder nachfolgen, sofern nur ihre endgültige Gewährung von dem Abschluß des Hauptgeschäftes abhängig ist.[25]

Der erforderliche Zusammenhang zwischen Haupt- und Nebengeschäft fehlt hingegen bei den sog. Werbegaben, die dem Kunden ohne Bezug einer Hauptware gewährt werden, um überhaupt seine Aufmerksamkeit auf das Geschäft des Gewerbetreibenden zu lenken. Darunter fallen z. B. verbilligte Kundentransporte, wenn keinerlei Kaufzwang besteht,[26] Modeschauen, zu denen jedermann Zutritt hat,[27] Werbegaben, die zusammen mit Probesendungen übersandt, vom Kunden aber selbst bei Ablehnung der Probesendung behalten werden dürfen,[28] sowie das Angebot einer kostenlosen Autoinspektion, wenn diese nicht von einem späteren Reparaturauftrag abhängt.[29] Auch Warenproben sind aus diesem Grunde keine Zugaben.[30]

dd) Schließlich ist noch erforderlich, daß für die Zugabe *kein* besonderes *Entgelt* berechnet wird oder doch nur ein offenkundig nicht ernsthaft kalkuliertes, bloßes Scheinentgelt (vgl. § 1 I 2 ZugabeVO). Deshalb fehlt es an einer Zugabe, wenn für sie ein ernstgemeinter Preis verlangt wird, mag er auch weit unter dem Marktpreis, ja sogar unter dem Einstandspreis liegen.[31] Beispiele sind etwa Einführungspreise,[32] während es sich z. B. um ein Scheinentgelt handelt, wenn für die zusätzliche Gewährung eines Verkaufsautomaten die Rückgabe von 5 alten Automaten, die nur noch einen marginalen Schrottwert haben, gefordert wird.[33] Erforderlich ist dabei immer, daß die Hauptleistung selbst entgeltlich ist. Wird sie hingegen wie z. B. ein besonderer Service ebenfalls unentgeltlich gewährt, so stellen weitere Zusatzleistungen keine Zugabe dar.[34]

ee) Die Zugabeverordnung verhindert nicht Kombinations- und *Koppelungsgeschäfte*, bei denen mehrere Waren zu einem Gesamtpreis abgegeben werden.[35] Zulässig ist hiernach insbes. die Koppelung entgeltlicher Nebenwaren mit dem Absatz der Hauptware.[36] Etwas anderes gilt nur, wenn die Zugabe zwecks Verschleierung in den Preis mit einbezogen wird, jedoch offenkundig ist, daß der Preis nur für die Hauptleistung verlangt wird (§ 1 I 3 der VO). Ob dieser Ausnahmefall vorliegt, richtet

---

[25] *BGHZ* 11, 286 (289).
[26] *BGH*, LM § 1 UWG Nrn. 219, 238 und 243. Anders, wenn die Reisekosten auf einen späteren Kauf verrechnet werden (*BGH*, LM § 1 ZugabeVO Nr. 30).
[27] *BGH*, LM § 1 ZugabeVO Nr. 11.
[28] *BGH*, LM § 1 ZugabeVO Nr. 21 = GRUR 1968, 649.
[29] *BGH*, LM § 1 UWG Nr. 221.
[30] *RG*, JW 1938, 2978 (2979 f.); *BGH*, LM § 1 UWG Nr. 117.
[31] Grdl. *BGHZ* 34, 264 (268).
[32] *BGH*, LM § 1 ZugabeVO Nr. 17 = GRUR 1966, 214 für einen Schallplattenring.
[33] *BGH*, LM § 1 ZugabeVO Nr. 35 = GRUR 1978, 547.
[34] *OLG Frankfurt*, GRUR 1983, 395 = BB 1983, 721.
[35] Vgl. dazu insb. *BGH*, LM § 1 UWG Nr. 294; § 1 ZugabeVO Nrn. 14 und 19; GRUR 1968, 53; *Baumbach-Hefermehl*, § 1 ZugabeVO Rdnrn. 14 ff.
[36] *BGHZ* 34, 264 (269); *BGH*, LM § 1 ZugabeVO Nr. 14.

sich dabei nach objektiven Kriterien, so daß der Kaufmann, der sich auf das Gegenteil beruft, gegebenenfalls seine Kalkulation offenlegen muß.[37]
ff) Durch die Ausgabe von Gutscheinen kann das Zugabeverbot nicht umgangen werden. Als Zugabe gilt dann die Ware oder Leistung, auf deren Gewährung der oder die Gutscheine einen Anspruch verbriefen.[38] Zugaben sind daher z. B.: Plastikeisenbahnen neben Margarine,[39] Transportleistungen,[40] Kundenzeitschriften,[41] Portionierer, die zusammen mit Spirituosen geliefert werden,[42] Tischdecken oder Kaffeemaschinen, die zusammen mit Kaffee verkauft werden,[43] ein Automat, der zusammen mit der Lieferung von 5 Automaten angeboten wird,[44] zinslose Vorschüsse eines Auktionators auf den erhofften Erlös,[45] die Gewährung einer kostenlosen Unfallversicherung durch den Aussteller von Kreditkarten,[46] die Einräumung einer unbegrenzten Tauschgarantie durch den Verkäufer von Teppichen,[47] die Ankündigung eines Kraftfahrzeughändlers, für jedes gekaufte Auto einer Stadt einen Baum zu schenken[48] oder bei jedem verkauften Auto zwei unentgeltliche Inspektionen in den folgenden Jahren durchzuführen,[49] die Lieferung von Handtuchspendern und Körben zusammen mit Papierhandtüchern,[50] außerdem sogar der Verkauf von Heften mit Gutscheinen für Lokalbesuche, aufgrund derer man zwei Essen zum Preis für eines beziehen kann,[51] sowie schließlich die kostenlose Überlassung eines Waschplatzes durch eine Tankstelle.[52] *Keine* Zugaben sind hingegen etwa bloße Verkaufshilfen für Einzelhändler ohne jeden sog. Zweitnutzen,[53] die Verschaffung besonders günstiger Bankkredite durch einen Bauträger[54] sowie schließlich eine sog. Geldzurück-Garantie eines Händlers, wenn es sich dabei lediglich um ein besonderes Rücktrittsrecht für den Fall handelt, daß die Ware dem Kunden nicht gefällt.[55]

---

[37] BGH, LM § 1 ZugabeVO Nr. 19; GRUR 1971, 582 (583).
[38] *BGHZ* 11, 274 (278f.) ,,Orbis''; *BGH*, LM § 1 ZugabeVO Nr. 15 = GRUR 1963, 322 ,,Mal- und Zeichenschule''.
[39] *BGHZ* 11, 260 ,,Kunststoff-Figuren I''.
[40] *BGHZ* 11, 274 ,,Orbis''.
[41] *BGHZ* 11, 286 ,,Frau im Heim''.
[42] *BGH*, LM § 1 ZugabeVO Nr. 24 = GRUR 1972, 611 ,,Cognac-Portionierer''.
[43] *BGH*, LM § 1 ZugabeVO Nr. 28 = GRUR 1976, 314 ,,Büro-Service-Vertrag''; GRUR 1971, 582 (583).
[44] *BGH*, LM § 1 ZugabeVO Nr. 35 = GRUR 1978, 547 ,,Automatentruhe''.
[45] *BGH*, LM § 1 ZugabeVO Nr. 36 = GRUR 1979, 483 ,,Briefmarken-Auktion''.
[46] *BGH*, LM § 1 ZugabeVO Nr. 39 = NJW 1983, 1328.
[47] *OLG Hamburg*, GRUR 1984, 895 = BB 1984, 1064.
[48] *KG*, GRUR 1984, 605.
[49] *OLG Frankfurt*, GRUR 1984, 606.
[50] *OLG Düsseldorf*, GRUR 1985, 391.
[51] *OLG Frankfurt*, NJW-RR 1986, 534.
[52] *BGH*, LM § 1 ZugabeVO Nr. 16 = GRUR 1964, 509 ,,Wagenwaschplatz''.
[53] *BGH*, LM § 1 ZugabeVO Nr. 24 = GRUR 1972, 611 ,,Cognac-Portionierer''.
[54] *OLG Hamburg*, GRUR 1984, 294 = WM 1984, 492.
[55] *OLG Köln*, GRUR 1984, 750; *KG*, Betr. 1986, 1567 (1568f.).

d) Verbot

Zugaben sind grundsätzlich verboten, und zwar nicht nur im Verkehr mit dem letzten Verbraucher (wie die Preisnachlässe, s. o. § 6, 3 b), sondern auf allen Handelsstufen ohne jede Ausnahme (§ 1 I 1 ZugabeVO). Das Verbot erstreckt sich dabei gleichermaßen auf das Angebot, die Ankündigung oder die Gewährung von Zugaben im geschäftlichen Verkehr. Alle diese Begriffe werden obendrein im denkbar weitesten Sinne ausgelegt. Verboten ist daher z. B. sogar der Abschluß eines bloßen Leihvertrags über einen als Zugabe gewährten Gegenstand.[56]

e) Ausnahmen

Die Zugabeverordnung enthält in § 1 II einige, praktisch kaum bedeutsame Ausnahmen von dem grundsätzlichen Zugabeverbot, die zudem von der Praxis noch überaus restriktiv interpretiert werden, wodurch sie vollends jegliche Bedeutung verloren haben. Außerdem ist zu beachten, daß nach § 1 III ZugabeVO bei der Ankündigung und Gewährung der (ausnahmsweise) erlaubten Zugaben nicht der Eindruck der Unentgeltlichkeit erweckt werden darf.

aa) Nach § 1 II lit. a ZugabeVO sind zunächst erlaubt Reklamegegenstände von geringem Wert, die als solche durch eine dauerhafte und deutlich sichtbare Bezeichnung der Reklame treibenden Firma gekennzeichnet sind, sowie sonstige geringwertige Kleinigkeiten.[57] Ob ein Gegenstand in diesem Sinne *geringwertig* ist, wird dabei nicht nach einem relativen, sondern nach einem absoluten Maßstab beurteilt. Es kommt daher nicht auf das Wertverhältnis zwischen Zugabe und Hauptware an, sondern entscheidend ist allein, ob die Zugabe für sich genommen, d. h. absolut geringwertig ist. Maßgebend sind dafür nicht die Gestehungskosten der Zugabe, sondern ausschließlich ihr Gebrauchs- oder Verkaufswert.

Eine absolute Grenze für die Geringwertigkeit hat die Praxis zwar bisher noch nicht entwickelt. Aber schon Gegenstände mit einem Verkehrswert von 0,50 DM und mehr werden nicht mehr als geringwertig angesehen.[58] Ebenso engherzig wird bei der Interpretation des Begriffs der *Kleinigkeit* verfahren, da hierzu nur Gegenstände gerechnet werden, die von niemandem, auch nicht von minderbemittelten Käufern wirtschaftlich sonderlich geachtet werden.[59] Bei Sammelzugaben kommt es dementsprechend auf den Gesamtwert der gesammelten Stücke an, wenn diese nur zusammen verwendbar sind;

---

[56] *BGH*, LM § 1 ZugabeVO Nr. 24 = GRUR 1972, 611; *Ulmer-Reimer*, Tz. 1075.

[57] S. *Baumbach-Hefermehl*, § 1 ZugabeVO Rdnrn. 63 ff.; *Nordemann*, Tz. 510 f.; *Ulmer-Reimer*, Tz. 1080 ff.

[58] *BGHZ* 11, 260 (266 f.); 11, 274 (282); 11, 286 (296 f.); *BGH*, LM § 1 ZugabeVO Nrn. 16, 24 = NJW 1964, 1274; GRUR 1972, 611; *OLG Hamburg*, GRUR 1984, 223 (224); *Baumbach-Hefermehl*, § 1 ZugabeVO Rdnr. 72.

[59] *BGHZ* 11, 260 (268); 11, 274 (283); *BGH*, LM § 1 ZugabeVO Nr. 16 = NJW 1964, 1274.

anders freilich, wenn die Stücke einzeln verwendbar sind.[60] Zulässig sind hiernach Kleinigkeiten wie Luftballons, Fähnchen, Taschenkalender oder Gummibällchen.[61] Verboten sind hingegen schon die kostenlose Überlassung eines Autowaschplatzes,[62] eine hübsche Kaffeedose mit einem Verkehrswert von höchstens 0,80 DM[63] oder ein Stück Seife im Wert von sage und schreibe 0,56 DM.[64]

bb) Erlaubt sind nach § 1 II lit. b und c der Verordnung weiterhin *Geld-* und *Warenrabatte.* Mit Rücksicht auf das später erlassene Rabattgesetz (dazu o. § 6, 3) hat diese Regelung heute aber nur noch Bedeutung für das Verhältnis zwischen Hersteller, Großhandel und Einzelhandel. Obwohl nun beim besten Willen nicht der geringste Grund für irgendeine Einschränkung des Rabattwettbewerbs auf diesen Wirtschaftsstufen erkennbar ist, wird doch von der Praxis selbst dieser Ausnahmetatbestand ganz eng interpretiert.[65] Dabei bleibt unberücksichtigt, daß man damit im Ergebnis lediglich zum Nachteil der Verbraucher den Preiswettbewerb beschränkt.

cc) Nach § 1 II lit. d der VO sind als Zugaben außerdem erlaubt *handelsübliches Zubehör* und handelsübliche *Nebenleistungen.* Der Begriff des Zubehörs richtet sich dabei nach § 97 BGB, so daß darunter nur Sachen fallen, die in einem Unterordnungsverhältnis zu der Hauptsache stehen; folglich sind kein Zubehör solche Sachen, die gleichberechtigt neben der (entgeltlichen) Hauptleistung stehen.[66] Außerdem ist erforderlich, daß die fragliche Leistung handelsüblich ist. Dies richtet sich nicht allein danach, was schon allgemein praktiziert wird, sondern auch danach, was sich im Rahmen der normalen, wirtschaftlichen Gepflogenheiten hält, so daß neue, noch nicht allgemein durchgesetzte Vertriebsmethoden möglich bleiben. Immer muß aber hinzu kommen, daß ein *innerer* Zusammenhang zwischen der Nebenleistung oder dem Zubehör und der Hauptleistung besteht; die Nebenleistung muß m. a. W. die Hauptleistung sachlich ermöglichen oder irgendwie fördern,[67] wofür die bloße Werbewirkung der Nebenleistung nicht ausreichen soll.[68]

Beispiele für hiernach ausnahmsweise zulässige Zugaben sind das Zusenden der Ware oder die Einräumung von Parkmöglichkeiten, die Beförderung der Kunden zum Geschäftslokal,[69] die Lieferung einer kleinen

---

[60] *BGHZ* 11, 260 (272 ff.); 11, 274 (284 f.).
[61] *Baumbach-Hefermehl,* § 1 ZugabeVO Rdnr. 72.
[62] *BGH,* LM § 1 ZugabeVO Nr. 16 = NJW 1964, 1274.
[63] *BGH,* LM § 1 ZugabeVO Nr. 22 = GRUR 1969, 299; s. im übrigen *Baumbach-Hefermehl,* § 1 ZugabeVO Rdnr. 73.
[64] *OLG Hamburg,* GRUR 1984, 223 (224).
[65] S. *BGH,* LM RabattG Nr. 22 (Bl. 3); § 1 ZugabeVO Nr. 35 = NJW 1974, 46; GRUR 1978, 547.
[66] *OLG Düsseldorf,* GRUR 1985, 391.
[67] *BGH,* LM § 1 ZugabeVO Nrn. 16, 25, 28 und 36; *Nordemann,* Tz. 514.
[68] So sehr engherzig *BGH,* LM § 1 ZugabeVO Nr. 39.
[69] Zu der umstrittenen Rechtslage bei Besichtigungsflügen für Interessenten an

Menge Zahnpasta zusammen mit einer Zahnbürste[70] oder eines sog. Service-Sets aus Parkgroschen, Schmerztabletten und Papiertüchern bei der Vermietung von Kraftfahrzeugen[71] sowie schließlich die Verpackung der Ware, selbst wenn sie wie Keksdosen anderweitig verwendbar ist, sofern nicht der Zweitnutzen im Vordergrund steht.[72] Hingegen wurden als unzulässige Zugaben beurteilt die Lieferung normaler Cremepackungen durch eine Apotheke im Falle eines Großeinkaufs,[73] die Gewährung einer kostenlosen Unfallversicherung durch den Aussteller von Kreditkarten[74] sowie die Ankündigung mehrerer, unentgeltlicher Inspektionen durch einen Kraftfahrzeughändler für den Fall des Erwerbs eines neuen Autos.[75]

dd) *Kundenzeitschriften* dürfen unter bestimmten Voraussetzungen, die durch das Änderungsgesetz von 1953 erweitert worden sind, als Zugaben gewährt werden (§ 1 II lit. e ZugabeVO)[76]. Erforderlich ist danach vor allem, daß die Zeitschrift nach Aufmachung und Ausgestaltung als Werbemittel erkennbar ist, wobei es auf den Gesamteindruck ankommt, sowie daß die Herstellungskosten gering sind.[77]

ee) Zulässig sind schließlich noch die Erteilung von Auskünften und Ratschlägen (§ 1 II lit. f ZugabeVO) sowie sog. Abonnenten- oder Zeitschriftenversicherungen (§ 1 II lit. g ZugabeVO), beides Fälle, denen heute keine praktische Bedeutung mehr zukommt.

f) Rechtsfolgen

Verstöße gegen § 1 ZugabeVO können Unterlassungs- und Schadensersatzansprüche nach sich ziehen (§ 2 ZugabeVO). Sie stellen außerdem nach § 3 der VO eine Ordnungswidrigkeit dar. Schließlich kann daneben immer noch § 1 UWG eingreifen (§ 2 III ZugabeVO); Bedeutung hat dies vor allem für die Ausnahmetatbestände des § 1 II ZugabeVO.[78]

---

ausländischen Grundstücken s. *BGH*, LM § 1 UWG Nrn. 219, 238 = NJW 1970, 2245; 1972, 291; *BGH*, LM § 1 ZugabeVO Nr. 30 = GRUR 1976, 316; im übrigen auch u. 3.

[70] *BGH*, GRUR 1968, 53 (55); enger *OLG Düsseldorf*, GRUR 1984, 223 (224).

[71] *BGH*, LM § 1 ZugabeVO Nr. 25 = GRUR 1974, 402.

[72] *BGH*, LM § 1 ZugabeVO Nrn. 22, 31 und 32 = NJW 1969, 134; 1976, 2165; GRUR 1977, 38; *Baumbach-Hefermehl*, § 1 ZugabeVO Rdnr. 79.

[73] *OLG Düsseldorf*, GRUR 1984, 223 (224).

[74] *BGH*, LM § 1 ZugabeVO Nr. 39 = NJW 1983, 1328.

[75] *OLG Frankfurt*, GRUR 1984, 606.

[76] Zur früheren, engeren Fassung siehe *BGHZ* 11, 286 (291 f.); zum neuen Recht eingehend *Baumbach-Hefermehl*, § 1 ZugabeVO Rdnrn. 87 ff.; *Ulmer-Reimer*, Tz. 1092.

[77] Vgl. im einzelnen *BGH*, LM § 1 ZugabeVO Nrn. 18 und 20 = GRUR 1966, 338; 1967, 665.

[78] S. z. B. *BGHZ* 65, 68 (73); *BGH*, LM RabattG Nr. 22 (Bl. 3) = NJW 1974, 46.

2. Verschenken von Ware und ähnliche Fälle

Die Zugabeverordnung enthält nur eine Teilregelung des Gebiets der Wertreklame. Soweit die Verordnung nicht eingreift, bleibt daher immer noch ein Rückgriff auf die Generalklausel des § 1 UWG möglich. Die Zugabeverordnung hat nicht etwa den Sinn, alle von ihr nicht erfaßten Formen der Wertreklame für generell zulässig zu erklären.

Die Praxis steht der Wertreklame in ihren unterschiedlichen Erscheinungsformen überaus kritisch gegenüber, weil bei ihr wegen der erheblichen Anreizwirkung, die (angeblich) solchen Werbemethoden zukommt, die Gefahr einer unsachlichen Beeinflussung der Kunden besonders groß sei. Vor allem unter dem Gesichtspunkt des psychologischen Kaufzwanges und des übertriebenen Anlockens werden daher der Wertreklame enge Zulässigkeitsgrenzen gezogen. Unter psychologischem Kaufzwang versteht man dabei die Wirkung dieser Form der Reklame, bei den angesprochenen Verkehrskreisen ein Gefühl der Dankbarkeit und damit der ,,moralischen Verpflichtung" zum Vertragsschluß auszulösen, während man mit übertriebenem Anlocken den Effekt derartiger Zuwendungen bezeichnet, die Aufmerksamkeit der Kunden von Qualität und Preis der Ware abzulenken, so daß sie nur durch die Aussicht auf die zusätzlich gewährte Vergünstigung zum Vertragsschluß veranlaßt werden.[79] Die Berechtigung dieser Praxis ist umstritten.[80] Im neueren Schrifttum überwiegen deutlich die kritischen Stimmen.[81] Bevor jedoch auf diese Kritik im einzelnen eingegangen werden kann, ist zunächst ein Überblick über die Praxis zu geben.

a) Entwicklung der Praxis[82]

aa) Das *RG* hatte ursprünglich gegen das Verschenken von Ware keinerlei Bedenken gehabt, so daß es bis Anfang der dreißiger Jahre allgemein als zulässig galt.[83] Einen grundlegenden Wandel brachte hier erst die 1932 erlassene Zugabeverordnung, aus der das *RG* jetzt ein negatives Urteil des Gesetzgebers über jede Form der Wertreklame entnahm. Das *RG* stellte sich deshalb nunmehr auf den Standpunkt, es sei grundsätzlich unlauter, wenn ein Kaufmann Ware, die er an sich entgeltlich vertreibt, verschenke, um dadurch neue Kunden zu gewinnen oder alte zu erhalten. Denn ein solches Verhalten verstoße gegen die Grundsätze vernünftiger, kaufmännischer Betriebsführung und gefährde zugleich die Interessen der Allgemeinheit wegen der großen Gefahr seiner Nachahmung. Eine

---

[79] So z. B. *BGHZ* 65, 68 (71 f.) = JuS 1976, 262 Nr. 13; *BGH*, LM RabattG Nr. 2; § 1 UWG Nrn. 286, 322 = NJW 1974, 46; MDR 1976, 467; GRUR 1979, 779; zuletzt *BGH*, LM § 1 UWG Nrn. 341, 349 und 413 = MDR 1981, 558 ,,Goldene Karte"; GRUR 1981, 746 ,,Ein-Groschen-Werbeaktion" sowie GRUR 1984, 463 ,,Mitmacher-Tour".
[80] S. auch Fälle, S. 29 ff.
[81] Insb. *M. Lehmann*, Die Werbung mit Geschenken, passim, bes. S. 97, 141, 157, 178 ff. (m. zahlr. w. Nachw. S. 125 ff.); *Rinck*, in: Göttinger Festschr. f. das OLG Celle, S. 151 ff.; *Schricker*, GRUR 1974, 586 f.; *ders.*, RabelsZ 14 (1976), 549 ff. Zust. hingegen z. B. *Baumbach-Hefermehl*, § 1 UWG Rdnrn. 65 ff.; *Krüger-Nieland*, WRP 1979, 1; *Nordemann*, Tz. 208 f.
[82] Vgl. zum folgenden *Baumbach-Hefermehl*, § 1 UWG Rdnrn. 71 ff.; *Ulmer-Reimer*, Tz. 803 ff.
[83] Kritisch schon damals aber *Callmann*, § 1 Rdnrn. 76 ff. m. Nachw.

Ausnahme wurde nur – in engen Grenzen – für echte Warenproben zugelassen.[84]

bb) An diesen Grundsätzen hat der *BGH* im wesentlichen festgehalten. In den Einzelheiten haben sich jedoch nicht unwichtige Modifikationen ergeben.

Die Praxis unterscheidet heute vor allem zwischen Warenproben, Werbegeschenken und der Originalware selbst. Die unentgeltliche Verteilung der *Originalware* gilt grundsätzlich als unlauter, wenn sie nicht nur vorübergehend aus besonderem Anlaß, sondern *ständig*[85] oder *massenhaft* erfolgt, sofern im letzteren Fall die Gefahr der Marktverstopfung hinzukommt (dazu eingehend u. § 15).[86] Die Beurteilung der *Werbegaben* richtet sich hingegen nach den allgemeinen Zulässigkeitsgrenzen für die Wertreklame. Ihre kostenlose Verteilung ist mithin nur erlaubt, wenn dadurch (ausnahmsweise) kein psychologischer Kaufzwang ausgelöst wird und es sich außerdem nicht um einen Fall des sog. „übertriebenen Anlockens" handelt.[87] Eine großzügigere Beurteilung erfahren daher im Grunde nur die (praktisch freilich besonders bedeutsamen) Warenproben sowie gelegentliche, geringwertige Geschenke aus besonderen Anlässen wie etwa Festtagen oder Jubiläen.

Um einen Fall des Verschenkens von Ware und damit um einen Fall der Wertreklame handelt es sich freilich nicht, wenn nichts anderes als eine Leistungssteigerung ohne gleichzeitige Preiserhöhung vorliegt. Unbedenklich ist es daher, wenn eine Zeitung durch die Beifügung einer weiteren Beilage verbessert wird[88] oder wenn ein Verlag zum Ausgleich für zusätzliche Kosten des Großhandels durch die Verteilung eines überschweren Exemplars das nächste Exemplar kostenlos liefert.[89] Ebensowenig fällt die Veranstaltung von Gratisverlosungen oder von Preisausschreiben unter den Begriff der Wertreklame; ihre Zulässigkeit beurteilt sich deshalb nach anderen Grundsätzen.[90]

cc) Nach den geschilderten Grundsätzen richtet sich insbes. die Zulässigkeit der verbreiteten *Werbegeschenke,* durch die die angesprochenen Verkehrskreise z. B. zum Besuch einer Werbeveranstaltung oder zum Betreten eines Geschäftslokals veranlaßt werden sollen. Solche Werbegaben sind folglich (nur) statthaft, wenn sie nicht über den Rahmen einer Aufmerksamkeit hinausgehen, um etwa die Nachteile und Unbequemlichkeiten auszugleichen, die mit dem Besuch einer Werbeveranstaltung

---

[84] Grdl. *RGZ* 160, 385 (388ff.) „Lockenwickler"; *RG*, JW 1936, 2073 Nr. 14; 1938, 117f. Nr. 11; 1938, 2978 (2979ff.) Nr. 37 = GRUR 1936, 810; 1938, 207; 1938, 849.

[85] Grdl. *BGH*, LM § 1 UWG Nr. 301 = JuS 1977, 688 Nr. 3 „Feld und Wald".

[86] Vgl. vorerst nur *BGHZ* 23, 365 (371f.) „Suwa"; 43, 278 (280ff.) = JuS 1965, 457 Nr. 5 „Kleenex"; *BGH*, LM § 1 UWG Nr. 43 = GRUR 1957, 363 „Sunil".

[87] *BGH*, LM § 1 UWG Nrn. 219, 237, 221 und 301 = JuS 1977, 688 Nr. 3; *BGH*, GRUR 1967, 254 (255); LM § 1 ZugabeVO Nr. 21 = GRUR 1968, 649; LM § 1 UWG Nrn. 341, 349 und 413; BB 1986, 1731f.

[88] *BGH*, LM § 1 UWG Nr. 319 = GRUR 1979, 409 „Westfalen-Blatt".

[89] *BGH*, GRUR 1967, 256 (257) „Stern".

[90] *BGH*, LM § 1 ZugabeVO Nr. 11 = GRUR 1959, 544 für Modenschauen; s. o. § 10, 5.

typischerweise verbunden sind. Erlaubt sind außerdem die üblichen Auf-
merksamkeitsgeschenke aus Anlaß von Festtagen oder Jubiläen.[91] Zugelassen wurde schließlich noch die unentgeltliche Lieferung einer Zeitung
für einen Monat an Neuvermählte.[92]

Als unlautere Wertreklame wurden hingegen z. B. qualifiziert eine kostenlose Kraft-
fahrzeuginspektion in der Hoffnung auf einen anschließenden Reparaturauftrag bei
Feststellung von Mängeln,[93] das Verschenken eines halben Pfundes Kaffee im Wert von
3,– DM für den Besuch einer Werbeveranstaltung,[94] eine fortlaufende Werbeaktion
durch Verteilung von Gutscheinen für ständig wechselnde, neue, geringwertige Werbegeschenke,[95] eine unentgeltliche Kundenbeförderung von einem Innenstadtladenge-
schäft zu einem 20 km entfernt liegenden Möbelkaufhaus außerhalb der Stadt und
zurück mit fahrplanmäßig verkehrenden Autobussen des Inhabers beider Geschäfte[96]
sowie schließlich die entgeltliche Abgabe sog. ,,Goldener Karten`` durch Fotoeinzel-
händler, die den Kunden bei Einlieferung eines belichteten Films zwecks Entwicklung
zum unentgeltlichen Bezug weiterer Filme einschließlich deren Entwicklung berechtigen.[97]

Insgesamt ist die Beurteilung des Verschenkens der Ware durch die
Rechtsprechung mithin ausgesprochen streng. Einer wohlwollenderen
Beurteilung erfreut sich im Grunde nur die Verteilung von Warenproben.
Deshalb ist im folgenden zunächst näher auf die Zulässigkeitsvorausset-
zungen von Warenproben einzugehen. Im Anschluß hieran soll noch im
einzelnen zu der Problematik der unentgeltlichen Kundenbeförderung
Stellung genommen werden, weil dieser Fragenkreis in letzter Zeit beson-
dere Bedeutung erlangt hat.

dd) Unter einer *Warenprobe* versteht man eine kleine Menge oder
Stückzahl einer Ware, die ihrer Art nach geeignet ist, den Verbrauchern
eine Untersuchung der Ware auf ihre Eigenschaften zu ermöglichen.
I. d. R. wird es sich hierbei um besondere, speziell für diese Zwecke abge-
packte oder hergestellte Einheiten handeln; jedoch können im Einzelfall,
etwa bei Waschmitteln, auch einmal Originalpackungen als Warenproben
in Betracht kommen. Entscheidend ist letztlich immer nur der von dem
Gewerbetreibenden verfolgte *Probezweck.*

Liegt dieser vor und handelt es sich bei der verteilten Ware tatsächlich um bloße
Warenproben und nicht um die Originalware selbst, durch deren Zuwendung dem
Verbraucher ein eigener Wert verschafft wird, so ist die kostenlose Verteilung der
Proben zulässig, selbst wenn sie in großer Breite und in erheblichem Umfang erfolgt.
Eine andere Beurteilung kommt hier höchstens in Betracht, sofern die Aktion solche

---

[91] Z.B. *BGH*, LM § 1 UWG Nr. 65 = GRUR 1959, 31 für Feuerzeuge; LM § 1
ZugabeVO Nr. 21 = GRUR 1968, 649 für einen Aschenbecher.
[92] *BGH*, LM § 1 UWG Nr. 26 = GRUR 1957, 600 ,,Westfalen-Blatt``; ebenso
allgemein *OLG Hamm*, NJW-RR 1986, 919 (920).
[93] *BGH*, LM § 1 UWG Nr. 221 = NJW 1971, 190 (eine schwer verständliche Entscheidung).
[94] *BGH*, GRUR 1967, 254 (255); 1986, 820 ,,Jahrbuch``.
[95] *BGH*, LM § 1 UWG Nr. 349 = GRUR 1981, 746 ,,Ein-Groschen-Werbeaktion``.
[96] *BGH*, LM § 1 UWG Nr. 413 = NJW 1985, 327 = GRUR 1984, 463 ,,Mitma-
cher-Tour``.
[97] *BGH*, LM § 1 UWG Nr. 341 = MDR 1981, 558 ,,Goldene Karte I``.

Ausmaße annimmt, daß sie infolge der sog. Marktsättigung oder Marktverstopfung zu einer Gefahr für den Bestand des Wettbewerbs wird (u. § 15, 1). Handelt es sich freilich um eine völlig neue Ware, so ist die kostenlose Verteilung sogar im Falle der Marktverstopfung unter der Voraussetzung zulässig, daß nur auf diese Weise die Verbraucher mit der neuen Ware vertraut gemacht werden können. Denn die Verteilung der Ware ist dann nichts anderes als ein normales Mittel zur Erschließung eines neuen Marktes, das auf keinen Fall durch das UWG behindert werden darf.[98]

ee) Weit kritischer als Warenproben steht die Praxis der *unentgeltlichen Kundenbeförderung* gegenüber, namentlich wenn dadurch die Gefahr eines psychologischen Kaufzwangs oder eines „übertriebenen Anlockens" begründet wird. Aus diesem Grunde gilt insbes. die unentgeltliche Beförderung einzelner Kunden zu dem Geschäft oder von dem Geschäft zu dem Lager von Großhändlern oder Herstellern als unlauter, wenn solche Beförderungen systematisch als Vertriebsmethode eingesetzt werden, während die gelegentliche Beförderung einzelner Kunden stets möglich ist.[99] Als bedenklich erscheinen der Rechtsprechung dabei in erster Linie die fehlende Anonymität der einzelnen, beförderten Kunden, durch die sie in besonderem Maße der Gefahr einer gesteigerten Einwirkung seitens des sie befördernden Gewerbetreibenden ausgesetzt würden, sowie der Umstand, daß die Kunden im Falle der Gewährung nennenswerter Transportleistungen aus „Dankbarkeit" einem inneren („psychologischen") Kaufzwang ausgesetzt würden. Ebenso negativ beurteilt werden deshalb „kostenlose" Besichtigungsreisen, etwa zu ausländischen Grundstücken, sofern die zunächst berechneten Reisekosten auf einen etwaigen, späteren Kaufpreis verrechnet werden.[100] Lediglich bei Selbstbedienungsgeschäften, die bekanntlich zur Ersparnis von Miet- und Grundstückskosten häufig auf der grünen Wiese errichtet werden, wird zum Ausgleich ihrer Standortnachteile in engen Grenzen eine kostenlose oder stark verbilligte Beförderung der Kunden zugelassen, sofern nur die Kunden dabei anonym bleiben und auf sie keinerlei Druck zum Abschluß von Kaufverträgen ausgeübt wird.[101] Ausschlaggebend soll m. a. W. letztlich eine Abwägung zwischen den Interessen des die Beförderungsleistung anbietenden Gewerbetreibenden, seiner Konkurrenten und der Allgemeinheit sein.[102] Der *BGH*[102] hat hieraus z. B. den Schluß

---

[98] *RGZ* 160, 385 (389 f.); *RG*, JW 1936, 2073 Nr. 14; 1938, 117 f. Nr. 11; 1938, 2978 (2979 ff.) Nr. 37; *BGHZ* 23, 365 (367 ff.); 43, 278 (280 ff.) = JuS 1965, 457 Nr. 5; *BGH*, LM § 1 ZugabeVO Nr. 21 = GRUR 1968, 649; LM § 1 UWG Nrn. 117 und 274 = JuS 1963, 121 Nr. 4; GRUR 1975, 27 „Colgate".

[99] *BGH*, LM § 1 UWG Nrn. 219 und 243 = NJW 1970, 2245; 1972, 1275; zust. *Baumbach-Hefermehl*, § 1 UWG Rdnrn. 78 ff.; *Nordemann*, Tz. 211; *Ulmer-Reimer*, Tz. 808 ff.

[100] *BGH*, LM § 1 ZugabeVO Nr. 30 = GRUR 1976, 316, freilich in erster Linie unter Berufung auf § 1 ZugabeVO (s. o. 1 c).

[101] *BGH*, LM § 1 UWG Nrn. 219, 237 und 238.

[102] *BGH*, LM § 1 UWG Nr. 413 = NJW 1985, 327 = GRUR 1984, 463 „Mitmacher-Tour".

gezogen, daß es schon wieder als unlauter anzusehen sei, wenn ein Möbelkaufhaus einen regelmäßigen, unentgeltlichen Autobusdienst von seinem Innenstadtgeschäft zu einem 20 km entfernt liegenden Kaufhaus anbietet, und zwar deshalb, weil dieser Beförderungsleistung ein eigener Geldwert zukomme und weil sie überdies die Gefahr begründe, daß dadurch den Konkurrenten des Möbelkaufhauses in der Stadt die Kunden durch ihren Abtransport sozusagen „vor der Nase weggeschnappt" werden.

b) Stellungnahme

Die skizzierte Praxis zur Wertreklame gerät unverkennbar immer mehr in die Gefahr, bloße Preissenkungsaktionen, sofern sie nur besonders werbewirksam aufgezogen werden, unter dem Gesichtspunkt des psychologischen Kaufzwangs oder des übertriebenen Anlockens (was auch immer dies bedeuten mag) als unlauter zu brandmarken. Es verwundert daher nicht, daß die Rechtsprechung des *BGH* zur sog. Wertreklame im Schrifttum auf verbreitete Kritik stößt.[103] Dieser Kritik ist uneingeschränkt zuzustimmen. Zur Begründung genügen folgende Hinweise:

Die Bedenken der Praxis gegen die Wertreklame in ihren unterschiedlichen Erscheinungsformen haben ihren Grund vor allem in dem damit (angeblich) verbundenen, psychologischen Kaufzwang aufgrund des sog. übertriebenen Anlockens der Kunden. Aber die dabei unterstellten Prozesse (z. B. Beeinträchtigung der Entscheidungsfreiheit durch Auslösung von Gefühlen der Dankbarkeit und damit der moralischen Kaufverpflichtung) beruhen auf bloßen Fiktionen und Unterstellungen und sind niemals empirisch verifiziert worden. Alle Plausibilitätserwägungen sprechen sogar gegen die Richtigkeit dieser Unterstellungen. Wer läßt sich schon durch geringwertige Werbegaben oder gar durch eine einmalige, kostenlose Beförderung, die ihm nur als ein selbstverständlicher Service erscheint, zum Kauf hochwertiger oder teurer Gegenstände verleiten. Besonders deutlich ist dies gerade in den Fällen der unentgeltlichen Beförderung der Kunden zu einem Lager. Denn jeder Kunde weiß, daß dies kein Kaufmann umsonst tun kann und daß daher die Transportkosten in irgendeiner Form in seine Kalkulation eingehen werden. Kein Kunde wird sich deshalb, wenn er auf diese Weise befördert wird, einem psychologischen Kaufzwang ausgesetzt fühlen.

Bei Lichte besehen erweisen sich damit die Argumente, mit denen die Gerichte ebenso energisch wie erfolglos die Wertreklame bekämpfen, als haltlose Unterstellungen, die im Ergebnis nur zum Nachteil der Verbraucher ausschlagen, weil ihnen auf diese Weise möglicherweise günstige Kaufgelegenheiten entgehen. Wenn man es überspitzt, aber im Kern si-

---

[103] Nachw. o. Fußn. 81.

cher zutreffend ausdrücken will, so handelt es sich deshalb bei der Praxis zur Wertreklame um nichts anderes als um einen Mißbrauch der Generalklausel des § 1 UWG seitens der Gerichte zur Beschränkung des Wettbewerbs durch Schutz der Mitbewerber gegen besonders erfolgreiche Werbemethoden aktiver Pionierunternehmen,[104] wie einige Urteile sogar selbst betonen, indem sie ausschlaggebend auf die Gefahr der ,,Wegnahme" der Kunden, etwa durch deren unentgeltliche Beförderung, abstellen.[105] Aber das sind keine Gesichtspunkte, auf die in einer Wettbewerbsordnung (!) das Urteil der Sittenwidrigkeit gestützt werden darf. Von Ausnahmefällen abgesehen, zu deren Abgrenzung das GWB in den §§ 22 IV, 26 II und 37 a III Maßstäbe liefert, sind daher – entgegen der Rechtsprechung – alle Formen von Wertreklame grundsätzlich zulässig.[106] Dasselbe gilt – wiederum entgegen dem *BGH* – im Prinzip für viele Fälle von Koppelungen und namentlich für die sog. Vorspannangebote, worauf jetzt noch näher einzugehen ist.

3. Koppelungen

Literatur: Baumbach-Hefermehl, § 1 UWG Rdnrn. 98 ff.; *Bork,* WRP 1975, 1; 1975, 75; *Droste,* GRUR 1976, 466; *Fetzer,* BB 1975, 1500; *Hoth,* GRUR 1976, 219; 1978, 147; *Hefermehl,* GRUR 1974, 542; *Klosterfelde,* in: Hdb., § 49 Rdnrn. 120 ff. (S. 692 ff.); *Koppensteiner,* S. 441, 502 f.; *Lehmann,* GRUR 1974, 683; *Löwenheim,* GRUR 1976, 224; *Ohlgart,* GRUR 1974, 693; *Sack,* WRP 1975, 65; *Ulmer-Reimer,* Tz. 834 ff. (S. 600 ff.); *Weiland,* BB 1978, 382.

a) Ein Koppelungsgeschäft liegt vor, wenn die Lieferung einer Ware von der gleichzeitigen Abnahme einer anderen Ware abhängig gemacht wird. Solche Koppelungen sind überaus verbreitet, obwohl sie für die Abnehmer im Einzelfall sehr nachteilig sein können. In besonderem Maße gilt dies, wenn sich marktstarke Unternehmen dieser Absatzmethode bedienen.

Das GWB geht gleichwohl in § 18 I Nr. 4 von ihrer grundsätzlichen Zulässigkeit aus und zieht ihnen lediglich im Interesse der Wettbewerbsfreiheit gewisse äußerste, in der Praxis zudem bislang weithin bedeutungslose Schranken. Neben § 18 I Nr. 4 GWB bleibt freilich stets Raum für die Anwendung der Verbote der §§ 22 IV und 26 II GWB. Daraus wird heute allgemein gefolgert, daß Koppelungsgeschäfte jedenfalls in der Hand marktbeherrschender Unternehmen grundsätzlich verboten sind.[107]

b) Weitere Zulässigkeitsschranken für Koppelungen können sich aus

---

[104] Ebenso *M. Lehmann,* S. 174 ff.
[105] Inbes. *BGH* (o. Fußn. 102).
[106] Auch dem *BGH* (LM § 1 UWG Nr. 322 = GRUR 1979, 779 ,,Wertcoupons") kommen offenbar gelegentlich gewisse Zweifel an der Richtigkeit seiner Haltung zur Wertreklame jedenfalls für das Verhältnis zwischen Hersteller, Großhandel und Einzelhandel; und in der Tat ist die Vorstellung grotesk, Kaufleute ließen sich durch irgendwelche Geschenke von einer sachlichen Entscheidung abhalten.
[107] S. im einzelnen *Emmerich,* in: IM, § 18 Rdnrn. 138 ff., 252 ff., m. zahlr. Nachw.; ebenso Art. 86 Abs. 2 lit. d EWGV.

der Generalklausel des § 1 UWG ergeben, selbst wenn es sich bei dem koppelnden Unternehmen nicht um ein marktbeherrschendes Unternehmen i. S. des § 22 GWB handelt. Dabei sind vor allem verdeckte und offene Koppelungen zu unterscheiden, je nachdem, ob bei dem Angebot der verbundenen Waren zugleich die Einzelpreise der Waren oder nur ein Gesamtpreis genannt wird.

Besonders kritisch steht die Praxis heute den *verdeckten* Koppelungen gegenüber, namentlich wenn es sich bei den gekoppelten Waren um solche handelt, die keinerlei Verwandtschaft (,,Gebrauchsnähe") aufweisen (sog. *branchenfremde* Waren), sofern die Koppelung außerdem zur Folge hat, daß dem Kunden der Preisvergleich hinsichtlich der einzelnen Waren erschwert oder sogar unmöglich gemacht wird. Demgegenüber gelten *offene* Koppelungen in aller Regel als zulässig, insbes. wenn die gekoppelten Waren ungefähr denselben Wert haben.[108]

Diese grundsätzlich negative Beurteilung verdeckter Koppelungen insbesondere branchenfremder Waren ist jedoch nicht gerechtfertigt,[109] da es keinen Rechtssatz gibt, nach dem ein Kaufmann verpflichtet wäre, nur ,,branchentypische" Waren (was auch immer dies sein mag) zu führen. Die Abgrenzung der einzelnen Branchen hat keinen normativen Rang. Jeder Kaufmann ist vielmehr in der Zusammenstellung seines Sortiments völlig frei. Wenn er es aus absatzpolitischen Gründen für sinnvoll hält, ,,branchenfremde" Waren zu einem einheitlichen Angebot zu verbinden, so ist dies allein seine Sache; die Rechtsordnung mischt sich da nicht ein.

Entsprechendes gilt für die Preisbildung. Niemand ist gezwungen, die Preise für die gekoppelten Waren einzeln auszuwerfen. Wieso dadurch die Gefahr einer Irreführung des Publikums begründet werden soll, bleibt unerfindlich, zumal ohnehin kein Kunde gehindert ist, nach den Einzelpreisen zu fragen, wenn sie ihn ausnahmsweise einmal interessieren sollten. Tatsächlich kann daher nur in seltenen Ausnahmefällen eine Anwendung der Generalklausel auf Koppelungen in Betracht kommen, und zwar insbes. dann, wenn das Koppelungsgeschäft auf eine Täuschung der Verbraucher angelegt ist (§ 3 UWG).[110]

4. Insbesondere Vorspannangebote

a) Unter einem Vorspannangebot versteht man die Verbindung des besonders günstigen Angebots einer ,,branchenfremden" Ware mit dem einer Hauptware, das in der Werbung besonders herausgestellt wird und zum gleichzeitigen Kauf der Hauptware anreizen soll. Vorspannangebote, wie sie vor allem, aber keineswegs ausschließlich von Kaffeegeschäften

---

[108] S. im einzelnen *BGH,* LM § 1 UWG Nr. 294; § 1 ZugabeVO Nrn. 14 (Bl. 3 R ff.) und 19; GRUR 1971, 582 (584); zuletzt insbes. LM § 1 UWG Nr. 372 = JuS 1983, 470 Nr. 8; LM aaO Nr. 402 = NJW 1984, 51; LM § 3 UWG Nr. 214 = GRUR 1984, 212 (hier wurde dafür aber ein Verstoß gegen § 3 angenommen).

[109] So auch *Ulmer-Reimer,* Tz. 840 f.

[110] S. *BGH,* LM § 3 UWG Nr. 214 = GRUR 1984, 212 (213) = MDR 1984, 468.

praktiziert werden, sind daher nichts anderes als eine besondere Erscheinungsform der Koppelungsgeschäfte.

Die Gerichte haben sich hierdurch verleiten lassen, ihr negatives Urteil über die Koppelung branchenfremder Waren (o. 3b) auf Vorspannangebote zu übertragen. Vorspannangebote werden daher ebenfalls als grundsätzlich unlauter angesehen. Beispiele sind die Koppelung von Lebensmitteln mit dem besonders günstigen Angebot von Trinkgläsern aus Rauchglas,[111] die Koppelung des Absatzes von Kaffee mit dem Angebot von Frühstücksbrettchen oder Kochbüchern,[112] die Koppelung des Verkaufs sog. Seniorenpässe seitens der Bundesbahn mit dem Angebot stark verbilligter Farbfilme[113] sowie die Koppelung des Beitritts zu einem Buchclub mit dem ,,Einführungsangebot" einer besonders preiswerten Uhr und eines ebenso billigen Bildbandes.[114] Kein Vorspannangebot liegt hingegen vor, wenn es an einer Koppelung beider Angebote fehlt, wenn z. B. ein Kaffeegeschäft zugleich, wenn auch günstig, ein Tierbuch vertreibt, weil es sich dann um ein Sonderangebot an Büchern handelt,[115] wenn die gekoppelten Waren ohnehin, wirtschaftlich gesehen, zusammengehören wie z. B. bei der Verbindung von Tee mit Teetassen[116] oder bei dem gleichzeitigen Angebot von Fahrschulunterricht und zugehörigem Lehrmaterial,[117] sowie wenn sich die gekoppelten Waren nahestehen und ungefähr denselben Wert haben; doch kommt dann immer noch eine Irreführung der Verbraucher über die (nicht ernst gemeinten) Einzelpreise der Waren in Betracht.[118]

b) Die Praxis zu den Vorspannangeboten verdient ebensowenig Zustimmung wie die zu den Koppelungsgeschäften (dazu o. 3b). In beiden Fällen werden psychologische Zusammenhänge unterstellt, für die bisher jeder Beweis fehlt. Stellt man deshalb einmal die übertriebene und grundlose Sorge der Gerichte für die Entscheidungsfreiheit der Verbraucher hintan, so bleibt nichts anderes übrig, als daß die Gerichte Kaufleuten verbieten wollen, ihr Sortiment in einer Weise zusammenzusetzen, daß sie sich davon einen besonderen Werbeeffekt versprechen können. Es braucht nicht nochmals betont zu werden, daß mit einem solchen Schutz des herkömmlichen Handels gegen besonders wettbewerbsaktive Pionierunternehmen, die neue Vertriebsmethoden erproben, der Sinn der Generalklausel in einem System fairen und freien Wettbewerbs geradezu in sein Gegenteil verkehrt wird, zumal damit i. Erg. letztlich immer nur – ohne jeden erkennbaren Grund – den Verbrauchern preiswerte Einkaufsmöglichkeiten verstopft werden. Wiederum gilt, daß es allein eine unternehmenspolitische Ermessensfrage ohne Bezug zu § 1 UWG ist, ob ein Kaufmann sein allemal beschränktes Werbebudget in teure Reklamefeldzüge, Werbegeschenke oder Vorspannangebote investieren will. Wenn

---

[111] Grdl. *BGHZ* 65, 68 (71 ff.) = JuS 1976, 262 Nr. 13; zust. *Baumbach-Hefermehl,* § 1 UWG Rdnrn. 103 ff.; *Nordemann,* Tz. 214 a f.

[112] *BGH,* LM § 1 UWG Nrn. 294 und 296 = GRUR 1976, 634; 1977, 110.

[113] *BGH,* LM § 1 UWG Nr. 372 = NJW 1983, 167 = JuS 1983, 470 Nr. 8 ,,Seniorenpaß".

[114] *BGH,* LM § 1 UWG Nr. 402 = NJW 1984, 51 = GRUR 1983, 781.

[115] *BGH,* LM § 1 UWG Nr. 314 = NJW 1978, 2598.

[116] *BGH,* LM § 1 ZugabeVO Nr. 14 = GRUR 1962, 415 ,,Glockenpackung".

[117] *BGH,* LM § 1 ZugabeVO Nr. 19 = GRUR 1967, 530.

[118] *BGH* (o. Fußn. 110).

das eine, nämlich Reklamefeldzüge, erlaubt ist, kann für das andere schwerlich das genaue Gegenteil gelten. Welchen Anlaß sollten die Gerichte haben, den Kaufleuten insoweit irgendwelche Vorschriften zu machen, noch dazu auf Grund der Generalklausel des § 1 UWG?

§ 12. Irreführung

Literatur (allgemein zu § 3 UWG): *Baudenbacher,* Suggestivwerbung und Lauterkeitsrecht, Zürich 1978; *P. Baumann, Graf v. Lambsdorff, O. Fischer* u. *K. Krafft,* in: RWW, 3.5; *Baumbach,* S. 188ff.; *Bungeroth,* GRUR 1971, 93; *Burmann,* Werberecht der Wirtschaft, 1955/1970; *ders.,* Das Werbegestaltungsrecht, 1964; *ders.,* WRP 1967, 2; 1969, 262; *Droste,* GRUR 1972, 281; *Freiberger,* Der Wahrhaftigkeitsgrundsatz und die Pflicht zur Wahrhaftigkeit im Wettbewerbsrecht, 1938; *v. Gamm,* Wettbewerbsrecht, S. 98ff.; *Harmsen,* GRUR 1969, 251; *ders.,* BB 1969, 426; *ders.,* WRP 1969, 357; *Hefermehl,* in: Festschr. f. Kastner, Wien 1972, S. 183; *ders.,* in: Festschr. f. Wilde, 1970, S. 40; insbes. ganz eingehend *H. Helm,* in: Hdb., § 48 (S. 463–655); *Fr. E. Hösl,* Interessenabwägung u. rechtliche Erheblichkeit bei § 3 UWG, 1986; *Hubmann,* § 51; *Köndgen,* Selbstbindung ohne Vertrag, 1981, S. 283ff.; *Kohler,* S. 140ff.; *Koppensteiner,* S. 320ff.; *M. Lehmann,* Vertragsanbahnung durch Werbung, 1981; *Lindacher,* Lockvogel- und Sonderangebote, 1979; *Löwenheim,* GRUR 1980, 14; *Mertens,* ZHR 149 (1975), 438; *Nordemann,* Tz. 53ff.; *Reimer-v. Gamm,* S. 317ff.; *Rittner,* § 14 A; *Rödding,* Betr 1969, 779; *Sack,* Unlauterer Wettbewerb und Folgeverträge, 1974; *ders.,* NJW 1975, 1303; *Schricker,* GRUR 1974, 579; *ders.,* RabelsZ 36 (1972), 315; 40 (1976), 535; *ders.,* ZHR 139 (1975), 208; *Schluep,* ZSR n. F. 91 (1972), 353; *W. Schuhmacher,* Verbraucherschutz bei Vertragsanbahnung, Wien 1983; *Tilmann,* Die geographische Herkunftsangabe, 1976; *ders.,* ZHR 141 (1977), 32; *ders.,* GRUR 1976, 544; *Trinkner,* BB 1975, 1493; *Waibel,* Warenzeichenrechtliche und wettbewerbsrechtliche Fragen des Ersatzteile-, Zubehör- und Reparaturgewerbes, 1977; *Ulmer-Reimer,* Tz. 517ff. (S. 364ff.); *Wolff-Crisolli,* Das Recht der Reklame, 1929, S. 231ff. – Fälle, S. 34ff., 45ff.

Der Wahrheitsgrundsatz ist einer der wichtigsten, wenn nicht der wichtigste Grundsatz des ganzen Rechts des unlauteren Wettbewerbs (s. schon o. § 10, 2). Die überragende Bedeutung, die deshalb das UWG dem Täuschungsverbot im Wettbewerb beimißt, kommt – außer in der kleinen Generalklausel des § 3 sowie in der Strafnorm des § 4 – noch in einer ganzen Reihe weiterer Vorschriften zum Ausdruck. Hinzuweisen ist hier neben den schon erwähnten §§ 6a und 6b UWG (Werbung mit der Eigenschaft als Hersteller oder Großhändler sowie Kaufscheinhandel; dazu o. § 6, 8a und b) und dem ebenfalls bereits behandelten Verbot der Anschwärzung und Verleumdung (§§ 14 und 15 UWG; dazu o. § 7) noch besonders auf die neuen §§ 6c, 6d und 6e UWG i. d. F. von 1986 (Verbot der progressiven Kundenwerbung, der Werbung mit mengenmäßigen Beschränkungen und der Werbung mit Preissenkungen) sowie auf das gleichfalls erst 1986 in das Gesetz eingefügte Rücktrittsrecht im Fall der Irreführung (§ 13a); in diesen Zusammenhang gehören weiter die Vorschrift des § 6 UWG über Konkursverkäufe sowie die 1986 völlig neugefaßten §§ 7 und 8 UWG über das Ausverkaufswesen (dazu u. § 13). Daneben kann zumindest bei jeder vorsätzlichen Täuschung des Publikums schließlich noch die Generalklausel des § 1 UWG eingreifen.[1] Mit Abstand die größte Bedeutung für den Schutz des Publikums gegen jede Irreführung durch die Werbung kommt jedoch natürlich der sog. kleinen Generalklausel des § 3 UWG zu.

1. Überblick

a) Schon das alte UWG von 1896 enthielt in § 1 ein Verbot jeder Irreführung durch die Werbung, das sich freilich damals auf öffentliche Bekanntmachungen oder Mitteilungen beschränkte, die geeignet waren, den Anschein eines besonders günstigen Angebots hervorzurufen.

In dieser Form wurde das Irreführungsverbot zunächst von dem neuen UWG von 1909 übernommen (vgl. noch heute den Straftatbestand des § 4 UWG). Trotz seiner verhältnismäßig engen Fassung ist der § 3 UWG jedoch von Anfang an von den Gerichten sehr weit ausgelegt worden. Es war daher nur folgerichtig, daß durch die UWG-Novelle von 1969 die genannten Beschränkungen des Irreführungsverbotes im Interesse eines verstärkten Verbraucherschutzes beseitigt wurden.

Gleichwohl wird namentlich der Schutz der Verbraucher vor Irreführungen immer noch in vieler Hinsicht als unbefriedigend angesehen. Die Regelung der §§ 3 bis 5 UWG wird deshalb in jüngster Zeit durch eine ständig wachsende Zahl von Sondervorschriften namentlich des Lebensmittel- und Heilmittelwerberechts ergänzt, durch die vor allem im Interesse eines umfassenden Verbraucherschutzes zahlreiche Werbeformen oder -behauptungen überhaupt verboten oder doch nur noch unter ganz engen Voraussetzungen zugelassen sind.[2] Soweit diese Verbote eingreifen, bedürfte es heute an sich nicht mehr eines Rückgriffs auf die Generalklausel des § 3 UWG. Gleichwohl hat § 3 UWG insoweit bisher nichts von seiner praktischen Bedeutung eingebüßt; der Grund hierfür liegt vor allem in dem erweiterten Klagerecht des § 13 UWG in den Fällen der Irreführung (dazu u. § 17, 4).

Bestimmten Berufen und Gewerbezweigen ist, um jede Möglichkeit einer Irreführung des Publikums von vornherein auszuschließen, eine Werbung schließlich schlechthin verboten. Dies gilt vor allem für die wichtigsten freien Berufe wie Ärzte, Zahnärzte, Rechtsanwälte und Notare. Soweit freilich solche Werbeverbote lediglich auf Standesrecht beruhen, darf nicht übersehen werden, daß sich Werbeverbote zugleich als hervorragende, künstliche Marktzutrittssperren gegen newcomer eignen. Das allgemeine Kartellrecht behandelt deshalb vertragliche Werbebeschränkungen von Unternehmen durchweg als verbotene Kartelle.[3]

b) Der Schutz der Verbraucher vor Irreführungen ist ein Anliegen aller Mitgliedstaaten der EWG, dessen sich deshalb neuerdings auch die Ge-

---

[1] Weitergehend z.B. *BGH*, LM § 1 UWG Nr. 181 = GRUR 1967, 596, wonach hinsichtlich der Unrichtigkeit schon bloße Fahrlässigkeit des Gewerbetreibenden genügen soll.
[2] S. u. 6d.
[3] *BGHZ* 36, 105 (111); *KG*, WuW/E OLG 1687 (1697f.); Kartellrecht, S. 51f.

meinschaft selbst annimmt.[4] 1984 wurde dementsprechend eine 1. Richtlinie des Rates zur Angleichung der Rechts- und Verwaltungsvorschrif-
ten der Mitgliedstaaten über irreführende Werbung verabschiedet.[5]
Hauptziel dieser Richtlinie ist die Einführung effektiver Verwaltungs-
oder Gerichtsverfahren zur Bekämpfung irreführender Werbebehauptungen in sämtlichen Mitgliedstaaten. Die Richtlinie betont deshalb in
Art. 1, daß ihr Zweck in dem Schutz der Verbraucher, der Gewerbetreibenden und der Allgemeinheit gegen irreführende Werbung und deren
unlautere Auswirkungen bestehe. In den folgenden Art. 2 und 3 der
Richtlinie finden sich Definitionen der verschiedenen, einschlägigen Be-
griffe, insbes. der irreführenden Werbung, während die Art. 4 bis 6 der
Richtlinie die Verpflichtung der Mitgliedstaaten begründen, wirksame
Verwaltungs- oder Gerichtsverfahren zur Bekämpfung irreführender
Werbebehauptungen in ihren Rechtsordnungen bis zum Ende des Jahres
1986 einzuführen. Da das deutsche Recht solche Verfahren bereits enthält
(vgl. die §§ 3, 4 und 13 UWG), dürfte sich aus der Richtlinie keine
Notwendigkeit zur Änderung des deutschen Rechts ergeben. Für die
Auslegung des § 3 UWG wird der Richtlinie gleichwohl erhebliche Be-
deutung wegen der prinzipiellen Vorrangigkeit des Gemeinschaftsrechts
zukommen.

c) Die Vorschrift des § 3 UWG verbietet grundsätzlich alle irreführenden Angaben im geschäftlichen Verkehr über geschäftliche Verhältnisse
zu Zwecken des Wettbewerbs. Zu den geschäftlichen Verhältnissen gehören dabei, wie das Gesetz selbst hervorhebt, namentlich die Beschaffenheit, der Ursprung, die Herstellungsart oder die Preisbemessung der Waren oder gewerblichen Leistungen. Keine Rolle spielt, mit welchen Mitteln die Irreführung erfolgt; insbes. stehen den wörtlichen Angaben bildliche und sonstige Darstellungen gleich (§ 5 II UWG). Es ist lediglich
erforderlich, daß es sich bei den irreführenden Angaben um eine Wettbewerbshandlung handelt (dazu o. § 4, 2 und 3). Nach § 5 I UWG stellt
jedoch die Verwendung von Namen, die sich zu bloßen Beschaffenheitsangaben umgewandelt haben, keine Irreführung dar.

Die Irreführung ist überdies nach § 4 UWG strafbar, sofern der Täter vorsätzlich
und in der Absicht handelt, den Anschein eines besonders günstigen Angebots hervorzurufen. Insoweit hat der Gesetzgeber freilich an der alten Fassung des Irreführungs-
verbots festgehalten, weil die Strafbarkeit wissentlich unwahrer Angaben nach wie vor
nur gilt, wenn sie in öffentlichen Bekanntmachungen oder in Mitteilungen erfolgen, die
für einen größeren Kreis von Personen bestimmt sind. Ergänzend greift in diesen
Fällen seit 1986 schließlich noch das neue Rücktrittsrecht der Abnehmer auf Grund des
§ 13a UWG ein.

---

[4] Vgl. das zweite Programm der EWG für eine Politik zum Schutz und zur Unter-
richtung der Verbraucher, Amtsbl. Nr. C 133 vom 3. 6. 1981, S. 10.
[5] Amtsbl. 1984 Nr. L 250, S. 20 = GRURInt 1984, 688.

2. Zweck

a) Eine zutreffende Information der Verbraucher über die ihnen gegenübertretenden, konkurrierenden Angebote der Gewerbetreibenden ist eine unverzichtbare Funktionsbedingung eines Systems freien und fairen Wettbewerbs, weil ohne den Besitz solcher Informationen die Verbraucher ihre Schiedsrichterrolle im Wettbewerb nicht sachgerecht ausüben können.[6] Die Generalklausel des § 3 UWG bezweckt daher, wie namentlich das weitgehende Klagerecht der Verbraucherverbände (§ 13 Abs. 2 Nr. 3 UWG) zeigt, nicht nur den Schutz der Konkurrenten, sondern auch den Schutz den der Verbraucher und damit der Allgemeinheit vor allen irreführenden Angaben in der Werbung.[7] § 3 UWG greift deshalb selbst dann ein, wenn durch die irreführenden Werbebehauptungen kein Mitbewerber des Gewerbetreibenden verletzt worden ist, etwa weil sämtliche Mitbewerber dieselben irreführenden Behauptungen verwenden.[8]

b) In der Rechtsprechung zu § 3 UWG werden unter Berufung auf diesen weitgespannten Zweck der Vorschrift häufig gänzlich übertriebene Anforderungen an die Richtigkeit von Werbebehauptungen gestellt.[9] Grund dafür ist vor allem, daß die Gerichte bereits die Irreführung eines nicht völlig unerheblichen Teils der angesprochenen Verkehrskreise für die Anwendung des § 3 UWG genügen lassen, selbst wenn zugleich die weit überwiegende Mehrheit der Bevölkerung zutreffend informiert wird (u. 3).

Um die Bedeutung dieses Grundsatzes richtig würdigen zu können, muß man wissen, daß rund 5% der Bevölkerung stets auf Hilfsschulniveau[10] verharrt und daß es mit dem geistigen Niveau weiterer 5 bis 10% der Bevölkerung nicht viel besser bestellt ist. Geht man nun, wie es vielfach geschieht, davon aus, daß schon bei einer Irreführung von nur 10 bis 15% der Bevölkerung § 3 UWG eingreift,[11] so entsteht unverkennbar die Gefahr, daß wegen der häufig unvermeidlichen Mehrdeutigkeit der meisten stark verkürzten Werbeaussagen und der deshalb niemals völlig auszuschließenden Gefahr der Irreführung zumindest eines (kleinen) Teiles der Bevölkerung eine sachliche Information der Mehrheit durch die Werbung kaum mehr möglich ist.[12] Daß es sich hierbei keineswegs um aus der Luft gegriffene Befürchtungen berufsmäßiger Schwarzseher, sondern um durchaus realistische Annahmen handelt, wird schon durch die

---

[6] Vgl. das 2. Verbraucherschutzprogramm der EWG (o. Fußn. 4); die Präambel der Richtlinie über irreführende Werbung (o. Fußn. 5); insbes. *M. Lehmann*, Vertragsanbahnung.

[7] So ausdrücklich Art. 1 der genannten Richtlinie (o. Fußn. 5); statt aller *Koppensteiner*, S. 322.

[8] Grdl. *BGH*, LM § 1004 BGB Nr. 32 = GRUR 1958, 30; *Baumbach-Hefermehl*, § 3 Rdnr. 3; *Ulmer-Reimer*, Tz. 520.

[9] S. die treffende Kritik bei *Schricker*, ZHR 139, 224 ff.; *ders.*, RabelsZ 40, 542 ff.; kritisch auch *Koppensteiner*, S. 328 f.; ganz unkritisch hingegen die gesamte, übrige Literatur.

[10] Oder neudeutsch: „Sonderschulniveau“.

[11] Vgl. zuletzt z. B. einerseits *OLG München*, GRUR 1983, 339 (340); andererseits *BGH*, GRUR 1986, 322.

[12] Ebenso *Schricker* (o. Fußn. 9).

Beobachtung bestätigt, daß die Rechtsprechung zu § 3 UWG die Werbe-
praxis inzwischen in zunehmendem Maße gezwungen hat, sich in gänzlich unüberprüfbare Werturteile und soweit wie irgend möglich inhalts-
leere „Aussagen" zu flüchten, durch die lediglich noch ganz allgemeine
und unbestimmte, positive oder negative Vorstellungsbilder bei den Verbrauchern hervorgerufen werden sollen.[13]

Mit Rücksicht auf die Funktionen eines Irreführungsverbotes in einem System hinreichend freien und fairen Wettbewerbs ist deshalb hier auf die Dauer ein grundlegender Wandel der Praxis unerläßlich. Einzelne, zögernde Ansätze dafür sind bereits
erkennbar, namentlich indem die Gerichte in jüngster Zeit wiederholt zum Schutze
vorrangiger Interessen eine verbleibende, geringe Irreführungsgefahr im Wege der Interessenabwägung hingenommen haben. Vor allem diesen Ansatz gilt es zu verbreitern,
um der sachlich informierenden Werbung wieder den erforderlichen, freien Raum zu
schaffen; d. h. es ist in jedem Fall auf Grund einer umfassenden Interessenabwägung zu
prüfen, ob die Irreführungsgefahr überhaupt rechtlich erheblich oder nicht vielmehr
zum Schutze vorrangiger Interessen hinzunehmen ist.[14] Denn der beste Schutz der
Verbraucher gegen jede Irreführung durch die Werbung ist immer noch möglichst viel
sachlich informierende Werbung und nicht eine stets notwendigerweise zu spät kommende, unnötig strenge Praxis.

3. Angaben

a) Grundsatz

§ 3 UWG gilt (nur) für irreführende „Angaben" über geschäftliche
Verhältnisse des Werbungtreibenden, wobei bildliche und sonstige Darstellungen wörtlichen Angaben gleichstehen (§ 5 II UWG). Als erstes ist
deshalb stets zu prüfen, ob die fragliche Wettbewerbshandlung überhaupt
eine Angabe enthält und deshalb eine sog. *Werbebehauptung* darstellt.

Eine Angabe kann nur irreführend, d. h. täuschend sein, wenn sie eine
sachlich nachprüfbare Information vermittelt (sog. Werbebotschaft). Unter § 3 UWG fallen mithin nur solche Werbebehauptungen, die durch
Beweisaufnahme auf ihre Richtigkeit hin überprüft werden können, die
m. a. W. dem *Wahrheitsbeweis* zugänglich sind.

Den Gegensatz zu den so verstandenen Angaben bilden Werturteile
sowie sonstige, nicht nachprüfbare Anpreisungen, die bei den Verbrauchern z. B. nur allgemeine Vorstellungen von Luxus oder Qualität hervorrufen und sie dadurch positiv für ein bestimmtes Produkt „einstim-
men" sollen. Im Einzelfall kann die Abgrenzung naturgemäß schwierig
sein. Maßgebend ist dann allein, ob die von der Werbung jeweils angesprochenen Verkehrskreise die Werbeaussage ernst nehmen, weil sie mit
ihr eine sachlich nachprüfbare Vorstellung verbinden. Selbst in allgemeinen Werturteilen und Anpreisungen kann sich daher durchaus ein sachlicher Kern verstecken, der dann eine Angabe i. S. des § 3 UWG darstellt.[15]

---

[13] Vgl. schon o. § 10, 6 sowie z. B. *Köndgen*, S. 301 ff.
[14] Eingehend *Hösl*, aaO m. Nachw.
[15] So insb. *BGHZ* 43, 140 (142); *BGH*, LM § 3 UWG Nrn. 102, 111, 125 und 134;

Zum Schutze der Verbraucher vor jeder Irreführung durch die Werbung wird heute der Begriff der Angaben in dem denkbar weitesten Sinne gehandhabt. So wurde z. B. die Werbung mit Hühnergegacker für Teigwaren aus Trockenei als irreführend eingestuft, weil bei den Verbrauchern dadurch der falsche Eindruck erweckt werden konnte, die Teigwaren seien aus dem wesentlich teureren Frischei hergestellt.[16]

b) Beispiele

Einen sachlichen Kern enthält i. d. R. die *Alleinstellungs-* oder Spitzenstellungswerbung, weil es in der überwiegenden Mehrzahl der Fälle durchaus im Verkehr anerkannte Normen gibt, anhand derer überprüft werden kann, ob einem Unternehmen die von ihm behauptete Allein- oder Spitzenstellung tatsächlich zukommt (s. im einzelnen u. 5a). Dasselbe gilt etwa für die Behauptung einer „radikalen Preissenkung".[17] Eine Angabe kann außerdem in einer *Unternehmens-* oder *Warenbezeichnung* liegen. Die firmen- oder warenzeichenrechtliche Zulässigkeit der Bezeichnung spielt in diesem Zusammenhang keine Rolle; vielmehr greift § 3 UWG stets schon ein, sobald sich nur in den Augen der Verbraucher die Bezeichnung als irreführend erweist, namentlich weil sie bei ihnen unzutreffende Vorstellungen über die Herkunft oder die Qualität der Ware hervorruft.[18] Die Anwendung des § 3 UWG kommt in derartigen Fällen selbst dann in Betracht, wenn die Bezeichnung erst nachträglich, z. B. durch einen Wechsel in der Inhaberschaft des Unternehmens, irreführend geworden ist, während sie ursprünglich nicht zu beanstanden war.[19]

Eine Angabe i. S. des § 3 UWG kann hingegen nicht mehr angenommen werden, wenn sich die Werbung auf bloße Werbeappelle wie „den und keinen anderen"[20] oder „kein Geld verschenken, an X denken"[21] beschränkt, wenn sie nur allgemeine Vorstellungen von Luxus und Wohlstand hervorruft[22] oder wenn es keinerlei sachliche Maßstäbe für die Überprüfbarkeit eines bloßen, subjektiven Werturteils gibt.[23]

BGH, GRUR 1963, 482 (483f.); 1965, 363 (364f.); 1965, 438 (439); *Baumbach-Hefermehl,* § 3 Rdnrn. 12ff.; *Koppensteiner,* S. 322f.; *Ulmer-Reimer,* Tz. 524f. Ebenso die Art. 2 und 3 der Richtlinie über irreführende Werbung (o. Fußn. 5).

[16] *BGH,* GRUR 1961, 544.

[17] *BGH,* LM § 3 UWG Nr. 161 = NJW 1979, 2245.

[18] Vgl. z. B. für das Warenzeichen „Kontragripp" für ein Grippemittel, das nur symptomatisch, aber nicht kausal wirkt, grdl. *BGH,* LM HeilmittelwerbeG Nr. 26 = NJW 1983, 2633.

[19] Grdl. *BGHZ* 10, 196 (201f.); 44, 16 (19f.); 53, 339 (343ff.); *BGH,* LM § 3 UWG Nrn. 15, 64, 72 (für die Bezeichnung eines Ingenieurbüros); 73, 80, 96, 119, 120 (für den Namen eines Verbandes), 135 (für eine Verbandsbezeichnung), 136 und 150; § 16 UWG Nrn. 26 und 56a; § 823 (Bf) BGB Nr. 20; § 1004 BGB Nr. 32; GRUR 1963, 589 (592); 1968, 431 (433); 1968, 702 (703).

[20] Grdl. *BGHZ* 43, 140 (142).

[21] *BGH,* LM § 1 UWG Nr. 224 = NJW 1971, 378.

[22] *BGH,* GRUR 1963, 482 (484) für die Bezeichnung „Hollywood Duftschaumbad".

[23] *BGH,* GRUR 1965, 363 für die Behauptung, eine bestimmte Kindernahrung sei die „beste" (eine erstaunlich „weitherzige" Entscheidung); ebenso *OLG Frankfurt,* WuW/E OLG 2535 (2538) für den Hinweis auf „hohe Preise" (natürlich der Konkurrenz).

4. Unrichtigkeit

Literatur: Assmann, Verkehrsauffassung und Verbrauchererwartungen beim Warenkauf, 1970; *Baumbach-Hefermehl,* § 3 UWG Rdnrn. 21 ff.; *Baur,* GRUR 1968, 248; *Bungeroth,* GRUR 1971, 93; *Callmann,* § 3 Rdnrn. 7 ff.; *v. Godin,* § 3 UWG Rdnrn. 10 ff.; *ders.,* NJW 1965, 1008; *Koppensteiner,* S. 323 ff.; *Nordemann,* Tz. 60 ff.; *Reimer-v. Gamm,* § 3 Rdnrn. 8 ff. (S. 324 ff.); *Ulmer-Reimer,* Tz. 526 ff.; *Vogel,* GRUR 1979, 511.

In seiner ursprünglichen Fassung wandte sich § 3 UWG nur gegen „unrichtige" Angaben, die geeignet waren, den Anschein eines besonders günstigen Angebots hervorzurufen (ebenso noch heute die Strafnorm des § 4 UWG). Seit 1969 ist hingegen nur noch erforderlich, daß die Angaben „irreführend" sind (s. o. 1). Doch liegt hierin kein ins Gewicht fallender, sachlicher Unterschied.[24] Nach wie vor ist für die Anwendung des § 3 UWG nur Raum, wenn die Angaben (dazu o. 3) unrichtig und deshalb irreführend sind (ebenso Art. 2 Nr. 1 der EG-Richtlinie über irreführende Werbung).

a) Grundsatz

aa) Eine Werbebehauptung ist natürlich unrichtig, wenn sie mit der Wirklichkeit nicht übereinstimmt. So einfach dies klingt, so verwickelt ist doch tatsächlich häufig die Prüfung der Unrichtigkeit von Werbebehauptungen, weil man über deren Sinn ebenso wie über das, was „wirklich" ist, oft genug durchaus verschiedener Meinung sein kann.

Üblicherweise erfolgt die Prüfung der Unrichtigkeit von Werbebehauptungen in drei Schritten. Als erstes muß geklärt werden, *an welche* Verkehrskreise sich eine Werbebehauptung überhaupt wendet. Denn es liegt ohne weiteres auf der Hand, daß etwa Fachleute Werbebehauptungen ganz anders aufnehmen als das breite Publikum. Ebenso kann es eine Rolle spielen, ob es sich um eine regional begrenzte oder für das gesamte Bundesgebiet bestimmte Werbung handelt. Im zuerst genannten Falle kommt es nämlich nur auf das Verständnis der Verbraucher in der betreffenden Region an, für dessen Ermittlung freilich nicht auf die Auffassung der Verbraucher aus einem kleinen, nicht repräsentativen Ausschnitt aus diesem Gebiet abgestellt werden darf.[25]

Als nächstes muß sodann geprüft werden, *wie* die angesprochenen Verkehrskreise die fragliche Behauptung verstehen. Nur dieser Sinn ist nämlich für die Anwendung des § 3 UWG maßgebend. Es kommt namentlich nicht darauf an, wie der Gewerbetreibende selbst seine Werbebehauptung verstanden wissen wollte oder welchen Sinn ihr Fachleute bei sorgfältiger Prüfung entnehmen; maßgebend ist vielmehr allein, welchen Sinn

---

[24] *BGH,* LM § 3 UWG Nr. 99 = NJW 1970, 1186; *v. Godin,* § 3 Rdnr. 13; *Reimer-v. Gamm,* § 3 Rdnr. 8.
[25] *BGH,* LM § 3 UWG Nr. 194 = GRUR 1983, 32 (33 f.) für „Das helle Obergärige".

der durchschnittliche Betrachter aus den angesprochenen Verkehrskreisen der Angabe bei der für die Aufnahme von Werbebehauptungen üblichen, oberflächlichen Betrachtungsweise beimißt. Häufig läßt sich dies, jedenfalls bei einer an die Verbraucher gerichteten Werbung, nur durch eine (meistens sehr aufwendige) Meinungsumfrage ermitteln, – trotz aller nur zu begründeten Vorbehalte gegen die Verwertbarkeit vieler solcher Umfragen.[26]

Schließlich muß in einem letzten Schritt geprüft werden, ob der so ermittelte Sinn der Werbebehauptung mit der „Wirklichkeit" übereinstimmt. Dabei genügt es nach ganz h. M. schon, wenn ein nicht völlig unerheblicher Teil der angesprochenen Verkehrskreise, d. h. ungefähr 10 bis 15%,[27] irregeführt wird, wenn m. a. W. ein solcher Teil die Werbebehauptung in einem Sinn versteht, bei dem sie mit der Wirklichkeit nicht mehr übereinstimmt. Ob der restliche Teil der angesprochenen Verkehrskreise die Werbebehauptung richtig versteht, spielt dann keine Rolle mehr, mag er auch zahlenmäßig bei weitem überwiegen.[28]

bb) Wie gesagt: Dies klingt alles viel einfacher, als es tatsächlich ist, insbesondere weil viele Werbebehauptungen mehrdeutig sind. Besonders leicht kann dies eintreten, wenn sich die Werbebehauptung an ganz verschiedene Verkehrskreise mit unterschiedlichem Verständnishorizont wendet.

(1) In allen diesen Fällen ist davon auszugehen, daß stets der *Gesamt*eindruck der Werbung entscheidet. Werden jedoch einzelne Begriffe *blickfangmäßig* herausgestellt, so müssen diese Werbebehauptungen schon für sich allein zutreffend sein. Eine etwaige Irreführung kann dann nicht durch den übrigen Text der Werbeaussage richtiggestellt werden, da dieser erfahrungsgemäß, wenn überhaupt, so nur ganz oberflächlich überflogen zu werden pflegt.[29] Daraus folgt z. B., daß bei einer Blickfangwerbung für Kraftfahrzeuge mit „Inklusivpreisen" die angegebenen Preise auch die Transportkosten enthalten müssen; durch den übrigen, kleingedruckten Text kann dies nicht wieder ausgeschlossen werden.[30]
(2) Außerdem muß der Zusammenhang mit früheren Werbeaussagen desselben Gewerbetreibenden berücksichtigt werden. Das kann z. B. zur Folge haben, daß eine für sich genommen durchaus zutreffende Werbebehauptung gleichwohl infolge der *Fortwirkung* einer früheren, irreführenden Angabe ebenfalls noch irreführend wirkt, weil sie bei den Verbrauchern die Erinnerung an die vorausgegangene, unrichtige Angabe

---

[26] Z. B. *BGH*, GRUR 1984, 465 für den Sinn des Begriffs „Natursaft".
[27] Z. B. *OLG München*, GRUR 1983, 339 (340); etwas enger freilich *BGH*, GRUR 1986, 322 für ganz unklare Begriffe wie z. B. „Mode".
[28] So z. B. *BGHZ* 13, 244 (253f.); 42, 134 (136ff.) = JuS 1965, 73 Nr. 3; *BGH*, LM § 3 UWG Nrn. 19, 21, 22, 26, 30, 90, 95, 96 und 119; GRUR 1962, 411 (412f.); 1963, 34 (35); 1964, 33 (36); 1965, 39 (40); 1966, 515 (516); 1973, 361 (362); statt aller *Tilmann*, S. 143ff.
[29] *BGH*, LM § 1 UWG Nrn. 178 und 336; § 3 UWG Nrn. 64, 96, 105 und 161; GRUR 1962, 411 (412f.); 1964, 314; 1968, 431f.; 1971, 516; 1973, 538f.; 1975, 658 (660); 1981, 657; 1982, 563 (564); WM 1982, 268 (270); *KG*, GRUR 1983, 784 (785); 1984, 286 (287) usw.; z. B. *Baumbach-Hefermehl*, § 3 Rdnr. 38; *Ulmer-Reimer*, Tz. 536f.; *BGH*, ZIP 1986, 1614.
[30] *OLG Frankfurt*, MDR 1985, 678 Nr. 71.

hervorruft. In solchen Fällen muß deshalb der Gewerbetreibende einen deutlichen und unübersehbaren Abstand zu seinen früheren Angaben einhalten, will er die Anwendung des § 3 auf seine neuen Werbebehauptungen vermeiden.

Die Praxis ist gerade in dieser Beziehung häufig sehr streng; die Vorstellungen, die sich die Gerichte hier offenbar von dem Erinnerungsvermögen der Verbraucher machen, stehen dabei in einem merkwürdigen Kontrast zu der sonstigen Betonung der Flüchtigkeit und Oberflächlichkeit der Verbraucher bei der Betrachtung von Werbebehauptungen.[31]

(3) Ist eine Werbebehauptung *mehrdeutig*, so muß sich der Gewerbetreibende, der derartige Werbebehauptungen verwendet, *jede* ihrer möglichen Deutungen zurechnen lassen, so daß seine Werbung schon dann als irreführend anzusehen ist, wenn nur eine einzige der verschiedenen Bedeutungen mit der Wirklichkeit nicht übereinstimmt, mögen auch alle anderen richtig sein.[32]

Eine sehr engherzige Praxis hat deshalb z. B. die Werbung für Nachhilfeunterricht mit dem Zusage „bei Mißerfolg Geld zurück" als irreführend verboten, und zwar mit der Begründung, die Verbraucher entnähmen daraus nicht nur die vordergründige (zutreffende) Aussage, daß bei Fehlschlagen des Unterrichtes das Honorar erstattet werde, sondern die weitergehende (unrichtige) Aussage, daß eine Garantie für den Erfolg des Unterrichtes gegeben werde, eine Garantie, die tatsächlich niemand geben könne.[33] Dieses Urteil ist zugleich ein schönes Beispiel dafür, welch subtile Überlegungen die Gerichte anstellen, um sozusagen den Werbetreibenden „auf die Schliche zu kommen".

Das Gesagte gilt selbst dann, wenn ein Begriffsinhalt durch Gesetz, Rechtsprechung oder Handelsbrauch eindeutig fixiert ist. Denn sogar in einem solchen Fall kommt es immer noch darauf an, ob sich der Verkehr tatsächlich nach dem an sich feststehenden Begriffsinhalt richtet.[34] Tut er dies hingegen nicht, versteht vielmehr ein nicht ganz unerheblicher Teil der angesprochenen Verkehrskreise den Begriff in einem anderen Sinne, so kommt es für § 3 UWG nur auf den zuletzt genannten Begriffsinhalt, nicht hingegen auf den anderweitig fixierten Sinn an.[35] Ein Kartoffelschnaps darf daher z. B. nicht (in an sich gesetzeskonformer Weise) „Branntwein" genannt werden, wenn dadurch bei den Verbrauchern der Eindruck erweckt wird, der Schnaps stamme aus Wein.[36]

(4) Der Bedeutungsgehalt von Begriffen kann sich im Laufe der Zeit *wandeln*. So können z. B. aus Herkunftsangaben Beschaffenheitsangaben werden (vgl. § 5 I UWG). In solchen Fällen ist stets nur derjenige Bedeutungsgehalt zugrunde zu legen, den der Begriff im Zeitpunkt der letzten mündlichen Verhandlung der letzten Tatsacheninstanz hat (weil Unterlassungsurteile in die Zukunft wirken). Stehen in diesem Zeitpunkt

---

[31] Vgl. für die Abwandlung von „Eifein" in „Ei wie fein" bei Teigwaren *BGH, LM* § 823 (Bf) BGB Nr. 20 = NJW 1957, 1762; für die Abwandlung von „Plymouth Gin" in „Plym-Gin" *BGH, LM* § 3 UWG Nr. 108 = GRUR 1971, 255; weitere Beispiele in *BGH, LM* § 3 UWG Nrn. 20, 65 („Glockenpackung II") u. 70 „Kaffee C" = GRUR 1957, 348; 1964, 686; 1964, 368; LM § 24 WZG Nr. 38 = GRUR 1960, 126 (129); *BGH, GRUR* 1963, 589 (593) „Lady Rose"; LM § 3 UWG Nr. 193 = GRUR 1982, 685 für eine nur leicht veränderte Verwendung der zuvor bereits verbotenen (LM § 3 UWG Nr. 175) Werbung für deutsche Salami mit den ungarischen Nationalfarben; *Baumbach-Hefermehl*, § 3 Rdnr. 58; *Ulmer-Reimer*, Tz. 545 f.

[32] *BGHZ* 27, 1 (9); 28, 1 (4 ff.); *BGH, LM* § 3 UWG Nrn. 39, 40, 60 und 141; *BGH, GRUR* 1964, 33 (36); 1966, 515 (516); 1973, 201 (202); 1982, 563 (564); *OLG Düsseldorf*, NJW-RR 1986, 341 für „Fabrikdirektvertrieb"; *Baumbach-Hefermehl*, § 3 Rdnr. 44; *Ulmer-Reimer*, Tz. 538.

[33] *BGH, LM* § 3 UWG Nr. 199 = NJW 1983, 1327 = GRUR 1983, 254.

[34] Grdl. *BGHZ* 42, 134 = JuS 1965, 76 Nr. 3 für den Begriff der Preisempfehlung (dazu Fälle, S. 34 ff.); *BGH, LM* § 1 UWG Nr. 48 = GRUR 1958, 32 für lebensmittelrechtliche Begriffsbestimmungen; s. dazu eingehend *H. Wrage*, WRP 1986, 125.

[35] *BGH, LM* § 3 UWG Nr. 34 = GRUR 1958, 492 für den Begriff der Pralinen.

[36] Vgl. *OLG Frankfurt*, GRUR 1984, 878.

mehrere Bedeutungen nebeneinander, so muß die Werbebehauptung folglich sämtlichen, verschiedenen Bedeutungen gerecht werden.[37]

(5) Die Werbung muß nur zutreffend sein; sie braucht hingegen *weder vollständig noch neutral* zu sein. Kein vernünftiger Mensch erwartet von einem Gewerbetreibenden eine neutrale Aussage über alle Vor- und Nachteile seiner Ware. Die einseitige Betonung der Vorzüge einer Ware darf indessen auf der anderen Seite z. B. nicht wieder so weit gehen, daß in der Werbung bloße Selbstverständlichkeiten in einer Weise herausgestellt werden, daß bei den i. d. R. über die Zusammensetzung und Wirkungsweise von Waren nur ganz oberflächlich informierten Verbrauchern der falsche Eindruck entstehen muß, es handele sich dabei um einen besonderen Vorzug der Ware.[38] Daher ist z. B. die beliebte Werbung für Immobilien mit ,,notariellen Festpreisen" zu Recht verboten worden, weil es einmal selbstverständlich ist, daß der beurkundete Preis beide Parteien bindet und weil zum anderen dadurch eine tatsächlich gar nicht vorhandene Mitwirkung des Notars bei der Preisbestimmung vorgespiegelt wird.[39]

(6) In Ausnahmefällen kann sogar einmal eine Aufklärungspflicht bestehen, so daß dann das *Verschweigen* wesentlicher Umstände ebenfalls gegen § 3 UWG verstößt. Dies kommt vor allem dann in Betracht, wenn die Werbeaussage ohne Aufklärung der Adressaten über bestimmte Punkte einseitig und unvollständig ist und gerade dadurch irreführend wirkt, vorausgesetzt, daß es sich um einen für die angesprochenen Verkehrskreise wesentlichen Punkt handelt.[40] Wer z. B. mit den Bestandteilen seines Produkts wirbt, darf nicht nur die Hauptbestandteile erwähnen, wichtige andere Bestandteile aber verschweigen, auf die es dem Verkehr ebenso ankommt.[41] Ebensowenig darf bei Giften die gesetzlich vorgeschriebene Kennzeichnung als ,,Gift" weggelassen werden.[42] Legt das Publikum bei einer Kollektion von Modeartikeln großen Wert auf deren Aktualität, so darf in der Werbung für bestimmte Artikel nicht verschwiegen werden, daß sie zu einer veralteten Kollektion gehören.[43] Und wer (zulässigerweise) ein privates Lehrinstitut für Heilpraktiker als ,,Kolleg" bezeichnet, darf nicht verschweigen, daß es sich dabei nicht um eine staatliche Einrichtung des zweiten Bildungswegs, sondern eben um ein privates Lehrinstitut handelt.[44]

Hingegen braucht ein Gewerbetreibender sein Herstellungsverfahren in der Werbung grundsätzlich nicht zu offenbaren, weil dies sein legitimes Geheimnis ist und die Verbraucher ohnehin nur die Wirkungen des Produkts interessieren.[45] Überhaupt besteht grundsätzlich keine Aufklärungspflicht hinsichtlich solcher Eigenschaften, die für den normalen Verbraucher völlig unerheblich sind.[46] Ebensowenig brauchen Versiche-

---

[37] *BGHZ* 10, 196 (201 f.); *BGH*, LM § 3 UWG Nr. 80 = GRUR 1966, 445 ,,Glutamal"; *Baumbach-Hefermehl*, § 3 Rdnr. 54; *Ulmer-Reimer*, Tz. 541 f., 544.

[38] *BGH*, LM § 3 UWG Nr. 126 = GRUR 1973, 481 für eine Spirituosenwerbung mit dem Hinweis, die Spirituosen enthielten Weingeist (was für alle Spirituosen zutrifft).

[39] *OLG Hamm*, GRUR 1984, 67 = NJW 1984, 498 = BB 1983, 2011; *KG*, GRUR 1986, 554; *OLG Nürnberg*, GRUR 1983, 677; 1984, 216; *OLG Düsseldorf*, GRUR 1984, 145 (147 f.); 1985, 67; anders zu Unrecht *OLG Stuttgart*, GRUR 1984, 66.

[40] Z. B. zuletzt *BGH*, LM § 3 UWG Nrn. 182 u. 186; GRUR 1985, 450 (451); *OLG Hamm*, GRUR 1983, 593 (594); NJW-RR 1986, 786; *LG Dortmund*, NJW-RR 1986, 1174; *KG*, Betr. 1986, 2429.

[41] *BGH*, LM § 3 UWG Nr. 143 = GRUR 1977, 494; *Baumbach-Hefermehl*, § 3 Rdnrn. 47 ff.; *Ulmer-Reimer*, Tz. 542.

[42] *BGH*, LM § 3 UWG Nr. 63 = GRUR 1964, 269; ebenso *BGH*, LM § 1004 BGB Nr. 32 = GRUR 1958, 30.

[43] *OLG Hamm*, GRUR 1983, 593 (594).

[44] *BGH*, LM § 3 UWG Nr. 204 = GRUR 1983, 513 = MDR 1983, 996.

[45] *BGH*, LM § 3 UWG Nr. 70 = GRUR 1965, 368 für einen besonders behandelten Kaffee.

[46] *BGH*, LM § 3 UWG Nr. 118 = NJW 1972, 2125 für eine besondere Verstärkung bei Skibindungen, die nur bei Rennfahrern angebracht wird.

rungsunternehmen, die mit Prospekten für ihre Angebote werben, darin im einzelnen sämtliche Haftungsausschlüsse aufzulisten, sondern können insoweit auf ihre Versicherungsbedingungen Bezug nehmen; § 3 UWG greift hingegen schon wieder ein, wenn in dem Prospekt der unzutreffende Eindruck erweckt wird, bestimmte Risiken seien mitversichert, während diese Risiken durch die Versicherungsbedingungen tatsächlich ausgeschlossen sind.[47]

(7) Zusätzliche Probleme ergeben sich, wenn einzelne der angesprochenen Verkehrskreise mit einem Begriff ganz unklare oder sogar unzutreffende Vorstellungen verbinden. So sind z. B. Emaillelack oder Fichtennadelextrakt völlig andere Dinge, als sich der Normalverbraucher und u. a. wendet, darunter vorstellen dürfte, da Emaillelack nichts mit Lack zu tun hat und da Fichtennadelextrakt niemals aus Fichtennadeln hergestellt wird.[48] Trotzdem haben sich diese Begriffe in den betreffenden Branchen eingebürgert und werden von den hier in erster Linie angesprochenen Fachleuten durchaus zutreffend verstanden. Der Fachmann weiß eben, was Emaillelack oder Fichtennadelextrakt ist.

Hier muß deshalb entschieden werden, ob derartige eingebürgerte und für Fachleute oft unentbehrliche Bezeichnungen nur deshalb verboten werden sollen, weil sie von den gleichzeitig angesprochenen, allgemeinen Verkehrskreisen nach wie vor mißverstanden werden, wobei obendrein zu bedenken ist, daß häufig gar keine anderen Begriffe mit demselben Bedeutungsgehalt zur Verfügung stehen. Es leuchtet ein, daß unter diesen Umständen eine Anwendung des § 3 UWG nicht mehr ernsthaft in Betracht kommen kann; vielmehr muß die Täuschung der Verbraucher hier nach Möglichkeit durch zusätzliche Informationen in der Werbung vermieden werden. Eine selbst dann noch verbleibende Irreführungsgefahr muß hingenommen werden.[49]

Der *BGH* hat sich diesen Erwägungen nicht verschlossen und deshalb in den erwähnten Fällen § 3 UWG nur mit erheblichen Einschränkungen angewandt.[50] Er hält zwar daran fest, daß in erster Linie von dem Verständnis der angesprochenen Verkehrskreise auszugehen ist, selbst wenn dieses ganz falsch ist, so daß sich die Gewerbetreibenden nicht etwa auf einen abweichenden Begriffsinhalt einigen dürfen.[51] Aber wenn sich eine Werbebehauptung in erster Linie an Fachleute wendet, bei denen keinerlei Täuschungsgefahr besteht, kann nach Meinung des *BGH*[52] von den daneben in geringem Umfang ebenfalls angesprochenen Laien erwartet werden, daß sie sich das nötige Fachwissen verschaffen, um in der Lage zu sein, die Werbebehauptungen richtig zu würdigen. Doch wird es sich dabei immer um Ausnahmefälle handeln, so daß zahlreiche Fälle übrig bleiben, in denen das Publikum im Grunde überhaupt keine faßbaren Vorstellungen mehr mit einem Begriff verbindet.

Die Gerichte kapitulieren freilich selbst dann noch nicht; vielmehr ist nach ihrer Meinung jetzt zu prüfen, ob die Verbraucher mit dem fraglichen Begriff nicht wenigstens die Vorstellung verbinden, die Ware entspreche in ihrer Beschaffenheit den von irgendwelchen dafür zuständigen Stellen festgelegten Normen; ist das der Fall, so muß die Werbebehauptung an diesen Normen gemessen werden, sofern dem Verkehr diese Normen überhaupt bekannt sind.[53] So dürften z. B. nur die wenigsten Verbraucher wissen, in welchem Verfahren und nach welchen Kriterien sog. ,,Gütezeichen" verlie-

---

[47] *BGH*, LM § 3 UWG Nr. 207 = GRUR 1983, 654.
[48] Vgl. *BGHZ* 27, 1; *BGH*, LM § 3 UWG Nr. 55 = GRUR 1963, 36.
[49] Eingehend *Hösl*, aaO; s. auch u. b.
[50] Grdl. *BGHZ* 27, 1 (bes. 9ff.) (für ,,Emaillelack"); 28, 1 (bes. 4ff.) für den Begriff ,,Buchgemeinschaft"; *BGH*, LM § 3 UWG Nr. 55 = GRUR 1963, 36 für Fichtennadelextrakt; s. im einzelnen *Baumbach-Hefermehl*, § 3 Rdnrn. 44ff.; *Ulmer-Reimer*, Tz. 539f.
[51] Grdl. *BGHZ* 51, 295 (299); *BGH*, LM § 1 UWG Nr. 169 = GRUR 1967, 30.
[52] So *BGHZ* 27, 1 (13f.); vgl. auch *BGH*, GRUR 1981, 670 (671).
[53] Vgl. zuletzt *BGH*, GRUR 1984, 555; *OLG Köln*, GRUR 1986, 323 (für Wurst); *OLG Düsseldorf*, BB 1985, 2191; *OLG Hamburg*, BB 1985, 2193 usw.; weitere Nachw. u. Fußn. 56.

hen werden; gleichwohl vertrauen die Verbraucher bei Verwendung solcher Zeichen in der Werbung darauf, daß die Zeichen von einer neutralen Stelle nach einem bestimmten Verfahren verliehen werden, so daß eine Irreführung vorliegt, wenn dies bei dem betreffenden Zeichen tatsächlich nicht der Fall ist.[54] Ebenso ist es möglich, daß der Verkehr unter „französischem Brandy" echten Branntwein versteht, der den besonderen Qualitätsmerkmalen der §§ 40 und 44 des Weingesetzes entspricht, so daß die – lebensmittelrechtlich an sich zulässige – Bezeichnung „französischer Brandy" gleichwohl gegen § 3 UWG verstößt, wenn es hieran fehlt.[55] Nur wenn sich solche Normen, nach denen sich die Qualitätsvorstellungen der Verbraucher richten, nicht ermitteln lassen, entweder weil es solche Normen nicht gibt oder weil sie dem Verkehr unbekannt geblieben sind, bleibt nichts anderes mehr übrig, als schlicht darauf abzustellen, ob die Ware diejenigen Eigenschaften besitzt, die die Verbraucher in ihrer Mehrzahl üblicherweise von ihr erwarten.[56]

(8) § 3 UWG kann auf irreführende Warenbezeichnungen eines Herstellers schließlich selbst dann angewandt werden, wenn der Hersteller gegenüber den Groß- oder Einzelhändlern die Bedeutung der Warenbezeichnung eindeutig klarstellt, dadurch aber gleichzeitig die Gefahr heraufbeschwört, daß die letzteren die für sich genommen irreführende Warenbezeichnung ohne eine solche Klarstellung gegenüber den Verbrauchern verwenden.[57]

cc) Nach § 3 UWG i. d. F. von 1969 ist es (nur) verboten, im geschäftlichen Verkehr zu Zwecken des Wettbewerbs „irreführende Angaben" (über eigene Verhältnisse) zu machen. Dies bedeutet jedoch nicht, daß die durch die Werbung angesprochenen Verkehrskreise tatsächlich irregeführt worden sein müssen; vielmehr genügt schon die bloße *Eignung* der Werbebehauptung zur Irreführung der Verbraucher, während der weitergehende Nachweis der *Kausalität* zwischen der Irreführung und dem Kaufentschluß der angesprochenen Kunden nicht erforderlich ist.[58] Dies folgt einmal aus Art. 2 Nr. 1 der EG-Richtlinie über irreführende Werbung,[59] zum anderen aus dem Umstand, daß nach § 3 a. F. ebenfalls nicht mehr als die *Eignung* der unrichtigen Angaben erforderlich war, den Anschein eines besonders günstigen Angebots hervorzurufen.[60] Durch die Novelle von 1969 sollte nun § 3 UWG nicht etwa eingeschränkt, sondern im Gegenteil erweitert werden. Es ist deshalb dabei geblieben, daß § 3 UWG eine Art Gefährdungstatbestand darstellt.

---

[54] *OLGe Düsseldorf* und *Hamburg* (o. Fußn. 53).
[55] Grdl. *BGH*, LM § 3 UWG Nr. 216 = GRUR 1984, 455 = MDR 1984, 644.
[56] *BGHZ* 28, 1 (5 ff.) „Buchgemeinschaft"; 51, 295 (298) „Scotch-Whisky"; *BGH*, LM § 1 UWG Nr. 169 = GRUR 1967, 30 „Rumverschnitt"; LM § 3 UWG Nr. 45 = GRUR 1961, 361 „Hautleim"; LM § 3 UWG Nr. 55 = GRUR 1963, 36 „Fichtennadelextrakt"; LM § 3 UWG Nr. 86 = GRUR 1967, 600 „Kunststoffurniere"; LM § 3 UWG Nr. 96 = GRUR 1969, 422 „Kaltverzinkung"; LM § 3 UWG Nr. 126 = GRUR 1973, 481 „Weingeist".
[57] *BGH*, LM § 3 UWG Nrn. 50 und 60 = GRUR 1961, 545; 1963, 539 „echt skai"; LM § 823 (Bf) BGB Nr. 20.
[58] Grdl. *BGH*, LM § 3 UWG Nr. 99 = NJW 1970, 1186; vgl. im übrigen z. B. *Baumbach-Hefermehl*, § 3 Rdnrn. 84 f.; *Schricker*, ZHR 139, 223 f.; *Tilmann*, S. 197 ff.
[59] Danach genügt ausdrücklich bereits die bloße Eignung zur Täuschung.
[60] Dazu zuletzt eingehend *Ulmer-Reimer*, Tz. 561 ff.; sowie *Baumbach*, § 3 Anm. 15 f. (S. 212 ff.); *Finger*, § 3 Rdnr. 43 ff. (S. 120 ff.); *Callmann*, § 3 Rdnr. 20 ff.

Die somit lediglich erforderliche Eignung der unrichtigen Angaben zur Irreführung der Verbraucher wird bereits bejaht, wenn die Verbraucher durch die irreführenden Angaben bloß angelockt oder für einen Kaufentschluß geneigter gemacht werden.[61] Ist dies der Fall, so ist nicht etwa noch zusätzlich erforderlich, daß ihr späterer Kaufentschluß selbst auf der Irreführung beruht. Eine Aufklärung der Verbraucher über die Irreführung vor dem Kaufentschluß vermag deshalb in einem solchen Fall an der Anwendbarkeit des § 3 UWG auf die Irreführung nichts mehr zu ändern. Selbst für wirklich gute Ware darf m. a. W. nicht mit täuschenden Angaben geworben werden.

Die Irreführung muß sich jedoch stets auf einen Punkt beziehen, der für den Kaufentschluß des Publikums in irgendeiner Hinsicht *relevant* ist.[62] Irreführungen über Umstände, die für die wirtschaftlichen Entscheidungen der angesprochenen Verkehrskreise schlechthin irrelevant sind, scheiden aus dem Anwendungsbereich des § 3 UWG aus. Für den Regelfall bedeutet dies, daß den angesprochenen Kreisen durch die irreführenden Angaben (entsprechend der alten Fassung des § 3 UWG) irgendein *Vorteil* in Aussicht gestellt werden muß, wobei der Begriff des Vorteils freilich sehr weit ausgelegt wird. Wo es jedoch hieran gänzlich fehlt, ist kein Raum mehr für die Anwendung der Vorschrift.[63]

b) Interessenabwägung[64]

Begnügt man sich für die Anwendung des § 3 UWG bereits mit der bloßen Eignung einer Angabe zur Irreführung eines nicht völlig unerheblichen Teils der angesprochenen Verkehrskreise, so kommen unvermeidlich viele an sich eindeutige und feststehende Begriffe wegen der Unklarheit der meisten Vorstellungen der Verbraucher in eine gefährliche Nähe zu § 3 UWG, weil sich selbst bei ihnen die Gefahr einer Irreführung wenigstens eines Teils der Verbraucher nie ausschließen läßt. In solchen Fällen ist daher eine sachgerechte Einschränkung des zu weit geratenen Anwendungsbereichs des § 3 UWG im Wege einer am Gesetzeszweck orientierten Interessenabwägung unausweichlich (s. o. 2). Nicht jede tatbestandsmäßige Irreführung löst m. a. W. bereits die Rechtsfolgen des § 3 UWG aus; vielmehr ist in jedem Fall noch die zusätzliche Prüfung erforderlich, ob die – an sich gegebene – Irreführungsgefahr zugleich rechtlich

---

[61] Art. 2 Nr. 2 der genannten Richtlinie stellt auf die Eignung der Täuschung zur Beeinflussung des wirtschaftlichen Verhaltens der Verbraucher ab.
[62] Ebenso Art. 2 Nr. 1 der EG-Richtlinie.
[63] *BGH* (o. Fußn. 58); ebenso z. B. *BGHZ* 50, 169 (172f.); *BGH, LM* § 1 UWG Nr. 169 = *GRUR* 1967, 30; LM § 3 UWG Nrn. 39, 40, 58, 72, 101, 102, 104, 114 und 118; *GRUR* 1965, 39 (41); 1982, 563 (564).
[64] Zum folgenden s. ganz ausführlich m. zahlr. Nachw. insbes. *Hösl*, aaO, sowie z. B. noch *Baumbach-Hefermehl*, § 3 Rdnrn. 96ff.; *Borck*, WRP 1967, 258; *Hefermehl*, in: Festschr. f. Kastner, S. 189f.; *Schricker*, ZHR 139, 225f.; *Ulmer-Reimer*, Tz. 570ff.; *Tetzner*, JZ 1965, 605.

erheblich ist (so daß § 3 UWG eingreift) oder ob sie ausnahmsweise zum Schutze anderer, vorrangiger Interessen und Rechtsgüter hingenommen werden muß.[65] Um dies feststellen zu können, ist in sämtlichen Zweifelsfällen eine umfassende Interessenabwägung erforderlich, bei der die unterschiedlichsten Gesichtspunkte Bedeutung erlangen können.[66] Wichtige Topoi, die es im Einzelfall einmal rechtfertigen können, eine an sich gegebene Irreführungsgefahr zum Schutze vorrangiger Interessen hinzunehmen, sind dabei etwa die Angewiesenheit des Verkehrs auf bestimmte Bezeichnungen, ein wertvoller Besitzstand einzelner Unternehmen oder einer ganzen Branche an solchen Bezeichnungen, die Notwendigkeit, einen anders kaum zu erklärenden, technischen oder wirtschaftlichen Fortschritt zu verdeutlichen, und dergleichen mehr.

Die neuere Rechtsprechung steht grundsätzlich auf demselben Standpunkt, mißt aber im Ergebnis nach wie vor dem Interesse der Allgemeinheit an dem Schutz der Verbraucher vor jeder Irreführungsgefahr einen viel zu hohen Rang (im Verhältnis zu anderen Interessen) bei, so daß sie tatsächlich eine Einschränkung des § 3 UWG nur sehr selten annimmt. Jedoch steht bereits fest, daß etwa die legitimen Interessen einer Branche an der Beibehaltung eingebürgerter oder gar gesetzlich fixierter Begriffe im Einzelfall durchaus den Vorrang vor dem Ausschluß jeder Gefahr einer Irreführung der Verbraucher haben können.[67] Nichts anderes gilt im Ergebnis für einen besonders schutzwürdigen Besitzstand einzelner Unternehmen an einer Warenbezeichnung oder an sonstigen Angaben, wenn diese z. B. schon lange mit Erfolg in der Werbung verwandt worden sind. Die in solchen Fällen noch verbleibende Irreführungsgefahr muß dann ausnahmsweise hingenommen werden.[68] Umgekehrt verhält es sich freilich bei Arzneimitteln; hier hat das Interesse der Allgemeinheit am Schutz der Verbraucher vor irreführenden Bezeichnungen grundsätzlich den Vorrang vor allen anderen Erwägungen.[69]

Beispiele: Trotz Mißverständlichkeit und deshalb Irreführungsgefahr sind zulässig die Bezeichnungen Emaillelack,[70] Buchgemeinschaft,[71] Hautleim,[72] Acrylglas[73] oder „made in Germany".[74] In Bocksbeuteln dürfen auch bestimmte badische und portugiesische Weine vertrieben werden, selbst wenn dabei viele Verbraucher nur an Franken-

---

[65] *Hösl*, aaO., bes. S. 97, 149 ff.
[66] Vgl. insbes. *Hösl*, S. 167, bes. 213 ff.
[67] S. im einzelnen o. 4 a, bb (6).
[68] Vgl. z. B. zuletzt *BGH*, LM § 3 UWG Nr. 194 = GRUR 1983, 32 (34) für die Werbung für ein „helles obergäriges" Bier unter Verwendung eines langen Stangenglases; *OLG München*, GRUR 1983, 339 (340).
[69] Grdl. *BGH*, LM HeilmittelwerbeG Nr. 16 = NJW 1983, 2633.
[70] *BGHZ* 27, 1 (13 f.).
[71] *BGHZ* 28, 1 (9 f.).
[72] *BGH*, LM § 3 UWG Nr. 45 = GRUR 1961, 361.
[73] *BGH*, LM § 3 UWG Nr. 87 = GRUR 1968, 200.
[74] *BGH*, LM § 3 UWG Nr. 130 = NJW 1974, 1559.

weine denken.[75] Ein starkes Warenzeichen darf u. U. beibehalten werden, selbst wenn sich daneben eine ähnliche Beschaffenheitsangabe entwickelt.[76] Wer ein Produktionsprogramm übernommen hat, darf in seinem Prospekt mit den Produkten des Veräußerers werben, um seine neue Leistungsfähigkeit zu dokumentieren, selbst wenn dadurch der Eindruck entstehen kann, diese Produkte stammten von ihm.[77] Und wer empfohlene Preise für Markenartikel (§ 38 a GWB) unterschreitet, darf in der Werbung darauf hinweisen, selbst wenn die Verbraucher immer noch nicht wissen sollten, was empfohlene Preise sind (vgl. aber auch den neuen § 6 e UWG).[78] Schließlich kann sogar in Ausnahmefällen bei einer technisch oder wirtschaftlich notwendigen Gestaltung eines Warenbehältnisses das Interesse der Allgemeinheit an der damit verbundenen Verbesserung so erheblich sein, daß demgegenüber eine geringfügige Irreführungsgefahr durch Vortäuschung eines größeren Inhalts des Behältnisses als tatsächlich gegeben hingenommen werden muß.[79] Hingegen kann eine bloße Abwehrlage eine Irreführung wegen des grundsätzlich vorrangigen Interesses der Allgemeinheit an deren Vermeidung nicht rechtfertigen.[80]

Aus demselben Grund kommt in aller Regel eine *Verwirkung* der Unterlassungsansprüche aus § 3 UWG nicht in Betracht.[81] Eine andere Beurteilung ist nur dann ausnahmsweise möglich, wenn im konkreten Fall keine Interessen der Allgemeinheit hereinspielen, so daß sich lediglich die Interessen der konkurrierenden Unternehmen gegenüberstehen.

In solchen Fällen setzt die Verwirkung der Ansprüche aus § 3 UWG vor allem voraus, daß sich die anderen Gewerbetreibenden erst nach sehr langer Zeit gegen die irreführenden Angaben eines Gewerbetreibenden wenden. Aus der oft jahrelangen, unbeanstandeten Benutzung der fraglichen Werbebehauptung folgt dann nämlich unmittelbar, daß die Behauptung in Wirklichkeit nicht ernstlich zur Irreführung des Publikums geeignet ist, so daß nicht jetzt auf einmal noch ihre Unterlassung verlangt werden kann.[82]

c) Beweis[83]

Bei der Vielschichtigkeit der Vorstellungen der Verbraucher ist die Feststellung des Sinnes, den die angesprochenen Verkehrskreise mit einer

---

[75] *BGH,* LM § 3 UWG Nrn. 110 und 159 = GRUR 1971, 313; 1979, 415; Gegenbeispiel in *BGH,* LM § 3 UWG Nr. 175 = GRUR 1981, 666 (668): Keine Rechtfertigung der Verwendung der ungarischen Farben für deutsche Salami durch irgendwelche legitimen Interessen der deutschen Hersteller.

[76] *BGH,* LM § 3 UWG Nr. 80 = GRUR 1966, 445 „Glutamal/Glutamat".

[77] *BGH,* LM § 3 UWG Nr. 148 = GRUR 1978, 57.

[78] *BGHZ* 42, 134 (138 f.) = JuS 1965, 76 Nr. 3; dazu *Fälle,* S. 34 ff. Weitere Beispiele in *BGHZ* 5, 189; 36, 252 = GRUR 1962, 310 „Gründerbildnis".

[79] Grdl. *BGHZ* 82, 138 = NJW 1982, 236 (237) „Kippdeckeldose".

[80] Grdl. *BGH,* LM § 3 UWG Nr. 196 = GRUR 1983, 335.

[81] Vgl. zuletzt z. B. *BGH,* GRUR 1984, 456 (460); 1985, 140 (141) = LM § 3 UWG Nr. 227; WM 1985, 1153; *Hösl,* S. 172 ff.; *Schütz,* GRUR 1982, 526; weitere Nachw. in der folgenden Fußn. 82.

[82] Grdl. *BGHZ* 5, 189 (196) „Zwillingszeichen"; 16, 82 (93 f.); *BGH,* LM § 1 UWG Nr. 337; § 3 UWG Nrn. 21, 111, 136 u. 194; § 16 UWG Nr. 56 a; GRUR 1975, 380; 1975, 658 (660); 1977, 159 (161); 1981, 666 (668); WM 1981, 845 (846 f.); NJW 1981, 2519 (2520) (insoweit nicht in *BGHZ* 79, 390 veröffentl.).

[83] Vgl. im einzelnen *Baumbach-Hefermehl,* § 3 Rdnrn. 109 ff.; *Borck,* GRUR 1982,

Werbebehauptung verbinden, sowie die Überprüfung der Richtigkeit einer Werbebehauptung häufig mit erheblichen Schwierigkeiten verbunden. Aus eigener Sachkunde werden deshalb die Gerichte hier i. d. R. nur entscheiden können, wenn die Richter selbst zu den angesprochenen Verkehrskreisen gehören *und* wenn sie die Eignung zur Irreführung bejahen wollen.[84] Schon im umgekehrten Fall wird es sich hingegen häufig anders verhalten, weil die Richter gewöhnlich nicht wissen können, wie andere Verkehrskreise die Werbebehauptung verstehen. Als Beweismittel kommen dann neben Auskünften der Industrie- und Handelskammern vor allem Meinungsumfragen in Betracht; so wenn es etwa um die Frage geht, was die Verbraucher unter einem ,,Natursaft'' verstehen[85] oder ob sie bei der Bezeichnung eines Möbelhauses als ,,das unmögliche Möbelhaus aus Schweden'' annehmen, die von diesem angebotenen Möbel kämen tatsächlich durchweg aus Schweden.[86]

Ist auf diese Weise der Sinn der Werbebehauptung ermittelt, so trägt grundsätzlich der Kläger, der Unterlassung oder Schadensersatz verlangt, die *Beweislast* für die Unrichtigkeit der Werbebehauptung, weil es sich dabei um eine Anspruchsvoraussetzung handelt. Von diesem Grundsatz gibt es jedoch zahlreiche Ausnahmen, da je nach den Umständen des Einzelfalles Beweiserleichterungen bis hin zu einer Beweislast*umkehr* eingreifen können. Letzteres kommt namentlich in Betracht, wenn der Kläger den maßgeblichen Geschehnissen völlig fernsteht, während der Beklagte unschwer Auskunft zu geben vermag, oder wenn der Beklagte behauptet, eine ursprünglich unstreitig unrichtige Behauptung sei nachträglich durch eine Veränderung der Verhältnisse richtig geworden.[87] Behauptet z. B. der Beklagte, der seinen Sitz immer in Köln hatte, er arbeite nach einem alten, ostpreußischen Familienrezept, so muß er es sich gefallen lassen, daß seine Konkurrenten von ihm Aufklärung darüber verlangen, wie er als Kölner in den Besitz eines solchen Rezeptes gelangt sein will.[88] Ebenso trägt die Darlegungs- und Beweislast der Beklagte, wenn er sich zur Rechtfertigung dafür, daß er eine Ware, für die er geworben hat, tatsächlich gar nicht vorrätig hat, auf höhere Gewalt beruft.[89]

In den Fällen der Alleinstellungswerbung wird dem Kläger ebenfalls

---

657; *Böhm*, GRUR 1986, 290; *Kur*, GRUR 1982, 663; *Nordemann*, Tz. 57; *Ulmer-Reimer*, Tz. 554 ff.; w. Nachw. u. Fußn. 91.

[84] So z. B. *BGH*, GRUR 1984, 468.

[85] *BGH*, GRUR 1984, 465.

[86] *BGH*, LM § 3 UWG Nr. 210 = GRUR 1984, 467 = MDR 1984, 290; s. im übrigen *Böhm* (o. Fußn. 83).

[87] Z. B. *BGH*, LM § 3 UWG Nr. 131 = NJW 1974, 1822; LM aaO Nr. 205 = GRUR 1983, 650; LM § 1 UWG Nr. 371 = NJW 1983, 171 (172); *OLG München*, GRUR 1983, 339 (341).

[88] *BGH*, LM § 3 UWG Nr. 56 = GRUR 1963, 280 ,,Bärenfang''.

[89] *BGH*, LM § 3 UWG Nr. 205 = GRUR 1983, 650 = Betr. 1983, 2351.

häufig mit einer Beweislastumkehr geholfen, vorausgesetzt, daß von vornherein erhebliche Zweifel an den Angaben des Beklagten bestehen, da der Kläger in solchen Fällen typischerweise keinerlei Einsicht in die geschäftlichen Verhältnisse des Beklagten und seiner Konkurrenten hat und haben kann.[90] Im übrigen sind jedoch generelle Aussagen schwierig, da die Gerichte meistens ganz auf die Umstände des Einzelfalles abstellen.[91]

Die Vorschrift des § 3 UWG erfaßt alle irreführenden Angaben über geschäftliche Verhältnisse des Werbungstreibenden. Die Praxis hierzu ist inzwischen nahezu unübersehbar, so daß sich die folgenden Ausführungen darauf beschränken müssen, das bisher Gesagte an Hand einiger besonders wichtiger Fallgruppen weiter zu verdeutlichen.

5. Geschäftliche Verhältnisse

Bei den geschäftlichen Verhältnissen muß es sich grundsätzlich um solche des *Werbungstreibenden* selbst, nicht hingegen um die Verhältnisse Dritter handeln, schon weil sonst eine Abgrenzung des § 3 UWG von § 14 UWG kaum mehr möglich wäre (str.). Im übrigen aber ist der Begriff der geschäftlichen Verhältnisse in § 3 UWG im denkbar weitesten Sinne zu verstehen. Das zeigen bereits die zahlreichen, vom Gesetz selbst genannten Beispiele.[92] Üblicherweise werden deshalb hierher sämtliche Umstände gerechnet, die eine gewerbliche Tätigkeit im Wettbewerb zu fördern vermögen.[93] Beispiele sind außer den im Gesetz aufgeführten Umständen namentlich noch die Stellung und der Rang eines Unternehmens am Markt sowie alle sonstigen Verhältnisse des (Werbung treibenden) Unternehmens und seines Inhabers.[94] Deshalb gehört hierher insbes.

---

[90] So insbes. *BGH*, LM § 3 UWG Nr. 213 = GRUR 1983, 779 = JuS 1984, 226 Nr. 11 ,,Schuhmarkt'' m. Nachw.; LM § 3 UWG Nr. 227 = GRUR 1985, 140 (142).

[91] Vgl. z. B. noch *BGH*, LM § 1 UWG Nrn. 60, 130 und 224; LM § 3 UWG Nr. 44 = GRUR 1961, 356 für einen juristischen Pressedienst, der mit einer großen Zahl von Mitarbeitern aus den Kreisen der hohen Richterschaft warb; LM § 3 UWG Nr. 70 = GRUR 1965, 368 ,,Kaffee C'' für angeblich nachträglich richtig gewordene Behauptungen; sowie LM § 3 UWG Nrn. 56 und 151 = GRUR 1963, 270; 1978, 249; *Baumbach-Hefermehl*, § 3 Rdnrn. 118 ff.; *Harmsen*, GRUR 1969, 251; *Hefermehl*, in: Festschr. f. Kastner, S. 189 f.; *Schricker*, RabelsZ 40 (1976), 544 ff.; *Ulmer-Reimer*, Tz. 559 f.

[92] Das Gesetz nennt ,,insbes.'' Ursprung, Herstellungsart, Preisbemessung, Preislisten, Art des Bezugs, Bezugsquellen, Besitz von Auszeichnungen, Anlaß oder Zweck des Verkaufs sowie Menge der Vorräte; ähnlich weit Art. 3 der Richtlinie über die irreführende Werbung, die im einzelnen Angaben über die Merkmale der Ware oder die Dienstleistungen (lit. a), über den Preis (lit. b) und über die Art, die Eigenschaft und die Rechte des Werbenden (lit. c) aufzählt, wobei als Beispiele für die Merkmale der Waren deren Verfügbarkeit, Art, Ausführung, Zusammensetzung, Verfahren und Zeitpunkt der Herstellung oder Erbringung, Zwecktauglichkeit, Verwendungsmöglichkeit, Menge, Beschaffenheit, geographische oder kommerzielle Herkunft, bei der Verwendung zu erwartende Ergebnisse sowie die Ergebnisse von Tests genannt werden.

[93] Grdl. *BGH*, GRUR 1964, 33 (36); *Callmann*, § 3 Rdnr. 26.

[94] Vgl. z. B. für die Schaufenstergestaltung *BGH*, LM § 1 UWG Nr. 71 = GRUR 1959, 138.

noch die Alleinstellungswerbung, mit der ein Gewerbetreibender für sich
am Markt eine Allein- oder Spitzenstellung in Anspruch nimmt.

a) Alleinstellungswerbung[95]

(1) Werbebehauptungen der Art, das eigene Unternehmen sei das größte oder die eigenen Waren seien die besten oder die billigsten, sind sehr
beliebt und verbreitet. Unter § 3 UWG fallen sie aber von vornherein
nur, wenn es sich dabei überhaupt um Angaben, d. h. um eine sachlich
nachprüfbare Tatsachenbehauptung und nicht nur um allgemeine, nicht
nachprüfbare und i. d. R. nicht ernstgemeinte Anpreisungen handelt (s.
schon o. 3 b, aa).[96] Diese Frage kann naturgemäß immer nur auf Grund
der gesamten Umstände des Einzelfalles abschließend beurteilt werden.
Maßgebend ist dafür, wie die angesprochenen Verkehrskreise die Werbung verstehen, wobei vom Wortsinn der Werbebehauptung auszugehen
ist. Die Verwendung des Superlativs ist deshalb nicht unbedingt erforderlich; vielmehr kann selbst eine Werbebehauptung wie ,,Bielefelds große
Zeitung" eine Alleinstellungswerbung durch die Behauptung enthalten,
es handele sich um *die* große Zeitung, d. h. um die größte Zeitung Biele-
felds.[97] Ebenso zu beurteilen ist sogar die Werbung ,,überall Westfalen-
Blatt", weil darin die Behauptung liegt, die betreffende Zeitung komme
an Verbreitung der einzigen Konkurrentin zumindest nahe.[98]

Im übrigen ist grundsätzlich davon auszugehen, daß jedenfalls bei bekannten und
seriösen Unternehmen die Behauptung einer Allein- oder Spitzenstellung i. d. R. vom
Publikum ernst genommen wird, so daß es sich dann um sachlich nachprüfbare Angaben handelt, die zutreffen müssen.[99] Unter § 3 UWG fallen daher z. B. Werbebehauptungen wie, ein bestimmtes technisches Produkt sei ,,unschlagbar",[100] ein Wörterbuch
sei ,,*das* große deutsche Wörterbuch",[101] ein Unternehmen gehöre zur ,,Weltspitzen-
gruppe",[102] eine Zeitung sei die ,,größte"[103] oder ein Schuheinzelhandelsgeschäft sei
,,Essens größter Schuhmarkt" oder ,,Der große Schuhmarkt Essens".[104] Anders hingegen, wenn lediglich behauptet wird, eine bestimmte Kindernahrung oder ein bestimmtes Bier seien die ,,besten"[105] oder ein Produkt gehöre nach jedem Maßstab zur Spit-

---

[95] Vgl. dazu insb. *Arras*, NJW 1954, 1910; *Baumbach-Hefermehl*, § 3 Rdnrn. 66 ff.,
369 ff.; *Cyrus*, GRUR 1961, 11; *Drosten*, GRUR 1953, 16; *v. Godin*, § 3 UWG Rdnr.
25; *Hoefer*, GRUR 1961, 461; *Joetze*, Die sog. Superlativreklame in der Dogmatik des
Werberechts, 1962; *Krafft*, in: RWW, 3.5 Rdnrn. 551 ff.; *Nordemann*, Tz. 91; *Reimer-
v. Gamm*, § 3 Rdnrn. 18 ff. (S. 331 ff.); *v. Rützken-Kositzkau*, NJW 1955, 330; *Tetzner*, JZ 1953, 205; *ders.*, NJW 1956, 1900; *Ulmer-Reimer*, Tz. 547 ff.
[96] Eingehend *Callmann*, § 3 Rdnrn. 19 ff.; *Reimer-v. Gamm* (o. Fußn. 95).
[97] *BGH*, LM § 3 UWG Nr. 26 = GRUR 1957, 600 ,,Westfalen-Blatt".
[98] *BGH*, LM § 3 UWG Nr. 211 = NJW 1984, 1106 = GRUR 1983, 588.
[99] *BGH*, LM § 3 UWG Nr. 95 = GRUR 1969, 415.
[100] *BGH*, LM § 3 UWG Nr. 134 = GRUR 1975, 141.
[101] *BGH*, LM § 3 UWG Nr. 111 = GRUR 1971, 365.
[102] *BGH*, LM § 3 UWG Nr. 114 = NJW 1972, 104.
[103] *BGH*, LM § 3 UWG Nrn. 26 und 91 = GRUR 1957, 600; NJW 1968, 1088.
[104] *BGH*, LM § 3 UWG Nr. 213 = GRUR 1983, 779 = JuS 1984, 226 Nr. 11.
[105] *BGH*, GRUR 1965, 363 (364 f.). Denn dafür gibt es keinerlei anerkannte Maßstäbe; und bei Bier sind die Verbraucher inzwischen an die Superlativwerbung gewöhnt,
so daß keiner sie mehr ernst nimmt (*OLG Köln*, GRUR 1983, 135).

zengruppe.[106] Dasselbe gilt schließlich für bloße Werbeappelle wie z. B. „den und keinen anderen".[107]

(2) Die Spitzenstellung eines Unternehmens oder Produkts kann man häufig nach unterschiedlichen Kriterien beurteilen. Dies bedeutet jedoch nicht, daß die Gewerbetreibenden nach Belieben den ihnen jeweils günstigsten Maßstab anwenden könnten; vielmehr kommt es auch insoweit allein auf die Vorstellungen der angesprochenen Verkehrskreise an.

Wird z. B. behauptet, ein Kaffee sei der beste, so werden die Verbraucher dies durchweg auf Geschmack und Aroma des Kaffees beziehen, so daß der fragliche Kaffee gerade in dieser Hinsicht sämtliche Konkurrenzprodukte deutlich übertreffen muß, während es völlig unerheblich ist, ob er sich am besten für Filter eignet (was der Gewerbetreibende angeblich gemeint hatte).[108] Für die Größe eines Unternehmens ist dementsprechend in erster Linie auf seinen Umsatz abzustellen,[109] während sich die Spitzenstellung einer Zeitung nach der Höhe ihrer Auflage bemißt; alle anderen Kriterien treten demgegenüber an Bedeutung völlig zurück.[110] Ein Unternehmen, das sich als das „größte" bezeichnet, muß folglich seine Konkurrenten in sämtlichen, relevanten Beziehungen und insbes. hinsichtlich des Umsatzes deutlich und auf Dauer überragen.[111]

Eine Alleinstellung darf hingegen nicht für sich in Anspruch nehmen, wer in dem entscheidenden Punkt seine Mitbewerber nur geringfügig oder vorübergehend übertrifft; es muß sich vielmehr stets um einen merklichen und stetigen Vorsprung handeln, weil er sonst irrelevant ist. Aus demselben Grund darf sich zur Spitzengruppe eines Marktes („einer der größten") nur rechnen, wer zu der ganz kleinen Gruppe der führenden Unternehmen eines Marktes zählt, vorausgesetzt zudem, daß zwischen den betreffenden Unternehmen kein allzu großer Abstand besteht.[112] Und technische Produkte, für die eine Spitzenstellung in Anspruch genommen wird, müssen nach den jeweils maßgeblichen Kriterien (und nicht nach anderen Kriterien) sozusagen an der Spitze des technischen Fortschritts marschieren.[113]

---

[106] *BGH*, GRUR 1965, 438.
[107] Grdl. *BGHZ* 43, 140 (142) „Lavamat II".
[108] *BGH*, LM § 3 UWG Nr. 102 = GRUR 1970, 425 „Melitta-Kaffee".
[109] *BGH*, LM § 3 UWG Nr. 95 = GRUR 1969, 415; *Baumbach-Hefermehl*, § 3 Rdnr. 369; vgl. auch §§ 22 III Nr. 1, 23 I, 23 a, 24 VIII und 24 a I GWB.
[110] *BGH*, LM § 3 UWG Nrn. 26, 90 und 91; *OLG Frankfurt*, GRUR 1984, 365. Anders in der Fusionskontrolle, wo ergänzend oder neuerdings sogar vorrangig die Umsatzerlöse berücksichtigt werden, weil im Wettbewerb die Stellung eines Unternehmens am Markt allein hiervon abhängt; s. *KG*, Die AG 1986, 294 „Gruner u. Jahr/Zeit II".
[111] Grdl. *BGH*, LM § 3 UWG Nr. 227 = GRUR 1985, 140 „Das größte Teppichhaus".
[112] *OLG Koblenz*, GRUR 1985, 300 (301 f.); vgl. auch *BGH*, LM § 4 WZG Nr. 31 = MDR 1982, 114 Nr. 3 „Der größte Biermarkt der Welt".
[113] *BGH*, LM § 3 UWG Nrn. 48, 90 („Westfalen-Blatt II"), 95, 111 („Das große dt. Wörterbuch"), 114, 125 („Dt. Spitzenerzeugnis"), 134 („unschlagbar"); GRUR 1963, 34 (36); 1964, 33 (36).

(3) Eine besonders beliebte Sonderform der Alleinstellungswerbung ist die Werbung mit *Testergebnissen*.[114] Für diese Werbung gilt ebenfalls (selbstverständlich) uneingeschränkt das Verbot jeder Irreführung der Verbraucher aufgrund des § 3 UWG. Hieraus folgt z. B., daß es untersagt ist, durch die Werbung mit dem Testergebnis ,,gut" den Eindruck der Zugehörigkeit zu einer Spitzengruppe zu erwecken, während tatsächlich 11 andere Produkte als ,,sehr gut" bewertet worden sind.[115] Unbedenklich ist diese Werbung hingegen, wenn alle anderen Produkte ebenfalls nur höchstens als ,,gut" eingestuft wurden.[116] Unbeschränkt zulässig ist obendrein natürlich die Werbung mit dem Testergebnis ,,sehr gut", selbst wenn der Test schon längere Zeit zurückliegt, vorausgesetzt dann freilich, daß die Produkte in der Zwischenzeit nicht geändert wurden und außerdem keine neuen Tests stattgefunden haben.[117] In der Werbung sollte zudem nach Möglichkeit stets die Fundstelle des Tests genannt werden.[118]

(4) Als weitere Sonderform der Alleinstellungswerbung ist schließlich noch die Aufnahme von *Orts-* oder *Landesnamen* in eine Firma zu nennen.[119] Denn mit Firmen wie z. B. Hamburger Volksbank, Rintelner Kiesgrube, Oberhessische Bank, Ostfriesische Teegesellschaft oder Bayerische Bank wird eine besondere und herausgehobene Stellung auf dem jeweils in Bezug genommenen, örtlich relevanten Markt behauptet. Solche Bezeichnungen sind deshalb nur zulässig, wenn das Unternehmen auf dem betreffenden Markt tatsächlich eine größere Bedeutung hat oder eine Sonderstellung einnimmt. Vergleichbare Schranken gelten für Firmenzusätze wie Deutsch-, Euro-, Kontinent- oder gar Welt-. Sie sind nur erlaubt, wenn das fragliche Unternehmen nach Ausstattung, Umsatz und Größe auf den betreffenden, großen Markt zugeschnitten ist und ein entsprechend umfangreiches Sortiment führt.[120] Sind diese Voraussetzungen nicht erfüllt, so verstößt die Firmenbildung gegen § 3 UWG, so daß die Firma gelöscht werden muß.[121]

---

[114] Vgl. dazu eingehend *Baumbach-Hefermehl*, § 1 UWG Rdnrn. 68 a ff.; *Hart-Silberer*, GRUR 1983, 641; insbes. *Sack*, in: RWW 3.2.

[115] Grdl. *BGH*, LM § 3 UWG Nr. 186 = NJW 1982, 1596 = BB 1983, 80 m. Anm. *Brinkmann*, S. 91.

[116] *OLG Köln*, GRUR 1983, 514 = BB 1983, 2010.

[117] Insbes. *BGH*, NJW 1985, 2332 = GRUR 1985, 932; *OLG Düsseldorf*, GRUR 1984, 603 = WM 1984, 1451 (1453); *OLG Frankfurt*, Betr. 1981, 2603; *OLG Hamburg*, NJW-RR 1986, 918.

[118] *KG*, GRUR 1984, 135.

[119] S. dazu eingehend auch *Heymann-Emmerich*, HGB, § 18 Rdnrn. 44 ff.

[120] Grdl. für ,,Deutsch" *BGH*, LM § 1 UWG Nr. 364 = Betr. 1982, 691; s. im übrigen die folgende Fußn. 121.

[121] *BGHZ* 53, 339 (343 ff.) ,,Euro-Spirituosen"; *BGH*, LM § 3 UWG Nrn. 136 (,,Oberhessische Bank"), 150 (,,Euro-Sport") und 160 (,,Kontinent-Möbel"); LM § 4 WZG Nr. 23; GRUR 1968, 702 (703) (,,Hamburger Volksbank"); 1973, 486 (,,Bayer. Bank"); 1977, 159 (160 f.) (,,Ostfriesische Teegesellschaft").

b) Sonstige Fälle

Literatur: *Baumbach-Hefermehl,* § 3 UWG Rdnrn. 340ff., 384ff.; *Haberkorn,* WRP 1966, 125, 165, 245, 306, 332, 361, 393; 1967, 204; *Krafft,* in: RWW, 3.5 Rdnrn. 551ff.; *Müller,* GRUR 1971, 141; *Ulmer-Reimer,* Tz. 641, 644ff.

aa) Zu den geschäftlichen Verhältnissen, über die nach § 3 UWG das Publikum nicht irregeführt werden darf, gehören sämtliche Eigenschaften des Werbungstreibenden und seines Unternehmens, die im Verkehr in irgendeiner Hinsicht für die Wertschätzung des Unternehmens bedeutsam sein können. Ein besonders wichtiger Umstand dieser Art ist das *Alter* des Unternehmens.

Mit dem *Alter* eines Unternehmens darf daher nur geworben werden, wenn die Identität des Unternehmens in dem fraglichen Zeitraum nicht unterbrochen worden ist. Dasselbe gilt für eine Werbung mit einer „alten Familientradition"; sie verstößt folglich gegen § 3 UWG, wenn das fragliche Handwerk von der betreffenden Familie tatsächlich in verschiedenen Unternehmen ausgeübt wurde.[122] Bei vielen Produkten wie z.B. Wein oder Sekt muß außerdem noch hinzukommen, daß bereits die Herstellung dieses Produkts in dem Gründungszeitraum aufgenommen worden ist. Hat die Herstellung hingegen erst viel später begonnen, so kann sogar die Werbung mit dem an sich zutreffenden Gründungsdatum des Unternehmens irreführend sein, sofern es dem Verkehr gerade auf die besonders lange Erfahrung des Unternehmens in der Herstellung der fraglichen Produkte ankommt.[123] Ebenso darf für ein Mineralwasser mit dessen Alter nur geworben werden, wenn das jetzt angebotene Wasser mit dem alten, ursprünglichen Wasser im wesentlichen übereinstimmt.[124]

bb) Schon aus dem mit § 3 UWG sachlich in jeder Hinsicht übereinstimmenden § 18 Abs. 2 HGB folgt, daß keine Firmenzusätze gewählt werden dürfen, die eine nicht vorhandene Bedeutung des Unternehmens vorspiegeln. Die Bezeichnung „*Fabrik*" ist daher nur gerechtfertigt, wenn das Unternehmen den Rahmen eines handwerklichen Betriebs deutlich überragt; und noch größer muß das Unternehmen sein, wenn der Zusatz „*Werk*" gerechtfertigt sein soll.[125]

Die Bezeichnung „*Haus*" oder „*Zentrale*" ist Unternehmen vorbehalten, die nach Breite des Sortiments, Verkaufsfläche und Umsatz den

---

[122] *BGH,* LM § 24 WZG Nr. 80 „Original-Maraschino"; *OLG Hamburg,* GRUR 1984, 290; s. im übrigen u. Fußn. 123.
[123] Vgl. insb. *BGH,* LM § 3 UWG Nr. 39 = GRUR 1960, 563; GRUR 1961, 485 (487); 1962, 310 (311f.); LM § 3 UWG Nr. 21 „Erstes Kulmbacher" und Nr. 170 = MDR 1981, 118 für die Übernahme einer großen Filialkette erst über 100 Jahre nach Gründung des Stammhauses; LM § 12 BGB Nr. 15 für die Firma „Underberg sen." für ein neues, junges Unternehmen; *Baumbach-Hefermehl,* § 3 Rdnrn. 362ff.; *Ulmer-Reimer,* Tz. 649f.; ein Gegenbeispiel in *BGH,* LM SonderveranstaltungsAO Nr. 13.
[124] *BGH,* GRUR 1986, 316 „Urselters".
[125] *BGH,* GRUR 1986, 676 (677); *Baumbach-Hefermehl,* § 3 Rdnrn. 344ff.; *Ulmer-Reimer,* Tz. 652.

Durchschnitt der Konkurrenz deutlich überragen.[126] Und „Zentral- oder Verkaufslager" darf sich nur nennen, wer den Großhandel betreibt, während die Bezeichnung „Fabriklager" auf besonders enge Beziehungen zum Hersteller hinweist.[127] Die Werbung mit der eigenen Fabrikation der angebotenen Waren ist irreführend, wenn in erheblichem Umfang fremde Ware zugekauft wird,[128] während einem Hersteller die Werbung mit dieser Eigenschaft selbst dann gestattet sein soll, wenn er einen Teil seiner Serienproduktion von dritten Unternehmen bezieht, weil seine eigenen Kapazitäten nicht ausreichen.[129] Unzulässig ist es hingegen schon wieder mit der „Montage durch Fachpersonal" zu werben, wenn nicht eigene Fachleute eingesetzt, sondern Subunternehmer mit der Montage beauftragt werden.[130]

Fachmann darf sich nur nennen, wer überdurchschnittliche Erfahrungen hinsichtlich der betreffenden Waren und ihrer Verwendungsmöglichkeiten oder hinsichtlich der betreffenden Dienstleistungen besitzt.[131] Und als „geprüfter" oder gar „staatlich geprüfter" Fachmann darf sich nur bezeichnen, wer eine staatliche oder staatlich anerkannte Prüfung über sein Fachwissen abgelegt hat, aufgrund derer er an Fachkenntnissen den Standard der Branche deutlich überragt.[132] Entsprechende Regeln gelten für *Sachverständige*. Wenn sie in ihrer Werbung auf ihre Anerkennung durch einen Verband oder eine sonstige Stelle hinweisen, erwartet der Verkehr ein besonderes, durch Prüfungen nachgewiesenes, den Standard der Kollegen erheblich übertreffendes Fachwissen.[133] Außerdem dürfen sie Gutachten unter Berufung auf ihre Bestellung zum Sachverständigen immer nur auf denjenigen Gebieten erstatten, für die sie tatsächlich von der Industrie- und Handelskammer oder der Handwerkskammer zum Sachverständigen öffentlich bestellt worden sind, nicht jedoch auf anderen Gebieten.[134] Hingegen sind z. B. die Bezeichnungen „Spezialreinigung" oder „Vollreinigung" erlaubt, wenn über die rein maschinelle Reinigung hinaus noch gewisse Leistungen von Hand er-

---

[126] *BGH*, LM § 3 UWG Nrn. 141 und 163 = GRUR 1977, 503; 1980, 60; GRUR 1982, 491 (492).
[127] *BGH*, LM § 3 UWG Nr. 128 = GRUR 1974, 225.
[128] *BGH*, LM § 3 UWG Nr. 20 = GRUR 1957, 348; GRUR 1986, 676.
[129] *LG Köln*, NJW-RR 1986, 665; anders für die Werbung „direkt vom Hersteller" *BGH*, GRUR 1986, 676.
[130] *OLG Nürnberg*, GRUR 1985, 566 = WM 1985, 817.
[131] *OLG Nürnberg*, Urt. v. 15. 6. 82 – 3 U 2936/81 – m. Nachw.
[132] *BGH*, LM § 3 UWG Nr. 152 = GRUR 1978, 368 „Gemologe"; LM § 3 UWG Nr. 220 = NJW 1984, 2365 „anerkannter Kfz-Sachverständiger"; *OLG München*, GRUR 1960, 38 (39); *OLG Oldenburg*, GRUR 1986, 178 „staatlich geprüfter Blitzableiterbauer".
[133] *BGH*, LM § 3 UWG Nr. 220 = NJW 1984, 2365 = GRUR 1984, 740 „anerkannter Kfz-Sachverständiger".
[134] Grdl. *BGHZ* 92, 30 = NJW 1984, 2883 „bestellter Kfz-Sachverständiger"; *OLG Hamm*, GRUR 1983, 673 (für die Werbung als „Sachverständiger"); NJW-RR 1986, 1370.

bracht werden wie z. B. die Nachbehandlung von Flecken oder das Bügeln.[135] Demgegenüber darf sich als *Fach-* oder *Spezialgeschäft* nur bezeichnen, wer ein besonders großes und vollständiges Sortiment führt und durch speziell geschultes Personal eine den Durchschnitt deutlich überragende Beratung der Käufer sicherstellen kann.[136] Schließlich ist es unzulässig, sich in der Werbung für Kosmetika mit Frischzellen auf einen berühmten, verstorbenen Wissenschaftler zu berufen, wenn dieser tatsächlich die Verwendung der von ihm entwickelten Frischzellentherapie für Kosmetika stets abgelehnt hat.[137]

cc) ,,Gesamtverband" darf sich nur derjenige Unternehmensverband nennen, dem eindeutig die Spitzenstellung bei der Vertretung einer Industrie zukommt,[138] nicht z. B. daher ein kleiner Verband, dessen Mitglieder nur 7,5% der Berufsangehörigen ausmachen.[139] Und ,,Bundeszentrale für Fälschungsbekämpfung" ist irreführend bei einem privaten Verband von Briefmarkenhändlern zur Bekämpfung von Fälschungen, weil durch diesen Namen der unrichtige Eindruck geschaffen wird, bei dem Verband handele es sich um eine Bundesbehörde.[140] Ebensowenig darf schließlich ein Berufsverband den Eindruck erwecken, die ihm vor 1945 staatlich übertragenen, hoheitlichen Befugnisse bestünden jetzt noch fort, so daß er unter den konkurrierenden Verbänden eine Sonderstellung einnehme.[141]

In merkwürdigem Gegensatz zu diesen sehr strengen Grundsätzen steht freilich die erstaunliche Großzügigkeit, mit der die Rechtsprechung die Werbung für sog. ,,Originalersatzteile" namentlich der Automobilhersteller behandelt, selbst wenn diese Teile von den Herstellern bei Zulieferern zugekauft und nur einer gelegentlichen, stichprobenartigen Qualitätskontrolle unterzogen werden. Gerade hier wäre jedoch im Interesse der Zulieferer und der Verbraucher eine wesentlich strengere Handhabung des § 3 UWG durchaus angebracht.[142]

dd) Durch Angaben über den Inhaber des Gewerbebetriebs dürfen die Verbraucher ebenfalls nicht irregeführt werden. So sind z. B. zahlreiche *Berufsbezeichnungen* wie insbes. Arzt, Zahnarzt, Rechtsanwalt, Wirtschaftsprüfer oder Steuerberater durch Sondergesetze Personen vorbehalten, die in bestimmter Weise qualifiziert sind; sie dürfen deshalb selbst in ähnlicher Form nicht von weniger qualifizierten Personen verwandt werden. Daher darf etwa ein Ingenieur-Büro in seiner Bezeichnung nicht

---

[135] *BGH*, LM § 3 UWG Nr. 58 = GRUR 1963, 203; LM § 1 UWG Nr. 193 = GRUR 1968, 387.
[136] *OLG Stuttgart*, BB 1974, 196; *OLG Celle*, WuW/E OLG 827 (828); *OLG Nürnberg*, BB 1959, 251; *OLG München*, WRP 1979, 156; *LG Berlin*, WRP 1970, 367; *Tetzner*, WRP 1979, 270; weitere Nachw. in *OLG Nürnberg* (o. Fußn. 131).
[137] Grdl. *BGH*, LM Art. 1 GG Nr. 35 = MDR 1984, 997.
[138] *BGH*, LM § 3 UWG Nr. 120 = NJW 1973, 279.
[139] *BGH*, LM § 3 UWG Nr. 222–224 = GRUR 1984, 457 (460).
[140] *BGH*, GRUR 1980, 794 (796f.).
[141] *BGH* (o. Fußn. 139).
[142] S. hierzu im einzelnen *Waibel*, S. 268ff. m. zahlr. Nachw.

13*

mit Namen und Titel des Gründers werben, wenn die jetzigen Inhaber nicht über dieselbe Qualifikation wie der Gründer verfügen.[143] Ebensowenig darf sich ein Heilpraktiker zusätzlich ,,Psychologe" nennen oder in seine Werbung den Zusatz ,,Intern-Medizin" aufnehmen, weil er damit den unzutreffenden Eindruck einer besonderen, akademischen Ausbildung erweckt.[144] Aus ähnlichen Erwägungen heraus wurde der Firmenbestandteil ,,JuS" bei einer Steuerberatungsgesellschaft beanstandet, weil dadurch die Möglichkeit einer juristischen Beratung vorgetäuscht werde.[145] Nicht besser erging es schließlich der Bezeichnung ,,Buchführungshilfe", weil dazu häufig auch die Hilfe in Steuersachen gerechnet werde, zu der bloße Helfer bei der laufenden Buchführung nicht berechtigt sind.[146]

ee) Eine Irreführung über geschäftliche Verhältnisse enthalten außerdem z. B. übertriebene Behauptungen einer Genossenschaft über die Höhe ihres Gewinns durch die Verteilung einer besonders hohen Warenrückvergütung,[147] die Behauptung eines Maklers, er sei selbst der Verkäufer oder der Versicherer,[148] ebenso die Werbung eines Kreditvermittlers, der darin nicht eindeutig auf diese Eigenschaft hinweist,[149] überhaupt Chiffre-Anzeigen von Kaufleuten, etwa mit bloßer Angabe ihrer Telefonnummer, weil dadurch Angebote von Privatleuten vorgetäuscht werden,[150] die Verwendung eines Warenzeichens für Wein, das den Eindruck erweckt, der Wein stamme aus einem bestimmten Weingut und seinen Lagen,[151] die Behauptung eines juristischen Pressedienstes, eine große Zahl hoher Richter gehöre zu seinen ständigen Mitarbeitern, obwohl sie nur ganz gelegentlich Beiträge liefern,[152] die Bezeichnung eines Verbandes von Herstellern von Tonträgern als ,,Verein der Verleger von Tonträgern", weil durch das VerlagsG eine abweichende Begriffsbestimmung festgelegt ist,[153] sowie die Bezeichnung eines Lohnsteuerhilfevereins als ,,Steuerberatungsgemeinschaft", da hierdurch der unzutreffende Eindruck erweckt wird, der Verein dürfe in allen Steuerfragen Auskunft erteilen.[154]

---

[143] BGH, LM § 3 UWG Nr. 72 = GRUR 1965, 610 ,,Diplomingenieur".
[144] BGH, GRUR 1985, 1064.
[145] BGH, GRUR 1985, 930 = WM 1985, 1153.
[146] OLG Karlsruhe, NJW-RR 1986, 461.
[147] BGH, LM § 1 UWG Nr. 130 = GRUR 1964, 146.
[148] BGH, LM § 3 UWG Nr. 99 = NJW 1970, 1186; GRUR 1968, 431 (432).
[149] OLG Hamm, NJW-RR 1986, 717; OLG Nürnberg, GRUR 1985, 224 = WM 1985, 298.
[150] OLG Hamm, Betr. 1983, 2625 = GRUR 1984, 60; NJW-RR 1986, 922; GRUR 1984, 885; KG, GRUR 1984, 137f.; OLG Koblenz, GRUR 1985, 234 (235).
[151] BGH, GRUR 1975, 658 (660) ,,Sonnenhof"; ebenso die EWG-VO 355/79 v. 5. 2. 1979 (ABl Nr. L 54, S. 99); EuGH, Slg. 1981, 583 = NJW 1981, 1150.
[152] BGH, LM § 3 UWG Nr. 44 = GRUR 1961, 356.
[153] BGH, LM § 3 UWG Nr. 135 = GRUR 1975, 378.
[154] BGH, WM 1981, 845 (846).

Zu den geschäftlichen Verhältnissen, über die keine unzutreffenden Angaben gemacht werden dürfen, gehört außerdem etwa der *Liefertermin.* Folglich handelt es sich um eine unzulässige Irreführung, wenn ein Gewerbetreibender in seiner Werbung den Verkauf einer bestimmten Ware von einem bestimmten Tag an ankündigt, an diesem Tage die Ware aber tatsächlich noch nicht vorhanden ist; anders verhält es sich nur, wenn der Ausfall der Ware auf höherer Gewalt oder vergleichbaren Umständen beruht.[155] Überhaupt müssen die *Vorräte* an solchen Waren, für die besonders geworben wird, grundsätzlich für eine angemessene Zeit ausreichen; freilich dürfen insoweit keine übertriebenen Anforderungen gestellt werden, so daß eine vorübergehende Erschöpfung der Vorräte wegen einer völlig unerwarteten Nachfrage oder wegen höherer Gewalt unbedenklich ist.[156] Aber wer nur drei Geräte auf Lager hat, darf dafür natürlich nicht mit dem Slogan ,,endlos lieferbar" werben.[157] Ebensowenig darf ein Kaufmann namentlich Hausfrauen zu *Vorratskäufen* auffordern und dabei den Eindruck erwecken, zur Abgabe selbst großer Mengen bereit zu sein, wenn er tatsächlich nur beschränkte Mengen verkaufen will.[158] Entsprechendes gilt schließlich für die *Katalogwerbung.* In einem Katalog aufgeführte Ware muß daher grundsätzlich bei Ausgabe oder Versendung des Katalogs lieferbar sein; anderenfalls muß in dem Katalog ein Vorbehalt gemacht werden.[159] Ebensowenig dürfen in einen Katalog berühmte Markenartikel aufgenommen werden, mit denen der Versender des Katalogs überhaupt nicht beliefert wird.[160]

Als *Originalware* darf nur solche Ware bezeichnet werden, die in jeder Hinsicht mit dem Originalprodukt übereinstimmt, nicht hingegen billigere Sonderanfertigungen.[161] Ebenso deutet die Bezeichnung ,,extra" in jeder Verwendung auf eine ganz herausragende Qualität hin, so daß sie nicht für durchschnittliche Markenartikel verwendet werden darf.[162] Eine Fahrschule darf nicht mit der kurzen Dauer der Ausbildung oder mit sog. ,,Ferienintensivkursen" werben, wenn tatsächlich in dem fraglichen Zeitraum nur ein Teil der Ausbildung durchgeführt wird, während die Prüfungen immer viel später stattfinden.[163]

Eine Irreführung liegt schließlich noch vor, wenn ein Busunternehmen

---

[155] *BGH,* LM § 3 UWG Nr. 192 = GRUR 1982, 681; s. im einzelnen u. 8 d.

[156] *BGH,* NJW 1985, 2333; ZIP 1986, 1607; OLG *Hamburg,* NJW-RR 1986, 1368 und 1372; *OLG Stuttgart,* NJW-RR 1986, 1101 (für den Verkauf ,,ab Waggon").

[157] *OLG Köln,* GRUR 1984, 142.

[158] *BGH,* LM § 3 UWG Nr. 219 = GRUR 1984, 596 = MDR 1985, 26; *OLG Frankfurt,* BB 1982, 1941.

[159] *BGH,* LM § 3 UWG Nr. 212 = NJW 1984, 52 = GRUR 1983, 777.

[160] *BGH,* LM § 3 UWG Nr. 203 = NJW 1983, 2505 = GRUR 1983, 582 = WM 1983, 1161.

[161] *KG,* GRUR 1985, 298; zur Werbung mit ,,Markenware" s. außerdem *OLG Düsseldorf,* NJW-RR 1986, 919.

[162] *OLG Frankfurt,* GRUR 1985, 226 ff.

[163] *OLG Düsseldorf,* GRUR 1984, 61; *OLG Stuttgart,* NJW-RR 1986, 847.

für einen Linienverkehr nach Portugal wirbt, tatsächlich aber nur An-
schlußmöglichkeiten an der portugiesischen Grenze anbietet,[164] wenn ein
Unternehmen in seiner Werbung seinen kostenlosen Service besonders
herausstellt, obgleich tatsächlich alle Konkurrenten denselben Service
ebenfalls kostenlos erbringen,[165] wenn ein Unternehmen mit der Behauptung wirbt ,,bis zu 20 Pfund schlanker in 23 Tagen", obwohl der Erfolg
(leider) ganz zweifelhaft ist,[166] wenn für ein Möbelgeschäft mit dem Hinweis geworben wird ,,Sonntags geöffnet", weil dann die Verbraucher zu
Unrecht eine Beratung erwarten,[167] wenn die Bundesbahn für Vergünstigungen mittels eines Sonderdrucks wirbt, der den Anschein der ,,Bildzei-
tung" erweckt,[168] überhaupt wenn in Zeitungen die Werbung und der
redaktionelle Teil nicht streng getrennt werden,[169] wenn für Waren unter
Hinweis auf bestimmte, industrielle Normen (DIN) geworben wird,
während die Ware tatsächlich nicht den betreffenden, zugrundeliegenden
Fertigungsmethoden entspricht,[170] wenn für Kraftfahrzeuge in großer
Aufmachung mit Feiern und Probefahrten an einem Samstag ohne den
Hinweis geworben wird, daß ,,alles schon um 14.00 Uhr vorbei ist",[171]
wenn in der Werbung reimportierte Kraftfahrzeuge als ,,Neuwagen" bezeichnet werden, dabei aber verschwiegen wird, daß Unterschiede bei der
Versicherung und der Garantie bestehen,[172] wenn in der Werbung mit
,,günstiger Finanzierung" geworben wird ohne Hinweis darauf, daß die
Finanzierung nicht durch den Händler selbst, sondern durch eine mit
ihm verbundene Teilzahlungsbank erfolgt,[173] usw.[174]

Unbedenklich ist hingegen z. B. die Werbung ,,Brille des Monats", weil
das kein Verbraucher falsch verstehen kann.[175] Ebenso darf sich ein

---

[164] *OLG Frankfurt,* MDR 1982, 853.
[165] *OLG Düsseldorf,* GRUR 1985, 68.
[166] *OLG Hamm,* GRUR 1984, 140.
[167] *OLG Düsseldorf,* GRUR 1985, 457.
[168] *LG Berlin,* NJW 1985, 1646.
[169] *OLG Frankfurt,* NJW 1985, 1647; *OLG Düsseldorf,* NJW-RR 1986, 1432; *OLG Hamm,* GRUR 1986, 172.
[170] *BGH,* GRUR 1985, 973 = BB 1985, 1417.
[171] *OLG Frankfurt,* NJW-RR 1986, 587.
[172] *BGH,* BB 1986, 961.
[173] *OLG Hamm,* NJW-RR 1986, 720.
[174] Zahlreiche weitere Beispiele bei *Nordemann,* Tz. 71 ff.; *Reimer-v. Gamm,* § 3 Rdnrn. 27 ff. (S. 335 ff.); insbes. bei *Helm,* in: Hdb., § 48 Rdnrn. 133 ff. Vgl. aus der jüngsten Praxis z. B. noch folgende Fälle: Die Werbung für Fußballschuhe unter Hinweis auf eine angebliche Lizenz des DFB (*OLG Hamburg,* GRUR 1986, 550 ,,Puma"); die Werbung für einen Friseursalon als ,,Schulungs-Center", obwohl nur einzelne Lehrlinge ausgebildet werden (*OLG Koblenz,* GRUR 1986, 551); die Werbung eines Kaufmanns namens Harald Richter für sein Geschäft mit der Bezeichnung ,,Richter Harald's Studio", weil der Eindruck der Inhaberschaft durch einen Richter entstehen kann (*OLG Hamm,* NJW-RR 1986, 920), sowie zuletzt *KG,* NJW 1986, 2714 ,,BHW"; *OLG Düsseldorf,* NJW-RR 1986, 1230 ,,BP"; *LG Dortmund,* NJW-RR 1986, 1174 für Reiseprospekte; *BGH,* GRUR 1986, 814, 816, 819; ZIP 1986, 1612.
[175] *OLG Hamburg,* GRUR 1985, 226.

Kraftfahrzeughersteller in seiner Werbung auf die Angabe des Benzinverbrauchs bei einer einzigen Geschwindigkeit beschränken, muß dann aber angeben, ob es sich um Normal- oder Superbenzin handelt.[176] Außerdem darf er für neue Modelle mit der erzielten Benzinersparnis und dem Hinweis auf die Werte nach der DIN 7003 werben, weil die Verbraucher mittlerweile wissen, daß diese Werte ohnehin im täglichen Verkehr nicht zu erreichen sind.[177] Ebenso unbedenklich ist es, wenn eine Bank für „Umschuldungen" wirbt, weil dies keine (der Bank verbotene) Rechtsberatung ist.[178] Und bei Arzneimitteln und vergleichbaren Produkten darf durchaus auf das Fehlen gefährlicher Bestandteile hingewiesen werden, wenn in verschiedenen Konkurrenzprodukten derartige Bestandteile noch enthalten sind.[179] Schließlich verstößt eine Schlechterfüllung im Einzelfall ebenfalls nicht gegen § 3 UWG, sofern und solange nicht dahinter die Absicht der generellen Täuschung der Abnehmer über die eigene Erfüllungsbereitschaft oder -fähigkeit des Gewerbetreibenden steht.[180]

6. Beschaffenheit[181]

Zu den geschäftlichen Verhältnissen gehört weiter die Beschaffenheit der Ware, über die in der Werbung aus naheliegenden Gründen besonders häufig irreführende Angaben gemacht werden.

a) Allgemeines

Zur Beschaffenheit einer Ware (oder gewerblichen Leistung) gehören neben dem Stoff, aus dem sie hergestellt ist, sowie ihren Verwendungsmöglichkeiten oder Wirkungsweisen sämtliche sonstige Angaben tatsächlicher Art, die in irgendeiner Hinsicht geeignet sind, die Ware (oder Leistung) in den Augen der Verbraucher in einem günstigen Licht erscheinen zu lassen. Der Begriff der Beschaffenheit wird also ähnlich weit interpretiert wie der Oberbegriff der geschäftlichen Verhältnisse.[182] Ohnehin spielt es für die praktische Rechtsanwendung keine Rolle, wozu man im Einzelfall einen bestimmten Umstand rechnet.

---

[176] *BGH*, GRUR 1985, 450 = MDR 1985, 554.
[177] *KG*, WRP 1980, 624; GRUR 1984, 218.
[178] *OLG Frankfurt*, BB 1983, 398.
[179] *OLG Köln*, GRUR 1985, 456.
[180] *BGH*, LM § 1 UWG Nr. 391 = NJW 1983, 2447; GRUR 1986, 818f.; *OLG München*, GRUR 1984, 678.
[181] Dazu z. B. *Baumann*, in: RWW, 3.5 Rdnrn. 251ff.; *Helm*, in: Hdb., § 48 Rdnrn. 133ff.; *Baumbach-Hefermehl*, § 3 Rdnrn. 123ff.; *Callmann*, § 3 Rdnrn. 35ff.; *v. Godin*, § 3 Rdnrn. 27f.; *Nordemann*, Tz. 116ff.; *Reimer-v. Gamm*, § 3 Rdnr. 29 (S. 347ff.); *Ulmer-Reimer*, Tz. 589ff.
[182] *RG*, GRUR 1931, 396 = MuW 1931, 522; *BGHZ* 51, 295 (298); *Baumbach-Hefermehl*, § 3 Rdnrn. 123ff.; *Ulmer-Reimer*, Tz. 589.

b) Insbesondere Kunststoffe

Besondere Bedeutung mißt der Verkehr bei den meisten Produkten dem Umstand zu, ob sie aus natürlichen Stoffen oder aus Kunststoff hergestellt sind. Kommt beides vor, so darf deshalb für Produkte aus Kunststoff keine Bezeichnung gewählt werden, die geeignet ist, einen nicht völlig unerheblichen Teil der angesprochenen Verkehrskreise über diese Zusammensetzung irrezuführen, indem eine Verwendung natürlicher Stoffe vorgetäuscht wird.

Daher ist es z. B. unzulässig, Metallgeschirr „Silberal" zu nennen,[183] für Damenbinden aus Zellstoff die Bezeichnung „Watti" zu wählen,[184] Kunstseide als „Kupferseide" zu bezeichnen,[185] für Plastikwaren eine Bezeichnung zu wählen, die auf Leder hindeutet,[186] oder Phantasienamen für Kunststoffe mit den Zusätzen „echt" oder „Original" zu gebrauchen, weil der Verkehr aus solchen Zusätzen i. d. R. auf die Verwendung von Naturstoffen schließt.[187] Selbst die Bezeichnung „Kunststoffurnier" wurde beanstandet, weil (angeblich) die Verbraucher den Begriff „Furnier" mit der Verwendung von Holz in Verbindung bringen,[188] während „Kunststoffglas" unbedenklich sein soll.[189] Bei mehrdeutigen, gleichwohl aber eingebürgerten Bezeichnungen muß schließlich durch Zusätze klargestellt werden, daß die fraglichen Produkte aus Kunststoffen hergestellt sind.[190]

Aus ähnlichen Erwägungen heraus darf für Klinker aus Beton nicht mit der Bezeichnung „Beton-Klinker" geworben werden, weil dann nämlich die Verbraucher (angeblich) annehmen könnten, der Stein habe die Vorteile von Klinkern.[191] Ebensowenig ist es erlaubt, für Baustoffe mit dem Warenzeichen „Poroton" zu werben, wenn der Verkehr damit bestimmte Qualitätsvorstellungen verbindet, die der fragliche Baustoff tatsächlich nicht erfüllt.[192] Hingegen dürfen Betondachsteine grundsätzlich als „naturrot" bezeichnet werden, weil und sofern der Verkehr daraus nicht automatisch folgert, es handele sich um Ziegel aus Ton oder Lehm; anders freilich wiederum, wenn der Verkehr insoweit getäuscht werden sollte; in diesem Falle wäre sogar ein abweichender Sprachgebrauch in bestimmten Verordnungen unerheblich.[193] Ebensowenig geht es schließlich an, eine Legierung mit einem Feingehalt von weniger als 333/1000 als „Gold" zu bezeichnen, da der Verkehr daran gewöhnt ist, bei „Gold" zumindest an einen solchen Feingehalt zu denken.[194]

---

[183] BGH, LM § 3 UWG Nr. 15 = GRUR 1955, 251.
[184] BGH, GRUR 1962, 411.
[185] BGHZ 13, 244 (254 f.) „Cupresa".
[186] BGH, LM § 3 UWG Nrn. 50 und 60 = GRUR 1961, 545; 1963, 539.
[187] BGH, LM § 3 UWG Nr. 60 „echt skai" und Nr. 22 „echter Steinhäger" = GRUR 1963, 359; 1957, 128.
[188] BGH, LM § 3 UWG Nrn. 86 und 127 = GRUR 1967, 600; 1974, 158.
[189] BGH, LM § 3 UWG Nr. 116 = GRUR 1972, 360.
[190] BGH, LM § 3 UWG Nrn. 40 und 87 = GRUR 1960, 567; 1968, 200 für die Bezeichnungen „Kunstglas" und „Acrylglas".
[191] BGH, LM § 3 UWG Nr. 190 = GRUR 1982, 563 = MDR 1982, 987.
[192] BGH, LM § 3 UWG Nr. 217 = GRUR 1984, 737.
[193] BGH, LM § 3 UWG Nr. 195 = GRUR 1983, 245.
[194] BGH, LM § 1 UWG Nr. 393 = GRUR 1983, 651 = WM 1983, 1107.

c) Insbesondere Lebensmittel und Heilmittel

Besonders strenge Anforderungen hinsichtlich der Richtigkeit, Eindeutigkeit und Klarheit von Warenbezeichnungen gelten bei Lebensmitteln und bei Arzneimitteln, um jegliche Gefahr einer Irreführung der Verbraucher über deren Zusammensetzung und Wirkungsweise auszuschließen.[195] Aus demselben Grund bestehen hier noch zahlreiche, gesetzliche Sonderregelungen. Hervorzuheben ist zunächst das *Heilmittelwerbegesetz (HWG)* von 1965 in der Fassung von 1978.[196] Dieses Gesetz enthält in den §§ 3 ff. eingehende Vorschriften über die Werbung für Arzneimittel. Verboten ist insbes. (in sachlicher Übereinstimmung mit § 3 UWG) durch § 3 HWG jede irreführende Werbung für Arzneimittel. Die Einzelheiten ergeben sich aus den §§ 4 ff. des Gesetzes. Bezweckt wird damit ein umfassender Schutz der Volksgesundheit, so daß daneben das UWG mit seiner in vieler Hinsicht abweichenden Zielrichtung uneingeschränkt anwendbar bleibt (§ 17 Nr. 1 HWG). Ohnehin betrachtet die Rechtsprechung heute sämtliche Verstöße gegen das HWG als unlauter i. S. des § 1 UWG (s. im einzelnen u. § 16, 1 b).

Hinzuweisen ist in diesem Zusammenhang außerdem auf das *Lebensmittelgesetz* von 1936,[197] das später häufig geändert worden ist. Denn dieses Gesetz enthält in § 17 Abs. 1 Nr. 5 ebenfalls ein Verbot jeder irreführenden Werbung für Lebensmittel, das durch § 23 aaO auf Tabakwaren erstreckt worden ist. § 17 Lebensmittelgesetz wird durch verschiedene Verordnungen und Gesetze wie z. B. das Weingesetz ausgefüllt, in denen im einzelnen geregelt ist, welchen Anforderungen bestimmte Produkte genügen müssen, um etwa als Wein bezeichnet werden zu dürfen. Hier wird besonders wichtig, was schon oben (4 b) über die Bedeutung gesetzlich fixierter Begriffe für § 3 UWG ausgeführt worden ist: Der Verkehr wird sich zwar in der Regel bei seinem Verständnis bestimmter Begriffe nach deren gesetzlich fixiertem Inhalt richten; notwendig ist dies jedoch nicht. Versteht der Verkehr einen bestimmten, lebensmittelrechtlichen Begriff anders als gesetzlich festgelegt, so ist für die Anwendung des § 17 LebensmittelG und des § 3 UWG allein der (i. d. R. engere und strengere) Begriffsinhalt des Verkehrs maßgebend, so daß jede abweichende Verwendung des Begriffs in der Werbung irreführend ist, selbst wenn sie durch die einschlägigen Sondergesetze gedeckt ist.[198] Im folgenden kann nicht diese ganze, sehr verwickelte Materie darge-

---

[195] Vgl. *BGH*, LM § 3 UWG Nr. 34 = GRUR 1958, 492 „Eispralinen".
[196] BGBl. 1978 I, S. 1677; dazu z. B. *Baumbach-Hefermehl*, S. 1216 ff.; *Kleist-Albrecht-Hoffmann*, Kommentar, 1979.
[197] RGBl. I, S. 18; dazu z. B. *Baumbach-Hefermehl*, S. 1227 ff.
[198] Vgl. z. B. für „Fruchtsäfte" *BGH*, LM § 1 UWG Nr. 405 = GRUR 1984, 376; für „Lakritzkonfekt" *OLG Düsseldorf*, GRUR 1985, 562; *BGH*, NJW 1986, 3084; *Baumbach-Hefermehl* (o. Fußn. 197).

stellt werden. Die Ausführungen beschränken sich vielmehr darauf, an Hand einiger *Beispiele* aus der jüngeren Praxis zu § 3 UWG das Gesagte weiter zu verdeutlichen: Es ist unzulässig, für Spirituosen mit Bezeichnungen zu werben, die den Eindruck erwecken könnten, sie seien in irgendeiner Weise zur Förderung der Gesundheit geeignet.[199] Bei sonstigen Genußmitteln darf die Werbung gleichfalls keinen falschen Eindruck ihrer Verträglichkeit hervorrufen. Ist z. B. ein besonders behandelter Kaffee nur für *viele* Magenempfindliche bekömmlich, so darf nicht behauptet werden, er sei für *jedermann* bekömmlich. Ebensowenig darf behauptet werden, ein Kaffeextrakt stehe einem Röstkaffee an Geschmack und Aroma gleich[200] oder ein Kaffee enthalte *keine* Reizstoffe, wenn zwar einzelne Reizstoffe beseitigt wurden, andere wie Koffein aber nach wie vor vorhanden sind.[201]

In der Werbung für Präparate zur Konservierung von Lebensmitteln darf nicht verschwiegen werden, daß sie nicht unerhebliche Kunststoffbeimischungen enthalten.[202] Und legt der Verkehr bei bestimmten Produkten z. B. schottischem Whisky besonderen Wert auf die Beimischung von Stoffen aus Schottland, so darf der Whisky nicht als aus diesem Gebiet stammend bezeichnet werden, wenn er tatsächlich nur ganz geringfügige Beimischungen dieser Art enthält.[203] Aus demselben Grund darf nicht für eine Margarine mit ganz geringem Eigehalt mit der Bezeichnung ,,Ei-fein" oder ,,Ei wie fein" geworben werden.[204] Und Perlwein muß stets ausdrücklich als solcher bezeichnet werden, weil sonst der Verkehr stets einen Stillwein annimmt.[205] Ebenso unzulässig ist es, für Lebensmittel unter Hinweis auf einen Zusatz zu werben, der gesetzlich verboten ist, weil damit bei den Verbrauchern der Eindruck erweckt wird, es handele sich bei dem Zusatz um einen Vorzug der Ware, gegen den keine Bedenken bestehen.[206] Ebensowenig darf ein Gemisch aus Zucker und Süßstoffen als ,,Spezialzucker" bezeichnet werden.[207] Es geht auch nicht an, für ein bestimmtes Bier mit Medaillen zu werben, die der Brauerei tatsächlich für andere Biersorten verliehen wurden.[208] Und wenn ausländische Produkte wie deutsche aufgemacht werden, darf der Verkehr erwarten, daß sie den Anforderungen der deutschen Gesetze genügen.[209]

Genauso strenge Anforderungen gelten für jede Form der *Gesundheitswerbung*. Daher darf z. B. für ein Schmerzmittel nicht mit der Behauptung ,,hilfreich bei Grippe" geworben werden, wenn das Mittel bei der echten Virusgrippe tatsächlich keinerlei therapeutische Wirkungen zeigt.[210] Möglich bleibt freilich die Werbung von Heilpraktikern, da diese

---

[199] *BGH*, LM § 1 UWG Nr. 337 ,,topfit Boonekamp".
[200] *BGH*, GRUR 1976, 195.
[201] Vgl. *BGH*, LM § 3 UWG Nrn. 70 und 149 = GRUR 1965, 368; 1978, 252; *BGH*, GRUR 1973, 538 f.; 1975, 664.
[202] *BGH*, LM § 3 UWG Nr. 143 = GRUR 1977, 494.
[203] *BGH*, LM § 3 UWG Nr. 93 = GRUR 1969, 277.
[204] *BGH*, LM § 823 (Bf) BGB Nr. 20 = NJW 1957, 1762.
[205] *BGH*, LM § 3 UWG Nr. 166 = GRUR 1980, 299.
[206] *BGHZ* 46, 305 ,,Spezialsalz" für Eisenbeimischungen zu Salz.
[207] *BGH*, LM § 3 UWG Nr. 115 = GRUR 1972, 132.
[208] *OLG München*, GRUR 1983, 339.
[209] *OLG Köln*, GRUR 1983, 71.
[210] Grdl. *BGHZ* 81, 130; 86, 278 = NJW 1981, 2517; 1983, 2087; *BGH*, LM HeilmittelwerbeG Nr. 16 = NJW 1983, 2633.

nicht dem ärztlichen Werbeverbot unterliegen.[211] Und ebensowenig bestehen Bedenken dagegen, daß ein Importeur bei reimportierten Arzneimitteln die Verpackung öffnet und eine deutsche Anleitung beifügt, weil dadurch das betreffende Arzneimittel selbst nicht berührt wird.[212]

d) Sonstige Eigenschaften

Für kein Produkt darf eine Bezeichnung verwandt werden, die unrichtige Vorstellungen über seine Zusammensetzung oder Wirkungsweise hervorruft. Daher darf z. B. eine Orgel nicht als elektronische Orgel bezeichnet werden, wenn sie tatsächlich manuell gesteuert wird und nur die Tonerzeugung elektronisch erfolgt.[213] Und Auslaufmodelle für Skier müssen als solche bezeichnet werden, wenn der Verkehr auf diesen Umstand besonderen Wert legt, sonst freilich nicht.[214] Selbst durch übermäßig lange Garantiezusagen können falsche Vorstellungen über die Qualität eines Produkts erweckt werden. Sie sind deshalb nur erlaubt, wenn sie eine zutreffende Aussage über die Qualität des Produkts enthalten und zudem praktische Bedeutung erlangen können.[215] Ganz entsprechend darf für Kosmetika ein Schlangenzeichen nur verwandt werden, wenn durch die Verpackung der sonst naheliegende Eindruck eines Arzneimittels unmißverständlich ausgeschlossen wird.[216]

e) Schutzrechtsbehauptungen

Sehr beliebt ist die Werbung unter Hinweis auf einen besonderen, gesetzlichen Schutz für das angebotene Produkt, weil sich mit solchen Schutzrechtsbehauptungen bei den Verbrauchern verbreitet besondere Qualitätsvorstellungen verbinden.[217] Die Praxis achtet deshalb hier gleichfalls streng auf den Ausschluß jeder Irreführung der Verbraucher. Daher darf ein Gewerbetreibender, der lediglich ein Warenzeichen besitzt oder für sein Produkt Ausstattungsschutz in Anspruch nimmt, dieses nicht etwa als „gesetzlich geschützt" bezeichnen, weil dabei der Verkehr stets an einen Patentschutz denkt.[218] Ebensowenig ist es zulässig, den Zusatz „patented" zu verwenden, wenn der Verkehr dabei nach den Umständen an ein deutsches Schutzrecht denken wird, während tatsächlich ein Patentschutz nur in den USA besteht.[219] Unzulässig ist außerdem der Werbehinweis auf die bloße Anmeldung einer Erfindung zum Patent,

---

[211] *BGH*, LM § 1 UWG 363 = GRUR 1982, 311.
[212] Grdl. *BGHZ* 82, 152.
[213] *BGH*, GRUR 1965, 39.
[214] *BGH*, LM § 3 UWG Nr. 182 = Betr. 1982, 1261.
[215] *BGH*, LM § 3 UWG Nrn. 31 und 138 = NJW 1958, 789 u. GRUR 1976, 146.
[216] *BGH*, LM § 3 UWG Nr. 174 = MDR 1981, 993.
[217] S. hierzu m. zahlr. Nachw. *Baumbach-Hefermehl*, § 3 Rdnrn. 165 ff.; *Helm*, in: Hdb., § 38 Rdnrn. 171–175; *Graf Lambsdorff*, in: RWW, 3.5. Rdnrn. 401 ff.; *Nordemann*, Tz. 124; *Ulmer-Reimer*, Tz. 602 ff.
[218] *BGH*, LM § 3 UWG Nr. 21 = GRUR 1957, 358 „Kölnisch Eis".
[219] *BGH*, LM § 3 UWG Nr. 221 = GRUR 1984, 741 = MDR 1985, 205.

weil erfahrungsgemäß nur ein kleiner Teil der Anmeldungen tatsächlich zur Erteilung eines Patents führt. Anders jedoch nach Bekanntmachung der Anmeldung. Freilich darf auch jetzt keine Abkürzung gewählt werden, die (wie etwa die Abkürzung DPa) den Eindruck erwecken könnte, das Patent sei schon erteilt. Unbedenklich ist daher im Grunde nur die Werbebehauptung ,,DBPangem." (für Deutsches Bundespatent angemeldet).[220]

7. Ursprung

Literatur: Baumbach-Hefermehl, § 3 Rdnrn. 182 ff.; *Beier*, GRUR 1956, 365; *ders.*, GRURAusl 1959, 227; *ders.*, Der Schutz geographischer Herkunftsangaben in Deutschland, 1963 = GRUR 1963, 169, 236; *ders.*, GRURInt 1974, 134; 1977, 1; *v. Godin*, § 3 UWG Rdnrn. 29 ff.; *Fischer*, in: RWW 3.5, Rdnrn. 450 ff.; *Helm*, in: Hdb, § 48 Rdnrn. 191 ff.; *Klette*, WRP 1981, 503; *ders.*, NJW 1986, 359; *Nirk*, S. 379 ff.; *Matthies*, in: Festschr. f. Schiedermaier, 1976, S. 391; *Matthiolius*, Der Rechtsschutz geographischer Herkunftsangaben, 1929; *Nordemann*, Tz. 129 ff.; *Reimer-v. Gamm*, § 3 Rdnrn. 30 ff. (S. 353 ff.); *Tilmann*, Die geographische Herkunftsangabe, 1976; *ders.*, GRUR 1980, 487; *Ulmer-Reimer (-Beier)*, Tz. 673 ff. (S. 463 ff.). – *Fälle*, S. 45 ff.

a) Überblick

Nach § 3 UWG gehört zu den geschäftlichen Verhältnissen u. a. der Ursprung von Waren oder gewerblichen Leistungen. Zusammen mit dem WZG und einer Fülle zwischenstaatlicher Verträge ist § 3 UWG dadurch zur Grundlage des zunehmend an Bedeutung gewinnenden Schutzes der sog. geographischen Herkunftsangaben geworden, mit denen sich vielfach wertvolle Qualitätsvorstellungen der Verbraucher verbinden, so daß hier die Gefahr eines Mißbrauchs durch die Verwendung derartiger Bezeichnungen für Waren anderen Ursprungs besonders groß ist. Während die ältere Rechtsprechung gegenüber solchen Mißbräuchen eine verhältnismäßig großzügige Haltung eingenommen hatte, ist seit 1930 eine ständige Verschärfung der Praxis zu beobachten, so daß heute geographische Herkunftsangaben einen umfassenden Schutz genießen; als Vorbild hat hierbei vor allem das französische Recht gedient.

Grundlage des Schutzes geographischer Herkunftsangaben ist in Deutschland die Regelung der §§ 3 bis 5 UWG, ergänzt durch die Generalklausel des § 1 UWG.[221] Die Verwendung täuschender Herkunftsangaben ist obendrein strafbar (§ 26 I WZG); außerdem dürfen solche Herkunftsangaben nicht als Warenzeichen in die Warenzeichenrolle eingetragen werden (§ 4 II Nr. 4 WZG). Ausgenommen von dem Schutz sind lediglich solche ,,Ursprungsangaben", die im Verkehr ausschließlich als Warennamen oder Beschaffenheitsangaben dienen (§ 26 II WZG, übereinstimmend mit § 5 I UWG). Neben diesen Vorschriften gibt es außer-

---

[220] *BGH*, LM § 3 UWG Nrn. 25, 61 und 75; *BGH*, GRUR 1961, 241 (242).
[221] Vgl. insb. *BGH*, LM § 3 UWG Nr. 16 = NJW 1956, 589 ,,Rügenwalder Teewurst"; *Ulmer-Reimer-Beier*, Tz. 737 ff. (S. 515 ff.); *Tilmann*, S. 228, 255, 277 ff.

dem eine Fülle sondergesetzlicher Regelungen für spezielle Herkunftsangaben insbes. auf dem Gebiete der Lebensmittel, Genußmittel und Spirituosen,[222] und zwar gleichermaßen im nationalen wie im Gemeinschaftsrecht,[223] neben denen aber § 3 UWG uneingeschränkt anwendbar bleibt.[224] Schließlich genießen noch zahlreiche, ausländische Herkunftsangaben in Deutschland einen besonderen Schutz auf Grund zweiseitiger und mehrseitiger, internationaler Abkommen,[225] nach denen es z. B. schlechthin verboten ist, deutsche Schaumweine oder ähnliche Getränke als „Champagner" zu bezeichnen.[226]

Schranken für den Schutz der Herkunftsangaben ergeben sich demgegenüber für die Mitgliedstaaten der EWG vor allem aus dem Verbot aller Maßnahmen mit gleichen Wirkungen wie mengenmäßige Beschränkungen (Art. 30 EWGV). Im Interesse eines möglichst freien Warenverkehrs zwischen den Mitgliedstaaten hat der *EuGH* nämlich dem Art. 30 EWGV das Verbot entnommen, nachträglich durch die nationale Gesetzgebung einfache Herkunfts- oder Beschaffenheitsangaben zum Schutze der inländischen Hersteller für deren Produkte zu monopolisieren. Zulässig ist deshalb seitdem im Verkehr zwischen den Mitgliedstaaten nur noch der uneingeschränkte Schutz der qualifizierten Herkunftsangaben, mit denen sich besondere Gütevorstellungen der Verbraucher verbinden.[227] Der Gerichtshof hat es außerdem als unzulässig bezeichnet, durch die deutsche Gesetzgebung, nämlich durch die Weinverordnung von 1971, Bocksbeutel für bestimmte, deutsche Weine zu monopolisieren, so daß eine derartige gesetzliche Vorschrift wegen des vorrangigen Art. 30 EWGV nicht solchen ausländischen Herstellern entgegengehalten werden kann, die traditionell und entsprechend den Grundsätzen des lauteren Wettbewerbs dieselbe Flaschenform verwenden.[228] Schließlich folgt aus Art. 30 EWGV noch das Verbot, das deutsche Wettbewerbsrecht in einer Weise auszulegen, die es ausländischen Unternehmen unmöglich macht, im Ausland zulässigerweise verwandte Unternehmensbezeichnungen im Inland zu verwenden, selbst wenn damit möglicherweise eine Täuschung über die Herkunft der Ware aus dem Inland verbunden ist.[229]

b) Begriff

aa) Zu den geographischen Herkunftsangaben zählen alle tatsächlichen Angaben über die Herkunft von Waren oder gewerblichen Leistungen

---

[222] Überblick bei *Baumbach-Hefermehl*, § 3 Rdnrn. 237 ff., 254 ff.; *Ulmer-Reimer-Beier*, Tz. 755 ff.; *Tilmann*, S. 94 ff.

[223] Vgl. z. B. die verschiedenen Verordnungen der EWG über die Kennzeichnung von Wein und anderen Produkten, deren Zahl bald nicht mehr übersehbar ist.

[224] *BGH*, LM § 1 UWG Nr. 369 = GRUR 1982, 495 (497); LM § 3 UWG Nr. 181 = GRUR 1982, 423 usw.

[225] Überblick bei *Baumbach-Hefermehl*, § 3 Rdnr. 256; *Ulmer-Reimer-Beier*, Tz. 781 ff.; *Tilmann*, S. 111 ff., 371 ff.

[226] Grdl. *BGHZ* 52, 216 (222 ff.) für die Bezeichnung „Champagner-Weizenbier"; insbes. *OLG München*, GRUR 1985, 564; anders für die Bezeichnung „Samos" für einen Computer z. B. *BGH*, LM § 41 q PatG Nr. 18 = NJW 1970, 611.

[227] Slg. 1975, 181 (194 ff.) für die deutschen Bezeichnungen „Sekt" und „Weinbrand"; dazu insb. *Beier*, GRURInt 1977, 1; *Mathies*, in: Festschr. f. Schiedermair, 1976, S. 391.

[228] Slg. 1984, 1299 (1322 ff.) „Prantl"; ebenso ganz allgemein für alle Gattungsbezeichnungen *EuGH*, GRURInt 1986, 633 „Genever"!

[229] Slg. 1984, 3651 (3661 ff.) „Ringelhahn u. Rennett".

aus einem bestimmten, geographischen Bezirk. Im einzelnen hat man dabei vor allem unmittelbare und mittelbare Herkunftsangaben zu unterscheiden. Von *unmittelbaren* Herkunftsangaben spricht man, wenn die Angaben einen bestimmten, geographischen Begriff wie z. B. den Namen einer Landschaft oder einer Stadt enthalten, vorausgesetzt, daß die angesprochenen Verkehrskreise den betreffenden, geographischen Begriff überhaupt noch als solchen verstehen (s. u. bb). Beispiele aus der jüngsten Praxis sind Lübecker Marzipan,[230] Serie Westerwald,[231] Dresdner Stollen,[232] Elsässer Nudeln[233] sowie Rüdesheimer Sekt.[234]

Um eine *mittelbare* Herkunftsangabe handelt es sich hingegen, wenn in der Angabe zwar geographische Begriffe fehlen, die angesprochenen Verkehrskreise aber gleichwohl aus anderen Umständen wie z. B. aus einer fremdsprachigen Bezeichnung oder aus der Verwendung bestimmter Herkunftssymbole wie z. B. fremden Landesfarben auf die Herkunft der Ware aus einem bestimmten Ort oder einer bestimmten Gegend schließen.[235] Mittelbare Herkunftsangaben sind deshalb z. B. die Bocksbeutelflasche als Hinweis auf die Herkunft des Weines aus dem Frankenland und aus bestimmten, badischen Gemeinden,[236] die Verwendung der ungarischen Nationalfarben für deutsche Salami[237] sowie die Verwendung englischer oder französischer Bezeichnungen für Kosmetika, Modeartikel, Spirituosen, Weine und Champagner.[238] Voraussetzung ist dabei freilich stets, daß die Mehrheit der angesprochenen Verkehrskreise in der betreffenden Angabe tatsächlich noch einen Hinweis auf die Herkunft der Ware aus dem betreffenden Gebiet sieht, weil anderenfalls das Freihaltebedürfnis der Allgemeinheit den Vorrang haben muß.[239] Oft ist dabei zweifelhaft, ob die Verbraucher geographische Angaben tatsächlich noch in diesem Sinne als Herkunftsangaben verstehen; in solchen Fällen bleibt nichts anderes übrig als eine Meinungsumfrage bei den angesprochenen Verkehrskreisen über deren Verständnis der betreffenden Anga-

---

[230] *BGH*, LM § 3 UWG Nr. 171; *OLG Köln*, GRUR 1983, 385.

[231] *OLG Koblenz*, GRUR 1984, 745.

[232] *OLG München*, NJW 1986, 387 m. Anm. *Klette*, S. 359 = OLGZ 1986, 188 = JuS 1986, 317 Nr. 11 m. Nachw.

[233] *BGH*, LM § 3 UWG Nr. 191 = GRUR 1982, 564.

[234] *OLG Frankfurt*, NJW-RR 1986, 667; ebenso für ,,Frankenschweizer Emmenthaler'' *LG München I*, GRURInt 1986, 476.

[235] Vgl. im einzelnen *Baumbach-Hefermehl*, § 3 Rdnrn. 189 ff.; *Ulmer-Reimer-Beier*, Tz. 682 ff.

[236] *BGH*, LM § 3 UWG Nrn. 110 und 159 = GRUR 1971, 313; 1979, 415; einschränkend *EuGH* (o. Fußn. 228).

[237] *BGH*, LM § 3 UWG Nrn. 175 u. 193.

[238] *BGHZ* 44, 16 (18 ff.) ,,L'Oréal de Paris''; *BGH*, LM § 3 UWG Nrn. 17 (,,English Lavender''), 105 (franz. Name für dt. Sekt) und 108 (,,Plym-Gin''); *BGH*, GRUR 1960, 150 (151 f.) ,,Kim''; 1973, 201 (202 f.) ,,Trollinger''; 1973, 589 ,,Lady Rose''.

[239] Grdl. *BGH*, GRUR 1986, 469 für ein bestimmtes Bierglas, das angeblich auf Köln hindeuten soll.

ben.[240] Keine Herkunftsangabe enthält jedenfalls die Werbebehauptung „in Suhler Tradition", so daß mit dieser Angabe z. B. für Gewehre geworben werden darf, bei denen von dritten Unternehmen bezogene Teile verwandt werden.[241]

Unter einem anderen Gesichtspunkt werden außerdem *einfache* und qualifizierte Herkunftsangaben oder Ursprungsbezeichnungen unterschieden, je nachdem, ob die Angabe lediglich auf die Herkunft aus einem bestimmten Gebiet hindeutet oder ob sich mit ihr darüber hinaus wie z. B. bei französischen Kosmetika, Modeartikeln und Champagner besondere Gütevorstellungen verbinden.[242] Die *qualifizierten* Herkunftsangaben repräsentieren häufig einen unschätzbaren Werbewert und gelten deshalb in besonderem Maße als schutzwürdig.[243] Nur bei ihnen ist daher ein ergänzender Schutz über § 1 UWG zu erwägen, insbes. unter dem Gesichtspunkt der Rufausbeutung und der Verwässerung durch ihre Verwendung für andere Waren.[244]

bb) Die Herkunftsangaben müssen vor allem von den Beschaffenheitsangaben (oder Gattungsbezeichnungen), den Phantasiebezeichnungen und den Individualbezeichnungen unterschieden werden. Eine *Beschaffenheitsangabe* liegt vor, wenn die angesprochenen Verkehrskreise bei der fraglichen Angabe nicht mehr an die Herkunft der Ware aus einem bestimmten Gebiet, sondern nur noch an ihre Beschaffenheit denken (vgl. § 5 I UWG und § 26 II WZG). Herkunftsangaben können sich im Laufe der Zeit durchaus zu derartigen Beschaffenheitsangaben umwandeln. Bekannte Beispiele sind Steinhäger und Kölnisch Wasser[245] sowie – bei Hinzufügung eines auf eine deutsche Herkunft hindeutenden Zusatzes – Pilsener Bier.[246] In der Annahme einer derartigen Umwandlung von Herkunfts- in Beschaffenheitsangaben war die frühere Rechtsprechung verhältnismäßig großzügig gewesen, wie insbesondere das weltberühmte Pilsener Bier erfahren mußte. Heute wird hingegen eine Umwandlung nur noch selten unter der Voraussetzung bejaht, daß die angesprochenen Verkehrskreise bis auf einen ganz unwesentlichen Teil tatsächlich in der fraglichen Angabe ausschließlich eine Beschaffenheitsangabe und nicht

---

[240] Grdl. *BGH*, LM § 3 UWG Nr. 210 = MDR 1984, 290 für die Werbung „Das unmögliche Möbelhaus aus Schweden".

[241] *KG*, GRUR 1984, 134.

[242] Man denke nur an französischen Cognac und Champagner, an schottischen Whisky und an Meißner Prozellan.

[243] Eingehend *Ulmer-Reimer-Beier*, Tz. 685 ff.; *Tilmann*, S. 15, 28 ff.

[244] Grdl. *OLG München*, GRUR 1985, 564 für die Bezeichnung eines Mineralwassers als „Champagner", ein in der Tat abenteuerlicher Mißbrauch der deutschen Sprache.

[245] Grdl. für „Steinhäger" RGZ 137, 182; BGHZ 51, 216 (222); *BGH*, LM § 3 UWG Nr. 22 = GRUR 1957, 128; – für „Kölnisch Wasser" *BGH*, LM § 3 UWG Nr. 68 = NJW 1965, 630 (dazu Fälle, S. 45 ff.). Weitere Beispiele in *BGH*, GRUR 1977, 159 (160) für „ostfriesischen Tee"; LM § 3 UWG Nr. 104 = GRUR 1970, 517 für „Kölsch-Bier"; LM § 3 UWG Nr. 19 = GRUR 1956, 550 für die Bezeichnung „Tiefenfurter Bauernbrot" aus Berlin.

[246] Grdl. RGZ 139, 363 m. zahlr. Nachw.

mehr (zugleich) eine Herkunftsangabe sehen.[247] Herkunftsangaben sind daher nach wie vor z. B. ,,Lübecker Marzipan"[248] und ,,Dresdner Stollen",[249] nicht aber ,,in Suhler Tradition"[250] oder ,,Maraschino" für einen Kirschlikör.[251]

Eine Rückverwandlung von Beschaffenheitsangaben in Herkunftsangaben ist gleichfalls möglich. Doch ist in der Annahme einer solchen Rückverwandlung mit Rücksicht auf das Freihaltebedürfnis des Verkehrs und auf die Interessen der Rechtssicherheit Zurückhaltung geboten. Eine Rückverwandlung sollte daher nur erwogen werden, wenn tatsächlich jetzt wieder der deutlich überwiegende Teil der angesprochenen Verkehrskreise in der Angabe ausschließlich eine Herkunftsangabe (und nicht mehr zugleich eine Beschaffenheitsangabe) erblickt.[252] Eine derartige Zurückhaltung ist schon deshalb gerechtfertigt, weil ohnehin zu Beschaffenheitsangaben gewordene Herkunftsangaben i. d. R. durch Zusätze wie ,,echt" oder ,,original" wieder zu Herkunftsangaben gemacht werden können. Ein als ,,echter Steinhäger" bezeichneter Steinhäger muß daher tatsächlich aus Steinhagen bei Bielefeld in Ostwestfalen stammen.[253] Voraussetzung ist freilich, daß der Verkehr mit den betreffenden Angaben überhaupt noch konkrete, geographische Vorstellungen verbindet, woran es z. B. bei ,,Maraschino" fehlt.[254]

cc) Von den Herkunftsangaben sind außerdem die Individual- und die Phantasiebezeichnungen zu trennen. Um eine *Individualbezeichnung* handelt es sich, wenn die Angabe nicht nur auf die Herkunft des Produkts aus einem geographischen Bezirk, sondern aus einem einzigen, bestimmten Unternehmen hinweist.[255] Jedoch sollte im Interesse der anderen an demselben Ort ansässigen Unternehmen eine derartige Monopolisierung von Herkunftsangaben für ein einzelnes Unternehmen nur in besonders gelagerten Ausnahmefällen erwogen werden.

Phantasiebezeichnungen nennt man hingegen diejenigen Angaben, bei denen, obwohl sie geographische Begriffe enthalten, kein vernünftiger Mensch an die Herkunft des Produkts aus dem betreffenden Gebiet denkt.[256] Beispiele sind Bezeichnungen wie

---

[247] *BGH, LM* § 3 UWG Nrn. 16, 68, 105 und 171; *Baumbach-Hefermehl*, § 3 Rdnrn. 215 ff.; *Ulmer-Reimer-Beier*, Tz. 701 ff.; *Fälle*, S. 47 f.
[248] *BGH* u. *OLG Köln* (o. Fußn. 230).
[249] *OLG München* (o. Fußn. 232).
[250] *KG* (o. Fußn. 241).
[251] Grdl. *BGH, LM* § 24 WZG Nr. 80.
[252] *RGZ* 137, 282 (bes. 291 f.) für Steinhäger; 139, 363 (bes. 373 f.) für Pilsener Bier; *BGH, LM* § 3 UWG Nrn. 22 und 68 = *GRUR* 1957, 128; *NJW* 1965, 630 für Steinhäger und Kölsch-Bier; *LM* § 3 UWG Nr. 171 für Lübecker Marzipan; *GRUR* 1981, 71; *Ulmer-Reimer-Beier*, Tz. 710 ff.; *Fälle*, S 48.
[253] *BGH, LM* § 3 UWG Nr. 22 = *GRUR* 1957, 128.
[254] *BGH* (o. Fußn. 251); vgl. auch für ,,Urselters" *BGH, GRUR* 1986, 316.
[255] So *BGH, LM* § 3 UWG Nr. 30 = *GRUR* 1958, 39 für die Bezeichnung ,,Rosenheimer Gummimäntel"; ein weiteres Beispiel ist Meißner Porzellan; anders für ,,Maraschino" *BGH* (o. Fußn. 251).
[256] *Baumbach-Hefermehl*, § 3 Rdnr. 205; *Ulmer-Reimer-Beier*, Tz. 716.

„Grönland" für Speiseeis, „Nevada" für Skibindungen, „Samos" für einen Computer,[257] „Passat" für Autos, „Pariser Liebestropfen" für sexuelle Stärkungsmittel oder
„Hollywood-Duftschaumbad" für einen Badezusatz;[258] offen ist die Frage hingegen
noch für Lagebezeichnungen wie „Schloßdoktor" oder „Klosterdoktor".[259]

c) Herkunftstäuschung

§ 3 UWG schützt alle Herkunftsangaben gegen ihre irreführende Verwendung in der Werbung. Die Annahme einer Herkunftstäuschung setzt
hiernach vor allem voraus, daß die fragliche Ware tatsächlich aus einer
anderen Gegend als derjenigen stammt, auf die die Herkunftsangabe an
sich hindeutet. Hinzukommen muß außerdem, daß die unrichtige Herkunftsangabe überhaupt geeignet ist, die Verbraucher in ihren Kaufent-
schlüssen zu beeinflussen.

aa) Die Bestimmung des Herstellungsortes einer Ware ist häufig mit
erheblichen Schwierigkeiten verbunden, weil einerseits die Herstellung
von Waren in vielen Fällen einen mehraktigen Prozeß darstellt, der an
verschiedenen Orten abläuft, und weil zum anderen die genauen Grenzen
eines Ortes oder einer Gegend oft kaum festzustellen sind. In derartigen
Fällen bleibt nichts anderes übrig, als den Sinn zu erforschen, den die
Verkehrsauffassung mit der fraglichen Herkunftsangabe verbindet.[260] Allein danach kann beurteilt werden, welcher Ort bei einem mehraktigen
Herstellungsvorgang als Herstellungsort gilt und wie die Grenzen dieses
Ortes zu ziehen sind.[261] Keine Rolle spielen hingegen insoweit etwa die
Katasterbezeichnungen oder die rechtlichen Grenzen einer Gemeinde, so
daß es z. B. bei Wein allein auf den Ort ankommt, wo die Trauben
geerntet werden.[262]

bb) Hinzukommen muß stets noch, daß die unrichtige Herkunftsangabe überhaupt zur Irreführung der angesprochenen Verkehrskreise durch
die Beeinflussung ihrer Entschlüsse geeignet ist. In aller Regel ist hiervon
freilich ohne weiteres auszugehen, weil die Verbraucher erfahrungsgemäß geographischen Herkunftsangaben eine erhebliche Bedeutung bei-
messen.[263] Es genügt dabei schon, wenn die Verbraucher mit der Herkunftsangabe ganz allgemeine Gütevorstellungen verbinden oder aus anderen Gründen, z. B. wegen des Geschmacks eines Weines, auf die Herkunft aus einem bestimmten Gebiet Wert legen. Unerheblich ist dabei, ob

---

[257] *BGH*, LM § 41q PatG Nr. 18 = NJW 1970, 611.
[258] Offen gelassen in *BGH*, GRUR 1963, 482 (484 f.).
[259] *BGH*, LM § 3 UWG Nr. 181 = GRUR 1982, 423 (424).
[260] So denkt z. B. jedermann bei „Rüdesheimer Sekt" an Sekt aus Rüdesheim am
Rhein und nicht an Sekt aus dem kleinen, unbekannten Rüdesheim an der Nahe, so daß
die Herkunftsangabe falsch ist, wenn der Sekt tatsächlich aus dem zuletzt genannten
Ort stammt: so *OLG Frankfurt*, NJW-RR 1986, 667.
[261] S. *Baumbach-Hefermehl*, § 3 Rdnrn. 206–212; *Ulmer-Reimer-Beier*, Tz. 721 ff.
[262] *BGH*, LM § 6 WeinG Nr. 1 = NJW 1961, 1160 „Forster Jesuitengarten"; vgl.
auch *BGH*, LM § 3 UWG Nr. 166 = GRUR 1980, 299 „Kellergeister".
[263] *BGH*, LM § 3 UWG Nr. 191 = GRUR 1982, 564 „Elsässer Nudeln".

die Vorstellungen der Verbraucher zutreffen oder etwa nur auf einem Vorurteil beruhen.[264] Außerdem reicht hier ebenso wie sonst im Anwendungsbereich des § 3 UWG bereits die Täuschung eines nicht völlig unerheblichen Teils der angesprochenen Verkehrskreise, d. h. von rd. 13 bis 15% der Verbraucher, für die Anwendung des § 3 UWG aus.[265]

cc) Aus dieser Praxis ergaben sich erhebliche Probleme nach Ende des letzten Krieges infolge der Vertreibung vieler deutscher Betriebe aus den deutschen Ostgebieten und deren Neuerrichtung im Westen. Wurden dabei die alten, auf die Herkunft der Ware aus den deutschen Ostgebieten hinweisenden Bezeichnungen beibehalten, so kam an sich eine Anwendung des § 3 UWG in Betracht. Dem stand jedoch das dringende und legitime Interesse dieser Unternehmen entgegen, ihre oft sehr wertvollen, angestammten Bezeichnungen weiterzuverwenden. Ohne eine Interessenabwägung war daher hier nicht mehr auszukommen (s. schon o. 4b). Deshalb verwundert es nicht, daß sich in dieser Frage eine einheitliche Praxis bisher nicht herausgebildet hat. Deutlich ist jedoch das Bestreben der Gerichte, unter Einschränkung des § 3 UWG hier eine dieser außerordentlichen Situation gerecht werdende Lösung zu finden.[266]

dd) Vor allem bei mittelbaren Herkunftsangaben kann eine Irreführung der angesprochenen Verkehrskreise über die Herkunft der Ware durch ihre Verwendung für aus anderen Gebieten stammende Produkte schließlich noch durch die Hinzufügung sog. *entlokalisierender Zusätze* vermieden werden.[267] Die Praxis ist jedoch in der Annahme einer solchen Entlokalisierung von Herkunftsangaben ausgesprochen zurückhaltend, weil der Verkehr derartige Angaben i. d. R. nur flüchtig und oberflächlich wahrzunehmen pflegt.[268]

8. Preis

Literatur: Baumbach-Hefermehl, § 3 UWG Rdnrn. 268ff.; *Brose*, WRP 1978, 770; *Burmann*, Leitfaden für Preisgestaltung, Preiswerbung und Preiswettbewerb, 1966;

---

[264] Vgl. zu der im einzelnen umstr. Abgrenzung z. B. *Baumbach-Hefermehl*, § 3 Rdnr. 213; *Tilmann*, S. 197ff.; *Ulmer-Reimer-Beier*, Tz. 691 ff.; sowie aus der schwankenen Rspr. insb. *BGHZ* 44, 16 (20f.); *BGH*, LM § 3 UWG Nrn. 16, 93, 104, 110, 166 und 171; *BGH*, GRUR 1963, 482 (485); 1963, 589 (592); 1973, 361f.; *OLG Köln*, GRUR 1983, 385 (386).

[265] So z. B. zuletzt *OLG München*, NJW 1986, 387 = OLGZ 1986, 188 = JuS 1986, 317 Nr. 11 m. Nachw. u. m. Anm. *Klette*, NJW 1986, 359; insbes. *BGH*, LM § 3 UWG Nr. 171 „Lübecker Marzipan".

[266] *BGH*, LM § 3 UWG Nrn. 16 und 130 = NJW 1956, 589 „Rügenwalder Teewurst"; 1974, 1559 „Made in Germany"; *Hösl*, S. 266ff.

[267] *Baumbach-Hefermehl*, § 3 Rdnrn. 220ff.; *Tilmann*, S. 191ff.; *Ulmer-Reimer*, Tz. 732ff.

[268] Z. B. *BGHZ* 44, 16 (22); *BGH*, LM § 3 UWG Nrn. 17, 105, 108 und 159; *BGH*, GRUR 1973, 201 (202f.) für die Bezeichnung „Trollinger", die zugleich Herkunftsangabe und Rebsortenbezeichnung ist; GRUR 1981, 666 = LM § 3 UWG Nr. 175 „Ungarische Salami I"; LM § 3 UWG Nr. 191 = GRUR 1982, 564 „Elsässer Nudeln".

Callmann, § 3 Rdnrn. 38 ff.; *Gaedertz,* GRUR 1980, 613; *Gloy,* GRUR 1980, 395; *v. Godin,* § 3 UWG Rdnr. 38; *Helm,* in: Hdb., § 48 Rdnrn. 228 ff.; *Hiersemann,* WRP 1964, 393; *Lindacher,* Lockvogel- und Sonderangebote, 1979; *Lorenz,* GRUR 1976, 512; *Martino,* MA 1969, 381; *Mohr,* BB 1964, 158; *Plassmann,* NJW 1966, 1947; 1967, 810; *Reimer-v. Gamm,* § 3 Rdnr. 46 (S. 361 ff.); *Sauter,* NJW 1967, 806; *Fr. J. Scholz,* GRUR 1986, 585; *Schramm-Schade,* WRP 1970, 204; *Ulmer-Reimer,* Tz. 622 ff. (S. 428 ff.). – Fälle, S. 34 ff.
    Zur neuen PreisangabenVO von 1985 s. außerdem *Boest,* NJW 1985, 1440; *P. Bülow,* GRUR 1985, 254; *Gimbel-Boest,* Die neue PreisangabenVO, 1985; *Kunz,* MDR 1985, 539; *Gröner-Köhler,* Der Selbstbedienungsgroßhandel zwischen Rechtszwang und Wettbewerb, 1986, S. 126 ff.; *Helm,* in: Hdb., § 48 Rdnrn. 251–263 (S. 614 ff.).
    Zur alten PreisangabenVO s. z. B. *Baumbach-Hefermehl,* § 3 Rdnrn. 314 ff. und Anh. V nach § 3 (S. 1240 ff.); *Gelberg,* Kommentar, 1975; *Holzapfel,* BB 1973, 729; *Schricker-M. Lehmann,* Der Selbstbedienungsgroßhandel, 1976, S. 213 ff.; *Gelberg,* GewA 1981, 1, 46.

Im Interesse des Verbraucherschutzes mißt der heutige Gesetzgeber der Förderung der Preistransparenz im Handel zentrale Bedeutung bei. Neben § 3 UWG i. d. F. von 1969 dienen diesem Zweck namentlich noch die §§ 4, 6, 6 d und 6 e UWG sowie die neue Preisangabenverordnung von 1985.

a) Preisangabenverordnung

aa) Das Preisauszeichnungsrecht war in Deutschland erstmals durch die Verordnung über Preisauszeichnung vom 16. 11. 1940[269] geregelt worden. An ihre Stelle war 1969 die Preisauszeichnungsverordnung vom 18. 9. 1969 getreten,[270] die schon wenig später durch die Preisangabenverordnung vom 10. 5. 1973,[271] in Kraft getreten am 1. 7. 1973, ersetzt worden war. Gestützt waren die beiden zuletzt genannten Verordnungen auf § 2 des alten Preisgesetzes von 1948. 1983 entschied jedoch das BVerfG,[272] daß diese Vorschrift nicht als Ermächtigungsgrundlage für die Preisangabenverordnung ausreiche. Die Folge war, daß die Verordnung insgesamt für nichtig erklärt wurde.[273] Daraufhin verabschiedete der Bundestag 1984 ein neues Gesetz zur Regelung der Preisangaben,[274] aufgrund dessen die Bundesregierung am 14. 3. 1985 eine neue Preisangabenverordnung erließ,[275] die am 1. 5. 1985 in Kraft getreten ist. Inhaltlich stimmt sie im wesentlichen mit der alten Preisangabenverordnung von 1973 überein.

---

[269] RGBl. I, S. 1535.
[270] BGBl. I, S. 1733; s. dazu die Amtliche Begründung, BAnz 1969 Nr. 178.
[271] BGBl. I, S. 461; s. dazu die Amtliche Begründung, BAnz 1973 Nr. 97; Voraufl., S. 174.
[272] *BVerfGE* 65, 248 = NJW 1984, 861; anders noch *BGH,* LM § 1 UWG Nr. 335.
[273] *BGH,* LM § 1 UWG Nr. 418 = NJW 1985, 1032 = GRUR 1985, 58; *KG,* GRUR 1985, 220; *OLG Frankfurt,* BB 1984, 1116; zum Übergangsrecht s. noch *KG,* GRUR 1985, 236 u. 237; *OLG Nürnberg,* GRUR 1985, 237.
[274] BGBl. I, S. 1429.
[275] BGBl. I, S. 580; s. dazu im einzelnen die Begründung zum RegE. BT-Dr. 10/1526; den Ausschußbericht, BT-Dr. 10/2024; die Begründung zur Verordnung, BR-Dr. 1/85.

bb) Durch die Preisangabenverordnung (VO) sollen zum Schutze der Verbraucher bei der besonders beliebten Werbung mit Preisangaben Preiswahrheit und Preisklarheit gewährleistet werden.[276] Zu diesem Zweck bestimmt § 1 Abs. 1 VO, daß im Verkehr mit Letztverbrauchern sowohl bei dem *Angebot* von Waren oder Leistungen als auch bei der *Werbung unter Angabe von Preisen* stets zwingend der Bruttopreis, d. h. der Preis einschließlich der Mehrwertsteuer (die Teil des Kaufpreises ist), und zwar in eindeutiger und deutlich lesbarer Weise, genannt werden muß. Soweit üblich, sind außerdem die Verkaufs- oder Leistungseinheit anzugeben, auf die sich die Preise beziehen (§ 1 Abs. 2 VO). Ergänzend kann auf die Bereitschaft, über die Preise zu verhandeln, etwa durch den Zusatz „Verhandlungsbasis" („VB") hingewiesen werden (§ 1 Abs. 1 S. 3 VO). Statt dessen können bei Leistungen auch Stundensätze, Kilometersätze oder andere Verrechnungssätze angegeben werden (§ 1 Abs. 2 VO). Soweit aber staatlich fixierte Tarife oder Gebührenregelungen vorliegen, genügt die Angabe der Preise in der staatlich festgesetzten oder genehmigten Form (§ 1 Abs. 3 VO). Änderungsvorbehalte dürfen nur angebracht werden, wenn die Liefer- oder Leistungsfristen mehr als vier Monate betragen (§ 1 Abs. 4 VO; vgl. § 11 Nr. 1 AGBG). Bei losen Waren muß außerdem der Preis auf übliche Einheiten in Kilogramm oder Liter bezogen werden (§ 1 Abs. 5 VO). Auf jeden Fall muß die Preisangabe den Grundsätzen der Preisklarheit und Preiswahrheit entsprechen, wobei stets der Endpreis hervorzuheben ist (§ 1 Abs. 6 VO). Zusätzliche Regeln gelten für die Preisauszeichnung im Handel (s. im einzelnen § 2 VO; Ausnahmen in § 7 Abs. 2 VO). Beim Angebot von Leistungen muß nach § 3 VO ein Preisverzeichnis aufgestellt und im Geschäftslokal ausgehängt werden (Ausnahmen in § 7 Abs. 3 VO). Soweit es sich dabei um Banken handelt, ist für Kredite, um die Vergleichbarkeit der Konditionen herzustellen, stets der nach der genauen Annuitätenmethode berechnete, effektive Jahreszins anzugeben.[277] Sonderregelungen für Gaststättenbetriebe, Beherbergungsbetriebe und Tankstellen finden sich in den §§ 5 und 6 VO. Unanwendbar ist die VO hingegen im geschäftlichen Verkehr mit gewerblichen Abnehmern, wobei freilich für den Selbstbedienungsgroßhandel eine sehr restriktive Regelung gilt, die diesen in Zukunft wohl dazu zwingen wird, stets neben dem Netto- zugleich den Bruttopreis auszuzeichnen.[278] Verstöße gegen die VO sind nach § 8 grundsätzlich Ordnungswidrigkeiten, die nach dem WiStG von 1954 geahndet werden.

---

[276] Vgl. die Amtl. Begründungen zu den beiden Preisangabenverordnungen (o. Fußn. 271 u. 275); statt aller *BGHSt* 31, 91 = NJW 1982, 2010; *BGH*, LM § 3 UWG Nr. 208 = NJW 1983, 2703 = JuS 1985, 559 Nr. 10.

[277] § 4 VO; zur Berechnung des effektiven Jahreszinses s. im einzelnen *Emmerich-Kessler*, Probleme der Konsumentenkredite, 1976, S. 13ff., bes. 20ff.; *Fr. J. Scholz*, aaO.

[278] S. im einzelnen § 7 Abs. 1 Nr. 1 VO und dazu z. B. *Gröner-Köhler*, S. 126ff.

Zugleich stellen bewußte und planmäßige Verstöße gegen die VO i. d. R. unlautere Wettbewerbshandlungen i. S. des § 1 UWG dar, jedenfalls wenn damit die Erzielung eines Vorsprungs vor den Konkurrenten bezweckt wird (sog. Vorsprungsgedanke).[279]

cc) Wie aus § 1 Abs. 1 S. 1 VO unmittelbar folgt, erfaßt die VO *nicht* jede Form von Werbeangaben, sondern lediglich auf der einen Seite Angebote von Waren oder Leistungen und auf der anderen Seite die Werbung für Waren oder Leistungen gerade unter Angabe von Preisen. Ein *Angebot* in diesem Sinne liegt dabei schon in jeder Erklärung, durch die der Kunde, wenn auch nur rein tatsächlich, gezielt auf den Vertragsschluß angesprochen wird, sofern nur das Angebot so konkret ist, daß der Kunde sich bereits aufgrund des Angebots über einen etwaigen Kauf schlüssig werden kann, so daß er im Grunde nur noch zuzugreifen braucht.[280] Den Gegensatz bildet die bloße Werbung für ein Geschäft, bei der noch sämtliche, wichtigen, individualisierenden Merkmale fehlen.[281] Ein Beispiel ist etwa die allgemeine Werbung für Kraftfahrzeuge.[282] Ein Angebot i. S. des § 1 Abs. 1 VO liegt hingegen vor, wenn z. B. in der Werbung für Immobilien[283] das Grundstück oder das Haus bereits in der Anzeige ganz genau nach Größe, Lage, Bebaubarkeit und vergleichbaren Merkmalen beschrieben wird.[284] In einem solchen Fall muß daher in der Anzeige stets der *totale Bruttoendpreis* für sämtliche, nur zusammen angebotenen Leistungen genannt werden. Wird z. B. ein Haus oder eine Eigentumswohnung nur zusammen mit einer Garage angeboten, so muß daher stets der Endpreis für beide zusammen genannt werden.[285] Auf keinen Fall ist es hingegen zulässig, bei Grundstücken etwa nur den qm-Preis zu nennen, lediglich die monatliche Belastung anzugeben oder die Endpreise für die einzelnen, zusammengehörigen Leistungen getrennt aufzuführen; vielmehr muß stets, und zwar besonders hervorgehoben (§ 1 Abs. 6 S. 3 VO), zusätzlich der vollständige Bruttoendpreis genannt werden, den der Käufer tatsächlich schließlich zahlen muß. Dafür genügt freilich bei der Werbung für Geräte die Angabe des zu

---

[279] Z. B. *BGH*, LM § 1 UWG Nrn. 262, 265, 320, 340 und 389; *OLG München*, Betr. 1983, 223 usw.

[280] Grdl. *BGH*, LM PreisangabenVO Nr. 9 = NJW 1982, 1877 „Sonnenring"; LM § 1 UWG Nr. 335 = NJW 1980, 1388; LM § 3 UWG Nr. 208 = NJW 1983, 2703 = JuS 1985, 559 Nr. 10; *KG*, NJW 1983, 893; 1983, 894; GRUR 1983, 667 usw.

[281] *KG* (o. Fußn. 280).

[282] *BGH*, LM § 3 UWG Nr. 208 = JuS 1985, 559 Nr. 10.

[283] Die Verordnung gilt auch für die Werbung für Immobilien; s. *BGH*, LM PreisangabenVO Nr. 9 = NJW 1982, 1877; LM § 1 UWG Nr. 401 = NJW 1983, 2707; *OLG Nürnberg*, GRUR 1983, 666.

[284] Z. B. *KG*, NJW 1983, 893; 1983, 894; GRUR 1983, 667; 1983, 669; 1983, 670.

[285] *KG*, GRUR 1983, 670; 1986, 550; *OLG Frankfurt*, GRUR 1983, 670 f.; 1983, 672; *OLG Karlsruhe*, GRUR 1983, 671; vgl. auch *KG*, GRUR 1983, 675 für das Angebot eines Sprachkurses zuzüglich Lehrbuch.

zahlenden Endpreises; es ist nicht erforderlich, noch zusätzlich den Hersteller oder die Typenbezeichnung der Geräte anzugeben.[286] Kein Angebot (i. S. des § 1 Abs. 1 VO) liegt hingegen vor, wenn in der Anzeige für den Kaufentschluß wesentliche Angaben fehlen, so daß dann die Preisangabe entbehrlich ist. Anders verhält es sich in einem solchen Fall nur, wenn in der Werbung, – obwohl keine Verpflichtung dazu besteht – tatsächlich doch *Preise genannt* werden (§ 1 Abs. 1 S. 1 VO). In einer Werbung für Kraftfahrzeuge, die aus dem Ausland importiert werden, müssen daher in einem solchen Fall in dem genannten Endpreis z. B. die Kosten des Transports, der Umrüstung und der besonderen TÜV-Zulassung enthalten sein.[287] Dagegen stellt die Werbung mit einer bloßen Preisersparnis (z. B.: ,,Sie sparen 4000,– DM") noch keine Werbung mit Preisangaben dar, so daß eine solche Werbung ohne Rücksicht auf die VO unbeschränkt zulässig bleibt.[288]

Ebensowenig enthält die bloße Bezugnahme auf die Preisempfehlungen des Herstellers im Regelfall eine Werbung unter Angabe von Preisen, so daß der Händler dann nicht zugleich seine eigenen Endpreise nennen muß.[289] Noch offen ist, ob die Verpflichtung von *Banken* zur Angabe des effektiven Jahreszinses sogar für Realkredite mit variablen Konditionen gilt.[290] Soweit § 4 der VO anwendbar ist, darf jedenfalls nur noch der nach der Annuitätenmethode berechnete Effektivzins und kein anderer Zinssatz mehr genannt werden, um nicht die Verbraucher unnötig zu verwirren.[291] Ein Verstoß der Bank gegen § 4 VO führt freilich nicht zur Nichtigkeit des Darlehensvertrages, weil § 4 VO kein gesetzliches Verbot i. S. des § 134 BGB darstellt; § 1 a Abs. 3 AbzG ist in diesem Fall ebenfalls nicht analog anwendbar.[292] Alle diese Regeln gelten schließlich uneingeschränkt auch für Kreditvermittler, die Kredite in der Presse anbieten.[293]

b) Preissenkungen

aa) An nichts sind die Verbraucher so sehr interessiert wie an einem preiswerten Einkauf. Die Werbung mit Preissenkungen ist daher besonders beliebt, weil in der Regel besonders erfolgreich. Trifft diese Werbeangabe zu, hat m. a. W. der Gewerbetreibende die betreffenden Preise früher tatsächlich verlangt und jetzt um den angegebenen Betrag oder

---

[286] *OLG Hamm*, MDR 1982, 233; *KG*, GRUR 1984, 135; *OLG Köln*, GRUR 1984, 71; *Nacken*, WRP 1981, 79; anders früher *OLG Köln*, WRP 1981, 118.

[287] *BGH*, LM § 1 UWG Nrn. 389 und 400 = NJW 1983, 1558 und 2705.

[288] Grdl. *BGH*, LM § 3 UWG Nr. 208 = NJW 1983, 2703 = JuS 1985, 559 Nr. 10 m. Nachw.

[289] *BGH*, LM § 1 UWG Nr. 400 = NJW 1983, 2705 = GRUR 1983, 658; anders früher *KG*, WuW/E OLG 2549.

[290] *BGH*, LM § 1 UWG Nr. 365 = NJW 1982, 825.

[291] *KG*, GRUR 1983, 676; s. o. Fußn. 277.

[292] *KG*, WM 1985, 714.

[293] *BGH*, LM § 1 UWG Nr. 335 = NJW 1980, 1388; *KG*, GE 1986, 1065.

Prozentsatz gesenkt, so können die Verbraucher durch eine solche Werbung nicht irregeführt werden. Im Gegenteil: Die möglichst umfassende und sachgerechte Aufklärung der Verbraucher über preisgünstige Einkaufsquellen entspricht in besonderem Maße dem System eines freien und fairen Wettbewerbs; sie gehört geradezu zu den unabdingbaren Voraussetzungen eines Preiswettbewerbs auf allen Handelsstufen und in sämtlichen Wirtschaftsbereichen.

Wegen dieser offenkundigen und unmittelbar einleuchtenden Zusammenhänge hatte die bisherige Praxis gegen die Werbung mit Preissenkungen nichts einzuwenden gehabt.[294] Die Art der Werbung spielte dabei keine Rolle. Sowohl die Werbung durch Gegenüberstellung des alten und des neuen Preises wie die Werbung mit der Herabsetzung der Preise um bestimmte Prozentsätze oder absolute Beträge waren zulässig, sofern die Werbung nur zutraf, d. h. sofern der Gewerbetreibende die früheren Preise tatsächlich ernsthaft gefordert und diese sodann um die angegebenen Beträge oder Prozentsätze gesenkt hatte.[295] Unzulässig war hingegen schon immer die Gegenüberstellung des jetzigen Preises des Gewerbetreibenden mit irgendwelchen Phantasiepreisen, die niemals ernsthaft verlangt wurden.[296] Dasselbe galt für die Ankündigung einer Verkaufsaktion, ohne daß tatsächlich die Preise vorher gesenkt worden waren,[297] oder für die Werbung mit einer ,,radikalen" Preissenkung für Möbel, während tatsächlich die Preise lediglich um 10 bis 20% herabgesetzt worden waren.[298]

bb) Die geschilderte Rechtslage gehört – leider – der Vergangenheit an. Durch die UWG-Novelle von 1986 ist nämlich in das UWG als neuer § 6 e ein generelles *Verbot der Werbung mit Preissenkungen* im Verkehr mit dem Letztverbraucher eingefügt worden.[299] Danach ist es jetzt im geschäftlichen Verkehr mit dem letzten Verbraucher grundsätzlich verboten, in öffentlichen Bekanntmachungen oder in Mitteilungen, die für einen größeren Kreis von Personen bestimmt sind, die tatsächlich geforderten Preise für einzelne aus dem gesamten Angebot *hervorgehobene* Waren oder gewerbliche Leistungen höheren Preisen gegenüberzustellen

---

[294] S. Voraufl., S. 174 f. m. Nachw.

[295] S. im einzelnen *BGH*, LM § 3 UWG Nrn. 131 und 167 = NJW 1974, 1822 und 1980, 2085; LM § 1 UWG Nr. 382 = GRUR 1983, 257 ,,bis zu 40% billiger"; vgl. auch für die Werbung von Kreditvermittlern mit der Gewährung von Krediten an einzelne Ehegatten ohne Mitwirkung des anderen *BGH*, LM § 1 UWG Nr. 386 = NJW 1983, 1431; sowie für die sog. ,,statt-Preis-Werbung" *OLG Hamm*, NJW-RR 1986, 923 (924).

[296] *BGH* (o. Fußn. 295).

[297] *BGH*, LM § 3 UWG Nr. 132 = NJW 1975, 120.

[298] *BGH*, LM § 3 UWG Nr. 161 = NJW 1979, 2245.

[299] S. dazu im einzelnen die Begründung zum RegE, BT-Dr. 10 (1986)/4741, S. 12 ff.; den Ausschußbericht, BT-Dr. 10 (1986)/5771, S. 27; *Sack*, BB 1986, 679 (688 ff.); 1986, 2205 (2207 ff.).

oder Preissenkungen um einen bestimmen Betrag oder vom Hundertsatz anzukündigen, sofern dabei der Eindruck erweckt wird, daß der Gewerbetreibende die früheren Preise (tatsächlich oder angeblich) gefordert hat. Das Verbot gilt jedoch nicht ausnahmslos; vielmehr finden sich verschiedene Ausnahmen in Abs. 2 des § 6 e UWG.

Mit dem generellen Verbot der Werbung mit Preissenkungen im Verkehr mit dem letzten Verbraucher soll den vielfältigen Mißbräuchen begegnet werden, die (angeblich) bisher bei dieser Art der Werbung eingerissen waren. *Bezweckt* ist m. a. W. ein umfassender Schutz (nur) der privaten Letztverbraucher gegen die besondere Anlockwirkung und Irreführungsgefahr, die typischerweise mit der Werbung mit Preissenkungen verbunden sein sollen.[300]

Das Verbot gilt daher für jeden Fall der öffentlichen Preiswerbung einschließlich der Werbung für Sonderveranstaltungen und für Saisonschlußverkäufe und fügt sich damit in die restriktive Linie des Gesetzgebers von 1986 gegenüber allen Formen von Schlußverkäufen und Sonderveranstaltungen ein (s. im einzelnen u. § 13). Erfaßt wird jedoch nur die Werbung in *öffentlichen Bekanntmachungen* oder Mitteilungen, die für einen größeren Kreis von Personen bestimmt sind. Dieselbe Formulierung findet sich in den §§ 4 und 6 UWG sowie in dem ebenfalls neuen § 6 d Abs. 1 UWG. Gemeint sind damit vor allem Werbeangaben auf Plakaten oder mittels Durchsagen in den Geschäftsräumen, während Werbeangaben gegenüber einzelnen Personen unbeschränkt zulässig bleiben.[301] Erfaßt wird außerdem nur die Werbung mit Preissenkungen für *einzelne*, aus dem gesamten Angebot besonders *hervorgehobene Waren* oder gewerbliche Leistungen, so daß mit gleichmäßigen Preissenkungen für das gesamte Angebot nach wie vor geworben werden darf. Der Grund ist, daß man nur von der Werbung für einzelne, besonders hervorgehobene Waren eine besondere Anlockwirkung befürchtete.[302]

Im übrigen aber gilt das Verbot ohne jede Einschränkung. Es spielt keine Rolle, ob die in Bezug genommenen, früheren Preise jemals tatsächlich verlangt worden sind oder nicht, sofern es sich dabei nur um (angebliche) *eigene* Preise des Gewerbetreibenden handelt. Unerheblich ist außerdem die *Art und Weise*, in der die Preissenkung angekündigt wird. Verboten sind gleichermaßen die Gegenüberstellung alter und neuer Preise wie die Werbung mit der Herabsetzung der alten Preise um bestimmte Prozentsätze oder bestimmte, absolute Beträge.

cc) Von dem Verbot gibt es verschiedene *Ausnahmen*. Erlaubt bleibt zunächst nach § 6 e Abs. 2 Nr. 1 UWG jede Form der Preisauszeichnung,

---

[300] Begründung zum RegE (o. Fußn. 299); *Sack*, BB 1986, 679 (689 f.).
[301] Vgl. die Begründung zum RegE (o. Fußn. 299), S. 11 f.; *Baumbach-Hefermehl*, § 4 Rdnrn. 3–7.
[302] Begründung zum RegE (o. Fußn. 299), S. 12 l. Sp.

die *nicht blickfangmäßig* herausgestellt wird. Dadurch soll es Kaufleuten ermöglicht werden, im Falle einer Preissenkung auf Etiketten, Schildern oder Aufklebern einfach die alten Preise durchzustreichen und die neuen Preise daneben zu schreiben, um zu verhindern, daß im Falle einer Preissenkung alle Etiketten usw. ausgewechselt werden müssen.[303] Daraus folgt, daß Abs. 1 des § 6e UWG in Wirklichkeit nur die *blickfangmäßig* herausgestellte Werbung mit der Preissenkung für einzelne, besonders hervorgehobene Waren oder Leistungen verbietet. Die zukünftige Diskussion wird sich daher vor allem um die Auslegung dieses sehr unbestimmten Begriffs drehen.[304] Eindeutig ist nur, daß es sich jedenfalls dann um eine blickfangmäßige Herausstellung der Preissenkung handelt, wenn in Plakaten oder sonstigen Werbeankündigungen auf sie besonders hingewiesen wird.

Erlaubt ist außerdem nach § 6e Abs. 2 Nr. 2 UWG die Bezugnahme auf frühere, höhere Preise in *Katalogen* oder Prospekten, freilich wiederum nur, wenn dies ohne blickfangmäßige Herausstellung der Preissenkung geschieht. Damit sollte es namentlich Versandunternehmen ermöglicht werden, in neuen Katalogen die alten und die neuen Preise in verkehrsüblicher Weise einander gegenüberzustellen.[305]

Die letzte Ausnahme betrifft schließlich die Werbung gegenüber beruflichen oder gewerblichen Letztverbrauchern, die nicht als ebenso schutzbedürftig wie private Letztverbraucher gelten (§ 6e Abs. 2 Nr. 3 UWG).

dd) Die ganze Regelung des neuen § 6e UWG ist zu bedauern und im Grunde überflüssig. In ihr kommt ebenso wie an vielen anderen Stellen der neueren Gesetzgebung eine grundsätzlich verfehlte Betreuungshaltung des modernen Gesetzgebers gegenüber den privaten Letztverbrauchern zum Ausdruck, die sozusagen aus staatlicher Fürsorge heraus gegen ihre eigene Dummheit geschützt werden sollen. Diese Grundhaltung des Gesetzgebers ist nicht nur sachlich verfehlt, sondern kontrastiert zugleich in auffälliger Weise mit dem sonst stets beschworenen Leitbild des mündigen Verbrauchers. Zum Schutze der Verbraucher gegen jede Form der Irreführung durch die Werbung mit Preissenkungen hätten die bisherigen Vorschriften mit dem generellen Irreführungsverbot des § 3 UWG an der Spitze vollauf ausgereicht. Die Neuregelung verschließt im Ergebnis lediglich den Verbrauchern dringend erforderliche und im Interesse der Funktionsfähigkeit des Wettbewerbs auf der letzten Handelsstufe hochwillkommene Informationsquellen über Preissenkungen. Damit wird zugleich klar, daß die eigentliche Stoßrichtung der Neuregelung nicht auf den Schutz der Verbraucher, sondern auf den (prinzipiell ver-

---

[303] S. im einzelnen die Begründung zum RegE (o. Fußn. 299), S. 13 f.; *Sack*, BB 1986, 679 (689).
[304] S. die Begründung zum RegE (o. Fußn. 299), S. 13 o.; *Sack* (o. Fußn. 303).
[305] Begründung zum RegE (o. Fußn. 299), S. 14; Ausschußbericht (o. Fußn. 299).

fehlten) Schutz des mittelständischen Einzelhandels gegen die großbetrieblichen Formen des Handels zielt, deren effektive Werbung mit (tatsächlichen) Preissenkungen offenbar von den kleinen und mittelständischen Betrieben des Handels besonders gefürchtet wird. Der wirklich gebotene Schutz der Verbraucher gegen überhöhte Preise droht darüber offenbar endgültig aus dem Blickfeld verloren zu gehen.

c) Preisvergleiche

aa) Die neue Vorschrift des § 6 e UWG i. d. F. der Novelle von 1986 wendet sich lediglich gegen die Werbung mit *Preissenkungen* im Verkehr mit dem letzten Verbraucher. Sonstige Preisvergleiche wurden von dem Verbot ausdrücklich ausgenommen, weil man insoweit die Regelung der §§ 1 und 3 UWG für ausreichend hielt.[306] Vor allem drei Fälle gehören hierher, nämlich erstens die Werbung mit bevorstehenden Preiserhöhungen, zweitens die Werbung mit zulässigen Rabatten und vergleichbare Fälle sowie drittens die Werbung unter Bezugnahme auf zulässige Preisempfehlungen des Herstellers.

Es ist grundsätzlich zulässig, in der Werbung auf eine bevorstehende *Preiserhöhung* hinzuweisen, wobei jedoch eine zeitliche Begrenzung erforderlich ist. Ein bekanntes Beispiel ist die Werbung mit Subskriptionspreisen etwa für teuere Bücher. Eine andere Beurteilung greift hingegen schon wieder Platz, wenn jede zeitliche Begrenzung fehlt, so daß offen ist, ob und wann es tatsächlich zu einer Preiserhöhung kommen wird; eine solche Werbung verstößt in der Regel gegen § 3 UWG, auf jeden Fall aber stets zugleich gegen § 1 UWG.[307]

In der Werbung darf außerdem (selbstverständlich) auf zulässige *Rabatte* sowie vergleichbare Preisvorteile hingewiesen werden, wie sie etwa bei der Abnahme größerer Mengen oder der gleichzeitigen Abnahme verschiedener Waren gewährt werden. Unberührt bleibt freilich stets das Irreführungsverbot des § 3 UWG, so daß etwa in der Werbung für ein besonders günstiges Angebot mehrerer, gekoppelter Waren dem Gesamtpreis nicht willkürlich überhöhte Einzelpreise gegenübergestellt werden dürfen, die ernstlich gar nicht verlangt werden.[308] Unzulässig ist schließlich stets der Vergleich mit so unbestimmten und deshalb irreführenden Begriffen wie ,,Listenpreis, Katalogpreis oder Testpreis“, weil sich darunter jeder etwas anderes vorstellt;[309] hier greift zudem heute i. d. R. zugleich der neue § 6 e UWG ein, weil zumindest ein nicht unerheblicher Teil der Verbraucher unter den so bezeichneten Preisen eigene, frühere Preise des Gewerbetreibenden verstehen wird.

---

[306] Vgl. die Begründung zum RegE (o. Fußn. 299), S. 13; kritisch dazu *Sack*, BB 1986, 679 (690).
[307] Grdlg. *BGH*, GRUR 1985, 929 = BB 1985, 1752; anders wohl für ,,Einführungspreise“ *KG*, GRUR 1982, 620 (622).
[308] Insbes. *BGH*, LM § 3 UWG Nr. 214 = GRUR 1984, 212.
[309] *BGH*, LM § 1 UWG Nr. 354 = BB 1981, 1291.

bb) Spezieller Betrachtung bedarf schließlich noch die beliebte Werbung durch Vergleich der eigenen (niedrigen) Preise mit den durchweg wesentlich höheren, *vom Hersteller empfohlenen* Preisen.[310] Bei der Frage nach der Zulässigkeit derartiger Preisvergleiche muß man den kartellrechtlichen von dem unlauterkeitsrechtlichen Aspekt der Frage trennen. Die kartellrechtliche Zulässigkeit von Preisempfehlungen richtet sich nach § 38a GWB i. d. F. von 1973.[311] Preisempfehlungen dürfen hiernach nur für Markenartikel ausgesprochen werden. Außerdem müssen die Empfehlungen ausdrücklich als unverbindlich bezeichnet werden. Für § 3 UWG folgt daraus als erstes, daß in der Werbung ein Vergleich der eigenen Preise mit den vom Hersteller empfohlenen Preisen nur dann erlaubt ist, wenn die fragliche Preisempfehlung den Anforderungen des § 38a GWB genügt, während eine Gegenüberstellung der eigenen Preise mit einer verbotenen Preisempfehlung gegen § 3 UWG und i. d. R zugleich noch gegen § 1 UWG verstößt.[312]

Bei erlaubten Preisempfehlungen setzt die Zulässigkeit des Preisvergleichs außerdem voraus, daß in der Werbung eindeutig klargestellt wird, daß es sich bei den in Bezug genommenen Preisen um unverbindliche Preisempfehlungen des Herstellers (und nicht etwa um gebundene Preise, um frühere Preise des Gewerbetreibenden selbst oder um Preise der Konkurrenten) handelt. Mit Rücksicht auf die strenge Praxis des BKartA zu § 38a GWB wird sich dafür in aller Regel die ausdrückliche Formulierung ,,unverbindliche Preisempfehlung" oder ,,unverbindliche empfohlene Preise" empfehlen; gleichsteht etwa ,,unverbindlicher Richtpreis",[313] während die Bezugnahme auf so unklare Begriffe wie ,,Listen-, Katalogoder Testpreis" stets unzulässig ist.[314]

Schließlich ist noch erforderlich, daß es sich bei den vom Hersteller empfohlenen Preise nicht um sog. Mondpreise handelt (vgl. § 38a III Nr. 2 GWB), d. h. um vom Hersteller willkürlich überhöhte Preisempfehlungen, mit denen lediglich der Zweck verfolgt wird, den Abnehmern durch den Preisvergleich ein besonders zugkräftiges Werbeargument zu verschaffen. Jedoch rechtfertigen Spannen zwischen 100% und 150% allein noch nicht die Annahme eines Mondpreises, wenn sich zahlreiche, andere Abnehmer des Herstellers trotz der hohen Spanne tatsächlich an die Empfehlung halten.[315]

---

[310] Dazu Fälle, S. 34 ff.; *Baumbach-Hefermehl*, § 3 Rdnrn. 288 ff.; *Ulmer-Reimer*, Tz. 631 ff., alle m. Nachw.
[311] Dazu Kartellrecht, S. 108 ff.
[312] *BGH*, LM § 3 UWG Nr. 164 = NJW 1980, 288; LM § 3 UWG Nr. 172 = MDR 1981, 381; LM § 3 UWG Nr. 208 = NJW 1983, 2703 = JuS 1985, 559 Nr. 10 m. Nachw.; *OLG Koblenz*, GRUR 1982, 571 = WuW/E OLG 2817 usw.
[313] *OLG Hamburg*, WuW/E OLG 3302.
[314] S. o. S. 218 u., insbes. *BGH*, LM § 1 UWG Nr. 354.
[315] *BGH*, LM § 3 UWG Nr. 172.

Sind alle diese Voraussetzungen erfüllt, so ist der Preisvergleich in der Werbung erlaubt. Seiner Zulässigkeit steht es dann auch nicht entgegen, daß die Konkurrenten des Gewerbetreibenden i. d. R. die Empfehlungen des Herstellers befolgen, selbst wenn sie in dem Vergleich erkennbar in Bezug genommen werden (s. o. § 6, 7b); vielmehr besteht gerade hier ein legitimes Interesse der Öffentlichkeit an der Aufklärung über die Preisverhältnisse auf dem Markt.[316]

d) Lockvogelangebote

aa) § 3 UWG erfaßt seit 1969 ausdrücklich u. a. die Irreführung über die Preisbemessung des gesamten Angebots.[317] Hierdurch wurde es insbes. möglich, mit § 3 UWG gegen die sog. Lockvogelangebote vorzugehen.[318] Im einzelnen handelt es sich dabei freilich um sehr verschiedene Fälle.[319] Unlauter ist es zunächst sicherlich, wenn mit den niedrigen Preisen von Waren geworben wird, die tatsächlich überhaupt nicht oder doch nur in ganz unzureichender Menge vorhanden sind (s. schon o. 5b, ee). Daraus folgt, daß ein Kaufmann, der in seiner Werbung eine bestimmte Ware besonders herausstellt, über angemessene, d. h. für einen Zeitraum von mehreren Tagen ausreichende Vorräte dieser Ware verfügen muß. Er muß dabei mit der erforderlichen Sorgfalt vorgehen und sich nach Möglichkeit für den Fall einer besonders starken Nachfrage jederzeit verfügbare Lieferquellen sichern. Dies bedeutet indessen nicht, daß eine unerwartet schnelle Erschöpfung der Vorräte in jedem Fall zur Anwendung des § 3 UWG führen müßte. Ausnahmen gelten nicht nur im Falle höherer Gewalt, sondern vor allem auch bei einer ganz unerwartet starken Nachfrage, mit der niemand vernünftigerweise rechnen mußte, sowie in vergleichbaren Fällen, so daß hier letztlich alles auf die Umstände des Einzelfalles und insbes. auf die von dem Gewerbetreibenden selbst durch seine Werbung bei den Verbrauchern erweckten Erwartungen ankommt. Feste Regeln, etwa daß die Vorräte stets für drei Tage ausreichen müßten, lassen sich hier tatsächlich nicht aufstellen.[320]

Die Werbung ist außerdem unlauter, wenn die besonders herausgestell-

---

[316] BGHZ 42, 134; 45, 115 (117ff.); 49, 325 (326ff.) = JuS 1965, 76 Nr. 3; 1966, 370 Nr. 5; 1968, 337 Nr. 6 (dazu Fälle, S. 34ff.); BGH, LM § 3 UWG Nrn. 77, 81, 101 u. 164; LM § 3 UWG Nr. 164 = NJW 1980, 288; LM aaO, Nr. 172; LM aaO, Nr. 208 = JuS 1985, 559 Nr. 10; ebenso für den Außenseiter eines selektiven Vertriebssystems OLG Frankfurt, WuW/E OLG 2598 = BB 1982, 396.

[317] Ebenso Art. 3 lit. a der EG-Richtl. über irreführende Werbung durch die Erwähnung der „Verfügbarkeit" der Ware.

[318] Dazu eingehend Baumbach-Hefermehl, § 3 UWG Rdnrn. 270ff.; Lindacher, Lockvogel- und Sonderangebote, passim; Klosterfelde, in: Hdb., § 49 Rdnrn. 124f. (S. 694f.); Sack, WRP 1983, 63; ders., BB 1986, 679; 1986, 2205.

[319] S. den Ausschußbericht, BT-Dr. V (1969)/4033.

[320] S. schon o. S. 197 (bei Fußn. 155f.) sowie grdl. BGH, LM § 3 UWG Nrn. 192, 205 und 218; BGH, GRUR 1985, 981 = WM 1985, 1482; KG, WRP 1981, 525; GRUR 1983, 677; OLG Hamburg, GRUR 1984, 287; OLG Köln, GRUR 1984, 827.

te Ware zwar vorhanden ist, bei der Werbung aber von vornherein die Absicht besteht, den durch die Werbung angelockten Kunden eine ganz andere, viel teurere Ware aufzuschwatzen. Gleich steht schließlich noch der Fall, daß mit den niedrigen Preisen in einer Weise geworben wird, die zur Folge hat, daß diese Preise für einen nicht völlig unerheblichen Teil der Verbraucher als beispielhaft für die Preisgestaltung des gesamten Sortiments erscheinen, während tatsächlich die übrigen Artikel normal oder sogar überhöht kalkuliert sind, so daß die Verbraucher über das Preisniveau des übrigen Angebots irregeführt werden.[321] Weil sich dieser Fall freilich praktisch nicht nachweisen läßt, hat der Gesetzgeber 1986 zwei besonders beliebte Formen der Lockvogelwerbung in den neuen §§ 6 d und 6 e UWG generell verboten.[322]

bb) Die Lockvogelangebote müssen vor allem von den unbedenklichen *Sonderangeboten* abgegrenzt werden. Ein solches Sonderangebot liegt vor, wenn durch die Werbung hinreichend deutlich klargestellt wird, daß es sich tatsächlich um ein einzelnes, besonders günstiges Angebot handelt, von dem keine Rückschlüsse auf das Preisniveau der übrigen Artikel gezogen werden dürfen. Sind diese Voraussetzungen erfüllt, so spielt es keine Rolle, wenn bei den Verbrauchern zugleich der Eindruck entsteht, er könne auch im übrigen in dem betreffenden Geschäft günstig einkaufen.[323] Jedoch müssen hier in Zukunft stets sorgfältig die einschränkenden Vorschriften der §§ 6 d und 6 e beachtet werden.[322]

e) Sonstige Fälle

Verboten sind schließlich noch alle sonstigen Werbebehauptungen, durch die bei den Verbrauchern unzutreffende Vorstellungen über das Preisniveau des Gewerbetreibenden hervorgerufen werden können. Mit Fabrik- oder Großhandelspreisen darf daher z. B. nur derjenige Gewerbetreibende werben, dessen Preise tatsächlich den Einstandspreisen des Groß- oder des Einzelhandels entsprechen (s. § 6 a UWG und dazu o. § 6, 8 a). Ebenso muß, wer „Discountpreise" ankündigt oder sein Geschäft als „Discountgeschäft" bezeichnet, mit seinen Preisen deutlich unter dem Niveau der Konkurrenz liegen. Dasselbe gilt für einen Gewerbetreibenden, der in seine Firma den Bestandteil „Mehrwert" aufnimmt.[324] Aus denselben Gründen ist es unzulässig, wenn ein Kraftfahrzeughersteller mit einem besonders günstigen Zinssatz für finanzierte Kaufverträge wirbt, obwohl die Händler einen Teil der dadurch entste-

---

[321] Bericht des Rechtsausschusses (o. Fußn. 319); *BGHZ* 52, 302 = JuS 1970, 94 Nr. 8; *BGH*, GRUR 1974, 344.

[322] Zu § 6 e s. schon o. 8 b, zu § 6 d s. u. § 13 sowie *Sack*, BB 1986, 679.

[323] *BGHZ* 52, 302 = JuS 1970, 94 Nr. 8; *BGH*, LM § 3 UWG Nrn. 155, 156 und 158; LM § 1 UWG Nr. 318 = NJW 1979, 2611; *BGH*, GRUR 1974, 344; *Baumbach-Hefermehl*, § 3 Rdnrn. 273 aff.; *Lindacher*, S. 21 ff.; *M. Lehmann*, GRURInt 1977, 135 ff.

[324] *BGH*, LM § 3 UWG Nr. 76 a = GRUR 1964, 397 „vom Hersteller direkt zum Verbraucher"; LM § 3 UWG Nr. 119 = NJW 1973, 93 „Mehrwert"; LM § 3 UWG Nr. 128 = GRUR 1974, 225 „Zentrallager"; LM § 1 UWG Nr. 224 = NJW 1971, 378 „Discountpreise".

henden, zusätzlichen Kosten mittragen müssen und diese deshalb über den Preis wieder abwälzen.[325] Eine verbotene Irreführung liegt außerdem vor, wenn ein Kreditvermittler sog. ,,Anforderungsschecks" verteilt, die den unzutreffenden Eindruck erwecken, aufgrund ihrer Einsendung werde sofort ein Kredit ausgezahlt.[326] Genausowenig darf ein Makler mit der Behauptung ,,keine Provision" werben, wenn er die Provision zuvor in die Preise der vermittelten Objekte einkalkuliert hat.[327] Die Praxis nimmt schließlich noch eine unlautere Verunsicherung der Verbraucher an, wenn willkürlich, d. h. ohne erkennbare Gründe, wiederholt die Preise herauf- und herabgesetzt werden (sog. Preisschaukelei) oder wenn gleichzeitig ohne für die Verbraucher ersichtliche Gründe mit unterschiedlichen Preisen geworben wird.[328] Eine unzulässige Preisschaukelei liegt indessen nicht vor, wenn die Preise im Wettbewerb allgemein herabgesetz werden, es dem Kaufmann jedoch nicht gelingt, zugleich sofort sämtliche Anzeigen, die er aufgegeben hat, entsprechend zu ändern.[329]

In einer Werbung, die sich an Fachleute wendet, darf außerdem mit dem Hinweis auf die Gemeinnützigkeit des Unternehmens geworben werden, sofern die Preise tatsächlich nach den Durchschnittskosten ohne Gewinnaufschlag berechnet sind und sofern außerdem nicht eine besondere Preiswürdigkeit vorgetäuscht wird.[330] Einen Sonderfall regelt schließlich noch § 6 UWG durch die Bestimmung, daß bei einem Verkauf von Waren, die aus einer Konkursmasse stammen, jeder Hinweis auf diese Herkunft der Waren unterbleiben muß, wenn die Waren inzwischen nicht mehr zur Masse gehören, weil sie bereits weiterveräußert worden sind.

9. Rechtsfolgen

Wer gegen § 3 UWG verstößt, kann auf Unterlassung der irreführenden Angaben in Anspruch genommen werden. Die Aktivlegitimation beurteilt sich dabei im einzelnen nach § 13 Abs. 2 UWG i. d. F. der Novelle von 1986. Unter zusätzlichen Voraussetzungen trifft den Täter außerdem nach § 13 Abs. 6 Nr. 1 UWG n. F. eine Schadensersatzpflicht. Weitere zivilrechtliche Folgen ergeben sich schließlich aus dem durch die Novelle von 1986 in das Gesetz eingefügten § 13 a UWG, nach dem unter wiederum anderen, engeren Voraussetzungen private und gewerbliche Abnehmer, wenn sie durch irreführende Angaben zum Vertragsschluß bestimmt worden sind, ein im Gesetz näher geregeltes Rücktrittsrecht

---

[325] OLG Frankfurt, Betr. 1982, 1664.
[326] BGH, LM § 3 UWG Nr. 184 = GRUR 1982, 242 = BB 1982, 395.
[327] OLG Schleswig, ZMR 1981, 156 m. Anm. Glaser.
[328] BGH, LM SonderveranstaltungsAO Nr. 11 = NJW 1974, 461 = GRUR 1974, 341; GRUR 1986, 322; KG, GRUR 1979, 725.
[329] BGH, GRUR 1986, 322.
[330] BGH, GRUR 1981, 670.

haben. Hingegen sieht das Gesetz entgegen verbreiteten Forderungen keine Schadensersatzansprüche von Verbrauchern unter vergleichbaren Voraussetzungen vor. Wohl aber kommt unter bestimmten Voraussetzungen nach § 4 UWG sogar eine Bestrafung des Täters in Betracht.

a) Unterlassungs- und Schadensersatzansprüche

aa) Nach § 3 UWG kann, wer im geschäftlichen Verkehr zu Zwecken des Wettbewerbs über geschäftliche Verhältnisse irreführende Angaben macht, auf Unterlassung der Angaben in Anspruch genommen werden. Die primäre Rechtsfolge eines Verstoßes gegen das allgemeine Irreführungsverbot ist somit die *Unterlassungspflicht,* neben die ergänzend eine Beseitigungspflicht treten kann, wenn durch die fragliche Handlung eine Quelle fortlaufender Störungen geschaffen worden ist (s. im einzelnen u. § 17, 3). Beispiele sind irreführende Angaben in Plakaten oder sonstigen Geschäftsaufschriften oder die Eintragung einer irreführenden Firma im Handelsregister.

In allen diesen Beziehungen gelten ebensowenig wie etwa in der Frage der Aktivlegitimation Besonderheiten.[331] Zur Geltendmachung des Unterlassungs- sowie gegebenenfalls des Beseitigungsanspruchs sind somit die durch die irreführenden Angaben unmittelbar betroffenen Gewerbetreibenden sowie die in § 13 Abs. 2 UWG genannten Konkurrenten, Verbände und Kammern befugt. Das Schwergewicht der Tätigkeit der Interessen- und Verbraucherverbände des § 13 Abs. 2 Nrn. 2 und 3 UWG liegt gerade bei der Bekämpfung der zahllosen, irreführenden Angaben in der Werbung.

bb) Schuldhafte Verstöße gegen das Irreführungsverbot des § 3 UWG lösen außerdem *Schadensersatzpflichten* aus. Insoweit regelt das UWG in dem neuen § 13 Abs. 6 Nr. 1 freilich nur, *wen* die Ersatzpflicht trifft, nicht hingegen, *wem gegenüber* sie besteht. Denn § 13 Abs. 6 Nr. 1 UWG bestimmt lediglich, daß im Falle des § 3 UWG zum Schadensersatz verpflichtet ist, wer wußte oder wissen mußte, daß die von ihm gemachten Angaben irreführend sind; jedoch kann nach S. 2 aaO gegen Redakteure, Verleger, Drucker oder Verbreiter von periodischen Druckschriften ein Schadensersatzanspruch nur geltend gemacht werden, wenn sie (positiv) wußten, daß die von ihnen gemachten Angaben irreführend waren. Im Regelfall genügt mithin für die Begründung von Schadensersatzpflichten bereits einfache Fahrlässigkeit (§ 276 BGB). Lediglich die Verleger, Redakteure, Drucker oder Verbreiter von Zeitungen und Zeitschriften sind insofern privilegiert, als ihre Haftung positive Kenntnis der Eignung der von ihnen gemachten Angaben zur Irreführung voraussetzt. Durch dieses Zeitungsprivileg soll namentlich die Aufnahme von Anzei-

---

[331] S. deshalb im einzelnen u. § 17 sowie z. B. *Baumbach-Hefermehl,* § 3 Rdnrn. 400 ff.

gen von übermäßigen Haftungsrisiken freigestellt werden. Unberührt bleibt freilich die uneingeschränkte Haftung auch der Presse nach den allgemeinen §§ 1 und 14 UWG.[331a]

Da das UWG nicht regelt, *wem* gegenüber in den Fällen des § 3 UWG eine Schadensersatzpflicht besteht, ist die Frage umstritten. Die Praxis folgert insoweit aus dem Sinnzusammenhang der §§ 3 und 13 UWG, daß Schadensersatzansprüche aus § 3 UWG immer nur die durch die irreführenden Angaben unmittelbar betroffenen Gewerbetreibenden herleiten können, nicht hingegen die Verbände des § 13 Abs. 2 Nrn. 2 und 3 UWG und ebensowenig die Verbraucher, da § 3 UWG nach dem ganzen Sinnzusammenhang des UWG nicht als Schutzgesetz zugunsten der Verbraucher interpretiert werden könne.[332]

Die darin liegende, ganz unnötige Verkürzung der Verbraucherrechte im Falle irreführender Angaben in der Werbung ist auf verbreitete Kritik im Schrifttum gestoßen.[333] Die Bundesregierung hatte deshalb eine Zeitlang erwogen, bei der anstehenden Novellierung des UWG die Aktivlegitimation für Schadensersatzansprüche auf gewerbliche oder sogar private Letztverbraucher auszudehnen.[334] Diese Pläne wurden jedoch wieder aufgegeben, weil man das statt dessen 1986 eingeführte Rücktrittsrecht (§ 13a UWG) für praktikabler und zudem für ausreichend hielt, um die Interessen der Verbraucher zu schützen.[335]

b) Insbesondere § 4 UWG

Irreführende Angaben im Wettbewerb können nicht nur Unterlassungs- und Schadensersatzpflichten nach sich ziehen, sondern sind außerdem unter zusätzlichen Voraussetzungen strafbar. Denn § 4 Abs. 1 UWG bestimmt, daß jeder, der in der Absicht, den Anschein eines besonders günstigen Angebots hervorzurufen, in öffentlichen Bekanntmachungen oder in Mitteilungen, die für einen größeren Kreis von Personen bestimmt sind, über geschäftliche Verhältnisse wissentlich unwahre und zur Irreführung geeignete Angaben macht, mit Freiheitsstrafe bis zu einem Jahr oder mit Geldstrafe bestraft wird. § 4 Abs. 2 UWG fügt hinzu, daß dann, wenn die unrichtigen Angaben in einem geschäftlichen Betrieb von einem Angestellten oder Beauftragten gemacht werden, neben diesen Personen außerdem der Inhaber oder Leiter des Betriebs strafbar ist,

---

[331a] Grdl. *OLG Hamm*, NJW-RR 1986, 1091 ff.

[332] Grdl. *BGH*, LM § 249 (D) BGB Nr. 14 = JuS 1975, 52 Nr. 3 m. Nachw. „Prüfzeichenurteil"; zust. z.B. *Baumbach-Hefermehl*, aaO, Rdnr. 403.

[333] S. z.B. *M. Lehmann*, Vertragsanbahnung durch Werbung, 1981; *Lindacher*, BB 1975, 1312; *Mertens*, ZHR Bd. 139 (1975), 438; *Sack*, Unlauterer Wettbewerb und Folgeverträge, 1974; *ders.*, NJW 1975, 1303; *Schricker*, RabelsZ Bd. 36, 315; Bd. 40, 547; *ders.*, GRUR 1974, 587; *ders.*, ZHR Bd. 139 (1975), 208 (231 ff.), alle m. Nachw.

[334] Vgl. z.B. den § 13a Abs. 2 des RegE von 1982, BT-Dr. 9/1707.

[335] Ausschußbericht, BT-Dr. 10 (1986)/5771, S. 22.

wenn die Handlung mit seinem Wissen geschah. In beiden Fällen wiegt dabei nach Meinung des Gesetzgebers der Unrechtsgehalt der Tat so schwer, daß sie sogar von Amts wegen verfolgt wird (§ 22 Abs. 1 UWG), dies freilich nur, wenn es im öffentlichen Interesse liegt (§§ 374 Abs. 1 Nr. 7, 376 StPO). Außerdem kommt eine Privatklage in Betracht (s. im einzelnen § 22 Abs. 2 UWG und § 374 Abs. 1 Nr. 7 StPO).

Der Tatbestand des § 4 UWG, dessen praktische Bedeutung offenbar gering ist, entspricht im wesentlichen der alten Fassung des § 3 UWG vor den Änderungen durch die UWG-Novelle von 1969 (s. o. 1). Hervorzuheben ist zunächst, daß nur solche Angaben erfaßt werden, die in *öffentlichen Bekanntmachungen* oder in Mitteilungen, die für einen größeren Kreis von Personen bestimmt sind, gemacht werden (ebenso z. B. die neuen §§ 6 d und 6 e UWG). Gemeint sind damit alle Angaben, die sich an die Allgemeinheit oder doch an eine unbegrenzte Öffentlichkeit wenden. Beispiele sind Werbeanzeigen, Plakatanschläge, Mitteilungen an sämtliche Mitglieder großer Vereine, für die Öffentlichkeit bestimmte Prospekte oder Hauszeitungen und dergleichen mehr.[336]

Im übrigen deckt sich der objektive Tatbestand des § 4 UWG im wesentlichen mit dem des § 3 UWG, nur daß hier außerdem noch hinzukommen muß, daß die Angaben unwahr und zur Irreführung geeignet sind. Dies bedeutet, daß die Strafbarkeit nach § 4 UWG nicht schon eingreift, wenn ein nicht völlig unerheblicher Teil der angesprochenen Verkehrskreise irregeführt wird (wie es für § 3 nach h. M. ausreicht, s. o. 4 a), sondern erst, wenn darüber hinaus nach der Durchschnittsauffassung der angesprochenen Verkehrskreise, namentlich der Verbraucher, eine Irreführung infolge *Unwahrheit* der Angaben vorliegt.[337]

In subjektiver Hinsicht setzt die Strafbarkeit schließlich zweierlei voraus. Die Angaben müssen einmal in der *Absicht* gemacht werden, den Anschein eines besonders günstigen Angebots hervorzurufen; zum anderen muß der Täter *wissentlich* handeln; d. h. er muß die Unrichtigkeit seiner Angaben kennen. M. a. W.: nur wer vorsätzlich handelt, kann nach § 4 UWG bestraft werden.

c) Insbesondere § 13 a UWG

Durch die Novelle von 1986[338] ist mit dem neuen § 13 a zum Schutze solcher Abnehmer, die durch irreführende Angaben zum Vertragsschluß bestimmt worden sind, ein besonderes Rücktrittsrecht eingeführt worden. Danach können private wie gewerbliche Abnehmer, die durch unwahre und zur Irreführung geeignete Werbeangaben i. S. von *§ 4 UWG* zur Abnahme bestimmt worden sind, von dem Vertrag zurücktreten,

---

[336] S. im einzelnen *Baumbach-Hefermehl*, § 4 Rdnrn. 3–6.
[337] *Baumbach-Hefermehl*, aaO, Rdnr. 8 a.
[338] BGBl. I, S. 1169; vgl. dazu die Begr. zum RegE, BT-Dr. 10 (1986)/4771, S. 18; den Ausschußbericht (o. Fußn. 335); *Sack*, BB 1986, 2213.

wenn die Angaben für den Personenkreis, an den sie sich richten, für den Abschluß von Verträgen wesentlich sind (§ 13a Abs. 1 S. 1 UWG). Wenn freilich die Werbung mit der Angabe von einem *Dritten* ausgeht, so setzt das Rücktrittsrecht der Abnehmer voraus, daß ihr Vertragspartner die Unwahrheit der Angabe und ihre Eignung zur Irreführung kannte oder kennen mußte oder daß er sich die Werbung mit dieser Angabe doch durch eigene Maßnahmen zu eigen gemacht hat.

Dieses Rücktrittsrecht ist eingeführt worden, um die Position namentlich der privaten Letztverbraucher zu verbessern, die immer häufiger gezwungen sind, sich auf die Angaben in der Werbung und auf der Verpackung der Waren zu verlassen, ohne nach allgemeinem Zivilrecht ausreichend geschützt zu sein, wenn sich diese Angaben nachträglich als unrichtig erweisen, da es die Praxis in aller Regel ablehnt, solche Werbeangaben als Zusicherungen i. S. des § 459 Abs. 2 BGB zu behandeln.[339] Hier soll das neue Rücktrittsrecht des § 13a UWG einen partiellen Ausgleich schaffen.[340] Es greift freilich (merkwürdigerweise) nicht in allen Fällen des § 3 UWG ein, sondern nur, wenn darüber hinaus der *objektive Tatbestand des § 4 UWG* erfüllt ist (s. deshalb im einzelnen o. 9b). Und wenn die irreführende Angabe von einem *Dritten*, z. B. von dem Hersteller der Ware, ausgeht, setzt der Rücktritt darüber hinaus den zusätzlichen Nachweis voraus, daß sich der Vertragspartner des Abnehmers die unrichtigen Angaben entweder durch eigene Plakate oder Werbung zu eigen gemacht hat oder daß er doch die Unwahrheit der Angaben kannte oder kennen mußte,[341] ein Beweis, der namentlich privaten Letztverbrauchern häufig schwer fallen wird.

Das Rücktrittsrecht ist zwingend (§ 13a Abs. 2 S. 3 UWG), muß aber unverzüglich nach Kenntnis von den Umständen, die das Rücktrittsrecht begründen, ausgeübt werden (§ 13a Abs. 2 S. 1 UWG). Es erlischt spätestens, wenn seit Abschluß des Vertrages 6 Monate verstrichen sind (§ 13a Abs. 2 UWG). Die Folgen des Rücktritts bestimmen sich bei beweglichen Sachen nach den Abs. 1, 3, 4 und 5 des § 1d AbzG, wodurch jedoch die Geltendmachung eines weiteren Schadens nicht ausgeschlossen wird (§ 13a Abs. 3 S. 1 und 2 UWG). Dies bedeutet im einzelnen, daß die Vertragsparteien nach Ausübung des Rücktrittsrechts einander zur Rückgewähr der empfangenen Leistungen verpflichtet sind (§ 1d Abs. 1 AbzG). Außerdem muß der Abnehmer für die Überlassung des Gebrauchs der Sache bis zur Ausübung des Rücktrittsrechts oder für die Benutzung der Sache bis zu diesem Zeitpunkt eine Vergütung zahlen (§ 1d Abs. 3 AbzG), während er umgekehrt für die auf die Sache gemach-

---

[339] Grdl. *BGHZ* 48, 118 = JuS 1968, 40 Nr. 3; weitere Nachw. bei *Emmerich,* SchuldR BT, S. 29.
[340] Vgl. die Begr. zum RegE (o. Fußn. 338), S. 18.
[341] Vgl. die Begr. zum RegE (o. Fußn. 338), S. 19.

ten, notwendigen Aufwendungen Ersatz verlangen kann (§ 1 d Abs. 4 AbzG). All dies ist wiederum zum Schutze der Verbraucher zwingendes Recht.[342]

§ 13. Besondere Verkaufsveranstaltungen

Literatur: v. Gamm, Wettbewerbsrecht, S. 128 ff.; *Hubmann*, § 53; *Kamin-Schweitzer-Faust*, Kommentar zu den Verkaufsveranstaltungen im Handel, 3. Aufl. (1978); *Kind*, Sonderveranstaltungen, Handbuch des Ausverkaufsrechts, 1979; *Klosterfelde*, in: Hdb., §§ 51–54 (S. 733–760); *Koppensteiner*, S. 369 ff.; *Sack*, Notwendigkeit einer Novellierung des Sonderveranstaltungsrechts, 1985; *ders.*, BB 1986, 679; *ders.*, WRP 1983, 63; *v. Strobel-Albeg* u. *H. Baumann*, in: RWW, 3.6 Rdnrn. 1, 301 ff.; *Tetzner*, Sonderveranstaltungen und Sonderangebote im Einzelhandel nach der Anordnung vom 4. 7. 1935, 1979; *Ulmer-Reimer*, Tz. 1133 ff. (S. 851 ff.); *Sack*, BB 1986, 2205.

1. Überblick

Besondere Verkaufsveranstaltungen wie Ausverkäufe, Räumungsverkäufe oder Schlußverkäufe sind ein beliebtes Werbemittel, weil sich die Verbraucher hiervon typischerweise zusätzliche, erhebliche Preisvorteile versprechen. Deshalb wird mit solchen Verkaufsveranstaltungen viel Mißbrauch getrieben; zahlreiche Geschäfte, namentlich für Teppiche und vergleichbare Waren, werden offenbar überhaupt nur noch eröffnet, um nach kurzer Zeit einen lukrativen Ausverkauf durchführen zu können.[1] Deshalb sah sich der Gesetzgeber veranlaßt, der Zulässigkeit derartiger Verkaufsveranstaltungen im Laufe der Zeit immer engere Schranken zu ziehen, die durch die Novelle von 1986 erneut erheblich verschärft wurden, um den genannten Mißbräuchen besser als bisher begegnen zu können.[2]

Hingegen hatte noch das alte UWG von 1896 überhaupt keine Regelung des Ausverkaufswesens enthalten, so daß die Gerichte den schon damals verbreiteten Mißbräuchen nur mit dem Irreführungsverbot (heute § 3 UWG) begegnen konnten. Da dessen Voraussetzungen jedoch häufig nicht nachzuweisen gewesen waren, führte das neue UWG von 1909 in den §§ 7–9 (a. F.) u. a. die Verpflichtung ein, bei Ausverkäufen und ähnlichen Veranstaltungen den Ausverkaufsgrund anzugeben. Weitere Verschärfungen brachten die Novellen von 1932[3] und 1935[4].

Im Ergebnis war damit die Zulässigkeit von Ausverkäufen, Räumungs-

---

[342] Wegen der Ausgleichspflicht zwischen dem Vertragspartner und dem Dritten, von dem die Werbeangabe ausgeht, s. § 13 a Abs. 3 S. 3 UWG und dazu die Begr., aaO, S. 19.

[1] S. *Sack*, aaO.

[2] Zur früheren Rechtslage s. eingehend Voraufl., S. 178 ff.

[3] RGBl. I, S. 121.

[4] RGBl. I, S. 311; dazu z. B. *Baumbach-Hefermehl*, § 9 a UWG Rdnr. 3 (S. 1373 ff.).

verkäufen und Saisonschlußverkäufen schon erheblich eingeschränkt worden. Die Unternehmen wichen darum immer häufiger auf andere Sonderveranstaltungen wie z. B. sog. weiße Wochen, Aussteuertage oder Wochenendverkäufe aus. Deshalb erließ der Reichswirtschaftsminister, gestützt auf die Ermächtigung des § 9 a UWG (a. F.), die Anordnung betreffend Sonderveranstaltungen vom 4. 7. 1935,[5] um die ,,anständigen Gewerbetreibenden" vor dem ,,überhandnehmenden Wettbewerb mit solchen Sonderveranstaltungen" zu schützen. Trotz ihres somit stark zeitgebundenen Charakters wurde die Anordnung in der Folgezeit doch allgemein bis zu ihrer Aufhebung durch die Novelle von 1986 als gültig angesehen.[6]

Weitere Sonderregelungen brachte 1950 die auf § 9 UWG gestützte Verordnung des Bundeswirtschaftsministers über Sommer- und Winterschlußverkäufe vom 13. 7. 1950[7]. Sie enthielt im einzelnen Vorschriften über die zulässigen Zeitabschnitte für Winter- und Sommerschlußverkäufe, über die Waren, die dabei verkauft werden durften, sowie über die Art und Weise der Werbung für den Schlußverkauf. Diese VO wurde ebenfalls allgemein als gültig angesehen.[8] Hinzutraten schließlich noch zahlreiche Rechtsverordnungen der höheren Verwaltungsbehörden aufgrund des alten § 7 b Abs. 2 UWG, die weitere Einzelheiten des Ausverkaufswesens regelten, wobei sich die Behörden durchweg nach einer Musteranordnung des Reichs- und Preußischen Wirtschaftsminister vom 19. 10. 1935 richteten.[9]

Insgesamt war hierdurch die ganze Materie in hohem Maße unübersichtlich und verwirrend geworden. Zugleich tauchten ständig neue Mißbrauchsformen auf, denen mit den genannten Vorschriften nicht immer wirksam genug begegnet werden konnte. Deshalb entschloß sich der Gesetzgeber von 1986 zu einer völligen Neuregelung der Materie, die sich jetzt in den am 1. 1. 1987 in Kraft getretenen, neuen §§ 7 und 8 UWG findet. Alle anderen oben erwähnten Vorschriften sind zugleich aufgehoben worden. In ihrem Kern stimmt jedoch die Neuregelung im wesentlichen mit der bisherigen Rechtslage überein, so daß zur Auslegung der neuen Vorschriften ohne weiteres auf die bisherige Rechtsprechung zurückgegriffen werden kann.[10]

---

[5] RAnz Nr. 158; s. dazu die Amtl. Begründung, DJ 1935, S. 424.
[6] Vgl. z. B. *BGH*, LM § 9 a UWG Nr. 1 = NJW 1958, 945.
[7] BAnz Nr. 135; zuletzt gültig i. d. F. der VO v. 28. 7. 1969, BAnz Nr. 138.
[8] Z. B. *BGH*, LM § 9 UWG Nr. 1 = NJW 1976, 1262.
[9] Fundstellen bei *Baumbach-Hefermehl*, § 7 b Rdnr. 13.
[10] Wegen der Einzelheiten s. die eingehende Begründung zum RegE, BT-Dr. 10 (1986)/4741, S. 14 ff.; den Ausschußbericht, BT-Dr. 10 (1986)/5771, S. 21 f.; *Sack*, BB 1986, 679, 2205.

2. *Ausverkäufe und Räumungsverkäufe*

a) *Bisherige Rechtslage*

Nach der früheren Rechtslage[11] waren Ausverkäufe und Räumungsverkäufe in zahlreichen Fällen erlaubt. Ausverkäufe durften nach § 7 UWG a. F. bei Aufgabe des gesamten Geschäftsbetriebs, des Geschäftsbetriebs einer Zweigniederlassung sowie einer einzelnen Warengattung durchgeführt werden. Zulässig waren außerdem Räumungsverkäufe nach § 7a UWG a. F. aus besonderen Anlässen, wozu etwa Brand- oder Wasserschäden, umfangreiche Umbaumaßnahmen oder das Überquellen des Lagers gehörten,[12] sowie Winter- und Sommerschlußverkäufe als sog. Saison- oder Abschnittsschlußverkäufe.[13] Hinzutrat schließlich noch die Gestattung von Jubiläums- und Resteverkäufen aufgrund der alten SonderveranstaltungsAO von 1935.

b) *Neue Rechtslage*

aa) *Überblick*

Das UWG geht heute in § 7 Abs. 1 von einem grundsätzlichen Verbot aller Sonderveranstaltungen aus, von dem es nur noch wenige, eng begrenzte Ausnahmen gibt, die deutlich in zwei verschiedene Gruppen zerfallen. Die erste Gruppe umfaßt die Saisonschluß- und Jubiläumsverkäufe (§ 7 Abs. 3 UWG), die andere die Räumungsverkäufe, die § 8 UWG fortan nur noch in Schadensfällen, bei bestimmten Umbauvorhaben sowie bei Aufgabe des gesamten Geschäftsbetriebs gestattet. Zulässig bleiben außerdem ebenso wie nach früherem Recht die sog. Sonderangebote (§ 7 Abs. 2 UWG), so daß das neue Recht nach wie vor die schwierige Aufgabe stellt, zulässige Sonderangebote von den grundsätzlich verbotenen Sonderveranstaltungen abzugrenzen (dazu unten 3).

bb) *Saisonschluß- und Jubiläumsverkäufe*

Die erste Ausnahme von dem grundsätzlichen Sonderveranstaltungsverbot des § 7 Abs. 1 UWG betrifft die herkömmlichen Saisonschluß- und Jubiläumsverkäufe (§ 7 Abs. 3 UWG)[14]. Die sachlichen Änderungen gegenüber dem früheren Rechtszustand auf Grund der erwähnten VO des Bundeswirtschaftsministers über Sommer- und Winterschlußverkäu-

---

[11] S. Voraufl., S. 178ff.; *Burmann*, Betr. 1964, 1015; *Frey*, WRP 1965, 164; 1967, 335; BB 1967, 61; *Hahn*, WRP 1977, 386; *Kamin*, WRP 1967, 191; *Schopp*, WRP 1975, 647; *Simmich*, Betr. 1976, 2049; *Vogt*, NJW 1976, 2334; zahlr. weitere Nachw. bei *Sack*, Die Notwendigkeit einer Novellierung, aaO.

[12] Vgl. BGH, WM 1977, 1234; OLG Stuttgart, BB 1974, 337; GRUR 1983, 36 (38); OLG Frankfurt, NJW-RR 1986, 592; OLG Köln, GRUR 1983, 75.

[13] Vgl. dazu insbes. BGH, LM SchlußverkaufsVO Nrn. 7 und 9 = NJW 1984, 176 und 1687.

[14] Wegen der Einzelheiten s. die Begr. zum RegE, S. 14; den Ausschußbericht, S. 21f.; *Sack*, BB 1986, 679 (682f.); 1986, 2205 (2208ff.).

fe vom 13. 7. 1950[15] sind gering. Sie betreffen vor allem den Katalog der schlußverkaufsfähigen Waren, der nunmehr neben den herkömmlichen Textilien, Bekleidungsgegenständen und Schuhwaren außerdem noch sämtliche Lederwaren und Sportartikel umfaßt, während Porzellan- und Glaswaren sowie Waren aus Steingut gestrichen wurden. Im übrigen aber hat der Gesetzgeber in der Sache an der bisherigen Rechtslage festgehalten.

Bei der Werbung für Saisonschlußverkäufe, Jubiläumsverkäufe und ähnliche Veranstaltungen sind insbes. die §§ 1, 3 und 6 e UWG zu beachten. Daraus folgt vor allem, daß jede Vorwegnahme von Saisonschlußverkäufen durch ihren vorzeitigen Beginn ebenso wie ihre Verlängerung über die durch § 7 Abs. 3 UWG im einzelnen geregelten Fristen hinaus verboten ist, jedenfalls wenn sich der Gewerbetreibende dadurch einen Vorsprung vor seinen Konkurrenten verschaffen will oder wenn bei den Verbrauchern der unzutreffende Eindruck eines Saisonschlußverkaufs i. S. des § 7 Abs. 3 UWG erregt wird.[16] Weitere Beispiele sind – je nach den Umständen des Falles – umfangreiche Sonderangebote in enger, zeitlicher Nähe zu den nach § 7 UWG maßgebenden Zeitpunkten, wobei sich in der Praxis eine sog. Karenzzeit von ungefähr 14 Tagen eingespielt hat,[17] sowie sonstige Abschnittsschlußverkäufe, etwa aus Anlaß der Inventur.[18] In allen diesen Fällen dürfte heute i. d. R. zugleich eine verbotene Sonderveranstaltung i. S. des § 7 UWG vorliegen (s. u. 3 b).

Unbedenklich sind hingegen einzelne Sonderangebote, für die zudem nicht besonders geworben wird,[19] sowie die Werbung für einen Winterschlußverkauf mit der Abkürzung „WSV", jedenfalls wenn sich der Charakter der Veranstaltung eindeutig aus den Umständen ergibt.[20] Erlaubt sind außerdem die stündliche Staffelung des Angebots sowie das Vor- und Nachschieben von Schlußverkaufsware, so daß ein Kaufmann während des Schlußverkaufs mit stündlich neuen Angeboten werben darf.[21]

Ähnliche Regeln sind bei *Jubiläumsverkäufen* (§ 7 Abs. 3 Nr. 2 UWG) zu beachten. Sämtliche Jubiläumsverkäufe außerhalb der danach allein zulässigen 25-Jahresfrist, z. B. eine besondere, zeitlich begrenzte Preisreduzierung aus Anlaß des zehnjährigen Bestehens des Geschäfts, verstoßen hiernach gegen § 1 UWG und sind regelmäßig zugleich eine verbotene Sonderveranstaltung.[22]

---

[15] Dazu Voraufl., S. 180.

[16] *BGH*, LM § 9a UWG Nr. 2 = GRUR 1962, 36; LM § 9 UWG Nr. 2 = GRUR 1976, 702.

[17] *BGH*, LM § 1 UWG Nr. 397 = NJW 1984, 175; LM § 1 UWG Nr. 379 = GRUR 1983, 184.

[18] *BGH*, LM § 9a UWG Nr. 7 = NJW 1978, 756.

[19] *BGH*, LM § 9 UWG Nr. 4 = NJW 1982, 1393 = GRUR 1982, 241.

[20] *BGH*, LM SchlußverkaufsVO Nr. 9 = NJW 1984, 1687 = GRUR 1984, 285.

[21] *BGH*, LM SchlußverkaufsVO Nr. 7 = NJW 1984, 176 = GRUR 1983, 383.

[22] *BGH*, GRUR 1979, 474; *OLG Hamm*, GRUR 1984, 68 (70).

cc) Räumungsverkäufe

Der neue § 8 UWG läßt Räumungsverkäufe nur noch in drei eng begrenzten Ausnahmefällen zu, nämlich

1. im Falle eines Schadens, der durch Feuer, Wasser, Sturm oder ein vom Veranstalter nicht zu vertretendes, vergleichbares Ereignis verursacht wurde,

2. vor Durchführung eines nach Baurecht anzeige- oder genehmigungspflichtigen Umbaus, sofern danach die Räumung eines vorhandenen Warenvorrats unvermeidlich ist (§ 8 Abs. 1 Nrn. 1 und 2 UWG), sowie

3. bei Aufgabe des gesamten Geschäftsbetriebs (§ 8 Abs. 2 UWG).

Die früher ebenfalls möglichen Räumungsverkäufe bei Aufgabe einer Zweigniederlassung oder einer Warengattung sind hingegen wegen der gerade hier besonders verbreiteten Mißbräuche ersatzlos gestrichen worden. Außerdem sind die drei heute allein noch statthaften Formen von Räumungsverkäufen nur unter engen Restriktionen zugelassen worden, die nach Möglichkeit allen bekannten Mißbrauchsgefahren begegnen sollen.[23]

Vor der Durchführung der genannten Räumungsverkäufe muß zunächst ein bestimmtes Verfahren eingehalten werden, zu dem vor allem eine rechtzeitige *Anzeige* des geplanten Räumungsverkaufs bei der zuständigen Industrie- und Handels- oder Handwerkskammer gehört (§ 8 Abs. 3 UWG). Bei der Anzeige sind verschiedene Angaben zu machen, um den Kammern eine Überprüfung der Zulässigkeit des Räumungsverkaufs zu ermöglichen. Zu demselben Zweck haben die Kammern sowie die von ihnen bestellten Vertrauensmänner umfangreiche Nachprüfungsrechte (s. § 8 Abs. 4 UWG).

Außerdem müssen bestimmte *Sperrfristen* beachtet werden (s. im einzelnen § 8 Abs. 2 und 6 UWG). Hiernach setzt namentlich die Zulässigkeit eines Räumungsverkaufs nach § 8 Abs. 2 UWG voraus, daß der Veranstalter grundsätzlich in den letzten *drei* Jahren vor Beginn des Räumungsverkaufs keinen anderen Räumungsverkauf wegen Aufgabe eines Geschäftsbetriebs gleicher Art durchgeführt hat. Ergänzend greift eine *Neueröffnungssperrfrist* von zwei Jahren aufgrund des § 8 Abs. 6 Nr. 2 UWG ein, nach dem es verboten ist, den (angeblich) aufgegebenen Geschäftsbetrieb mittelbar oder unmittelbar fortzusetzen oder vor Ablauf von zwei Jahren am selben Ort oder in benachbarten Gemeinden wieder aufzunehmen. Dieses Verbot gilt für jeden *Veranstalter* des Räumungsverkaufs, um naheliegende und verbreitete Umgehungsversuche durch das Vorschieben von Strohmännern oder nahen Angehörigen erfassen zu können.[24]

---

[23] Wegen der Einzelheiten s. die Begründung zum RegE, S. 15 ff.; den Ausschußbericht, S. 21 f.; *Sack*, BB 1986, 679 ff., 2209 ff.

[24] S. die Begründung zum RegE, S. 16; *OLG Hamm*, GRUR 1986, 623 (624); *Sack*, BB 1986, 679 (680).

Außerdem besteht nach Abs. 6 Nr. 1 des § 8 UWG ein generelles *Umgehungsverbot*, auf Grund dessen es untersagt ist, den Anlaß für den Räumungsverkauf mißbräuchlich herbeizuführen oder in anderer Weise von den Möglichkeiten eines Räumungsverkaufs mißbräuchlich Gebrauch zu machen. In denselben Zusammenhang gehört schließlich noch das Verbot des *Vor-* und *Nachschiebens* von Waren durch § 8 Abs. 5 Nr. 2 UWG, so daß es verboten ist, nur für den Räumungsverkauf beschaffte Waren zum Verkauf zu stellen. Der Grund für dieses Verbot liegt darin, daß hier der Mißbrauch des Räumungsverkaufs als bloßes, zusätzliches Absatzinstrument auf der Hand liegt. Soweit aber hiernach Räumungsverkäufe noch zulässig sind, können sie auch im Wege der Versteigerung erfolgen, sofern nur in der Ankündigung eindeutig auf den Charakter der Veranstaltung als Räumungsverkauf hingewiesen wird.[25]

Erhebliche Änderungen gegenüber dem früheren Rechtszustand haben sich zu guter Letzt noch bei den *Sanktionen* ergeben. Während nämlich nach früherem Recht aufgrund des § 8 UWG a. F. sowohl verwaltungsrechtliche Sanktionen als auch Bußgelder möglich waren, kennt das neue Recht nur noch zivilrechtliche Sanktionen aufgrund der Abs. 5 und 6 des § 8 UWG. Im Vordergrund stehen dabei Unterlassungsansprüche der Konkurrenten, Interessenverbände und Kammern (vgl. § 13 Abs. 2 UWG). Daneben kommen gegebenenfalls bei schuldhaftem Handeln Schadensersatzansprüche der Konkurrenten aufgrund des § 13 Abs. 6 Nr. 2 UWG in Betracht.

3. Verbot sonstiger Sonderveranstaltungen

Literatur: S. o. sowie *Borck,* WRP 1977, 310; *Habscheid,* NJW 1953, 1419; *ders.,* GRUR 1953, 422; *D. Reimer,* GRUR 1974, 579; *Sack,* WRP 1978, 489; 1983, 63; *ders.,* BB 1986, 679; *Schopp,* WRP 1975, 647; *Tetzner,* NJW 1953, 1049; *ders.,* GRUR 1959, 309; 1976, 129; 1979, 380; *Sack,* BB 1986, 2205.

a) Allgemeines

Sog. Sonderveranstaltungen sind im Einzelhandel seit der auf die Ermächtigung des § 9a UWG gestützten Anordnungen des Reichswirtschaftsministers betreffend Sonderveranstaltungen vom 4. 7. 1935[26] untersagt. Ausnahmen von diesem grundsätzlichen Verbot kannte die Verordnung nur für Sonderangebote, für Resteverkäufe während der letzten drei Tage der Saisonschlußverkäufe sowie für Jubiläumsverkäufe anläßlich des 25-jährigen Bestehens eines Geschäfts.[27]

An dieser Rechtslage hat der Gesetzgeber der UWG-Novelle von 1986 im wesentlichen festgehalten.[28] Das grundsätzliche Verbot aller Sonderveran-

---

[25] *BVerwG,* NJW 1982, 2271; *OLG Hamm,* GRUR 1984, 599.
[26] RAnz Nr. 158.
[27] Wegen der Einzelheiten s. Voraufl., S. 180 ff.
[28] S. die Begr. zum RegE, S. 14 f.; den Ausschußbericht, S. 21 f.; sowie z. B. *Sack,* BB 1986, 679 (683 ff.)

staltungen findet sich jetzt in dem weitgehend mit § 1 Abs. 1 der früheren Anordnung übereinstimmenden § 7 Abs. 1 UWG, während Abs. 2 des § 7 UWG nunmehr die Ausnahme für Sonderangebote enthält. Die weitere Ausnahme für Resteverkäufe ist gestrichen worden, während die Erlaubnis bestimmter Jubiläumsverkäufe zusammen mit der Erlaubnis der Saisonschlußverkäufe in § 7 Abs. 3 UWG geregelt worden ist.

Mit der alten SonderveranstaltungsAO hatte der Reichswirtschaftsminister den Zweck verfolgt, die „anständigen Gewerbetreibenden" vor dem „überhandnehmenden Wettbewerb" mit solchen Sonderveranstaltungen zu schützen.[29] Die ganze SonderveranstaltungsAO war m. a. W. Ausdruck eines streng zeitgebundenen, heute grundsätzlich verfehlten Mittelstandsschutzes. Trotzdem hatte die Praxis an der SonderveranstaltungsAO eisern festgehalten und obendrein deren Anwendungsbereich, gestützt auf die weite Formulierung des § 1 der AO, immer weiter ausgedehnt, so daß sie sich schließlich zu einem wirksamen Mittel zur Verhinderung neuer Absatz- und Werbemethoden entwickelt hatte. Die Leidtragenden waren letztlich wiederum allein die Verbraucher, denen durchweg durch das auf die Anordnung gestützte Verbot bestimmter, neuer, nur wenig aus dem Rahmen herausfallender Werbemaßnahmen besonders wettbewerbsaktiver Unternehmer die von diesen angebotenen, zusätzlichen Vorteile im Wettbewerb vorenthalten wurden.[30] Wenn Verbraucherschutz ein zentrales Anliegen der neueren Gesetzgebung ist und wenn außerdem der Wettbewerb eine Veranstaltung in erster Linie im Interesse der Verbraucher darstellt, dann wäre es jetzt wahrhaftig an der Zeit gewesen, das überholte Verbot von Sonderveranstaltungen, wenn schon nicht ganz aufzuheben, so doch radikal einzuschränken.

Nichts dergleichen ist geschehen. Im Gegenteil: Durch die Aufhebung der Ausnahme für Resteverkäufe und die spürbare Beschränkung der Werbemöglichkeiten für Sonderangebote durch die neuen §§ 6 d und 6 e UWG ist das grundsätzliche Verbot von Sonderveranstaltungen im Ergebnis sogar noch deutlich verschärft worden. Dahinter steht – ebenso wie bei sämtlichen, anderen Änderungen des UWG durch die neuere Gesetzgebung – entgegen den Versicherungen des Gesetzgebers nicht etwa der Schutz der Verbraucher, sondern letztlich allein das verfehlte Bemühen, kleinen und mittelständischen Gewerbetreibenden einen zusätzlichen Schutz über das UWG gegen besonders wettbewerbsaktive Großbetriebe des Einzelhandels zu gewähren. Dies sollte zumindest Anlaß sein, das Verbot des § 7 Abs. 1 UWG so restriktiv und die Ausnahme des § 7 Abs. 2 UWG so weit wie irgendmöglich auszulegen.[31]

---

[29] Vgl. die Amtl. Begr. zur AO, DJ 1935, S. 424 (425).
[30] Grundsätzlich anders *Sack* (aaO), der sogar für eine weitere Ausdehnung des Verbotes von Sonderveranstaltungen eintritt.
[31] Auch insoweit anders *Sack*, aaO m. Nachw.

b) Begriff

Sonderveranstaltungen sind nach § 7 Abs. 1 UWG, der im wesentlichen mit § 1 Abs. 1 der alten SonderveranstaltungsAO von 1935 übereinstimmt, Verkaufsveranstaltungen im Einzelhandel, die außerhalb des regelmäßigen Geschäftsverkehrs stattfinden, der Beschleunigung des Warenabsatzes dienen und den Eindruck der Gewährung besonderer Kaufvorteile hervorrufen. Ausgenommen sind jedoch Sonderangebote i. S. des § 7 Abs. 2 UWG, Saisonschlußverkäufe und Jubiläumsverkäufe i. S. des § 7 Abs. 3 UWG sowie die Räumungsverkäufe infolge eines Schadens, wegen der Durchführung eines Umbauvorhabens oder wegen Aufgabe des gesamten Geschäftsbetriebs i. S. des § 8 UWG.

aa) Der *Anwendungsbereich* des Sonderveranstaltungsverbots beschränkt sich auf den Warenabsatz im *Einzelhandel*. Folglich gilt das Verbot für Hersteller und Großhändler nur, wenn sie in unmittelbare Geschäftsbeziehungen zum letzten Verbraucher treten, hingegen nicht, wenn sie sich lediglich mit ihrer Werbung direkt an die Verbraucher wenden, während sie ihre Waren weiterhin über den Groß- oder Einzelhandel absetzen.[32] Ebensowenig greift das Verbot ein, wenn Gewerbetreibende Waren für ihren Gewerbebetrieb einkaufen, da sie insoweit nicht als Letztverbraucher tätig werden.[33] Schließlich dürfte auch die Verwertung von Sicherungsgut durch eine Sparkasse schwerlich zum Einzelhandel i. S. des § 7 Abs. 1 UWG gehören, wodurch freilich nicht die Anwendung des § 1 UWG ausgeschlossen wird, wenn die Sparkasse, etwa bei der Versteigerung eines Teppichlagers, besondere, ganz ungewöhnliche Kaufanreize schafft.[34]

bb) Es muß sich außerdem um Verkaufsveranstaltungen zum Zwecke des *Warenabsatzes* handeln. Hieraus folgt, daß das Sonderveranstaltungsverbot nicht für das Angebot von Dienstleistungen gilt. Bei gemischten Angeboten kommt es darauf an, was nach dem Eindruck der Verbraucher im Vordergrund steht. Danach handelt es sich bei dem Entwickeln und Kopieren von Filmen ebenso wie bei der Vermietung von Video-Kassetten oder bei Schuhreparaturen um Dienstleistungen, so daß kein Raum für die Anwendung des § 7 Abs. 1 UWG ist.[35]

cc) Sonderveranstaltungen sind nach § 7 Abs. 1 nur solche Verkaufsveranstaltungen im Einzelhandel, die *außerhalb des regelmäßigen Ge-*

---

[32] *BGH*, LM RabattG Nr. 23 = NJW 1974, 1906; LM § 9a UWG Nr. 6 = GRUR 1972, 125; LM § 1 UWG Nr. 152 = NJW 1965, 1329; LM SonderveranstaltungsAO Nrn. 8 und 13 = GRUR 1973, 416; 1975, 661; *OLG Frankfurt*, Betr. 1983, 222.

[33] *OLG Hamburg*, GRUR 1982, 738.

[34] *BGH*, WM 1985, 1117 = GRUR 1985, 975 m. Anm. *Merkel* gegen *OLG Hamm*, WM 1983, 1144.

[35] *BGH*, LM SonderveranstaltungsAO Nr. 17 = NJW 1978, 1055 m. Anm. *Sack*, WRP 1978, 489; *OLG Hamm*, GRUR 1984, 539; *OLG Frankfurt*, GRUR 1985, 299 (300).

schäftsverkehrs stattfinden.[36] Gemeint ist damit der regelmäßige Geschäftsverkehr der betreffenden *Branche*.[37] Eine Verkaufsveranstaltung muß mithin, um als Sonderveranstaltung qualifiziert werden zu können, nach ihrem Gesamteindruck auf das Publikum als Unterbrechung des in der betreffenden Branche üblichen, in diesem Sinne regelmäßigen Geschäftsverkehrs erscheinen, und zwar weil ganz ungewöhnliche und einmalige, unwiederholbare Gelegenheiten zum Einkauf geboten werden.

§ 7 Abs. 1 UWG verleiht dergestalt – anders gewendet – (im Anschluß an § 1 Abs. 1 der alten SonderveranstaltungsAO) dem, was in einer Branche aus Tradition oder sonstigen Gründen als üblich und normal angesehen wird, normativen Rang. Hierdurch wird zwar an sich eine wirtschaftlich sinnvolle Fortentwicklung der Verkaufsmethoden in einer Branche nicht ausgeschlossen; tatsächlich sind jedoch die Gerichte nur ganz selten bereit, einen derartigen Ausnahmefall anzunehmen, weil sie aus dem Zusammenhang der Rechtsordnung ein grundsätzliches Sonderveranstaltungsverbot folgern.[38] Als *Indizien* für das Vorliegen einer Sonderveranstaltung fungieren dabei z. B. die Anregung des Spieltriebs der Verbraucher[39] sowie Breite und Umfang der Aktion,[40] während die bloße Ankündigung zahlreicher Sonderangebote wegen der Verbreitung solcher Angebote nicht ausreichen soll.[41]

In jedem Fall muß außerdem noch hinzukommen, daß die Veranstaltung der *Beschleunigung des Warenabsatzes* dient, indem sie zusätzliche Kaufanreize gerade für die besonders in der Werbung herausgestellten Waren schafft.[42] Und schließlich ist noch erforderlich, daß die ganze Veranstaltung den Eindruck der Gewährung besonderer *Kaufvorteile* hervorruft. Dies wird namentlich bei einer zeitlichen *Befristung* der Aktion angenommen.[43] Im übrigen aber decken sich die beiden zuletzt genannten Merkmale weitgehend mit dem Merkmal des Herausfallens der Veranstaltung aus dem regelmäßigen Geschäftsverkehr, so daß es meistens erfüllt sein wird, wenn ausdrücklich oder konkludent zeitlich befri-

---

[36] Vgl. demgegenüber § 7 Abs. 2 UWG, der für die Definition der Sonderangebote auf den regelmäßigen Geschäfts*betrieb* des betreffenden, werbenden Unternehmens abstellt.

[37] Z. B. *Sack*, BB 1986, 679 (685).

[38] S. im einzelnen *BGH*, LM § 9a UWG Nrn. 1 und 6; SonderveranstaltungsAO Nrn. 10, 11, 14, 15, 20, 22, 23, 26, 27 und 28; § 38a GWB Nr. 1; GRUR 1975, 144; 1975, 491 (492); 1979, 474; *KG*, GRUR 1983, 783; *OLG Hamm*, NJW-RR 1986, 718; *OLG Köln*, GRUR 1983, 73; *OLG Düsseldorf*, Betr. 1986, 2430.

[39] *OLG Hamm* (vorige Fußn.).

[40] *BGH*, LM § 9a UWG Nr. 14 = NJW 1985, 3075 = GRUR 1984, 590 ,,Sonderangebote auf 3000 qm".

[41] *BGH*, LM § 1 UWG Nr. 379 = GRUR 1983, 184 (185).

[42] S. *BGH*, LM SonderveranstaltungsAO Nr. 14 = GRUR 1977, 791; insbes. LM § 1 ZugabeVO Nr. 17 = GRUR 1966, 214 (217); dagegen *Sack*, BB 1986, 679 (685).

[43] *OLG Köln*, GRUR 1983, 73; *OLG Koblenz*, NJW-RR 1986, 846; *OLG Hamm*, NJW-RR 1986, 718.

stete, besonders attraktive Vorteile angeboten werden. Entscheidend ist dabei nur die Ankündigung derartiger Vorteile, während es unerheblich ist, ob sie tatsächlich gewährt werden. Es genügt m. a. W. bereits, wenn durch die Werbung lediglich der Eindruck besonderer, etwa zeitlich befristeter Vorteile erweckt wird.[44]

dd) *Beispiele* für hiernach unzulässige Sonderveranstaltungen sind Vorsaisonpreise für Filme,[45] die Ankündigung eines „schrägen Dienstags" durch ein Einkaufszentrum mit einzelnen, besonders verbilligten Waren,[46] die Ankündigung von Jubiläumsverkäufen jenseits der Grenze des § 7 Abs. 3 Nr. 2 UWG (s. o. 2b), eine einmalige, noch nie dagewesene Werbeaktion eines seriösen Großunternehmens,[47] das zeitlich befristete Angebot stark verbilligter Uhren in Kaffeegeschäften,[48] zeitlich befristete Preissenkungen aus Anlaß der Eröffnung der Filiale eines Kaffeegeschäfts,[49] die kurzfristige Herabsetzung der Preise für Kaffee zu Probierzwecken,[50] Saisonschlußverkäufe jenseits des § 7 Abs. 3 Nr. 1 UWG (s. o. 2b, bb), ein Verkauf von Waschmitteln „direkt ab LKW",[51] die Ankündigung sog. Probierpreise im Rahmen einer räumlich und zeitlich beschränkten Aktion eines Herstellers,[52] weiter die Ankündigung einer Fülle von Sonderangeboten bei Möbeln „auf 3000 qm",[53] die Ankündigung des Verkaufs einer begrenzten Zahl hochwertiger Geräte mit dem Zusatz, daß sie jeden Tag um 50,– DM billiger werden sollen,[54] die Durchführung einer umfangreichen, zeitlich befristeten Testaktion für Büstenhalter mit der Ankündigung, daß jede sich beteiligende Käuferin 10,– DM erstattet bekommen solle,[55] sowie schließlich die Werbung für Möbel mit dem (in der Tat aufregenden) Slogan „Jetzt lassen wir die Preiswutz richtig los"[56] oder als „Angebote der Woche" wegen der darin (angeblich) liegenden, zeitlichen Beschränkung des Angebots.[57]

Hingegen wurden als unbedenklich angesehen die Werbung eines Textilgeschäfts mit einer „Fülle von Sonderangeboten",[58] die Ankündigung von „Winterpreisen für Motorräder", weil und sofern es sich dabei um

---

[44] *BGH*, LM SonderveranstaltungsAO Nrn. 19 und 22; GRUR 1979, 474.

[45] *BGH*, GRUR 1975, 144.

[46] *BGH*, GRUR 1975, 491 (492).

[47] *BGH*, LM SonderveranstaltungsAO Nr. 22 = NJW 1980, 342.

[48] *BGH*, LM SonderveranstaltungsAO Nr. 23 = NJW 1980, 1793.

[49] *BGH*, LM SonderveranstaltungsAO Nr. 14.

[50] *BGH*, LM § 9a UWG Nr. 6; SonderveranstaltungsAO Nr. 10.

[51] *BGH*, LM SonderveranstaltungsAO Nr. 20 = NJW 1979, 2561.

[52] *BGH*, LM § 38a GWB Nr. 1 = NJW 1981, 2574.

[53] *BGH*, LM § 9a UWG Nr. 14 = NJW 1985, 3075.

[54] *OLG Hamm*, NJW-RR 1986, 718.

[55] *OLG Koblenz*, NJW-RR 1986, 846.

[56] *OLG Koblenz*, WM 1985, 927.

[57] *OLG Köln*, GRUR 1983, 73; *OLG Düsseldorf* (o. Fußn. 38).

[58] *BGH*, LM § 1 UWG Nr. 379 = GRUR 1983, 184.

ein ausgesprochenes Saisongeschäft handele,[59] ebenso die bloße Ankündigung von Sommerpreisen für Pelzwaren[60] sowie die Ankündigung von Sonderangeboten zum Urlaubsbeginn.[61]

c) Die Ausnahme für Sonderangebote

aa) Sonderveranstaltungen sind grundsätzlich verboten (§ 7 Abs. 1 UWG). Von diesem Verbot gibt es jedoch verschiedene Ausnahmen, und zwar für Sonderangebote aufgrund des § 7 Abs. 2 UWG, für Saisonschluß- und Jubiläumsverkäufe aufgrund des § 7 Abs. 3 UWG sowie für die verschiedenen Räumungsverkäufe aufgrund des § 8 UWG. Da die Saisonschluß-, Jubiläums- und Räumungsverkäufe bereits behandelt sind (o. 2 b), ist hier nur noch auf die besonders wichtige Ausnahme für die verbreiteten und beliebten Sonderangebote (§ 7 Abs. 2 UWG) einzugehen.

bb) Das Gesetz definiert die Sonderangebote in § 7 Abs. 2 UWG in sachlicher Übereinstimmung mit dem § 1 Abs. 2 der früheren SonderveranstaltungsAO als Angebote einzelner, nach Güte oder Preis gekennzeichneter Waren ohne zeitliche Begrenzung, vorausgesetzt daß sich diese Angebote in den regelmäßigen Geschäftsbetrieb des betreffenden, werbenden Unternehmens einfügen. Durch diese Formulierung sollte klargestellt werden, daß es für die Zulässigkeit des Sonderangebots darauf ankomme, daß sich die Angebote selbst und nicht etwa die Waren, für die geworben wird, in den regelmäßigen Geschäftsbetrieb gerade des werbenden Unternehmens einfügen.[62]

Das Verhältnis der beiden ersten Absätze des § 7 UWG zueinander ist umstritten. Nach überwiegender Meinung bringt § 7 Abs. 2 UWG nur zum Ausdruck, daß Sonderangebote, selbst *wenn* sie an sich zugleich Sonderveranstaltungen i. S. des § 7 Abs. 1 UWG sind, doch unter den besonderen, zusätzlichen Voraussetzungen des § 7 Abs. 2 UWG erlaubt bleiben. Hieraus wird dann der weitere Schluß gezogen, daß es außerdem noch andere Sonderangebote gibt, die überhaupt nicht unter die §§ 7 und 8 UWG fallen und schon deshalb zulässig sind, sofern nicht im Einzelfall die §§ 1 oder 3 UWG eingreifen.[63] Nach der Gegenmeinung stehen hingegen die Absätze 1 und 2 des § 7 UWG im Verhältnis von Regel und Ausnahme, so daß sämtliche Sonderangebote, die nicht die Voraussetzungen des § 7 Abs. 2 UWG erfüllen, automatisch nach § 7 Abs. 1 UWG verbotene Sonderveranstaltungen sind.[64]

---

[59] *BGH*, LM § 9 a UWG Nr. 15 = GRUR 1984, 664; *KG*, GRUR 1983, 337.
[60] *BGH*, LM SonderveranstaltungsAO Nrn. 26 und 28.
[61] *KG*, GRUR 1983, 783.
[62] Ausschußbericht, aaO, S. 21 f.
[63] So z. B. *BGH*, LM § 9 a UWG Nrn. 1 u. 3; § 1 UWG Nr. 152; GRUR 1979, 781; *OLG Koblenz*, GRUR 1978, 718.
[64] So insbes. *Sack*, BB 1986, 679 (684 f. m. Nachw.).

Der Gesetzgeber der Novelle von 1986 hat diese schon lange umstrittene Frage nicht entschieden. Mit Rücksicht auf die rechtspolitischen Bedenken, die überhaupt gegen das Sonderveranstaltungsverbot des § 7 UWG sprechen, sollte man daher an der engeren Meinung festhalten, daß es neben den von § 7 Abs. 2 UWG erfaßten Sonderangeboten noch sonstige Sonderangebote gibt, die überhaupt nicht unter § 7 UWG fallen (weil sie keine Sonderveranstaltungen sind) und schon deshalb generell zulässig sind. Große praktische Bedeutung hat der Streit freilich nicht, da Sonderangebote im Einzelhandel mit Waren häufig, wenn nicht in der Regel die sehr weiten Merkmale des § 7 Abs. 1 UWG erfüllen dürften. In diesem Falle kommt es dann in der Tat stets darauf an, ob zugleich die Voraussetzungen für die ausnahmsweise Erlaubnis der Sonderangebote nach § 7 Abs. 2 UWG erfüllt sind.

cc) Sonderangebote i. S. des § 7 Abs. 2 UWG müssen sich zunächst auf *einzelne,* nach Güte oder Preis *gekennzeichnete Waren* beziehen. Dies wird relativ nach dem gesamten Sortiment oder Umsatz des betreffenden Gewerbetreibenden beurteilt. Je größer sein Sortiment und Umsatz sind, desto leichter sind ihm mithin Sonderangebote möglich, dies ein wichtiger Grund für die große Verbreitung von Sonderangeboten gerade bei den modernen, großbetrieblichen Formen des Einzelhandels. Um einzelne Waren handelt es sich indessen nicht mehr, wenn sich das Angebot auf ganze Warengruppen oder gar auf das gesamte Sortiment des Gewerbetreibenden erstreckt.[65]

Außerdem ist erforderlich, daß das Angebot *nicht zeitlich begrenzt* ist. Hierin liegt der wichtigste Unterschied der erlaubten Sonderangebote zu den verbotenen, sonstigen Sonderveranstaltungen. Die Frage der zeitlichen Begrenzung beurteilt sich dabei nach dem Gesamteindruck der Veranstaltung und ihrer Ankündigung auf die Verbraucher. Eine ausdrückliche Begrenzung ist nicht erforderlich, wenn sie sich aus den Umständen ergibt, wobei freilich berücksichtigt werden muß, daß die Verbraucher ohnehin wissen, daß sämtliche Sonderangebote der *Menge* nach begrenzt sind und immer nur eine vorübergehende Erscheinung darstellen können.[66] Eine zeitliche Begrenzung i. S. des § 7 Abs. 2 UWG kann daher nur angenommen werden, wenn über die mit jedem Sonderangebot naturgemäß verbundene, mengenmäßige Begrenzung hinaus noch eine *zeitliche* Fixierung des Angebots erfolgt, wobei die Länge dieses Zeitraums keine Rolle spielt.[67]

Schließlich muß sich das Angebot noch in den *Rahmen des regelmäßi-*

---

[65] *BGH,* LM § 9a UWG Nr. 3; LM SonderveranstaltungsAO Nrn. 9 und 10; GRUR 1979, 781.

[66] Zur Beschränkung der *Werbung* mit mengenmäßigen Beschränkungen s. u. 3 d.

[67] S. *BGH,* LM § 9a UWG Nr. 3; LM SonderveranstaltungsAO Nrn. 9, 10, 15 und 24; *OLG Köln,* GRUR 1983, 73 ,,Angebot der Woche"; *OLG Hamm,* NJW-RR 1986, 718 usw.

gen *Geschäftsbetriebs* des Gewerbetreibenden selbst einfügen. Hier stellt das Gesetz mithin (anders als in § 7 Abs. 1 UWG) auf die Betriebs- oder *Unternehmensüblichkeit* im Gegensatz zur Branchenüblichkeit ab. Auszugehen ist m. a. W. von den üblichen Verhältnissen gerade dieses werbenden Kaufmanns, so daß ein Sonderangebot nicht mehr vorliegt, wenn es sich nach dem Eindruck des Publikums bei der fraglichen Veranstaltung um eine ganz außergewöhnliche, für den betreffenden Kaufmann völlig unübliche, weil aus dem Rahmen fallende Maßnahme handelt.[68] Folglich kann selbst eine Häufung für sich genommen zulässiger Sonderangebote insgesamt immer noch zu einer verbotenen Sonderveranstaltung ausarten.[69]

dd) Sonderangebote, die die genannten Voraussetzungen nicht erfüllen (und deshalb unter § 7 Abs. 1 UWG fallen), sind verboten, so daß die in § 13 Abs. 2 UWG genannten Konkurrenten, Verbände und Kammern *Unterlassung* verlangen können. Bei Verschulden besteht außerdem eine *Schadensersatzpflicht* aufgrund des § 13 Abs. 6 Nr. 2 UWG. Bewußte und planmäßige Verstöße gegen § 7 UWG fallen zudem unter die Generalklausel des § 1 UWG, jedenfalls wenn damit das Ziel verfolgt wird, sich vor den gesetzestreuen Konkurrenten einen Vorsprung zu verschaffen. Dasselbe gilt, wenn ein Gewerbetreibender durch seine Werbung den Eindruck einer unzulässigen Sonderveranstaltung oder eines Schlußverkaufs hervorruft, selbst wenn tatsächlich gar keine besonderen Vorteile geboten werden; in solchen Fällen wird außerdem häufig die Anwendung des § 3 UWG in Betracht kommen.[70] Zulässig bleibt aber immer die bloße, radikale Verbilligung eines bestimmten Artikels.[71]

d) Verbot der Werbung mit mengenmäßigen Beschränkungen

aa) Durch § 7 Abs. 2 UWG ist bei Sonderangeboten nur eine *zeitliche* Begrenzung verboten (s. o. 3 c, cc). Mengenmäßige Beschränkungen des Angebots wurden hingegen bisher als geradezu typisch für Sonderangebote angesehen. Deshalb war es nur folgerichtig, daß die bisherige Praxis die Werbung mit mengenmäßigen Beschränkungen, etwa in der Form „Abgabe nur in haushaltsüblichen Mengen" oder „keine Abgabe an Wiederverkäufer", ebenfalls grundsätzlich gebilligt hatte.[72] Anders indessen wiederum der Gesetzgeber der Novelle von 1986. Mit dem Ziel, das Instrumentarium zur Bekämpfung bestimmter Formen von Lockvogel-

---

[68] Grdl. *BGH*, LM § 9a UWG Nr. 3 = GRUR 1962, 36.
[69] Vgl. einerseits *BGH*, LM § 9a UWG Nr. 14 = NJW 1985, 3075 „eine Fülle von Sonderangeboten auf 3000 qm"; andererseits *BGH*, LM § 1 UWG Nr. 379 = GRUR 1983, 184 „eine Fülle von Sonderangeboten".
[70] S. *BGH*, LM § 1 UWG Nr. 106; SonderveranstaltungsAO Nr. 19.
[71] *BGH*, LM § 1 UWG Nr. 314 = NJW 1978, 2598; anders zu Unrecht für Verkäufe unter Einstandspreis *Sack*, WRP 1983, 63 (65 ff.).
[72] S. *OLG Düsseldorf*, WRP 1981, 100; *OLG München*, WRP 1981, 288; *OLG Hamm*, WRP 1981, 402.

angeboten zu verbessern, hat er nämlich in dem neuen § 6d UWG die Werbung mit mengenmäßigen Beschränkungen grundsätzlich verboten, wodurch zugleich die grundsätzliche Erlaubnis von Sonderangeboten in § 7 Abs. 2 UWG im Ergebnis wieder weitgehend zurückgenommen wurde.[73]

Dies wird erkennbar, wenn man sich folgendes vergegenwärtigt: Sonderangebote sind, wenn sie die Verbraucher beeindrucken sollen, ausgesprochen teuer. Sie müssen m. a. W., um überhaupt heute noch einen Werbeeffekt erzielen zu können, mit erheblichen, ins Auge fallenden Preisreduzierungen verbunden sein. In einem solchen Fall droht jedoch stets die Gefahr, daß sich nicht nur Verbraucher, sondern ebenso andere Gewerbetreibende diese besonders preiswerte Einkaufsquelle zunutze machen und sich hier in großem Umfang eindecken. Dem kann ein Gewerbetreibender praktisch nur durch die Beschränkung der Abgabe auf haushaltsübliche Mengen und durch die Verweigerung der Belieferung anderer Gewerbetreibender begegnen. Indem der Gesetzgeber jetzt sogar hiergegen mit dem neuen § 6d UWG interveniert hat, hat er zugleich die an sich grundsätzlich erlaubten Sonderangebote (§ 7 Abs. 2 UWG) weitgehend unmöglich gemacht. Die letztlich verbraucherfeindliche und primär mittelstandsschützende Zielrichtung der ganzen Neuregelung kommt hierin besonders deutlich zum Ausdruck. Man kann daher nur hoffen, daß die Gerichte die prinzipiell verfehlte Regelung des § 6d UWG möglichst eng interpretieren werden.

bb) Nach dem neuen § 6d Abs. 1 UWG ist es grundsätzlich verboten, im geschäftlichen Verkehr mit dem letzten Verbraucher in öffentlichen Bekanntmachungen oder in Mitteilungen, die für einen größeren Kreis von Personen bestimmt sind,[74] *entweder* die Abgabe einzelner, aus dem gesamten Angebot hervorgehobener Waren je Kunde mengenmäßig zu beschränken oder an Wiederverkäufer auszuschließen *oder* in solchen Bekanntmachungen oder Mitteilungen den Anschein eines besonders günstigen Angebots durch Preisangaben oder blickfangmäßig herausgestellte, sonstige Angaben über einzelne aus dem Angebot hervorgehobene Waren hervorzurufen, deren Abgabe tatsächlich je Kunde mengenmäßig beschränkt oder an Wiederverkäufer ausgeschlossen ist. Das Verbot gilt jedoch nicht für die Werbung gegenüber gewerblichen oder beruflichen Letztverbrauchern (§ 6d Abs. 2 UWG), weil dem Gesetzgeber nur private Letztverbraucher als besonders schutzwürdig erschienen.

Beide Alternativen des neuen § 6d Abs. 1 UWG beziehen sich auf die Werbung für *einzelne* aus dem Angebot besonders *hervorgehobene Wa-*

---

[73] Zu den Gründen s. im einzelnen die Begründung zum RegE, S. 11 f.; den Ausschußbericht, S. 21; sowie eingehend *Sack*, BB 1986, 679 (685 ff.); 1986, 2206 ff.
[74] S. zu diesen Tatbestandsmerkmalen, die sich wörtlich in § 6e UWG wiederfinden, bereits im einzelnen o. § 12, 8 b.

ren, wobei im ersten Fall schon in der Werbung die Abgabe mengenmäßig beschränkt oder an Wiederverkäufer ausgeschlossen wird, während
im zweiten Fall der Anschein eines besonders günstigen Angebots durch
sonstige Angaben namentlich über den Preis hervorgerufen wird. Ein
Vergleich mit § 7 Abs. 2 UWG zeigt dabei unmittelbar, daß der Gesetzgeber hierbei in erster Linie an die an sich zulässigen Sonderangebote
gedacht hat. Damit ergibt sich folgende Rechtslage:

Bei Sonderangeboten ist es sowohl verboten, in der *Werbung* die Abgabe mengenmäßig zu beschränken oder an Wiederverkäufer auszuschließen, als auch – im Falle der sonstigen Hervorrufung des Anscheins eines
besonderen günstigen Angebots – *tatsächlich* die Abgabe mengenmäßig
zu beschränken oder an Wiederverkäufer auszuschließen. In aller Regel
werden beide Fälle gleichzeitig erfüllt sein,[75] da ein Kaufmann, der in der
Werbung auf mengenmäßige Beschränkungen hinweist, diese zugleich
tatsächlich vornehmen wird (§ 6d Abs. 1 Nr. 1 UWG) und da umgekehrt
einem Kaufmann, dem schon die tatsächliche Vornahme von mengenmäßigen Beschränkungen untersagt ist, erst recht verboten ist, damit zu
werben (§ 6d Abs. 1 Nr. 2 UWG). Oder anders gewendet: Wenn für
Sonderangebote besonders geworben wird, dürfen keine mengenmäßigen
Beschränkungen mehr eingeführt werden.[76] Damit dürften aber Sonderangebote einen Großteil ihrer bisherigen Attraktivität für Kaufleute ein-
büßen. Wieso das im Interesse der Verbraucher liegen soll, bleibt das
Geheimnis des Gesetzgebers.

cc) Bei *Verstößen* gegen § 6d UWG können die in § 13 Abs. 2 UWG
genannten Konkurrenten, Verbände und Kammern Unterlassung verlangen. Schuldhafte Verstöße gegen § 6d UWG verpflichten außerdem nach
§ 13 Abs. 6 Nr. 2 UWG zum Schadensersatz. Planmäßige Verstöße gegen
§ 6d UWG werden schließlich in der Regel unter die Generalklausel des
§ 1 UWG fallen, jedenfalls wenn damit der Versuch verbunden ist, sich
einen Vorsprung vor den gesetzestreuen Konkurrenten zu verschaffen
(sog. Vorsprungsgedanke).

§ 14. Geschäftliche Kennzeichen

Literatur: S. vor den einzelnen Abschnitten, in den Fußn. sowie allgemein *Asendorf,*
in: RWW 3.7; *Baumbach,* S. 308; *Becher,* GRUR 1951, 489; *G. Bokelmann,* Das Recht
der Firmen- und Geschäftsbezeichnungen, 3. Aufl. (1985); *Bußmann,* Name, Firma
Marke, 1937; *Deutsch,* GRUR 1958, 330; *Elsaesser,* Der Rechtsschutz berühmter Marken, 1959; *Fabricius,* JR 1972, 15; *Frhr. v. Gamm,* Wettbewerbsrecht, S. 13; *ders.,* WM
1985, 849; *Hefermehl,* in: Festschr. f. A. Hueck, 1959, S. 519; *I. Heinrich,* Firmenwahrheit und Firmenbeständigkeit, 1982; *Helm,* GRUR 1981, 630; *Hörstel,* GRUR
1965, 408; *P. Hoffmann,* JuS 1972, 233; *H. J. Kind,* Mitt.Rhein. Notarkammer 1980,
33; *Körner,* WRP 1975, 706; *Knaak,* Das Recht der Gleichnamigen, 1979; *Kohl,* Die

---

[75] Ebenso *Sack,* BB 1986, 679 (688).
[76] Ebenso *Sack,* BB 1986, 679 (686).

„Verwässerung" berühmter Kennzeichen, 1975; *Krause,* GRUR 1959, 346; *Kroitzsch,* GRUR 1968, 173; *Krüger-Nieland,* in: Festschr. f. R. Fischer, 1979, S. 339; *Koppensteiner,* S. 395; *M. Lehmann,* GRURInt 1986, 6; *Leinveber,* GRUR 1963, 464; *Lindenmaier,* BB 1953, 629; *Malzer,* GRUR 1974, 697; *Nastelski,* WuW 1956, 188; *Nordemann,* Tz. 413ff.; *Peus,* JW 1936, 431; *Pietzner,* GRUR 1972, 151; *Reimer-v. Gamm,* S. 37–118; *Riehle,* ZHR Bd. 128 (1966), 1; *Schlüter,* JuS 1975, 558; *Schultz-Süchting* und *Seibt,* in: Hdb., §§ 55–62 (S. 761–885); *Seydel,* NJW 1952, 1197; *Siebert,* BB 1959, 641; *Br. Steckler,* Der Sonderschutz berühmter Geschäftszeichen gegen Verwässerungsgefahr, 1985; *Tilmann,* GRUR 1981, 621; 1984, 169; *Troller,* Kollision zwischen Firmen, Handelsnamen und Marken, 1980; *St. Weber,* Das Prinzip der Firmenwahrheit im HGB und die Bekämpfung irreführender Firmen nach dem UWG, 1984; – von den Kommentaren zum BGB und zum HGB sind hervorzuheben: *Schwerdtner,* in: MünchKomm zum BGB, 2. Aufl. (1984), § 12; *Soergel-Heinrich,* BGB, 12. Aufl. (1978), § 12 Rdnrn. 29, 114, 143, 164ff.; *Staudinger-Coing-Habermann,* BGB, 12. Aufl. (1980), § 12 Rdnrn. 97, 133ff.; *Heymann-Emmerich,* HGB, 1987, §§ 17, 18 u. 37; *Staub-Hüffer,* HGB, 4. Aufl. (1983), § 37 Anh.; zuletzt *Klippel,* Der zivilrechtliche Schutz des Namens, 1985.

1. Überblick

Der Schutz der Namens- und Kennzeichenrechte ist in einer ganzen Reihe sich vielfältig überschneidender Bestimmungen geregelt. Zu erwähnen sind hier neben dem § 16 UWG namentlich § 12 BGB und § 37 HGB sowie aus dem WZG die §§ 15, 24, 25 und 31. Die bei weitem größte Bedeutung kommt dabei dem § 12 BGB zu.

Von den Unternehmenskennzeichen, die allein Gegenstand der folgenden Ausführungen sind, müssen die Warenkennzeichen (Ausstattung und eingetragene Warenzeichen) unterschieden werden, die dazu dienen, auf die Herkunft einer Ware aus einem bestimmten Geschäftsbetrieb hinzuweisen. Ihr Schutz richtet sich allein nach dem WZG (§§ 15, 24, 25 und 31).[1] Ergänzend greifen hier in zunehmendem Maße gemeinschaftsrechtliche Bestimmungen ein, namentlich soweit es sich um die Bezeichnung von Wein sowie sonstiger Lebens- und Genußmittel handelt.[2]

Firma, Name und sonstige Unternehmenskennzeichen haben demgegenüber die Aufgabe, einen bestimmten Geschäftsbetrieb sowie insbes. dessen *Inhaber* von anderen mit den Mitteln der Sprache zu unterscheiden. Ihr Schutz findet seine Grundlage heute in erster Linie in der Generalklausel des § 12 BGB, mit der § 16 UWG sachlich weithin übereinstimmt. Der zusätzliche Firmen- und Namensschutz aufgrund der §§ 24 und 31 WZG hat daneben nur noch geringe praktische Bedeutung. Ebenso tritt der (formelle) Firmenschutz aufgrund der §§ 30 und 37 HGB heute an Bedeutung hinter dem allgemeinen Kennzeichenschutz aufgrund des § 12 BGB und des § 16 UWG immer mehr zurück, da er eine andere Zielrichtung als der materielle Namens- und Firmenschutz hat (bloße Verhinderung der Bildung nach Handelsrecht unzulässiger Fir-

---

[1] S. u. 4d sowie z. B. *Baumbach-Hefermehl,* WZG, 12. Aufl. (1985); zur Annäherung von Namens- und Zeichenschutz s. z. B. *Frhr. v. Gamm,* WM 1985, 849ff.

[2] Vgl. dazu z. B. *Frhr. v. Gamm,* GRUR 1984, 165; *Tilmann,* GRUR 1984, 169, beide m. zahlr. Nachw.

men)[3] und da er vor allem örtlich begrenzt ist (§ 30 HGB), während der Schutz aufgrund der §§ 12 BGB und 16 UWG grundsätzlich das gesamte Bundesgebiet umfaßt. Die folgenden Ausführungen beschränken sich deshalb auf den Kennzeichenschutz nach den §§ 12 BGB und 16 UWG.

Wie schon aus der Stellung des § 12 BGB innerhalb der Vorschriften über natürliche Personen (§§ 1–12 BGB) folgt, hatte § 12 BGB ursprünglich allein die Aufgabe, den Namen natürlicher Personen zu schützen. Hierbei ist die Entwicklung jedoch nicht stehengeblieben. Der Anwendungsbereich des § 12 BGB ist vielmehr hinsichtlich des Schutzsubjekts und des Schutzobjekts immer weiter ausgedehnt worden mit der Folge, daß § 12 BGB inzwischen zur zentralen Norm des ganzen Rechts der Unternehmenskennzeichen geworden ist,[4] deren Anwendungsbereich sich weitgehend mit dem des § 16 UWG deckt.[5] Die Praxis bevorzugt dabei eindeutig den § 12 BGB, weil er in verschiedenen Beziehungen geringere Anforderungen an den Namens- und Kennzeichenschutz stellt als § 16 UWG.

2. Schutzsubjekt

a) Grundsatz

Den Namens- und Kennzeichenschutz aufgrund der §§ 12 BGB und 16 UWG können nicht nur natürliche Personen für ihren bürgerlichen Namen in Anspruch nehmen, sondern ebenso alle anderen, rechtsfähigen und nichtrechtsfähigen Gebilde, die in irgendeiner Form am geschäftlichen Verkehr teilnehmen. Die wichtigsten Beispiele sind neben den Kapitalgesellschaften (AG und GmbH) die Personenhandelsgesellschaften (oHG und KG), die BGB-Gesellschaft sowie der rechtsfähige und der nichtrechtsfähige Verein.[6]

b) Insbesondere Ausländer[7]

Der Namens- und Kennzeichenschutz aufgrund des § 12 BGB ist (anders als der aufgrund des § 16 UWG; s. § 28 UWG) unabhängig von der Verbürgung der Gegenseitigkeit sowie von der Staatsangehörigkeit des Ausländers. Entscheidend ist vielmehr allein, ob der Ausländer nach dem

---

[3] Wegen der Einzelheiten s. *Heymann-Emmerich*, HGB, § 37 m. zahlr. Nachw.

[4] Vgl. die Schilderung der Entwicklung bei *Hefermehl*, in: Festschr. f. A. Hueck, S. 521; *Krüger=Nieland*, in: Festschrift f. R. Fischer, S. 339, beide m. zahlr. Nachw.

[5] Ebenso z.B. RGZ 171, 147 (155); BGHZ 11, 214 (215); BGH, LM § 16 UWG Nr. 6 (Bl. 3) = GRUR 1953, 446.

[6] Z.B. RGZ 109, 213; 114, 90 (93); 117, 215 (218); BGHZ 11, 214 (215); 43, 245 (252); BGH, LM § 16 UWG Nr. 6 = GRUR 1953, 446; bes. weitgehend LM § 12 BGB Nr. 43 = GRUR 1976, 311 „Sternhaus"; statt aller *Palandt-Heinrichs*, § 12 Anm. 1 b; *Staudinger-Coing-Habermann*, § 12 Rdnrn. 97 ff.; kritisch *Fabricius*, JR 1972, 15; OLG Hamburg, NJW-RR 1986, 1305.

[7] Wegen der Einzelheiten s. *Fr. K. Beier/Kunz-Hallstein*, GRURInt 1982, 362.

maßgeblichen, ausländischen Recht befugterweise einen bestimmten Namen führt.[8] Ist dies der Fall, so wird der Name im Inland nach deutschem Recht (§ 12 BGB) geschützt, sobald er hier in einer Weise in Gebrauch genommen worden ist, die auf die Aufnahme einer dauernden, wirtschaftlichen Tätigkeit im Inland schließen läßt. Dafür genügen z. B. umfangreiche Importe, der Aufbau einer Vertriebsorganisation oder Wareneinkäufe im Inland. Auf den hierdurch begründeten, inländischen Namens- und Kennzeichenschutz kann sich dann z. B. das deutsche Vertriebsunternehmen eines ausländischen Unternehmens berufen. In Kollisionsfällen kommt es für die Priorität auf den Zeitpunkt der Ingebrauchnahme der Bezeichnung im Inland an, während es keine Rolle spielt, wann im Ausland das Namensrecht entstanden ist.[9] Entsprechendes gilt für den Namens- und Kennzeichenschutz von Unternehmen aus Mitteldeutschland.[10]

3. EWG-Recht[11]

In der Gemeinschaft gibt es bisher kein einheitliches Recht der Unternehmenskennzeichen. Auf absehbare Zeit wird sich hieran wohl nichts ändern, so daß geklärt werden muß, ob die nationalen Zeichenrechte zur Aufteilung des gemeinsamen Marktes in getrennte, nationale Märkte verwandt werden dürfen, ob es m. a. W. den Inhabern nationaler Zeichenrechte unbeschränkt gestattet ist, die Verwendung verwechslungsfähiger, ausländischer Zeichen im Inland zu verhindern.

Obwohl hierdurch naturgemäß der zwischenstaatliche Handelsverkehr erheblich beeinträchtigt werden kann, ist diese Frage doch vom *EuGH*[12] grundsätzlich bejaht worden, weil der EWG-Vertrag den Bestand der nationalen Zeichenrechte gewährleiste. Etwas anderes gilt nur, wenn die Ausübung des nationalen Zeichenrechts ein Mittel zur willkürlichen Diskriminierung oder verschleierten Beschränkung des Handels zwischen den Mitgliedstaaten darstellt (analog Art. 36 S. 2 EWGV).

---

[8] Noch weitergehend *OLG Frankfurt*, GRUR 1984, 891 (894) für Verbandsangehörige, das aus dem Grundsatz der Inländergleichbehandlung folgert, es reiche aus, wenn im Inland die Schutzvoraussetzungen erfüllt seien, und zwar ohne Rücksicht auf die Rechtslage im Ausland; hierfür spricht in der Tat viel.

[9] *RGZ* 109, 213; 117, 215 (218 ff., 222 f.) „Eskimo Pie"; *BGHZ* 8, 318 (319 f.); 34, 91 (97); insb. 75, 172 (176 ff.) „Concordia" m. Nachw.; *BGH*, LM § 16 UWG Nrn. 56 a, 63, 66 und 68; GRUR 1967, 199 (201 f.); *OLG Frankfurt* (o. Fußn. 8).

[10] *BGHZ* 34, 91 (97) „ESDE".

[11] S. dazu im einzelnen *Beier*, AWD 1978, 213; *Frhr. v. Gamm*, WM 1985, 849 (858 f.); *H. Helm*, GRUR 1981, 630; *Kunze*, GRUR 1981, 634; *Knaak*, GRURInt 1982, 651; *M. Lorenz-Wolf*, GRUR 1981, 644; *Röttger*, AWD 1976, 354; *Fezer*, in: 20 Jahre BPatGer, 1986, S. 405; wegen aller Einzelheiten s. im übrigen Kartellrecht, S. 363 ff.

[12] Slg. 1976, 1039 (1061 f.) „Terrapin/Terranova"; zust. *BGH*, LM § 16 UWG Nr. 77 = NJW 1977, 1587 „Terranova/Terrapin"; LM § 16 UWG Nr. 86 = NJW 1983, 2382 = WM 1983, 303 (305) „Concordia"; w. Nachw. bei *Frhr. v. Gamm* (o. Fußn. 11).

Weitere Einschränkungen ergeben sich aus der vom *EuGH*[13] entwik-
kelten sog. *Erschöpfungslehre.*[14] Diese Lehre ist zur Begrenzung der
nachteiligen Wirkungen des Territorialitätsprinzips zwar ursprünglich
für Patent- und Warenzeichenrechte entwickelt worden, gilt aber heute
unterschiedslos für sämtliche, gewerblichen Schutz- und Kennzeichenrechte[15] einschließlich der Firmen- und Namensrechte, da es nicht gerechtfertigt sein dürfte, insoweit Unterschiede zu machen.[16] Die Folge
ist, daß sich der Berechtigte, sobald einmal in einem Mitgliedstaat der
Gemeinschaft ein Gegenstand unter seinem Zeichen befugterweise in
Verkehr gebracht worden ist, aufgrund paralleler Rechte in den anderen
Mitgliedstaaten nicht mehr gegen den weiteren Vertrieb des Gegenstan-
des in den Mitgliedstaaten wenden kann. Der Gegenstand darf vielmehr
in der als Einheit geltenden Gemeinschaft fortan frei umlaufen.

Unter Berufung auf die Wettbewerbsregeln des Vertrags (Art. 85 und
86) hat der *Gerichtshof* den Anwendungsbereich dieser Grundsätze außerdem auf parallele oder ursprungsgleiche Zeichenrechte ausgedehnt.[17]
Schließlich ist es noch untersagt, von nationalen Zeichenrechten zur Verhinderung von Importen von Waren mit verwechslungsfähigen Zeichen
Gebrauch zu machen, wenn die Ausübung der Zeichenrechte zur Verhinderung von Parallelimporten Gegenstand, Mittel oder bloße Folge einer
früheren, wettbewerbsbeschränkenden Vereinbarung i. S. des Art. 85
EWGV ist.[18]

4. Schutzobjekt

Während § 12 BGB ursprünglich nur den bürgerlichen Namen[19] der
natürlichen Personen schützen sollte, umfaßte der Schutzbereich des § 16
UWG von Anfang an neben dem Namen noch die Firma, die besonderen
Geschäftsbezeichnungen und den Titel von Druckschriften sowie nach
Abs. 3 unter zusätzlichen Voraussetzungen außerdem die sog. Geschäfts-

---

[13] Ständige Rspr. des *EuGH;* Nachw. s. Kartellrecht, S. 364; zustimmend *BGHZ* 80,
101; 81, 282 = JuS 1982, 376 Nr. 1; 1982, 773 Nr. 1 m. Nachw.
[14] S. im einzelnen Kartellrecht, S. 364f.
[15] *EuGH*, Slg. 1971, 487 = JuS 1971, 597 Nr. 1; Slg. 1978, 1823; 1981, 147 = JuS
1982, 134 Nr. 1; Slg. 1981, 181; 1982, 2015 = NJW 1982, 1929 usw.
[16] Vgl. zur Bedeutung der Erschöpfungslehre für Zeichenrechte grdlg. *BGH*, LM
§ 16 UWG Nr. 89 = NJW 1986, 56; eingehend *Frhr. v. Gamm*, WM 1985, 849 (856f.,
858f.); s. im übrigen u. 6c.
[17] S. Kartellrecht, S. 364f. m. Nachw.
[18] Grdlg. *EuGH*, Slg. 1971, 69 (81ff.) „Sirena"; seitdem ständige Rechtsprechung.
[19] Das eigentliche Namens- und Firmenrecht der natürlichen und juristischen Personen ist nicht Gegenstand der vorliegenden Darstellung; insoweit ist auf die Erläuterungen zu § 12 BGB und zu den §§ 17ff. HGB zu verweisen. Zum Schutze von Vornamen
im geschäftlichen Verkehr s. noch grdl. *BGH*, LM § 12 BGB Nr. 51 = NJW 1983,
1184 „Uwe"; zum Firmenrecht z.B. *Heymann-Emmerich*, HGB, §§ 17ff.; *Scholz-
Emmerich*, GmbHG, 7. Aufl. (1986), § 4.

abzeichen (vgl. auch die §§ 24 und 31 WZG). In allen diesen Beziehungen ist heute der Anwendungsbereich des § 12 BGB durch dessen ausdehnende Auslegung weitgehend dem des § 16 UWG angeglichen worden.

a) Firma

Die Firma ist der Name eines Kaufmanns, unter dem er im Handel seine Geschäfte betreibt und die Unterschrift abgibt (§ 17 I HGB). Bei den Handelsgesellschaften ist die Firma ohnehin der einzige für sie in Betracht kommende Name (vgl. §§ 105 I, 161 I HGB, §§ 4 AktG und 4 GmbHG).

Deshalb ist heute anerkannt, daß jede (nach Handelsrecht zulässige) Firma eines Kaufmanns, einer Personenhandelsgesellschaft oder einer Kapitalgesellschaft nicht nur nach § 16 UWG, sondern auch nach § 12 BGB geschützt wird.[20] Lediglich bei Ausländern muß noch hinzukommen, daß die Firma im Inland in Gebrauch genommen ist (s. o 2 b).

b) Besondere Geschäftsbezeichnungen

§ 16 I UWG erwähnt neben dem Namen und der Firma ausdrücklich noch die besonderen Bezeichnungen eines Erwerbsgeschäfts oder eines gewerblichen Unternehmens, früher vielfach auch Etablissementsbezeichnungen genannt.

aa) Die Abgrenzung der sog. besonderen Geschäftsbezeichnungen von Firma und Name ist unklar und umstritten. Üblicherweise versteht man darunter sämtliche sonstigen Bezeichnungen eines Geschäfts, die *neben* dem Namen und der Firma zur Kennzeichnung oder Individualisierung gerade des Geschäfts selbst, d. h. des Unternehmens im Gegensatz zu seinem Inhaber dienen, der ja stets bereits durch seinen Namen oder seine Firma im Geschäftsverkehr individualisiert wird. Beispiele sind die besonderen Bezeichnungen von Gaststätten, Hotels, Apotheken, Theatern und Ingenieurbüros,[21] die wie etwa die Bezeichnung einer Gaststätte „Zum goldenen Löwen" nichts über deren Inhaber aussagen, im Verkehr aber doch in großem Umfang zur Unterscheidung des betreffenden Geschäfts von anderen Geschäften, d. h. zu dessen Individualisierung und Kennzeichnung verwandt werden.[22] Insoweit haben die besonderen Geschäftsbezeichnungen ebenso wie Name und Firma *Namensfunktion*, gehören deshalb zu den eigentlichen Unternehmenskennzeichen und stehen damit im Gegensatz zu den Warenbezeichnungen wie Warenzeichen und Ausstattung.

Derartige besondere Geschäftsbezeichnungen dürfen in Deutschland gewohnheitsrechtlich sämtliche Gewerbetreibenden einschließlich na-

---

[20] Einschränkend zuletzt RGZ 114, 90 (93).
[21] Z. B. *Baumbach-Hefermehl*, § 16 Rdnrn. 101 ff.
[22] Bekanntlich kann ein „goldener Löwe" niemals Inhaber eines Geschäfts sein, so bedauerlich das manchem Tierliebhaber auch erscheinen mag.

mentlich der Minderkaufleute und der Angehörigen der freien Berufe (die häufig keine Gewerbetreibenden und deshalb erst recht keine Kaufleute sind) führen.[23] Sie sind bei diesen sogar neben ihrem bürgerlichen Namen mit Rücksicht auf § 4 HGB die einzige, zulässige, sonstige Unternehmensbezeichnung. Vor allem darauf beruht die Notwendigkeit, stets sorgfältig zwischen Firmen und sonstigen Geschäftsbezeichnungen zu unterscheiden, da die Führung von Firmen durch die §§ 4 und 17 HGB Vollkaufleuten vorbehalten ist.

Als sonstige Geschäftsbezeichnungen kommen allein *sprachliche* Bezeichnungen in Betracht, die *Unterscheidungskraft* oder Verkehrsgeltung besitzen, weil nur diese in der Lage sind, das durch sie bezeichnete Geschäft von anderen im Verkehr zu unterscheiden, d. h. zu individualisieren.[24] Daher genießen namentlich bildliche Darstellungen keinen Schutz aufgrund des § 12 BGB und des § 16 I UWG, und zwar ganz einfach deshalb, weil sie im Verkehr niemals dazu dienen können, ein Geschäft von einem anderen zu unterscheiden, da sich eben Menschen (noch) nicht durch Bilder, sondern mit den Mitteln der Sprache verständigen.[25] Für bildliche Darstellungen kommt folglich nur der Schutz nach dem WZG als Warenkennzeichen in Betracht.

Besondere Geschäftsbezeichnungen sollen mithin im Verkehr als Hinweis auf ein bestimmtes Geschäft oder Unternehmen dienen und haben in diesem Sinne *Namensfunktion*,[26] indem sie das Geschäft individualisieren und von anderen unterscheiden, indem sie es m. a. W. in seiner Eigenart hervorheben. Folglich eignen sich als Geschäftsbezeichnungen grundsätzlich nur solche Bezeichnungen oder Ausdrücke, die überhaupt Kennzeichnungs- oder *Unterscheidungskraft* besitzen, d. h. die ihrer Art nach geeignet sind, ein Unternehmen zu individualisieren und von anderen zu unterscheiden.[27] Denn nur dann kann die Bezeichnung im Verkehr als Name eines Unternehmens verwandt werden.

Die hiernach in aller Regel als Schutzvoraussetzung unabdingbare Unterscheidungskraft fehlt insbes. bloß beschreibenden Angaben über den Gegenstand des Unternehmens, Worten der Umgangssprache und reinen Gattungsbegriffen, weiter allen häufig vorkommenden Personennamen, verbreiteten Vornamen in Alleinstellung sowie Buchstaben- und Zahlenkombinationen. Dafür spricht zugleich das sog. *Freihaltebedürfnis* der Allgemeinheit, da es einfach nicht angeht, daß jemand diese Ausdrücke,

---

[23] Vgl. für Minderkaufleute eingehend *Heymann-Emmerich*, § 4 Rdnr. 10 m. zahlr. Nachw.

[24] *RGZ* 163, 233 (236 ff.); 171, 30 (32 f.); 171, 67 (70); *BGHZ* 21, 66 (69, 73 f.); 24, 238 = LM § 12 BGB Nr. 16; *BGH*, LM § 16 UWG Nrn. 17, 22, 53, 73, 74 und 75.

[25] *BGHZ* 14, 155 (159 f.) „Farina".

[26] Grdl. *RGZ* 171, 67 (70) „Fuggerbräu"; *OLG Hamburg*, NJW-RR 1986, 1305.

[27] Eingehend *Frhr. v. Gamm*, WM 1985, 849 (853 ff. m. Nachw.).

auf deren Verwendung der Verkehr unausweichlich angewiesen ist, dadurch für sich monopolisiert, daß er sie willkürlich zur Bezeichnung seines Unternehmens wählt. Hingegen besitzen Kennzeichnungskraft sämtliche Phantasiewörter, z. B. ungewöhnliche, einprägsame Abkürzungen, sowie obendrein Wörter der Umgangssprache, wenn sie in ungebräuchlicher, z. B. sinnbildlicher Bedeutung oder in unüblichen Zusammenstellungen verwandt werden.[28]

Sind die genannten Schutzvoraussetzungen erfüllt, so *beginnt* der Schutz der Geschäftsbezeichnung mit ihrer Ingebrauchnahme, wofür Vorbereitungshandlungen genügen könnnen.[29] Er *umfaßt* dann sofort grundsätzlich das gesamte Bundesgebiet,[29] sofern es sich nicht nur um ein sog. Platzgeschäft handelt.[30]

Unterscheidungskraft besitzen hiernach z. B. die Bezeichnungen ,,Rhein-Chemie‘‘[31] oder ,,Interglas‘‘ für einen Hersteller von Glasgeweben,[32] bei Gaststätten die Bezeichnungen ,,Erdener Treppchen‘‘,[33] ,,Parkhotel‘‘,[34] ,,Rauchfang‘‘,[35] ,,Fuggerbräu‘‘,[36] ,,Tabu‘‘[37] sowie ,,Fischel‘‘,[38] weiter noch ,,Wach- und Schließgesellschaft‘‘[39] und ,,Billich‘‘ als Bezeichnung für eine Lebensmittelkette[40] sowie schließlich etwa die Abkürzung ,,Chemitec‘‘[41] und die Wortkombinationen ,,Blitz-Blank‘‘ (für ein Reinigungsgeschäft)[42] oder ,,Video-Land‘‘.[43] Die nötige Unterscheidungskraft ist hingegen *verneint* worden bei den Bezeichnungen ,,Hy-

---

[28] *RGZ* 163, 233 (238); 171, 30 (32 f.); 171, 60 (70); 172, 129 (131 f.); *BGHZ* 21, 66 (73); 21, 182 (187 ff.); 24, 238; *BGH,* LM § 16 UWG Nrn. 6, 24, 53, 73, 74, 75 und 79; § 12 BGB Nrn. 17 und 22; GRUR 1976, 643 (644); *OLG Frankfurt,* OLGZ 1986, 231 = NJW-RR 1986, 535; *Baumbach-Hefermehl,* § 16 Rdnrn. 103 ff.; *Frhr. v. Gamm* (o. Fußn. 27); *Soergel-Heinrich,* § 12 Rdnrn. 144 ff.; *Ulmer-Reimer,* Tz. 210; ähnlich sogar für den Schutz sonstiger Bezeichnungen wie den Namen neuer Farben *BGH,* LM § 1 UWG Nr. 421 = GRUR 1985, 445; sowie für den Schutz von Wappen und Siegel einer Universität gegen deren unbefugten Gebrauch in der Werbung eines Kaufmanns *OLG Karlsruhe,* NJW-RR 1986, 588; abweichend z. T. für die Namen von Parteien aufgrund des § 4 PartG *BGHZ* 79, 265 = NJW 1981, 914 (915).
[29] *OLG Hamm,* GRUR 1984, 890.
[30] *OLG Oldenburg,* GRUR 1986, 477 = NJW-RR 1986, 591 ,,Video-Land‘‘; s. sogleich u. cc.
[31] *BGH,* LM § 16 UWG Nr. 24 = GRUR 1957, 561.
[32] *BGH,* GRUR 1976, 693.
[33] *BGH,* LM § 16 UWG Nr. 53 = GRUR 1963, 430.
[34] *BGH,* LM § 16 UWG Nr. 74 = GRUR 1977, 165.
[35] *RGZ* 171, 30 (32 ff.).
[36] *RGZ* 171, 67 (70).
[37] *BGHZ* 24, 238 = LM § 12 BGB Nrn. 16 und 17 = GRUR 1957, 550.
[38] *BGH,* LM § 12 BGB Nr. 22 = GRUR 1959, 87.
[39] *BGH,* LM § 16 UWG Nr. 75 = GRUR 1977, 226.
[40] *BGH,* LM § 16 UWG Nr. 79 = GRUR 1979, 462.
[41] *OLG Hamm,* (o. Fußn. 29).
[42] *OLG Hamburg,* GRUR 1986, 475.
[43] *OLG Oldenburg* (o. Fußn. 30).

draulik",[44] „Fettchemie",[45] „Hausbücherei",[46] „Management-Seminare",[47] „Funkberater",[48] „Verein der Steuerberater"[49] sowie „alta moda" als bloße Gattungsbezeichnung.[50]

bb) Unternehmensbezeichnungen ohne die nötige Kennzeichnungs- oder Unterscheidungskraft sind nicht schlechthin von jedem Schutz nach den §§ 12 BGB und 16 I UWG ausgeschlossen, sondern können ebenfalls geschützt werden, sofern sie nur *Verkehrsgeltung* besitzen, d. h. sofern sie sich im Verkehr – trotz ihrer an sich fehlenden Kennzeichnungskraft – als Bezeichnung für ein Unternehmen durchgesetzt haben.[51] Verkehrsgeltung einer Bezeichnung ist dabei anzunehmen, wenn die angesprochenen Verkehrskreise in dem fraglichen Wort einen eindeutigen Hinweis auf ein bestimmtes Unternehmen sehen. Eine sog. Allbekanntheit der Bezeichnung ist dafür zwar nicht erforderlich; aber der Teil der angesprochenen Verkehrskreise, der in dem Wort einen Hinweis auf das Unternehmen sieht, muß doch erheblich ins Gewicht fallen, wobei die Anforderungen umso höher sind, je größer das Freihaltebedürfnis des Verkehrs wegen seiner Angewiesenheit auf die fragliche Bezeichnung ist. Die Praxis ist uneinheitlich. Genaue Prozentsätze lassen sich hier nicht nennen. I. d. R. stützen sich die Gerichte auf Umfragen bei den Industrie- und Handelskammern.[52]

Der Schutz im Verkehr bekannter Bezeichnungen beginnt in dem Augenblick, in dem sich erstmals ihre Verkehrsgeltung nachweisen läßt. Dieser Zeitpunkt ist in Kollisionsfällen zugleich für die sog. Priorität maßgebend. Räumlich beschränkt sich der Schutz stets auf das Gebiet, in dem die Bezeichnung Verkehrsgeltung erlangt hat, wobei freilich eine normale Ausweitung des Geschäfts zu berücksichtigen ist. Infolgedessen kann es dazu kommen, daß mehrere, verwechslungsfähige Bezeichnungen mit Verkehrsgeltung in verschiedenen Gebieten nebeneinander bestehen. In derartigen Fällen kommt es zu schwierigen Abgrenzungsfragen, wenn ein Unternehmen seine Aktivitäten in das Gebiet eines anderen ausdehnt, die nicht mehr nach dem schematischen Prioritätsprinzip gelöst werden können, sondern eine umfassende Interessenabwägung erforderlich machen (s. u. 6 e).

cc) Besonderheiten gelten für die sog. *Platzgeschäfte.* Man versteht darunter Betriebe wie z. B. Gaststätten oder Hotels, von denen der Verkehr annimmt, daß es an jedem Ort nur einen von ihnen mit demselben Na-

[44] Grdl. *RGZ* 163, 233 (238).
[45] *RGZ* 172, 129 (131).
[46] *BGHZ* 21, 66 (73 f.).
[47] *BGH*, LM § 16 UWG Nr. 73 = GRUR 1976, 254.
[48] *BGHZ* 21, 182 (187 ff.).
[49] *BGH*, LM § 16 UWG Nr. 6 = GRUR 1953, 446.
[50] *OLG Frankfurt*, OLGZ 1986, 231 = NJW-RR 1986, 535.
[51] *Baumbach-Hefermehl*, § 16 Rdnr. 107; *Soergel-Heinrich*, § 12 Rdnrn. 147 ff.; *Frhr. v. Gamm*, WM 1985, 849 (853 f.).
[52] Vgl. z. B. *RGZ* 172, 129 (132 f.); *BGHZ* 16, 82 (89 ff.); 21, 66 (74); 21, 182 (193 ff.); 74, 1 (5), wonach ein „hoher Bekanntheitsgrad" erforderlich ist; *BGH*, LM § 16 UWG Nr. 14; *OLG Bremen*, MDR 1984, 842 für den Zusatz „Grauer Panther" zu dem Namen eines Vereins; *OLG Frankfurt* (o. Fußn. 50) „alta moda".

men gibt, ohne daraus indessen auf Verbindungen zwischen den vielen, gleichnamigen Betrieben an verschiedenen Orten zu schließen. Jedermann weiß z. B., daß es in nahezu jeder größeren Stadt ein Parkhotel gibt; niemand schließt jedoch hieraus auf irgendwelche Beziehungen zwischen den verschiedenen Parkhotels.

In derartigen Fällen beschränkt sich der räumliche Schutzbereich der Unternehmensbezeichnung i. d. R. auf den betreffenden Ort, umfaßt diesen aber in seiner Gesamtheit, so daß sich der ältere Inhaber einer solchen Bezeichnung stets gegen die Verwendung jeder jüngeren, verwechslungsfähigen Bezeichnung am selben Ort wehren kann, während er gegen die Verwendung verwechslungsfähiger Bezeichnungen an anderen Orten i. d. R. nichts unternehmen kann.[53] Anders verhält es sich jedoch z. B., wenn es sich um eine ganz besonders bekannte Bezeichnung mit überragender Verkehrsgeltung oder um ein größeres Unternehmen handelt, das nach Art eines Filialbetriebes an zahlreichen Orten Gaststätten oder Hotels derselben Art unter derselben Bezeichnung betreiben will. Wegen der hier von vornherein die Grenzen eines einzigen Ortes überschreitenden Aktivitäten des Unternehmens erstreckt sich dann der geographische Schutzbereich der Bezeichnung entsprechend dem Regelfall wieder auf das gesamte Bundesgebiet.[54]

dd) Ebenso wie geographische Herkunftsangaben (s. o. § 12, 7 c) können sich Unternehmensbezeichnungen in freie *Gattungsbegriffe* umwandeln. Die Folge ist, daß sie den besonderen Kennzeichenschutz aufgrund der §§ 12 BGB und 16 UWG verlieren. Deshalb ist die Praxis bei der Annahme einer Umwandlung von Unternehmensbezeichnungen in Gattungsbegriffe sehr zurückhaltend.[55]

c) Firmenschlagworte, Abkürzungen und ähnliche Fälle

aa) Die strenge, oft ausgesprochen kleinliche Rechtsprechung zum Firmenrecht hat es mit sich gebracht, daß die Firmen, namentlich um den Anforderungen des § 18 Abs. 2 HGB genügen zu können (vgl. außerdem noch bes. § 19 Abs. 5 HGB), immer länger und komplizierter geworden sind. Die unvermeidliche Folge ist, daß im täglichen, geschäftlichen Verkehr an die Stelle der langen (viel zu langen) Firmen in ständig wachsendem Maße Abkürzungen wie z. B. AEG, VW oder BMW, Firmenschlagworte wie z. B. Mercedes oder Firmenbestandteile wie etwa Opel oder Ford getreten sind. Dadurch wurde freilich zugleich die schwierige Frage

---

[53] Grdl. *RGZ* 171, 30 (34 ff.) „Rauchfang"; *BGHZ* 24, 238 und LM § 12 BGB Nr. 17 „Tabu I + II"; LM aaO Nr. 22 „Fischel"; LM § 16 UWG Nrn. 53 („Erdener Treppchen"), 64, 74 („Parkhotel") und 75 („Wach- und Schließgesellschaft"); *OLG Oldenburg*, NJW-RR 1986, 591 = GRUR 1986, 477 „Video-Land".
[54] So die beiden Tabu-Urteile *BGHZ* 24, 238 = LM § 12 BGB Nrn. 16 und 17 = GRUR 1957, 550.
[55] Ablehnend z. B. *RGZ* 100, 182 (187 f.) für „Gervais"; *BGH*, LM § 16 UWG Nr. 75 für „Wach- und Schließgesellschaft" = GRUR 1977, 226 m. Nachw.

aufgeworfen, unter welchen Voraussetzungen diese Abkürzungen, Firmenschlagworte und Firmenbestandteile ebenfalls Zeichenschutz nach § 12 BGB und nach § 16 Abs. 1 UWG genießen.[56] Die Praxis hierzu ist keineswegs einheitlich und hat wiederholt gewechselt. In jüngster Zeit beginnt sich jedoch immer deutlicher eine einheitliche Linie abzuzeichnen.

Das RG hatte Firmenbestandteilen, Firmenschlagworten und Abkürzungen grundsätzlich einen Kennzeichenschutz nur bei Verkehrsgeltung zugebilligt.[57] Hieran hatte der BGH zunächst festgehalten,[58] während heute Geschäftsbezeichnungen, Abkürzungen, Firmenbestandteile und Firmenschlagworte (die ohnehin kaum unterschieden werden können) in den meisten Beziehungen gleich behandelt werden (wegen verbliebener Unterschiede s. bes. u. cc).

bb) Für Firmenbestandteile, Firmenschlagworte oder Abkürzungen, die im Verkehr als eigene Unternehmenskennzeichen verwandt werden, gilt heute im wesentlichen dasselbe wie für alle anderen Unternehmensbezeichnungen auch (o. 4 b). Sie genießen mithin Kennzeichenschutz nach den §§ 12 BGB und 16 UWG, wenn sie Namensfunktion haben und unterscheidungskräftig sind *oder* Verkehrsgeltung besitzen.[59] Nur bei Abkürzungen aus als solchen nicht aussprechbaren Buchstabenzusammenstellungen ist nach wie vor stets Verkehrsgeltung erforderlich, wobei aber das Freihaltebedürfnis des Verkehrs Zurückhaltung bei der Anerkennung der Schutzfähigkeit und des Schutzumfangs der Abkürzung erzwingt.[60]

Der geschilderte Zeichenschutz für Firmenbestandteile usw. setzt nicht unbedingt voraus, daß der Unternehmensinhaber das Schlagwort oder die Abkürzung selbst (zusätzlich) als weiteres Unternehmenskennzeichen herausgestellt hat; zu einem derartigen Schutz kann es vielmehr auch ohne sein Zutun kommen, wenn sich der Verkehr von sich aus an

---

[56] Im einzelnen s. *Baumbach-Hefermehl,* § 16 Rdnrn. 129 ff.; *Frhr. v. Gamm,* WM 1985, 849 (850); *Hefermehl,* in: Festschr. f. A. Hueck, S. 523 ff.; *Krüger=Nieland,* in: Festschr. f. R. Fischer, S. 343; *Schultz-Süchting,* in: Hdb., § 55 Rdnrn. 8 f. (S. 762); *Schwerdtner,* in: MünchKomm, § 12 Rdnrn. 32 ff.; *Soergel-Heinrich,* § 12 Rdnrn. 116 ff.; *Staudinger-Coing-Habermann,* § 12 Rdnrn. 103 ff.

[57] *RGZ* 109, 213 (214 f.) „Kwatta"; 171, 30 (32 f.) „Rauchfang"; 171, 147 (154) „Salamander"; 172, 129 (131 f.) „Fettchemie".

[58] *BGHZ* 4, 167 (169) „DUZ"; 15, 107 (109 f.) „Koma"; *BGH,* LM § 16 UWG Nr. 8 = GRUR 1954, 70 „Rohrbogen".

[59] Grdl. *BGHZ* 11, 214 (216 f.) „KfA"; ebenso z. B. *BGH,* LM § 16 UWG Nr. 83 = MDR 1981, 640 „Gigi"; LM aaO Nr. 91 = WM 1985, 550; bes. LM aaO Nr. 92 = WM 1985, 516 = GRUR 1985, 461 „GEFA/GEWA"; NJW-RR 1986, 524 = WM 1986, 602 = GRUR 1986, 475; *OLG Köln,* GRUR 1985, 151 (152); *OLG Frankfurt,* GRUR 1984, 891 „Rothschild"; *OLG Düsseldorf,* GRUR 1983, 794 „Rheinische Post"; etwas anders z. B. *Frhr. v. Gamm,* WM 1985, 849 (850).

[60] *BGHZ* 11, 214 (215 f.) „KfA"; 74, 1 (2), „RBB"; grdl. *BGH,* LM § 16 UWG Nr. 92 „GEFA/GEWA".

das Zeichen als Unternehmenskennzeichen gewöhnt hat, wobei die zunehmende Neigung des Verkehrs zur Bildung griffiger Abkürzungen für die oft sehr langen Firmen zu berücksichtigen ist.[61] In diesem Fall setzt der Schutz der genannten Zeichen freilich stets, also selbst bei an sich gegebener Unterscheidungskraft, Verkehrsgeltung voraus.[62] Umgekehrt ist bei dem am meisten unterscheidungskräftigen Unternehmenskern, gebildet aus dem Namen des Geschäftsinhabers (§§ 18, 19 HGB), ein Zeichenschutz am ehesten zu bejahen, und zwar weil er besonders häufig als Firmenschlagwort herausgestellt zu werden pflegt (vgl. Daimler, Opel, Ford oder Märklin).[63]

Abkürzungen und Schlagworte können freilich nicht uneingeschränkt dem bürgerlichen Namen gleichgestellt werden; sie genießen vielmehr von vornherein nur Schutz, wenn durch die Verwendung verwechslungsfähiger Zeichen die Gefahr einer Beeinträchtigung *geschäftlicher* Interessen begründet wird, während sonstige Interessen hier keine Berücksichtigung finden.[64]

cc) Firmenbestandteile werden *außerdem* als Teil der Gesamtfirma geschützt, sofern sie bereits für sich allein Unterscheidungskraft besitzen und *geeignet* sind, sich im Verkehr als schlagwortartiger Hinweis auf das Unternehmen durchzusetzen. Für das Eingreifen des Kennzeichenschutzes genügt dann bereits die Gefahr einer Verwechslung des betreffenden Firmenbestandteils mit einem anderen Zeichen, ohne daß es zusätzlich noch auf eine Verwechslungsgefahr hinsichtlich der Gesamtfirma ankäme. Verkehrsgeltung ist nicht Voraussetzung dieses Schutzes von Firmenbestandteilen.[65] Besonders häufig werden diese Voraussetzungen bei dem Unternehmenskern erfüllt sein, sofern er besonders unterscheidungskräftig ist, weil er etwa aus dem Namen des Inhabers besteht.[66] Anders wieder bei Verwendung von Worten der Umgangssprache oder bei bloßen Gattungsbezeichnungen.[67]

Dieser ganze, unklare Schutz von Firmenbestandteilen sollte aufgegeben werden. Firmenbestandteile sollten statt dessen ebenso wie die anderen Zeichen nur geschützt werden, wenn sie tatsächlich schon Namensfunktion haben.

---

[61] Grdl. *RGZ* 172, 129 (131) „Fettchemie"; *BGH*, LM § 12 BGB Nr. 38 = NJW 1970, 1270; *Baumbach-Hefermehl*, § 16 Rdnr. 131.

[62] *Frhr. v. Gamm* (o. Fußn. 59).

[63] So wohl *BGH*, LM § 16 UWG Nr. 91 = NJW 1986, 57 = WM 1985, 550; s. auch sogleich u. cc.

[64] *BGH*, LM § 12 BGB Nr. 42 = GRUR 1977, 379 „KSB"; vgl. auch *OLG Düsseldorf*, GRUR 1983, 794.

[65] So schon *RGZ* 114, 90 (95); jetzt insbes. *BGHZ* 11, 214 (216 ff.); 24, 238; 43, 245 (252 f.); *BGH*, LM § 16 UWG Nrn. 21, 38 und 77; § 3 UWG Nr. 141; § 12 BGB Nrn. 17, 30 und 38; GRUR 1976, 643; *OLG Hamburg*, GRUR 1983, 191; *OLG Frankfurt*, GRUR 1984, 891; OLGZ 1986, 231 = NJW-RR 1986, 535.

[66] S. o. bei bb; *BGH* (o. Fußn. 63).

[67] *OLG Frankfurt* (o. Fußn. 65) „alta moda".

dd) *Beispiele* für hiernach geschützte Firmenbestandteile, Abkürzungen oder Schlagworte sind „Salamander"[68] und „Eskimo-Pie",[69] weiter „Rohrbogen" infolge Verkehrsgeltung,[70] „Karo As" als Bezeichnung für eine Fahrschule,[71] „Terranova",[72] „Datenzentrale",[73] „Tabu" als Bezeichnung für eine Gaststättenkette,[74] „Promonta" für pharmazeutische und kosmetische Produkte,[75] „Condux" für einen großen Anlagenhersteller,[76] „Interglas" für einen Hersteller von Glasgewebe,[77] weiter die Abkürzungen GdP für Gewerkschaft der Polizei[78] und KSB für ein Großunternehmen[79] sowie schließlich noch die Zeichen GEFA,[80] Rheinische Post[81] und Rothschild.[82]

d) Warenzeichen und Ausstattung

Warenzeichen und Ausstattung sind ihrer primären Funktion nach keine Unternehmenskennzeichen, sondern Warenbezeichnungen, die lediglich auf die Herkunft einer Ware aus einem bestimmten Betrieb hinweisen sollen. Mangels Namensfunktion scheiden sie damit aus dem Anwendungsbereich der §§ 12 BGB und 16 UWG aus (ebenso ausdrücklich § 16 III 2, der nach allgemeiner Meinung als selbständiger Absatz zu lesen ist). Hierdurch wird es jedoch nicht ausgeschlossen, daß Warenzeichen oder Ausstattungen im Einzelfall Namensfunktion erlangen und dann nach den §§ 12 BGB und 16 UWG geschützt werden. Voraussetzung ist lediglich, daß sie sich im Verkehr als Unternehmenskennzeichen durchsetzen, wie dies tatsächlich immer häufiger geschieht,[83] so daß sich langsam ein einheitliches Zeichenrecht zu entwickeln beginnt.[84]

---

[68] *RGZ* 171, 147 (154).
[69] *RGZ* 117, 215 (219 f.).
[70] *BGH*, LM § 16 UWG Nr. 8 = GRUR 1954, 70.
[71] *BGH*, LM § 16 UWG Nr. 21 = GRUR 1957, 281.
[72] *BGH*, LM § 16 UWG Nr. 77 = NJW 1977, 1587.
[73] *BGH*, LM § 3 UWG Nr. 141 = GRUR 1977, 503.
[74] *BGHZ* 24, 238 und LM § 12 BGB Nr. 17.
[75] *BGH*, LM § 12 BGB Nr. 30 = GRUR 1960, 550.
[76] *BGH*, LM § 16 UWG Nr. 38 = NJW 1959, 1678.
[77] *BGH*, GRUR 1976, 643.
[78] *BGHZ* 43, 245 (252 f.).
[79] *BGH*, LM § 12 BGB Nr. 42 = MDR 1976, 290 = GRUR 1976, 379. Zu dem ausnahmsweise ebenfalls möglichen Schutz von Werbeslogans s. noch *LG Köln*, NJW 1965, 1667 = JuS 1966, 38 Nr. 2 m. Nachw. „4711 immer dabei"; *LG München*, GRUR 1953, 184 „Laß Dir raten, trinke Spaten".
[80] *BGH*, LM § 16 UWG Nr. 92.
[81] *OLG Düsseldorf*, GRUR 1983, 794.
[82] *OLG Frankfurt*, GRUR 1984, 891.
[83] Vgl. *BGH*, LM § 11 WZG Nr. 25 = Betr. 1983, 2622 = GRUR 1983, 764 „Haller II"; LM § 16 UWG Nr. 89 = NJW 1986, 56; Beispiele in *BGHZ* 21, 85 (87 f.) „Spiegel"; *BGH*, LM § 12 BGB Nr. 14 = NJW 1956, 1713 „Meisterbrand"; LM § 11 WZG Nr. 5 = GRUR 1959, 25 „Triumph".
[84] S. *Frhr. v. Gamm*, WM 1985, 849 ff.; *Baumbach-Hefermehl*, § 16 Rdnrn. 147 f.

e) Besondere Geschäftsabzeichen

Nach § 16 III 1 UWG stehen den geschützten Unternehmenskennzeichen solche Geschäftsbezeichnungen und sonstige zur Unterscheidung des Geschäfts von anderen Geschäften bestimmte Einrichtungen gleich, die Verkehrsgeltung besitzen. Gemeint sind damit Zeichen beliebiger Art *ohne* Namensfunktion, die *neben* dem Namen oder der Firma aufgrund ihrer Verkehrsgeltung als Hinweis auf das Unternehmen dienen.[85]

Als Beispiele waren schon in der Begründung zu dem alten UWG von 1896 eine besonders eindrucksvolle, einheitliche Bekleidung der (weiblichen) Angestellten des Geschäfts oder eine auffallende, einheitliche Ausstattung der Geschäftswagen genannt worden.[86] Weitere Beispiele sind eine einheitliche Gestaltung der Fassaden aller Filialen,[87] bestimmte Hausfarben,[88] Fernsprechnummern,[89] die Fernschreib- oder Telexkennung[90] und Telegrammadressen[91] sowie in Ausnahmefällen sogar einmal bestimmte bildliche Symbole[92] oder gar Werbesprüche[93] (womit aber die Grenze des Vertretbaren erreicht sein dürfte). Der Schutz dieser besonderen Geschäftsabzeichen setzt Verkehrsgeltung voraus, wofür es freilich schon genügt, daß der Verkehr der Annahme ist, daß die fraglichen Waren aus derselben, wenn auch nicht näher bekannten Quelle stammen.[94] Unter dieser Voraussetzung unterscheidet sich der Schutz der Geschäftsabzeichen (§ 16 III UWG) nicht von dem der Unternehmenskennzeichen nach § 16 I UWG.

f) Titel

§ 16 I UWG nennt als Schutzobjekt schließlich noch die besonderen Bezeichnungen von Druckschriften (sog. Titelschutz).

Titelschutz besteht für jede freigewählte *Bezeichnung* einer Druckschrift, die neu und eigentümlich sowie dazu bestimmt und geeignet ist, die Druckschrift von anderen zu unterscheiden. Einen Hinweis auf den hinter der Druckschrift stehenden Herausgeber braucht der Titel nicht zu enthalten.[95] Dabei beurteilt sich nach der Verkehrsanschauung, was im einzelnen als Titel anzusehen und deshalb als solcher aus der oft umfangreichen Bezeichnung einer Druckschrift geschützt ist.[96]

Der Titelschutz hat grundsätzlich dieselben Voraussetzungen wie der Schutz der anderen Unternehmenskennzeichen. Der Titel muß deshalb

---

[85] *BGHZ* 8, 387 (389 f.); *BGH*, LM § 16 UWG Nr. 30; *Baumbach-Hefermehl*, § 16 Rdnr. 140; *Schultz-Süchting*, in: Hdb., § 53 Rdnrn. 12 f. (S. 763).

[86] *Ulmer-Reimer*, Tz. 235.

[87] Vgl. *BGH*, LM § 16 UWG Nr. 21 „Karo As"; § 1 UWG Nr. 302 (wo der *BGH* freilich ohne Not § 1 UWG bemüht).

[88] *BGH*, LM § 25 WZG Nr. 42 (Bl. 2 R ff.) = GRUR 1968, 371 (374) „Maggi".

[89] *BGHZ* 8, 387 (389 f.).

[90] *OLG Hamburg*, GRUR 1983, 191 = BB 1983, 397 „Kores/Kora".

[91] *BGH*, LM § 16 UWG Nr. 14 = GRUR 1955, 481 „Hamburger Kinderstube".

[92] Z. B. „Das grüne Band der Sympathie" der Dresdner Bank; so jedenfalls *Schultz-Süchting* (o. Fußn. 85).

[93] *LG München*, GRUR 1953, 184 „Laß Dir raten, trinke Spaten"; *LG Köln*, NJW 1965, 1667 = JuS 1966, 38 Nr. 2 m. Nachw. „4711 immer dabei".

[94] *BGH*, LM § 16 UWG Nr. 30 = NJW 1958, 1777.

[95] *RGZ* 112, 117 (118); 133, 189 (190); *BGHZ* 26, 52 (60).

[96] *BGH*, LM § 1 WZG Nr. 12 (Bl. 3 R) = GRUR 1961, 232.

vor allem Namensfunktion haben und Unterscheidungskraft oder Verkehrsgeltung besitzen. Dabei genügt es freilich für die Bejahung der Unterscheidungskraft bereits, wenn Worte der Umgangssprache wie etwa Spiegel, Revue oder Nußknacker in einem Titel in einem übertragenen (bildhaften) Sinne verwandt werden.[97] Besteht der Titel hingegen aus farblosen Gattungsbegriffen (z. B. „Deutsche Illustrierte"), so setzt der Schutz zusätzlich Verkehrsgeltung voraus. Dasselbe gilt für Abkürzungen von Titeln (z. B. FAZ, JuS oder NJW); sie können gleichfalls nur unter der Voraussetzung der Verkehrsgeltung in den Genuß des besonderen Titelschutzes aufgrund des § 16 I UWG gelangen.[98]

Nicht schutzfähig sind jedoch ausschließlich inhaltsbedingte Titel, die sich unmittelbar aus dem behandelten Stoff ergeben und deshalb im allgemeinen Interesse freigehalten werden müssen.[99] Deshalb kann z. B. der Autor eines Lehrbuchs mit dem Titel „Das Recht des unlauteren Wettbewerbs" niemals unter Berufung auf § 16 I UWG anderen, besser berufenen Autoren die Verwendung desselben Titels für ihre Lehrbücher über denselben Gegenstand verbieten.

Zu den Titeln von Druckschriften i. S. von § 16 I UWG gehören auch Neben- und Untertitel von Zeitschriften und Büchern sowie die Titel selbständiger Beilagen oder verhältnismäßig selbständiger Abteilungen in einer Zeitschrift, die regelmäßig wiederkehren.[100] Dasselbe gilt für sog. Reihentitel, worunter man die zusammenfassende Bezeichnung einer fortgesetzten Serie von Veröffentlichungen versteht,[101] sowie für die Titel von Bühnenwerken, von Kino- und Fernsehfilmen, von Filmserien[102] oder von regelmäßig ausgestrahlten Hörfunksendungen, sofern sie nur die erforderliche Eigenart aufweisen.[103]

5. Dauer des Schutzes

Namentlich mit Rücksicht auf das Prioritätsprinzip (u. 6 d) ist es häufig von großer Wichtigkeit, möglichst genau Beginn und Ende des Schutzes von Unternehmenskennzeichen nach den §§ 12 BGB und 16 UWG zu fixieren.

---

[97] *BGHZ* 21, 85 (88 f.) „Spiegel"; 26, 52 (60 f.); 68, 132 (138) „Der 7. Sinn"; *BGH, LM* § 16 UWG Nrn. 30, 39 und 52; § 1 WZG Nr. 12; § 31 WZG Nr. 26; GRUR 1975, 604; *OLG Hamburg,* GRUR 1986, 555 „St. Pauli Zeitung"; *Baumbach-Hefermehl,* § 16 Rdnrn. 118 ff.
[98] *BGHZ* 4, 167 (169) „DUZ"; *BGH, LM* § 16 UWG Nr. 58 = GRUR 1968, 259 „NZ"; *OLG Hamburg,* NJW-RR 1986, 1233.
[99] *Baumbach-Hefermehl,* § 16 Rdnr. 120 a.
[100] *RGZ* 133, 189 (190 f.) „Kunstseidenkurier".
[101] *BGHZ* 68, 132 (137); *BGH, LM* § 2 UrhG Nr. 4 (Bl. 5) = MDR 1980, 282; *OLG Karlsruhe,* GRUR 1986, 554 „Abenteuer heute".
[102] *BGHZ* 26, 52 (60); 68, 132 (137); *OLG Düsseldorf,* NJW-RR 1986, 1095 „Mädchen hinter Gittern.".
[103] *BGHZ* 83, 52 = NJW 1982, 2255 m. Anm. *Alff, LM* § 16 UWG Nr. 84.

a) Beginn

Hinsichtlich des Beginns des Schutzes muß man zunächst zwischen dem Zwangs- und den Wahlnamen unterscheiden. Zwangsname ist namentlich der bürgerliche Name. Sein Schutz beginnt mit der Namensgebung, über die hier nicht weiter zu handeln ist.[104]

Alle anderen Namen und Kennzeichen werden grundsätzlich von dem Augenblick an geschützt, in dem sie (im Inland) in Gebrauch genommen werden.[105] Das gilt auch für den Titelschutz und für den Schutz von Firmenrechten; lediglich in den Fällen der §§ 2 und 3 HGB ist zusätzlich Eintragung der Firma im Handelsregister erforderlich, weil vorher der Gebrauch der Firma nicht zulässig ist.[106] Schließlich ist zu beachten, daß der Schutz, wenn er von der Verkehrsgeltung des Zeichens abhängt, naturgemäß erst beginnen kann, wenn sich das Zeichen im Verkehr durchgesetzt hat, und sich selbst dann räumlich grundsätzlich auf das Gebiet der Verkehrsgeltung beschränkt.

b) Ende

Der Schutz dauert solange, wie das Zeichen tatsächlich geführt wird.[107] Maßgebend ist dafür die Kontinuität des durch das Zeichen gekennzeichneten Betriebs, so daß eine Veränderung der Rechtsform des Unternehmensträgers, z. B. eine Umwandlung nach dem Umwandlungsgesetz, der erforderlichen Kontinuität nicht entgegensteht.[108] Der Schutz findet hingegen sein Ende, sobald die Bezeichnung aufgegeben oder das Unternehmen *endgültig* eingestellt wird. Wird der Betrieb dann später unter demselben Namen wiedereröffnet, so gilt dies grundsätzlich nicht als Fortsetzung des alten Namensgebrauchs, so daß für die Priorität in Kollisionsfällen der Zeitpunkt der Wiedereröffnung maßgebend ist.

Anders kann die Rechtslage in den Fällen einer lediglich *vorübergehenden* Stillegung des Betriebs zu beurteilen sein, wenn für den Verkehr erkennbar nicht nur der Wille, sondern auch die Möglichkeit der Wiedereröffnung des Betriebes besteht und dieser im wesentlichen in seinem Bestand erhalten bleibt.[109] Die Frist, während derer noch eine vorübergehende Stillegung angenommen werden kann, hängt dabei ganz von den Umständen des Einzelfalles ab. Unter den außergewöhnlichen Umständen der Kriegs- und

---

[104] Eingehend z. B. *Staudinger-Coing-Habermann*, § 12 Rdnrn. 49 ff.

[105] S. schon o. 2 b sowie z. B. *OLG Köln*, GRUR 1985, 151 (152); *Heymann-Emmerich*, HGB, § 17 Rdnrn. 9 f.; *Frhr. v. Gamm*, WM 1985, 849 (850 f.).

[106] *BGHZ* 10, 196 (204); 24, 238 = LM § 12 BGB Nr. 16; *BGH*, LM § 16 UWG Nr. 8 = GRUR 1954, 70.

[107] S. eingehend m. Nachw. *Heymann-Emmerich*, HGB, § 17 Rdnrn. 16 ff.; zuletzt *OLG Düsseldorf* (o. Fußn. 102).

[108] Grdl. *BGH*, LM § 16 UWG Nr. 86 = NJW 1983, 2382 = WM 1983, 303 „Concordia Uhren".

[109] Bes. weitgehend in diesem Sinne für den Fall einer gerichtlichen Anfechtung des Einstellungsbeschlusses bei einer GmbH *BGH*, LM § 16 UWG Nr. 93 = GRUR 1985, 567 m. Anm. *Emmerich*, WuB IV D § 23 HGB Nr. 1.85 m. Nachw.

Nachkriegszeit war sie naturgemäß länger als unter normalen, wirtschaftlichen Verhältnissen wie heute.[110]

bb) Diesselben Regeln gelten für den Titelschutz (o. 4 f.). Er besteht daher ebenfalls nur solange, wie der Titel tatsächlich für eine Druckschrift gebraucht wird. Hört die Druckschrift zu erscheinen auf, so erlischt grundsätzlich auch der Schutz des Titels, außer wenn es sich um eine ihrer Art nach bloß vorübergehende Einstellung des Erscheinens handelt, so daß der Verkehr mit einem Wiedererscheinen der Druckschrift rechnet.[111] Außerdem erlischt der Titelschutz noch mit dem urheberrechtlichen Schutz der Druckschrift. Wird das Werk gemeinfrei, so gilt dies grundsätzlich ebenso für den Titel, es sei denn, es handele sich ausnahmsweise um den Titel einer weiterhin erscheinenden Buchreihe.[112]

6. Inhalt des Schutzes

a) Überblick

Nach § 16 I UWG sind Name, Firma, sonstige Unternehmenskennzeichen, Titel und besondere Geschäftsabzeichen dagegen geschützt, daß ein anderer im geschäftlichen Verkehr *verwechslungsfähige* Kennzeichen verwendet, während sich § 12 BGB weitergehend bereits mit jeder sonstigen *Interessenverletzung* begnügt. Indessen liegt hierin kein ins Gewicht fallender Unterschied zwischen den beiden Vorschriften, da die Ausstrahlung des § 16 Abs. 1 UWG auf § 12 BGB zur Folge hat, daß im geschäftlichen Verkehr eine Interessenverletzung i. S. des § 12 BGB ebenfalls grundsätzlich nur bei Vorliegen einer Verwechslungsgefahr angenommen wird. Lediglich bei dem Schutz der sog. berühmten Marken gegen jede Verwässerung ihrer überragenden Werbekraft geht der Schutz der Unternehmenskennzeichen nach § 12 BGB über den nach § 16 I UWG hinaus (s. dazu u. 6 f); im übrigen aber decken sich beide Vorschriften weitgehend, was Inhalt und Umfang des Schutzes angeht.

Liegen verwechslungsfähige Unternehmenskennzeichen vor, so gebührt der Vorrang grundsätzlich dem älteren Zeichenrecht (sog. *Prioritätsprinzip*). In einer Reihe von Fällen wird die Kollision der Zeichenrechte jedoch nach anderen Grundsätzen gelöst. Hierher gehören vor allem die Fälle der Gleichnamigkeit und verwandte Fallgestaltungen, in denen ohne eine umfassende *Interessenabwägung* nicht mehr auszukommen ist.

b) Verwechslungsgefahr

Aus der umfangreichen *Literatur* vgl. insb. *Baumbach*, S. 347 ff., 443 f.; *Baumbach-Hefermehl*, § 16 Rdnrn. 58 ff.; *dies.*, Warenzeichenrecht, 12. Aufl. (1985), § 31 WZG

---

[110] *RGZ* 170, 265 (274 f.); *BGHZ* 21, 66 (69 f.); *BGH*, LM § 16 UWG Nrn. 50, 30 und 39; GRUR 1967, 199 (202); *Baumbach-Hefermehl*, § 16 Rdnr. 63; *Staudinger-Coing-Habermann*, § 12 Rdnr. 162.
[111] *BGH*, LM § 16 UWG Nrn. 30 („Deutsche Illustrierte") und 39 („Nußknacker") = NJW 1958, 1777; 1959, 2015.
[112] *RGZ* 112, 7; *BGH*, LM § 2 UrhG Nr. 4 (Bl. 5 f.) = MDR 1980, 282.

Rdnrn. 13 ff.; *Callmann*, § 16 Rdnrn. 34 ff. (S. 405 ff.); *v. Gamm*, Wettbewerbsrecht, S. 24 ff.; *ders.*, WM 1985, 849 (851 ff.); *v. Godin*, § 16 Rdnrn. 63 ff.; *Reimer-v. Gamm*, S. 78 ff.; insbes. *Schultz-Süchting*, in: Hdb., § 58 (S. 813 ff.); *Soergel-Heinrich*, § 12 Rdnrn. 178, 188 ff.; *Staudinger-Coing-Habermann*, § 12 Rdnrn. 139 f.; *Ulmer-Reimer*, Tz. 175 ff. (S. 124 ff.).

aa) Begriff

Unter Verwechslungsgefahr versteht man die Gefahr der Irreführung eines nicht unerheblichen Teils der angesprochenen Verkehrskreise über die Herkunft der Ware aus demselben Unternehmen oder doch über das Bestehen besonderer Beziehungen zwischen den betreffenden Unternehmen, hervorgerufen durch die Verwendung identischer oder ähnlicher Zeichen. Verwechslungsgefahr im engeren Sinne liegt dabei vor, wenn ein nicht unerheblicher Teil der angesprochenen Verkehrskreise aus der Identität oder Ähnlichkeit der verwandten Unternehmenskennzeichen auf die Identität der so gekennzeichneten Unternehmen schließt, während Verwechslungsgefahr im weiteren Sinne bereits bejaht wird, wenn der Verkehr aufgrund der Ähnlichkeit der verwandten Zeichen annimmt, zwischen den Unternehmen bestünden besondere Beziehungen geschäftlicher, wirtschaftlicher oder organisatorischer Art.[113]

bb) Warennähe

Der Schutz der Unternehmenskennzeichen nach den §§ 12 BGB und 16 UWG setzt weder Warengleichartigkeit noch das Bestehen eines Wettbewerbsverhältnisses voraus. Der Inhaber eines vorrangigen, weil älteren Zeichenrechts wird vielmehr grundsätzlich sogar gegen die Verwendung verwechslungsfähiger Zeichen in anderen Branchen geschützt. Für die Frage der Verwechslungsgefahr spielt das Ausmaß des *Abstandes* zwischen den Haupttätigkeitsgebieten der beteiligten Unternehmen gleichwohl eine erhebliche Rolle. Denn je größer der Abstand zwischen ihnen ist, desto weniger wird der Verkehr geneigt sein, aus der Verwendung ähnlicher oder selbst identischer Unternehmenskennzeichen auf Beziehungen zwischen ihnen zu schließen. Bei völliger Branchenverschiedenheit scheidet vielmehr selbst bei Verwendung identischer Zeichen grundsätzlich eine Verwechslungsgefahr aus. Umgekehrt ist die Verwechslungsgefahr selbst bei bloß ähnlichen Zeichen um so eher zu bejahen, je näher sich die Tätigkeitsgebiete der beiden Unternehmen stehen, wobei insbes. die normale Ausdehnung der Tätigkeitsbereiche der beiden Unternehmen zu berücksichtigen ist.

In allen diesen Beziehungen kommt es schließlich nicht auf irgendwelche objektiven Warenmerkmale, sondern allein auf die Anschauungen der angesprochenen Verkehrs-

---

[113] Z. B. *RGZ* 170, 265 (272); *BGHZ* 14, 155 (162); 15, 107 (111); 21, 85 (90 ff.); 28, 320 (322 ff.); *BGH*, LM § 16 UWG Nrn. 8, 21, 54 und 56 a; § 12 BGB Nr. 30; *Ulmer-Reimer*, Tz. 175, 180 ff.; *OLG Celle*, GRUR 1986, 826.

kreise an. Von ihrem Standpunkt aus ist mithin zu beurteilen, ob sich die Tätigkeitsgebiete nahe- oder fernstehen.[114]

cc) Ausmaß der Kennzeichnungskraft

Das Ausmaß des Schutzes eines Zeichens hängt entscheidend von seiner Kennzeichnungs- oder Unterscheidungskraft ab. Der Begriff der Unterscheidungskraft ist dabei hier derselbe, wie oben (4 b) bei der Frage des Schutzes besonderer Geschäftsbezeichnungen entwickelt. Wichtig ist mithin vor allem, ob es sich bei dem fraglichen Zeichen um einprägsame Namen und Phantasiewörter oder um bloße Gattungsbezeichnungen bzw. beschreibende Angaben handelt. Hierauf geht letztlich zugleich die von der Praxis entwickelte Unterscheidung zwischen Zeichen mit minderer, mit normaler und mit stärkerer Kennzeichnungs- oder Unterscheidungskraft zurück. Bei nur wenig unterscheidungskräftigen Zeichen genügen hiernach bereits geringfügige Abweichungen, um eine Verwechslungsgefahr auszuschließen. Anders bei Zeichen mit normaler Kennzeichnungskraft, bei denen der Schutzbereich schon deutlich weiter gezogen wird. Besonders groß ist schließlich der Schutzbereich bei allen Zeichen mit stärkerer Kennzeichnungskraft, die sich im Verkehr durchgesetzt haben.

Zwischen der Nähe der Tätigkeitsgebiete der Unternehmen und dem Umfang der Kennzeichnungskraft der Zeichen besteht hierbei eine Wechselbeziehung. Je größer der Abstand zwischen den Tätigkeitsgebieten der Unternehmen ist, desto stärker muß die Kennzeichnungskraft des Zeichens sein, wenn noch eine Verwechslungsgefahr angenommen werden soll. Umgekehrt werden selbst Zeichen mit geringer Kennzeichnungskraft gegen verwechslungsfähige Zeichen in ihrem unmittelbaren Umfeld geschützt.

Die Gerichte berücksichtigen in diesem Zusammenhang u. a., welchen *Abstand* der Inhaber des älteren Zeichens selbst bisher von anderen Zeichen eingehalten hat. Wenn er z. B. selbst nur einen geringen Abstand von anderen, ihrerseits älteren Zeichen gewahrt oder das Aufkommen vieler, ähnlicher Zeichen in seinem Umfeld zunächst geduldet hat, kann er nicht später auf einmal von einem jüngeren Zeichen einen größeren Abstand fordern, als er ihn selbst eingehalten oder von anderen verlangt hat. Die Kennzeichnungskraft eines Zeichens kann mithin dadurch erheblich gemindert werden, daß es schon bisher in seiner Umgebung viele ähnlich klingende Zeichen gegeben hat, zumal der Verkehr hierdurch daran gewöhnt wird, bereits auf geringfügige Unterschiede in den Zeichen zu achten.[115] In besonderem Maße gilt das für die Titel von Druckschriften (s. u. ff).

---

[114] *RG*, GRUR 1937, 148 „Kronprinz"; *BGHZ* 8, 387 (391 f.); 11, 214 (219); 15, 107 (110 f.); 19, 23 (26); *BGH, LM* § 16 UWG Nrn. 15, 38, 56 und 56 a; LM § 12 BGB Nr. 20; GRUR 1974, 162; LM § 16 UWG Nrn. 88 und 92 = GRUR 1984, 471; WM 1985, 516; *BGH*, GRUR 1986, 253; NJW 1986, 2761 (für Modeartikel); *OLG Hamm*, GRUR 1984, 890; *OLG Köln*, GRUR 1983, 789 (793); *Frhr. v. Gamm*, WM 1985, 849 (851 ff.) m. Nachw.

[115] Zu dem Gesagten vgl. z. B. *BGHZ* 21, 66 (73 ff.); 21, 85 (92 ff.); 28, 320 (322 ff.); *BGH*, LM § 16 UWG Nrn. 21, 38, 54, 56 und 56 a; § 12 BGB Nr. 30; § 3 UWG Nr. 14.

dd) Wort, Klang oder Bild

Eine Verwechslungsgefahr kann nach dem Sinngehalt, dem Klang oder dem Erscheinungsbild der einander gegenüberstehenden Zeichen anzunehmen sein, wobei schon Verwechslungsgefahr in einer dieser Beziehungen ausreicht. Eine Verwechslungsgefahr nach dem Sinn wird daher durch Unterschiede im Erscheinungsbild der Zeichen i. d. R. nicht beseitigt. Außerdem genügt bereits die bloße, naheliegende Gefahr von Verwechslungen für die Anwendbarkeit der §§ 12 BGB und 16 UWG, während es nicht erforderlich ist, daß es tatsächlich schon zu Verwechslungen gekommen ist. Jedoch scheiden fernliegende, bloß theoretische Verwechslungsmöglichkeiten aus.

Maßgebend ist dabei immer der Gesamteindruck der Zeichen auf den flüchtigen Durchschnittsbetrachter, der sich i. d. R. an dem äußeren Klangbild orientiert, so daß stets von den *übereinstimmenden* Bestandteilen der Zeichen auszugehen ist. Sind diese Bestandteile die den Gesamteindruck prägenden Worte, so spielen Unterschiede im übrigen keine Rolle. Die Verwechslungsgefahr von Zeichen, die ihren Hauptbestandteilen nach übereinstimmen, kann daher nicht durch Zusätze wie unterschiedliche Vornamen oder Herkunftsorte beseitigt werden.

Jedoch kommt hier immer alles ganz auf die Umstände des Einzelfalles an, so daß sich allgemeine Regeln nur schwer entwickeln lassen. Je nach den Umständen des Falles kann es etwa eine Rolle spielen, an wen sich die Unternehmen wenden. Sind dies z. B. ausschließlich Fachleute, die selbst auf geringfügige Unterschiede in den Zeichen zu achten pflegen, so kann ohne weiteres die Verwechslungsgefahr in Fällen zu verneinen sein, in denen sie bei einer an das allgemeine Publikum gerichteten Werbung zu bejahen wäre. Ebenso kann in Ausnahmefällen durchaus einmal eine an sich gegebene Verwechslungsgefahr nach dem Klang durch einen eindeutig unterschiedlichen Sinngehalt der beiden Zeichen wieder beseitigt werden, wenn sich der unterschiedliche Sinngehalt für jeden Betrachter sofort aufdrängt.[116]

ee) Beispiele

Verwechslungsgefahr ist in der bisherigen Rechtsprechung *bejaht* worden bei dem Zeichen ,,Kronprinz" für Hersteller von Motorrädern und Petroleumgasöfen,[117] für die Bezeichnungen ,,Salamander" für Schuhe und ,,Eidechse" für Fußpflegemittel[118] sowie ,,Hydraulik" und ,,Bracker Hydraulik",[119] weiter bei den Zeichen ,,Nordona" und ,,Norda" für die Hersteller von Margarine,[120] für die Zeichen Rhein-Chemie und REI-Chemie,[121] Chepromin und Chemin,[122] Parkhotel und Hotel Park Brede-

---

[116] Vgl. zu dem Gesagten insb. *BGHZ* 28, 320 (322 ff.) ,,Quick/Glück"; *BGH*, LM § 16 UWG Nrn. 21 und 54; § 3 UWG Nr. 14; *Ulmer-Reimer*, Tz. 186 ff., 192 ff.
[117] *RG*, GRUR 1937, 148.
[118] *RGZ* 171, 147 (152 ff., 156).
[119] *RGZ* 163, 233 (242 f.).
[120] *BGHZ* 10, 211 (213 f.).
[121] *BGH*, LM § 16 UWG Nr. 24 = GRUR 1957, 561.
[122] *BGH*, LM § 16 UWG Nr. 70 = GRUR 1975, 269.

ney,[123] Miss Petite und Petite Mademoiselle bei Kleiderherstellern,[124] für die Bezeichnungen ,,Condux" für einen Maschinenhersteller und ,,Kondex" für einen Hersteller zugehörigen Zubehörs[125] sowie für den Firmenbestandteil ,,Interglas" bei einem Hersteller von Glasgewebe und einem solchen von Isolierglas,[126] außerdem z. B. für die Verwendung des Namens ,,Luppy" für Speditionen trotz unterschiedlicher Vornamen der Inhaber,[127] für die Firmen ,,Contact" und ,,product-contact" sowie ,,contact & graphic",[128] für die Firmenbestandteile ,,Etimex" für Verpakkungsfolien und ,,Etirex" für Etiketten,[129] für die Kennzeichnung zweier Fahrschulen durch Spielkarten,[130] bei Verwendung des Zeichens ,,White horse" für Whisky und für Kosmetika,[131] bei Verwendung der Bezeichnung ,,Metrix" auf verwandten Warengebieten[132] sowie schließlich für die Bezeichnungen ,,Terrapin" für Fertighäuser und ,,Terranova" für Fertigputz,[133] ,,Billich" und ,,Billi" für Ketten- und Discountgeschäfte[134] sowie ,,Datenzentrale Schleswig-Holstein" und ,,Datenzentrale Nord".[135] In der jüngsten Praxis sind weiter als verwechslungsfähig angesehen worden die Zeichen ,,Sütex" und ,,Sitex",[136] ,,Zentis" und ,,Säntis" für Konfitüre und Joghurt,[137] ,,kores" und ,,kora" mit Rücksicht auf die Branchennähe der betreffenden Waren,[138] außerdem die Zeichen ,,Boa" und ,,Beo" für benachbarte Geschäfte[139] sowie schließlich ,,Filofam" und ,,Fisopharma".[140]

Verwechslungsfähigkeit ist hingegen *verneint* worden bei einem Zeichen, das von dem einen Unternehmen in Alleinstellung herausgestellt wird, bei dem anderen hingegen als Teil einer umfassenden Gesamtdarstellung weitgehend zurücktritt,[141] bei den Zeichen ,,Synochem" und ,,Firmochem", weil der übereinstimmende Bestandteil ,,chem" keine Kennzeichnungskraft hat,[142] bei der Verwendung des Zeichens ,,Meister-

---

[123] *BGH*, LM § 16 UWG Nr. 74 = GRUR 1977, 165.
[124] *BGHZ* 60, 206 = GRUR 1973, 375 (376).
[125] *BGH*, LM § 16 UWG Nr. 38 = NJW 1959, 1678.
[126] *BGH*, GRUR 1966, 643 (644).
[127] *BGH*, LM § 16 UWG Nr. 1 = NJW 1951, 520 = GRUR 1951, 410.
[128] *BGH*, GRUR 1973, 539 (540); 1973, 541.
[129] *BGH*, GRUR 1974, 162 (163).
[130] *BGH*, LM § 16 UWG Nr. 21 = GRUR 1957, 281.
[131] *BGH*, LM § 16 UWG Nr. 56a = GRUR 1966, 267.
[132] *BGH*, LM § 16 UWG Nr. 68 = NJW 1973, 2152.
[133] *BGH*, LM § 16 UWG Nr. 77 = NJW 1977, 1587.
[134] *BGH*, LM § 16 UWG Nr. 79 = GRUR 1979, 462.
[135] *BGH*, LM § 3 UWG Nr. 141 = GRUR 1977, 503.
[136] *BGH*, LM § 16 WZG Nr. 17 = MDR 1981, 117 = GRUR 1981, 60.
[137] *BGH*, GRUR 1986, 253.
[138] *BGH*, NJW-RR 1986, 524 = WM 1986, 602.
[139] *OLG Köln*, GRUR 1985, 452.
[140] *OLG Köln*, GRUR 1985, 151.
[141] *BGH*, LM § 16 UWG Nr. 54 = GRUR 1964, 71 ,,personifizierte Kaffeekanne".
[142] *BGH*, LM § 16 UWG Nr. 16 = GRUR 1956, 321.

brand" für Spirituosen und für Herde,[143] bei den Titeln „Quick" und „Glück" wegen ihres unterschiedlichen Sinngehalts,[144] außerdem wegen der großen Branchenverschiedenheit bei dem Zeichen „Triumph" für Miederwaren und für Lederkleidung,[145] bei den Zeichen „Gaber" für medizinische Damenschuhe und „Caber" für Skibekleidung[146] sowie schließlich bei „Anker" für Teppiche und Polstermöbel.[147]

ff) Insbesondere bei Titeln

Bei Titeln ist in der Prüfung der Verwechslungsgefahr grundsätzlich ebenso wie bei allen anderen Zeichen zu verfahren, so daß hier gleichfalls zwischen Titeln mit geringer, normaler und starker Kennzeichnungskraft zu unterscheiden ist. In einzelnen Beziehungen können sich hier freilich aus den Eigenarten von Druckschriften Besonderheiten und Modifikationen ergeben.

Bei der Prüfung der Verwechslungsgefahr ist immer nur auf den Titel der Werke abzustellen, nicht hingegen auf deren Inhalt, weil dieser dem Verkehr bei Betrachtung der Titel i. d. R. noch unbekannt ist.[148] Dabei genügt hier für die Bejahung der Verwechslungsgefahr bereits eine sog. Unternehmensverwechslung, d. h. die Annahme des Verkehrs, bei den an sich durchaus als unterschiedlich erkannten Zeitschriften handele es sich doch nur um bloße Spezialausgaben derselben Zeitschrift für bestimmte Leserkreise.[149] Die Titel von Druckschriften werden außerdem gegen die Verwendung verwechslungsfähiger Titel für Filme oder Bühnenwerke geschützt, da hierdurch der Eindruck einer Bearbeitung oder einer sonstigen Beziehung zwischen den beiden Werken hervorgerufen werden kann.[150] Schließlich greift noch § 16 Abs. 1 UWG ein, wenn der Titel einer Zeitschrift zugleich als Name für eine Presseagentur gewählt wird.[151]

Auf der anderen Seite achtet jedoch der Verkehr wegen der großen Ähnlichkeit der meisten Titel i. d. R. schon auf ganz geringfügige Unterschiede, so daß hier, anders als im sonstigen Kennzeichenschutz, u. U. bereits kleine Unterschiede geeignet sind, eine Verwechslungsgefahr auszuschließen.[152] Schließlich muß noch beachtet werden, daß die Kennzeichnungskraft von Titeln vor allem dadurch beeinträchtigt sein kann, daß noch zahlreiche andere, ähnliche Titel mit denselben Bestandteilen am Markt sind.[153]

---

[143] *BGH*, LM § 12 BGB Nr. 14 = NJW 1956, 1713.
[144] *BGHZ* 28, 320 (323 ff.).
[145] *BGH*, LM § 11 WZG Nr. 5 = NJW 1958, 1726 = GRUR 1959, 25 „Triumph".
[146] *BGH*, LM § 16 UWG Nr. 88 = GRUR 1984, 471.
[147] *BGH*, LM § 5 WZG Nr. 4 = GRUR 1958, 393 „Anker".
[148] *BGH*, LM § 1 WZG Nr. 12; § 31 WZG Nr. 26 = GRUR 1961, 232; 1959, 360.
[149] *BGH*, LM § 1 WZG Nr. 12 = GRUR 1961, 232 „Hobby".
[150] Grdl. *RGZ* 112, 117 (118 f.) „Das Liebesleben der Natur"; *BGHZ* 26, 52 (62 f.) „Sherlock Holmes"; 68, 132 (139 f.) für die Verwendung der Bezeichnung einer Fernsehserie („Der 7. Sinn") für ein entsprechendes Würfelspiel.
[151] *OLG Köln*, GRUR 1984, 751 „Express/Ex-Press".
[152] *BGH*, LM § 16 UWG Nr. 52 = NJW 1963, 1004 „Deutsche Zeitung"; *OLG Hamburg*, NJW-RR 1986, 1233 „Auto-Zeitung".
[153] Vgl. für die Titel Spiegel und Revue einerseits *BGH*, GRUR 1975, 604; NJW 1957, 903; andererseits *BGHZ* 21, 85 (93 ff.).

Verwechslungsgefahr ist z. B. bejaht worden bei den Titeln „NZ" als Abkürzung für „Nürnberger Zeitung" und für „Soldaten- und Nationalzeitung",[154] „Das Liebesleben der Natur" als Buch- und Filmtitel,[155] „Der 7. Sinn" als Bezeichnung einer Fernsehserie und eines Würfelspiels[156] sowie für die Titel „Hobby" und „Tonbandaufnahmen unser Hobby"[157] und „Elektrotechnik" und „Deutsche Elektrotechnik".[158]

Die Verwechslungsgefahr ist hingegen verneint worden bei den Titeln „Deutsche Zeitung" und „Deutsche Allgemeine Zeitung",[159] „Capital" und „Capital Service" als Bezeichnung für einen Anlageberater,[160] „Spiegel", „Effectenspiegel" und „Wochenspiegel",[161] „Quick" und „Glück"[162] sowie „Revue" und „Star-Revue".[163]

c) Unbefugter Gebrauch

aa) Überblick

Wenn sich verwechslungsfähige Zeichen gegenüberstehen, muß das Recht Regeln zur Lösung dieser Kollision verschiedener Rechte bereitstellen. Insoweit scheinen sich nun die beiden zentralen Normen der §§ 12 BGB und 16 UWG auf den ersten Blick nicht völlig zu decken. Denn während § 12 BGB auf eine *Interessenverletzung* durch *unbefugten* Gebrauch des anderen Zeichens abstellt, kommt es nach § 16 I UWG (nur) auf die Gefahr einer *Verwechslung* des Zeichens, dessen sich jemand befugterweise bedient, mit dem anderen Zeichen an. Gleichwohl führen aber für den Regelfall beide Normen zu demselben Ergebnis. Das ergibt sich aus folgenden Überlegungen:

Ein unbefugter Zeichengebrauch i. S. des § 12 BGB liegt vor, wenn der Gebrauch rechtswidrig ist, d. h. wenn er gegen ein Gesetz oder gegen sonstige von der Rechtsordnung anerkannte Grundsätze verstößt. Zu den hiernach maßgeblichen Gesetzen zählt natürlich vor allem der § 16 UWG, so daß insbes. jeder Namensgebrauch unbefugt ist, durch den § 16 UWG verletzt wird.[164] § 16 UWG verweist nun seinerseits nach allgemeiner Meinung für die Lösung der Kollision zwischen verwechslungsfähigen Zeichen in erster Linie, wenn auch nicht ausschließlich, auf das sog. *Prioritätsprinzip,* nach dem das ältere Zeichen grundsätzlich den Vorrang

---

[154] *BGH,* LM § 16 UWG Nr. 58 = GRUR 1968, 259.
[155] *RGZ* 112, 117 (118f.).
[156] *BGHZ* 68, 132 (139ff.).
[157] *BGH,* LM § 1 WZG Nr. 12 = GRUR 1961, 232.
[158] *BGH,* LM § 31 WZG Nr. 26 = GRUR 1959, 360.
[159] *BGH,* LM § 16 UWG Nr. 52 = NJW 1963, 1004.
[160] *BGH,* LM § 16 UWG Nr. 82 = GRUR 1980, 247.
[161] *BGHZ* 21, 85 (91); *BGH,* GRUR 1975, 604.
[162] *BGHZ* 28, 320 (323ff.).
[163] *BGH,* NJW 1957, 909.
[164] *RGZ* 114, 90 (94); 117, 215 (219f.); *BGHZ* 8, 318 (321); bes. *BGH,* LM § 12 BGB Nr. 30 = GRUR 1960, 550; *Staudinger-Coing-Habermann,* § 12 Rdnr. 136.

vor dem jüngeren hat (,,Wer zuerst kommt, mahlt zuerst").[165] Folglich ist der Gebrauch eines prioritätsjüngeren, verwechslungsfähigen Zeichens (i. S. des § 16 UWG) zugleich unbefugt i. S. des § 12 BGB, sofern nicht ausnahmsweise ein Rechtfertigungsgrund eingreift.[166]

§ 12 BGB geht freilich in zwei Beziehungen über § 16 UWG hinaus. Auf der einen Seite kann in Ausnahmefällen ein Zeichengebrauch selbst dann unbefugt sein, wenn nicht zugleich eine Verwechslungsgefahr i. S. des § 16 UWG vorliegt (dazu u. 6 f.). Auf der anderen Seite genügt aber ein unbefugter Zeichengebrauch allein nach § 12 BGB noch nicht zur Begründung eines Unterlassungsanspruchs; vielmehr muß immer noch die Verletzung eines (schutzwürdigen) Interesses des Berechtigten hinzukommen. Das gilt ebenso im Anwendungsbereich des § 16 UWG, der insoweit im Wege der Auslegung weitgehend dem § 12 BGB angeglichen worden ist.

Damit ergibt sich für alle Kollisionsfälle folgendes *Lösungsschema:* Zunächst ist zu prüfen, ob der Gebrauch des verwechslungsfähigen Zeichens unbefugt ist. Dies beurteilt sich in erster Linie nach dem Prioritätsprinzip; in einer Reihe von Fällen greifen jedoch statt dessen andere Maßstäbe ein, die lediglich eins gemeinsam haben, daß sie immer nur im Wege einer umfassenden Interessenabwägung konkretisiert werden können. Erweist sich hiernach der Gebrauch des Verletzungszeichens als unbefugt, so ist anschließend noch zu prüfen, ob der (unbefugte) Gebrauch des Verletzungszeichens obendrein ein (legitimes) Interesse des Berechtigten verletzt.

bb) Prioritätsprinzip

Wenn verwechslungsfähige Zeichenrechte aufeinanderstoßen, hat grundsätzlich das ältere Recht den Vorrang vor dem jüngeren, so daß der Inhaber des älteren Rechts von dem Inhaber des jüngeren Unterlassung des Gebrauchs seines Zeichens in verwechslungsfähiger Form verlangen kann. Der *Zeitpunkt* der Priorität beurteilt sich dabei nach dem Zeitpunkt, zu dem der Zeichenschutz beginnt (o. 5 a), grundsätzlich also nach dem Zeitpunkt der Ingebrauchnahme des Zeichens im Inland, an dessen Stelle der Zeitpunkt der Verkehrsdurchsetzung bei denjenigen Zeichen tritt, deren Schutz Verkehrsgeltung voraussetzt.[167] Das Prioritätsprinzip ist dabei nicht nur für das Verhältnis von Namens- und Unternehmenskennzeichenrechten untereinander, sondern ebenso für ihr Verhältnis zu Warenkennzeichen maßgebend. Der Inhaber eines älteren Namens- oder Firmenrechts kann mithin Unterlassung der Verwendung seines Namens als Warenzeichen durch einen Dritten verlangen, worin in besonderem Maße die kontinuierlich fortschreitende Anpassung und Gleichstellung

---

[165] Eingehend *Baumbach-Hefermehl,* Vorb. § 16 Rdnrn. 8 ff.; *v. Godin,* § 16 Rdnr. 51; *Reimer-v. Gamm,* S. 50 ff.; *Ulmer-Reimer,* Tz. 109 ff.
[166] Z.B. *RGZ* 114, 90 (94); 117, 215 (219 f., 223 f.); 171, 147 (155); *BGHZ* 15, 107 (110); *BGH,* LM § 11 WZG Nr. 5 = GRUR 1959, 25.
[167] *RGZ* 117, 215 (226); insb. 163, 233 (240); 171, 30 (34, 37); *BGHZ* 10, 196 (204); 19, 23 (29); 21, 85 (94 f.); 75, 172 (174 f.); *BGH,* LM § 12 BGB Nrn. 21 und 22.

der verschiedenen Zeichenrechte zum Ausdruck gelangt.[168] Auf derselben Linie liegt es, daß umgekehrt einem älteren Warenzeichenrecht ebenfalls der Vorrang vor einem jüngeren Namens- oder Firmenrecht zugebilligt wird, jedenfalls wenn das letztere zeichenmäßig verwandt wird.[169]

Von daher gesehen ist es nur folgerichtig, daß die Praxis in jüngster Zeit sogar die warenzeichenrechtliche *Erschöpfungslehre* (s. o. 3) in vollem Umfang auf sämtliche, anderen Unternehmenskennzeichen übertragen hat. Dies bedeutet, daß der Berechtigte, sobald einmal die mit seinem Zeichen versehene Ware von ihm selbst oder von einem Dritten mit seiner Zustimmung im In- oder Ausland in den Verkehr gebracht worden ist, niemandem mehr unter Berufung auf sein Zeichen den weiteren Vertrieb der Ware untersagen kann; die Ware befindet sich jetzt vielmehr im freien Verkehr, ungeachtet des Umstandes, daß sie mit dem Zeichen desjenigen versehen ist, der sie ursprünglich im In- oder Ausland in den Verkehr gebracht hat.[170]

Außerdem ist zu beachten, daß § 16 UWG dispositiv ist. Für seine Anwendung ist mithin kein Raum, wenn die Parteien ihre Rechtsbeziehungen untereinander abweichend von § 16 UWG geregelt, z. B. obligatorisch auf Ansprüche aus § 16 UWG gegeneinander verzichtet haben.[171]

Die Priorität eines älteren Zeichens geht schließlich verloren, wenn der Betrieb endgültig und nicht bloß vorübergehend eingestellt wird (s. o. 5b). Im Falle einer späteren Neueröffnung des Betriebs richtet sich daher die Priorität trotz Verwendung desselben Zeichens nach dem Zeitpunkt der Neueröffnung, so daß der Inhaber dieses Zeichens den Nachrang gegenüber zwischenzeitlich begründeten, anderen Zeichenrechten hat.[172]

cc) Interessenverletzung

Die Priorität *allein* berechtigt den Inhaber des älteren Zeichens noch nicht, von dem Inhaber des jüngeren, verwechslungsfähigen Zeichens Unterlassung zu verlangen; vielmehr muß noch hinzukommen, daß durch den Gebrauch des Verletzungszeichens ein anerkanntes und schutzwürdiges (legitimes) Interesse des Prioritätsälteren verletzt wird (§ 12 BGB). In aller Regel ergibt sich freilich die Interessenverletzung

---

[168] Grdl. *RGZ* 74, 308 (311) „Graf Zeppelin"; 100, 182 (186) „Gervais"; 117, 215 (221 f.) „Eskimo Pie"; 109, 213 (215) „Kwatta"; 171, 147 (155) „Salamander"; *BGHZ* 15, 107 (110) „Koma"; 19, 23 (29) „Magirus"; 30, 7 (9 f.) „Catarina Valente"; *BGH,* LM § 16 UWG Nr. 66; § 12 BGB Nr. 30; LM § 16 UWG Nrn. 83 und 89 = MDR 1981, 640 und NJW 1986, 56; LM § 11 WZG Nr. 25 = Betr. 1983, 2622; eingehend *Frhr. v. Gamm,* WM 1985, 849 (851 ff.).

[169] *BGH,* LM § 16 UWG Nrn. 15 und 49 (Bl. 2) = GRUR 1955, 487; NJW 1961, 1919; *Baumbach-Hefermehl,* Vorb. § 16 Rdnr. 18.

[170] Grdl. *BGH,* LM § 16 UWG Nr. 89 = NJW 1986, 56 = GRUR 1984, 545; *Frhr. v. Gamm,* WM 1985, 849 (856 ff.); *Schultz-Süchting,* in: Hdb., § 59 Rdnrn. 18 ff. (S. 856 ff.).

[171] *BGH,* WM 1985, 1507 „Peters".

[172] *BGH,* LM § 16 UWG Nr. 68 und § 12 BGB Nr. 17 = NJW 1973, 2152; GRUR 1957, 550.

bereits aus der Verwechslungsfähigkeit der Zeichen, da heute nach § 12 BGB grundsätzlich *alle* Interessen im denkbar weitesten Sinne Schutz genießen.[173] Aber selbst wenn man sich im geschäftlichen Verkehr auf den Schutz geschäftlicher Interessen beschränkt, gilt nichts anderes, da es gerade diese Interessen sind, die durchweg durch den Gebrauch verwechslungsfähiger Zeichen beeinträchtigt werden.[174]

Gleichwohl gibt es Ausnahmen. Ein schutzwürdiges Interesse an dem Verbot einer Namensverwendung durch einen anderen fehlt z. B., wenn ein freigewählter Name von einem anderen Unternehmen bei völliger Branchenverschiedenheit als Beschaffenheitsangabe verwandt wird[175] oder wenn ein Studentenbund zu seiner Bezeichnung dieselbe Abkürzung wie ein Weltunternehmen verwendet.[176]

dd) Interessenabwägung

Nicht jeder Kollisionsfall kann nach dem zwar praktischen, aber zugleich schematisch wirkenden Prioritätsprinzip gelöst werden, da häufig neben dem bloßen Zeitvorrang noch eine Fülle weiterer Gesichtspunkte zu berücksichtigen ist. In diesen Fällen ist ohne eine umfassende Interessenabwägung nicht mehr auszukommen. So verhält es sich namentlich dann, wenn der jüngere Zeicheninhaber an seinem Zeichen ebenfalls einen schutzwürdigen Besitzstand erlangt hat, sowie in einer Reihe vergleichbarer Fälle wie etwa denen der Gleichnamigkeit und der Verwirkung (s. u. d und e).

Häufig bestehen an sich verwechslungsfähige Zeichenrechte lange Zeit unbeanstandet nebeneinander, sei es, weil der Inhaber des älteren Zeichenrechts ursprünglich keinen Anlaß gesehen hatte, gegen das jüngere Recht vorzugehen, sei es, weil wegen der Branchenverschiedenheit oder der räumlichen Entfernung der Unternehmen voneinander zunächst noch keine Verwechslungsgefahr bestand (sog. Gleichgewichtslage). In solchen Fällen kann, wenn *nachträglich*[177] durch die Ausdehnung des Tätigkeitsbereichs eines der Unternehmen oder durch die Verlegung seines Sitzes eine Verwechslungsgefahr begründet wird, die dann erst entstehende Kollision nicht mehr nach dem Prioritätsprinzip gelöst werden, weil hier inzwischen der Inhaber des jüngeren Zeichenrechts gleichfalls

---

[173] Z. B. *RGZ* 74, 308 (310f.); 114, 90 (93); *BGHZ* 8, 318 (322f.); 15, 107 (110); 30, 7 (9f.); 43, 245 (255); *BGH*, WM 1985, 95; *Staudinger-Coing-Habermann*, § 12 Rdnrn. 151 ff.

[174] Grdl. *BGH*, LM § 12 BGB Nr. 42 = GRUR 1976, 379 „KSB"; ähnlich auch *BGH*, LM § 3 UWG Nr. 141 = GRUR 1977, 503 „Datenzentrale"; LM § 12 BGB Nr. 14 = NJW 1956, 1713 „Meisterbrand".

[175] *BGH*, LM § 12 BGB Nr. 14 „Meisterbrand" = NJW 1956, 1713.

[176] *BGH*, LM § 12 BGB Nr. 42 „KSB" = GRUR 1976, 379.

[177] Andere Grundsätze gelten, wenn sich der Schutzbereich des älteren Zeichens schon *bei* Ingebrauchnahme des jüngeren auf dessen Gebiet erstreckte, weil dann allenfalls noch eine Verwirkung der Rechte aus dem älteren Zeichen in Betracht kommen kann (s. grdl. *BGH*, LM § 16 UWG Nr. 90 = GRUR 1985, 72 = WM 1984, 1549 „Consilia").

einen schutzwürdigen Besitzstand erlangt hat, so daß jetzt beide Zeichenrechte grundsätzlich gleichberechtigt sind und eine Lösung nur noch
durch Abwägung der widerstreitenden Interessen möglich ist.[178]

Eine derartige Interessenabwägung wird oft dazu führen, daß dasjenige Unternehmen, das überhaupt erst durch die Ausdehnung seines Tätigkeitsbereichs oder durch
die Verlegung seines Sitzes die Verwechslungsgefahr begründet oder doch erheblich
gesteigert hat, verpflichtet wird, alles ihm zumutbare und mögliche zur Vermeidung
von Verwechslungen zu tun, wozu vor allem die Aufnahme unterscheidungskräftiger
Zusätze in die Firma gehören kann.[179] Dasselbe gilt (erst recht), wenn ein Zeichen ohne
Not durch seine Veränderung dem anderen immer mehr angenähert wird.[180]

d) Gleichnamigkeit

Literatur: Baumbach-Hefermehl, § 16 UWG Rdnrn. 72 ff.; *v. Godin,* § 16 Rdnr. 58;
Hefermehl, in: Festschrift f. A. Hueck, S. 531 f.; *Knaak,* Das Recht der Gleichnamigen,
1979; *Reimer-v. Gamm,* S. 54 f.; *Schultz-Süchting,* in: Hdb., § 59 Rdnr. 1–13
(S. 851 ff.); *Staudinger-Coing-Habermann,* § 12 Rdnrn. 138 ff.; *Ulmer-Reimer,* Tz.
241 ff.

In jeder Stadt gibt es zahlreiche Menschen, die denselben Nachnamen
haben. Wollen sie sich gewerblich betätigen, so sind sie häufig genötigt
oder doch jedenfalls berechtigt, sich ihres Namens zur Firmenbildung zu
bedienen (vgl. § 18 HGB). Natürlich kann es dadurch besonders leicht zu
Verwechslungen kommen, so daß hier entschieden werden muß, ob der
prioritätsältere Namensträger tatsächlich jedem jüngeren nach den §§ 12
BGB und 16 UWG den Gebrauch seines Namens zur Kennzeichnung
seines Unternehmens verbieten kann.

Diese Frage verneint bereits für das formelle Firmenrecht § 30 Abs. 2
HGB durch die Bestimmung, daß der Prioritätsjüngere in einem solchen
Fall – lediglich – verpflichtet ist, in seine Firma unterscheidungskräftige
Zusätze aufzunehmen.[181] Nichts anderes kann grundsätzlich für das materielle Zeichenrecht gelten, und zwar einfach deshalb, weil jedermann
berechtigt sein muß, seinen Namen *in redlicher Weise* zur Kennzeichnung seines Unternehmens und namentlich zur Firmenbildung zu verwenden, zumal er hierzu häufig ohnehin nach Handelsrecht verpflichtet
ist (§ 18 I HGB). Diese Kollisionsfälle können deshalb jedenfalls nicht
nach dem Prioritätsprinzip gelöst werden.[182] Hieraus darf aber nicht der
Schluß gezogen werden, daß die Gefahr von Verwechslungen in Fällen
der Gleichnamigkeit unbeschränkt hingenommen werden müßte; viel-

---

[178] *Schultz-Süchting,* in: Hdb., § 59 Rdnrn. 14 ff. (S. 855 f.).
[179] Grdl. *RGZ* 171, 321 (326 f.) „Chempharm"; *BGHZ* 16, 82 (91 f.) „Wickelsterne";
74, 1 (7 ff.) „RBB"; *BGH,* LM § 16 UWG Nr. 5 = GRUR 1953, 252 „Weyland und
Hoever"; *BGH* (o. Fußn. 177).
[180] *BGH,* GRUR 1984, 378 = WM 1984, 408 „Hotel Krone".
[181] S. dazu eingehend *Heymann-Emmerich,* HGB, § 30 Rdnr. 22.
[182] *RGZ* 170, 265 (270, 273); *BGHZ* 4, 96 (105) „Farina"; *BGH,* LM § 12 BGB Nrn.
15 („Underberg"), 19 („Schwardmann") und 35 („Kupferberg") = GRUR 1957, 342;
NJW 1958, 217; 1966, 343.

mehr bleibt zu beachten, daß die Firmenwahl im Wettbewerb stets den Geboten der Wahrheit und Lauterkeit untersteht, so daß hier nicht anders als sonst jedes unredliche, weil z. B. auf Täuschung der Abnehmer zielende Verhalten verboten ist (§§ 1, 3 UWG; s. o. § 12, 5).[183]

Hierher gehören vor allem die Fälle der sog. Strohmanngründungen oder der sonstigen Wahl eines zugkräftigen Namens als Firma in der offenkundigen Absicht, durch Anlehnung an den berühmten Namen eines anderen an der besonderen Werbekraft dieses Namens zu partizipieren und die damit verbundenen Gütevorstellungen des Publikums auszubeuten.[184] In solchen Fällen kann, insbes. bei eindeutiger Täuschungsabsicht, auf die §§ 1 und 3 UWG sogar das generelle Verbot gestützt werden, den fraglichen Namen für die Firmenbildung zu verwenden.

Jenseits dieser Mißbrauchsfälle kann jedoch grundsätzlich kein Namensträger einem anderen Träger desselben Namens die redliche Verwendung seines Namens für die Kennzeichnung seines Unternehmens verbieten, so daß dann für die Anwendung des Prioritätsprinzips kein Raum mehr ist. Als Lösung bleibt daher hier nur noch eine umfassende *Interessenabwägung* unter Berücksichtigung der gesamten Umstände des Einzelfalles übrig. Hiernach wird i. d. R. jeder Beteiligte alles ihm mögliche und zumutbare tun müssen, um die nun einmal bestehende Verwechslungsgefahr soweit wie irgendmöglich auszuschließen. In Betracht kommt dafür vor allem die Aufnahme unterscheidungskräftiger Zusätze in die Firma (ebenso § 30 II HGB). Die Verpflichtung zu solchen Maßnahmen trifft dabei grundsätzlich denjenigen, der durch sein Verhalten die Verwechslungsgefahr überhaupt erst begründet oder doch gesteigert hat. I. d. R. wird das der prioritätsjüngere Namensträger sein. Notwendig ist dies jedoch nicht; vielmehr kann durchaus auch der Prioritätsältere zu solchen Maßnahmen gehalten sein, wenn er seinerseits erst durch eine spätere Ausdehnung seiner Geschäftätigkeit in räumlicher oder sachlicher Hinsicht die Verwechslungsgefahr erheblich gesteigert hat.[185]

Andere Grundsätze gelten jedoch, wenn z. B. eine GmbH, die jederzeit eine Sachfirma wählen kann (vgl. § 4 GmbHG), einen berühmten Namen in ihre Firma aufnimmt und dadurch ohne Not die Gefahr einer Verwechslung mit einer anderen Firma schafft; hier bleibt es bei der Geltung des Prioritätsprinzips.[186] Ebensowenig darf einer der Namensträger die Verwechslungsgefahr systematisch steigern, indem er die unterscheidenden Zusätze immer mehr in den Hintergrund rückt oder indem er sich auf andere

---

[183] S. zuletzt eingehend *OLG Köln*, NJW 1984, 1358 = GRUR 1983, 787 = JuS 1984, 562 Nr. 10 „Tina Farina" m. Nachw.

[184] Beispiele in *BGHZ* 4, 96 (100 ff.) „Farina"; *BGH*, LM § 16 UWG Nrn. 1 („Luppy") und 59 („Hellige") = NJW 1951, 520; 1968, 349; *OLG Köln* (o. Fußn. 183).

[185] So z. B. *RGZ* 114, 90 (96 f.) „Haus Neuerburg"; 170, 265 (270); *BGHZ* 4, 96 (105); 14, 155 (159 ff.) „Farina I und II"; 45, 246 (250) „Merck"; *BGH*, LM § 12 BGB Nrn. 15 („Underberg"), 19 („Schwardmann") und 35 („Kupferberg"); GRUR 1963, 218 (221) „Mampe"; vgl. auch *BGH*, LM § 11 WZG Nr. 15 (Bl. 4 f.) = GRUR 1971, 309 „Zamek II"; LM § 16 UWG Nr. 91 = NJW 1986, 57 = WM 1985, 550.

[186] Vgl. einerseits *BGH*, LM § 16 UWG Nr. 59 „Hellige"; andererseits *BGH*, LM § 12 BGB Nr. 35 „Kupferberg".

Weise, z. B. durch die Wahl neuer, verwechslungsfähiger Zeichen, systematisch dem anderen Zeichen annähert.[187] Schließlich braucht auch niemand die Verwendung seines Namens durch einen Gleichnamigen als dessen Warenzeichen zu dulden.[188]

e) Verwirkung[189]

Einschränkungen des Prioritätsprinzips ergeben sich schließlich noch aus dem Rechtsinstitut der Verwirkung, das im Zeichenrecht eine erhebliche Rolle spielt. Mit Verwirkung bezeichnet man allgemein die illoyale Verspätung der Geltendmachung von Rechten.[190] Eine Verwirkung von Zeichenrechten kommt mithin in Betracht, wenn bis zur Geltendmachung der Rechte aus dem prioritätsälteren Zeichen längere Zeit verstrichen ist *und* besondere Umstände hinzutreten, die die spätere Geltendmachung der Rechte nunmehr als treuwidrig erscheinen lassen. Dies ist namentlich anzunehmen, wenn der Inhaber des älteren Zeichens über einen längeren Zeitraum untätig blieb, obwohl er den Verstoß kannte oder bei Anwendung der gebotenen Sorgfalt doch erkennen mußte, so daß der Prioritätsjüngere mit der Duldung seines Verhaltens durch den vorrangig Berechtigten rechnen durfte und sich daraufhin einen wertvollen Besitzstand geschaffen hat.[191] Gutgläubigkeit des Prioritätsjüngeren bei der Ingebrauchnahme seines Zeichens ist dafür nicht unbedingt Voraussetzung, weil es selbst bei Bösgläubigkeit des Jüngeren unter den genannten Voraussetzungen treuwidrig wäre, wenn der Prioritätsältere noch nach Jahren der Untätigkeit auf einmal versuchte, den Prioritätsjüngeren um seinen mittlerweile aufgebauten, wertvollen Besitzstand an seinem Zeichen zu bringen.[192]

Maßgebend sind somit letztlich stets die besonderen Umstände des Einzelfalls, da immer nur auf ihrer Grundlage abschließend entschieden werden kann, ob die nachträgliche Herleitung von Rechten aus dem prioritätsälteren Zeichen tatsächlich illoyal verspätet ist.[193] Hieran fehlt

---

[187] Grdl. *BGHZ* 14, 155 (161 f.) „Farina II"; *BGH,* LM § 12 BGB Nr. 19 = NJW 1958, 217 „Schwardmann"; LM § 16 UWG Nr. 63 = NJW 1970, 997 „Napoléon III"; *OLG Köln* (o. Fußn. 183) „Tina Farina".

[188] *BGHZ* 45, 246 (249 f.); vgl. auch *BGH,* LM § 11 WZG Nr. 15; MDR 1986, 645 = NJW 1986, 2761 „Fürstenberg".

[189] Dazu bes. *Baumbach-Hefermehl,* Einl. UWG Rdnrn. 406 ff.; *Callmann,* § 1 Rdnrn. 40 ff.; *v. Godin,* § 1 UWG Rdnrn. 270 ff., 285 ff.; *Reimers-v. Gamm,* S. 306 f.; *Schultz-Süchting,* in: Hdb., § 60 Rdnrn. 28 f. (S. 869 f.); *Ulmer-Reimer,* Tz. 117 ff.

[190] S. deshalb auch *Roth,* in: MünchKomm., 2. Aufl. (1985), § 242 Rdnrn. 326 ff.; *Staudinger-J. Schmidt,* 1981, § 242 Rdnrn. 478 ff.

[191] Vgl. zuletzt insbes. *BGH,* LM § 16 UWG Nrn. 90 und 91 = NJW 1985, 741 und 1986, 57; LM § 16 WZG Nr. 17 = GRUR 1981, 60 (61 f.) = MDR 1981, 117; weitere Nachw. s. u. Fußn. 193; etwas enger offenbar *Baumbach-Hefermehl* (o. Fußn. 189), Rdnr. 407.

[192] *BGH,* LM § 16 UWG Nr. 90 (Bl. 3).

[193] Z. B. *RGZ* 171, 147 (157) „Salamander"; *BGHZ* 21, 66 (78 ff.) „Hausbücherei"; *BGH,* LM § 12 BGB Nr. 35 = NJW 1966, 343; LM § 16 UWG Nrn. 56 a („White Horse") und 63 („Napoléon III") = GRUR 1966, 267; NJW 1970, 997.

es z. B., wenn die Parteien bisher gemeinsam unter dem fraglichen Zeichen aufgetreten sind, so daß dieses nicht nur auf den Beklagten, sondern ebenso auf den Kläger hinweist, wodurch notwendigerweise die Entstehung eines wertvollen Besitzstandes allein für den Beklagten ausgeschlossen wird.[194] Außerdem muß bei der häufig erforderlichen, umfassenden Interessenabwägung noch das Interesse der Allgemeinheit an der Verhinderung einer Irreführung der Verbraucher berücksichtigt werden. Eine Verwirkung scheidet daher aus, wenn die Benutzung des prioritätsjüngeren Zeichens zugleich wegen der Gefahr der Irreführung der Verbraucher gegen § 3 UWG verstößt.[195]

f) Verwässerungsgefahr

Literatur: Baumbach-Hefermehl, § 16 Rdnr. 61; *Callmann,* § 16 Rdnrn. 120f.; *v. Godin,* § 16 Rdnr. 72; *Hefermehl,* in: Festschr. f. A. Hueck, S. 535ff.; *Reimer-v. Gamm,* S. 109f.; *Schwerdtner,* in: MünchKomm, § 12 Rdnr. 139ff.; *Sack,* WRP 1985, 459; *Br. Steckler,* Der Sonderschutz berühmter Geschäftszeichen gegen Verwässerungsgefahr, 1985; *Soergel-Heinrich,* § 12 Rdnrn. 191f.; *Staudinger-Coing-Habermann,* § 12 Rdnrn. 142f.; *Ulmer-Reimer,* Tz. 202ff.; *Klippel,* GRUR 1986, 697.

aa) Der Schutz der Unternehmenskennzeichen nach § 12 BGB geht insofern über den derselben Kennzeichen nach § 16 I UWG hinaus, als nach § 12 BGB schon jede Interessenverletzung genügt, während § 16 I UWG eine Verwechslungsgefahr verlangt. Im Regelfall spielt dieser Unterschied freilich keine Rolle, weil die Interessenverletzung i. S. des § 12 BGB grundsätzlich mit der Verwechslungsgefahr i. S. des § 16 I UWG gleichgesetzt wird. Aber es gibt doch Ausnahmen, in denen Zeichen nach § 12 BGB sogar ohne Verwechslungsgefahr gegen den Gebrauch anderer Zeichen geschützt werden (s. o. 6c, aa).

Der wichtigste dieser Fälle ist der Schutz der sog. berühmten Zeichen gegen die Gefahr ihrer Verwässerung, worunter man die Beeinträchtigung ihrer überragenden Werbekraft durch die Verwendung übereinstimmender Zeichen selbst für ganz andere Waren versteht. Man denke etwa an die Verwendung des weltberühmten Zeichens „4711" für Kaffee oder für Maschinen. Selbst wenn hier eine Verwechslungsgefahr wegen der großen Branchenverschiedenheit ausscheidet, wird doch dem Inhaber des berühmten Zeichens ein Interesse daran zugebilligt, eine Inflationierung und damit Verwässerung seines Zeichens durch dessen Benutzung für x-beliebige andere Waren zu verhindern.

bb) Der Schutz berühmter Zeichen gegen ihre Verwässerung wurde ursprünglich auf § 1 UWG gestützt, weil man es als unlauter ansah, sich an den überragenden Ruf eines anderen, den dieser durch eine oft sehr kostspielige Reklame oder durch die Güte seiner Waren erworben hatte, anzuhängen und ihn infolge der Schwächung der Unterscheidungskraft seines Zeichens durch Mitgebrauch im Wettbewerb zu behindern.[196] Spä-

---

[194] *BGH,* LM § 16 UWG Nr. 91.
[195] Grdl. *BGHZ* 16, 82 (93f.) „Wickelsterne".
[196] Grdl. *RGZ* 115, 409ff.; 170, 137 (150ff.); *RG,* MuW 1931, 517; ebenso noch

ter hat die Praxis diesen Ausgangspunkt jedoch aufgegeben, weil es in solchen Fällen an einem Wettbewerbsverhältnis zwischen den Gewerbetreibenden fehle. Seitdem wird der Schutz berühmter Zeichen gegen ihre Verwässerung bei Zeichen mit Namensfunktion aus § 12 BGB, bei allen anderen Zeichen hingegen aus § 823 I BGB hergeleitet.[197]

Der Umweg über das Recht am eingerichteten und ausgeübten Gewerbebetrieb, das hier nur als Aufhänger für einen schon anderweitig längst bejahten Schutz mißbraucht wird, ist jedoch entbehrlich, wenn man richtigerweise auf das Wettbewerbsverhältnis als Voraussetzung für die Anwendung der Generalklausel des § 1 UWG verzichtet (s. o. § 4, 3 b). In der Tat kann es in allen diesen Fällen immer nur um die Frage gehen, ob es sich bei der Verwendung des übereinstimmenden Zeichens trotz fehlender Verwechslungsgefahr (ausnahmsweise) um eine Maßnahme unlauteren Behinderungswettbewerbs handelt. Die weitergehende Praxis verdient keine Billigung.[198]

cc) Ein Schutz berühmter Zeichen gegen die Gefahr ihrer Verwässerung kommt, wenn überhaupt, so nur in Ausnahmefällen in Betracht. Geschützt werden vor allem nur ganz berühmte Zeichen mit überragender Verkehrsgeltung, die im Verkehr infolge ihrer Einmaligkeit und wettbewerblichen Eigenart eine *Alleinstellung* erlangt haben und mit denen der Verkehr besondere Gütevorstellungen verbindet. I. d. R. ist dazu erforderlich, daß sich das Zeichen aufgrund langen Gebrauchs und umfassender Werbung im Verkehr im denkbar stärksten Maße durchgesetzt hat, wozu heute ein Bekanntheitsgrad von deutlich über 60% verlangt wird.[199] Beispiele sind die Zeichen „4711, Leica, Coca Cola, Kodak, Mercedes, Märklin" sowie z. B. „Rosenthal,[200] „Camel"[201] und „Underberg",[202] während die genannten Voraussetzungen für die Zeichen „Dimple"[203] und „Zentis" für Marmelade[204] verneint wurden.

BGHZ 15, 107 (111 f.); 19, 23 (27 f.); *BGH, LM* § 31 WZG Nr. 31; s. im übrigen eingehend *Br. Steckler*, S. 8, 69 ff.

[197] Grdl. *BGHZ* 28, 320 (327 ff.) „Quick"; *BGH, LM* § 12 BGB Nr. 30 = GRUR 1960, 550; *OLG Düsseldorf,* GRUR 1983, 389; *OLG Köln,* GRUR 1985, 559; *LG Köln,* NJW 1965, 1667 = JuS 1966, 38 f. Nr. 2; *Baumbach-Hefermehl,* § 1 UWG Rdnr. 186; *Ulmer-Reimer,* Tz. 202 ff.; *Br. Steckler*, S. 111, 150 ff.

[198] S. u. dd; anders eingehend m. Nachw. *Br. Steckler*, S. 170 ff.

[199] Z. B. *BGHZ* 15, 107 (111 f.) „Koma"; 19, 23 (27 f.) „Magirus"; 28, 320 (327 ff.) „Quick/Glück"; insbes. *BGH, LM* § 12 BGB Nrn. 30 („Promonta") und 35 („Kupferberg") = GRUR 1960, 550 u. NJW 1966, 343; *OLG Köln,* GRUR 1983, 789 (794); 1985, 559; *OLG Hamburg,* NJW-RR 1986, 527 = GRUR 1986, 84 = JuS 1986, 483 Nr. 8 „Underberg" m. Nachw.; *Br. Steckler*, S. 173 ff. m. Nachw.

[200] *OLG Düsseldorf,* GRUR 1983, 389.

[201] *OLG Köln,* GRUR 1985, 559.

[202] Grdl. *OLG Hamburg* (o. Fußn. 199).

[203] *OLG Hamburg,* GRUR 1983, 140.

[204] *OLG Köln,* GRUR 1983, 789 (794); zu dem ebenfalls gelegentlich bejahten Schutz berühmter Werbesprüche gegen ihre Verwässerung durch die Verwendung verwechselbarer Werbesprüche für ganz andere Produkte s. noch *LG Köln,* NJW 1965, 1667 = JuS 1966, 38 Nr. 2 „4711 immer dabei"; *LG München,* GRUR 1953, 184 „Laß Dir raten, trinke Spaten".

Keinen solchen Schutz genießen hingegen in aller Regel Zeichen mit nur geringer Unterscheidungskraft[205] oder solche Zeichen, die trotz ihrer Bekanntheit schon seit jeher noch für viele andere Waren in Gebrauch sind.[206] Ebensowenig wird die bloße Anwartschaft auf eine überragende Verkehrsgeltung geschützt.[207] Ein Schutz gegen Verwässerung wird außerdem nur gegen die identische oder doch weitgehend übereinstimmende Verwendung des berühmten Zeichens für ganz andere Waren gewährt.[208] Der Schutz ist daher zu verneinen, wenn schon bei Warengleichheit eine Verwechslungsgefahr fehlte.[209] Zu beachten bleiben schließlich noch die besonderen Rechtssätze, die für das Verhältnis Gleichnamiger entwickelt worden sind (o. 6 d), so daß etwa ein Träger des berühmten Namens ,,Underberg" sich dieses Namens selbst in redlicher Weise zur Bezeichnung seiner Produkte nur bedienen darf, wenn er durch die Aufnahme unterscheidungskräftiger Zusätze in seine Firma jede Gefahr einer Verwässerung des berühmten Zeichens ,,Underberg" durch den schlagwortartigen Gebrauch desselben Namens für sein Unternehmen ausschließt.[210]

dd) Die geschilderte Praxis schützt letztlich über das Rechtsinstitut der Verwässerungsgefahr das Interesse des Inhabers des berühmten Zeichens an der Erhaltung seiner Alleinstellung.[211] Es kann indessen schwerlich die Aufgabe des Wettbewerbsrechts sein, die Schaffung künstlicher Meinungsmonopole, die wegen ihrer Unangreifbarkeit eine besonders große Gefahr für den Wettbewerb darstellen, zu begünstigen.[212] Denn tatsächlich läuft im Ergebnis die ganze Praxis zum Schutze berühmter Zeichen auf die Schaffung neuer Monopolrechte durch die Gerichte hinaus, wozu diese indessen keine Befugnis besitzen. Wie bereits angedeutet (o. bb), ist daher ein Schutz berühmter Zeichen gegen ihre Verwässerung jenseits des Anwendungsbereichs der Generalklausel (§ 1 UWG) abzulehnen.

7. Rechtsfolgen[213]

Aus der Verletzung von Zeichenrechten können sich für den Verletzten Beseitigungs- und Unterlassungsansprüche sowie ggf. Schadensersatzansprüche ergeben. Grundlage dieser Ansprüche sind nebeneinander die §§ 12, 823 I und 1004 BGB sowie 16 II UWG.

---

[205] *BGH*, LM § 12 BGB Nr. 20 = GRUR 1958, 339 ,,Technica".

[206] *BGH*, LM § 5 WZG Nr. 4 (für das Ankerzeichen, das nicht nur für Teppiche Weltgeltung besitzt, sondern auch noch für viele andere Waren verwandt wird); LM § 11 WZG Nr. 5 (für das Zeichen ,,Triumph", das sich nicht nur für Miederwaren durchgesetzt hat, sondern ebenso für Motorräder und viele weitere Waren bis hin zu Rennwagen).

[207] *BGHZ* 19, 23 (29); *BGH*, LM § 12 BGB Nr. 20.

[208] *BGHZ* 19, 23 (29); 28, 320 (328); *OLG Hamburg* (o. Fußn. 199).

[209] *BGHZ* 28, 320 (329f.); *BGH*, LM § 16 UWG Nr. 54 (Bl. 5f.).

[210] *OLG Hamburg* (o. Fußn. 199).

[211] So ausdrücklich *BGHZ* 15, 107 (112); 28, 327; *BGH*, LM § 12 BGB Nr. 35 = NJW 1966, 343.

[212] S. die treffende Kritik von *Hefermehl*, in: Festschr. f. A. Hueck, S. 535ff.; *Schwerdtner*, in: MünchKomm, § 12 Rdnr. 141.

[213] Wegen der Einzelheiten s. *Baumbach-Hefermehl*, § 16 Rdnrn. 149ff.; *v. Godin*, § 16 Rdnrn. 13ff.; *Reimer-v. Gamm*, S. 111ff.; *Schwerdtner*, in: MünchKomm, § 12 Rdnrn. 145ff.; *Soergel-Heinrich*, § 12 Rdnrn. 193ff.

a) *Beseitigungs- und Unterlassungsanspruch*

Der Beseitigungsanspruch hat vor allem Bedeutung, wenn der Verletzer für sich bereits ein verwechslungsfähiges Zeichen eintragen ließ. Mit dem Beseitigungsanspruch kann dann sogar Löschung der Eintragung im Handelsregister oder in der Zeichenrolle verlangt werden. Sowohl bei dem Beseitigungs- wie insbesondere bei dem Unterlassungsanspruch ist jedoch stets sorgfältig zu beachten, daß sich der Anspruch immer nur gegen die konkrete Verletzungsform richten darf; der Urteilsspruch ist gleichfalls darauf zu beschränken. Der Grund hierfür liegt darin, daß sich die Verwechslungsgefahr häufig schon durch einen bloßen, unterscheidungskräftigen Zusatz zu dem jüngeren Zeichen beseitigen läßt. Deshalb muß dem Verletzer grundsätzlich die Möglichkeit zur freien Wahl eines solchen Zusatzes bleiben.[214]

Ein weitergehender Anspruch auf generelle Unterlassung der Benutzung eines verwechslungsfähigen Zeichens kommt daher nur bei mißbräuchlichem Verhalten des Verletzers in Betracht. So z. B. wenn sein gesamtes Verhalten erkennen läßt, daß er für die Zukunft ebenfalls auf die Benutzung eines verwechslungsfähigen Zeichens ausgeht.[215]

b) *Schadensersatzanspruch*

Der Schadensersatzanspruch (§ 823 I BGB und § 16 II UWG) setzt Verschulden voraus (s. u. § 17, 5 a). Bei dessen Prüfung muß beachtet werden, daß jeden Gewerbetreibenden, der ein Zeichen im geschäftlichen Verkehr in Gebrauch nimmt, die Pflicht trifft, zuvor sorgfältig zu prüfen, ob er nicht mit dem gewählten Zeichen in ältere, verwechslungsfähige Zeichen anderer Gewerbetreibender eingreift. Freilich dürfen insoweit keine übertriebenen Anforderungen gestellt werden.[216]

Ist Verschulden des Eingreifers zu bejahen, so kann der Verletzte seinen Schaden nach dem ihm entgangenen Gewinn (§ 252 BGB), nach der Höhe einer angemessenen Lizenzgebühr sowie nach dem Verletzergewinn berechnen.[217] Daneben kann u. U. noch Ersatz des sog. Marktverwirrungsschadens gefordert werden, wobei es vor allem um den Ersatz der Werbeaufwendungen geht, die der Verletzte machen muß, um den Verkehr über die Sachlage aufzuklären.

---

[214] Z. B. *BGHZ* 21, 66 (84 f.) ,,Hausbücherei"; *BGH*, LM § 16 UWG Nrn. 21 und 59 = GRUR 1957, 281 ,,Karo As"; NJW 1968, 349 ,,Hellige".

[215] *BGH*, LM § 16 UWG Nr. 21 = GRUR 1957, 281.

[216] *BGH*, LM § 16 UWG Nr. 69 = NJW 1973, 2152 ,,Metrix"; LM § 16 WZG Nr. 15; § 24 WZG Nr. 41 = GRUR 1971, 251; 1960, 186.

[217] Grdl. *BGHZ* 60, 206 (208 ff.) = JuS 1973, 448 Nr. 6 m. Nachw.

4. Kapitel. Die Verletzung von Interessen der Allgemeinheit

§ 15. Marktstörungen

Literatur: Assmann-Brinkmann, NJW 1982, 312; *Baumbach-Hefermehl*, § 1 UWG Rdnrn. 691 ff.; *H. G. Dense*, Die rechtliche Problematik der Anzeigenblätter, Diss. Münster 1974; *Harms*, AfP 1976, 149; *Hefermehl*, in: Festschr. f. R. Fischer, 1979, S. 197; *Hoth*, GRUR 1977, 612; *Jacobs*, in: Hdb., § 49 Rdnrn. 99 ff. (S. 687 ff.); *Kakies*, AfP 1977, 297; *A. Kraft*, Interessenabwägung, S. 246 ff.; *Fr. Kübler*, in: Festschrift f. Löffler, 1980, S. 169; *ders.*, Medienverflechtung, 1982, S. 64 ff.; *ders.-Sp. Simitis*, JZ 1969, 445; *H. Kohl*, AfP 1981, 326; *Kull*, JZ 1969, 796; *M. Lehmann*, Die Werbung mit Geschenken, 1974, S. 166, 198 ff.; *ders.*, GRUR 1977, 21; *ders.*, in: Fischer-Baerns (Hrsg.), Wettbewerbswidrige Praktiken auf dem Pressemarkt, 1979, S. 75; *Mestmäcker*, Medienkonzentration und Meinungsvielfalt, 1978, S. 139 ff.; *Möschel*, Pressekonzentration und Wettbewerbsgesetz, 1978, S. 117 ff.; *Nordemann*, Tz. 283 ff.; *Ochs*, WRP 1977, 454; *Cl. Ott*, in: Festschr. f. L. Raiser, 1974, S. 403; *Passauer*, Anzeigenblätter und ihre Auswirkung im Wettbewerb – wettbewerbs- und verfassungsrechtliche Aussagen zur kostenlosen Verteilung von Anzeigenblättern mit redaktionellem Teil, Diss. Gießen 1976; *K. Petersen*, WRP 1979, 428; *L. Raiser*, GRURInt 1973, 443; *W. Rebe*, Privatrecht und Wirtschaftsordnung, 1978, S. 147 ff.; *Ricker*, AfP 1982, 155; *ders.*, ZUM 1986, 247; *Rinck*, in: Göttinger Festschr. f. das OLG Celle, 1961, S. 151; *Sachon*, Wettbewerbsrechtliche Probleme des Vertriebs von Freistücken auf dem Fachzeitschriftenmarkt, 1980; *ders.*, WRP 1980, 662; 1982, 183; *Sambuc*, Folgenerwägungen im Richterrecht, 1977, bes. S. 53, 82 ff.; *Schmitt Glaeser*, NJW 1971, 2012; *Schrikker*, GRUR 1980, 194; *Thümmel-Wilde*, AfP 1978, 183; *P. Ulmer*, Schranken zulässigen Wettbewerbs marktbeherrschender Unternehmen, 1977, bes. S. 63 ff.; *ders.*, Programminformationen der Rundfunkanstalten in kartell- und wettbewerbsrechtlicher Sicht, 1983; – Fälle, S. 29 ff.

Materialien: Michelgutachten, BT-Dr V (1967)/2110; Gutachten der Pressekommission, BT-Dr V (1968)/3122; Bericht der BReg. über die Lage von Presse und Rundfunk in der Bundesrepublik Deutschland, 1974; BReg., Bericht über die Erfahrungen mit der Fusionskontrolle bei Presseunternehmen, BT-Dr 8 (1978)/2265.

Das UWG schützt nicht nur die Interessen der anderen Gewerbetreibenden und die Interessen der Verbraucher, sondern ebenso die der Allgemeinheit an der Erhaltung einer funktionsfähigen Wettbewerbsordnung (s. o. § 3, 2 c). Dementsprechend gibt es einige Fallgruppen, in denen das Schwergewicht bei der Anwendung des § 1 UWG auf einer Verletzung von Interessen der Allgemeinheit liegt (s. o. § 5, 7). Im wesentlichen handelt es sich dabei um die Fälle der massenweisen Verteilung von Originalware sowie um die der Gesetzesverletzung im Wettbewerb (dazu u. § 16).

1. Verteilung von Originalware

a) Rechtsprechung

aa) Mit dem Stichwort Verteilung von Originalware bezeichnet man zusammenfassend alle diejenigen Fälle, in denen ein Gewerbetreibender die Ware selbst und nicht etwa bloße Warenproben oder Werbegaben unentgeltlich verteilt. Für ein solches, auf den ersten Blick sicher erstaunliches Verhalten kann es durchaus vernünftige, kaufmännische Gründe geben. Namentlich bei der Einführung neuer Produkte wird es sich z. B. häufig gar nicht vermeiden lassen, den Verbrauchern das Produkt zunächst einmal unentgeltlich zu überlassen, um ihnen überhaupt die Gelegenheit zu geben, sich mit dem Produkt vertraut zu machen. Bei Presseerzeugnissen kommen noch weitere Erwägungen hinzu, die mit der besonderen Struktur dieser Märkte zusammenhängen (dazu u. 2).

Es ist also keineswegs so, als ob selbst die massenweise Verteilung der Originalware notwendig der Ausdruck blanker, kaufmännischer Unvernunft oder gar einer wettbewerbsfeindlichen Gesinnung sein müßte. Bei rational handelnden Unternehmen sollte man ohnehin vorsichtig mit solchen Annahmen sein. Gleichwohl stehen die Gerichte diesen Wettbewerbsmethoden seit jeher überaus kritisch gegenüber und versuchen deshalb, ihrer Zulässigkeit enge Schranken zu ziehen.

bb) Wie bereits ausgeführt (o. § 11, 2 a), betrachtet die Praxis die kostenlose Verteilung von Originalware heute i. d. R. als unlauter, wenn sie *dauernd* (und nicht nur vorübergehend aus besonderem Anlaß) oder in solcher Breite (*massenhaft*) erfolgt, daß dadurch der Bestand des echten Leistungswettbewerbs, was immer das sein mag, gefährdet wird. Dabei wird auch die Möglichkeit einer Nachahmung durch die anderen Gewerbetreibenden berücksichtigt und geprüft, ob in diesem (hypothetischen) Fall infolge einer Marktverstopfung oder einer Gewöhnung der Verbraucher an die ihnen kostenlos überlassene Originalware eine Aufhebung des Wettbewerbs durch Versperrung des Marktzutritts für die Konkurrenten droht. Ist dies – nach Meinung der Gerichte – zu bejahen, so soll sich die Unlauterkeit der kostenlosen Warenverteilung daraus ergeben, daß sie gegen das Interesse der Allgemeinheit an dem Schutz der Wettbewerbsordnung verstoße (sog. marktbezogene Unlauterkeit, s. o. § 5, 4 b). Eine andere Beurteilung kann sich dann nur im Einzelfall aus dem vorrangigen, europäischen Gemeinschaftsrecht ergeben, so daß z. B. die massenweise Verteilung von Butter durch eine staatliche Marktordnungsstelle trotz der von ihr ausgehenden Gefahr der Marktverstopfung zulässig bleibt, wenn die Verteilung auf einer das deutsche Recht durchbrechenden Anordnung der Gemeinschaftsorgane beruht.[1]

Im einzelnen hängt die wettbewerbsrechtliche Beurteilung derartiger Aktionen ganz von ihrem Umfang und ihrer Dauer sowie von den Marktverhältnissen ab. Eine erhebliche Rolle spielt dabei außerdem, ob mit der Aktion ein echter Erprobungszweck verfolgt wird, weil es sich z. B. um eine völlig neuartige Ware handelt, für die der Markt überhaupt nur durch eine Gewöhnung der Verbraucher an sie erschlossen werden kann. Im zuletzt genannten Fall – bekanntestes Beispiel ist die Verteilung

---

[1] Grdl. *OLG Frankfurt*, NJW 1985, 2901 ff. = WuW/E OLG 3529 (3531 ff.).

des Allzwecktuchs „Kleenex" gewesen – kann sogar die massenweise Verteilung von Originalware (ausnahmsweise) zulässig sein.[2]

Als unzulässig wurden hingegen beispielshalber angesehen die Verteilung der Waschmittel Sunil und Suwa[3] sowie der Zahnpasta Colgate[4] an alle Haushaltungen einer Stadt, die Verteilung einer Originalpackung von Babynahrung für 5 bis 6 Tage an alle jungen Mütter[5] sowie sogar die Verteilung von 2000 100 g-Gläsern Nescafé Gold in einer Stadt.[6] Erlaubt wurden hingegen die Verteilung des Allzwecktuchs Kleenex an alle Haushaltungen einer Stadt zum Zwecke der Markteinführung,[7] die Verteilung einer großen Zahl von Gutscheinen zur kostenlosen Reinigung eines Pullovers,[8] eine zeitlich und dem Umfang nach begrenzte Verteilung von Saftflaschen in einer Großstadt zur Markteinführung,[9] die unentgeltliche Belieferung von Neuvermählten mit einer Tageszeitung für einen Monat[10] sowie das dem Handel gemachte Angebot besonders preisgünstiger Einführungspakete bei gleichzeitiger Abnahme von Normalpaketen.[11]

b) Stellungnahme

Bei einer kritischen Betrachtung der geschilderten Praxis fällt als erstes ihre Uneinheitlichkeit ins Auge. Warum es z. B. zulässig sein soll, zwar Saftflaschen,[12] nicht aber Nescafé[13] in beschränktem Umfang in einem Ort zu verteilen, wird niemand erklären können. Weitere Zweifel ergeben sich bei einer Überprüfung des sog. Nachahmungsgedankens, der in der Praxis eine so große Rolle spielt. Denn es ist und bleibt unerfindlich, wieso eine als solche unbedenkliche Maßnahme wie das Verschenken der Ware auf einmal deshalb unlauter werden soll, weil (angeblich) die Gefahr einer Nachahmung durch Konkurrenten besteht. Zudem handelt es sich bei dieser von den Gerichten durchweg bloß unterstellten Nachahmungsgefahr um nicht mehr als um weitgehend ungesicherte Hypothesen, auf die schon deshalb schwerlich ein Verbot von Wettbewerbshandlungen gestützt werden kann.[14]

---

[2] *BGHZ* 23, 365 (370 ff.) „Suwa"; 43, 278 (280 ff.) = JuS 1965, 457 Nr. 5 „Kleenex"; *BGHZ* 81, 291 = JuS 1982, 537 Nr. 10 „Back-Journal"; *BGH*, LM § 1 UWG Nrn. 43 („Sunil"), 152 („Omo"), 274 („Colgate") und 314; § 3 UWG Nr. 26 „Westfalen-Blatt"; § 1 ZugabeVO Nr. 11; NJW 1969, 690 = GRUR 1969, 295; *OLG München*, BB 1966, 513 m. Anm. *Kunze;* WRP 1978, 401; *OLG Hamburg*, GRUR 1979, 246; WRP 1966, 221 „Kleenex II"; *OLG Hamm*, WRP 1966, 107.
[3] *BGH*, LM § 1 UWG Nr. 43 = GRUR 1957, 363; *BGHZ* 23, 365 (371 f.).
[4] *BGH*, LM § 1 UWG Nr. 274 = GRUR 1975, 27.
[5] *OLG München*, BB 1966, 513.
[6] *OLG Hamburg*, GRUR 1979, 246 ff.
[7] *BGHZ* 43, 278 = JuS 1965, 475 Nr. 5; *OLG Hamburg*, WRP 1966, 221 (224 f.).
[8] *OLG München*, WRP 1978, 401.
[9] *OLG Hamm*, WRP 1966, 107 (108 f.).
[10] *BGH*, LM § 3 UWG Nr. 26 = GRUR 1957, 600 „Westfalen-Blatt".
[11] *BGH*, LM § 1 UWG Nr. 152 = NJW 1965, 1329 „Omo".
[12] *OLG Hamm* (o. Fußn. 9).
[13] *OLG Hamburg* (o. Fußn. 6).
[14] Vgl. statt aller die treffende Kritik von *M. Lehmann*, Die Werbung mit Geschenken, bes. S. 166, 198 ff. m. Nachw.

Damit wird deutlich, daß hier seinerzeit im Grunde schon der Ausgangspunkt falsch gewählt worden war. In den Fällen der Verteilung von Originalware geht es nämlich in Wirklichkeit gar nicht um den Schutz irgendwelcher ohnehin kaum faßbaren Interessen der Allgemeinheit. Problematisch kann ein derartiges Verhalten vielmehr allenfalls unter dem Gesichtspunkt der Behinderung der Konkurrenten sein, denen durch eine massenweise Warenverteilung möglicherweise der Marktzutritt versperrt wird. Der eigentliche Sitz des ganzen Fragenkreises ist folglich in Wirklichkeit bei den verschiedenen Mißbrauchs- und Behinderungsverboten des GWB zu suchen (§§ 22 IV, 26 II und 37 a III), so daß die massenweise Verteilung von Originalware grundsätzlich (nur) untersagt werden kann, wenn sie von marktstarken Unternehmen ausgeht und eine unbillige Behinderung der Konkurrenten darstellt. Weiter darf man auch nach § 1 UWG nicht gehen, will man nicht den Wettbewerb unnötig beschränken.[15]

2. Verteilung von Presseerzeugnissen

Ein viel diskutiertes Sonderproblem stellt seit Jahren die Frage dar, ob und in welchem Umfang es zulässig ist, Presseerzeugnisse unentgeltlich an die Leser zu verteilen. Die Frage tauchte zunächst bei den Anzeigenblättern auf, während der Schwerpunkt der Diskussion heute bei den Fachzeitschriften liegt.[16] Verständlich ist diese Diskussion nur auf dem Hintergrund der tiefgreifenden Strukturveränderungen, die in den letzten Jahren auf den Pressemärkten zu beobachten sind.

a) Marktstruktur

Die Anzeigenerlöse waren schon immer von großer Bedeutung für die Lebensfähigkeit der Presse. Inzwischen aber überschreitet bei den meisten Presseerzeugnissen der Anteil der Einnahmen, die aus Anzeigenaufträgen herrühren, bereits die Grenze von 66%. Bei vielen Presseerzeugnissen liegt dieser Anteil sogar noch höher. Unter diesen Umständen konnte es nicht ausbleiben, sondern entsprach nur der Logik der Dinge, daß sich immer mehr Verleger entschlossen, von vornherein auf den Wettbewerb um Abonnenten und Käufer zu verzichten und sich statt dessen auf den (für sie viel wichtigeren) Wettbewerb um Anzeigenkunden zu beschränken. Die Folge war die kostenlose Verteilung der Presseerzeugnisse an die Leser. Für die Verleger hatte diese Strategie den zusätzlichen Vorteil, ihnen eine hohe Auflage zu ermöglichen, wodurch ihre Blätter wiederum an Attraktivität für die Inserenten gewannen. So kam es zunächst zur stürmischen Verbreitung der Anzeigenblätter und in den letzten Jahren zunehmend zur unentgeltlichen Verteilung von Fachzeitschriften und anderer Blätter wie etwa Programmzeitschriften.

Die Auswirkungen dieser Entwicklung auf die herkömmliche Presse sind umstritten. Unklar ist vor allem, ob von der Verbreitung der Anzeigenblätter dem für die Presse lebenswichtigen Anzeigengeschäft Gefah-

---

[15] Die richtige Fragestellung taucht ein einziges Mal in *BGHZ* 56, 327 „Feld und Wald I" auf; vgl. außerdem *BGHZ* 81, 291 = JuS 1982, 537 Nr. 10 „Back-Journal"; s. im einzelnen o. § 5, 4 m. Nachw.

[16] Vgl. schon eingehend Fälle, S. 29 ff. m. Nachw.

ren drohen. Soweit bisher hierzu überhaupt empirische Untersuchungen vorliegen, sprechen sie eher für das Gegenteil. Namentlich die Untersuchungen der Schweizerischen Kartellkommission lassen erkennen, daß die Anzeigenblätter offenbar einen neuen Markt erschlossen haben, da irgendwelche Auswirkungen ihrer zunehmenden Verbreitung auf das Anzeigenaufkommen der Tagespresse bislang nicht festzustellen waren.[17]

Gleichwohl versuchte die Tagespresse, das Aufkommen der Anzeigenblätter nach Möglichkeit zu behindern; als juristische Waffe mußte hierfür wieder einmal die Generalklausel des § 1 UWG herhalten. Trotz gewisser Anfangserfolge blieb diesen Bemühungen jedoch letztlich jeder Erfolg versagt, so daß die Anzeigenblätter ihren Siegeszug nahezu ungehindert fortsetzen konnten. Es ist deshalb nur folgerichtig, daß sich neuerdings die Verleger von Tageszeitungen selbst immer häufiger diesem neuen Markt durch die Herausgabe eigener Anzeigenblätter zuwenden.[18] Die im folgenden zu analysierende Praxis zur Anwendung des § 1 UWG auf die Verteilung von Anzeigenblättern hat hierdurch mittlerweile weithin ihre praktische Bedeutung eingebüßt.

b) Rechtsprechung

aa) Anzeigenblätter

Die Verteilung von Anzeigenblättern ist an sich nicht mit dem Verschenken von Originalware vergleichbar, da die Anzeigenkunden (selbstverständlich) die Inserate bezahlen müssen. Gleichwohl zogen die Gerichte, als sie erstmals mit der Frage der Zulässigkeit von Anzeigenblättern konfrontiert wurden, eine Parallele zu den ihnen vertrauten Fällen der massenweisen Verteilung von Originalware (dazu o. 1 a) und versuchten, hieraus spezifisch presserechtliche Schranken für die Zulässigkeit von Anzeigenblättern zu entwickeln. Besondere Bedeutung hat dabei die Unterscheidung zwischen den reinen Anzeigenblättern, den sog. Offertenblättern, und den ,,echten" Anzeigenblättern mit einem nicht unerheblichen, redaktionellen Teil erlangt, der ungefähr 30% bis 40% des Gesamtumfangs des Blattes ausmacht, da dann durch das Blatt neben dem Informationsbedürfnis der Leser zugleich deren Lesebedürfnis befriedigt werden kann. Während nämlich für die Offertenblätter uneingeschränkt dieselben Regeln wie für die Verteilung beliebigen, sonstigen Werbematerials gelten sollen, ergeben sich bei den echten Anzeigenblättern nach Meinung der Gerichte für ihre kostenlose Verteilung zusätzliche Schranken aus der institutionellen Gewährleistung der Pressefreiheit durch Art. 5 I GG, aus der die Notwendigkeit eines besonderen, wettbewerbsrechtlichen Schutzes der Tagespresse gefolgert wird.

Die Praxis hat sich deshalb im Prinzip auf den Standpunkt gestellt, die Verbreitung von Anzeigenblättern mit einem nennenswerten, redaktio-

---

[17] Nachweise bei *M. Lehmann*, GRUR 1977, 23 f.; eingehend dazu auch *Mestmäcker*, Medienkonzentration, S. 139 ff.; sowie zuletzt z. B. *Ricker*, ZUM 1986, 247.
[18] Beispiele in *BGHZ* 76, 55; 88, 273, ,,Springer/Elbe Wochenblatt"; *BGH*, LM § 1 UWG Nr. 305 ,,WAZ Anzeiger"; *KG*, Die AG 1981, 258 ,,SZ/Münchener Wochenblatt"; *BKartA*, Die AG 1981, 260 ,,Springer/AZ".

nellen Teil sei dann unlauter, wenn dadurch der *Bestand* der herkömmlichen Tagespresse *gefährdet* werde, wobei dies umso eher anzunehmen sein soll, je mehr sich die Anzeigenblätter ihrer ganzen Aufmachung nach Tageszeitungen annähern. Im einzelnen schwankten hierbei freilich bisher die Anforderungen, die von der Praxis an den Nachweis einer derartigen Bestandsgefährdung für die Tagespresse gestellt wurden, erheblich. Neben Urteilen, die auf einen abstrakten Gefährdungstatbestand hinausliefen,[19] standen andere, die den konkreten Nachweis einer erheblichen Behinderung konkurrierender Tageszeitungen auf dem betreffenden, örtlichen Markt verlangten.[20] Die Folge war, daß es tatsächlich bisher schon zu einem Verbot von Anzeigenblättern nur in ganz wenigen Fällen gekommen war.[21]

Es war daher nur konsequent, daß der *BGH*[22] schließlich in Übereinstimmung mit der neuesten Rechtsprechung der *OLGe*[23] die Anforderungen an eine etwaige Sittenwidrigkeit der kostenlosen Verteilung von Anzeigenblättern so verschärft hat, daß diese ganze Fallgruppe wohl endgültig obsolet sein dürfte. Denn eine Anwendung des § 1 UWG kommt jetzt nur noch in Betracht, wenn durch die kostenlose Verteilung echter Anzeigenblätter eine ernstliche Gefahr für den Bestand der Tagespresse als *Institution* heraufbeschworen wird; geschützt werden auf diese Weise zudem nur die ,,echte" Tagespresse, nicht hingegen sonstige Periodika wie etwa Ortsnachrichtenblätter, die, sozusagen als Zeitungen ,,zweiter Klasse", nicht an dem besonderen, verfassungsrechtlichen Rang der ,,echten" Tagespresse teilhaben. Da zudem bisher jeder Beweis für eine ernste Bedrohung des Bestandes der (gesamten) Tagespresse als Institution ausgerechnet durch die Anzeigenblätter fehlt und ein solcher Beweis auch gar nicht zu führen sein dürfte, kann man mithin als Ergebnis der ganzen, verschlungenen und widersprüchlichen Rechtsprechung zur kostenlosen Verteilung von Anzeigenblättern feststellen, daß Offertenblät-

---

[19] Grdl. *BGHZ* 51, 236 (bes. 244 ff.) = JuS 1969, 389 Nr. 7 ,,Stuttgarter Wochenblatt I".

[20] *BGH*, LM § 1 UWG Nr. 232 = NJW 1971, 2025 ,,Stuttgarter Wochenblatt II" (m. Anm. *Schmitt Glaeser*, S. 2012 ff.); *BGH*, GRUR 1973, 530 (531).

[21] Vgl. z. B. einerseits *BGHZ* 19, 392 (bes. 397 ff.) ,,Freiburger Wochenberichte"; 51, 236 (238 ff.) = JuS 1969, 389 Nr. 7; *BGH*, LM § 1 UWG Nrn. 232, 301 (,,Feld und Wald II") und 305 (,,WAZ-Anzeiger") = NJW 1971, 2025; JuS 1977, 688 Nr. 3; GRUR 1977, 668; *OLG Frankfurt*, GRUR 1980, 318; *OLG Saarbrücken*, NJW 1971, 892 (893 f.); *OLG Oldenburg*, WRP 1978, 744 (745); – andererseits *OLG Hamburg*, GRUR 1974, 400; *LG Hamburg*, GRUR 1979, 174 (176); *OLG Hamm*, WRP 1977, 271.

[22] Grdl. *BGH*, LM § 1 UWG Nr. 422 = NJW 1985, 1624 = GRUR 1985, 881 m. Anm. *Hefermehl* = JuS 1985, 817 Nr. 11 m. Nachw.; zustimmend z. B. *Ricker*, ZUM 1986, 247 (251).

[23] *OLG Köln*, GRUR 1984, 148 = NJW 1984, 1121 = AfP 1984, 44 für Anzeigenblätter, die kostenlos private Anzeigen aufnehmen; *OLG Hamm*, GRUR 1985, 63 = AfP 1984, 164 für Anzeigenblätter mit erheblichem, redaktionellen Anteil.

ter ebenso wie Anzeigenblätter (selbstverständlich) unbeschränkt zulässig sind. In der Tat ist schwer erkennbar, wie es möglich sein sollte, auf die Sittenwidrigkeitsklausel des § 1 UWG, zumal bei Berücksichtigung der Wertungen des Art. 5 Abs. 1 S. 2 GG, ein anderes Urteil zu stützen.

bb) Fachzeitschriften

Ähnliche Fragen wie die kostenlose Verteilung von Anzeigenblättern wirft die kostenlose Verteilung von Fachzeitschriften auf. Es verwundert daher nicht, daß die Entwicklung der Praxis zu beiden Fragenkreisen parallel verlief. Nach der ursprünglichen Meinung des *BGH* war die kostenlose Verteilung solcher Presseerzeugnisse allenfalls für einen beschränkten Zeitraum und an einen beschränkten Abnehmerkreis tolerierbar; hingegen sollte es grundsätzlich unlauter sein, wenn der *größere* Teil der Auflage etwa einer Fachzeitschrift *auf Dauer* kostenlos an Interessenten verteilt wird. Dahinter stand vor allem die Überlegung, daß durch eine derartige Vertriebsmethode die Gefahr einer übermäßigen Abhängigkeit des Herausgebers der Fachzeitschrift von den Anzeigenkunden begründet werde.[24] An der Unlauterkeit dieser Vertriebsmethode sollte es deshalb auch nichts ändern, wenn der überwiegende Teil der Auflage im sog. Wechselversand an sich ständig ändernde Abnehmerkreise verteilt wird.[25] Anders beurteilt wurden jedoch erstaunlicherweise stets schon solche Fachzeitschriften, die von Berufsverbänden oder Kammern herausgegeben werden, wohl aufgrund der Überlegung, daß hier letztlich die Mitglieder doch über ihre Beiträge die Zeitschriften bezahlen.[26]

Im Schrifttum war die geschilderte Praxis zu den Fachzeitschriften noch nie auf große Gegenliebe gestoßen (s. sogleich u. c). Deshalb gab der *BGH* hier seinen restriktiven Kurs schon im Jahre 1981 – ebenso wie einige Jahre später in der parallelen Frage der kostenlosen Verteilung von Anzeigenblättern – wieder auf. Seitdem stellt das Gericht ganz auf die Umstände des Einzelfalles ab.[27] Maßgebend ist deshalb nunmehr, ob durch die Gratisverteilung von Fachzeitschriften die konkrete und ernste *Gefahr* einer Beeinträchtigung des *Bestandes* des Wettbewerbs heraufbeschworen wird, wobei neben den gesamten Marktverhältnissen die Anschauungen der redlichen Durchschnittsgewerbetreibenden zu berücksichtigen sind; entscheidend soll m. a. W. sein, ob der redliche Verkehr das fragliche Vertriebssystem als marktgerecht ansieht und billigt, d. h. von ihm keine Verwilderung befürchtet, die zu einer Gefährdung des

---

[24] Grdl. *BGH*, LM § 1 UWG Nr. 301 = JuS 1977, 688 Nr. 3 ,,Feld und Wald II''; zust. *OLG Oldenburg*, WRP 1978, 744; *OLG München*, WRP 1979, 576.
[25] *LG Memmingen*, WRP 1978, 567 (569ff.); *LG Bielefeld*, WRP 1978, 750 (752).
[26] *BGHZ* 56, 327 (335f.) ,,Feld und Wald I''; *BGH*, LM § 1 UWG Nr. 223 = NJW 1971, 237 ,,Ärztekammer''; a. A. *BVerwG*, Betr 1982, 110.
[27] *BGHZ* 81, 291 (295ff.) = JuS 1982, 537 Nr. 10 m. Anm. *Alff*, LM § 1 UWG Nr. 358.

Bestandes des Wettbewerbs und zu einem Absinken der redaktionellen Leistungen führt.[28]

c) Stellungnahme

Durch die geschilderte, neuere Praxis des *BGH* zur kostenlosen Verteilung von Anzeigenblättern und Fachzeitschriften hat die vorausgegangene, literarische Diskussion über die Berechtigung der ursprünglichen, sehr restriktiven Haltung des *BGH* gegenüber der kostenlosen Verteilung von Presseerzeugnissen weithin ihre Bedeutung verloren.[29] Daher mögen hier die folgenden Hinweise genügen.

Im Schrifttum war die frühere Praxis des *BGH* nur gelegentlich auf Zustimmung,[30] ganz überwiegend jedoch auf Ablehnung gestoßen.[31] In der Tat sprach gegen sie vor allem, daß sie auf einer falschen Prämisse beruhte. Denn tatsächlich hat die „kostenlose" Verteilung von Anzeigenblättern oder Fachzeitschriften nichts mit dem Verschenken von Originalware zu tun, da hier gar nichts verschenkt wird, die Anzeigenkunden vielmehr (selbstverständlich) ihre Inserate bezahlen müssen. Es verhält sich m. a. W. einfach nur so, daß die Verleger hier lediglich aus vertriebspolitischen Erwägungen auf den Wettbewerb um die Käufer und Abonnenten verzichten und sich statt dessen auf den für sie ohnehin viel wichtigeren Wettbewerb um Anzeigenkunden beschränken. Dies aber ist bei Lichte besehen nichts anderes als die Entwicklung einer neuen Vertriebsform für die Werbeträger Anzeigenblätter und Fachzeitschriften. Es ist daher allein eine kaufmännische Entscheidung, ob der Verleger sein Objekt ganz, überwiegend oder nur zu einem kleinen Teil (wie es schon immer praktiziert worden ist) kostenlos am Interessenten verteilen will. Derartige Entscheidungen sind von vertriebspolitischen, kalkulatorischen und vielen anderen Erwägungen abhängig; auf keinen Fall aber kann die bloße Unüblichkeit oder Neuartigkeit einer von einem Verleger

---

[28] Zustimmend z. B. *Ricker*, ZUM 1986, 247 (249 ff.); *Klosterfelde,* in: Hdb., § 49 Rdnrn. 103 ff. (S. 688 ff. m. Nachw.); scharf ablehnend hingegen *Assmann-Brinkmann,* NJW 1982, 312.

[29] Wegen der Einzelheiten s. Voraufl., S. 217, sowie die Darstellungen in JuS 1982, 537 Nr. 10 und 1985, 817 Nr. 11.

[30] *Baumbach-Hefermehl,* § 1 Rdnrn. 692 ff.; *Kraft,* Interessenabwägung, S. 246 ff.; *Kübler,* in: Festschr. f. Löffler, S. 178 ff.; *Thümmel-Wilde,* AfP 1978, 188 f.; *P. Ulmer,* Schranken zulässigen Wettbewerbs, S. 63 ff.; *K. Petersen,* WRP 1979, 428.

[31] S. für die Anzeigenblätter *M. Lehmann,* S. 166, 198 ff.; *ders.,* GRUR 1977, 21 (bes. 26 ff.); *ders.,* in: Fischer/Baerns, Wettbewerbswidrige Praktiken auf dem Pressemarkt, S. 75 ff.; *Mestmäcker,* S. 139 ff.; *Möschel,* S. 22 ff., 177 ff.; *Cl. Ott,* in: Festschr. f. L. Raiser, S. 426; *Rinck,* in: Göttinger Festschr. f. das OLG Celle, S. 151 ff.; *Schricker,* GRUR 1980, 194 ff.; eingehend auch Fälle, S. 29 ff. m. Nachw.; – ebenso für die Fachzeitschriften *Hoth,* GRUR 1977, 612; *Kakies,* AfP 1977, 297; *Ochs,* WRP 1977, 454; *Schricker,* GRUR 1980, 194 ff.

schließlich gewählten Vertriebsmethode genügen, um sie deshalb bereits als sittenwidrig zu brandmarken.[32]

Man wende nicht ein, dadurch würden die Leser entmündigt, indem ihnen die Möglichkeit genommen werde, durch ihre Kaufentscheidungen als Schiedsrichter im Wettbewerb zwischen den verschiedenen Verlagsobjekten zu fungieren.[33] Denn Zeitschriften, die für den Leser uninteressant sind, werden auch als Werbeträger nach kurzer Zeit jedes Interesse verlieren und deshalb aus dem Markt ausscheiden müssen. Daher berührt die verbreitete Fürsorge um die Entscheidungsfreiheit der Leser merkwürdig. Ohnehin dürfte der Leser, der sich durch die kostenlose Zustellung einer Fachzeitschrift belästigt fühlt, eine Erfindung der Literatur sein.

Mit § 1 UWG haben alle diese Fälle daher nichts zu tun; vielmehr kann es sich hier ebenso wie schon in den Fällen der massenweisen Verteilung von Originalware (o. 1 b) immer nur im Einzelfall fragen, ob in der Verteilung des Anzeigenblattes oder der Fachzeitschrift eine unbillige Behinderung der Konkurrenten liegt (§§ 22 IV, 26 II und 37 a III GWB).[34] Dies kommt namentlich in Betracht, wenn ein ohnehin schon marktbeherrschender Zeitungsverlag zusätzlich zur Herausgabe von Anzeigenblättern übergeht, um seine Macht auf den Nachbarmarkt zu erstrecken und durch dessen Monopolisierung die eigene Position auf dem Zeitungsmarkt abzusichern.

3. Sonstige Fälle

Die Verletzung von Interessen der Allgemeinheit hat bisher außer in den schon behandelten Fällen sowie in den Fällen der Gesetzesverletzung (u. § 16) nur in wenigen, weiteren Fallgruppen eine zentrale Rolle gespielt. Zu erwähnen sind hier im Grunde neben der wirtschaftlichen Betätigung der öffentlichen Hand (dazu eingehend o. § 4, 4 a) nur noch diejenigen Fälle, in denen die Gerichte für den Fall einer allgemeinen Verbreitung einer bestimmten Werbemethode infolge ihrer Nachahmung durch die Konkurrenten eine unzumutbare Belästigung der Allgemeinheit unterstellt und allein daraus die Sittenwidrigkeit dieser Werbemethode gefolgert haben. Es handelt sich dabei zwar um einen Gesichtspunkt, der von den Gerichten in vielen Fällen bemüht wird;[35] ausschlaggebende Bedeutung hat er aber bisher zu Recht nur ganz selten erlangt.

Ein wichtiges Beispiel ist der verbreitete Einsatz von Laienwerbern, die durch die Inaussichtstellung hoher Prämien zu besonders nachhaltigen Verkaufsanstrengungen

---

[32] Ebenso zutreffend *OLG Hamburg,* GRUR 1974, 400 (401); *LG Hamburg,* GRUR 1979, 174 (176).

[33] So insbes. *Assmann-Brinkmann,* NJW 1982, 312 ff. m. Nachw.

[34] Ebenso im Grundsatz *BGHZ* 81, 291 (295) = JuS 1982, 537 f. Nr. 10 durch die Betonung des Gesichtspunkts des Behinderungswettbewerbs; zuletzt *Ricker,* ZUM 1986, 247 ff. m. Nachw.

[35] Zu erinnern ist hier insbesondere an verschiedene Fallgruppen der Wertreklame (s. o. § 11, 2–4).

veranlaßt werden sollen. Die Praxis hat derartige Vertriebsmethoden wiederholt beanstandet, weil sie von ihnen im Falle ihrer Nachahmung durch die übrigen Gewerbetreibenden eine unzumutbare Belästigung der Allgemeinheit befürchtet.

Beispiele sind das Versprechen von Prämien in der Größenordnung von 2,– DM und 5,– DM durch einen Honighändler für die Zuführung eines neuen Kunden,[36] das Versprechen einer Prämie von 50,– DM durch einen Makler für die Vermittlung eines neuen Kunden oder einer Belohnung von 1000,– DM für den Nachweis neuer, baureifer Grundstücke[37] sowie das Versprechen von Prämien in der Größenordnung zwischen 25,– DM und 100,– DM seitens einer Bank für die Vermittlung neuer Spar- und Kreditkunden.[38] Hingegen wurde es gebilligt, daß ein Sportgeschäft sog. Werbeteammitarbeitern einen 15%igen Rabatt auf seine Waren dafür bietet, daß sie auf ihren Privatwagen drei Werbeaufkleber des Geschäfts anbringen.[39]

Die geschilderte Praxis überzeugt nicht. Der verbreitete Einsatz von Laienwerbern durch die Inaussichtstellung hoher Prämien ist sehr teuer. Die von den Gerichten angenommene Gefahr der Nachahmung durch eine Vielzahl von Konkurrenten erweist sich daher als haltlose Unterstellung. Wie in vielen anderen Fällen dient folglich hier in Wirklichkeit die Generalklausel nur dazu, Pionierunternehmen an der Erprobung neuer und für ihre Konkurrenten möglicherweise gefährlicher Vertriebsmethoden zu hindern, und dies obendrein unter Berufung auf die Interessen der Allgemeinheit.

§ 16. Gesetzesverletzungen

Literatur: Baumbach-Hefermehl, § 1 UWG Rdnrn. 535 ff.; *Callmann,* § 1 Rdnrn. 9 b, 16 f.; *Doepner,* in: RWW, 3.4.; *Eichmann,* GRUR 1967, 564; *Emmerich,* Der unlautere Wettbewerb der öffentlichen Hand, 1969, S. 58 ff.; *ders.,* Die AG 1985, 293; *ders.-U. Steiner,* Möglichkeiten und Schranken der wirtschaftlichen Betätigung der öffentlich-rechtlichen Rundfunkanstalten, Berlin 1986; *v. Godin,* § 1 UWG Rdnrn. 172 f.; *Jacobs,* in: Hdb., §§ 46 f. (S. 434–462); *Kroitzsch,* GRUR 1982, 398; *Lobe* Bd. I, S. 63 ff.; *Mees,* WRP 1985, 373; *Meyer-Cording,* in: Festschr. f. Nipperdey Bd. I, 1965, S. 547; *Nordemann,* Tz. 527 ff.; *Reimer-v. Gamm,* S. 125, 256 ff.; *Sack,* WRP 1985, 1; *ders.,* NJW 1985, 761; *Schricker,* JurA 1970, 69; *ders.,* Gesetzesverletzung und Sittenverstoß, 1970, bes. S. 21, 239 ff.; *Terstegen,* Unlauterer Wettbewerb durch Steuerhinterziehung, 1971; *E. Ulmer,* Sinnzusammenhänge im modernen Wettbewerbsrecht, 1932, S. 20 ff.; *ders.,* GRUR 1937, 769; *Ulmer-Reimer,* Tz. 79 ff. (S. 54 ff.).

Die Masse der den Wirtschaftsverkehr regelnden Normen nimmt unaufhörlich zu. Im gleichen Maße wächst die Bedeutung der Frage, wann eine gesetzwidrige Wettbewerbshandlung zugleich als sittenwidrig i. S. des § 1 UWG qualifiziert werden kann. Denn nur unter dieser Voraussetzung können sich gegen Gesetzesverstöße einzelner Unternehmen deren Konkurrenten sowie Interessenverbände mit Unterlassungs- und Schadensersatzansprüchen wehren.

1. Rechtsprechung

Die deutschen Gerichte haben es im Gegensatz etwa zur holländischen[1]

---

[36] Insbs. *BGH,* LM § 1 UWG Nr. 78 = GRUR 1959, 285 ,,Bienenhonig''; vgl. auch für die sog. Avon-Beraterinnen *BGH,* LM SonderveranstaltungsAO Nr. 11 = NJW 1974, 461 ,,Campagne'', wo freilich § 1 SonderveranstaltungsAO angewandt wurde.
[37] *BGH,* LM § 1 UWG Nr. 347 = GRUR 1981, 655 = WM 1981, 999.
[38] *OLG Hamm,* WM 1986, 947 = NJW-RR 1986, 1236 in Anschluß an *OLG Hamm,* WRP 1982, 346 und 479.
[39] *OLG München,* Betr. 1986, 1617.
[1] *Hoge Raad,* NJ 1961, 1201; SEW 1960, 20 = GRURAusl 1962, 330; 1961, 347

oder schweizerischen[2] Praxis bisher noch stets abgelehnt, die Sittenwidrigkeit einfach mit der Gesetzwidrigkeit zu identifizieren;[3] vielmehr wird innerhalb der in Betracht kommenden Gesetzesverstöße in vielfacher Hinsicht differenziert.

a) Grundsatz

Das *Reichsgericht* hatte vor allem darauf abgestellt, ob die verletzte Norm einer sittlichen Auffassung Ausdruck verleiht oder nur auf Erwägungen staatlicher Zweckmäßigkeit beruht und allein eine mögliche Gefährdung öffentlicher Interessen verhüten soll. Lediglich in dem zuerst genannten Fall sollte der Gesetzesverstoß grundsätzlich ohne weiteres die Sittenwidrigkeit der Handlung nach sich ziehen, während im zweiten Fall hierfür zusätzlich eine tatsächliche Gefährdung der geschützten, öffentlichen Interessen oder ein Vorsprung vor den gesetzestreuen Konkurrenten verlangt wurde.[4]

Der *BGH* war zunächst uneingeschränkt der Konzeption des *RG* gefolgt. Neuerdings differenziert er jedoch noch weiter, indem er neben die schon erwähnten, sittlich fundierten und die wertneutralen Normen als dritte Gruppe solche Normen stellt, die unmittelbar wettbewerbsregelnden Charakter besitzen oder deren Zweck in dem Schutz überragend wichtiger Gemeinschaftsgüter wie etwa der Volksgesundheit oder der Belange der Rechtspflege besteht. Als weitere, vierte Gruppe zeichnen sich schließlich neuerdings Verstöße gegen das GWB und die Wettbewerbsregeln des EWG-Vertrages ab.

Folgt man dieser Einteilung, so greift § 1 UWG ohne weiteres jedenfalls bei Verstößen gegen sittlich fundierte Normen und gegen Normen der dritten Fallgruppe ein, während ein Verstoß gegen wertneutrale Normen nur dann zur Anwendung der Generalklausel führt, wenn sich der betreffende Gewerbetreibende bewußt und planmäßig über die fragliche Vorschrift hinwegsetzt, um sich dadurch einen Vorsprung vor seinen gesetzestreuen Konkurrenten zu verschaffen.[5] Hingegen ist bei Verstößen gegen das GWB und den EWGV die Entwicklung noch im Fluß; jedoch ist die Tendenz unverkennbar, hier ebenso wie in den beiden

---

(348); *Baeumer,* Das Recht des unlauteren Wettbewerbs in den Mitgliedstaaten der EWG Bd. II 2: Niederlande, 1967, Tz. 69ff. (S. 71ff.).

[2] *SchweizBGE* 71 (1945) II, 233 (235f.); 83 (1957) II, 458 (464, 466); 86 (1960) II, 108 (117ff.).

[3] So z.B. noch *Lobe* I, S. 63ff.; ebenso jetzt *Sack,* WRP 1985, 1 (9ff.); *ders.,* NJW 1985, 761 (765, 768); ebenso für die öffentliche Hand *Emmerich,* aaO; s.o. § 4, 4c.

[4] *RGZ* 115, 319 (325f.); 166, 315 (319f.); ebenso z.B. *Callmann,* § 1 Rdnrn. 16ff.

[5] *BGHZ* 22, 167 (180f.); 23, 184 (185ff.); 44, 208 (209ff.); 48, 12 (16ff.); 79, 390 = JuS 1982, 305 Nr. 13; *BGH,* LM BierStG Nr. 1 (Bl. 7 R) = GRUR 1960, 240; LM § 1 UWG Nrn. 127, 149, 252, 262 und 336; ZIP 1986, 1354; im wesentlichen zust. *Baumbach-Hefermehl,* § 1 Rdnrn. 535ff.; *Ulmer-Reimer,* Tz. 80ff.

ersten Fallgruppen grundsätzlich stets zugleich § 1 UWG heranzuziehen.[6] In subjektiver Hinsicht ist für den Unterlassungsanspruch nur Kenntnis der Tatumstände erforderlich, aus denen sich der Gesetzesverstoß ergibt, während das Bewußtsein der Rechtswidrigkeit entbehrlich ist (vgl. schon o. § 5, 5). Soweit bei der Verletzung der sog. wertneutralen Normen zusätzlich ein bewußter und planmäßiger Verstoß verlangt wird, genügt dafür bereits ein zielstrebiges, auf Dauer gerichtetes Verhalten in der Erkenntnis, daß das Verhalten geeignet ist, dem Täter einen Vorsprung vor seinen Konkurrenten zu verschaffen, so daß von der Anwendung des § 1 UWG im Grunde nur die bloß versehentlichen, einmaligen Verstöße ausgeschlossen sind.[7] Der Vorsprung braucht sich dabei nicht unbedingt in einer Verbilligung oder Verbesserung des Angebots zu äußern, sondern kann z. B. in einer Verbesserung des Vertriebssystems bestehen,[8] während noch unklar ist, ob auch schon bloße, innerbetriebliche Vorteile wie namentlich eine Kostenersparnis durch Nichtbezahlung irgendwelcher Gebühren oder Abgaben für die Annahme eines Vorsprungs ausreicht.[9]

b) Fallgruppen

Die von den Gerichten entwickelte Einteilung der Normen in (1.) solche, die sittlich fundiert sind, (2.) solche, die unmittelbar wettbewerbsregelnden Charakter besitzen oder den Schutz überragend wichtiger Gemeinschaftsgüter bezwecken insbes. (3.) Normen des Kartellrechts und (4.) solche, die bloße, wertneutrale Ordnungsvorschriften darstellen, wird im Schrifttum, weil inhaltsleer und nicht nachvollziehbar, weithin abgelehnt. Bevor jedoch auf diese Kritik eingegangen werden kann (dazu u. 3), ist zunächst ein Überblick über die wichtigsten Fallgruppen zu geben.

aa) Die Gruppe der *sittlich fundierten Normen* ist offenbar nach Meinung der Gerichte klein. Im Grunde umfaßt sie nur die Mehrzahl der strafrechtlichen Verbote. So handelt sicher unlauter, wer sich im Wettbewerb über die Ehre oder Würde anderer Personen bedenkenlos hinwegsetzt (vgl. § 15 UWG)[10] oder wer sich durch direkt auf die Täuschung der Abnehmer abzielende Werbemethoden des Betrugs schuldig macht. Das-

---

[6] S. o. § 5, 4; grdl. *BGHZ* 28, 208 (223) „4711"; *BGH*, LM § 15 GWB Nr. 8, beide für § 15 GWB; *KG*, GRUR 1983, 589 für §§ 38 und 38 a GWB usw.; vgl. im einzelnen *Emmerich*, in: IM, GWB, § 35 Rdnrn. 116 f. m. zahlr. Nachw.
[7] *BGHZ* 48, 12 (17); *BGH*, LM § 1 UWG Nrn. 90 a, 262, 265, 320 und 335.
[8] *BGH*, LM § 1 UWG Nr. 127 (Bl. 3) = JuS 1964, 38 Nr. 5 für das Sammelbestellersystem eines Versandunternehmens.
[9] Dagegen *Baumbach-Hefermehl*, § 1 Rdnrn. 554 f.; *Eichmann*, GRUR 1967, 568.
[10] *BGH*, LM § 1 UWG Nr. 216 = NJW 1970, 1457, wo ein solcher Verstoß (zu Recht) aber bei der bloßen Beifügung eines Prospekts für ein Aufklärungsbuch mit dem Titel „Erotik in der Ehe" zu Kosmetika verneint worden ist.

selbe dürfte in schweren Fällen der Steuerhinterziehung anzunehmen sein.[11]

bb) Gleichbehandelt wird die Verletzung solcher *Vorschriften,* die den Schutz überragend wichtiger *Gemeinschaftsgüter* bezwecken, wozu vor allem sämtliche Vorschriften zum Schutze der Volksgesundheit gehören. Einschlägig sind insoweit in erster Linie das Heilmittelwerbegesetz (HWG) vom 18. 10. 1978,[12] das Lebensmittel- und Bedarfsgegenstände-gesetz (LMBG) vom 1936 i. d. F. von 1976 sowie das Arzneimittelgesetz (AMG) vom 24. 8. 1976.[13]

Die Praxis behandelt heute grundsätzlich sämtliche Verstöße gegen das HWG und gegen das AMG sowie die meisten Verstöße gegen das LMBG, gegen das Apothekengesetz und gegen vergleichbare Rechtsvorschriften zugleich als unlauter, vor allem wohl, um den Konkurrenten des Täters und den Verbänden des § 13 II UWG die Möglichkeit zu eröffnen, selbst für die Einhaltung der genannten Gesetze zu sorgen.

Natürlich ist es nicht möglich, diese gesamte, im einzelnen sehr verwik-kelte und weithin nur noch Fachleuten zugängliche Materie hier in voller Breite darzustellen.[14] Die folgenden Ausführungen beschränken sich viel-mehr darauf, das bisher Gesagte im Anschluß an die speziell dem Irre-führungsverbot gewidmeten Bemerkungen (o. § 12, 6 c) anhand einiger, charakteristischer Beispiele aus der jüngsten Praxis weiter zu verdeut-lichen.

Das *HWG* enthält in den §§ 3 ff. eingehende Vorschriften über die Werbung mit Arzneimitteln, nach denen insbes. jede irreführende Wer-bung für Arzneimittel verboten ist. § 12 HWG beschränkt außerdem die sog. Publikumswerbung für Arzneimittel, um zu verhindern, daß sich Kranke selbst behandeln. Sämtliche Verstöße gegen die genannten Ver-bote des HWG führen grundsätzlich unmittelbar zur Anwendung des § 1 UWG. Beispiele sind Verstöße gegen die Werbeverbote der §§ 3 ff. HWG, etwa durch eine Werbung für Grippemittel, die den Eindruck erweckt, die Mittel ermöglichten eine kausale Therapie, während ihnen bei der echten Virusgrippe tatsächlich keinerlei therapeuthische Wirkung zukommt,[15] sowie die verbreiteten Verstöße gegen das Verbot der Publi-kumswerbung aufgrund des § 12 HWG,[16] z. B. durch die Laienwerbung von Heilpraktikern für die Behandlung organischer Krankheiten oder

---

[11] Hierzu eingehend *Terstegen,* Steuerhinterziehung.
[12] BGBl. I, S. 1677.
[13] BGBl. I, S. 2445.
[14] Wegen der Einzelheiten s. z. B. *Baumbach-Hefermehl,* § 3 Anh. (S. 1216 ff.); *Ja-cobs,* in: Hdb., § 46 Rdnr. 5 m. Nachw.
[15] *BGHZ* 81, 130; 86, 278; *BGH,* LM HeilmittelwerbeG Nr. 16 = NJW 1983, 2633.
[16] *BGH,* LM HeilmittelwerbeG Nr. 14/15 = GRUR 1983, 393.

durch die Werbung für Mittel zur Krebsvorsorge.[17] Zulässig bleiben jedoch Preis- und Mengenangaben in der Werbung für Heilmittel[18] sowie die reine Firmen- und die Erinnerungswerbung.[19]

In den vorliegenden Zusammenhang gehören außerdem Verstöße gegen die zahlreichen Kennzeichnungsvorschriften und Beimischungsverbote des *Lebensmittelrechts*, die sich in erster Linie in dem LMBG sowie in den vielen Ausführungsvorschriften dazu finden.[20] So ist es z. B. unlauter, Reinigungs- oder Putzmittel entgegen § 30 LMBG in einer Verpackung in den Verkehr zu bringen, die die Gefahr einer Verwechslung mit Lebensmitteln begründet.[21]

Schließlich sind im vorliegenden Zusammenhang noch Verstöße gegen das *AMG*, das Apothekengesetz sowie die verstreuten, anderen Rechtsvorschriften zu erwähnen, die die Ausübung der Heilkunde und der gleichstehenden Berufe regeln. Beispiele für den sehr weiten Anwendungsbereich des § 1 UWG auf diesem Gebiet sind etwa der Verkauf apothekenpflichtiger Arzneimittel an Drogerien und durch Drogerien und andere Nichtapotheken,[22] das Einsammeln von Rezepten durch Ärzte oder Apotheker außerhalb ihrer Betriebsräume,[23] überhaupt jede Ausübung der Heilkunde ohne Erfüllung der dafür vorgeschriebenen Prüfungen und sonstigen Voraussetzungen,[24] weiter etwa jede sog. marktschreierische Werbung durch Apotheken, durch die das Vertrauen in die Zuverlässigkeit der Apotheken erschüttert wird,[25] Verstöße gegen § 12 der Apothekenbetriebsordnung, nach dem nur ganz bestimmte Waren in Apotheken angeboten werden dürfen, nicht aber z. B. Spielwaren,[26] außer wenn die fraglichen Handlungen schlechterdings keinen Einfluß auf die Wettbewerbslage haben können.[27]

Ebenso wie Vorschriften mit gesundheitspolitischer Zielsetzung werden alle Vorschriften zum Schutze der *Rechtspflege* behandelt. Die wichtigsten hierher gehörenden

---

[17] S. im einzelnen *BGHZ* 89, 78; *BGH*, LM § 1 UWG Nrn. 411 und 420 = NJW 1984, 1407 und 1985, 1397; *OLG Düsseldorf*, GRUR 1985, 306 (308f.).
[18] *BGH*, LM § 1 UWG Nr. 376 = NJW 1982, 2606.
[19] S. im einzelnen *BGH*, LM HeilmittelwerbeG Nrn. 14/15, 17 und 18 = NJW 1983, 2634, 2636 und 2637; weitere Beispiele in *BGH*, LM HeilmittelwerbeVO Nrn. 1 und 3; LM § 1 UWG Nrn. 217 und 262.
[20] S. schon o. § 12, 6c sowie *BGHZ* 46, 305 (306f.); *BGH*, LM BranntweinmonopolG Nr. 3 = GRUR 1971, 80; LM KäseVO Nr. 3 = GRUR 1967, 495; vgl. auch für die Kennzeichnung von Giften *BGH*, LM § 3 UWG Nr. 63 = GRUR 1964, 269.
[21] *KG*, GRUR 1986, 552.
[22] *BGHZ* 22, 167 (180ff.); 23, 184; 44, 208; 46, 305.
[23] *BGH*, LM § 1 UWG Nrn. 344, 345 und 366.
[24] *BGH*, LM ArzneimittelVO Nr. 3 = GRUR 1957, 606; insbes. LM § 1 UWG Nr. 348 = NJW 1981, 2008 für die Ausübung der Heilkunde ohne die nach § 1 HeilpraktikerG erforderliche Erlaubnis.
[25] *BGH*, LM § 1 UWG Nr. 384 = NJW 1983, 2085.
[26] *LG Zweibrücken*, NJW-RR 1986, 715.
[27] *BGH*, LM § 1 ZugabeVO Nr. 25 = GRUR 1974, 402 für die vorsorgliche Bereitstellung einiger Schmerztabletten durch einen Kfz-Vermieter in dem Wagen.

Fälle sind Verstöße gegen das RechtsberatungsG[28] durch unerlaubte Rechtsberatung seitens solcher Personen, die keine Rechtsanwälte sind und keine Erlaubnis aufgrund des genannten Gesetzes besitzen,[29] sowie Verstöße gegen die Werbeverbote namentlich für Rechtsanwälte[30] und Steuerberater (§§ 8, 57 StBerG).[31] Eine Ausnahme von diesem Verbot kennt das StBerG lediglich in § 8 Abs. 2 unter ganz engen Voraussetzungen für Lohnsteuerhilfevereine; jede weitergehende Werbung socher Vereine verstößt daher gleichfalls gegen § 1 UWG.[32] Ebenso zu beurteilen sind schließlich sämtliche Verstöße gegen die Vorschriften des StBerG über die Firmenbildung (§§ 43, 57), da diese der Wettbewerbsgleichheit der Berufsangehörigen und zugleich dem Schutz der Allgemeinheit vor Irreführung dienen.[33]

cc) Die Masse der anderen, wettbewerbsrelevanten, weil den Wirtschaftsverkehr regelnden Vorschriften sind hingegen nach Meinung der Gerichte lediglich sog. *wertneutrale Ordnungsvorschriften,* die auf bloßen Erwägungen staatlicher Zweckmäßigkeit beruhen und die Gefährdung irgendwelcher öffentlicher Interessen hintanhalten sollen. Ihre Verletzung gilt deshalb nur dann als unlauter, wenn es sich um einen planmäßigen und bewußten Verstoß handelt, durch den sich der Täter einen *Vorsprung* vor seinen gesetzestreuen Konkurrenten zu verschaffen versucht, vorausgesetzt freilich, daß sich wenigstens ein nennenswerter Teil der anderen Gewerbetreibenden seinerseits noch an das fragliche Gesetz hält. Mißachten es hingegen alle anderen Gewerbetreibenden ebenfalls, so kann sich kein Unternehmen durch eine Verletzung dieses Gesetzes einen Vorsprung vor den anderen verschaffen, womit die Voraussetzung für eine Anwendung des § 1 UWG entfällt.[34]

Zu den bloßen Ordnungsvorschriften werden zunächst die zahllosen, *gewerberechtlichen* Vorschriften gezählt. Namentlich die Verletzung einer der vielen Anzeige- oder Genehmigungspflichten nach der Gewerbeordnung führt mithin nur ausnahmsweise zur Anwendung der General-

---

[28] Gesetz zur Verhinderung von Mißbräuchen auf dem Gebiete der Rechtsberatung (RechtsberatG) v. 13. 12. 1935, RGBl I, S. 1478 mit späteren Änderungen.
[29] *BGHZ* 48, 12 (16 ff.); 79, 239 (für Unternehmensberater); 79, 390 = JuS 1982, 305 Nr. 13; *BGH, LM* § 1 UWG Nr. 293 = NJW 1976, 1635; LM § 327 LAG Nr. 1 = NJW 1956, 749; LM SteuerberatungsG Nr. 3; § 1 RechtsberatG Nrn. 23 und 25 = NJW 1974, 557 und 1244 für die verbreiteten Unfallhelferringe aus Mietwagenunternehmen, Banken und Rechtsanwälten; LM § 5 RechtsberatG Nr. 3 = NJW 1961, 1113; *OLG Koblenz,* GRUR 1983, 515; *OLG Köln,* NJW-RR 1986, 917; umstritten ist die Behandlung der Mietervereine, s. einerseits *OLG Hamburg,* ZMR 1985, 126; andererseits *OLG Frankfurt,* NJW 1982, 1003.
[30] *BGH,* GRUR 1986, 81 für die reklamehafte Anpreisung eines Rechtsanwalts in einer Zeitschrift.
[31] Grdl. *BGHZ* 79, 390 (396 ff.) (= JuS 1982, 305 Nr. 13); 90, 232; *BGH, LM* § 1 UWG Nr. 381 = NJW 1983, 993; ebenso für Steuerbevollmächtigte *BGH, LM* SteuerberatungsG Nr. 3 = NJW 1972, 1470; *Baumbach-Hefermehl,* § 1 Rdnrn. 563 ff.
[32] *OLG Koblenz,* NJW-RR 1986, 787 = GRUR 1986, 550; *BGH, LM* § 1 UWG Nr. 207 = NJW 1970, 562; LM SteuerberatungsG Nr. 7 = GRUR 1978, 180.
[33] *BGHZ* 79, 390 = NJW 1981, 2519 = JuS 1982, 305 Nr. 13.
[34] *OLG Köln,* NJW 1980, 2652 = JuS 1981, 379 Nr. 11; *OLG Celle,* GRUR 1984, 289 (für das LSchlG); *OLG Frankfurt,* NJW-RR 1986, 1166; *Eichmann,* GRUR 1967, 568.

klausel des § 1 UWG.[35] Beispiele sind die Ausübung der Tätigkeit eines Kreditvermittlers ohne die nach § 34c GewO erforderliche Genehmigung[36] sowie die verbreiteten Verstöße gegen das Verbot der Sonntagsarbeit aufgrund des § 105b GewO, etwa durch die Verteilung von Anzeigenblättern durch Arbeitnehmer an Sonntagen.[37]

Ebenso behandelt werden wirtschaftsordnende Gesetze wie etwa das *Personenbeförderungsgesetz.* Betreibt z. B. ein Unternehmen den Linienverkehr ohne Genehmigung, so ist dies nicht ohne weiteres unlauter, sondern nur, wenn es bewußt und planmäßig zur Verschaffung eines Vorsprungs vor den gesetzestreuen Konkurrenten geschieht.[38] Dasselbe gilt für die Einrichtung eines Zubringer- und Abholdienstes für Fluggäste durch ein Reisebüro[39] sowie für die Werbung für Mietwagen in einer Weise, daß diese mit Taxen verwechselt werden können.[40]

Gleich stehen schließlich noch Verstöße gegen das Textilkennzeichnungsgesetz[41] und gegen das Verbot der Gewährung von Sondervergütungen für Versicherungsnehmer[42] sowie in Ausnahmefällen sogar Verstöße gegen das Gerätesicherheitsgesetz.[43] Hingegen reichen die bloße Verletzung innerbehördlicher Erlasse[44] ebensowenig für die Anwendung des § 1 UWG aus wie Verstöße dritter Unternehmen gegen fremde Ausschließlichkeitsrechte, da es allein Sache des jeweils Berechtigten ist, sich hiergegen zu wehren.[45]

Wirtschaftsordnenden Charakter hat weiterhin etwa das *Ladenschlußgesetz.*[46] Alle Versuche zur Umgehung der gesetzlichen Ladenschlußzeiten[47] werden deshalb von den Gerichten unnachsichtig nach § 1 UWG

---

[35] *RGZ* 115, 319 (325 f.); 166, 315 (319 f.); *BGH,* LM § 1 UWG Nrn. 127 (,,Sammelbesteller") und 293 = JuS 1964, 38 Nr. 5; NJW 1976, 1635; *BGH, WuW/E* BGH 339 (340); ZIP 1986, 1354 (Verstoß gegen §§ 21, 22 BGB!); *OLG Frankfurt* (o. Fußn. 34).

[36] *OLG Hamburg,* BB 1983, 398.

[37] *OLG Frankfurt,* NJW-RR 1986, 264; *OLG Hamm,* GRUR 1984, 63; 1986, 175; *OLG Schleswig,* NJW-RR 1986, 583; *OLG Düsseldorf,* NJW 1985, 1644.

[38] *BGH,* LM PBefG Nr. 1 = GRUR 1957, 558 ,,Bayern Express"; LM § 1 UWG Nr. 327 = GRUR 1980, 176.

[39] *BGH,* LM § 1 UWG Nr. 252 = GRUR 1973, 146, ein Fall, der sehr deutlich zeigt, zu welchen verbraucherfeindlichen Ergebnissen staatliche Interventionen wie das PBefG führen können.

[40] *BGH,* LM § 1 UWG Nrn. 213 und 251 = GRUR 1970, 513; 1973, 212; *BGH,* GRUR 1965, 607 (608 f.); *OLG Frankfurt,* GRUR 1984, 601; enger für einen bloßen, verwechslungsfähigen Anstrich der Mietwagen *BGH,* NJW-RR 1986, 840.

[41] *OLG Hamburg,* GRUR 1985, 452.

[42] *BGHZ* 93, 177 = NJW 1985, 3018.

[43] *BGH,* LM § 1 UWG Nr. 392 = GRUR 1983, 585.

[44] Grdl. *BGH,* LM § 1 UWG Nr. 416 = MDR 1985, 26 für die Werbung für Jungendzeitschriften in Schulklassen entgegen einem Ministerialerlaß.

[45] *OLG Köln,* GRUR 1983, 133; 1983, 517; *OLG Hamm,* GRUR 1984, 539.

[46] Gesetz über den Ladenschluß (LSchlG) v. 28. 11. 1956 (BGBl. I, S. 875) mit späteren Änderungen, zuletzt durch das Gesetz v. 25. 7. 1986, BGBl. I, S. 1169.

[47] Zur Kritik zuletzt eingehend *Gröner- H. Köhler,* Der Selbstbedienungsgroßhandel zwischen Rechtszwang und Wettbewerb, 1986, S. 58 ff. m. Nachw.

verfolgt,[48] da solche Versuche naturgemäß in besonderem Maße zur Verschaffung eines Vorsprungs vor denjenigen Gewerbetreibenden geeignet sind, die sich streng an das Gesetz halten. Beispiele aus der jüngsten Praxis sind der Verkauf beliebiger Gegenstände, die keinen Reisebedarf darstellen, außerhalb der Geschäftszeiten auf Flugplätzen an Flugreisende oder Dritte,[49] die Offenhaltung des Geschäfts zur Besichtigung und zum Anprobieren von Kleidern[50] sowie das Offenhalten eines Küchenmöbelgeschäfts, damit die Händler von Elektrogeräten diese ihren Kunden vorführen können.[51] Obwohl alle diese Tätigkeiten unbezweifelbar ausschließlich im Interesse der Verbraucher liegen, ist es doch bisher einer unheiligen Allianz aus Gewerkschaften, unfähigen Politikern und ängstlichen Kleingewerbetreibenden gelungen, das Ladenschlußgesetz mit Argumenten, an die mittlerweile kein Mensch mehr glaubt und die durch die Erfahrungen im gesamten Ausland eindeutig widerlegt werden, zu verteidigen. In der Tat bedarf es weder zum Schutze der Arbeitnehmer noch der kleinen und mittelständischen Betriebe des Einzelhandels irgendeiner gesetzlichen Regelung des Ladenschlusses. Die ersatzlose Streichung des Ladenschlußgesetzes ist daher überfällig und wäre endlich einmal eine wirkliche ,,Wende" hin zu mehr Verbraucherschutz gewesen.

In den vorliegenden Zusammenhang gehören schließlich noch sämtliche Verstöße gegen die PreisangabenVO von 1985 (s. dazu im einzelnen bereits o. § 12, 8 a) sowie gegen die sonstigen, verstreuten, staatlichen *Preisvorschriften*. Zuwiderhandlungen gegen die genannten Rechtsvorschriften sind mithin ebenfalls nur dann unlauter, wenn sie bewußt und planmäßig mit dem Zweck der Vorsprungsverschaffung erfolgen.[52] Doch dürften diese Voraussetzungen hier in aller Regel erfüllt sein.

dd) Ein Sonderproblem stellt die Frage dar, ob nicht wenigstens bei der *öffentlichen Hand*, soweit sie sich wirtschaftlich betätigt, grundsätzlich *jeder* Gesetzesverstoß zugleich als unlauter qualifiziert werden muß.[53] In der Rspr. gibt es zumindest Ansätze für ein solches Verständnis der Generalklausel.[54] In der Tat muß es als in besonderem Maße anstößig angesehen werden, wenn der Staat bei seiner wirtschaftlichen Betätigung

---

[48] *BGHZ* 45, 1 (4 ff.); 66, 159; 79, 99 ,,Tag der offenen Tür I und II"; *BGH*, LM LadenschlußG Nrn. 2 und 3 = NJW 1972, 1469 und 2087.

[49] *BGHZ* 84, 130 = NJW 1982, 2503.

[50] *BGHZ* 79, 99.

[51] *BGH*, LM LadenschlußG Nr. 9 = GRUR 1984, 361.

[52] Beispiele für die Preisangabenverordnung in *BGH*, LM § 1 UWG Nrn. 262, 265, 320, 330 und 335. – Beispiele für Preisvorschriften in RGZ 117, 16 (21 ff.); *BGH*, LM § 1 UWG Nrn. 90 a und 168 = NJW 1960, 284; GRUR 1967, 36; *OLG Köln*, NJW 1980, 2652 = JuS 1981, 379 Nr. 11; – weitere Beispiele bei *Baumbach-Hefermehl*, § 1 Rdnr. 546; *Schricker*, JurA 1970, 74; *Ulmer-Reimer*, Tz. 87 ff.

[53] Dafür *Emmerich*, Der unlautere Wettbewerb der öffentlichen Hand, S. 58 ff. m. Nachw.; *ders.*, Die AG 1985, 293 (298); *ders.-U. Steiner*, aaO; *Mees*, WRP 1985, 373 (376); s. o. § 4, 4 c.

[54] S. die Nachw. bei *Emmerich* (o. Fußn. 53).

die von ihm selbst für die Regelung des wirtschaftlichen Verkehrs gesetzten Normen mißachtet.

Ein weiteres, schwieriges Sonderproblem stellt die zutreffende Einordnung von *Standessitten* und Branchengewohnheiten dar, nach denen bestimmte Handlungen im Wettbewerb als verboten oder doch als unanständig gelten, die sonst völlig unbedenklich sind.[55] Man denke nur an die zahlreichen *Werbeverbote* für die Angehörigen der freien Berufe. Die Praxis zu diesem Fragenkreis ist uneinheitlich und widersprüchlich. Die Gerichte sind zwar grundsätzlich bereit, Standessitten eine maßgebliche Bedeutung bei der Anwendung der Generalklausel des § 1 UWG zuzubilligen, namentlich wenn sie in Richtlinien von Kammern oder sonstigen Berufsvertretungen positiviert sind, behalten sich aber auf der anderen Seite stets das Recht vor, gegen Mißbräuche, insbes. gegen eine übermäßige Beschränkung des Wettbewerbs auf dem Wege über solche Richtlinien, einzuschreiten, so daß letztlich alles von den Umständen des Einzelfalls abhängt.[56] Besonders umstritten ist dabei die Frage, inwieweit auf bloßem Standesrecht beruhende Werbeverbote, namentlich für die Angehörigen der Heilberufe, auf dem Weg über § 1 UWG normativen Rang erhalten können. Grundsätzlich ist jedenfalls anerkannt, daß für *Ärzte* durch die ärztlichen Berufsordnungen der Kammern ein Werbeverbot eingeführt werden darf, das aber stets auf das Maß des unbedingt Notwendigen beschränkt werden muß,[57] so daß z. B. Autobiographien von Ärzten ebenso zulässig bleiben wie die Werbung für Sanatorien unter Nennung des Namens des ärztlichen Inhabers in Verbindung mit verschiedenen Indikationen.[58] Ungeklärt ist hingegen, ob vergleichbare Werbeverbote für die übrigen Angehörigen der Heilberufe bestehen. Das gilt namentlich für die *Heilpraktiker.* Insoweit ist bisher nur geklärt, daß das berufsrechtliche Werbeverbot für Ärzte auf sie nicht übertragen werden kann, während noch offen ist, ob es bereits eine einheitliche und gefestigte Standesüberzeugung der Heilpraktiker gibt, nach der die Werbung von Heilpraktikern verboten ist, und ob außerdem eine derartige Standesüberzeugung mit den Interessen der Allgemeinheit vereinbar wä-

---

[55] S. *Baumbach-Hefermehl,* Einl. UWG Rdnrn. 83 ff.; *Eichmann,* Vergleichende Werbung, S. 45 ff.; *Rinck,* in: Festschr. f. das OLG Celle, S. 165; *Teubner,* Standards, S. 92 ff.; *H. P. Westermann,* in: Festschr. f. Barz, 1974, S. 545.

[56] *BGHZ* 16, 4 (12); 28, 54 (60 f.); 30, 7 (15); *BGH,* LM § 1 UWG Nrn. 206, 231 und 297; LM § 13 UWG Nr. 11 = GRUR 1961, 288 für die Berufsordnung der Ärzte; LM BranntweinmonopolG Nr. 3 = GRUR 1971, 580; *OLG Hamm,* GRUR 1986, 172 für die sog. ZAW-Richtlinien über die Abgrenzung von Text und Werbung in Zeitungen; NJW 1985, 679 (680) für ärztliches Standesrecht; insbes. *OLG Koblenz,* WRP 1982, 482; GRUR 1983, 519 = WuW/E OLG 2987 (2989); *OLG Frankfurt,* NJW 1985, 2765 usw.

[57] *Europäischer Gerichtshof für Menschenrechte (EGMR),* NJW 1985, 2885 (2887); *BVerfGE* 71, 162 und 183 = NJW 1986, 1533 u. 1536; *KG,* NJW 1986, 2381 f.

[58] *BVerfG* (o. Fußn. 57).

re.[59] Ähnliche Probleme bestehen bei Apotheken[60] und bei Zahnprothetikern.[61]

In allen diesen Fällen sollte mehr als bisher berücksichtigt werden, daß Werbeverbote ein hervorragendes Mittel zur Versperrung des Marktzutritts für newcomer zugunsten der einmal etablierten Berufsangehörigen darstellen. In aller Regel dürften daher Werbeverbote für die Angehörigen der freien Berufe (jenseits der gesetzlich geregelten Fälle) im direkten Widerspruch zu den Interessen der Allgemeinheit stehen, so daß ihre Sanktionierung über § 1 UWG nicht in Betracht kommen kann.

2. Stellungnahme

Der Überblick über die Praxis vermittelt ein verwirrendes Bild, das an der Praktikabilität der von den Gerichten zugrunde gelegten Unterscheidungskriterien zweifeln läßt. Und in der Tat sind diese Kriterien inhaltsleer, da weithin tautologisch, und jedenfalls nicht nachvollziehbar, weil es keine Kriterien zur Unterscheidung sittlich fundierter und wertneutraler Normen gibt.[62] Es verwundert daher nicht, daß sich die Gerichte in Wirklichkeit stets nach ganz anderen Kriterien als nach dieser vorgeblichen Unterscheidung gerichtet haben. Will man deshalb nicht generell *jede* Gesetzwidrigkeit mit der Sittenwidrigkeit gleichsetzen,[63] so bleibt nichts anderes übrig, als von Fall zu Fall nach Sinn und Zweck der verletzten Norm sowie Art und Schwere des Verstoßes zu differenzieren.[64] Der Sache nach tendiert die Praxis gleichfalls immer häufiger in diese Richtung, wenn sie neuerdings in zunehmendem Maße auf den wettbewerbsregelnden Charakter einer Norm sowie auf die Art und die Bedeutung der durch sie geschützten Rechtsgüter abstellt.

Namentlich Verstöße gegen die Verbote des GWB sollten deshalb schon wegen des hohen Rangs, der dem Wettbewerbsschutz in unserer Rechtsordnung heute zukommt, stets als unlauter behandelt werden.[65] Auf derselben Ebene liegen sämtliche Verstöße gegen Gesetze mit gesundheitspolitischer Zielsetzung, gegen Gesetze zum Schutze der Rechtspflege oder sonstiger wichtiger Gemeinschaftsgüter wie z.B. Ehre und

---

[59] Grdl. *BGH*, LM § 1 UWG Nrn. 363 und 411 = NJW 1982, 1331 und 1984, 1407; *OLG Köln*, GRUR 1983, 387; *OLG Düsseldorf*, GRUR 1985, 306 (307).

[60] *OLG Frankfurt*, NJW 1985, 2765; vgl. auch für Architekten *BGH*, LM § 1 UWG Nr. 374 = GRUR 1982, 679.

[61] *BGH*, LM ZahnheilkundeG Nr. 1 = NJW 1959, 35.

[62] Vgl. die Kritik von *Eichmann*, GRUR 1967, 564; *Schricker*, S. 21, 239 ff.; *ders.*, JurA 1970, 69; *Sack*, WPR 1985, 1 (9 ff.); *ders.*, NJW 1985, 761 (765, 768) m. zahlr. Nachw.

[63] So schon *Lobe* Bd. I, S. 63 ff.; zuletzt *Sack* (o. Fußn. 62) m. Nachw.; ebenso *Emmerich* (o. Fußn. 53) jedenfalls für die öffentliche Hand bei ihrer wirtschaftlichen Betätigung.

[64] So *Schricker*, S. 250 ff.

[65] *Emmerich*, in: IM, GWB, § 35 Rdnrn. 116 f.

Würde des einzelnen sowie gegen Gesetze zum Schutze der Verbraucher vor Irreführung und Schädigung: Immer greift hier § 1 UWG ein, ohne daß heute noch der Vorsprungsgedanke bemüht werden müßte.

5. Kapitel. Sanktionen und Verfahren

§ 17. Zivilrechtliche Sanktionen

Literatur: Ahrens, Wettbewerbsverfahrensrecht, 1983; *Baumbach-Hefermehl*, Einl. Rdnrn. 240 ff.; *Th. Fischer*, Schadensberechnung im gewerblichen Rechtsschutz, Urheberrecht und unlauteren Wettbewerb, Basel 1961; *Gloy* u. *Melullis*, in: Hdb., §§ 19–24 (S. 150–199); *Haines*, Bereicherungsansprüche bei Warenzeichenverletzungen und unlauterem Wettbewerb, 1970; *Hencke*, AcP 174 (1974), 97; *Henning-Bodewig*, Die wettbewerbsrechtliche Haftung der Werbeagenturen und Massenmedien nach dt. und amerik. Recht, 1981; *Hubmann*, § 55; *Katzenberger*, Recht am Unternehmen und unlauterer Wettbewerb, 1967; *Kisseler*, WRP 1971, 449; *Koppensteiner*, S. 511 ff.; *Kötz*, AcP 174 (1974), 145; *Kur*, GRUR 1981, 558; *M. Lehmann*, Vertragsanbahnung durch Werbung, 1981; *ders.*, NJW 1981, 1233; *ders.*, BB 1981, 1717; *ders.*, Die Verbandsklage im Wettbewerbsrecht, WiVerw 1982, 1; *Lindacher*, GRUR 1985, 423; *ders.*, BB 1975, 1311; *ders.*, GRUR 1975, 413; *Leise-Traub*, GRUR 1980, 1; *Lobe* Bd. I, bes. S. 241, 331, 359 ff.; *ders.*, MuW Bd. XVIII (1918/19), 70; *Loewenheim*, ZHR 135 (1971), 97; *Mertens*, ZHR 139 (1975), 438; *Neu*, GRUR 1985, 335; *Nirk-Kurtze*, Wettbewerbsstreitigkeiten, 1980; *Nordemann*, Tz. 543; *Pastor*, Der Wettbewerbsprozeß, Verwarnung – einstweilige Verfügung – Unterlassungsklage, 3. Aufl. (1980); *ders.*, GRUR 1982, 330; *K. Petersen*, GRUR 1978, 156; *Pietzcker*, GRUR 1975, 35; *Picker*, Der negatorische Beseitigungsanspruch, 1972; *Reimer-v. Gamm*, S. 299 ff.; *Sack*, Unlauterer Wettbewerb und Folgeverträge, 1974 = WRP 1974, 445; *ders.*, NJW 1975, 1303; *ders.*, BB 1986, 953; *Säcker*, Betr. 1986, 1504; *K. Schmidt*, NJW 1983, 1520; *Schricker*, RabelsZ 36 (1972), 315; *ders.*, GRUR 1974, 579; *ders.*, ZHR 139 (1975), 208; *ders.*, RabelsZ 40 (1976), 535; *Tetzner*, GRUR 1981, 803; *Tilmann*, ZHR 141 (1977), 32; *Ulmer-Reimer*, Tz. 79 ff. (S. 54 ff.); *v. Ungern-Sternberg*, NJW 1981, 2328; *Urbanczyk*, Zur Verbandsklage im Zivilprozeß, 1981; – weitere Nachw. unten bei 4.

1. Überblick

Das Sanktionssystem des UWG ist anders als das des GWB nur zweispurig, de facto sogar nur einspurig. Während nämlich der Durchsetzung des GWB nebeneinander zivilrechtliche, strafrechtliche und verwaltungsrechtliche Sanktionen dienen (vgl. bes. §§ 35, 37 a und 38 GWB), kennen das UWG und seine Nebengesetze – von unbedeutenden Ausnahmen abgesehen – keine Verwaltungszuständigkeiten und -verfahren zu ihrer Durchsetzung. Insbes. gibt es keine dem BKartA vergleichbare Behörde, die mit der Durchsetzung des UWG beauftragt wäre. Die Durchsetzung des UWG ist vielmehr vom Gesetzgeber nahezu ausschließlich in die Hände der Konkurrenten und bestimmter Verbände (vgl. § 13 I–III UWG) gelegt worden. Die vom UWG und seinen Nebengesetzen außerdem vorgesehenen, strafrechtlichen Sanktionen spielen daneben in der Praxis nur eine untergeordnete Rolle.

Die größte Bedeutung unter den Sanktionen des UWG kommt heute den Abwehransprüchen zu, denen gegenüber die Schadensersatzansprü-

che – anders als im allgemeinen Zivilrecht – an Bedeutung weit zurücktreten. Das hat vor allem drei Gründe. Zunächst setzen die Abwehransprüche im Gegensatz zu den Schadensersatzansprüchen nicht den häufig
schwierigen Nachweis eines Verschuldens voraus; ebensowenig gehört
zu ihren Voraussetzungen der häufig gleichfalls schwierige Nachweis
eines Schadens; und schließlich sind die Verbände nach § 13 II und III
UWG ohnehin auf die Abwehransprüche beschränkt (vgl. im übrigen
noch § 13 IV UWG).

Zweckmäßigkeit und Effektivität des skizzierten Sanktionssystems des
UWG sind seit langem umstritten. In der nicht abreißenden Diskussion
geht es einmal um die Frage, ob – nach dem Vorbild des GWB – bestimmten Verwaltungsbehörden eine Kompetenz zur Verfolgung von
UWG-Verstößen verliehen werden soll, zum anderen um die Frage, wie
der Rechtsschutz der Verbraucher gegen UWG-Verstöße verbessert werden kann.[1] Das zuletzt genannte Problem rührt vor allem daher, daß das
deutsche Unlauterkeitsrecht – anders als z. B. das schweizerische Recht –
kein Klagerecht der einzelnen Verbraucher kennt und daß es die Praxis
außerdem bisher abgelehnt hat, die Verbote des UWG als Schutzgesetze
zugunsten der Verbraucher zu interpretieren.[2]

Die UWG-Novelle von 1986 hat nur wenige der Vorschläge aufgegrif-
fen, die in der vorausgegangenen, rechtspolitischen Diskussion zu den
genannten Fragenkreisen entwickelt worden sind. Im Zuge der von der
Bundesregierung angestrebten „Entbürokratisierung" sind sogar die ohnehin schon verschwindend geringen Verwaltungszuständigkeiten bei
der Durchsetzung des UWG und seiner Nebengesetze weiter deutlich
verringert worden (vgl. dazu im einzelnen o. § 13), so daß es folgerichtig
war, von der eine Zeit lang vorgesehenen Beteiligung des BKartA an
UWG-Verfahren ganz abzusehen. Ohnehin wäre das BKartA mit dieser
Aufgabe vermutlich schon personell überfordert gewesen. Hingegen hat
die UWG-Novelle von 1986 auf dem Gebiete des Verbraucherschutzes
erste Fortschritte gebracht. Hinzuweisen ist hier vor allem auf das neue
Rücktrittsrecht der Abnehmer in Fällen von Verstößen gegen § 4 UWG
aufgrund des 1986 in das UWG eingefügten § 13a (s. dazu o. § 12, 9c).

2. Unterlassungsanspruch

Literatur: Ahrens, S. 17ff.; *Baumbach-Hefermehl,* Einleitung UWG Rdnrn. 246ff.;

---

[1] Vgl. M. *Lehmann,* Vertragsanbahnung, passim; *Lindacher,* BB 1975, 1312; *Mertens,* ZHR 139, 438ff.; *Sack,* Unlauterer Wettbewerb und Folgeverträge, 1974; *ders.,*
NJW 1975, 1303; *Schricker,* RabelsZ 36, 315; 40, 557ff.; *ders.,* GRUR 1974, 587ff.;
ders., ZHR 139, 231ff. Ein zuletzt breit diskutiertes Sonderproblem war außerdem der
(angebliche) Mißbrauch der Klagebefugnis für Verbände auf Grund des § 13 II UWG
durch sog. Abmahn- und Gebührenvereine; dazu u. 4c.
[2] Grdl. für § 3 UWG *BGH,* LM § 249 (D) BGB Nr. 14 = JuS 1975, 52 Nr. 3
„Prüfzeichen-Urt."

Gloy, in: Hdb., § 21 (S. 183 ff.); *Lobe* Bd. I, S. 241 ff.; *Nirk-Kurtze*, S. 8 ff.; *Pastor*, S. 511 ff.; *Ulmer-Reimer*, Tz. 137 ff. (S. 97 ff.).

Das Recht des unlauteren Wettbewerbs ist ein Teil des allgemeinen Deliktsrechts, so daß hier ebenso wie sonst im Anwendungsbereich etwa der §§ 823 ff. BGB³ bereits jeder bloß rechtswidrige Verstoß Unterlassungs- und Beseitigungsansprüche des Verletzten auszulösen vermag. Für das UWG und seine Nebengesetze wird dieser Rechtsschutz zudem noch durch die ausdrückliche Erwähnung des Unterlassungsanspruchs in zahlreichen Vorschriften bestätigt (vgl. aus dem UWG insb. die §§ 1, 3, 6a, 6b, 6d, 6e, 7 I, 8 V und VI, 14 und 16, weiter § 13 I i. V. mit den §§ 4, 6, 6c und 12 UWG sowie aus der ZugabeVO § 2 I und aus dem RabattG § 12).

a) Voraussetzungen

aa) Kenntnis der Tatumstände?

Der Unterlassungsanspruch wird bereits durch einen objektiv rechtswidrigen Verstoß gegen einen der Verbotstatbestände des UWG und seiner Nebengesetze ausgelöst; Verschulden des Täters ist dafür nicht erforderlich. Schwierigkeiten ergeben sich insoweit nur bei § 1 UWG, sofern man mit der Praxis den Vorwurf der Sittenwidrigkeit im Regelfall nur für gerechtfertigt hält, wenn der Täter bei Begehung der Handlung alle Umstände kannte, aus denen die Sittenwidrigkeit seiner Handlung folgt (s. o. § 5, 5). Jedoch darf man die praktische Bedeutung dieser Streitfrage nicht überschätzen. Zunächst steht fest, daß es unerheblich ist, ob der Täter die Sittenwidrigkeit seines Verhaltens erkannt hat oder erkennen konnte.[4] Außerdem gibt es Fälle, in denen selbst nach der Rechtsprechung die Kenntnis der maßgebenden Tatumstände entbehrlich ist; einen solchen Fall bildet z. B. die Aufstellung irreführender Behauptungen, weil hier der Unterlassungsanspruch nicht davon abhängig sein kann, ob der Täter die irreführende Wirkung seiner Behauptungen erkannt hat oder nicht.[5] Und schließlich kommt es für den in die Zukunft gerichteten Unterlassungsanspruch ohnehin immer nur auf die Rechtslage im Zeitpunkt der letzten mündlichen Verhandlung der letzten Tatsacheninstanz an, so daß es genügt, wenn der Täter die erforderliche Kenntnis der Tatumstände wenigstens in diesem Augenblick hat, woran es mit Rücksicht auf die i. d. R. vorausgegangene Abmahnung und die ebenfalls meistens vorausgegangene, mündliche Verhandlung wohl kaum jemals fehlen dürfte.[6]

---

³ S. z. B. *Emmerich*, SchuldR Bes. Teil, 4. Aufl. (1985), § 21 V m. Nachw.
⁴ *BGHZ* 23, 184 (193 f.); *BGH*, LM § 1 UWG Nr. 90a = GRUR 1960, 193 (196); GRUR 1960, 200 (201).
⁵ *BGH*, LM § 1 UWG Nr. 181 (Bl. 4) = GRUR 1967, 596.
⁶ Grdl. *BGH*, LM § 1 UWG Nr. 302 (Bl. 2) = GRUR 1977, 614.

bb) Wiederholungsgefahr

Der Unterlassungsanspruch zielt auf die Verhinderung künftiger, neuer Verstöße, die mit dem schon begangenen übereinstimmen. Ein Unterlassungsanspruch setzt deshalb stets die ernstliche Möglichkeit einer Wiederholung der fraglichen, rechtswidrigen Verletzungshandlung voraus; eine bloß theoretische Möglichkeit genügt nicht. Scheidet nach den gesamten Umständen eindeutig jede Möglichkeit einer Wiederholung der Handlung aus, so kommt infolgedessen ein Unterlassungsanspruch nicht in Betracht. Bei der Wiederholungsgefahr handelt es sich mithin um eine Anspruchsvoraussetzung, bei deren Fehlen die Klage auf Unterlassung unbegründet (und nicht etwa unzulässig) ist.[7]

Die Beweislast für das Vorliegen der Wiederholungsgefahr trägt grundsätzlich der Kläger.[8] Jedoch wird bei Wettbewerbsverstößen vermutet, daß Wiederholungsgefahr besteht, so daß es zunächst dem Beklagten obliegt, diese Vermutung zu widerlegen. Die Anforderungen der Praxis sind insoweit gewöhnlich sehr streng.

Deshalb genügt in aller Regel die bloße, im Prozeß abgegebene Erklärung, die fragliche Handlung nicht wiederholen zu wollen, nicht zur Ausräumung der Wiederholungsgefahr, sofern der Beklagte gleichwohl an seinem Standpunkt festhält, an sich zur Vornahme einer solchen Handlung befugt zu sein. Anders jedoch, wenn aufgrund besonderer, zusätzlicher Umstände eine Wiederholung der Handlung ausgeschlossen erscheint. Die Veränderung muß freilich endgültig sein. Ist hingegen eine Wiederherstellung des früheren Zustandes möglich, so besteht die Wiederholungsgefahr fort.[9]

Von solchen Ausnahmefällen abgesehen, ist zur Ausräumung der Wiederholungsgefahr i. d. R. eine durch eine angemessene Vertragsstrafe gesicherte, unbedingte *Unterlassungsverpflichtung* erforderlich.[10] Die Übernahme der Unterlassungsverpflichtung kann durch Vertrag oder einseitig erfolgen. Ein derartiger Vertrag stellt dann ein deklaratorisches Anerkenntnis dar, so daß es auf die Frage, ob das fragliche Verhalten tatsächlich gegen das UWG verstößt, fortan nicht mehr ankommt.[11] Die Regel ist freilich eine einseitige Unterlassungserklärung, die stets ausreicht, wenn sie ernsthaft und unbedingt ist und mit dem Versprechen einer angemessenen Vertragsstrafe verbunden wird.[12] Die Vertragsstrafe muß

---

[7] So insb. *BGH, LM* § 1 UWG Nr. 250 = GRUR 1973, 208; LM § 1 ZugabeVO Nr. 38 = GRUR 1983, 127 = NJW 1983, 941.
[8] *RGZ* 98, 267 (269).
[9] *BGHZ* 14, 163 (169); 81, 222; *BGH, LM* § 13 UWG Nr. 18 = NJW 1965, 251.
[10] Vgl. aus dem umfangreichen Schrifttum hierzu statt aller insbes. *Ahrens*, S. 36 ff. m. zahlr. Nachw.; *Baumbach-Hefermehl*, Einleitung UWG Rdnrn. 258 ff.; *Nordemann*, Tz. 559 ff.
[11] Z. B. *OLG Köln*, GRUR 1984, 674; *OLG Frankfurt*, GRUR 1986, 626 = NJW-RR 1986, 1164.
[12] Vgl. zuletzt insbes. *BGH, LM* § 1 UWG Nr. 372 = Betr. 1982, 2289; LM § 1 UWG Nr. 410 = NJW 1985, 62; GRUR 1986, 814 (815); sowie im übrigen aus der durchweg sehr auf die Umstände des Einzelfalles abstellenden Praxis insbes. noch *RGZ* 98, 267 (269 f.); 148, 114 (119 f.); *BGHZ* 1, 241 (248); 14, 163 (167 ff.); *BGH, LM* § 12

dabei grundsätzlich dem Verletzten und Kläger gegenüber versprochen werden, während ein Strafgedinge zugunsten eines Dritten in der Regel nicht ausreicht.[13] Die Höhe der jeweils zu übernehmenden Vertragsstrafe hängt ganz von den Umständen ab; sie kann sogar zunächst offen bleiben, wenn einem Dritten ihre Festsetzung im Verletzungsfalle übertragen wird; zugleich kann für diese Fälle eine Obergrenze der Vertragsstrafe festgelegt werden (§§ 315, 317 BGB).[14] Unbedenklich ist es außerdem, den Eintritt der Verpflichtung zur Zahlung der Vertragsstrafe bei Verstößen gegen die Unterlassungsverpflichtung von einem Verschulden abhängig zu machen, da dies ohnehin die Voraussetzung einer Zahlungspflicht aufgrund des § 339 BGB ist.[15] Die Beweislast für das Fehlen des Verschuldens im Einzelfall trifft dann den Verpflichteten.[15]

Einer wirksamen Unterlassungserklärung steht gleich das unbedingte Anerkenntnis einer einstweiligen Verfügung.[16] Umstritten ist die Frage, welche Auswirkungen auf die Wiederholungsgefahr strafbewehrte Unterlassungerklärungen *gegenüber Dritten* haben. Die neuere Praxis tendiert dahin, in solchen Fällen trotz der gegenüber Dritten übernommenen Unterlassungspflicht das Rechtsschutzbedürfnis für die Unterlassungsklage weiterhin zu bejahen,[17] jedoch im Einzelfall die Wiederholungsgefahr zu verneinen, wenn die Durchsetzung der gegenüber Dritten übernommenen Unterlassungspflicht unter allen Umständen sichergestellt ist.[18] Die Wiederholungsgefahr lebt schließlich wieder auf, wenn der Täter nachträglich gegen die von ihm gegenüber dem Verletzten oder gegenüber Dritten übernommene Unterlassungspflicht verstößt oder wenn er deren Gültigkeit bestreitet.[19]

Das Gesagte gilt uneingeschränkt auch für Unterlassungsklagen, die von Verbänden erhoben werden. Obwohl bei ihnen eine Schädigung durch die fragliche Handlung an sich nicht in Betracht kommt, wird doch im Verhältnis zu ihnen die Wiederholungsgefahr gleichfalls nur durch eine strafbewehrte Unterlassungserklärung beseitigt.[20] Die wirksame

---

BGB Nr. 15; § 1 UWG Nrn. 22, 128, 217, 250, 329; § 3 UWG Nrn. 8, 20; § 13 UWG Nr. 18; § 253 ZPO Nr. 34; *BGH*, GRUR 1967, 362 (366) (insoweit nicht in *BGHZ* 46, 305 veröffentlicht); 1964, 274 (275); 1967, 611 (612); LM § 242 (Cb) BGB Nr. 13 = NJW 1981, 1955; *OLG Hamm*, NJW-RR 1986, 717 (718) usw.

[13] Z.B. *OLG Hamm*, MDR 1982, 234; s. im übrigen *Baumbach-Hefermehl*, aaO, Rdnr. 260g sowie u. bei Fußn. 17f.

[14] Z.B. *BGH*, LM § 315 BGB Nr. 32 = NJW 1985, 191; NJW 1985, 2021 usw.

[15] Insbes. *BGH*, LM § 1 UWG Nr. 372 = NJW 1983, 167 = JuS 1983, 470 Nr. 8 „Senioren-Paß" m. Nachw.

[16] *OLG Hamburg*, GRUR 1984, 889.

[17] Grdl. *BGH*, LM § 9a UWG Nr. 12 = GRUR 1983, 186; *OLG Frankfurt*, GRUR 1984, 669; *OLG Hamburg*, GRUR 1984, 675; 1984, 676; *Baumbach-Hefermehl*, § 13 Rdnr. 6a; *BGH*, ZIP 1986, 1612.

[18] *BGH* (o. Fußn. 17); ZIP 1986, 1416; *OLG Hamburg*, NJW-RR 1986, 918.

[19] *OLG Hamburg* (o. Fußn. 18); *OLG Frankfurt*, BB 1985, 2268; *KG*, NJW-RR 1986, 1165.

[20] *BGH*, LM § 1 UWG Nr. 217 = NJW 1970, 1967.

Übernahme der Unterlassungsverpflichtung, sei es durch einseitige Erklärung, sei es durch Unterlassungsvertrag, hat dabei stets zur Folge, daß sich der bereits anhängige Rechtsstreit erledigt, so daß jetzt nur noch über die Kosten nach den §§ 91 a und 93 ZPO zu entscheiden ist.

cc) Rechtsschutzbedürfnis

Von der Wiederholungsgefahr, die zu den materiellen Anspruchsvoraussetzungen gehört, muß das allgemeine Rechtsschutzbedürfnis unterschieden werden, bei dessen Fehlen die Klage bereits unzulässig ist. So verhält es sich namentlich dann, wenn der Kläger bereits einen rechtskräftigen Titel in der Hand hat, aus dem er gegen den Beklagten vollstrecken kann. Es muß sich dabei jedoch um einen *endgültigen* Titel handeln. Durch einen vorläufigen Titel, insbesondere aufgrund einer einstweiligen Verfügung, wird hingegen i. d. R. das Rechtsschutzbedürfnis für eine nachfolgende Unterlassungsklage in der Hauptsache nicht ausgeschlossen. Anders aber wieder, wenn der Beklagte, etwa nach einem sog. Abschlußschreiben des Klägers (s. u. § 19, 1 b), auf die Einlegung von Rechtsbehelfen gegen den Titel verzichtet hat, so daß dieser endgültig geworden ist.[21]

b) Verpflichteter

Der Kreis der zur Unterlassung verpflichteten Personen wird im Wettbewerbsrecht besonders weit gezogen. Denn die Unterlassungspflicht trifft hier den Gewerbetreibenden nicht nur, wenn er selbst der Störer ist, sondern auch, wenn die Verletzungshandlung in seinem Geschäftsbetrieb von seinen Angestellten oder Beauftragten vorgenommen worden ist (§ 13 IV UWG).

aa) Störer

Der Gewerbetreibende ist zunächst unterlassungspflichtig, wenn er der Störer ist. Dies ist der Fall, wenn er die Verletzungshandlung selbst vorgenommen hat oder wenn er, wenn auch nur mittelbar, willentlich bei der Verletzungshandlung mitgewirkt hat, sofern er verpflichtet und in der Lage ist, die Handlung des Verletzers zu verhindern. Hierfür genügt bereits jede Ausnutzung oder Förderung eines fremden Wettbewerbsverstoßes, wobei das Gewicht der verschiedenen Tatbeiträge ebensowenig eine Rolle spielt wie die Frage, ob die Beteiligten Täter, Anstifter oder Gehilfen waren; vielmehr sind stets sämtliche Beteiligten gleichermaßen zur Unterlassung verpflichtet.[22]

---

[21] *BGH*, LM § 1 UWG Nrn. 250 und 329 = GRUR 1973, 208; NJW 1980, 1893; *BGH*, GRUR 1964, 274 (275); NJW 1973, 901; zur Unterwerfungserklärung gegenüber Dritten s. o. bei Fußn. 17.

[22] *BGHZ* 3, 270 (275 f.); 14, 163 (174 f.); *BGH*, LM § 12 BGB Nr. 15; § 91 a ZPO Nr. 35; *BGH*, GRUR 1967, 362 (365); *Baumbach-Hefermehl*, Einl. UWG Rdnrn. 284 f.

Daraus folgt namentlich, daß die Organe juristischer Personen, etwa die Geschäftsführer einer GmbH, neben dieser Störer sein können, wenn sie selbst wettbewerbswidrig gehandelt haben oder die Zuwiderhandlung seitens ihrer Mitarbeiter pflichtwidrig nicht verhindert haben.[23] So verhält es sich etwa, wenn sich der einzige Geschäftsführer einer GmbH ständig im Ausland aufhält und sich dadurch außerstande setzt, das wettbewerbswidrige Verhalten seiner Angestellten zu kontrollieren und gegebenenfalls zu unterbinden.[24] Ebenso kann, freilich nur unter engen Voraussetzungen, im Falle der Veröffentlichung wettbewerbswidriger Anzeigen die Zeitung neben dem Inserenten in Anspruch genommen werden. Voraussetzung ist die Verletzung einer Prüfungspflicht durch die Zeitung, die jedoch in der Regel nur bei groben, d. h. offensichtlichen Verstößen angenommen wird; die Zeitung ist außerdem dann noch selbst verantwortlich, wenn sie nach Veröffentlichung einer wettbewerbswidrigen Anzeige zu Unrecht die Verletzung des UWG leugnet und dadurch eine Wiederholungsgefahr heraufbeschwört.[25] Schließlich haften noch Hersteller und Großhändler neben den Einzelhändlern für deren Wettbewerbsverstöße, sofern sie diese ihrerseits, z. B. durch die Verwendung irreführender Bezeichnungen oder auf vergleichbare Weise, zuvor ermöglicht haben.[26]

bb) Angestellte und Beauftragte

Literatur: Baumbach-Hefermehl, § 13 UWG Rdnrn. 33ff.; *Bülow,* BB 1975, 538; *Callmann,* § 13 Rdnrn. 25ff.; *Fritze,* GRUR 1973, 352; *Gloy,* in: Hdb., § 21 Rdnrn. 8ff. (S. 185f.); *Nordemann,* Tz. 554ff.; *Pastor,* S. 634ff.; *ders.,* NJW 1964, 896; *Ulmer-Reimer,* Tz. 150 (S. 108f.).

Obwohl der Störerbegriff im Wettbewerbsrecht schon sehr weit ausgelegt wird und bereits Fälle erfaßt, in denen die Verletzungshandlung an sich von Mitarbeitern des Gewerbetreibenden ausgeht, bestimmt das UWG doch noch ergänzend in § 13 IV,[27] um etwa noch verbliebene Schutzlücken zu schließen, daß bei Verstößen gegen die §§ 1, 3, 4, 6 bis 6e, 7, 8 und 12 UWG, die von einem Angestellten oder Beauftragten vorgenommen worden sind, der Unterlassungsanspruch, und zwar ohne jede Entlastungsmöglichkeit, auch gegen den Inhaber des Betriebs begründet ist. Dasselbe gilt im Rabatt- und Zugaberecht (§ 12 RabattG; § 2 I 2 ZugabeVO). § 13 IV UWG ist darüber hinaus entsprechend an-

---

[23] *OLG Nürnberg,* BB 1983, 2011; *OLG Frankfurt,* GRUR 1984, 371.
[24] *OLG Nürnberg* (o. Fußn. 23).
[25] Grdl. *BGH,* LM § 1 UWG Nr. 249 = NJW 1972, 2302 = GRUR 1973, 203; zuletzt *OLG Hamm,* GRUR 1984, 538; NJW-RR 1986, 1091; *OLG Frankfurt,* NJW 1985, 1648 = GRUR 1985, 71; zur Bedeutung des § 13 Abs. 4 in diesem Zusammenhang s. sogleich im Text.
[26] *BGHZ* 13, 244 (258); 14, 163 (174); *BGH,* LM § 1 UWG Nr. 214; § 3 UWG Nr. 50; § 13 UWG Nr. 26; § 12 RabattG Nr. 2; § 823 (Bf) BGB Nr. 20.
[27] In der Fassung der UWG-Novelle von 1986 (BGBl. I, S. 1169).

wendbar in den Fällen der §§ 14 und 16 UWG (§§ 14 III und 16 IV UWG),[28] so daß die weite Haftung des Betriebsinhabers für Dritte praktisch sämtliche Fälle des unlauteren Wettbewerbs mit der einen Ausnahme des Geheimnisverrats (§§ 17–20 UWG) umfaßt. Dadurch soll verhindert werden, daß sich der Inhaber eines Betriebes, dem ein Wettbewerbsverstoß regelmäßig zugute kommen wird, trotzdem bei solchen Handlungen hinter von ihm in irgendeiner Weise abhängigen Dritten verstekken kann, indem er sich auf den Standpunkt zurückzieht, von allem nichts gewußt zu haben.[29]

Die Haftung des Betriebsinhabers für Angestellte und Beauftragte setzt zunächst voraus, daß der Wettbewerbsverstoß *„in einem geschäftlichen Betrieb"* des Inhabers begangen worden ist. Das ist nicht etwa räumlich in dem Sinne zu verstehen, daß der Verstoß von dem Angestellten oder Beauftragten gerade in den Betriebsräumen des Inhabers begangen sein müßte. Durch dieses Tatbestandsmerkmal soll vielmehr lediglich die rein *private* Tätigkeit des Dritten von seiner Tätigkeit für den Betriebsinhaber abgegrenzt und hierdurch aus dessen Haftung ausgeklammert werden.

Ein im geschäftlichen Betrieb des Inhabers begangener Wettbewerbsverstoß ist mithin schon anzunehmen, wenn es sich um eine Tat handelt, die zum Aufgaben- und Tätigkeitskreis des Betriebsinhabers gehört und deren Ergebnisse ihm zugute kommen, weil der Dritte dabei als Teil seiner Betriebsorganisation gehandelt hat. Zur Betriebsorganisation gehört hierbei namentlich der gesamte Bereich des Vertriebs. Wann immer also ein Dritter als Teil der Betriebsorganisation Handlungen vornimmt, auf die der Betriebsinhaber einen bestimmten Einfluß hat und deren Ergebnisse ihm zugute kommen, liegt ein Wettbewerbsverstoß im geschäftlichen Betrieb des Inhabers vor. Ausgenommen ist im Grunde nur die rein private Tätigkeit der Dritten, selbst wenn sie in den Räumen des Betriebsinhabers vorgenommen wird; ein Beispiel ist ein eigener Handel des Dritten mit Waren, die er sich selbst zusätzlich beschafft hat.[30]

Außerdem ist noch erforderlich, daß der handelnde Dritte Angestellter oder Beauftragter des Betriebsinhabers ist. Als *Angestellter* gilt dabei jeder, der aufgrund eines privatrechtlichen Dienstvertrages für den Betriebsinhaber tätig ist. Darunter fallen nicht nur alle Arbeitnehmer, sondern u. U. auch selbständige Gewerbetreibende.

Beauftragter ist demgegenüber jede sonstige Person, die aufgrund eines privatrechtlichen Vertrages, wenn auch nur gelegentlich, in die Betriebsorganisation des Inhabers eingegliedert ist und dergestalt für den Inhaber tätig wird, so daß die Ergebnisse ihrer Handlungen letztlich dem Betriebsinhaber zugute kommen. Unter dieser Voraussetzung zählen daher sogar Handelsvertreter zu den Beauftragten i. S. des § 13 Abs. 4 UWG.[31]

---

[28] Ähnlich sogar die Strafvorschrift des § 15 Abs. 2 UWG.

[29] Grdl. das Alpina-Urteil *RGZ* 151, 287 (292); zust. z. B. *BGHZ* 28, 1 (11); *BGH,* LM § 13 Nrn. 14, 15 und 18.

[30] *RGZ* 151, 287 (295) „Alpina"; *BGH,* LM § 12 RabattG Nr. 1; § 13 UWG Nrn. 14 und 15. Ebenso für die Werbung der Mitglieder eines Einkaufsverbandes unter dem Gemeinschaftszeichen *OLG Köln,* GRUR 1984, 881; s. noch u. bei Fußn. 33.

[31] *BGH,* LM § 1 UWG Nr. 220; § 13 UWG Nr. 11; § 12 RabattG Nr. 1.

Der Kreis der Angestellten und Beauftragten wird somit in § 13 IV UWG sehr weit gezogen.[32] Beispiele sind Händler, die in die Vertriebsorganisation einer Einkaufsgemeinschaft oder in ein von einem Großhändler organisiertes Kaufscheinsystem eingegliedert sind,[33] die Werbeagenturen im Verhältnis zu den Werbungstreibenden[34] sowie die Betreuungsfirmen des Bertelsmann-Leserings,[35] grundsätzlich jedoch nicht die Zeitungen im Verhältnis zu den Inserenten, so daß die letzteren nicht für versehentlich falsche oder gar eigenmächtig veränderte Anzeigen in der Zeitung zu haften brauchen.[36]

§ 13 IV UWG bedeutet, daß dem Betriebsinhaber unter den genannten Voraussetzungen die Wettbewerbsverstöße seiner Angestellten oder Beauftragten *wie eigene* zugerechnet werden. Es wird daher so angesehen, als ob der Wettbewerbsverstoß von dem Betriebsinhaber selbst begangen worden sei, so daß sich die Abwehransprüche (auch) gegen ihn richten, ohne daß er eine Entlastungsmöglichkeit hätte;[37] ebensowenig kommt es darauf an, ob er von der fraglichen Handlung überhaupt Kenntnis hatte. Er wird vielmehr ebenso behandelt, als ob er selbst gehandelt hätte, wobei es für die Frage der Wiederholungsgefahr sowohl auf die Person des Betriebsinhabers als auch auf die seiner Angestellten und Beauftragten ankommt.[38]

Im Prozeß kann der Beklagte seine Haftung folglich nur durch den Vortrag bekämpfen, daß er tatsächlich gar nicht der Inhaber des fraglichen Betriebes sei.[39] Dabei ist jedoch zu beachten, daß es die Praxis für die Anwendung des § 13 Abs. 4 UWG bereits genügen läßt, wenn jemand äußerlich den Rechtsschein seiner Betriebsinhaberschaft gesetzt hat, so daß er schon dann – ohne jede Entlastungsmöglichkeit – für Handlungen seiner vermeintlichen Angestellten oder Beauftragten einstehen muß.[40]

Dieselbe überaus weitgehende Zurechnung von Handlungen der Beauftragten und Angestellten gilt für das Vollstreckungsverfahren. Aus einem Urteil gegen den Betriebsinhaber kann mithin selbst dann vollstreckt werden, wenn der Verstoß von einem Angestellten oder Beauftragten begangen worden ist. Zusätzliche Voraussetzung ist hier freilich, daß der Betriebsinhaber schuldhaft gehandelt hat.[41] Er muß daher zumin-

---

[32] S. *Baumbach-Hefermehl*, § 13 Rdnr. 40; *Callmann*, § 13 Rdnr. 27; *v. Godin*, § 13 Rdnr. 10; *Pastor*, S. 634 ff.

[33] *RGZ* 151, 287 (292 ff.) „Alpina"; *BGH*, LM § 13 UWG Nr. 15 = GRUR 1964, 263; s. aber auch *OLG Köln* (o. Fußn. 30).

[34] *BGH*, LM § 1 UWG Nr. 250 = GRUR 1973, 208; *Henning-Bodewig*, Haftung, S. 24 f.

[35] *BGHZ* 28, 1 (11 ff.).

[36] Str., wie hier *OLG Oldenburg*, GRUR 1985, 388; anders aber *OLG München*, AfP 1980, 212 f.; *KG*, AfP 1980, 222; *Baumbach-Hefermehl*, § 13 Rdnr. 40.

[37] So z. B. zuletzt *OLG Frankfurt*, GRUR 1984, 882.

[38] *BGH*, LM § 1 UWG Nr. 22 = GRUR 1955, 411; LM ArzneimittelVO Nr. 3 = GRUR 1957, 606; LM § 13 UWG Nrn. 11 und 18 = GRUR 1961, 288; NJW 1965, 251.

[39] *OLG Frankfurt* (o. Fußn. 37).

[40] *OLG Karlsruhe*, GRUR 1984, 829 f.

[41] Grdl. *BVerfGE* 20, 323 = NJW 1967, 195; ebenso *BGH*, LM § 1 UWG Nr. 250; § 13 UWG Nr. 11 = GRUR 1973, 208; 1961, 288.

dest die Möglichkeit gehabt haben, den Wettbewerbsverstoß seiner Angestellten oder Beauftragten zu verhindern.

Der Anwendungsbereich des § 13 IV UWG beschränkt sich nach seinem Wortlaut auf Unterlassungsansprüche aus Wettbewerbsverstößen; gleich stehen Beseitigungsansprüche (s. o. 4 b, bb). Für Schadensersatz- oder Auskunftsansprüche gegen den Betriebsinhaber hat er hingegen keine Bedeutung; insoweit gelten vielmehr allein die allgemeinen, deliktsrechtlichen Regeln und damit insbesondere § 831 BGB.[42]

Durch § 13 IV UWG sind die Angestellten und Beauftragen außerdem *nicht* zu *Wissensvertretern* des Betriebsinhabers gemacht worden. Soweit es auf dessen Kenntnis von bestimmten Umständen ankommt, kann ihm mithin nicht etwa über § 13 IV UWG die Kenntnis seiner Angestellten oder Beauftragten zugerechnet werden; für die Wissenszurechnung verbleibt es vielmehr ebenfalls bei den allgemeinen Regeln (s. bes. § 166 BGB).[43] Schließlich wird durch die Haftung des Betriebsinhabers aufgrund des § 13 IV UWG keinesfalls eine etwaige *eigene Haftung* der Angestellten oder Beauftragten für den Wettbewerbsverstoß berührt; beide sind dann vielmehr Gesamtschuldner. § 13 IV UWG bedeutet nicht, daß der Betriebsinhaber anstelle des Dritten haftete. Das zeigt schon der Wortlaut des Gesetzes („... auch...").[44]

c) Inhalt

aa) Der Unterlassungsanspruch richtet sich gegen die in der Zukunft drohende Wiederholung einer ganz *konkreten* Verletzungshandlung. Nur deren Unterlassung kann daher verlangt werden, nicht hingegen die Unterlassung anderer, wenn auch noch so ähnlicher Handlungen. Eine Verallgemeinerung des Antrags über den konkreten Verletzungstatbestand hinaus ist folglich nur zulässig, wenn allein auf diese Weise das Charakteristische der einzelnen Verletzungshandlung sachgemäß hervorgehoben werden kann.[45]

bb) Der Unterlassungsanspruch kann im Einzelfall den Beseitigungsanspruch (s. u. 3) umfassen, namentlich sofern die Nichtbeseitigung einer Störungsquelle gleichbedeutend mit der Fortsetzung der Verletzungshandlung ist. Man denke etwa an den Fall der Anbringung wettbewerbswidriger Plakate oder der Veröffentlichung wettbewerbswidriger Anzeigen. In diesem Sonderfall ist der Beseitigungsanspruch ein Teil des Unterlassungsanspruchs, so daß im Rechtsstreit beide Ansprüche einen einheitlichen Streitgegenstand bilden. Die Vollstreckung des Urteils richtet

---

[42] S. z. B. *Melullis*, in: Hdb., § 20 Rdnrn. 12 ff. (S. 163 ff.).
[43] *BGH*, LM § 1 UWG Nr. 22 (Bl. 4) = GRUR 1955, 411.
[44] *Henning-Bodewig*, Haftung, S. 25 f. m. Nachw.
[45] *BGH*, LM ArzneimittelVO Nr. 3 (Bl. 4); § 13 UWG Nr. 11; § 16 UWG Nr. 49; LM § 3 UWG Nr. 192 = GRUR 1982, 681 (683).

sich folglich in erster Linie nach § 890 ZPO.[46] Zweifelhaft ist hingegen, ob hierher außerdem der Fall der Verwendung wettbewerbswidriger Firmen gehört,[47] da es in diesem Fall an sich ohne weiteres möglich ist, den Anspruch auf Unterlassung der weiteren Firmenführung von dem Beseitigungsanspruch in Gestalt des Anspruchs auf Löschung der unzulässigen Firma im Handelsregister zu trennen.[48]

cc) In dem Unterlassungsurteil kann dem Kläger auf Antrag die Befugnis zugesprochen werden, das Urteil auf Kosten des Beklagten öffentlich bekannt zu machen (§ 23 II UWG). Die Anordnung der *Bekanntmachung* steht im Ermessen des Gerichts, so daß sie stets eine sorgfältige Interessenabwägung voraussetzt.[49]

d) Vorbeugender Unterlassungsanspruch

Eine Sonderform des Unterlassungsanspruchs stellt der vorbeugende Unterlassungsanspruch dar. Er greift bereits ein, wenn es zwar noch nicht zu einem Wettbewerbsverstoß gekommen ist, ein solcher aber *ernsthaft droht.* Nach dem Motto: ,,Vorbeugen ist besser als Heilen" braucht dann der durch die Handlung Bedrohte nicht erst die Begehung der Handlung abzuwarten, um sich anschließend dagegen zu wehren; er kann vielmehr schon vorbeugend Unterlassung der drohenden Handlung verlangen.[50]

Die vorbeugende Unterlassungsklage spielt eine besondere Rolle, wenn sich ein Gewerbetreibender ernsthaft eines Rechts oder der Befugnis zur Vornahme bestimmter Handlungen berühmt. Bestreitet ihm der andere Teil diese Befugnis oder dieses Recht, so kann er schon vorbeugend Unterlassung verlangen, sofern ihm ernsthaft von der Ausübung des Rechts oder der Vornahme der Handlung eine Verletzung droht.[51]

3. Beseitigungsanspruch

a) Allgemeines

Der bloße Unterlassungsanspruch allein genügt häufig nicht den legitimen Schutzinteressen des Verletzten. Hat z. B. der Verletzer für sich eine unzulässige Firma im Handelsregister eintragen lassen oder hat er in seiner Werbung unrichtige Behauptungen über den Verletzten aufgestellt, so ist diesem wenig damit geholfen, wenn der Verletzer verpflichtet wird, in Zukunft vergleichbare Störungen zu unterlassen; dieser muß

---

[46] Eingehend *Lindacher,* GRUR 1985, 423 ff.
[47] So z. B. *BGH,* LM § 3 UWG Nr. 65 = GRUR 1964, 686; LM § 1004 BGB Nr. 32 = NJW 1957, 1676.
[48] S. im einzelnen *Lindacher* (o. Fußn. 46).
[49] *Baumbach-Hefermehl,* § 23 Rdnr. 9.
[50] Dazu grdl. *Ahrens,* passim; s. auch *Lindacher* (o. Fußn. 46); ein Beispiel in *OLG Zweibrücken,* GRUR 1985, 568 (569).
[51] *BGHZ* 2, 394 (395 f.); 14, 163 (170); *BGH,* LM § 1 UWG Nrn. 22, 183 und 220; § 3 UWG Nr. 50; § 823 (Bf) BGB Nr. 20; GRUR 1962, 34 (35); LM § 1 UWG Nr. 372 = NJW 1983, 167; *Nordemann,* Tz. 558.

vielmehr verpflichtet werden, außerdem die Folgen des ersten Eingriffs, der sich als Quelle fortlaufender, neuer Störungen erweist, zu beseitigen. Diesem Zweck dient der Beseitigungsanspruch, der ebensowenig wie der Unterlassungsanspruch ein Verschulden voraussetzt. Mit dem letzteren deckt er sich nur in dem Sonderfall, daß die Nichtbeseitigung einer Störungsquelle gleichbedeutend mit der Fortsetzung der Störung ist (o. 2 c, bb). Sonst stehen beide Ansprüche selbständig nebeneinander, so daß beide insbes. verschiedene Streitgegenstände bilden und in verschiedenen Fristen verjähren können.[52]

Als *Inhalt* des Beseitigungsanspruchs kommen z. B. – neben der schon erwähnten Löschung einer unzulässigen Firma – die Berichtigung unrichtiger Werbebehauptungen oder die Beseitigung täuschenden Werbematerials in Betracht.[53] Der mit Abstand wichtigste Anwendungsfall des Beseitigungsanspruchs ist jedoch der Widerrufsanspruch.

b) Widerrufsanspruch

Der Widerrufsanspruch richtet sich gegen unrichtige *Tatsachen*behauptungen, aus denen sich eine sich fortlaufend erneuernde Quelle der Ehrverletzung oder der Schädigung ergibt. Kein Widerruf kann hingegen bei bloßen Werturteilen verlangt werden, bei denen daher höchstens ein Unterlassungsanspruch in Betracht kommen kann, sofern an ihrer Aufrechthaltung kein berechtigtes Interesse mehr besteht.[54] Die Tatsachenbehauptung muß außerdem *unrichtig* sein. Die Beweislast hierfür trägt grundsätzlich der Kläger. Bleibt die Frage der Richtigkeit oder Unrichtigkeit der Behauptung offen, so kann kein Widerruf, sondern allenfalls die Erklärung verlangt werden, daß der Beklagte seine Behauptungen nicht mehr aufrechterhalte (s. schon o. § 7, 8 a).

Letzte Anspruchsvoraussetzung ist, daß von der unrichtigen Behauptung für die Zukunft schädigende Auswirkungen und damit eine *Beeinträchtigung* des Verletzten zu besorgen sind. Bloße Beeinträchtigungen in der Vergangenheit, die keine Nachwirkungen mehr äußern, genügen hingegen nicht als Grundlage für den in die Zukunft gerichteten Widerrufsanspruch, der niemals zu einer Demütigung des Gegners führen darf und sich deshalb seinem Ziele nach stets auf das Maß des sachlich unbedingt erforderlichen beschränken muß. Als *Gegenstand* des Widerrufsanspruchs kommen im Wettbewerbsrecht vor allem sämtliche, unrichtigen Werbebehauptungen sowie Anschwärzungen und Verleumdungen

---

[52] Grdl. *BGH*, LM § 21 UWG Nr. 3 = NJW 1973, 2285; s. im übrigen m. Nachw. *Lindacher*, GRUR 1985, 423 ff.
[53] *BGH*, LM § 1 UWG Nr. 271; § 3 UWG Nr. 65; LM § 1004 BGB Nrn. 32 und 59.
[54] Zur Abgrenzung s. o. § 12, 3 a, sowie insb. *BGHZ* 65, 325 (337) = JuS 1976, 329 Nr. 6 m. Nachw.; *BGH*, LM § 823 (Ah) BGB Nr. 78 = NJW 1982, 2246.

(§§ 14, 15 UWG) in Betracht.[55] Die Vollstreckung richtet sich dann nach § 894 ZPO.[56]

4. Aktivlegitimation

Literatur: S. o. sowie z. B. noch *v. Falckenstein*, Die Bekämpfung unlauterer Geschäftspraktiken durch Verbraucherverbände, 1977; *Fricke*, GRUR 1976, 680; *Hadding*, JZ 1970, 305; *Knieper*, NJW 1971, 2251; *Koppensteiner*, S. 522 ff.; *Nordemann*, Tz. 544 ff.; *Pastor*, Wettbewerbsprozeß, S. 585 ff.; *ders.*, GRUR 1969, 571; *Pietzcker*, NJW 1982, 1840; *Tilmann*, NJW 1975, 1913; *M. Wolf*, Die Klagebefugnis der Verbände, 1971; *ders.*, BB 1971, 1293; *Sack*, BB 1986, 2216.

Für die wettbewerbsrechtlichen Abwehransprüche ist die Klagebefugnis durch das UWG und seine Nebengesetze weit über den Kreis der unmittelbar Verletzten hinaus erweitert worden (s. § 13 UWG; § 12 S. 2 RabattG; § 2 I 2 Zugabe VO). Am wichtigsten ist dabei die weitgehende Zulassung der sog. Verbandsklagen, die mittlerweile in der Praxis eine überragende Bedeutung erlangt haben. Inzwischen stammt bereits mehr als die Hälfte aller Wettbewerbsklagen von Verbänden. Das UWG kennt hingegen keine Popularklage. Namentlich ein Klagerecht der Verbraucher ist dem UWG unbekannt (vgl. aber den neuen § 13 a UWG).

§ 13 UWG ist durch die Novelle von 1986 völlig neu gefaßt worden. Die meisten Änderungen sind freilich nur redaktioneller Art. Neu ist hingegen die Mißbrauchsklausel des Abs. 5, durch die den vom Gesetzgeber angenommenen, verbreiteten Mißbräuchen bei dem Klagerecht der Verbände wirksamer als bisher begegnet werden soll.[57]

a) Der unmittelbar Verletzte

Vom UWG nicht besonders ausgesprochen, weil selbstverständlich, ist das Klagerecht des unmittelbar Verletzten. Richtet sich eine Wettbewerbshandlung gegen einen bestimmten Gewerbetreibenden, so ergibt sich das Klagerecht der Verletzten schon aus dem rechtswidrigen, weil vom Gesetz verbotenen Eingriff in seine Rechts- oder Gütersphäre. Das ist unproblematisch und hat namentlich nichts mit § 13 UWG zu tun.[58] Auf ein Wettbewerbsverhältnis zwischen den Beteiligten kommt es hier richtigerweise gleichfalls nicht an (s. o. § 4, 3 b).

---

[55] S. schon o. § 7, 8a, sowie RGZ 148, 114 (124); *BGHZ* 10, 104 ff.; 65, 325 (337) = JuS 1976, 329 Nr. 6; *BGH*, LM § 1 UWG Nr. 24; § 823 (Ah) BGB Nr. 36 = GRUR 1955, 342; 1969, 368; *Baumbach-Hefermehl*, Einl. UWG Rdnrn. 273 ff.; *Nordemann*, Tz. 568.

[56] *OLG Frankfurt*, NJW 1982, 113; str.; s. *Lindacher*, GRUR 1985, 423.

[57] S. dazu im einzelnen die Begründung zum RegE, BT-Dr. 10 (1986)/4741, S. 17 ff.; den Ausschußbericht, BT-Dr. 10 (1986)/5771, S. 22; sowie z. B. zuletzt *Sack*, BB 1986, 953 m. zahlr. Nachw. aus der vorausgegangenen, literarischen Diskussion über die verschiedenen Änderungspläne; *ders.*, BB 1986, 2216.

[58] Ebenso *BGH*, LM § 1 UWG Nr. 86/87 = GRUR 1960, 144 (146) „Bambi"; *BGH*, GRUR 1965, 445 (446).

Bei Wettbewerbsverstößen läßt sich indessen häufig ein dadurch unmittelbar verletzter Gewerbetreibender nicht oder nur mit großer Mühe isolieren. Und selbst dann wird es häufig zweifelhaft sein, ob ausgerechnet dieser Verletzte den ihm hiernach zustehenden Unterlassungsanspruch geltend macht. Das UWG hat deshalb in § 13 Abs. 2 und 3, um die Durchsetzung seiner Verbote sicherzustellen, den Kreis der Klagebefugten erheblich erweitert und die Klagebefugnis außerdem den Konkurrenten, den Interessen- und den Verbraucherverbänden sowie bestimmten Kammern zugebilligt. Weitgehend übereinstimmende Regelungen finden sich überdies für das Rabattrecht in § 12 S. 2 RabattG sowie für das Zugaberecht in § 2 I 2 ZugabeVO. Im folgenden ist zunächst näher auf das Klagerecht der Konkurrenten einzugehen

b) Konkurrenten

aa) Voraussetzungen

Das Gesetz umschreibt in § 13 Abs. 2 Nr. 1 UWG den Kreis der klagebefugten Konkurrenten dahingehend, daß es sich um Gewerbetreibende handeln muß, die Waren oder Leistungen gleicher oder verwandter Art vertreiben. Die Klagebefugnis der Konkurrenten setzt mithin als erstes voraus, daß sie überhaupt Gewerbetreibende i. S. des UWG sind. Dafür genügt jedoch bereits die Ausübung einer dauernden, wirtschaftlichen Tätigkeit mit dem Ziel der Gewinnerzielung, so daß z. B. die Angehörigen der freien Berufe oder die Lohnsteuerhilfevereine unter § 13 Abs. 2 Nr. 1 UWG fallen.[59]

Außerdem ist erforderlich, daß die Konkurrenten Waren oder Leistungen gleicher oder verwandter Art vertreiben, d. h. (vgl. die frühere Fassung des § 13 Abs. 1 S. 1) herstellen oder in den geschäftlichen Verkehr bringen. Die Waren oder Leistungen müssen sich mithin nach der Verkehrsanschauung so nahestehen, daß sie sich im Absatz gegenseitig behindern können, wobei zukünftige oder mittelbare Wettbewerbsverhältnisse zu berücksichtigen sind, wofür nicht unbedingt notwendig ist, daß die Parteien gerade auf derselben Wirtschaftsstufe stehen oder daß sie denselben Abnehmerkreis haben.[60] Jedoch fehlt es an einem Vertreiben der Waren bei ausschließlich unternehmens- und konzerninternen Vorgängen, so daß z. B. eine reine Einkaufsgesellschaft eines Konzerns, die sich auf die Belieferung der Konzernmitglieder beschränkt, mangels Tätigkeit für den Markt kein Klagerecht aus § 13 Abs. 2 Nr. 1 UWG herleiten kann.[61]

Das Klagerecht darf außerdem nicht *mißbraucht* werden. Denn nach dem neuen § 13 Abs. 5 UWG entfällt der Unterlassungsanspruch (und damit das Klagerecht des betreffenden Konkurrenten), wenn die Gel-

---

[59] *BGH,* LM § 13 UWG Nr. 29 = GRUR 1976, 370; *Baumbach-Hefermehl,* § 13 Rdnr. 8; *Callmann,* § 13 Rdnr. 6; *Pastor,* S. 588 ff.
[60] *BGHZ* 13, 244 (249) ,,Cupresa''; 18, 175 (181 f.) ,,Werbeidee''; *BGH,* LM § 1 UWG Nr. 86/87 = GRUR 1960, 144 (146) ,,Bambi''; GRUR 1966, 445 (446).
[61] *BGH,* LM § 13 UWG Nr. 22 = NJW 1969, 2046 für die Einkaufsgesellschaft der 4711-Gruppe.

tendmachung des Anspruchs unter Berücksichtigung der gesamten Umstände mißbräuchlich ist, insbes. wenn sie vorwiegend dazu dient, gegen den Zuwiderhandelnden einen Anspruch auf Ersatz von Aufwendungen oder Kosten der Rechtsverfolgung entstehen zu lassen. Der Gesetzgeber hat hier an Fälle gedacht, wie sie in letzter Zeit namentlich auf dem Immobiliensektor beobachtet wurden, wo Gewerbetreibende, häufig in enger Zusammenarbeit mit Rechtsanwälten, in großem Umfang wegen geringfügiger Verstöße in Anzeigen Abmahnungen ausgesprochen haben, um Aufwendungsersatz und Rechtsanwaltsgebühren geltend machen zu können, obwohl schon die Eigenschaft der betreffenden Personen als Gewerbetreibende zweifelhaft ist.[62] Ein Mißbrauch liegt außerdem vor, wenn jeder innere Zusammenhang zwischen der Abmahnung und der gewerblichen Tätigkeit fehlt, die Abmahntätigkeit vielmehr zu einer zweiten, selbständigen, gewinnbringenden Tätigkeit degeneriert[63] oder wenn Rechtsanwälte mit derselben Zielsetzung bloß formal selbständige Gewerbetreibende bei den von ihnen in großer Zahl ausgesprochenen Abmahnungen vorschieben.[64]

bb) Umfang

Die Klagebefugnis der Konkurrenten umfaßt nicht alle Fälle unlauteren Wettbewerbs, sondern beschränkt sich – neben Verstößen gegen das RabattG (s. § 12 RabattG) und gegen die ZugabeVO (s. § 2 I 2 der VO) – auf Verstöße gegen die §§ 1 – 12 UWG. Das ergibt sich aus dem Zusammenhang der Abs. 2 und 3 des § 13 UWG. Das Klagerecht der Konkurrenten besteht hingegen nicht in den Fällen der §§ 14 bis 20 UWG, bei denen es sich um reine Deliktsvorschriften handelt, die ausgesprochen den Schutz bestimmter Gewerbetreibender bezwecken. Außerdem haben die Konkurrenten kein Klagerecht, wenn sich der Unterlassungsanspruch allein aus bürgerlich-rechtlichen Vorschriften, etwa aus den §§ 823 I und 1004 BGB ergibt; Anspruchsgrundlage muß vielmehr stets zumindest auch ein Verstoß gegen die §§ 1–12 UWG sein.[65]

§ 13 Abs. 2 und 3 UWG erwähnt ebenso wie die Parallelvorschriften des Rabatt- und des Zugaberechts an sich nur den Unterlassungsanspruch. Dies ist jedoch pars pro toto zu verstehen. Gemeint sind m. a. W. sämtliche, wettbewerbsrechtlichen Abwehransprüche einschließlich des Beseitigungs- und des Widerrufsanspruchs,[66] nicht jedoch der Schadens-

---

[62] S. die Begründung zum RegE (o. Fußn. 57) sowie z. B. *Pastor*, GRUR 1982, 330 (333 f.); *Sack*, BB 1986, 2218 ff.

[63] Grdl. *OLG München*, NJW-RR 1986, 529; *OLG Karlsruhe*, NJW-RR 1986, 529 f.

[64] *OLG Karlsruhe* (o. Fußn. 63).

[65] Vgl. für die Verbände z. B. *BGH*, LM § 1004 BGB Nr. 59; RabattG Nr. 17 = GRUR 1962, 315; 1968, 95.

[66] *BGH*, LM § 1004 BGB Nr. 59 = GRUR 1962, 315; GRUR 1975, 377 (378); *Baumbach-Hefermehl*, § 13 Rdnr. 4 m. Nachw.; a. A. früher *RGZ* 148, 114 (125 f.).

ersatzanspruch, so daß Schadensersatz immer nur der unmittelbar Verletzte und sonst niemand verlangen kann (o. 4a). Eine class action der Verbände oder ähnliche Rechtsinstitute, wie sie im Verbraucherschutz nach dem Vorbild des amerikanischen Rechts erörtert werden, sind dem geltenden Recht unbekannt.

c) Interessenverbände[67]

Klagebefugt sind neben den Konkurrenten (o. 4b) außerdem alle rechtsfähigen Verbände zur Förderung gewerblicher Interessen (sog. Interessenverbände; § 13 II Nr. 2 UWG, § 12 RabattG, § 2 I 2 Zugabe-VO).[68] Seine Erklärung findet dieses für das deutsche Recht ganz ungewöhnliche Verbandsklagerecht vor allem in dem öffentlichen Interesse an der Verhinderung von Wettbewerbsverstößen.[69]

aa) Rechtsnatur

Das Klagerecht der Verbände aufgrund des § 13 UWG wird überwiegend nicht als besondere, gesetzliche Form der Prozeßstandschaft (insbes. für die Mitglieder des Verbandes) erklärt.[70] Vielmehr steht nach durchaus h. M.[71] den Verbänden ein eigener, materiellrechtlicher Unterlassungsanspruch zu, so daß es sich bei den Unterlassungsklagen verschiedener Verbände stets um verschiedene Streitgegenstände handelt, selbst wenn sie sich gegen denselben Wettbewerbsverstoß richten. Die Unterlassungsklage eines Verbandes schließt folglich eine parallele Klage eines anderen Verbandes niemals aus. Lediglich nach rechtskräftiger Verurteilung des Beklagten auf die eine Klage hin kann die Begründetheit (nicht die Zulässigkeit) der anderen Klage wegen des Fortfalls der Wiederholungsgefahr entfallen.[72]

Im Prozeß wird das Klagerecht des Verbandes als besondere *Prozeßvoraussetzung* behandelt, deren Vorliegen in jedem Stadium des Verfahrens vom Amts wegen zu

---

[67] Vgl. dazu aus dem umfangreichen Schrifttum *Ahrens*, S. 110ff.; *v. Falckenstein*, aaO; *Gloy*, in : Hdb., § 19 Rdnrn. 7ff.; *Hadding*, JZ 1970, 305; *Knieper*, NJW 1971, 2251; *Kisseler*, WRP 1971, 449; *Kur*, GRUR 1981, 558; *M. Lehmann*, WiVerw 1982, 1; *Pastor*, GRUR 1969, 571; 1982, 330; *Pietzcker*, NJW 1982, 1840; *Sack*, BB 1986, 953; *Säcker*, Betr. 1986, 1504; *K. Schmidt*, NJW 1983, 1520; *v. Ungern-Sternberg*, NJW 1981, 2328; *Urbanczyk*, Verbandsklage; *Weyhenmeyer*, Betr. 1986, 2317; *M. Wolf*, Klagebefugnis, alle m. zahlr. weiteren Nachw.

[68] Zu der parallelen Vorschrift des § 35 Abs. 3 GWB s. eingehend *Emmerich*, in: IM, § 35 Rdnrn. 104ff.; eine weitere, für die Praxis zu den Allgemeinen Geschäftsbedingungen sehr bedeutsame Parallelvorschrift findet sich schließlich in § 13 Abs. 2 Nr. 2 AGBG (s. dazu z. B. *Lindacher*, in: Wolf-Horn-Lindacher, AGBG, 1984, § 13 Rdnrn. 10f.).

[69] So schon immer die Rspr., insb. grdl. *RGZ* 120, 47 (49); 148, 114 (125); *BGH*, LM § 1 UWG Nr. 179; § 13 UWG Nr. 27; GRUR 1964, 397 (398); BB 1983, 596.

[70] So z. B. *Hadding*, JZ 1970, 310 m. Nachw.

[71] *BGHZ* 31, 314 (317f.); *BGH*, LM § 1 UWG Nr. 179 (Bl. 2 R); zust. *Baumbach-Hefemehl*, § 13 Rdnr. 2; *Pastor*, S. 588.

[72] S. o. 2a, bb (bei Fußn. 17) sowie z. B. *RGZ* 120, 47 (49f.); zust. *BGH*, LM § 13 UWG Nr. 10 = GRUR 1960, 379 (380f.); *Hadding*, JZ 1970, 310f.

prüfen ist. Dabei wird jedoch grundsätzlich vermutet, daß ein Verband seine satzungsmäßigen Aufgaben tatsächlich wahrnimmt, so daß die Gerichte dieser Frage nur nachgehen müssen, wenn sich dafür im Prozeß sachliche Anhaltspunkte ergeben.[73] Seinem *Umfang* nach entspricht das Verbandsklagerecht dem Klagerecht der Konkurrenten (s. deshalb im einzelnen o. 4b, bb). Außerdem kann der Verband im Einzelfall aufgrund besonderer Ermächtigung einzelner seiner Mitglieder im Wege der Prozeßstandschaft darüber hinaus bürgerlich-rechtliche Unterlassungsansprüche der Mitglieder im eigenen Namen geltend machen.[74]

bb) Voraussetzungen

Das Klagerecht steht nach § 13 Abs. 2 Nr. 2 UWG ebenso wie nach § 12 RabattG und § 2 I 2 ZugabeVO sämtlichen, rechtsfähigen Verbänden zur Förderung gewerblicher Interessen zu. Voraussetzung des Klagerechts dieser sog. Interessenverbände oder Gewerbevereine ist hiernach nur, daß zu den satzungsmäßigen Aufgaben des Verbandes die Förderung gewerblicher Interessen gehört, daß der Verband diese Tätigkeit tatsächlich ausübt und daß der fragliche Wettbewerbsverstoß in den Interessen- und Tätigkeitskreis des Verbandes fällt. Dabei wird es bereits als ausreichend angesehen, wenn sich der fragliche *Zweck* nur konkludent aus der Satzung ergibt; dies aber ist in jedem Fall unabdingbare Voraussetzung des Klagerechts.[75] Außerdem ist unerläßlich, daß der Verband seinen satzungsmäßigen Zweck *tatsächlich* durch eigene Aktivitäten verfolgt und entsprechend ausgestattet ist, um gegebenenfalls selbst gegen von ihm festgestellte Wettbewerbsverstöße umfassend einschreiten zu können; hieran fehlt es schon, wenn sich der Verband mangels eigener Ressourcen auf die Beauftragung von Rechtsanwälten beschränkt.[76] Ebensowenig verfügen über das Klagerecht die sog. *Mischverbände*, die gleichzeitig und gleichrangig Interessen der Gewerbetreibenden und der Verbraucher vertreten, und zwar weil hier die große Gefahr von Interessenkollisionen besteht. Das Klagerecht haben vielmehr nur solche Verbände, bei denen sowohl nach ihrer Satzung als auch nach ihrem tatsächlichen Erscheinungsbild sowie nach ihrem Mitgliederkreis die Verfolgung gewerblicher Interessen ganz im Vordergrund steht.[77]

Weitere Voraussetzungen als die genannten kennt das Verbandsklagerecht des UWG *nicht*. Insbes. ist nicht eine Mindestzahl von Mitgliedern erforderlich; ebensowenig gibt es – entgegen ursprünglichen Plänen – ein besonderes Registrierungsverfahren für Interessenverbände i. S. des § 13 Abs. 2 Nr. 2 UWG. Außerdem setzt ihr Klagerecht nicht voraus, daß die Mitglieder des Verbandes durch den Wettbewerbsverstoß verletzt

---

[73] *BGH,* LM § 13 UWG Nr. 25 = NJW 1972, 1988.
[74] *BGH,* LM § 13 UWG Nr. 38 = MDR 1983, 819 = NJW 1983, 1559.
[75] *BGH,* LM § 1 UWG Nr. 381 = GRUR 1983, 131.
[76] Grdl. *BGH,* GRUR 1986, 320, 676 u. 678; *österr. OGH,* GRURInt 1986, 656.
[77] Grdl. *BGH,* LM § 13 UWG Nr. 35 = NJW 1983, 1061 = GRUR 1983, 129 = BB 1983, 274; ebenso sodann z. B. *BGH,* LM § 3 UWG Nr. 208 = NJW 1983, 2703; LM SchlußverkaufsVO Nr. 9 = NJW 1984, 1687 = GRUR 1984, 285.

worden sind oder daß sie zu den Konkurrenten des Verletzers in dem weiten Sinne des § 13 Abs. 2 Nr. 1 UWG gehören. Die Mitglieder des Verbandes brauchen noch nicht einmal Gewerbetreibende zu sein, so daß sich jeder Interessenverband unter den genannten Voraussetzungen im Rahmen seines möglicherweise sehr weitgespannten Aufgaben- und Tätigkeitsbereiches gegen jeden beliebigen Wettbewerbsverstoß wenden kann.[78] Selbst eine nur partielle Berührung des Aufgaben- und Tätigkeitsbereichs des Verbandes wird dabei als ausreichend angesehen.[79] Es ist daher nur folgerichtig, daß sogar Regionalverbände befugt sind, Unterlassungsansprüche für das gesamte Bundesgebiet geltend zu machen.[80]

Insgesamt sind mithin die Voraussetzungen, die ein Verband erfüllen muß, um als Interessenverband i. S. des § 13 Abs. 2 Nr. 2 UWG anerkannt zu werden, nach wie vor – trotz gewisser, restriktiver Tendenzen in der Praxis – gering, so daß ihre Erfüllung i. d. R. keine unüberwindlichen Schwierigkeiten bereitet. Diesen Umstand muß man im Zusammenhang mit dem weiteren Umstand sehen, daß es der *BGH* den Verbänden gestattet hat, über § 91 ZPO hinaus von Personen, die gegen das UWG oder seine Nebengesetze verstoßen haben, bereits im Falle einer bloßen *vor*prozessualen Abmahnung Ersatz der ihnen hierdurch entstandenen Kosten nach den Regeln über die Geschäftsführung ohne Auftrag zu verlangen (s. im einzelnen u. § 19, 1 e). Beides zusammen hat nach einer verbreiteten Meinung, der sich mittlerweile sogar der Gesetzgeber angeschlossen hat, dazu geführt, daß das sog. Klagerecht der Interessenverbände in großem Umfang durch sog. *Abmahn-* oder *Gebührenvereine* dazu mißbraucht wird, nur zu dem Zweck Abmahnungen wegen i. d. R. ganz geringfügiger Verstöße gegen das UWG und seine Nebengesetze auszusprechen und gegebenenfalls Klage zu erheben, um Aufwendungsersatz sowie Erstattung der von ihnen verauslagten Anwaltsgebühren zu erlangen.[81] Daß in den genannten Fällen tatsächlich ein „Mißbrauch" des Klagerechts der Verbände vorliege, ist freilich von anderer Seite immer wieder mit dem naheliegenden Hinweis bestritten worden, das Klagerecht und damit die Ansprüche auf Aufwendungsersatz und Gebührenerstattung setzten in jedem Fall voraus, daß der Anspruchsgegner tatsäch-

---

[78] *RGZ* 120, 47 (49); *BGH*, LM ArzneimittelVO Nr. 3 = GRUR 1957, 606; LM § 13 UWG Nrn. 19, 25 und 27; *BGH*, GRUR 1964, 397 (398); 1975, 377 (378); *OLG Hamburg*, GRUR 1969, 483; *v. Ungern-Sternberg*, NJW 1981, 2328; sehr str.

[79] *BGH*, LM § 13 UWG Nr. 27 = NJW 1974, 1141.

[80] *BGH*, GRUR 1964, 397 (398).

[81] Vgl. aus dem umfangreichen Schrifttum insbes. *v. Falckenstein*, WRP 1978, 502, 645; *Kisseler*, WRP 1977, 151; 1982, 123; *Krieger-Tilmann*, GRUR 1979, 19; *Kur*, GRUR 1981, 558; *Pastor*, WRP 1978, 245; *ders.*, GRUR 1982, 330 m. Nachw.; *Reich*, ZRP 1978, 100; *K. Schmidt*, NJW 1983, 1520; *Schwanhäusser*, GRUR 1982, 608; *C. Albrecht*, WRP 1983, 540; *G. A. Ulrich*, WRP 1984, 368; s. auch noch *Säcker*, Betr. 1986, 1504 und dagegen wieder *Weyhenmeyer*, Betr. 1986, 2317.

lich gegen das UWG und seine Nebengesetze verstoßen hat. In einem
solchen Fall liege aber die Verfolgung der sich aus dem UWG und seinen
Nebengesetzen ergebenden Ansprüche durchaus im öffentlichen Interesse, so daß von einem Mißbrauch keine Rede sein könne, selbst wenn
damit in erster Linie materielle Interessen verfolgt würden.[82]

Wer hier recht hat, hängt letztlich davon ab, was man unter einem
,,Mißbrauch" des Klagerechts versteht, eine Frage, über die man naturgemäß sehr verschiedener Meinung sein kann. Wichtig ist aber allein, daß
der Gesetzgeber sich schließlich der wohl überwiegenden Meinung angeschlossen hat, die Tätigkeit der Abmahn- und Gebührenvereine stelle in
zahlreichen Fällen einen Mißbrauch des den Interessenverbänden zu ganz
anderen Zwecken eingeräumten Klagerechts dar (vgl. jetzt den neuen
§ 13 Abs. 5 UWG). Die Bundesregierung hatte deshalb ursprünglich ge-
plant, ein Registrierungsverfahren für Interessen- und Verbraucherverbände einzuführen, das es der Aufsichtsbehörde ermöglicht hätte, diesen
Verbänden durch Verweigerung ihrer Eintragung in eine bestimmte Liste
oder durch ihre nachträgliche Löschung in der Liste das Klagerecht zu
verweigern.[83]

Dieser Entwurf löste indessen eine lebhafte Diskussion aus,[84] aufgrund
derer sich die Bundesregierung schließlich entschloß, nach einer anderen
Lösung für das Problem der Gebühren- und Abmahnvereine Ausschau
zu halten. 1986 schlug sie schließlich vor, den ohnehin erst durch die
Rechtsprechung eingeführten Anspruch der Verbände auf Ersatz ihrer
Aufwendungen für die erste Abmahnung ersatzlos zu streichen, um den
Verbänden jeden Anreiz zu nehmen, allein zwecks Erlangung von Auf-
wendungsersatz tätig zu werden.[85]

Wiederum war eine verbreitete Kritik der Literatur und der allermeisten Verbände die Folge.[86] Deshalb vollzog der Gesetzgeber eine erneute
Kehrtwendung und entschloß sich zu der schließlich Gesetz gewordenen
Mißbrauchsklausel in § 13 Abs. 5 UWG in der Fassung von 1986, nach
der der Anspruch auf Unterlassung nicht geltend gemacht werden kann,
wenn die Geltendmachung unter Berücksichtigung der gesamten Umstände mißbräuchlich ist, insbesondere wenn sie vorwiegend dazu dient,
gegen den Zuwiderhandelnden einen Anspruch auf Ersatz von Aufwendungen oder Kosten der Rechtsverfolgung entstehen zu lassen. Zur Begründung führte der Rechtsausschuß aus, die ursprünglich geplante Regelung (Streichung des Anspruchs auf Aufwendungsersatz für die erste
Abmahnung) erschwere die legitime Durchsetzung von Unterlassungsan-

---

[82] Vgl. z. B. *M. Lehmann,* WiVerw 1982, 1 (3 ff., 14 ff.); *Sack,* BB 1986, 953 (bes.
959 ff. m. Nachw.).
[83] Vgl. den RegE von 1982, BR-Dr. 60/82.
[84] S. dazu insbes. *Pastor,* GRUR 1982, 330; *K. Schmidt,* NJW 1983, 1520.
[85] S. den RegE von 1986, BT-Dr. 10/4741.
[86] Eingehend *Sack,* BB 1986, 953 ff., 2218 ff.

sprüchen durch Konkurrenten und durch seriöse Verbände. Deshalb müsse eine Lösung im Anschluß an die in der Rechtsprechung festzustellende Tendenz gesucht werden, Mißbräuchen des Klagerechts durch Aberkennung der Klagebefugnis und damit zugleich der Abmahnbefugnis in Einzelfällen zu begegnen.[87]

Ein solcher *Mißbrauch* wird in Zukunft vor allem anzunehmen sein, wenn kleine Verbände, namentlich in enger Zusammenarbeit mit Rechtsanwälten, eine Vielzahl meist wenig bedeutsamer Verstöße gegen das UWG und seine Nebengesetze verfolgen, die in keinem erkennbaren, sachlichen und örtlichen Zusammenhang mit der gewerblichen Tätigkeit der Verbandsmitglieder stehen.[88] Denn dann liegt in der Tat der Verdacht besonders nahe, daß die Abmahnung und die Klageerhebung i. S. des § 13 Abs. 5 UWG vorwiegend, d. h. in erster Linie dem Zweck dienen, Ansprüche auf Aufwendungsersatz und Gebührenerstattung zu erlangen und so aus der Verfolgung von Wettbewerbsverstößen eine selbständige, wirtschaftliche Tätigkeit zwecks Gewinnerzielung zu machen. Dies muß in jedem Einzelfall im Rechtsstreit geprüft werden, wenn die Klagebefugnis des Verbandes zweifelhaft ist. Die Beweislast trägt dabei der klagende Verband.

Um weitere Fälle eines evidenten Mißbrauchs handelt es sich schließlich noch, wenn wahllos Abmahnungen ins Blaue hinein verschickt werden oder wenn dieselbe Zuwiderhandlung mehrfach von Verbänden abgemahnt wird, die einander offenbar sehr nahestehen, z. B. aus im wesentlichen denselben Personen bestehen.

cc) Beispiele

Die Gerichte sind bei der Bejahung der Klageberechtigung von Verbänden i. d. R. recht großzügig.[89] Das Klagerecht wurde z. B. zugebilligt den Verbänden zur Bekämpfung unlauteren Wettbewerbs, der Interessengemeinschaft zur Abwehr des ungesetzlichen Arzneimittelhandels[90] und dem Verein deutscher Heilpraktiker,[91] dem Deutschen Musikverlegerverband,[92] einem regionalen Händlerverband,[93] einem Verband selbständiger Versicherungsvertreter[94] und einem Großhändlerverband[95] sowie dem Deutschen Blindenverband als Dachorganisation der Blinden-

---

[87] S. den Ausschußbericht, BT-Dr. 10/5771, S. 22.
[88] Vgl. die Begründung zum RegE von 1986, BT-Dr. 10/4741, S. 17; insbes. *österr. OGH*, GRURInt 1986, 656.
[89] Beispiele bei *Baumbach-Hefermehl*, § 13 Rdnr. 17; *Callmann*, § 13 Rdnr. 12; *Pastor*, S. 599 ff.
[90] *BGH*, LM ArzneimittelVO Nr. 3 = GRUR 1957, 606.
[91] *BGH*, LM § 1 UWG Nr. 348 = NJW 1981, 2008.
[92] *BGH*, GRUR 1975, 377 (378).
[93] *BGH*, GRUR 1964, 397.
[94] *BGH*, LM § 13 GVG Nr. 153 = NJW 1981, 2811 = GRUR 1981, 823 (825).
[95] *RGZ* 120, 47 (49).

verbände.[96] Zweifelhaft ist hingegen, ob neben den genannten Verbänden außerdem noch deren Spitzenverbänden, d. h. den verschiedenen Zusammenschlüssen von Fachverbänden das Klagerecht zusteht, wie es die Spitzenverbände neuerdings verbreitet in Anspruch nehmen. Überwiegende Gründe sprechen für die Verneinung dieser Frage.[97]

d) Verbraucherverbände

aa) Allgemeines

Während das Klagerecht der Interessenverbände schon in dem alten UWG von 1896 enthalten war, um unabhängig von der Entschließung der unmittelbar betroffenen Konkurrenten in jedem Fall nach Möglichkeit die im öffentlichen Interesse liegende Verfolgung von Wettbewerbsverstößen sicherzustellen,[98] ist das Klagerecht der Verbraucherverbände erst durch die Novelle von 1965[99] geschaffen worden. Das Klagerecht steht seitdem in bestimmten Fällen (u. a.) solchen rechtsfähigen Verbänden zu, zu deren satzungsgemäßen Aufgaben es gehört, die Interessen der Verbraucher allgemein (und nicht nur die ihrer Mitglieder) durch Aufklärung und Beratung wahrzunehmen (§ 13 Abs. 2 Nr. 3 UWG i. d. F. der Novelle von 1986; vgl. außerdem noch die – freilich engere – Parallelvorschrift in § 13 Abs. 2 Nr. 1 AGBG sowie das neue Rücktrittsrecht des § 13 a UWG; dazu o. § 12, 9).

Der Gesetzgeber hatte sich von dieser Änderung seinerzeit vor allem eine Verstärkung des Verbraucherschutzes versprochen. Indessen hat das Klagerecht der Verbraucherverbände, mit dem zunächst sogar viel Mißbrauch getrieben worden ist, bisher die in es gesetzten Erwartungen in keiner Weise erfüllt. Die wenigen, wirklichen Verbraucherverbände, die bisher hervorgetreten sind, verfügen offenbar durchweg nicht über die Mittel, um in großem Umfang durch oft sehr aufwendige Prozesse Wettbewerbsverstöße, durch die Verbraucherinteressen berührt werden, wirksam verfolgen zu können.[100]

bb) Voraussetzungen

Der Kreis der klageberechtigten Verbände ist in § 13 Abs. 2 Nr. 3 UWG an sich sehr weit gezogen worden.[101] Das Klagerecht setzt nämlich lediglich voraus, daß es zu den satzungsgemäßen Aufgaben des rechtsfähigen Verbandes gehört, (u. a. auch) die Interessen der Verbraucher und nicht nur die seiner Mitglieder durch Aufklärung *und* Beratung wahrzu-

---

[96] *BGH*, LM § 13 UWG Nr. 19 = GRUR 1965, 485; wegen der besonderen Kostenprobleme s. u. § 19, 1 e; wegen der Zuständigkeitsfrage s. u. § 19, 3 b.
[97] Eingehend *Säcker*, Betr. 1986, 1504 ff.; dagegen aber scharf *Weyhenmeyer*, Betr. 1986, 2317.
[98] Vgl. die Begr. zu der RT-Vorlage von 1895, abgedruckt bei *Lobe* Bd. III, S. 60.
[99] BGBl. I, S. 625.
[100] S. *M. Lehmann*, Vertragsanbahnung durch Werbung, 1981, S. 79 ff.; ders., WiVerw 1982, 1 (12 ff. m. Nachw.).
[101] Grdl. *BGH*, LM § 13 UWG Nr. 25 = NJW 1972, 1988; zust. die Begr. z. RegE v. 1986, S. 17.

nehmen. Um Mißbräuche zu verhindern, muß freilich noch hinzukommen, daß der Verband die Aufgaben der Verbraucheraufklärung und -beratung tatsächlich wahrnimmt, weil sich andernfalls jeder Verband durch entsprechende Satzungsänderung das Klagerecht aufgrund des § 13 Abs. 2 Nr. 3 UWG verschaffen könnte. Dies bedeutet, daß Ziel und Zweck des Verbandes die Aufklärung der Verbraucher über Waren- und Dienstleistungen insbes. durch deren Information über die Märkte, die Qualität und die Preise der verschiedenen, angebotenen Waren sein müssen. Es steht dem Verband frei, daneben noch andere Zwecke zu verfolgen. Überwiegen diese jedoch, stehen etwa gesundheitspolitische Anliegen durchaus im Vordergrund der Verbandstätigkeit, so fehlt dem Verband das Klagerecht aufgrund des § 13 Abs. 2 Nr. 3 UWG.[102]

Durch diese verhältnismäßig restriktive Haltung gelang es den Gerichten sehr schnell, die zunächst nach Einführung des Klagerechts der Verbraucherverbände aufgetretenen Mißbräuche zu beseitigen. Als Beispiele seien hier nur die häufigen Gründungen sog. Verbraucherverbände durch Rechtsanwälte zusammen mit ihren Familienangehörigen und dem Büropersonal genannt. Alle diese ,,Verbraucherverbände" sind inzwischen ebenso wieder verschwunden wie sonstige Kleinverbände, die mit Personal ohne jegliche Kenntnisse im Wettbewerbsrecht arbeiteten und durch unbegründete Abmahnungen vor allem kleinere Unternehmen verunsicherten.[103]

cc) Umfang

Das Klagerecht der Verbraucherverbände ist etwas enger umgrenzt als das der Interessenverbände und der Konkurrenten (s. o. 4b, bb). Es beschränkt sich nämlich nach § 13 Abs. 2 Nr. 3 UWG auf Verstöße gegen die §§ 3, 4, 6 bis 6e, 7 und 8 UWG sowie auf solche Verstöße gegen die Generalklausel des § 1 UWG, durch die wesentliche Belange der Verbraucher berührt werden. Diese zusätzliche Einschränkung des Klagerechts der Verbraucherverbände bezieht sich jedoch, wie der Wortlaut des Gesetzes deutlich erkennen läßt, nur auf Verstöße gegen die Generalklausel, nicht hingegen auf andere Wettbewerbsverstöße, so daß die Verbraucherverbände namentlich gegen Verstöße gegen § 3 UWG stets vorgehen können, ohne daß es noch zusätzlich darauf ankäme, ob dadurch wesentliche Verbraucherinteressen berührt werden.[104] Unabhängig davon bleibt es aber dabei, daß sich die Verbraucherverbände schon nach ihrem satzungsmäßigen Zweck nicht gegen solche Wettbewerbsverstöße wenden können, durch die allein Interessen der Konkurrenten berührt werden. Ihre Klagebefugnis beschränkt sich daher stets auf solche Hand-

---

[102] Grdl. *BGH*, LM § 239 ZPO Nr. 12 = NJW 1984, 668 = GRUR 1983, 775 (776) = WM 1983, 1137.
[103] So wörtlich die Begr. z. RegE v. 1986, S. 17.
[104] *BGH*, LM § 13 UWG Nr. 25 = NJW 1972, 1988.

lungen, die ein Angebot von Waren- oder Dienstleistungen an die Verbraucher enthalten.[105]

e) Kammern

Das Klagerecht steht schließlich gemäß dem neuen § 13 Abs. 2 Nr. 4 UWG noch den Industrie- und Handelskammern sowie den Handwerkskammern zu. Das entspricht der bisherigen Praxis, die die genannten Kammern schon immer zu den Interessenverbänden i. S. des § 13 UWG gerechnet hatte.[106] Die Rechtsprechung hatte bisher außerdem den Kammern der freien Berufe, namentlich den Ärzte-, Anwalts- und Steuerberaterkammern denselben Status zugebilligt, so daß sie aufgrund des UWG gleichermaßen gegen Mitglieder wie gegen Nichtmitglieder vorgehen konnten, wobei sie in dem zuerst genannten Fall sogar die Wahl zwischen dem berufsgerichtlichen und dem allgemeinen, wettbewerbsrechtlichen Verfahren hatten.[107] Obwohl hiergegen nicht zu übersehende, rechtsstaatliche Bedenken bestehen,[108] ist kaum zu erwarten, daß die Praxis unter dem Eindruck der Neuregelung ihre Haltung zu der Klagebefugnis der verschiedenen Kammern ändern wird. In der Tat läßt sich aus der Beschränkung des Wortlauts des § 13 Abs. 2 Nr. 4 UWG auf die Industrie- und Handelskammern sowie die Handwerkskammern kaum der Schluß ziehen, daß damit den anderen genannten Kammern der ihnen bisher von der Rechtsprechung zugebilligte Status eines Interessenverbandes aberkannt werden sollte. Für einen solchen Willen des Gesetzgebers findet sich in den Materialien kein Anhaltspunkt.

5. Schadensersatzanspruch[109]

Neben den Abwehransprüchen (o. 2–4) spielt der Schadensersatzanspruch in der Praxis des Wettbewerbsrechts nur eine untergeordnete Rolle. Der Grund dafür liegt vor allem in den großen Schwierigkeiten, die hier häufig mit dem Beweis eines Verschuldens des Täters oder eines Schadens des Verletzten verbunden sind, beides Probleme, die bei den Abwehransprüchen entfallen und daher deren Bevorzugung in der Praxis erklären.

Das Recht des unlauteren Wettbewerbs bildet einen Teil des allgemeinen Deliktsrechts, so daß für den Schadensersatzanspruch hier grundsätzlich nichts anderes als im sonstigen Deliktsrecht gilt. Im vorliegenden Zusammenhang genügt es daher, auf einige, wettbewerbsrechtliche Besonderheiten einzugehen. Zu beginnen ist dabei mit der Verschuldensproblematik.

---

[105] Grdl. *OLG Hamm*, NJW-RR 1986, 459.
[106] S. m. Nachw. *Baumbach-Hefermehl*, § 13 Rdnr. 15 a.
[107] Grdl. *BGHZ* 79, 390 (392 f. m. Nachw.); ebenso sodann z. B. *BGH*, LM § 1 UWG Nr. 364 = GRUR 1982, 239; WM 1981, 845 (846).
[108] Eingehend *Pietzcker*, aaO.
[109] Dazu eingehend zuletzt *Melullis*, in: Hdb., § 20 (S. 159 ff.).

a) Verschulden

Die Verpflichtung zum Schadensersatz setzt im deutschen Deliktsrecht grundsätzlich Verschulden des Täters voraus. Eine Haftung ohne Verschulden bildet demgegenüber die Ausnahme, die stets einer besonderen, gesetzlichen Anordnung bedarf. In Übereinstimmung hiermit bestimmt der an sich überflüssige § 13 Abs. 6 Nr. 2 UWG (i. d. F. der Novelle von 1986), daß in den Fällen der §§ 6 bis 6 e, 7, 8 und 12 zum Schadensersatz verpflichtet ist, wer den genannten Verboten vorsätzlich oder fahrlässig zuwidergehandelt hat, während im Falle des § 3 nach der Nr. 1 aaO schadensersatzpflichtig ist, wer wußte oder wissen mußte, daß die von ihm gemachten Angaben irreführend sind; § 13 Abs. 6 Nr. 1 S. 2 UWG fügt jedoch einschränkend hinzu, daß gegen Redakteure, Verleger, Drukker oder Verbreiter von periodischen Druckschriften der Anspruch auf Schadensersatz nur geltend gemacht werden kann, wenn sie *wußten*, daß die von ihnen gemachten Angaben irreführend waren (s. schon o. § 12, 9 a).

Das Gesetz geht mithin grundsätzlich vom Verschuldensprinzip aus. Dasselbe folgt für § 16 UWG aus dessen Abs. 2 und für die Fälle des Geheimnisverrats aus § 19 UWG. Demgegenüber findet sich eine Haftung ohne Verschulden lediglich in § 14 UWG (s. o. § 7, 8 b). Nicht erwähnt ist in § 13 Abs. 6 UWG freilich (ausgerechnet) die Generalklausel des § 1 UWG. Deshalb war lange Zeit streitig, ob die Schadensersatzpflicht des Täters hier Verschulden voraussetzt oder nicht.

Diese Frage war schon in den Beratungen des neuen UWG im Reichstag nicht abschließend geklärt worden, so daß sich unmittelbar nach Inkrafttreten der Generalklausel eine heftige Auseinandersetzung über die Verschuldensproblematik bei § 1 UWG entwickelte, die bis heute noch nicht ganz abgeschlossen ist. Wie so oft wurden dabei aus der Entstehungsgeschichte des § 1 UWG ganz unterschiedliche Schlüsse gezogen. Während nämlich die einen aus der bewußten Abweichung von § 826 BGB folgerten, der Gesetzgeber habe in § 1 UWG generell auf das Verschuldenserfordernis verzichten wollen,[110] zogen andere aus der unbezweifelbaren Parallele zum Deliktsrecht des BGB den genau entgegengesetzten Schluß.[111] Daneben gab es wie stets noch zahlreiche, vermittelnde Meinungen.[112]

Trotz ihrer grundsätzlichen Bedeutung hat freilich die Verschuldensfrage in der Praxis nie eine große Rolle gespielt. Der Grund hierfür liegt vor allem darin, daß die Rechtsprechung ohnehin den Vorwurf der Sittenwidrigkeit von der Kenntnis aller dafür relevanten Umstände abhängig gemacht hatte (s. o. § 5, 5), womit in aller Regel zugleich schon das Verschulden gegeben war;[113] anders kann es sich nur in den Fällen eines

---

[110] So *RG*, JW 1926, 564; 1927, 1104; *Finger*, § 1 Rdnr. 37; ebenso noch heute *v. Godin*, § 1 Rdnrn. 49 f., 260.
[111] *Baumbach*, S. 159 f.
[112] *Callmann*, § 1 Rdnr. 3 m. Nachw.
[113] Ebenso ausdrücklich *BGH*, LM § 1 UWG Nr. 203 (Bl. 3 f.) = GRUR 1969, 292.

entschuldbaren Irrtums des Täters über die Zulässigkeit seiner Handlung verhalten, wie er in zweifelhaften und umstrittenen Grenzfällen denkbar ist.[114]

Heute wird als Voraussetzung eines Schadensersatzanspruchs aufgrund des § 1 UWG nahezu einhellig Verschulden des Täters i. S. des § 276 BGB gefordert.[115] Dem ist schon deshalb zuzustimmen, weil das Recht des unlauteren Wettbewerbs einen Teil des allgemeinen Deliktsrechts bildet und nichts den Willen des Gesetzgebers erkennen läßt, hier ausnahmsweise eine Gefährdungshaftung einzuführen; eine derart weitgehende Haftung im Wettbewerbsrecht wäre zudem in einem Wettbewerbssystem durchaus problematisch, weil sie jedes Pionierunternehmen mit einem unerträglichen Haftungsrisiko belastete. Die notwendige Folge wäre eine allgemeine Erlahmung des Wettbewerbs.

Für den Schadensersatzanspruch aufgrund des § 1 UWG gelten mithin uneingeschränkt in jeder Hinsicht die allgemeinen, bürgerlich-rechtlichen Regeln (s. bes. §§ 249 ff., 276 f., 823 ff. und 831 ff. BGB). Eine Sonderregelung hat im UWG lediglich die Frage der Verjährung gefunden (dazu u. 8).

b) Umfang

aa) Wann im Zivilrecht ein Schaden anzunehmen ist, ergibt sich ausschließlich aus den §§ 249 bis 252 BGB.[116] Hauptschadensposten wird dabei im Wettbewerbsrecht in aller Regel der dem Verletzten entgangene Gewinn sein (§ 252 BGB). Dessen Berechnung ist jedoch in Wettbewerbssachen trotz der Erleichterungen, die hier die §§ 287 ZPO und 252 BGB bringen, häufig nicht möglich, weil es i. d. R. keinerlei Anzeichen für die hypothetische Entwicklung der Dinge ohne den Eingriff des Täters gibt.[117] Niemand kann daher wissen, wie sich der Verletzte ohne den Wettbewerbsverstoß stünde und welche Gewinne er dann gemacht hätte.

Vergleichbare Schwierigkeiten haben schon früh bei Eingriffen in gewerbliche Schutzrechte, Urheberrechte und andere, vergleichbare Ausschließlichkeitsrechte dazu geführt, hier als weitere Form der Schadensberechnung die Berechnung nach einer angemessenen Lizenzgebühr oder nach dem vom Verletzer erzielten Gewinn zuzulassen. Daraus kann indessen nichts für das sonstige Wettbewerbsrecht hergeleitet werden, weil hier – anders als in den genannten Fällen – kein Gewerbetreibender ein Ausschließlichkeitsrecht an seiner einmal erlangten Wettbewerbsposition besitzt; eine solche Annahme wäre mit dem Referenzsystem des freien

---

[114] *BGHZ* 17, 266 (295 f.); 27, 264 (273); *BGH*, LM § 1 UWG Nrn. 86/87, 90 a und 181; *BGH*, GRUR 1960, 200 (202).

[115] A. A. nur noch *v. Godin* (o. Fußn. 110); s. im übrigen statt aller *Melullis*, in: Hdb., § 20 Rdnrn. 35 ff.

[116] S. im einzelnen *Melullis*, in: Hdb., § 20 Rdnrn. 45 ff.

[117] Vgl. insb. *Th. Fischer*, Schadensberechnung, S. 35 ff.

und fairen Wettbewerbs unvereinbar. Bei allgemeinen Wettbewerbsverstößen kommt daher (entsprechend § 252 BGB) grundsätzlich nur eine Berechnung des Schadens nach dem dem Verletzten konkret entgangenen Gewinn in Betracht.[118]

Die Praxis ist jedoch in zunehmendem Maße bereit, Ausnahmen anzuerkennen (s. schon o. § 9, 3c und § 14, 7b). Insbesondere bei Eingriffen in Zeichenrechte sowie in Fällen der sklavischen Nachahmung und des Geheimnisverrats wird heute eine Schadensberechnung nach der angemessenen Lizenzgebühr oder nach dem vom Verletzer erzielten Gewinn in Betracht gezogen, sofern sich der Eingriff gegen eine einem Ausschließlichkeitsrecht vergleichbare Position richtet.[119]

Diese Praxis verdient Zustimmung nur in den Fällen der Zeichenverletzung, in denen sie durch die gesetzliche Anerkennung des Namens- und Firmenrechts getragen wird. In den meisten, anderen Fällen überwiegen indessen die Bedenken, da die geschilderte Rechtsprechung der Sache nach auf die Anerkennung neuer Ausschließlichkeitsrechte praeter legem hinausläuft. Hierzu fehlt aber den Gerichten im Regelfall die Befugnis; wettbewerbspolitische Bedenken kommen hinzu (s. o. § 9, 3c). Für eine Schadensberechnung nach der angemessenen Lizenzgebühr oder nach dem Verletzergewinn ist daher jenseits der genannten Fälle grundsätzlich kein Raum.

bb) Weitere Schadensposten können hier je nach den Umständen des Falles z. B. noch der sog. Marktverwirrungsschaden, weiter die allgemeine Beeinträchtigung der Wirtschaftlichkeit eines Unternehmens durch einen gezielten Eingriff sowie insbes. die Kosten der Schadensabwehr und Schadensbeseitigung sein. Zu den letzteren gehören dabei vor allem die Kosten der Aufklärung des Publikums im Falle einer irreführenden Werbung, sofern die Kosten konkret nachgewiesen werden können und in einem erkennbaren Zusammenhang mit der Verletzungshandlung stehen,[120] weiter etwa die Kosten der Verwarnung des Täters (s. u. § 19, 1e) sowie schließlich noch die Kosten der Ermittlung des Sachverhalts.[121]

c) Konkurrenzen

Wettbewerbsverstöße i. S. des UWG und seiner Nebengesetze erfüllen häufig zugleich Tatbestände des allgemeinen Deliktsrechts. Dadurch

---

[118] Ebenso *BGH*, LM § 1 UWG Nr. 144 (Bl. 2 R) = GRUR 1965, 313; *Baumbach-Hefermehl*, Einl. UWG Rdnrn. 357ff.; *Melullis* (o. Fußn. 116), Rdnr. 56; vgl. auch *Th. Fischer*, Schadensberechnung, S. 23ff., 161ff.
[119] Grdl. *BGHZ* 57, 116 (m. Anm. *v. Gamm*, LM § 1 UWG Nr. 235); 60, 206 (208ff.) = JuS 1973, 448 Nr. 6; *BGH*, LM § 17 UWG Nr. 8 = NJW 1977, 1062; *BAG*, ZIP 1986, 1352; zust. *Nordemann*, Tz. 581ff.; *Melullis* (o. Fußn. 116), Rdnrn. 56ff.
[120] Eingehend *BGH*, LM § 3 UWG Nr. 188 = NJW 1982, 2774.
[121] S. *Th. Fischer*, Schadensberechnung, S. 68ff.; *Melullis*, in: Hdb., § 20 Rdnrn. 45, 64ff.

werden vielfältige Konkurrenzprobleme aufgeworfen, die insbes. bei der Verjährung und bei der Bestimmung des Gerichtsstandes praktische Bedeutung erlangen.[122] Für diese Konkurrenzfälle gibt es keine Einheitslösung; man muß vielmehr zwischen den einzelnen Fällen unterscheiden. *Anspruchskonkurrenz* besteht zunächst in den Fällen der §§ 824 und 826 BGB. Verletzungen dieser Vorschriften können nicht etwa deshalb privilegiert werden, weil die betreffenden Handlungen außerdem noch gegen das UWG verstoßen.

Ebenso werden i. d. R. Verstöße gegen § 823 I BGB behandelt.[123] Besonderheiten gelten insoweit jedoch für Eingriffe in das Recht am eingerichteten und ausgeübten Gewerbebetrieb. Da fast jeder Wettbewerbsverstoß zugleich als Eingriff in dieses Recht qualifiziert werden kann, wäre das UWG weithin entbehrlich, wenn man daneben immer auf § 823 I BGB zurückgreifen könnte; namentlich seine Sonderbestimmungen über die Verjährung und den Gerichtsstand (§§ 21 und 24) wären schlicht obsolet. Deshalb ist heute anerkannt, daß in derartigen Fällen das UWG den *Vorrang* hat. Der Eingriff in das Recht am Gewerbebetrieb tritt demgegenüber wegen der lediglich lückenfüllenden Funktion dieses Rechts zurück.[124]

Vergleichbare Probleme ergeben sich im Verhältnis des UWG zu § 823 II BGB, da die Verbote des UWG durchweg als Schutzgesetze zugunsten der Konkurrenten interpretiert werden können. Wiederum hätte deshalb hier der uneingeschränkte Rückgriff auf das allgemeine Deliktsrecht die Folge, daß das UWG weithin überflüssig würde. Deshalb sollte auch insoweit für den Regelfall ein Vorrang des UWG anerkannt werden.[125] Anders freilich, soweit das UWG selbst keinen Schutz bietet; das ist wichtig vor allem für Schadensersatzansprüche der Verbraucher, z. B. aufgrund des § 3 UWG i. V. mit § 823 II BGB.[126]

6. Auskunftsanspruch

Literatur: Baumbach-Hefermehl, Einl. UWG Rdnrn. 373 ff.; *Th. Fischer*, Schadensberechnung im gewerblichen Rechtsschutz, Urheberrecht und unlauteren Wettbewerb, Basel 1961; *Gloy*, in: Hdb., § 22; *Lüderitz*, Ausforschungsverbot und Auskunftsanspruch bei Verfolgung privater Rechte, 1966; *Nordemann*, Tz. 587f.; *R. Pietzner*, GRUR 1972, 151; *Stürner*, Die Aufklärungspflicht der Parteien des Zivilprozesses, 1976.

---

[122] Vgl. statt aller *Baumbach-Hefermehl*, Einl. UWG Rdnrn. 313 ff.; insb. *Katzenberger*, Recht am Unternehmen, passim, bes. S. 131, 159 ff.

[123] S. insbes. für die Verletzung eines fremden Firmenrechts (§ 16 UWG u. § 823 Abs. 1 BGB) *BGH*, LM § 198 BGB Nr. 15 = NJW 1985, 1023.

[124] Grdl. das Gründerbildnis-Urteil *BGHZ* 36, 252 (254 ff.) = JuS 1962, 238 Nr. 6; ebenso z. B. *BGH*, LM § 21 UWG Nr. 3 = NJW 1973, 2285.

[125] Sehr str., wie hier *BGHZ* 36, 252 (256 f.); *BGH*, LM § 21 UWG Nr. 3.

[126] A. A. freilich zu Unrecht der *BGH* in dem umstr. Prüfzeichenurteil LM § 249 (D) BGB Nr. 14 = NJW 1974, 1503 = JuS 1975, 52 Nr. 3; gegen solche Schadensersatzansprüche der Verbraucher jedoch auch der Rechtsausschuß in der Begr. zu dem neuen § 13 a (BT-Dr. 10 [1986]/5771, S. 22).

Bei Wettbewerbsverstößen ist der Verletzte häufig zur Vorbereitung seiner Ansprüche auf Auskünfte des Verletzers angewiesen, weil er i. d. R. in dessen geschäftliche Verhältnisse keinen Einblick besitzt. Ist hier der Verletzer nicht freiwillig zur Auskunftserteilung bereit, so stellt sich die weitere Frage, ob der Verletzte von ihm Auskunft über Art und Umfang der von ihm begangenen Wettbewerbsverstöße verlangen kann. Diese Frage ist deshalb so schwierig zu beantworten, weil dem deutschen Recht ein allgemeiner Auskunftsanspruch an sich fremd ist. Eine Ausnahme gilt jedoch, wenn es das Wesen eines Rechtsverhältnisses mit sich bringt, daß der Berechtigte in entschuldbarer Weise über den Bestand und den Umfang seines Rechts im ungewissen ist, während der Verpflichtete unschwer hierüber Auskunft zu erteilen vermag (§ 242 BGB).[127] Diese Voraussetzungen dürften gerade bei Wettbewerbsverstößen besonders häufig erfüllt sein. Deshalb muß z. B. der Verletzer, wenn der Verletzte beim besten Willen nicht wissen und nicht ermitteln kann, wem gegenüber der Verletzer unwahre Behauptungen aufgestellt hat, dem Verletzten zur Vorbereitung seines Widerrufsanspruchs hierüber Auskunft erteilen.[128] Im Regelfall wird jedoch die Auskunftspflicht des Verletzers vor allem dazu dienen, dem Verletzten eine Grundlage für die Schätzung seines Schadens zu verschaffen (§ 287 ZPO).[128a]

Der *Umfang* der Auskunftspflicht richtet sich hierbei stets im Rahmen von Treu und Glauben nach ihrem Zweck. Die Pflicht zur Auskunft beschränkt sich deshalb stets auf das Maß des unbedingt notwendigen; unzumutbares kann niemals verlangt werden. Daher besteht in aller Regel keine Verpflichtung zur Erteilung von Auskünften über Geschäftsgeheimnisse. Umsätze, Preise, Lieferanten oder gar Abnehmer brauchen daher i. d. R. nicht offengelegt zu werden.

Sind weitergehende Auskünfte ausnahmsweise doch einmal im Interesse des Verletzten unabweisbar notwendig, so ist der Verletzer grundsätzlich nur verpflichtet, die Auskünfte einem zur Verschwiegenheit verpflichteten, neutralen Sachverständigen wie z. B. einem Wirtschaftsprüfer zu erteilen, der daraus dann die für die Schadensschätzung erforderlichen Daten ableiten kann. Eine absolute Grenze findet die Auskunftspflicht schließlich an der Unzumutbarkeit der Selbstbezichtigung. Auskünfte, mit denen der Verletzer sich selbst oder Dritte weiterer Wettbewerbsverstöße oder gar strafbarer Handlungen bezichtigen müßte, können daher niemals verlangt werden.[129]

---

[127] Grdl. *BGHZ* 10, 104 (105); vgl. z. B. *Keller*, in: MünchKomm, § 260 Rdnrn. 7 bis 22; *Palandt-Heinrichs*, § 261 Anm. 2 d; *Staudinger-Selb*, § 260 Rdnrn. 10 ff.
[128] *RGZ* 158, 377 (379 f.); *BGH*, LM § 824 BGB Nr. 4 = NJW 1962, 731; LM § 17 UWG Nr. 7 = NJW 1976, 193.
[128a] Z. B. *OLG Köln*, GRUR 1986, 625 f.
[129] *BGHZ* 10, 385 (387 f.); 60, 168 (172) = NJW 1973, 800; *BGH*, LM § 242 (Be) BGB Nr. 35; § 260 BGB Nr. 6 = NJW 1958, 377; LM § 1 UWG Nr. 203; § 17 UWG Nr. 7 = GRUR 1969, 292; NJW 1976, 193; *BGH*, GRUR 1968, 425 (428); *Th. Fischer*, Schadensberechnung, S. 41 ff., 87 f., 107.

7. Bereicherungsanspruch

Literatur: Baumbach-Hefermehl, Einl. UWG Rdnr. 399; *Haines,* Bereicherungsan-sprüche bei Warenzeichenverletzungen und unlauterem Wettbewerb, 1970; *Koppen-steiner,* S. 535 ff.; *ders.-Kramer,* Ungerechtfertigte Bereicherung, 1975, S. 98 f. m. Nachw.; *Mestmäcker,* JZ 1958, 521; *Nordemann,* Tz. 586.

Der Schadensersatzanspruch setzt den häufig schwierigen Nachweis eines Verschuldens voraus (o. 5 a). Deshalb liegt die Erwägung nahe, zumindest hilfsweise auf verschuldensunabhängige Ansprüche zurückzu-greifen, wobei vor allem an die sog. Eingriffskondiktion des § 812 I 1, 2. Altern. BGB zu denken ist. Dementsprechend ist in der Tat im Schrift-tum immer wieder versucht worden, bei Eingriffen in durch das UWG geschützte Positionen ebenso wie bei Eingriffen in das Eigentum Berei-cherungsansprüche mit dem Ziel der Abschöpfung des von dem Verletzer durch den Eingriff erzielten Gewinnes oder doch des Ersatzes der von ihm ersparten Aufwendungen, etwa in Höhe der üblichen Lizenzgebühr, zu begründen, jedenfalls wenn die verletzte Vorschrift (wie z. B. die §§ 14 ff. UWG) dem Schutz individueller Interessen dient.[130] Die Recht-sprechung ist jedoch diesen Vorschlägen bisher nicht gefolgt.[131]

Die ablehnende Haltung der Praxis verdient grundsätzlich Zustimmung, weil bei allgemeiner Zulassung der Eingriffskondiktion im Wettbewerbsrecht unverkennbar die Gefahr bestünde, daß schließlich zum Nachteil des freien Wettbewerbs neue Aus-schließlichkeitsrechte geschaffen würden. In einem System freien und fairen Wettbe-werbs ist ohnehin die Vorstellung kaum nachvollziehbar, daß ein Gewerbetreibender für die im Wettbewerb einmal erlangte Position einen so weitgehenden Schutz genie-ßen sollte, daß ihm bei Eingriffen Bereicherungsansprüche zustehen.

Ausnahmen sind freilich denkbar. So läßt sich z. B. nicht bestreiten, daß durch § 17 UWG Betriebsgeheimnisse als schutzwürdige, vermögenswerte Positionen anerkannt worden sind, die zudem lizenziert werden können und tatsächlich im Verkehr in großem Umfang lizenziert werden. Die notwendige Folge ist, daß die Rechtsordnung auf unberechtigte, weil wettbewerbswidrige Eingriffe in diese Positionen (zumindest) mit der Eingriffskondiktion reagieren muß.[132] Weitere vergleichbare Fälle sind vorstell-bar. Insgesamt ist die Entwicklung hier noch ganz im Fluß.

8. Verjährung[133]

a) Nach § 21 UWG beträgt im Wettbewerbsrecht die Verjährungsfrist sechs Monate (ebenso § 2 IV ZugabeVO sowie § 14 der 1. DVO zum RabattG von 1934). Durch diese kurze Verjährungsfrist sollten die Par-teien zu einer möglichst schnellen Klärung ihrer Verhältnisse gezwungen

---

[130] Insb. *Haines,* Bereicherungsansprüche, S. 93 ff.; *Koppensteiner,* S. 535 ff.; *Kop-pensteiner-Kramer,* S. 98 f.; *Th. Fischer,* Schadensberechnung, S. 31 f.
[131] Grdl. *BGHZ* 71, 86 (98); s. *Emmerich,* SchuldR Bes. Teil, S. 172 m. Nachw.
[132] S. *Emmerich* (o. Fußn. 131).
[133] Dazu zuletzt z. B. *Lindacher,* GRUR 1985, 423; *Chr. Neu,* GRUR 1985, 335; *Samwer,* in: Hdb., § 75 (S. 955 ff.).

werden.[134] Die kurze Verjährungsfrist gilt deshalb gleichermaßen für die Abwehr- wie für die Schadensersatzansprüche.[135] Lediglich die Ansprüche aus einem vom Schuldner befolgten Unterlassungstitel unterliegen nicht der Verjährung.[136] Bei jedem Verstoß gegen die Unterlassungspflicht beginnt jedoch die Verjährungsfrist für die einzelnen, daraus resultierenden Unterlassungsansprüche erneut zu laufen.[137] Dasselbe gilt bei allen sonstigen, wiederholten Wettbewerbsverstößen, z. B. bei wiederholten Verletzungen fremder Firmenrechte,[138] außer wenn es sich um eine sog. Dauerhandlung handelt, die als einheitlicher Wettbewerbsverstoß qualifiziert wird, so daß bei ihr die Verjährungsfrist erst mit Abschluß der Handlung einheitlich für den gesamten Tatkomplex zu laufen beginnt. Ein Beispiel einer derartigen Dauerhandlung ist die Eintragung einer nach Wettbewerbsrecht, insbes. nach § 3 UWG, unzulässigen Firma im Handelsregister.[139]

b) Die Verjährungsfrist *beginnt,* sobald der Berechtigte von der Handlung und der Person des Verpflichteten in einer Weise Kenntnis erlangt hat, daß er mit einigermaßen sicherer Aussicht auf Erfolg Klage erheben kann.[140] Ohne Rücksicht auf diese Kenntnis verjähren die genannten Ansprüche auf jeden Fall in drei Jahren seit Begehung der Handlung. In allen diesen Beziehungen gilt somit für die besonderen, aus dem UWG und seinen Nebengesetzen hergeleiteten Deliktsansprüche nichts anderes als für die normalen Deliktsansprüche aufgrund des § 852 BGB.

c) Die Verjährung wird durch den Antrag auf Erlaß einer einstweiligen Verfügung oder durch deren Zustellung *nicht unterbrochen.*[141] Während des Verfügungsverfahrens läuft die kurze Verjährungsfrist also weiter, so daß sich der Gegner – trotz Erlasses einer einstweiligen Verfügung – auf Verjährung berufen kann, wenn der Antragsteller nicht alsbald Klage in der Hauptsache erhebt.[142] Außerdem hat die Selbständigkeit von Unterlassungs-, Beseitigungs- und Schadensersatzansprüchen zur Folge, daß die Klageerhebung wegen eines dieser Ansprüche grundsätzlich nicht die Verjährung für die anderen, genannten Ansprüche unterbricht. Trotz

---

[134] *Callmann,* § 21 Rdnr. 1.
[135] Vgl. *BGH,* LM § 21 UWG Nr. 3; § 209 BGB Nr. 37 (Bl. 2); NJW 1981, 1955.
[136] Grdl. *BGHZ* 59, 72 (74f.); *Nordemann,* Tz. 589.
[137] *Baumbach-Hefermehl,* § 21 Rdnrn. 10ff.
[138] *BGH,* LM § 198 BGB Nr. 15 = GRUR 1984, 820 = NJW 1985, 1023.
[139] *RGZ* 134, 335 (341); *BGH* (o. Fußn. 138); LM § 21 UWG Nr. 3 = GRUR 1974, 99 = NJW 1973, 2285.
[140] Z. B. *BGHZ* 6, 195 (202); *BGH,* LM § 21 UWG Nr. 2 = NJW 1964, 493; *Nordemann,* Tz. 589.
[141] *BGH,* LM § 209 BGB Nr. 37 = NJW 1979, 219; *OLG Hamm,* BB 1977, 412; GRUR 1982, 741 (742); dazu kritisch z. B. *Nordemann,* Tz. 592.
[142] *BGH,* LM § 242 (Cb) BGB Nr. 13 = NJW 1981, 1955.

rechtskräftiger Verurteilung zur Unterlassung bestimmter Äußerungen
bleibt daher nach Ablauf der jeweiligen Verjährungsfrist gegenüber den
auf denselben Vorgang gestützten Schadensersatzansprüchen die Berufung auf Verjährung möglich.[143]

d) Wenn mit den Ansprüchen aus dem UWG solche aus dem allgemeinen Deliktsrecht zusammentreffen (s. o. 5 c), war die früher durchaus
h. M.[144] davon ausgegangen, daß jeder Anspruch in seiner eigenen Verjährungsfrist verjährt. Das hatte jedoch die unerfreuliche Konsequenz,
daß § 21 UWG mit seinen kurzen Verjährungsfristen praktisch leerlief.[145]

Der *BGH* hat deshalb diese Praxis inzwischen modifiziert. Seitdem gilt folgendes:
§ 21 UWG hat den Vorrang, soweit mit den Ansprüchen aus dem UWG Ansprüche
aus § 823 I BGB wegen Verletzung des Rechts am Gewerbebetrieb oder Ansprüche aus
§ 823 II BGB i. V. mit einem Schutzgesetz des UWG und seiner Nebengesetze konkurrieren (o. 5 b).[146] Soweit hingegen mit den Ansprüchen aus dem UWG Ansprüche aus
§ 823 I BGB wegen der Verletzung eines der anderen dort genannten Rechte, z. B.
wegen Verletzung des Firmenrechts,[147] sowie insbes. Ansprüche aus den §§ 824 und
826 BGB zusammentreffen, besteht Anspruchskonkurrenz, so daß die Ansprüche aus
dem BGB in der weit längeren Frist des § 852 verjähren.

§ 18. Strafrechtliche Sanktionen

Literatur: Hubmann, § 56 (S. 311); *Kämpfner*, Der strafrechtliche Schutz des Ge-
schäfts- und Betriebsgeheimnisses,1978; *Koppensteiner*, S. 538 ff.; *Rittner*, § 15 C
(S. 266); *Kl. Meyer – M. Möhrenschlager*, WiVerw 1982, 21; *H. Otto*, GRUR 1982,
274; *Tiedemann*, Wettbewerb und Strafrecht, 1976, bes. S. 31 ff.

1. Überblick

Bei der Durchsetzung des UWG spielen heute die strafrechtlichen
Sanktionen neben den zivilrechtlichen offenbar nur noch eine untergeordnete Rolle. Deshalb sollen im folgenden lediglich einige, kurze Hinweise auf die einschlägigen Vorschriften gegeben werden.

Straftatbestände sind heute nach den Änderungen auf Grund des 2. WiKG von 1986[1]
nur noch die §§ 4, 6 c, 12, 15, 17, 18 und 20 UWG. Daneben enthalten das UWG und
seine Nebengesetze noch eine Reihe von Ordnungswidrigkeitstatbeständen, und zwar

---

[143] *BGH*, LM § 21 UWG Nr. 3 = NJW 1973, 2285 = GRUR 1974, 99; LM § 198
BGB Nr. 15 = NJW 1985, 1023 = GRUR 1984, 820 (822); eingehend *Lindacher*,
GRUR 1985, 423 (429 f. m. Nachw.).

[144] Z. B. *Callmann*, § 21 Rdnr. 3; zuletzt BGH, GRUR 1959, 31 (34).

[145] Deshalb schon immer a. A. *Baumbach*, § 21 Anm. 1 Ba (S. 469 f.).

[146] Grdl. *BGHZ* 36, 252 (254 ff.) = JuS 1962, 238 Nr. 6 m. Nachw.; *BGH*, LM § 209
BGB Nr. 37 (Bl. 2); § 21 UWG Nrn. 2 und 3; BGH, GRUR 1977, 539 (543); zust.
Baumbach-Hefermehl, § 21 Rdnrn. 5 ff.; *Nordemann*, Tz. 591.

[147] *BGH*, LM § 198 BGB Nr. 15 = NJW 1985, 1023 = GRUR 1984, 820 (822 f. m.
Nachw.).

[1] BGBl. I, S. 721; s. dazu die Begr. z. RegE, BT-Dr. 10 (1986)/5058, S. 38 ff. Durch
dieses Gesetz wurde vor allem § 6 c in das UWG eingefügt und § 17 UWG wesentlich

das UWG in § 6 Abs. 2 sowie die ZugabeVO in § 3 und das RabattG in § 11. Das UWG gibt hinsichtlich dieser Tatbestände nur einige Vorschriften über das Erfordernis eines Strafantrags, über die Befugnis zur Erhebung der Privatklage und über die Urteilsbekanntmachung (§§ 22 und 23). Für alle anderen Fragen gelten uneingeschränkt das StGB, die StPO und das OWiG.

2. Antragsdelikte

Mit Ausnahme des § 4 UWG sind heute sämtliche Verstöße gegen das UWG ohne Rücksicht darauf, ob es sich um eine Straftat oder um eine bloße Ordnungswidrigkeit handelt, Antragsdelikte, während es sich bei den Verstößen gegen die ZugabeVO und das RabattG um Offizialdelikte handelt. Dies folgt aus § 22 I UWG, der sich nicht auf Verstöße gegen die erwähnten Nebengesetze bezieht. Jedoch können seit 1986 auf Grund des neuen § 22 UWG Verstöße gegen die §§ 17, 18 und 20 UWG auch von Amts wegen verfolgt werden.

Die Antragsberechtigung richtet sich nach § 77 StGB und § 22 I 3 UWG. Antragsberechtigt ist danach zunächst in sämtlichen Fällen der unmittelbar Verletzte, d. h. der beeinträchtigte Mitbewerber.[2] Daneben steht (nur) in dem Fall des § 12 UWG das Antragsrecht den Konkurrenten und den Interessenverbänden des § 13 UWG zu. Andere Personen und Verbände haben niemals ein Antragsrecht.

3. Privatklage

Alle Straftaten nach dem UWG können gemäß § 374 I Nr. 7 StPO im Wege der Privatklage verfolgt werden. Zur Erhebung der Privatklage ist wiederum jeder unmittelbar Verletzte befugt. Außerdem haben diese Befugnis nach § 22 II UWG in den Fällen der §§ 4 und 12 UWG noch die Konkurrenten und die Interessenverbände i. S. des § 13 UWG.

Die Privatklage kann in jeder Lage des Verfahrens, d. h. bis zu dessen rechtskräftigem Abschluß wieder zurückgenommen werden (§ 391 StPO). Die Rücknahme der Klage enthält in aller Regel zugleich eine Rücknahme des Strafantrags (§ 77 d StGB).

4. Urteilsbekanntmachung

In den Fällen der Verleumdung (§ 15 UWG) ist auf Antrag des Verletzten im Urteil anzuordnen, daß die Verurteilung öffentlich bekannt gemacht wird (§ 23 I UWG). Die Art der Bekanntmachung ist im Urteil zu bestimmen (§ 23 III UWG). Für die Vollstreckung des Urteils gilt § 436 c StPO.

---

erweitert. Hingegen unterblieb die ursprünglich ebenfalls vorgesehene Erweiterung des § 4 UWG; s. dazu eingehend *H. Otto,* aaO.

[2] *Baumbach-Hefermehl,* § 22 Rdnr. 2.

§ 19. Verfahrensfragen

Literatur (Auswahl): Ahrens, Wettbewerbsverfahrensrecht, 1983; *Gloy* u. a., in: Hdb., §§ 63–101 (S. 886–1184); *v. Gamm*, Wettbewerbsrecht, S. 265 ff.; *Koppensteiner,* S. 541 ff.; *Nirk-Kurtze,* Wettbewerbsstreitigkeiten, 1980; *Nordemann,* Tz. 600 ff.; *Pastor,* Der Wettbewerbsprozeß, 3. Auflage. (1980); *Reimer-v. Gamm,* S. 307 ff.

Für die prozessuale Durchsetzung der Abwehr- und Schadensersatzansprüche gelten grundsätzlich keine Besonderheiten, da das UWG nur in wenigen Beziehungen Abweichungen von der ZPO bringt (s. §§ 23 a, 23 b, 24, 25 und 27 ZPO). Wirklich wichtig für die tägliche Praxis ist von allen diesen Vorschriften zudem nur die des § 25 UWG, da sie die Voraussetzungen für den Erlaß einstweiliger Verfügungen in Wettbewerbssachen gegenüber der ZPO erleichtert.

Die Wettbewerbspraxis hat außerdem neben den offenbar nicht sehr effektiven Einigungsämtern (§ 27 a UWG) mit der Abmahnung und ihrer Sonderform, dem Abschlußschreiben, ein besonderes Rechtsinstitut zur außergerichtlichen Regelung von Wettbewerbsstreitigkeiten entwickelt, dessen praktische Bedeutung man schwerlich überschätzen kann. Nahezu jede Wettbewerbsstreitigkeit beginnt heute mit einer außerprozessualen Abmahnung, schon weil das Unterlassen einer Abmahnung erhebliche Kostennachteile nach sich ziehen kann. Im folgenden ist deshalb zunächst kurz auf das Rechtsinstitut der Abmahnung einzugehen, während wegen sämtlicher Einzelheiten auf das umfangreiche Spezialschrifttum (s. sogleich) verwiesen werden muß.

1. Abmahnung

Literatur: Ahrens, S. 124, 356 ff.; *Baumbach-Hefermehl,* Einl. UWG Rdnrn. 453 ff.; *Borck,* NJW 1981, 2721; *v. Gamm,* NJW 1961, 1048; *Gloy,* in: Hdb., § 63; *Hiersemann,* NJW 1971, 777; *Lindacher,* GRUR 1975, 413; *ders.,* BB 1984, 639; *Löwenheim,* WRP 1979, 839; *Melullis,* WRP 1982, 1; *Nordemann,* Tz. 602 ff.; *Pastor,* S. 5 ff.; *ders.,* GRUR 1968, 177; *ders.,* WRP 1979, 423; *Przygotta,* WRP 1972, 409; *Reimer-v. Gamm,* S. 310; *I. M. Schulte,* GRUR 1980, 470; *Vogt,* NJW 1980, 1499; *Wedemeyer,* NJW 1979, 296 f.

a) Allgemeines

aa) Das Rechtsinstitut der Abmahnung findet seine Grundlage in erster Linie im Kostenrecht und erst in zweiter Linie im materiellen Recht.[1] Kostenrechtlich steht hierbei ganz die Frage im Vordergrund, wann der Schuldner i. S. des § 93 ZPO Veranlassung zur Klageerhebung gegeben hat, wenn er in der ersten mündlichen Verhandlung seine Unterlassungspflicht sofort anerkennt.

Grundsätzlich hat der Beklagte nur dann Anlaß zur Klageerhebung gegeben, wenn Tatsachen vorliegen, die beim Kläger vernünftigerweise

---

[1] Vgl. eingehend *Pastor,* S. 5 ff; *Ahrens* u. *Gloy,* aaO.

die Überzeugung oder doch die naheliegende Vermutung hervorrufen mußten, er werde ohne Klageerhebung nicht zu seinem Recht kommen.[2] Dies kann in Wettbewerbssachen im Regelfall, d. h. vorbehaltlich besonderer Umstände des Einzelfalles, nur angenommen werden, wenn der Kläger vor Klageerhebung den Beklagten zur Unterlassung der fraglichen Handlung aufgefordert und der Beklagte dies daraufhin abgelehnt oder doch einfach geschwiegen hatte. Stellt hingegen der Beklagte auf die Aufforderung des Klägers hin das fragliche Verhalten sofort ab, so besteht kein Anlaß mehr zu einer Klageerhebung. Dies ist der Grund, weshalb der Kläger i. d. R., aber keineswegs immer, nach § 93 ZPO die Kosten tragen muß, wenn er sofort, d. h. ohne durch vorherige Abmahnung den Beklagten zur Unterlassung des fraglichen Verhaltens aufgefordert zu haben, Klage erhebt.

Die regelmäßige Erforderlichkeit einer Abmahnung vor Klageerhebung hängt außerdem mit dem Erfordernis der Wiederholungsgefahr als Voraussetzung für einen Unterlassungsanspruch zusammen (s. o. § 17, 2 a). Denn in vielen Fällen, namentlich bei einmaligen, gelegentlichen Verstößen gegen die Wettbewerbsgesetze kann man eine Wiederholungsgefahr nur bejahen, wenn der Beklagte das Verlangen des Klägers, sich für die Zukunft zur Unterlassung solcher Handlungen zu verpflichten, abgelehnt hat. In der Praxis ist es daher üblich geworden, in Wettbewerbssachen den Verletzer vor Klageerhebung oder vor Beantragung einer einstweiligen Verfügung zunächst durch die Aufforderung abzumahnen, das fragliche Verhalten fortan zu unterlassen und insoweit eine strafbewehrte Unterlassungs- oder Unterwerfungserklärung abzugeben. Die meisten Wettbewerbsstreitigkeiten erledigen sich schon auf diese ebenso einfache wie kostensparende Weise.[3]

Abmahnungen sind freilich für den abmahnenden Teil nicht ungefährlich. Eine grundlose Abmahnung kann durchaus als unlauterer Behinderungswettbewerb oder als Eingriff in den Gewerbebetrieb bei Verschulden zum Schadensersatz verpflichten.[4] Außerdem kann der zu Unrecht Abgemahnte sich dagegen mit einer negativen Feststellungsklage wehren.[5]

bb) Aus dem Gesagten darf nicht der Schluß gezogen werden, es bestehe eine Rechtspflicht zur vorherigen Abmahnung des Verletzers oder zur Beantwortung einer Abmahnung; von beidem kann keine Rede sein. Es handelt sich vielmehr um bloße *Obliegenheiten* der Beteiligten zur Vermeidung von Kostennachteilen,[6] die zudem entfallen können, namentlich

---

[2] Grdl. *RGZ* 118, 262 (264); *BGH,* LM § 767 BGB Nr. 13 = NJW 1979, 2040 (2041).
[3] Zu den (angeblichen) Mißbräuchen von Abmahnungen durch sog. Abmahnvereine s. eingehend o. § 17, 4c.
[4] Zur Schutzrechtsverwarnung s. o. § 7, 3c, sowie allgemein *Pastor,* S. 86 ff.
[5] Z. B. *BGH,* NJW 1986, 1815.
[6] *OLG Hamburg,* GRUR 1976, 444; *Pastor,* S. 13.

wenn eine der Klage vorausgehende Abmahnung dem Verletzten nicht
zuzumuten ist (s. unten c, bb).

b) Insbesondere das Abschlußschreiben

aa) Eine besondere Form der Abmahnung ist das sog. Abschlußschreiben, das sich in der Praxis nach Erwirkung einer einstweiligen Verfügung
auf Unterlassung eines Wettbewerbsverstoßes herausgebildet hat.[7] Seine
(kostenrechtliche) Notwendigkeit ergibt sich vor allem daraus, daß eine
Unterlassungsverfügung, mag sie durch Beschluß oder durch Urteil erge-
hen, immer nur einen *vorläufigen* Titel schafft, durch den grundsätzlich
das Rechtschutzbedürfnis für eine gleichzeitige oder nachfolgende Unterlassungsklage nicht ausgeschlossen wird, außer wenn der Antragsgegner nach Erlaß der Verfügung auf alle Rechtsbehelfe verzichtet und dadurch den Titel zu einem endgültigen macht (s. o. § 17, 2a).

In der Praxis hat sich deshalb die Übung herausgebildet, nach Erlaß einer Beschluß-
verfügung durch ein sog. Abschlußschreiben den Antragsgegner aufzufordern, auf
einen Widerspruch (§ 924 ZPO) und auf den Antrag auf Fristsetzung zur Klageerhebung in der Hauptsache (§ 926 ZPO) zu verzichten. Bei Urteilsverfügungen kommt
hingegen ein Abschlußschreiben erst nach Rechtskraft des Urteils in Betracht und
bezieht sich dann allein auf die Fristsetzung nach § 926 ZPO.[8]

bb) Die Wirkung des Abschlußschreibens besteht vor allem darin, daß
für eine nachfolgende Klage das Rechtsschutzbedürfnis entfällt, wenn der
Antragsgegner wie gefordert durch eine sog. *Abschlußerklärung* auf
sämtliche in Betracht kommenden Rechtsbehelfe gegen die einstweilige
Verfügung verzichtet, weil diese dadurch dieselbe Bedeutung wie ein
rechtskräftiges Urteil in der Hauptsache erlangt.[9] Der durch die Verfügung erlangte Titel wird dann m. a. W. endgültig, wobei man zugleich
annehmen muß, daß fortan für den festgestellten Anspruch – ebenso wie
bei einem rechtskräftigen Urteil – eine neue, dreißigjährige Verjährungsfrist läuft.[10] Dieselbe Wirkung hat es schließlich, wenn der Antragsgegner
nach Erlaß der Verfügung auf eine wiederholte, normale Abmahnung hin
eine gewöhnliche Unterlassungs- oder Unterwerfungserklärung abgibt.[11]
Bei einem Verzicht auf das Abschlußschreiben drohen hingegen wiederum kostenrechtliche Nachteile, da der Antragsteller, der nach Erwirkung einer einstweiligen Verfügung sogleich zur Klageerhebung schreitet, nach § 93 ZPO die Kosten tragen muß, wenn der Beklagte in der
ersten mündlichen Verhandlung sofort den Unterlassungsanspruch aner-

---

[7] Eingehend *Baumbach-Hefermehl*, § 25 Rdnrn. 47ff.; *Pastor*, S. 68, 75, 450ff.;
Spätgens, in: Hdb., § 94 (S. 1138ff.); *Ahrens*, S. 214ff.
[8] Eingehend *Pastor*, S. 457f.
[9] Z. B. *OLG Hamm*, NJW-RR 1986, 922; *Spätgens*, in: Hdb., §§ 93 Rdnrn. 1ff., 94
Rdnr. 9 (S. 1136f., 1141f.); insbes. eingehend *Lindacher*, BB 1984, 639; anders *Ahrens*,
S. 356ff., alle m. Nachw.
[10] *Lindacher*, BB 1984, 639 (642 m. Nachw.).
[11] *OLG Hamm* (o. Fußn. 9).

kennt. Anders ist es nur, wenn einer der Ausnahmefälle vorliegt, in denen eine Abmahnung oder speziell ein Abschlußschreiben ausnahmsweise entbehrlich sind.

Durch das Abschlußschreiben soll nach dem Gesagten lediglich geklärt werden, ob nach Erlaß der einstweiligen Verfügung noch Anlaß zur Klageerhebung besteht. Es handelt sich dabei mithin ebenso wie sonst bei der Notwendigkeit einer Abmahnung um eine bloße Obliegenheit zur Vermeidung von Kostennachteilen.[12]

c) Erforderlichkeit

aa) Grundsatz

Eine Abmahnung wird heute zur Vermeidung von Kostennachteilen grundsätzlich vor *jeder* gerichtlichen Durchsetzung eines Unterlassungsanspruchs für erforderlich gehalten. Das gilt gleichermaßen für die Durchsetzung von Unterlassungsansprüchen durch Klageerhebung wie für die Beantragung einer einstweiligen Verfügung. Diesem Antrag muß daher i. d. R. gleichfalls eine Abmahnung vorausgehen, wenn der Antragsteller vermeiden will, im Falle des sofortigen Anerkenntnisses des Antragsgegners mit den Kosten des Verfahrens belastet zu werden (§ 93 ZPO).[13] Die Person des Klägers oder Antragstellers spielt insoweit keine Rolle; insbes. gelten insoweit keine Besonderheiten für die Verbände und Kammern des § 13 Abs. 2 UWG (s. o. § 17, 4c und 4d). Die Praxis handhabt bei ihnen das Erfordernis der vorherigen Abmahnung im Gegenteil sogar mit besonderer Strenge.[14]

bb) Ausnahmen

In vielen Fällen ist freilich eine Abmahnung oder ein Abschlußschreiben entbehrlich, so daß der Gegner die Kosten des Rechtsstreits selbst im Falle eines sofortigen Anerkenntnisses tragen muß. So verhält es sich namentlich dann, wenn eine Abmahnung zwecklos oder für den Gläubiger unzumutbar wäre.[15] Sie ist *zwecklos,* wenn von vornherein feststeht,

---

[12] Grdl. *BGH,* LM § 32 BRAGebO Nr. 6 = NJW 1973, 901 ,,Goldene Armbänder"; *OLG Köln,* NJW 1969, 1036 = GRUR 1970, 204 (205); *OLG Düsseldorf,* WRP 1971, 484; a. A. z. B. *OLG Hamburg,* WRP 1971, 179 m. Nachw.

[13] So z. B. *OLG Köln,* GRUR 1970, 204 = NJW 1969, 1036; NJW 1969, 935; *OLG Hamburg,* GRUR 1976, 444; WRP 1972, 262; *OLG Hamm,* WRP 1977, 349; *OLG München,* WRP 1971, 77f.; 1971, 78f.; *OLG Bremen,* NJW 1970, 867f.; *OLG Düsseldorf,* Betr. 1982, 801; *KG,* Betr. 1982, 1611 (1612); *LG Düsseldorf,* WRP 1979, 488; statt aller *Pastor,* S. 10, 70ff. m. Nachw.

[14] Z. B. *OLG Hamburg,* GRUR 1969, 483f. = WRP 1969, 456; *OLG Düsseldorf,* NJW 1970, 335 = WRP 1969, 457 (458).

[15] Vgl. hierzu im einzelnen *Baumbach-Hefermehl,* Einl. UWG Rdnrn. 458ff.; *Nordemann,* Tz. 602; insb. *Pastor,* S. 22ff. m. zahlr. Nachw.; *Sack,* BB 1986, 953 (956f.); *Gloy,* in: Hdb., § 63 Rdnrn. 5ff.; z. B. *OLG Düsseldorf,* Betr. 1982, 801; *OLG Hamm,* GRUR 1982, 687.

daß der Gegner eine Abmahnung unbeachtet gelassen hätte, so daß ihre Absendung als sinnlose Formalität erscheinen müßte,[16] etwa weil es sich bei ihm um einen besonders hartnäckigen Gesetzesverletzer handelt, der schon wiederholt gegen das Wettbewerbsrecht verstoßen oder gar Unterlassungsurteile unbeachtet gelassen hat.[17] Dasselbe wird im Regelfall zu gelten haben, wenn feststeht, daß der Gegner vorsätzlich gehandelt hat.[18] Eine Abmahnung ist hingegen *unzumutbar*, wenn die Angelegenheit so eilbedürftig ist, daß nur durch den sofortigen Antrag auf Erlaß einer einstweiligen Verfügung ein Rechtschutz möglich ist. I. d. R. wird dies aber nur bei ganz zeitgebundenen Verstößen, etwa während eines Saisonschlußverkaufes, angenommen werden können.[19]

d) Inhalt

aa) Der notwendige Inhalt einer Abmahnung ergibt sich aus ihrem Zweck, die Frage zu klären, ob zur Durchsetzung eines Unterlassungsanspruchs ein gerichtliches Verfahren erforderlich ist.[20] Die Abmahnung ist daher empfangsbedürftig[21] und muß den behaupteten Wettbewerbsverstoß genau bezeichnen. Sie muß außerdem die Aufforderung enthalten, binnen einer angemessenen Frist hinsichtlich dieses Verstoßes eine unbedingte, strafbewehrte Unterlassungserklärung abzugeben. Schließlich muß dem Gegner noch angedroht werden, bei Verweigerung der Unterlassungserklärung den Erlaß einer einstweiligen Verfügung zu beantragen oder Klage zu erheben.[22]

Für die Abmahnung ist schon aus Beweisgründen i. d. R. Schriftform erforderlich.[23] Eine telefonische Abmahnung kommt demgegenüber allenfalls einmal bei ganz eilbedürftigen Sachen in Betracht.

bb) Entsprechendes gilt für das Abschlußschreiben nach Erwirkung einer Unterlassungsverfügung. Dieses Schreiben muß daher gleichfalls die Aufforderung enthalten, binnen einer angemessenen Frist auf Widerspruch gegen die einstweilige Verfügung sowie auf den Antrag auf Fristsetzung zur Klageerhebung zu verzichten, widrigenfalls Klage in der

---

[16] Z. B. *OLG Hamm*, WRP 1977, 349; *OLG München*, WRP 1971, 77 f.; 1971, 78 f.; *OLG Bremen*, NJW 1970, 867 (868); *LG Düsseldorf*, WRP 1979, 448.

[17] *OLG München*, GRUR 1960, 401; *OLG Düsseldorf*, WRP 1969, 457 (458) = NJW 1970, 335.

[18] *OLG Düsseldorf*, GRUR 1979, 191; *OLG Frankfurt*, GRUR 1985, 240; *Sack* (o. Fußn. 15) m. zahlr. Nachw.

[19] *OLG Hamburg*, GRUR 1969, 483 (484) = WRP 1969, 456; GRUR 1975, 39 f.; *OLG Düsseldorf*, WRP 1969, 457 (458) = NJW 1970, 335; *OLG Hamburg*, WRP 1972, 262; wesentlich enger hingegen z. B. *OLG München*, WRP 1971, 77 (78); 1971, 78 (79).

[20] S. im einzelnen *Baumbach-Hefermehl*, Einl. UWG Rdnrn. 457 a f.; insb. *Pastor*, S. 47 ff.; *Gloy*, in: Hdb., § 63 Rdnrn. 13 ff.; *Spätgens*, das., § 94 Rdnrn. 2 ff.

[21] *KG*, Betr. 1982, 1611 u. 1612.

[22] Beispiel bei *Nordemann*, Tz. 603.

[23] *OLG Hamburg*, GRUR 1975, 39 (40); 1975, 41.

Hauptsache erhoben werde. Lediglich bei Urteilsverfügungen, bei denen ein Abschlußschreiben erst nach Rechtskraft des Urteils in Betracht kommt, enthält das Abschußschreiben allein die Aufforderung zum Verzicht auf den Antrag auf Fristsetzung zur Klageerhebung.

e) Kosten

Eine Abmahnung verursacht ebenso wie ein Abschlußschreiben Kosten, insbes. wenn sie von einem Anwalt verfaßt werden. Deshalb stellt sich die Frage, wer diese Kosten letztlich tragen muß. Auf diese lebhaft umstrittene Frage gibt es keine Einheitsantwort.[24] Man muß vielmehr, je nachdem wie der Gegner auf das Schreiben reagiert, verschiedene Fallgestaltungen unterscheiden:

Kommt es trotz Abmahnung anschließend zu einem gerichtlichen *Verfahren*, so gehören die Kosten der Abmahnung oder des Abschlußschreibens zu den Prozeßvorbereitungskosten, über die abschließend nach den §§ 91 ff ZPO entschieden wird. Diese Kosten muß mithin, soweit überhaupt erstattungsfähig, diejenige Partei tragen, der schließlich die Kosten des Rechtsstreits auferlegt werden.[25]

Anders ist hingegen die Rechtslage bei *erfolgreicher* Abmahnung, da hier für eine Anwendung der Kostenvorschriften der ZPO kein Raum ist. Eine Verpflichtung des Gegners zum Ersatz der Abmahnungskosten kann sich daher hier nur aus dem *materiellen* Recht ergeben, wobei man wieder danach unterscheiden muß, ob der Gegner schuldhaft gehandelt hat oder nicht. Im zuerst genannten Fall folgt die Kostentragungspflicht des Gegners schon aus § 249 BGB, sofern die Abmahnung von dem Verletzten stammt, weil dann die Abmahnungskosten einen Teil seines Schadens bilden.[26] Unklar und umstritten ist die Rechtslage hingegen, wenn die Abmahnung von einem anderen Konkurrenten, von einem Verband oder von einer Kammer ausgeht (§ 13 II UWG). Sicher ist jedenfalls, daß die Kostentragungspflicht des Gegners dann nicht mehr aus dessen Schadensersatzpflicht hergeleitet werden kann, da den anderen Konkurrenten sowie den Verbänden und Kammern gar keine Schadensersatzansprüche zustehen, sich ihre Aktivlegitimation nach § 13 Abs. 2 UWG vielmehr auf die Abwehransprüche beschränkt (s. o. § 17, 2).

Um hier gleichwohl zu einer Kostentragungspflicht des Gegners zu gelangen, sind die Gerichte schließlich auf das Rechtsinstitut der *Ge-*

---

[24] Vgl. *Baumbach-Hefermehl,* Einl. UWG Rdnrn. 462f.; *Nordemann,* Tz. 602, 604f.; *Pastor,* S. 176ff.; *Ahrens,* S. 219ff.; *Gloy,* in: Hdb., § 63 Rdnrn. 32ff. (S. 898ff.); *Melullis,* WRP 1982, 1; *Rudolf Roth,* Betr. 1982, 1916, alle m. zahlr. Nachw.

[25] Im einzelnen sehr str.; s. z.B. *OLG Düsseldorf,* WM 1982, 914; *Gloy,* aaO, Rdnrn. 35, 40; wesentlich weitergehend offenbar *BGH,* LM § 1 UWG Nr. 403 = GRUR 1984, 129 (131).

[26] Z. B. *OLG Köln,* NJW 1969, 935; *OLG Frankfurt,* GRUR 1985, 249; die Einzelheiten sind hier ebenfalls sehr str.

schäftsführung ohne Auftrag ausgewichen.[27] Als Anspruchsgrundlage dienen seitdem die §§ 683 und 670 BGB. Erstattungsfähig sind danach freilich nur die (objektiv) *erforderlichen* Aufwendungen der Konkurrenten, Verbände und Kammern, wozu zumal in einfach gelagerten Fällen keineswegs stets die Kosten der Beauftragung eines Anwalts gehören.[28] Ebenso behandelt werden die Kosten von Abschlußschreiben, jedenfalls wenn sie „Erfolg" hatten.[29] Der Aufwendungsersatzanspruch verjährt schließlich analog § 21 UWG in sechs Monaten.[30]

Die „Begründung" für diese schon auf den ersten Blick erstaunliche Konstruktion wird in der Annahme gesehen, mit der Abmahnung handelten die Verbände, Kammern und Konkurrenten zugleich im Interesse des Gegners, weil sie ihm dadurch unnötige, gerichtliche Kosten ersparten. Aber das ist offenkundig eine Unterstellung, für die jede rechtliche und tatsächliche Grundlage fehlt. Weder Verbände noch Kammern oder Konkurrenten haben bei einer Abmahnung oder einem Abschlußschreiben jemals das Interesse des Verletzers, sondern immer nur ihre eigenen Interessen im Auge.[31] Die geschilderte Praxis ist zudem deshalb bedenklich, weil durch sie überhaupt erst das in den letzten Jahren so breit diskutierte Problem der sog. *Abmahn-* und *Gebührenvereine* aufgeworfen worden ist, die (angeblich) Wettbewerbsverstöße durch Abmahnungen nur verfolgen, um mit den dadurch entstehenden Aufwendungsersatzansprüchen Gewinne zu erzielen (s. im einzelnen o. § 17, 4 c).

Die Bundesregierung wollte deshalb zunächst bei der anstehenden Reform des UWG zur Bekämpfung der geschilderten Mißstände generell den Aufwendungsersatzanspruch bei der ersten Abmahnung ausschließen.[32] Im weiteren Gesetzgebungsverfahren ist dieser Plan indessen wieder aufgegeben worden, weil man davon eine übermäßige Erschwerung der legitimen Durchsetzung von Unterlassungsansprüchen durch Mitbewerber und seriöse Verbände befürchtete.[33] An die Stelle des generellen Ausschlusses des Aufwendungsersatzanspruchs ist deshalb in der endgültigen Fassung des § 13 Abs. 5 UWG i. d. F. von 1986[34] ein bloßer *Miß-*

---

[27] Grdl. *BGHZ* 52, 393 (399f.); *BGH*, LM § 32 BRAGebO Nr. 6 = NJW 1973, 901; LM § 1 UWG Nr. 403 = GRUR 1984, 129 (131); LM § 683 BGB Nr. 42 = NJW 1984, 2525 m. Anm. *Ahrens; OLG Düsseldorf*, GRUR 1984, 145 (146f.); zust. z. B. *Baumbach-Hefermehl*, Einl. UWG Rdnr. 463; *Gloy* (o. Fußn. 24); *Nordemann*, Tz. 604; *OLG Hamm*, NJW-RR 1986, 1303.
[28] Insbes. *BGH*, LM § 683 BGB Nr. 42; *LG Kaiserslautern*, BB 1984, 1065; *Sack*, BB 1986, 953 (959).
[29] S. im einzelnen *Ahrens*, S. 219 ff.; *Rudolf Roth* (o. Fußn. 24).
[30] *AG Wiesloch*, BB 1983, 2071 m. Anm. *Schiebel; Gloy* (o. Fußn. 24), Rdnr. 41.
[31] Vgl. die treffende Kritik bei *Melullis* und *Rudolf Roth* (o. Fußn. 24) m. Nachw.
[32] Vgl. § 13 Abs. 5 des RegE von 1986, BT-Dr. 10/4741.
[33] S. den Ausschußbericht, BT-Dr. 10 (1986)/5771, S. 22.
[34] BGBl. I, S. 1169.

brauchstatbestand getreten. Der Unterlassungsanspruch kann danach nicht mehr geltend gemacht werden, wenn die Geltendmachung unter Berücksichtigung der gesamten Umstände mißbräuchlich ist, insbes. wenn sie vorwiegend dazu dient, gegen den Zuwiderhandelnden einen Aufwendungsersatz- oder Kostenerstattungsanspruch entstehen zu lassen (s. dazu schon o. § 17, 4c).

Der Gesetzgeber geht jetzt mithin in § 13 Abs. 5 UWG i. d. F. von 1986 eindeutig von dem grundsätzlichen Bestand derartiger namentlich auf die §§ 683 und 670 BGB gestützter Aufwendungsersatz- und Kostenerstattungsansprüche aus. Für die Praxis dürfte damit der Streit um diese Ansprüche im positiven Sinne entschieden sein. Gleichwohl sollte daran festgehalten werden, daß die Kosten einer erfolgreichen Abmahnung ebenso wie die eines erfolgreichen Abschlußschreibens jenseits der Fälle des § 249 BGB der Abmahnende selbst tragen muß, zumal es sich bei der Absendung einer Abmahnung oder eines Abschlußschreibens ohnehin immer nur um die Erfüllung einer allein den eigenen Interessen des Berechtigten an der Vermeidung von Kostennachteilen dienenden Obliegenheit handelt.

f) Schutzschrift

Literatur: Borck, WRP 1978, 262; *May*, Die Schutzschrift im Arrest- und einstweiligen Verfügungsverfahren, 1983; *Hilgard*, Die Schutzschrift im Wettbewerbsrecht, 1985; *Nirk-Kurtze*, S. 46ff.; *Nordemann*, Tz. 607f.; *Pastor*, S. 110ff.; *ders.*, WRP 1972, 229; *Spätgens*, in: Hdb., § 80 Rdnrn. 19ff. (S. 1009ff.); *Teplitzky*, NJW 1980, 1667; *ders.*, WRP 1980, 373.

aa) Verwarnung und anschließendes Verfügungsverfahren sind für den Betroffenen deshalb so gefährlich, weil das Verfahren zum Erlaß einer Unterlassungsverfügung führen kann, ohne daß er jemals gehört worden ist (s. § 937 Abs. 2 ZPO). Um dem vorzubeugen, hat die Praxis als weiteres Rechtsinstitut die sog. Schutzschrift des Verwarnten entwickelt. Es handelt sich dabei um einen Schriftsatz, den der Abgemahnte oder Verwarnte *vorsorglich* bei Gericht einreicht, wenn er die Abmahnung für unberechtigt hält, um dem *erwarteten*, weil angedrohten Antrag auf Erlaß einer einstweiligen Verfügung zuvorzukommen. Der Verwarnte will sich dadurch die Möglichkeit verschaffen, vor Erlaß einer einstweiligen Verfügung auf jeden Fall selbst zu Wort zu kommen, um seinen Standpunkt darlegen zu können.

Inhalt der Schutzschrift ist daher stets zumindest der Antrag oder besser die Anregung, über den erwarteten Antrag des Abmahnenden oder Verwarners auf Erlaß einer einstweiligen Verfügung nicht ohne mündliche Verhandlung zu entscheiden;[35] die Schutzschrift braucht sich jedoch nicht auf diesen Antrag zu beschränken, sondern kann natürlich

---

[35] So *Pastor*, S. 110ff.

zusätzlich bereits sachlich zu der Berechtigung des erwarteten Antrags Stellung nehmen.[36]

bb) Obwohl die ZPO dieses Rechtsinstitut nicht kennt, folgt doch aus Art. 103 GG, daß das Gericht eine einmal eingereichte Schutzschrift bei seiner Entscheidung über den Antrag auf Erlaß einer einstweiligen Verfügung berücksichtigen muß.[37] Das Gericht sollte deshalb, wenn die vom Antragsgegner in der Schutzschrift vorgebrachten Einwendungen erheblich sind, zumindest von dem Erlaß der beantragten, einstweiligen Verfügung ohne mündliche Verhandlung absehen und statt dessen – entsprechend der gesetzlichen Regel (§ 937 II ZPO) – aufgrund mündlicher Verhandlung entscheiden.

cc) Die Einreichung einer Schutzschrift verursacht *Kosten*. Vor allem wenn die Schutzschrift vorsorglich bei einer Vielzahl von Gerichten eingereicht werden muß, können diese Kosten sogar ganz erheblich sein, so daß sich die Frage stellt, wer die Kosten der Schutzschrift letztlich tragen muß. Die Entscheidung dieser Frage hängt vor allem von der gewählten Anspruchsgrundlage und von dem Verlauf ab, den das Verfahren nach Einreichung der Schutzschrift nimmt.[38]

Materiellrechtliche Ersatzansprüche kommen, soweit man sie überhaupt anerkennt (s. o. 1 e), in jedem Fall in Betracht, spielen indessen wegen ihrer engen Voraussetzungen in der Praxis keine Rolle. Die Diskussion konzentriert sich deshalb auf den prozessualen Kostenerstattungsanspruch aus *§ 91 ZPO*. Für seine Anwendung ist jedoch von vornherein kein Raum, wenn die Schutzschrift ins Leere zielte, weil tatsächlich gar *kein* Antrag auf Erlaß einer einstweiligen Verfügung gestellt wurde. Anders hingegen, wenn der Antrag gestellt, sodann aber aus sachlichen Gründen *abgewiesen* wurde. Zu den in diesem Fall dem Antragsgegner (von dem die Schutzschrift stammt) nach § 91 ZPO zu erstattenden Kosten gehören, soweit erstattungsfähig, dann auch die Kosten der Schutzschrift.

Wieder anders ist schließlich die Rechtslage, wenn zwar ein Antrag auf Erlaß einer einstweiligen Verfügung gestellt wurde, dieser anschließend jedoch durch Beschluß zurückgewiesen oder sogar von dem Antragsteller selbst zurückgenommen wird. Ob in solchen Fällen gleichwohl eine prozessuale Kostenerstattungspflicht besteht, ist deshalb zweifelhaft, weil es hier möglicherweise an dem für die Anwendung des § 91 ZPO an sich erforderlichen Prozeßrechtsverhältnis noch fehlt. Trotzdem wird heute, in erster Linie wohl aus Billigkeitserwägungen, verbreitet angenommen, daß bereits durch den einseitigen Antrag auf Erlaß einer einstweiligen

---

[36] *Nordemann*, Tz. 607 (mit Beispielen); *Spätgens*, Rdnrn. 19 f.; *Stein-Jonas-Grunsky*, ZPO, 20. Aufl. (1981), § 920 Rdnr. 9, § 937 Rdnr. 7; *Teplitzky*, NJW 1980, 1667 m. Nachw.
[37] Eingehend *Pastor*, S. 115 ff.; *Spätgens*, Rdnr. 23.
[38] S. im einzelnen *Spätgens*, Rdnrn. 27 ff.

Verfügung ein Prozeßrechtsverhältnis mit dem Antragsgegner begründet worden sei, so daß dieser bei Zurückweisung oder Zurücknahme des Antrags Erstattung der ihm bis dahin durch die Einreichung der Schutzschrift entstandenen Kosten analog §§ 91 und 269 III 2 ZPO verlangen könne.[39] Voraussetzung ist freilich in jedem Fall, daß die Kosten der Schutzschrift überhaupt erforderlich waren i. S. des § 91 ZPO.[40]

2. Einstweilige Verfügung

Literatur: Ahrens, passim; *Fr. Baur,* BB 1964, 610; *Baur-Stürner,* Zwangsvollstrekkungs-, Konkurs- u. VergleichsR, 11. Aufl. (1983), §§ 47–51; *Borck,* WRP 1977, 556; *ders.,* NJW 1981, 2721; *Drettmann,* GRUR 1979, 602; *Fritze,* GRUR 1979, 290; *Glücklich,* GRUR 1966, 301; *Heinze,* Der einstweilige Rechtschutz im Arbeits- und Wirtschaftsrecht, 1981; *Jestaedt,* GRUR 1985, 480; *Krieger,* GRUR 1975, 168; *Klaka,* GRUR 1979, 593; *Leipold,* Grundlagen des einstweiligen Rechtschutzes, 1971, S. 140 ff.; *Nirk-Kurtze,* S. 63 ff.; *Piehler,* Einstweiliger Rechtschutz und materielles Recht, 1980, S. 207 ff.; *Pastor,* S. 223 ff.; *Nordemann,* Tz. 609 ff.; insbes. ganz eingehend *Spätgens,* in: Hdb., §§ 80–98 (S. 1002–1168); *Vogt,* NJW 1980, 1499; *Wenzel,* GRUR 1959, 414; *Stein-Jonas-Grunsky,* ZPO, 20. Aufl. (1981), Vorb. § 935.

a) Bedeutung

Durch § 25 UWG ist der Erlaß einstweiliger Verfügungen in Wettbewerbssachen gegenüber der ZPO erleichtert worden. Dies hat zusammen mit den sonstigen Vorteilen des Verfügungsverfahrens wie besonderer Beschleunigung des Verfahrens und Beschneidung der Rechte des Antragsgegners in der Praxis zu einer deutlichen Bevorzugung dieser Verfahrensart gegenüber dem Klageverfahren geführt. Die überwiegende Zahl der wettbewerbsrechtlichen Streitigkeiten wird infolgedessen heute im Verfügungsverfahren ausgetragen.[41]

So begrüßenswert diese Entwicklung in mancher Hinsicht sein mag, so wenig darf man darüber jedoch die zahlreichen, mit ihr verbundenen Nachteile übersehen. Besonders schwer wiegt dabei der Verlust an Rechtseinheit, weil in Verfügungsverfahren keine Möglichkeit zur Anrufung des *BGH* besteht (§ 545 II 1 ZPO). Nicht minder bedenklich ist die verbreitete Neigung der Gerichte, in Verfügungsverfahren entgegen

---

[39] So z. B. *OLG Frankfurt,* NJW 1955, 1194; BB 1980, 1720; WRP 1982, 334; *OLG Hamburg,* MDR 1965, 755; 1977, 498 f.; 1978, 151; *OLG Nürnberg,* MDR 1977, 836 = WRP 1977, 596; *OLG Köln,* NJW 1973, 2071; *KG,* MDR 1980, 942 Nr. 70 (LS); *Baumbach-Hefermehl,* § 25 Rdnr. 19; *Nordemann,* Tz. 608; *Stein-Jonas-Grunsky,* § 947 Rdnr. 7; – a. A. z. B. *OLG Frankfurt,* MDR 1978, 675 Nr. 75; *KG,* NJW 1972, 1053; *OLG München,* NJW 1955, 1803; eingehend *Pastor,* S. 119 ff.

[40] S. z. B. *OLG Frankfurt,* WRP 1982, 334; *Spätgens,* Rdnr. 39.

[41] Vgl. besonders *Pastor,* S. 223 ff.; *Spätgens,* § 80 Rdnrn. 1 ff.; dazu *Ahrens,* passim, bes. S. 150, 243, 400 ff.. Durch den Antrag auf Erlaß einer einstweiligen Verfügung wird freilich nach der neueren Rspr. (o. § 17, 8) nicht die Verjährung unterbrochen, so daß die in Wettbewerbssachen sehr schnell drohende Verjährung (§ 21 UWG) in Zukunft dazu führen kann, daß das Klageverfahren wieder die ihm gebührende Bedeutung erlangt (ebenso *Nordemann,* Tz. 597).

§ 937 II ZPO sofort ohne mündliche Verhandlung durch Beschluß zu entscheiden, weil dadurch ohne Not die Rechte des Antragsgegners verkürzt werden.

Die Folge dieser Entwicklung ist eine beklagenswerte Rechtszersplitterung,[42] die ebenso wie die Gefährlichkeit des Verfügungsverfahrens für die Gerichte Anlaß sein sollte, größere Zurückhaltung bei der Erledigung von Wettbewerbsstreitigkeiten im Verfügungsverfahren als bisher zu üben. Zumindest sollte – in Übereinstimmung mit dem Gesetz (§ 937 II ZPO) – in allen zweifelhaften und wichtigen Fällen nur noch aufgrund mündlicher Verhandlung entschieden werden.[43]

b) Anwendungsbereich

aa) § 25 UWG läßt ausdrücklich unter gegenüber der ZPO erleichterten Voraussetzungen einstweilige Verfügungen zur ,,Sicherung" von Unterlassungsansprüchen, die aus dem UWG hergeleitet werden, zu. Ein Unterlassungsanspruch, dessen Befolgung sichergestellt wird, wird damit aber zugleich erfüllt, so daß er untergeht (§ 362 BGB). Aus § 25 UWG folgt somit, daß es neben den von der ZPO (§§ 935 und 940) allein erwähnten Sicherungs- und Regelungsverfügungen[44] noch sog. *Befriedigungs-* oder *Leistungsverfügungen* gibt, durch die dem Schuldner nicht nur wie im Regelfall die bloße Sicherung eines Anspruchs, sondern außerdem dessen Erfüllung aufgegeben wird.[45] Unabhängig hiervon bleibt es aber dabei, daß das Verfügungsverfahren stets nur eine *vorläufige* Regelung bezweckt und seiner ganzen Anlage nach auch allein hierzu taugt.

Eine einstweilige Verfügung ist daher unzulässig, wenn sie zu einer endgültigen Regelung führte. Folglich können vor allem Schadensersatz- und Auskunftsansprüche grundsätzlich nicht im Verfügungsverfahren verfolgt werden. Dasselbe gilt in der Mehrzahl der Fälle für Beseitigungs- und Widerrufsansprüche, so daß namentlich ein Anspruch auf Löschung einer Firma oder eines Warenzeichens niemals durch einstweilige Verfügung durchgesetzt werden darf, weil die Löschung zum endgültigen Verlust der Priorität führte.[45]

bb) Die Regelung des § 25 UWG wird heute auf sämtliche, wettbewerbsrechtlichen Unterlassungsansprüche erstreckt, mögen sie aus dem

---

[42] So schon *Baumbach*, § 25 Anm. 1. Dies hat dazu geführt, daß es zumindest in allen größeren OLG-Bezirken (Berlin, Hamburg, Düsseldorf, Köln, Frankfurt, Stuttgart und München) sog. ,,Besonderheiten" gibt, resultierend vor allem aus einer unterschiedlichen Auslegung der einschlägigen Vorschriften der ZPO (s. statt aller m. Beispielen und Nachw. *Spätgens*, § 80 Rdnr. 16), so daß hier häufig das Ergebnis des Rechtsstreits davon abhängt, in welchem Gerichtsbezirk er schließlich anhängig gemacht werden kann (s. auch u. bei Fußn. 48).
[43] Ebenso schon *Callmann*, § 25 Rdnr. 1.
[44] Vgl. z. B. *Stein-Jonas-Grunsky*, Vorb. § 935 Rdnrn. 29 f.
[45] S. *BGH*, LM § 32 BRAGebO Nr. 6 = NJW 1973, 901; *Stein-Jonas-Grunsky* (o. Fußn. 44), Rdnrn. 46 ff. m. Nachw.; *Ahrens*, S. 245; *Schilken*, Die Befriedigungsverfügung, 1976; *Schönke-Baur*, § 50 IV; *Spätgens*, § 82 (S. 1026 ff.).
[45] *Callmann*, § 25 Rdnr. 5; *v. Godin*, § 25 Rdnr. 1; *Koppensteiner*, S. 545; *Nordemann*, Tz. 611; *Spätgens*, § 81 Rdnrn. 4 ff.; a. A. z. B. *Baumbach-Hefermehl*, § 25 Rdnr. 2.

UWG, aus seinen Nebengesetzen, aus dem WZG oder aus § 1004 BGB hergeleitet werden. In jedem Fall ist eine einstweilige Verfügung unter den erleichterten Voraussetzungen des § 25 UWG zulässig. Unanwendbar ist § 25 UWG hingegen auf Ansprüche aus dem GWB (str.), dem Patentgesetz und dem Urheberrechtsgesetz.[46]

c) Voraussetzungen

aa) Nach den §§ 935 und 940 i. V. mit den §§ 916 ff. ZPO setzt jede einstweilige Verfügung einen Verfügungsanspruch und einen Verfügungsgrund voraus. Verfügungs*anspruch* ist der materielle Anspruch, um dessen Sicherung oder Regelung es geht, während mit Verfügungs*grund* die Dringlichkeit oder Eilbedürftigkeit der Maßnahme bezeichnet wird, von deren Vorliegen die §§ 935 und 940 ZPO den Erlaß einer einstweiligen Verfügung im Regelfall abhängig machen. Nach § 25 UWG sollen freilich in Wettbewerbssachen einstweilige Verfügungen selbst dann zulässig sein, wenn die Voraussetzungen der §§ 935 und 940 ZPO nicht erfüllt sind.

Aus dieser Gesetzesformulierung darf jedoch nicht der Schluß gezogen werden, in Wettbewerbssachen seien für den Erlaß einer einstweiligen Verfügung weder ein Verfügungsanspruch noch ein Verfügungsgrund erforderlich; § 25 UWG enthält vielmehr lediglich eine *gesetzliche Vermutung* für das Vorliegen des Verfügungs*grundes*. Ein Verfügungsanspruch muß ohnehin (selbstverständlich) immer gegeben sein (dazu o. 2 b).

bb) Das UWG geht in § 25 davon aus, daß Wettbewerbssachen grundsätzlich eilbedürftig sind. Deshalb wird das Vorliegen des Verfügungsgrundes vermutet, so daß hier die sonst stets erforderliche Glaubhaftmachung der Dringlichkeit der Sache im Regelfall entbehrlich ist. Wie jede gesetzliche Vermutung ist indessen die Vermutung auf Grund des § 25 UWG im Einzelfall *widerlegbar*, so daß dann in Wettbewerbssachen ebenfalls eine Glaubhaftmachung der Dringlichkeit i. S. der §§ 935 und 940 ZPO erforderlich ist.[47]

Wann im Einzelfall von der Widerlegung der Dringlichkeitsvermutung auszugehen ist, wird von den Oberlandesgerichten sehr unterschiedlich beantwortet, weil hier jede maßstabsetzende *BGH*-Praxis fehlt (§ 545 II 1 ZPO). I. d. R. sind die Anforderungen sehr streng.[48] Eine Widerlegung der Vermutung kommt aber jedenfalls dann in Be-

---

[46] *Baumbach-Hefermehl*, § 25 Rdnr. 2; *v. Godin*, § 25 Rdnr. 1; *Pastor*, S. 256 f.; *Spätgens*, § 83 Rdnrn. 28 ff.; *Nirk-Kurtze*, S. 87 ff.

[47] So die heute ganz h. M., z. B. *OLG Düsseldorf*, GRUR 1963, 490; *OLG Koblenz*, GRUR 1978, 718 (719); *Ahrens*, S. 303, bes. 327 ff.; *Baumbach*, § 25 Anm. 3 A; *Baumbach-Hefermehl*, § 25 Rdnrn. 4 ff.; *Callmann*, § 25 Rdnr. 3; *v. Godin*, § 25 Rdnr. 3; *Nordemann*, Tz. 610; *Pastor*, S. 239 ff., bes. 246 f.; *Spätgens*, § 83 Rdnrn. 33 ff. (S. 1036 ff.); *Nirk-Kurtze*, S. 89 f.; *Stein-Jonas-Grunsky*, § 940 Rdnr. 9; *Ulmer-Reimer*, Tz. 152 usw.

[48] Vgl. insbes. m. zahlr. Nachw. *Pastor*, S. 247 ff.; sowie *Baumbach-Hefermehl*, § 25 Rdnrn. 7 ff.; *Spätgens*, § 83 Rdnrn. 36 ff.; *Nordemann*, Tz. 610; *Stein-Jonas-Grunsky*, § 940 Rdnr. 7.

tracht, wenn es sich um ihrer Art nach befristete Aktionen handelt, die erst in größeren Zeitabständen wiederholt werden können. Beispiele sind namentlich Wettbewerbsverstöße während der Abschnittsschlußverkäufe, bei denen die Dringlichkeit stets fehlen wird, wenn die Aktion schon vor Erlaß der Verfügung abgeschlossen ist.[49] Weitere hierher gehörende Fälle sind ein besonderer Vertrauensschutz für den Antragsgegner, ein Verfahrensmißbrauch durch Handeln zur Unzeit, übermäßige Nachteile im Einzelfall[50] sowie insbes. die sog. Selbstwiderlegung der Dringlichkeitsvermutung.

Die Vermutung des § 25 UWG ist hiernach als widerlegt anzusehen, wenn das Verhalten des Antragstellers selbst erkennen läßt, daß es ihm in Wirklichkeit ,,gar nicht so eilig ist".[51] Dies ist namentlich anzunehmen, wenn er sofort Klage in der Hauptsache erhebt, so daß er dann nicht später noch den Antrag auf Erlaß einer einstweiligen Verfügung nachschieben kann,[52] sowie insbes., wenn er *trotz positiver Kenntnis*[53] des Wettbewerbsverstoßes längere Zeit mit dem Antrag auf Erlaß einer einstweiligen Verfügung zuwartet. Aus diesem Zögern folgt dann nämlich für den Regelfall, daß die Sache für ihn in Wirklichkeit gar nicht eilbedürftig ist, so daß ihm ohne weiteres zugemutet werden kann, seinen Anspruch im allgemeinen Klageverfahren und nicht in dem besonderen Verfügungsverfahren durchzusetzen.

Über die *Fristen,* nach deren Ablauf i. d. R. die Eilbedürftigkeit der Sache zu verneinen ist, besteht dabei freilich keine Einigkeit zwischen den Gerichten. Die Angaben schwanken zwischen wenigen Wochen und mehreren Monaten. Fest steht lediglich, daß ein Zuwarten von 5 bis 6 Monaten schon deshalb i. d. R. zur Verneinung der Eilbedürftigkeit der Sache führen muß, weil mit Ablauf dieser Frist bereits die Verjährung des Anspruchs droht (§ 21 UWG), zumal durch den bloßen Antrag auf Erlaß einer einstweiligen Verfügung die Verjährung nicht unterbrochen wird (s. o. § 17, 8), so daß ein solcher Antrag kurz vor Ablauf der Verjährungsfrist ohnehin als sinnlos erscheinen muß.[54] Freilich kann selbst bei einem längeren Zuwarten mit dem Antrag auf Erlaß einer einstweiligen Verfügung eine nachträgliche Veränderung der Verhältnisse die Dringlichkeit der Sache doch wieder begründen. Dies ist z. B. der Fall, wenn der Er-

---

[49] *OLG Koblenz,* GRUR 1978, 718 (719); *Nordemann,* Tz. 610 m. Nachw.
[50] S. z. B. *Spätgens,* § 83 Rdnrn. 34, 46 ff.
[51] Eingehend dazu *Pastor,* S. 247 ff.; außerdem z. B. *Baumbach-Hefermehl,* § 25 Rdnrn. 7 ff.; *Spätgens,* § 83 Rdnr. 35; *Nordemann,* Tz. 610; *Stein-Jonas-Grunsky,* § 940 Rdnr. 7.
[52] Z. B. *OLG Hamm,* GRUR 1985, 454.
[53] S. zu diesem Erfordernis zuletzt z. B. *OLG Düsseldorf,* WM 1984, 1451 (1452); *OLG Koblenz,* GRUR 1985, 300; *OLG Hamburg,* NJW-RR 1986, 716; *OLG Frankfurt,* NJW-RR 1986, 1163 usw. Die Frage ist freilich str. (s. *Ahrens,* S. 331 f.; *Spätgens,* § 83 Rdnrn. 43 f.).
[54] S. z. B. *OLG Düsseldorf,* GRUR 1963, 490; *OLG Frankfurt,* GRUR 1970, 48 = NJW 1968, 1386; GRUR 1979, 325; *OLG Hamburg,* GRUR 1978, 313; 1983, 134; *OLG Köln,* GRUR 1978, 655; *OLG Koblenz,* GRUR 1978, 718 (719 f.); zahlr. weitere Beispiele bei *Pastor,* S. 252 ff.; *Ahrens,* S. 329 ff.; *Spätgens,* § 83 Rdnrn. 36 ff. (S. 1037 ff.).

hebung der Hauptsacheklage nunmehr prozessuale Hindernisse entgegenstehen.[55] Es kommt hier eben alles auf die Umstände des Einzelfalles an.

Das Gesagte gilt auch in den Fällen des § 3 UWG. Das Allgemeininteresse an einer Verhinderung jeder Irreführung der Verbraucher kann nicht zu einer Durchbrechung der Voraussetzungen der ZPO für den Erlaß einstweiliger Verfügungen führen.[56]

d) Verfahren[57]

aa) Zuständigkeit

Die Zuständigkeit zum Erlaß einstweiliger Verfügungen richtet sich in Wettbewerbssachen nach den allgemeinen Vorschriften. Grundsätzlich ist somit das Gericht der Hauptsache zuständig (§ 937 I ZPO i. V. mit § 24 UWG). In besonders dringenden Fällen besteht daneben eine Zuständigkeit des Amtsgerichts unter den Voraussetzungen des § 942 ZPO. Unter denselben Voraussetzungen kann der Vorsitzende allein anstelle der Kammer entscheiden (§ 944 ZPO).[58]

bb) Mündliche Verhandlung

Über den Antrag auf Erlaß einer einstweiligen Verfügung ist grundsätzlich aufgrund mündlicher Verhandlung durch Urteil zu entscheiden (§§ 937 I, 922 ZPO), gegen das es nur die Berufung, nicht aber die Revision gibt (§ 545 II 1 ZPO). Lediglich in besonders dringenden Fällen kann auf mündliche Verhandlung verzichtet werden;[59] die Entscheidung ergeht dann durch Beschluß (§§ 937 II, 922 I ZPO).

Will das Gericht den Antrag als unzulässig oder unbegründet zurückweisen, so scheidet schon begrifflich ein besonders dringender Fall aus. In derartigen Fällen kann daher *stets* nur aufgrund mündlicher Verhandlung entschieden werden. § 922 III ZPO betrifft nur den Arrest und besagt deshalb nichts Gegenteiliges.[60]

cc) Vollziehung

Nach § 929 II ZPO (i. V. mit § 936 ZPO) gilt für die „Vollziehung" von Unterlassungsverfügungen eine Frist von einem Monat, nach deren Ablauf die Vollziehung unzulässig ist. Mit Vollziehung meint dabei die

---

[55] *OLG Köln*, GRUR 1977, 220 (221 f.).
[56] *OLG Karlsruhe*, WRP 1977, 419; *OLG Köln*, WRP 1977, 426; *OLG Koblenz*, GRUR 1978, 718 (720); a. A. nur *OLG Hamburg*, GRUR 1978, 313 f.
[57] Wegen aller Einzelheiten vgl. eingehend *Pastor*, S. 279 ff.; *Ahrens*, passim; *Baur-Stürner*, § 51; *Nirk-Kurtze*, S. 63 ff.; *Spätgens*, §§ 84 ff. (S. 1047 ff.); sowie z. B. *Baumbach-Hefermehl*, § 25 Rdnrn. 12 ff.; *Callmann*, § 25 Rdnrn. 9 ff.; *Nordemann*, Tz. 614 f.
[58] Alle Einzelheiten bei *Spätgens*, § 83 Rdnrn. 56–76 (S. 1062 ff.).
[59] Dazu im einzelnen *Spätgens*, § 83 Rdnrn. 84 ff.
[60] Wie hier *OLG Augsburg*, NJW 1975, 1569; *OLG Schleswig*, MDR 1980, 63 Nr. 74; *KG*, WRP 1979, 201; a. A. z. B. *OLG Koblenz*, GRUR 1980, 931 (932 f. m. Nachw.); *Nordemann*, Tz. 614; *Spätgens*, § 83 Rdnrn. 89 f.

ZPO an sich die Vollstreckung der Verfügung (s. § 928 ZPO). Jedoch ist eine solche bei Unterlassungsverfügungen solange nicht möglich und nicht erforderlich, wie der Schuldner das Unterlassungsgebot freiwillig beachtet. Zwangsmaßnahmen (§ 890 ZPO) kommen vielmehr stets erst in Betracht, wenn der Schuldner gegen das Unterlassungsgebot verstößt. Für Unterlassungsverfügungen kann daher die unklare Vorschrift des § 929 II ZPO nur die Bedeutung haben, daß die Verfügung binnen der Monatsfrist dem Schuldner vom Gläubiger *zugestellt* werden muß;[61] dasselbe gilt für Verfügungsurteile; die Amtszustellung (§ 317 I ZPO) genügt für die Vollziehung nicht.[62]

Wird die Zustellung der Verfügung binnen der Monatsfrist versäumt, so ist eine Vollstreckung der Verfügung nicht mehr zulässig. Die Verfügung ist dann vielmehr auf Widerspruch des Schuldners, aufgrund des Antrags nach § 927 ZPO oder bei Urteilen aufgrund von Berufung aufzuheben, so daß der Gläubiger sämtliche Kosten des Verfahrens tragen muß.

dd) Rechtsbehelfe[63]

Wird der Antrag auf Erlaß einer einstweiligen Verfügung durch Beschluß abgelehnt, so hat der Gläubiger die einfache Beschwerde (§ 567 I ZPO). Wird dem Antrag hingegen stattgegeben, so muß unterschieden werden, ob die Verfügung durch Urteil oder durch Beschluß erlassen wird.

Das normale Rechtsmittel gegen ein *Urteil* ist die Berufung, während die Revision (bedauerlicherweise) ausgeschlossen ist (§ 545 II 1 ZPO). Daneben kommen hier aber noch die besonderen Rechtsbehelfe der §§ 926 und 927 ZPO in Betracht. Nach § 926 ZPO hat das Gericht auf Antrag anzuordnen, daß der Antragsteller binnen einer bestimmten Frist die Hauptsacheklage erheben muß, während nach § 927 ZPO wegen veränderter Verhältnisse jederzeit die Aufhebung der Verfügung beantragt werden kann.

Ist die Unterlassungsverfügung hingegen durch *Beschluß* erlassen worden, so steht dem Schuldner (anstelle der Beschwerde) jederzeit der Widerspruch zu, über den dann durch Urteil zu entscheiden ist (§§ 936, 924 ZPO). Daneben sind außerdem noch die besonderen Rechtsbehelfe der §§ 926 und 927 ZPO möglich.[64]

---

[61] Z. B. *OLG Karlsruhe,* WRP 1984, 161 (162); *OLG Hamm,* NJW-RR 1986, 1232; *Spätgens,* §§ 82 Rdnr. 6, 86 Rdnr. 7.
[62] Z. B. *OLG Koblenz,* NJW 1980, 948 (949); *OLG Düsseldorf,* WRP 1983, 410f.; *OLG Frankfurt,* WRP 1981, 680; *OLG Schleswig,* WRP 1982, 49f.; *KG,* WuW/E OLG 2706 (2707) usw.; ebenso z. B. *Baumbach-Hefermehl,* § 25 Rdnrn. 20ff.; *Nordemann,* Tz. 619; *Stein-Jonas-Grunsky,* § 938 Rdnr. 30; *Nirk-Kurtze,* Tz. 300; *Spätgens,* §§ 82 Rdnr. 7, 86 Rdnr. 8; – a. A. z. B. *OLG Hamburg,* WRP 1980, 341; *OLG Bremen,* WRP 1979, 791 usw.
[63] S. im einzelnen *Spätgens,* § 88 (S. 1107ff.); *Nirk-Kurtze,* S. 97ff.
[64] Zu den Konkurrenzen s. *Stein-Jonas-Grunsky,* § 924 Rdnrn. 4ff.

3. Sonstige Fragen

a) Einigungsstellen

Schon unter der Geltung des alten UWG von 1896 waren bei zahlreichen Industrie- und Handelskammern und sonstigen Berufsvertretungen als freiwillige Einrichtungen sog. Einigungsämter oder Einigungsstellen geschaffen worden, die die Aufgabe hatten, auf eine gütliche Beilegung von Wettbewerbsstreitigkeiten hinzuwirken. Ihre Erfolge bei der Vermeidung von Wettbewerbsprozessen veranlaßten den Gesetzgeber schließlich, den Einigungsstellen eine gesetzliche Basis zu verschaffen.

Zu diesem Zweck wurde durch eine Verordnung vom 9. 3. 1932[65] der neue § 27a in das UWG eingefügt, der die Obersten Landesbehörden zu der Anordnung ermächtigte, bei den amtlichen Berufsvertretungen und deren Verbänden Einigungsämter einzurichten.[66] Seine heutige Fassung erhielt § 27a schließlich durch die Novellen vom 8. 3. 1940,[67] vom 11. 3. 1957[68] und schließlich vom 25. 7. 1986.[69] Für die genannte letzte Änderung war die Einführung eines Rücktrittsrechts für Verbraucher durch den neuen § 13a UWG maßgebend.[70]

Die Einigungsstellen haben die Aufgabe, auf einen gütlichen Ausgleich von bürgerlichen Rechtsstreitigkeiten auf Grund des UWG (einschließlich derer, die sich in Zukunft aus § 13a UWG ergeben werden) hinzuwirken (§ 27a VI 1 UWG). Ziel des Verfahrens ist vor allem der Abschluß eines Vergleichs, aus dem ebenso wie aus einem gerichtlichen Vergleich die Zwangsvollstreckung möglich ist (§ 27a VII UWG). Entscheidungsbefugnisse besitzen die Einigungsstellen hingegen nicht.

Die Zuständigkeit der Einigungsstellen richtet sich nach den Abs. 3 und 10 des § 27a. Sie sind danach vor allem zuständig bei bürgerlichen Rechtsstreitigkeiten aus den §§ 13 und 13a UWG, sofern es sich um Wettbewerbshandlungen im geschäftlichen Verkehr mit dem letzten Verbraucher handelt, weiter bei allen anderen bürgerlichen Rechtsstreitigkeiten aus den genannten Vorschriften, dies freilich nur bei Zustimmung des Gegners, sowie schließlich im Falle der Anhängigkeit eines Rechtsstreits, wenn das Verfahren von dem Gericht auf Antrag einer Partei zur Herbeiführung eines gütlichen Ausgleichs durch die Einigungsstelle ausgesetzt wird.

Das Verfahren vor den Einigungsstellen ist in § 27a UWG nur in seinen Grundzügen geregelt. Die Einzelheiten finden sich erst in den Durchführungsverordnungen der Länder.[71]

---

[65] RGBl 1932 I, S. 121.
[66] Dazu eingehend *Callmann*, § 27a.
[67] RGBl 1940 I, S. 480.
[68] BGBl. 1957 I, S. 172.
[69] BGBl. I, S. 1169.
[70] Begr. z. RegE, BT-Dr. 10 (1986)/4741, S. 20 (l. Sp. o.); s. im übrigen *Ahrens*, S. 148f.; *Samwer*, in: Hdb., § 77 (S. 976ff.); *Nirk-Kurtze*, S. 50ff.
[71] Fundstellen bei *Baumbach-Hefermehl*, § 27a Rdnr. 2.

b) Zuständigkeit

Literatur: Nordemann, Tz. 644ff.; *G. Weber*, GRUR 1962, 135; *Ahrens*, S. 170ff.; *Nirk-Kurtze*, S. 131ff.; *Seibt*, in: Hdb., § 65 Rdnrn. 7ff. (S. 905ff.).

aa) Nach § 24 UWG a. F. war für Klagen aufgrund des UWG ausschließlich das Gericht der gewerblichen Niederlassung des Beklagten zuständig (vgl. § 21 ZPO). Der Praxis war diese Vorschrift jedoch immer hinderlich gewesen. Sie hatte sie deshalb in der denkbar engsten Weise interpretiert und dadurch den Anwendungsbereich des ausschließlichen Gerichtsstandes des § 24 UWG a. F. auf diejenigen seltenen Fälle beschränkt, in denen eine Klage allein auf das UWG gestützt werden konnte (vgl. z. B. § 13 Abs. 4 UWG). Konkurrierte hingegen wie i. d. R. mit den Ansprüchen aus dem UWG ein Anspruch aus dem BGB, so wurde neben dem Gerichtsstand des § 24 UWG zugleich der des Tatortes zugelassen (§ 32 ZPO).[72]

bb) Der Gesetzgeber der Novelle von 1969[73] hat diese Praxis sanktioniert und durch den neuen § 24 II UWG neben dem Gerichtsstand der gewerblichen Niederlassung als weiteren, ausschließlichen Gerichtsstand den des Tatortes zugelassen (§ 32 ZPO). Zwischen beiden Gerichtsständen hat der Kläger die Wahl.

§ 24 Abs. 2 UWG hat vor allem praktische Bedeutung bei der Begehung von Wettbewerbsverstößen durch die Verbreitung von Druckschriften, z. B. bei der Verbreitung wettbewerbswidriger Anzeigen, da sich in solchen Fällen aus ihm ein sog. *fliegender Gerichtsstand* an sämtlichen Orten im Bundesgebiet ergibt, an denen die fragliche Druckschrift (bestimmungsgemäß, str.) verbreitet wird.[74] Wichtig ist § 24 Abs. 2 außerdem für die *Verbände* und Kammern des § 13 Abs. 2 Nrn. 2 und 3 UWG, da diese früher – mangels Aktivlegitimation für Schadensersatzansprüche – nur im Gerichtsstand des § 24 Abs. 1 klagen konnten,[75] während ihnen jetzt außerdem der Gerichtsstand des Tatortes offensteht (§ 24 Abs. 2 UWG).

Ausschließlichkeit des Gerichtsstandes bedeutet vor allem, daß die Vereinbarung eines anderen Gerichtsstandes nicht zulässig ist (§ 40 II ZPO). Von Amts wegen ist die örtliche Zuständigkeit des Gerichts jedoch nur in erster Instanz zu prüfen; in den höheren Instanzen wird hingegen die örtliche Zuständigkeit des angegangenen Gerichts des ersten Rechtszugs nicht mehr überprüft. Weder die Berufung noch die Revision können auf die Verletzung der Vorschriften über die örtliche Zuständigkeit der Gerichte gestützt werden (§§ 512a, 549 II ZPO).

---

[72] Z. B. *RG*, GRUR 1939, 407 (409); 1939, 930 (933); *BGHZ* 15, 338 (355f.); 41, 314 (316); *BGH*, LM § 32 ZPO Nr. 1 = NJW 1954, 1932; *Callmann*, § 24 Rdnrn. 1ff.; a. A. aber *Baumbach*, § 24 Anm. 2.
[73] BGBl. 1969 I, S. 633.
[74] Z. B. *OLG München*, GRUR 1984, 830; enger aber *OLG München*, NJW-RR 1986, 1163; s. *Seibt*, aaO., Rdnrn. 12–14.
[75] BGHZ 41, 314.

c) Streitwert

Literatur: V. Deutsch, GRUR 1978, 19; Kur, Streitwert und Kosten im Verfahren wegen unlauteren Wettbewerbs, 1980; Nordemann, Tz. 637 ff.; Ulmer-Reimer, S. 308 f.; Pastor, S. 923, 962 ff.; Ahrens, S. 227 ff.; Nirk-Kurtze, S. 147 f.; Seibt, in: Hdb., § 68 (S. 909 ff.); Ulrich, GRUR 1984, 188; Tilmann, GRUR 1986, 691.

Bei der Streitwertbemessung nach § 3 ZPO gehen die Gerichte in Wettbewerbssachen sehr unterschiedlich vor.[76] Einen wichtigen Anhaltspunkt bieten aber stets neben dem Schaden des Klägers[77] die Umsätze des Beklagten, wovon freilich von Gericht zu Gericht unterschiedliche Abschläge gemacht werden. Die Einzelheiten gehören nicht in ein Lehrbuch.

Da sich hiernach häufig sehr hohe Streitwerte ergeben, namentlich bei der Verfolgung von Wettbewerbsverstößen von Großunternehmen, sieht das UWG zum Schutze kleiner und mittlerer Unternehmen verschiedene Abhilfemöglichkeiten vor. Zunächst kann nach dem erst 1986 in das Gesetz eingefügten § 23 a UWG der Streitwert für Unterlassungsansprüche aufgrund des UWG herabgesetzt werden, wenn die Sache nach Art und Umfang einfach gelagert ist oder eine Belastung einer der Parteien mit den Prozeßkosten nach dem vollen Streitwert angesichts ihrer Vermögens- und Einkommensverhältnisse nicht tragbar erscheint.[78] Sodann eröffnet der bereits 1965 erlassene § 23 b UWG zusätzlich die Möglichkeit einer Streitwertherabsetzung nur zu Gunsten einer Partei, wodurch vor allem die Verbandsklagen nach § 13 Abs. 2 Nrn. 2 und 3 UWG begünstigt werden sollten (sog. gespaltener Streitwert).[79]

Voraussetzung der Streitwertherabsetzung ist, daß eine Partei – das kann der Kläger oder der Beklagte sein – glaubhaft macht, daß die Belastung mit den Prozeßkosten nach dem vollen Streitwert ihre wirtschaftliche Lage erheblich gefährdete. Die Streitwertherabsetzung steht dann im Ermessen des Gerichts. Ihr Wesen besteht darin, daß sich die Verpflichtung der begünstigten Partei zur Bezahlung der Prozeßkosten und Anwaltsgebühren fortan nur noch nach einem ihrer Wirtschaftslage angepaßten Teil des Streitwertes bemißt.[80] Eine solche Streitwertherabsetzung ist auch möglich, wenn die Klage zugleich auf Bestimmungen des BGB gestützt wird.[81] Sie darf aber nicht mutwillig mißbraucht werden.[82]

---

[76] S. A. Kur, Streitwert; Nordemann, Tz. 637 ff.; Ahrens u. Seibt, aaO.

[77] Z. B. LG Mosbach, BB 1983, 2073.

[78] Vgl. die Begründung z. RegE, BT-Dr. 10 (1986)/4741, S. 19; ein Beispiel in OLG Stuttgart, NJW-RR 1986, 1164; s. Sack, BB 1986, 2221.

[79] Dazu z. B. Graf v. Lambsdorff-Kanz, BB 1983, 2215, die verfassungsrechtliche Bedenken gegen § 23 b UWG äußern.

[80] Beispiele in KG, WRP 1977, 717; OLG Koblenz, GRUR 1984, 746 = WM 1984, 1589.

[81] BGH, LM § 31 a WZG Nr. 1 = NJW 1968, 593 „Faber".

[82] KG, GRUR 1983, 673.

Stichwortverzeichnis

Die Zahlen verweisen auf die Paragraphen des Buches

Vom selben Verfasser:

Das Recht der Leistungsstörungen

2., völlig neubearbeitete und wesentlich erweiterte Auflage.
1986. XXI, 327 Seiten. Kartoniert DM 38,–
ISBN 3-406-31478-3
(JuS-Schriftenreihe, Heft 66)

Diese Gesamtdarstellung des Rechts der Leistungsstörungen
liegt jetzt bereits in 2. Auflage vor. Das Werk wendet sich nicht
nur an Studenten, sondern auch an Praktiker. Die in diesem
Buch angesprochenen Fragen werden erfahrungsgemäß in den
BGB-Übungen und in den juristischen Staatsexamina besonders oft geprüft. Auch der Rechtsanwalt und Richter findet in
diesem Buch die wesentlichen Lösungshinweise u. a. für folgende Problemkreise:

- Anfängliche Unmöglichkeit
- Anfängliches Unvermögen
- Culpa in contrahendo
- Nachträgliche Unmöglichkeit der Leistung
- Verzug des Schuldners oder des Gläubigers
- Positive Vertragsverletzung
- Wegfall der Geschäftsgrundlage

Das Buch wurde für die 2. Auflage in allen Teilen gründlich
überarbeitet. Alle Tendenzen in Literatur und Rechtsprechung
wurden aufgenommen und auf ihre Relevanz für das gesetzliche System der Leistungsstörungen überprüft.

Fälle zum Wahlfach Wettbewerbsrecht

2., völlig neubearbeitete und wesentlich erweiterte Auflage.
1981. 212 Seiten. Kartoniert DM 26,80
ISBN 3-406-08095-2
(JuS-Schriftenreihe, Heft 35)

Verlag C. H. Beck München

Kartellrecht

4., völlig neubearbeitete und wesentlich erweiterte Auflage.
1982. XXIV, 394 Seiten. Kartoniert DM 46,–
ISBN 3-406-09157-1
(JuS-Schriftenreihe, Heft 27)

Bei der vorliegenden 4. Auflage wurde vor allem auf eine erschöpfende Auswertung der **gesamten Praxis** Wert gelegt. Besonders vertieft wurden die Ausführungen zum heutigen Stand der Wettbewerbstheorie, zu den Austauschverträgen einschließlich der Lizenzverträge, zum Mißbrauchs- und Diskriminierungsverbot sowie insbesondere zur Fusionskontrolle.

Die Darstellung des europäischen Wettbewerbsrechts wurde um ein Kapitel über die **öffentlichen Unternehmen** (Art. 90 EWG-Vertrag) erweitert. Somit eignet sich dieses Werk jetzt nicht nur als Einführung für **Studenten** und **Referendare** in die verwickelte Materie des deutschen und europäischen Kartellrechts, sondern ist auch als präzises und übersichtliches Nachschlagewerk des Kartellrechts für **Anwälte** und **Richter** von Bedeutung.

Emmerich/Sonnenschein
Konzernrecht

Ein Studienbuch. Von Dr. Volker Emmerich, o. Professor an der Universität Bayreuth, Richter am OLG Nürnberg, und Dr. Jürgen Sonnenschein, o. Professor an der Universität Kiel

3. Auflage. In Vorbereitung

Verlag C. H. Beck München